# 淳安年鉴

郭仲选题

2018

淳安县地方志编纂委员会　编

方志出版社
Publishing House of Local Records

**图书在版编目(CIP)数据**

淳安年鉴．2018 / 淳安县地方志编纂委员会编．-- 北京:方志出版社，2018.12

ISBN 978-7-5144-3456-9

Ⅰ.①淳… Ⅱ.①淳… Ⅲ.①淳安县-2018-年鉴

Ⅳ.①Z525.54

中国版本图书馆CIP数据核字(2018)第282102号

**淳安年鉴(2018)**

编　　者：淳安县地方志编纂委员会

责任编辑：程　倩

出 版 人：冀祥德

出 版 者：方志出版社

地址　北京市朝阳区潘家园东里9号（国家方志馆4层）

邮编　100021

网址　http://www.fzph.org

发　　行：方志出版社图书经销中心

电话（010）67110500

经　　销：各地新华书店

印　　刷：浙江新华印刷技术有限公司

开　　本：787×1092　1/16

印　　张：27.5

字　　数：685千

版　　次：2018年12月第1版　　2018年12月第1次印刷

印　　数：001～800册

ISBN　978-7-5144-3456-9　　定价：120.00元

## 淳安县地方志编纂委员会

主　　任　董毓民

副 主 任　董文吉　郑志光　余红英

成员单位　县委办　县政府办　县委党史研究室

　　　　　县财政局　县档案局

## 《淳安年鉴》编辑部

主　　编　朱华民

副 主 编　吴丁红　程中青

编　　辑　刘东山　王玉华　徐华健　陈晓丹

编　　务　程竹生　袁慧鸿

摄　　影　杨　波　等

# 编 辑 说 明

一、《淳安年鉴》是中共淳安县委、淳安县人民政府主办，淳安县地方志编纂委员会编纂的综合性地方年鉴。1998年创刊，《淳安年鉴(2018)》为第20卷。

二、《淳安年鉴(2018)》以马克思列宁主义、毛泽东思想、邓小平理论、“三个代表”重要思想、科学发展观、习近平新时代中国特色社会主义思想为指导，全面、系统地记载淳安自然、政治、经济、文化和社会等方面的基本情况。资料起讫时间：2017年1月1日至2017年12月31日。个别事件为反映其本末因果，时限上有所突破。

三、本卷采用分类编辑法，设32个类目，类目下设分目，分目下设条目。条目是反映情况和动态的主要形式。

四、本卷大事记按时序记载。

五、先进名录收录标准：县级以上劳动模范、优秀共产党员；县级以上文明单位、小康村；市级以上先进单位、先进个人、科技奖励、文艺奖励等。

六、本卷资料由淳安县各乡镇和县级机关各部门(县一级公司)提供，并经各级领导审核，主要数据以县统计局提供为准。文后署作者姓名。《淳安年鉴》编辑部对全部稿件进行总纂。

七、本卷的编辑工作得到全县各部门、乡镇和有关单位的大力支持，在此深表谢意。本年鉴在编印、出版中的疏漏之处，恳请批评指正。

2017年3月16日，中国浙西（千岛湖）中药材首届交易博览会在淳安县临岐镇举行

2017年3月17日，中国自行车联赛浙江淳安千岛湖站在千岛湖畔举行比赛

2017年3月28日，浙旅集团、淳安县政府战略合作签约仪式在淳安举行

2017年4月23日，淳安县图书馆新馆开馆

2017年9月4日，千岛湖商务大楼暨新行政服务中心正式启用

2017年9月27日，溧阳至宁德国家高速公路浙江省淳安段工程开工

2017年10月13日,杭州市西湖区、上城区、西湖风景名胜区、钱江新城-淳安县第二轮区县协会第二次联席会议在千岛湖镇举行

2017年10月15日,2017年国际泳联10千米马拉松游泳世界杯赛在千岛湖开赛

# 目　录

## 特　载



## 大 事 记



## 县情概览

## 中国共产党<br>淳安县委员会

## 中国共产党淳安县<br>纪律检查委员会

## 淳安县人民代表大会



## 淳安县人民政府

## 政协淳安县委员会



## 社会团体

## 法 治

## 军　事



## 旅　游

## 经济开发区

## 库区开发



## 农　业

## 林　业



## 水利　水电

## 工 业



## 交 通

## 邮政　电信　供电



## 供销　贸易

## 财政 税务



## 金 融

## 经济管理

## 建设　城管

## 环保　国土

## 教 育

## 文化　体育

## 卫生　计生

## 社　会

## 乡 镇

## 名录和获奖成果

# 特　载

## 深入学习贯彻十九大精神　加快推动“两山”高水平转化 为奋力谱写康美千岛湖高质量发展新篇章不懈奋斗

——在县委十四届三次全体(扩大)会议上的报告

黄海峰

(2018 年 1 月 5 日)

这次全会的主要任务是:以党的十九大、中央经济工作和农村工作会议、省市委全会精神为指导,回顾总结过去一年的工作,研究部署新一年目标任务,审议通过《中共淳安县委关于高举习近平新时代中国特色社会主义思想伟大旗帜,奋力谱写康美千岛湖高质量发展新篇章的决定》,动员全县各级党组织和党员干部,不忘初心、牢记使命,感恩总书记、奋进新时代,不断开创高质量发展新局面。

下面,我代表县委常委会向全会报告工作。

**一、回顾总结过去一年的工作,切实增强高质量发展的信心与决心**

2017 年是新一届县委的开局之年。一年来,县委充分发挥把方向谋大局定政策促改革的领导核心作用,集中精力抓了六个方面牵动全局的大事。**一是深入学习贯彻党的十九大精神,政治方向更坚定。**将学习贯彻党的十九大精神作为首要政治任务,第一时间召开县委常委扩大会议集体学习传达,全面铺开学习宣传贯彻活动,以习近平总书记给下姜村亲笔签名的十九大首日封、《人民日报》头版刊登的长篇通讯《心无百姓莫为官——习近平同志帮扶下姜村纪实》为强大动力和看齐标尺,精心组织开展“感恩总书记、奋进新时代”和“学贯十九大、争当排头兵、推进六大行动”专题活动,认真谋划下姜村及周边地区振兴发展示范区建设,统筹谋划康美千岛湖高质量发展新举措，增强“四个意识”、坚定“四个自信”，始终同以习近平同志为核心的党中央保持高度一致。**二是全面推动县第十四次党代会决策部署落实，建设康美千岛湖的共识更凝聚。**围绕“四个最”提升康美环境，着眼“五个统筹”发展康美产业，落实“三个并重”优化康美生活，开展“三项活动”建设康美团队，推动全年工作“争一保优”，县党代会作出的重大决策部署不断得以深化落实，“坚定秀水富民路、建设康美千岛湖”的战略深入人心。**三是不折不扣落实中央环保督察整改，保护优先的定力更增强。**始终将生态保护作为最大的政治担当和责任使命，提前三个月启动环保督察迎检工作，先后8次召开县委常委会进行研究部署，态度坚决办理督察组移交的58件信访件。同时，科学划定生态红线，积极争取优化调整水功能区水环境功能区划、建立饮用水源地生态补偿机制，保护的主动性、科学性和精准性进一步提高。**四是大力推进挖潜力提质量，高效发展的路子更清晰。**精准研判环保督察整改对全县项目建设、有效投资、招商引资等带来的影响，强化监测、拓新补短、挖潜增效，避免了经济运行的大起大落。突出平台在转型升级中的主力军作用，建立以“亩产效益”为核心的企业综合评价体系，出台资源要素差别化配置机制，平台和乡镇选商择资、招企引税开创新局面，县域经济质量和效益进一步提升。**五是关心关注群众安危冷暖，执政为民的导向更鲜明。**把群众对美好生活的向往作为奋斗目标，组织全县党员干部深入践行“四个人”要求，扎实推进民生实事工程，全面开展“进访解”等活动，既办成了一些“普惠大事”，也解决了一批“关键小事”，群众在生态环境、发展环境、生活环境的不断改善中，有了更多的获得感、幸福感、安全感。**六是坚持打基础利长远，功成不必在我的意识更自觉。**增强工作的预见性、前瞻性、创造性，大力推进杭黄高铁、千黄高速淳安段等主干交通建设，积极谋划枫常公路、杭淳开高速项目，力促大路大富、快路快富、美路美富。抢抓杭州亚运会机遇，争取到部分项目成功落户千岛湖，成为杭州唯一一个有亚运项目的西部县市(区)。实质性启动国企改革，茧丝绸混改顺利完成，交通发展集团成功组建，千岛湖生态旅游上市工作加快推进。注重对全县未来发展空间的科学谋划，支持县人大、县政协完成行政区划局部调整、“两高时代”淳安经济发展与空间布局两个高水平研究课题。

一年来，在县委的团结带领下，全县广大党员干部群众上下同欲、真抓实干，康美千岛湖建设顺利开局。据预计，全年生产总值增长8.5%，服务业增加值增长14.0%，社会消费品零售总额增长12.5%，农业总产值增长5.0%，规上工业销售产值增长5.0%，地方财政收入增长8.6%，固定资产投资增长8.0%，城乡居民人均可支配收入分别增长9.5%和9.9%，处于杭州7区县(市)前茅，也处于26个加快发展县前列，主要发展指标总体达到或超出年初预期目标。具体工作体现在：

**康美环境持续提升。**生态优势进一步彰显。975个Ⅲ类以下小微水体全部整治到位，城西污水处理厂提标改造等工程顺利推进，缫丝及养殖行业整治全面完成，生活垃圾分类实现乡镇全覆盖，千岛湖预警监测系统和生态环境大数据库建成使用，森林覆盖率跃居全省第一，省级森林城市创建通过验收，千岛湖出境断面水质持续保持Ⅰ类，连续两年夺得全省“五水共治”大禹鼎。城乡环境进一步改善。城中湖夜景照明提升改造、环湖南路街景立面整治等工程全面完成，珍珠半岛至城中湖大桥等沿湖景观飘带建成开放，严管街打造和人行道序化管理成效明显，连续三年获得全省小城市培育试点考核优秀。城乡“公厕革命”深入推进，石林、梓桐等第一批12个乡镇小城镇环境综合整治项目全部完工，淳安县被评为全省首批“无违建县”，10个村入选全省首批AAA级景区村庄，千岛湖绿道入选全省首批最美绿道，枫林港被评为全省首批“最美家乡河”。交通基础进一步提升。杭黄高铁淳安段轨道铺设全面完成，千黄高速淳安段全线动工建设，杭淳开高速公路列入杭州市交通规划。潭唐公路屏门至郑中段改建、丰茂半岛连接线、昌文公路临岐至紫槽岭段改建等项目加快实施，淳开与千威连接线建成通车，农村客运班车实现“村村通”，内外交通基础条件持续改善。

**康美产业加快发展。**品牌产业亮点纷呈。省级全域旅游示范县创建有序推进，湖区景点启动改造提升，总投资60亿元的鲁能项目、20亿元的旅游发展基金、10亿元的千岛迷宫项目先后签约，千岛湖自然博物馆建成开放，大白鲸文化主题乐园动工建设，伯瑞特、安麓等高等级酒店以及西坡千岛湖、茂山青田野等高端民宿建成营业，举办首届千岛湖国际康美论坛、全域旅游高峰论坛等秀水节系列活动，推出“金山鱼湾”常态化生态放流项目，全年接待游客1540.6万人次、实现旅游经济收入157.7亿元，同比分别增长21.6%和31.6%。百亿水业基地建设迈出新步，修正健康产业园、文昌康诺邦以及石林亲亲山水、大墅谦美小分子水等项目成果初显，全县规上健康饮品产业实现销售产值89.9亿元、同比增长20.0%。绿色农业发展势头良好，省级农产品质量安全放心县创建深入实施，“千岛湖”农产品区域公用品牌和农旅邮融合运营模式创新取得成效，建成一批现代农业园区及农业科技示范基地，千岛湖枇杷等生态水果跻身国家名优特农产品行列，我县被认定为浙江省中药材产业基地。总部经济发展成效突出，全县总部经济从年初27家增至327家，完成税收3.8亿元。产业平台活力迸发。经济开发区入库税金首超10亿元，同比增长48.8%；旅游度假区在43个省级旅游度假区考核中排名第一，国家级旅游度假区创建有序推进；高铁新区机构正式设立，场站建设与项目招引齐头并进；姜家乐水小镇成为省内唯一的省级特色小镇、旅游风情小镇和AAAA景区“三创”单位，接待游客人次首破百万；杭千开发区普凯项目建成运营，敏迪大厦建设稳步推进。百源经济成为农村发展的创新平台，首批10条县级示范源建设全面铺开，“淳果小镇”等一批示范项目声名鹊起。发展动力持续增强。深入推进“最多跑一次”改革，新行政服务中心建成启用，改革满意度评估位列全市第二；开展农村宅基地和房屋统一确权登记试点、省级林地股份合作制改革试点；出台新引进应届大学本科及以上学历毕业生生活补贴实施办法，各领域活力不断增强。加快项目引进与建设，全年完成固定资产投资173.2亿元，招商引资到位资金77.4亿元，完成年度目标任务的124.7%。

**康美生活不断优化。**社会事业快速发展。青溪小学迁建等工程稳步推进，省教育基本现代化县创建通过预评估。出台“健康淳安2030”行动纲要，卫生创建和医药卫生体制改革不断深化，姜家镇成功创建国家级卫生乡镇，我县被列为全市唯一的“医共体”建设省级试点县。公共文化服务体系持续完善，新图书馆、档案馆先后开馆，中国纺织非物质文化遗产大会永久会址落户文渊狮城，我县被评为省民间文化艺术之乡。马拉松、自行车等高端赛事影响力持续扩大，千岛湖国家登山健身步道建成开放，石林镇入选全国首批运动休闲特色小镇试点，省级体育强县创建成功。民生保障不断加强。养老服务业综合改革全面开展，县养老服务中心投入使用，200余家县级示范型照料中心先后建成，残疾人康复托养中心正式启用。在全省率先实现老农保“清零”，社保继续扩面提标，实施城乡低保标准一体化，完成市民卡公司化整合，社保卡全国联网结算实现突破。社会治理持续完善。省示范文明县城创建通过验收，涌现出双源送教团队等“最美现象”。深入实施“七五”普法，有序推进司法体制改革，在全市率先实施县委法律顾问制度。完成基层治理体系“四个平台”建设，成立综合行政执法局，治理力量全面下沉。出台防欠薪、电动自行车规范管理等新政，开展消防等重点领域隐患大排查大整治，实施“除险安居”等工程，破获“1993·11·22”及“1994·3·25”积案，圆满完成十九大等重点敏感时期信访维稳安保工作，获得省级平安县“十二连冠”金鼎。

**康美团队更加坚强。**坚持党要管党、全面从严治党，建立完善县委议事决策、工作交流等制度规范，县委常委带头参加双重组织生活会、深入基层宣讲，推动乡镇部门“双百分制”考核全覆盖，党建主责主业意识进一步提升。深入推进“两学一做”学习教育常态化制度化，认真开展领导干部“三提一争”主题活动，加大党员干部考察学习、挂职培训力度，建立“1+X”后备干部库，一批忠诚干净担当的优秀干部被选拔调配到重要岗位。深化基层党建“整乡推进、整县提升”，大力实施乡镇“两堂两室”等关爱工程，严格落实支部学习教育基本规范，开展“最强支部”建设，圆满完成村社换届和第二轮重点村、薄弱村“第一书记”选派工作。常态化推进正风肃纪，高质量完成监察委员会组建转隶，开展常规巡察和扶贫领域、十九大精神学习贯彻专项巡察，全员推行工作日志制度，规范基层检查、培训及人员抽调，查处了一批“三不”问题、违反中央八项规定精神问题和腐败案件。新的社会阶层人士统战工作积极探索，群团改革有序开展，军民融合及双拥工作取得新进步。

成绩来之不易，奋斗饱含艰辛。过去一年之所以能够取得这样的成绩，得益于中央、省市委的坚强领导，得益于历届班子打下的扎实基础，得益于县四套班子、各乡镇部门和全县人民的共同努力。这些卓有成效的工作，为淳安推动高质量发展提供了良好的基础和条件。在此，我代表中共淳安县委，向所有为淳安发展做出贡献的同志们，表示衷心的感谢和崇高的敬意！

在肯定成绩的同时，我们更要清醒地看到存在的问题：**在康美环境建设上，生态保护与环境提升的压力并存。**随着千岛湖配水工程投用时间的日益临近、水质“采测分离”制度的实施，千岛湖水环境保护将迎来更大强度、更高标准的检验。与此同时，全域旅游和旅游国际化发展对城乡环境的美丽需求越来越高，不仅要山青水秀，还要城靓村美，这对我们的环境打造理念和能力提出了更高要求。**在康美产业发展上，要素紧缺与粗放低效的问题并存。**一方面，淳安的发展空间非常有限，土地、资金等要素较为匮乏，粗放型发展已遭遇瓶颈。另一方面，发展中的结构性、素质性、效率性、创新性问题明显，产业层次不高、质效不强、创新不足，腾笼换鸟、转型升级、提质增效已迫在眉睫。**在康美生活提升上，“消薄增收”与均衡优质的挑战并存。**集体经济薄弱村和低收入农户是淳安突出的短板，全县“消薄增收”任务极为艰巨。同时，广大群众对教育、医疗、养老、社保、文化等城乡优质均衡公共服务的需求越来越高，与供给体制、能力水平的矛盾日益突出。**在康美团队打造上，不作为与不善为的现象并存。**工作推进中扯皮推诿情况仍然存在，少数干部干事担当意识不够，不作为、慢作为，选择性执行、象征性落实。干部队伍在新时代总体存在“本领恐慌”，不少干部停留于旧习惯、老路子，想不到、找不到绿色高效的发展新路。这些问题、不足和挑战，需要我们花更大的力气、用更实的举措来改进和解决。

**二、以党的十九大精神和习近平总书记**

**关怀为强大动力，努力争当高质量发展的排头兵**

为更好地学习贯彻落实党的十九大精神，县委常委会提议本次全会作出《中共淳安县委关于高举习近平新时代中国特色社会主义思想伟大旗帜，奋力谱写康美千岛湖高质量发展新篇章的决定》。下面，我就《决定》稿向全会作一说明。

县委常委会认为，学习贯彻十九大精神并作出决定，不能空喊口号、流于形式，必须做到上接天线、下接地气、结合实际、推动实践。为此《决定》稿突出了“三个体现”：一是充分体现党的十九大、中央经济工作和农村工作会议、省市委全会等会议精神。二是充分体现以习近平总书记的关怀为强大动力，深入汲取习近平同志在帮扶下姜和淳安发展中所闪耀的光辉思想，感恩总书记、奋进新时代。三是充分体现县第十四次党代会的重大决策部署，对党代会提出的各项目标任务进行深化完善，吸纳县委县政府近期的重点工作部署。关于《决定》稿涉及的几个重大问题，县委的考虑是：

**关于总体要求。**学习贯彻十九大精神，最重要的是深入学习领会习近平新时代中国特色社会主义思想这一十九大的灵魂。浙江是习近平新时代中国特色社会主义思想重要萌发地、“两山”理论发源地，淳安更是习近平总书记曾经的基层工作联系点、脱贫帮扶的探索地、“四个人”要求的首提地，必须要在学懂弄通做实上争当排头兵。《决定》稿提出，要把习近平新时代中国特色社会主义思想、习近平总书记对淳安的关怀化为推动康美千岛湖高质量发展的强大动力，提高政治站位、增强政治自觉，高标准落实“三个示范”和“四个人”要求，打造全国践行“两山”理论标杆县、乡村振兴发展示范区，为新时代中国特色社会主义实践贡献淳安方案、淳安经验、淳安样本。

**关于历史方位。**认清历史方位，才能明白肩负的使命和担当，才能找准行动坐标，锚定前进方向。《决定》稿指出，要清醒认识当前的淳安正挺立在生态文明建设的潮头上，正追赶在生态富民、科学跨越的征途上，正奋进在后峰会前亚运和“两高”时代的关键节点上，进一步增强道路定力、战略定力、目标定力，切实增强生态文明建设的自信，增强为民担当干事的自觉，担负抢抓机遇奋进发展的使命，不驰于空想，不骛于虚声，扎实推动康美千岛湖高质量发展。

**关于奋斗目标。**十九大明确了决胜全面建成小康社会、全面建设社会主义现代化强国的时间节点和目标任务。鉴于基层以抓落实为主，本着实事求是、科学管用的原则，《决定》稿未对至2035年、本世纪中叶的有关战略部署作出具体安排，而是把重点放在如何高质量完成“十三五”规划、县第十四次党代会明确的目标任务上，即到2021年，生态文明建设始终挺立潮头，绿色高效经济体系加快形成，各项发展指标更加匹配，城乡区域发展更加融合，社会事业更加优质均衡，社会大局更加安定有序，更好地满足淳安人民日益增长的美好生活需要，为实现中远期两个阶段的目标打下坚实基础。

**关于发展路径。**《决定》稿明确提出要聚焦聚力高质量发展，把这一主线贯穿于“四个康美”建设各个方面，这是呼应淳安人民对美好生活向往的必然要求，也是破解不平衡不充分社会主要矛盾的必由之路。推动高质量发展，关键是要加快推进“五个转换”：推进理念转换，更加关注速度背后的质量效益和生态环境，在质的大幅提升中实现量的有效增长；推进动能转换，坚决摆脱依赖低成本竞争、依赖资源大量消耗的粗放型发展模式，以改革激发活力、以创新增添动力；推进结构转换，瞄准不平衡不充分发展的领域，抓重点补短板强弱项，形成优质高效、城乡协调的供给体系;推进效率转换,推动资源要素从低质低效领域向优质高效领域流动,不断提高全要素生产率;推进环境转换,营造有利于高质量发展的市场环境、法治环境、政务环境、舆论环境和制度环境,加快形成推动高质量发展的指标体系、政策体系、标准体系、统计体系、绩效评价、政绩考核,促进"两山"的高水平转化。

我们要以《决定》为指导,深入学习贯彻落实党的十九大精神,尤其要结合当下淳安工作实践,牢牢把握好五个方面。

**要坚持不忘初心、牢记使命。**坚定践行以人民为中心的发展思想,把造福人民作为最大政绩、把牵挂群众安危冷暖作为执政导向。坚持在发展中保障和改善民生,尽力而为、量力而行,推进教育、医疗、就业、养老等民生事业均衡优质发展。深刻领悟习总书记"心无百姓莫为官"的为民情怀,牢记"群众利益无小事",经常性常态化深入基层、走进群众,帮困解忧、厚植情感,听取民意、汲取智慧,用党员干部的辛苦指数,换取群众的幸福指数。

**要坚持生态第一、保护优先。**始终将"护一湖秀水"的使命责任内化于心、外化于行,围绕"三个一"目标,落实"四个最"要求,像呵护自己的眼睛一样,呵护好以水为核心的生态环境,加快构建形成节约资源和保护环境的空间格局、产业结构、生产方式、生活方式,争当美丽中国和全省"大花园"建设的先行区。

**要坚持转型升级、提质增效。**深入贯彻新发展理念,坚持"质量中高端、发展中高速"不动摇,尤其要正视资源宝贵稀缺、环境容量有限、约束条件众多的现状,主动抢抓全省大湾区大都市区建设、杭州加快城市国际化和拥江发展、淳安"两高时代"真正到来的机遇,瞄准高端要素、高新技术、高效业态、高净值群体、高效率服务"五高"方向,推动经济形态转型,促进产业业态提升,抓好创新生态培育,全力开辟绿水青山就是金山银山的新境界。

**要坚持狠抓重点、强弱补短。**淳安最大的短板和弱项在于城乡发展不平衡、农村发展不充分。要把解决好"三农"问题作为淳安工作的重中之重,按照"产业兴旺、生态宜居、乡风文明、治理有效、生活富裕"总要求,科学规划、注重质量、从容建设,研究出台乡村振兴示范区建设规划,突出实施"消薄增收"、美丽宜居、质量兴业、改革兴农、党建强基等行动,确保在迈向高水平全面小康社会的前进道路上"一个都不少、一个都不掉"。

**要坚持党要管党、全面从严治党。**以践行"四个人"为总纲,锻造高质量的康美团队,不断提高党的建设质量。把抓第一要务和抓最大政绩统一起来,从严从实履行管党治党政治责任。坚持激励和约束并重、严管和厚爱结合,从提升素质、选人用人、担当容错、改进作风等方面入手,让干部队伍更好地适应新时代新要求,不断增强干事的能力和活力。

**三、加快"两山"高水平转化,推动康美千岛湖高质量发展**

2018年是贯彻落实党的十九大精神的开局之年,是改革开放40周年,是推进"坚定秀水富民路、建设康美千岛湖"战略的接续之年,也是全面实施乡村振兴战略的起始之年,承上启下,继往开来,至关重要。总的指导思想是:**深入学习贯彻党的十九大、中央经济工作和农村工作会议、省市委全会精神,认真落实县第十四次党代会"坚定秀水富民路、建设康美千岛湖"的战略部署,坚持新发展理念,紧扣社会主要矛盾变化,按照高质量发展的要求,提升康美环境、发展康美产业、优化康美生活、锻造康美团队,加快推动"两山"高水平转化,奋力谱写康美千岛湖高质量发展新篇章。**

**建议新一年发展的主要指标是:生产总**

**值增长8.5%以上,服务业增加值增长13%以上,社会消费品零售总额增长11%以上,规上工业销售产值增长5%以上,农业总产值增长5%以上,固定资产投资增长8%以上,地方财政收入增长8.5%以上,城乡居民人均可支配收入分别增长10%和11%以上。**建议新一年发展的特色指标是:**全县88条主要溪流Ⅰ类水占比达到70%以上,游客人均消费增长10%以上,规上高新产业销售产值增长10%以上,规上工业企业亩均税收增长10%以上,产业投资增长20%以上,乡镇(平台)地方财政税收增长20%以上,全面消除经济总收入20万元以下的集体经济薄弱村,低收入农户人均可支配收入增幅高于农村居民人均可支配收入增幅。**具体工作举措为:

**(一)深入推进生态文明建设,打造高质量的康美环境**

牢固树立"山水林田湖草"系统保护理念,完善生态保护工作体系及绿色发展机制体系,始终使淳安挺立生态文明建设的潮头。

**1. 坚持保护优先科学发展。要强化规划刚性。**积极争取水功能区水环境功能区划优化调整,扎实推进"多规融合"工作,强化规划的约束力与执行力,切实做到"三个不要",即不要破坏生态环境的发展、不要留有后遗症的发展、不要靠干部受处理换来的发展。**要严格产业准入。**全面落实千岛湖环境质量管理规范和产业负面清单,加强对产业发展的引导和约束,严把项目准入关;坚决淘汰落后产能,完成砖瓦、矿山行业整治,加快构建"无污染、小空间、高科技、资源型"的绿色产业体系。**要严控沿湖开发。**巩固中央环保督察成果,加大沿湖地带开发管控力度,强化建设项目选址及用地前期多规审查,对已建项目严格实施污染物"零排放"措施,扎实推进沿湖生态带、缓冲带建设工作。

**2. 深化千岛湖综合保护工程。**按照"国水十条"要求严格实施千岛湖环境保护方案,着力打好"水土气废、城乡林田"治理组合拳,全面提升全县生态环境质量。进一步加强污水治理,推进城区截污纳管、污水处理厂提标改造和农村污水处理设施提升扩面、运维监管等工作,探索尾水净化排放,减少直排河流,在全省率先创建"污水零直排区"。强化重要生态系统保育,实施生态修复系列行动,探索库区消落带的科学利用与管理,推进中小流域和水土流失综合治理,特别要实施农业面源污染防治工程,减少临湖临溪地带农业开发,抓好千岛湖沿岸缓冲区内耕地园地"肥药双控",减少污染物入湖,新一年农药与化肥使用量同比都要减少10%以上。以减量化、资源化和无害化处置为目标,建成并投用光大环保能源一期项目,高质量推动生活垃圾分类处理城乡全覆盖。

**3. 完善生态文明建设体制机制。**健全网格化环境监管体系,探索建立上下游跨区域环境质量监管机制,严格落实生态环境损害赔偿制度,加大对污染物偷排、破坏渔业资源等环境违法犯罪行为的打击力度,打造环保执法最严县。推进智慧环保平台建设,探索建立千岛湖流域水科学研究院,开展水资源、水生态环境、上游来水管控、综合管理等基础性专题性研究,提高污染物精准防控和水质预警能力。积极争取建立饮用水源地生态补偿机制,推进生态教育基地建设,开展绿色创建活动,提高全社会生态文明意识。

**(二)切实加快转型升级步伐,发展高质量的康美产业**

全面落实新发展理念,着力拓宽"两山"转化通道,加大腾笼换鸟力度,加快转型升级步伐,实现更高质量的经济发展。

**1. 推动空间集聚集约。**在积极争取新增空间的同时,全力提升现有空间开发利用水平。**要提升城市能级水平。**启动县城行政区划调整,推进撤村建居后续利用,实施新一轮城中村改造,切实优化城市框架、拓展城市空间。按照“国际化旅游休闲度假小城市”定位，实施城市有机更新三年行动计划，推进重点区块和主要路段业态改造、风貌提升，强化城市公共服务、产业配套、旅游休闲等功能，增强城市产业活力。**要发挥平台更大作用。**经济开发区要强化经济贡献首位区功能，加快产业及空间规划修编，加快腾笼换鸟和重点项目落地，加快社会事务剥离，落实“办事不出开发区”的审批机制，当好全县产业转型升级的排头兵。旅游度假区要强化度假产业集聚区功能，推进存量资源盘活及鲁能亚运等项目建设，全力创建国家级旅游度假区。高铁新区要强化“千岛湖第一门户”功能，立足产业特色明、项目层次高、空间布局优、建筑设计美，打造千岛湖康美小镇。姜家区块要强化千岛湖旅游副中心功能，加快现有业态提升及新进项目落地，确保成功创建省级旅游风情小镇。杭千开发区要强化异地发展平台和招引窗口功能，加快税源总部基地建设，力争解决园区政策落位问题，朝着全省乃至全国异地扶贫发展的示范基地目标不懈努力。**要优化县域发展空间。**以点带线、以线串面，推动形成“点、线、面”有机互动的融合发展格局。点即特色小镇，研究出台全域特色小镇培育创建规划，不断提升临岐中药材小镇、石林港湾运动小镇、鸠坑有机茶小镇等建设水平。线即交通沿线和百源经济，以杭黄高铁、千黄高速和环湖公路为轴线，加紧谋划和推动沿线新兴产业和高效业态布局；持续发力推进10条示范源建设，强化产业投资、强化主体培育、强化农民参与，不断提升影响力和实效度，打造成为乡村振兴发展先行区。面即乡村组团，地域相邻、禀赋相似、资源互补的乡镇村落要共推片区式特色发展，逐步打破行政区划限制，更多地用经济区划理念推动融合发展，首要任务是推进下姜村及周边地区协调发展，率先打造乡村振兴发展示范区。

2. **推动产业高质高效。**努力在重点领域、龙头产业上取得新突破、形成新带动。**要在“四位一体”全域旅游新格局上取得新突破。**全面深化省级全域旅游示范县创建，以吸引中高端消费群体为目标，加快高品质旅游产品布局。在观光游览上，继续推进湖区景点改造提升工程，推动遂安列岛等新景区开发。在休闲度假上，推进中轴溪城市休闲中心、骑龙巷慢生活街区以及城乡登山步道、度假村落等建设，加快打造温泉、滑雪等冬季旅游项目。在文化体验上，推进大白鲸文化主题乐园、玉郎巨星文创园、文渊狮城二期等大项目建设，加快启用新水之灵剧目，打造成全省乃至全国的文化精品，深入挖掘传统文化尤其是红色文化，打响红色旅游品牌。在商务会展上，启动建设国际会议会展中心，加快引入各类高端会议论坛展览，打造杭州国际会议之都的重要承接地。积极探索旅游产品菜单式、会员制、靶向型、主题化营销，提高市场推介的针对性精准性。**要在生态工业百亿产业上取得新突破。**集中力量壮大水饮料产业，加快修正、华麟等项目建设，有序推进农夫山泉迁建工程，尽快将水饮料建成百亿产业。发挥龙头企业带动作用，加快中植新能源等项目建设，推动高端智造产业发展；实施“小巨人”培育计划，支持康诺邦、天鑫等成长性企业专注深耕、做大做强，打造一批行业“细分冠军”；推进小微企业提质行动，提升小微企业园、孵化器等招引和服务水平，提高小微主体发展质量，构建形成梯度产业集群。**要在总部经济等新业态发展上取得新突破。**要在全县系统谋划、统筹布局，修订完善总部经济发展政策，加快阳光大厦等总部园区建设，大力发展基金型、培训型、科研型以及实体型总部，切实做大盘子、优化结构、提高质效。创新民宿民居发展模式，打造一批文创村落、互联网创业村落和基金村落，更好地统筹政府、企业、百姓三个“钱袋子”。**要在农业**

**特色产业发展上取得新突破**。坚持绿色兴农、质量兴农、品牌兴农，推进农业由增产导向转向提质导向，做大做强中药材、茶叶、蚕桑、水果等特色产业。种植生产上，加快推动土地流转与适度规模经营，支持发展农业园区及小型农场、小型农庄。交易流通上，推进中药材、茶叶、水果等市场和千岛湖品牌农产品馆建设，加快打造县级农产品电商服务、微商营销及品控体系。品牌打造上，实施"千岛湖"大品牌整合提升行动，做好区域公用品牌建设和推介工作。农旅融合上，加快农业园区向旅游景区、农副产品向旅游商品转变，新建一批农业农村 A 级景区。

3．**推动要素优配优用**。深化改革创新，增强发展活力，提高全要素生产率。**要使市场在资源配置中起决定性作用**。严格落实招商项目预审机制，严把引进项目投资强度、亩产税收等门槛，探索实施"标准地"供地制度，从源头上提高要素配置效率。落实企业综合评价机制，强化评价结果应用，推进闲置土地整理、低效土地利用以及停建项目盘整。推进投融资体制改革，设立投融资办公室，搭建国有资本运营管理平台，进一步增强乡镇、平台与国企经营理念和能力；实施企业上市"凤凰行动"计划，扎实推进千岛湖生态旅游上市，切实发挥产业基金作用，积极探索整体区域开发 PPP 模式，加快形成多元化投融资模式。**要更好发挥政府作用**。严控政府债务余额，强化资金绩效考评；深化国企改革，完成开发总公司公司化改造，支持茧丝绸公司创新发展；推进大旅游管理体制改革，提升旅委统筹协调能力，推动湖区旅游一体化管理。突出重点、精准定位、加强保障，实施招商引资、招院引所、招才引智"三招三引"，锚定水饮料、大健康、总部经济等重点产业，修编招商地图，实行重大投资项目一企一策、一事一议，充分发挥商会作用，进一步推进精准招商、专业招商；强化"双一流"大学毕业生招引，深化淳籍人才回归工程，实施本土人才支持计划，推进产学研合作，促进信息、科技、知识、人才等先进要素加速流入。**要营造公平透明的营商环境**。深入推进社会诚信体系及信用惩戒机制建设，加大力度破解执行难等问题，积极构建"亲清"新型政商关系，营造法治诚信、尊商安商的社会氛围。深化"最多跑一次"改革，加快打破数据壁垒，实施服务中心现场管理标准化建设，推行企业投资项目承诺制度，全面推广"就近跑一次"，实现"最多跑一次"事项全面覆盖，营造公开透明、高效便捷的政务环境。

**（三）大力实施乡村振兴战略，构建高质量的康美生活**

乡村振兴是淳安的重大机遇，要摆上重要议事日程，研究出台行动计划，积极争取上级支持，创新一批举措政策，破解一批短板问题，推动淳安加快发展。要坚持农业农村优先发展，加快以城带乡，推进城乡融合，让全县人民共建共享更均衡、更充分、更高质量的康美生活。

1．**推进农村"绿富美"协调发展**。集中力量补短板，加快农民变富、农村变美。**要精准实施"消薄增收"攻坚行动**。遵循精准原则，按照对象底细、项目安排、资金使用、工作考核"四个精准"的要求，因人制宜因村制宜推进工作。要分级统筹整合，强化经营理念、注重投入产出，盘活集体闲置碎片资产，加强资金项目县乡村统筹。要形成合力机制，汇聚省市县乡村攻坚资源，建立"一村（户）一档一策一干部"、兜底保障等机制。要强化内生动力，积极探索承包地"三权"分置有效方式，改革整合涉农扶持政策，对农业经营主体的扶持要与带动农户数量相挂钩；加强农民技能素质培训，吸引淳安籍人才回归创业，推动干部、科技人员下乡，全力锻造一支懂农业、爱农村、爱农民的"三农"工作队伍。**要积极创建省级美丽乡村示范县**。坚持培育亮点和全域整治相结合，按照景区村庄要求实施新一轮美丽乡村建设，高标准全面完成小城镇环境综合整治，深化“三改一拆”“两路两侧”“四边三化”整治及农民建房服务管控，开展“打造清洁田园、建设美丽农业”行动，深入推进“厕所革命”，实施网箱集聚规范养殖、湖面视觉污染清理，全面提升美丽颜值，力创省级美丽乡村示范县。**要加快完善联城接乡基础设施。**高标准推进杭黄高铁场站以及快速路等配套设施建设，确保如期投入使用。全力保障千黄高速建设，推动枫常公路建设，争取杭淳开高速纳入省高速公路规划。推进330国道千岛湖大桥至临岐段、丰茂半岛连接线等县内主干道建设，实施农村公路大中修，完善自驾车、公共巴士、自行车、微公交、充电桩、候车亭、驿站等交通服务体系。同时，不断提升农村通讯、水利、电力等基础设施的网络化水平，持续改善农村生产生活条件。

2. **促进城乡公共服务均衡优质。**既聚焦普惠性、基础性、兜底性的民生工程，也关注群众身边的“关键小事”；既注重基础设施等硬件建设，也注重服务质量等软件提升。**要提高重点民生事业发展质量。**继续加大教育、卫生事业投入，加快推进农村校舍改造、第七小学新建、第八小学筹备等工作，深化教学管理改革，优化城乡教育资源整合；推进“健康淳安”建设，启动实施“医共体”试点，提高城乡医疗服务水平。**要改善城乡生活环境。**实施农村饮用水改造提升、农村生活环境改善等工程。推进老干部(老年人)教育活动中心建设、老旧小区改造提升、城区重点路段治堵、“停车难”问题破解等工作，提升城市管理精细化水平。**要提升社会保障水平。**实施精准就业服务工程，加强“1+X”就业招聘平台和大学生创业园建设，促进高质量创业就业。完善社会保障体系，推进基层医疗、工伤等保险改革，保障社保基金可持续运行。深化养老服务业综合改革，完善社会救助体系，进一步发挥社会组织作用，加大对农村独居老人、留守儿童以及困难群体的关爱帮扶力度，推动农村老年食堂、老年活动中心持续发展。

3. **打造共建共治共享的社会治理格局。**全面提升城乡治理水平，营造“温馨文明、幸福安康”的社会环境。**要深入推进法治建设。**细化落实“七五”普法责任清单，党员领导干部要带头尊法学法守法用法。深化司法体制综合配套改革，推进行政复议体制改革，健全综合行政执法机制，促进司法公正、依法行政。健全完善基层治理体系“四个平台”，推动社会事务处置规范化一体化。**要加快打造文明高地。**巩固深化省示范文明县城创建成果，倡导文明新风，推动移风易俗，深入开展群众性精神文明创建活动。推进农村文化礼堂建设，推广“新安书屋”，鼓励全民阅读，不断提高全社会文化素养。注重文化遗产保护传承及活化利用，推动优秀传统文化进校园、进景区，在与素质教育、文化旅游融合中焕发新活力。**要全力保障社会稳定。**深化平安千岛湖建设，严格落实安全生产责任制，加强安全隐患排查处置，坚决杜绝重大生产和公共安全事故发生。提升食品安全监管水平，争创省食品安全县。加强社会面治安防控，推进“雪亮工程”，开展全科网格建设，推进基层社会治理信息化建设。完善欠薪防治机制，全力争创“无欠薪县”。推进信访工作关口前移，开展减存控增攻坚行动，依法推进访诉分离，保持社会大局和谐稳定。

**四、践行“四个人”要求，锻造高质量的康美团队**

按照新时代党的建设总要求，统筹推进党的各项建设，为推动康美千岛湖高质量发展提供坚强保障。

1. **始终把党的政治建设摆在首位。要深化主题教育活动。**深入学习宣传贯彻党的十九大精神，高标准开展“不忘初心、牢记使命”主题教育，扎实推进“两学一做”学习教育常态化制度化，深化“感恩总书记、奋进新时代”专题学习宣传教育活动，全面推进“进访解”活动机制化建设，推动党员干部强党性、提素质、转作风。**要深入打造“四个人”品牌。**推广践行“四个人”下姜模式，建立“四个人”堡垒指数、先锋指数考评机制，引导广大党员干部学思践悟“四个人”，打造可看可学可推广的淳安样本。**要牢牢把握宣传意识形态主动权。**深入开展践行社会主义核心价值观等主题活动，推动党员领导干部带头走进基层讲堂，建设主流舆论媒体“中央厨房”，完善网络空间导控体系，进一步凝聚人心思齐、人心思进、人心向党的正能量。县级媒体要以新大楼启用为新起点，进一步围绕中心、服务大局，深入基层群众、深入热点事件，讲好淳安故事。

2. **进一步提升干事的能力和活力。要强化选人用人导向。**切实发挥党组织的领导和把关作用，落实“好干部”标准，以对党忠诚选忠诚于党的人、以事业为上选担当干事的人、以扎实作风选作风扎实的人。**要造浓干事创业氛围。**健全“赛场赛马”、考核评价、能上能下、基层干部激励等机制，尤其要完善并实施容错纠错机制，严格“三个区分开来”，旗帜鲜明为敢于担当、踏实做事、出以公心、不谋私利的干部撑腰鼓劲。**要提升队伍专业素养。**启动实施专业干部百人成长、进高校进企业锻炼计划，推进按需设岗、定向选聘、岗位练兵，构建引育用递进式成长通道。统筹做好年轻干部、女干部、党外干部培养选拔工作，认真做好老干部工作。

3. **全面强化基层组织建设。**以提升组织力为重点，突出政治功能，扎实做好强基固本工作。强化“一切工作到支部”理念，抓实支部“123”基本规范，推进党员活动阵地标准化建设，开展季度测评、年度授星，进一步增强党组织战斗力，打造“最强支部”。聚焦聚力农村党建，深化“整乡推进、整县提升”，深入打造基层党建精品带，开展村社换届“回头看”，全县有带富“领头雁”的行政村要超过60%。统筹推进各领域党建，制定机关党建标准，探索在国企设置党建办，实施区域“大党委”制，健全“一核多堡”社区党建工作体系，推进“两新”组织党的组织和工作有效覆盖。落实基层党建工作责任制，完善县乡村三级党建联席会议制度，扩大党务公开，细化完善各级党组织书记“三清单一项目”，全面推行村社“双百分制”考核，确保基层党建责任到底到边。

4. **纵深推进党风廉政建设。**严格落实“两个责任”和领导干部“一岗双责”，进一步落实县级党员领导干部党风廉政建设主体责任，不断强化乡镇部门党组织履行主体责任的政治自觉。巩固提升监察体制改革试点成果，深化监察委员会建设，实现对所有行使公权力的公职人员监察全覆盖。提高巡察政治站位，持续强化巡察利剑震慑作用。高标准落实中央八项规定实施细则精神，着重整治新时期“四风”特别是形式主义、官僚主义方面的突出问题，新一年会议、文件、台账、培训、检查等数量要力争同比下降三分之一。用好“四种形态”特别是第一种形态，抓早抓小、防微杜渐。坚持重遏制、强高压、长震慑，扎实推进扶贫领域腐败和作风问题专项治理，严查群众身边不正之风和腐败问题，推进清廉淳安建设。

5. **改进党的领导方式和执政方式。**坚持党委总揽全局、协调各方，支持人大、政府、政协和监察委、法院、检察院依法依章履行职能。巩固和发展最广泛的爱国统一战线，密切同民主党派、工商联和无党派人士合作共事，做好党外知识分子和新社会阶层人士工作，统筹做好港澳台侨、民族宗教等工作，加强和改进党的群团工作，落实党管武装政治责任，为推动高质量发展凝聚强大合力。大兴调查研究之风,推动各级党员干部深入基层一线,了解社情民意、完善政策举措、解决实际问题。

同志们,新时代要有新气象,新时代要有新作为。让我们紧密团结在以习近平同志为核心的党中央周围,深入贯彻新发展理念,不忘初心、牢记使命,齐心协力、奋发有为,扎实推动"两山"高水平转化,不断开创康美千岛湖高质量发展新局面!

# 淳安县人民代表大会常务委员会工作报告

2017年2月9日在淳安县第十六届人民代表大会第一次会议上

淳安县人大常委会主任　余永青

**各位代表：**

我受县十五届人大常委会委托，向大会报告五年来的工作，请予审议，并请县政协委员和列席人员提出意见。

## 五年工作回顾

过去的五年，是我县经济社会发展取得明显成效的五年，也是全县人大工作与时俱进、民主法治建设取得重要进展的五年。五年来，在中共淳安县委的领导下，常委会认真学习贯彻习近平总书记系列重要讲话精神，坚持党的领导、人民当家作主和依法治国有机统一，紧紧围绕“秀水富民”发展大局，切实履行法定职权，共召开5次代表大会、51次常委会会议、133次主任会议，听取和审议“一府两院”工作报告109个，依法作出决议决定56项，开展执法检查、工作评议、视察调研128次，任免国家机关工作人员257人次，为加快推进国家重点生态功能区、美丽杭州实验区和法治淳安建设做出了积极贡献。

**一、突出绿色发展，把加强千岛湖保护作为人大工作的重中之重，着力助推生态文明建设**

绿色是永续发展的必要条件和人民对美好生活追求的重要体现。常委会牢固树立绿色发展理念，始终把千岛湖保护放在突出位置，持续加大监督力度，努力推动生态文明建设迈上新台阶。

**持续跟踪监督决议决定落实。**作出加快推进美丽杭州实验区建设、加强环千岛湖绿道保护的决定，持续关注千岛湖保护决议和两个决定的贯彻落实情况，批准试行千岛湖环境质量管理规范，审议生态县创建、生态林业发展、森林彩化等报告，组织代表视察清洁乡村、湖面垃圾打捞、渔业资源保护、大气污染防治、PM2.5空气监测站建设运行情况，配合全国、省市人大开展饮用水水源保护调研和执法检查。县政府积极推进国家良好湖泊保护、省重点生态功能区示范区建设试点，制定水域、城市绿线、绿道等管理办法，成功创建国家级生态县，全县生态环境保护基础进一步夯实。

**强化“五水共治”、“无违建县”创建工作监督。**审议农村污水处理设施运行、千岛湖配供水工程、河道整治暨水利设施建设、“无违建县”创建及“三改一拆”等报告，视察城镇和农村污水治理工程建设及运维管理、城区供排水一体化运行等工作，组织代表开展“五水共治”、“关心母亲河溪”、“无违建县”创建等视察检查活动,督促县政府强力推进“五水共治”和“无违建县”创建工作,发挥“河长制”、“路长制”作用,严控新增违法建筑,开展企业排污口、沿湖沿线、漂流景点、湖区采砂等综合整治,建立农村污水处理设施运维机制,城乡面貌明显改善。

**积极建言生态文明建设。**开展千岛湖生态环境保护管理工作调研,系统梳理了工作措施、资金投入、重大贡献和面临压力,提出建立健全共饮共投共保机制等建议,为千岛湖保护工作和向上争取政策支持提供科学依据。开展农村生态文明建设、生态建设与环境保护资金使用绩效调研,提出强化绿色发展理念、提高环保资金绩效、加强生态资源修复、发展生态经济等建议。

**二、围绕协调发展,把促进经济发展作为人大工作的中心任务,着力助推经济转型升级**

协调是持续健康发展的内在要求。常委会紧紧围绕县委中心工作和重大决策部署,认真行使监督职权,促进全县经济社会平稳健康发展,不断增强发展的可持续性。

**加强计划预算执行监督。**审议“十二五”规划纲要实施中期评估报告,调研“十三五”规划编制情况,建议县政府合理确定规划指标,强化项目支撑,提高规划的前瞻性和科学性,并经县十五届人大五次会议批准实施。审议预算执行、审计等工作报告,审查批准财政决算和地方政府债务限额及新增债券预算调整方案,专题询问财政、审计工作,要求向社会公开审计报告和整改落实情况。加强政府全口径预决算审查监督,督促县政府首次将一般公共预算、政府性基金预算、国有资本经营预算、社会保险基金预算和县级部门预算一并提交人代会审查。

**注重经济运行监督。**审议重大项目安排情况报告,从2015年起将3000万元以上重大投资项目列入常委会重大事项决定范围。审议旅游经济发展和全县景区化、体育产业发展情况报告,视察游船艇公交化运行,开展旅游管理体制机制、民宿民居发展、全县景区化建设等调研。审议现代农业园区建设、农业龙头企业发展和农庄家庭农场农业综合园区建设情况的报告,视察行政审批制度改革、茧丝绸产业发展、供销社改革、蔬菜瓜果产销和农村集体三资管理,开展农村特色产业基地建设等调研。审议科技创新工作,视察汾口浪川城乡统筹产业示范区建设、电子商务发展,调研实体经济、金融、纺织行业情况,推动政府加大服务支持力度。

**助推城乡统筹发展。**审议并通过县政府提请的《淳安县域总体规划(2015—2030)》的议案,并就进一步完善县域总体规划提出意见。审议千岛湖镇总体规划贯彻实施情况,听取建设集团工作报告,专题询问城区物业管理情况,调研撤村建居工作,建议进一步完善规划管理,解决物业保修金和物业专项维修资金管理使用、车库柴间出租、小区停车等问题,不断提升城市品质。审议精品村特色村建设、丰家山农民异地转移安置工作报告,调研城乡统筹产业支撑情况,建议县政府突出乡镇村特色,注重扶持产业发展,完善集聚区农民就业和配套设施。调研农村流通体系建设,视察乡镇农贸市场,督促政府完善农村物流配送,加快农村农产品流通,促进农民增收。

**三、推动共享发展,把维护群众根本利益作为人大工作的本质要求,着力推进民生保障改善**

共享是中国特色社会主义的本质要求。常委会始终坚持以人民为中心的发展思想,注重推动解决事关群众切身利益的民生问题,使人民群众在共建共享发展中有更多获得感。

**加强为民办实事工程监督。**通过代表向广大群众广泛征求意见,坚持每年听取县政府为民办实事工程报告,推动乡镇开展实事工程票决，强化对实事工程的全程监督。在县政府和各乡镇部门的推动下，农村中小学校舍改造、饮用水工程取消乡镇村资金配套、农村道路大中修、保障性住房建设、城镇老旧小区改造、城区公共自行车通借通还、60周岁以上老年人乘坐县内客车减免费用、社会养老保险基础养老金由每人每月70元提高到150元等系列惠民政策得以顺利实施。

**持续关注社会公共服务。**开展食品安全法执法检查，审议生产加工领域食品安全、食用农产品质量安全监管报告，视察食品药品监管工作，调研食品安全监管体制改革运行情况。县政府整合"三局一办"成立市场监管局，每年安排1000万元检验检测专项资金，提升食品安全保障水平。开展教育工作评议，视察民办教育发展，对学前教育促进条例贯彻执行情况进行执法检查，推动师德师风改善、教育教学质量提高、关爱教师力度加大。审议医疗卫生队伍建设，视察计生服务队伍、精神卫生工作，调研公立医院改革情况，缓解老百姓"看病难、看病贵"问题。审议文化建设、养老服务体系、移民资金管理使用等报告，视察城市公交、公积金、民族宗教、气象等工作，开展档案执法检查，调研蔬菜等大宗农产品价格调控，推动政府加快社会事业发展。

**密切关注特定群体保障问题。**根据省市人大统一部署，发动各级人大代表进村入户开展贫困人口脱贫视察核查，参与代表1565名，走访省级低收入农户16378户，督促政府及时消除年收入4600元以下贫困现象，建议建立精准扶贫、多元帮扶、持续巩固脱贫成果的长效机制。深入有关乡镇村开展失地农民保障情况调研，提出整合政策措施、提高补助标准、加强就业扶持等建议。

**四、坚持依法治国，把推进民主法治建设作为人大工作的重要职责，着力促进社会和谐稳定**

依法治国是坚持和发展中国特色社会主义的本质要求和重要保障，是实现国家治理体系和治理能力现代化的必然要求。常委会积极推动"一府两院"加强普法宣传、依法行政、公正司法，努力营造良好的法治环境。

**推动依法行政。**审议依法行政工作报告，就法治政府建设提出进一步坚持依法决策、民主决策、科学决策的意见建议。对国土资源局开展行政执法评议，补办土地权证4360户，推动"无违建县"创建工作顺利进行。开展交通工作评议，出台城市公交优先发展政策，村道大中修补助标准提高到70%，推动千黄高速公路加快实施。通过评议，政府部门的依法行政意识有效增强，工作作风进一步转变，得到了代表和群众的认可。

**加强司法监督。**审议法院立案工作、量刑规范化和检察院刑罚执行与监所管理工作报告，关注司法改革情况，组织代表旁听案件庭审，推动法院、检察院提高办案质量和司法效率。开展法官、检察官履职评议，促进依法履职、公正办案。审议大调解工作、社会治安防控体系建设情况，视察公安经侦工作，调研G20杭州峰会维稳安保，促进社会和谐稳定。认真做好信访工作，五年来共受理来信来访510余件次，引导和支持人民群众依法维护权益。

**维护法律有效实施。**审议"六五"普法依法治县工作报告，作出"七五"普法决议，对《老年人权益保障法》、《杭州市安全生产监督管理条例》等9部法律法规贯彻执行情况开展执法检查。坚持常委会会前学法，修订完善人事任免办法，实行宪法宣誓制度，增强被任命干部的法治意识、公仆意识。查找不适应改革要求的法律法规条文，依法备案审查完善服务业扶持政策等45件县政府规范性文件，将美丽杭州实验区建设决定等4件规范性文件报请市人大常委会备案。配合省市人大做好浙江省旅游管理、渔业资源管理、千岛湖配水供水工程管理等条例的立法调研工作。

**五、尊重主体地位,把支持保障人大代表依法履职作为人大工作的重要内容,着力提升代表工作水平**

代表是人大工作的主体。常委会坚持代表在人大工作中的主体地位,不断强化服务保障,密切联系沟通,丰富活动载体,加强建议督办,努力发挥代表作用。

**优化服务保障。**组织代表学习党的十八大、十八届三中四中五中六中全会精神和人大相关法律法规及业务知识,开展向"最美人大代表"学习活动,提高政治理论素养、业务工作能力和为民服务情怀。组织代表参加政情报告会、法院检察院工作报告会,邀请代表列席常委会会议,参加审议评议、执法检查、视察调研、建议督办等活动,拓宽代表知政督政渠道。建立代表联络站和网上履职服务平台,制定县人大代表联系选民办法,规范代表履职登记与测评考核,组织代表向选民述职,增强代表的责任意识和履职意识。

**丰富活动载体。**以"进选民门、知选民心、帮选民事"代表主题活动为总抓手,统筹联动开展"五水共治和大气污染防治"、"查找基层群众办事审批难事项"、"服务G20、代表作表率"、年收入4600元以下贫困人口脱贫视察核查等活动,参与代表5000余人次,走访群众34000余户,提出合理化建议1160余条。开展专业代表小组和代表小组视察、评议等活动,推动代表集体约见政府部门负责人活动向乡镇延伸,进一步激发了代表的履职热情。

**强化建议督办。**坚持县政府领导领办和常委会领导督办重点建议制度,落实网上公开、中期督办、不满意件重办、听取报告、办理情况考核等措施,创新推出代表小组集体评议解决件和重点建议"回头看"等机制,办理质量与效果明显提升。五年来,代表共提出议案建议1189件,解决率超过50%。淳杨线改建、05省道燕山收费站通行费减免、恢复国土管理"一乡一所"设置等重点建议的办理受到代表和群众的好评。

**依法组织选举。**根据新修改的选举法、代表法、地方组织法有关规定和换届选举的新情况新要求,早准备、早谋划、早安排,及时建立选举工作机构,研究制定选举工作实施意见,依法作出决定,按时全面启动换届选举工作。会同有关部门,严格代表候选人提名推荐及代表资格审查,把好代表"入口关"。加强对选举全过程的指导和监督,保障了换届选举工作圆满完成。

**六、注重务实创新,把加强自身建设作为人大工作的基础和保障,着力提升履职能力水平**

创新是引领发展的第一动力。常委会主动适应新形势新任务的要求,不断推动思想观念、工作机制、工作方法创新,为各项工作的顺利开展提供有力保障。

**服务中心工作。**常委会组成人员和人大干部紧紧围绕服务保障G20峰会等大事要事,找准人大定位,切实履行职能。常委会领导主动联系重大项目、重点企业,参与"服务企业、聚力发展"等专项行动,多位副主任兼任重大项目推进指挥部副总指挥、县委县政府重点工作督查组组长,努力帮助协调解决实际困难和问题,助推工作落实。

**优化工作作风。**扎实开展群众路线教育实践活动、"三严三实"专题教育和"两学一做"学习教育,深入学习习近平总书记系列重要讲话精神,落实常委会领导联系代表等制度,召开专题民主生活会和组织生活会,深刻剖析整改作风建设方面存在的突出问题,严格执行中央改进作风八项规定和党章党规党纪,增强政治定力,牢固群众观念,精气神明显提升。

**重视调查研究。**注重发挥调查研究对人大工作的基础和支撑作用,专题调研为党委提供决策参考，工作调研为常委会审议奠定基础。五年来，形成专题调研报告24个，千岛湖镇撤村建居、千岛湖生态环境保护管理、城乡统筹发展产业支撑等调研课题，提出的建议大部分被党委政府所采纳，得到县委县政府主要领导的充分肯定。

**强化制度规范。**出台常委会党组工作规则，进一步完善常委会运行机制和工作机制。首次制定政府重大投资项目监督办法、讨论决定重大事项办法和年度清单，重大事项监督工作实现突破。健全专题询问、集体约见、行政执法评议、评议工作公开、审议意见督办等制度机制，提高工作规范化水平。建立县人大网站，加强人大制度和人大工作宣传，进一步推动常委会工作公开。

**推进整体联动。**召开纪念人民代表大会成立60周年座谈会，配合县委开好人大工作会议，落实中央18号文件和省市县委相关文件精神，加强人大工作和建设。加强与"一府两院"沟通协调，形成相互支持、合力干事的良好局面。配合县委制定加强乡镇人大工作文件，出台乡镇人代会会议规范化指导意见，指导开展财政预决算监督、政府实事工程票决、代表集体约见乡镇政府负责人等工作。在县委的重视和政府的支持下，配齐了乡镇人大专职主席，设置乡镇人大办公室，乡镇人大工作基础进一步夯实。自觉接受上级人大的监督指导，注重与外地人大的交流联系，不断提高人大工作整体水平。

各位代表，过去五年常委会工作所取得的成绩，是县委坚强领导的结果，是县政府、县政协、县法院、县检察院大力支持的结果，是常委会组成人员和全体代表共同努力的结果，是全县人民和社会各界关心支持的结果。在此，我代表县十五届人大常委会，向大家表示衷心的感谢！

同时，我们也清醒地认识到，对照宪法和法律赋予的职责，对照人民群众和广大代表的期望，常委会在工作中还存在一些差距和薄弱环节：重大事项决定权的行使不够到位；法律赋予的监督形式运用不够充分，监督的刚性、实效性有待提升，对决议决定、审议意见、执法检查建议的跟踪督办还需进一步加强；代表联系群众、回应社会关切还要更加积极主动，议案建议办理质量有待进一步提高；常委会依法履职能力需要更好适应新形势新要求，等等。我们要高度重视这些问题，虚心听取代表和各方面的意见建议，自觉接受监督，切实加以改进。

## 五年工作体会

各位代表，回顾五年来的人大工作，有五个方面的体会：

**一、必须始终坚持正确政治方向。**坚持和完善人民代表大会制度，关键是要坚持党的领导、人民当家作主、依法治国有机统一，保证党的主张通过法定程序成为人民的共同意志，核心是坚持党的领导。五年来，常委会牢固树立政治意识、大局意识、核心意识、看齐意识，始终在思想上政治上行动上同以习近平同志为核心的党中央保持高度一致，把坚持党的领导贯穿于人大工作各方面、全过程。县委高度重视和支持人大工作，专门召开县委人大工作会议，出台进一步加强县乡两级人大工作的意见，人大工作基层基础不断夯实。实践证明，只有始终坚持和自觉维护党的领导核心地位，才能保证人大工作和民主法治建设沿着正确政治方向前进。

**二、必须始终坚持围绕中心、服务大局。**围绕中心、服务大局，是做好人大工作必须坚持的重要原则，也是常委会有所作为、发挥作用的必然要求。五年来，常委会立足人大工作的性质和特点，按照"党委所需、政府所急、百姓所盼、人大所能"原则，使人大工作贴近中心、贴近民生、贴近实际，有效促进了经济社会平稳健康发展。实践证明,人大工作只有放到全县经济社会发展的大背景中去谋划去推动,既做促进经济社会发展的监督者,又做身体力行的参与者、实践者,才能更好发挥作用、体现价值。

**三、必须始终坚持依靠人民群众和人大代表。**民心是最大的政治,人民代表大会制度之所以具有强大生命力和显著优越性,关键在于它深深植根于人民之中。人大代表是国家权力机关的主体,也是人大及其常委会联系人民群众的桥梁和纽带。五年来,常委会坚持主任会议成员联系代表、代表联系选民等制度,坚持民生导向,开展"进选民门、知选民心、帮选民事"活动,广泛听取人民群众的意见建议,调动了代表的主体意识和履职积极性,推动一批民生问题的落实解决。实践证明,只有坚持以人民为中心的发展思想,发挥好代表主体作用,才能更好地保证人民当家作主。

**四、必须始终坚持民主法治原则。**人大及其常委会处在社会主义民主法治建设的第一线,人大开展工作必须坚持民主法治原则。五年来,常委会自觉遵守宪法法律规定,坚持民主集中制原则,严格依法按程序办事,无论是监督工作、作出决议决定或是人事任免,均通过会议形式集体表决。同时,依法处理好与"一府两院"的关系,寓支持于监督之中,形成推动工作的整体合力。实践证明,人大工作只有严格做到依法履职、按程序办事,不断提高规范化、制度化、法治化水平,才能更好地监督和支持"一府两院"依法行政、公正司法。

**五、必须始终坚持务实创新。**务实是人大工作法定性的内在要求,创新是激发人大工作活力的不竭源泉。五年来,常委会在重大事项决定、监督工作、人事任免、代表工作、自身建设等方面进行探索实践,取得了较好的效果。实践证明,只有坚持务实创新的工作作风,察实情、办实事、求实效,督促抓好一些应当解决而且能够解决的实际问题,才能使人大制度和人大工作永葆生机与活力。

## 2017年工作建议

各位代表,县第十四次党代会提出了"坚定秀水富民路、建设康美千岛湖,争当全国践行'两山'理论标杆县"的奋斗目标,对今后五年全县经济社会发展各项工作作出了全面部署。今后五年,是淳安深入推进生态文明建设、加快生态惠民富民、抢抓后峰会和"两高"时代重大机遇的关键期,是淳安高水平全面建成小康社会的决胜期,县人大及其常委会肩负的责任重大。我们要充分发挥人民代表大会制度这一根本政治制度的优势,为全县经济社会平稳健康发展提供坚强保障。建议新一届常委会的总体要求是:**紧密团结在以习近平同志为核心的党中央周围,深入学习贯彻习近平总书记系列重要讲话精神和治国理政新理念新思想新战略,认真落实县第十四次党代会提出的奋斗目标,助推康美环境、康美产业、康美生活三大体系构建,加强民主法治建设,依法行使职权、积极开展工作,充分发挥人大及其常委会职能作用,为争当全国践行"两山"理论标杆县、高水平全面建成小康社会贡献力量。**

2017年是落实县第十四次党代会精神的开局之年,是"十三五"规划承上启下的重要一年,也是新一届人大及其常委会履职的起始之年,建议重点做好以下几方面工作:

**一、牢固树立"四个意识",推动人大工作与时俱进。**认真贯彻落实十八届六中全会精神,牢固树立政治意识、大局意识、核心意识、看齐意识,坚定中国特色社会主义道路自信、理论自信、制度自信、文化自信,长期坚持、全面贯彻、不断发展人民代表大会制度,自觉把各项工作置于党的领导之下,坚持重大事项向县委请示报告，紧紧围绕县委中心工作行使监督、重大事项决定、人事任免等职权。依法监督和支持“一府一委两院”工作，坚定不移做全面深化改革和全面依法治国的参与者、推动者、实践者，为深入推进秀水富民、高水平全面建成小康社会作出积极贡献。

**二、加大监督工作力度，切实增强监督实效。**紧紧围绕“坚定秀水富民路、建设康美千岛湖”主题，综合运用各种监督方式，认真履行监督职权，推动“一府一委两院”补短板、抓落实、促发展。加强康美环境监督，督查千岛湖保护、美丽杭州实验区建设、环千岛湖绿道保护等决议决定的贯彻执行情况，视察水质监测系统建设工作，关注城乡污水处理设施运维情况，推动千岛湖环境质量管理规范实施，提升千岛湖保护成效。加强康美产业监督，审议预算执行、审计工作、重点项目建设等报告，关注旅游度假区、水饮料产业和循环农业发展情况，视察民宿民居产业，推动百源经济发展，促进经济转型升级。加强康美生活监督，审议食品安全工作，重视城乡统筹发展和低收入农户增收，关注农村物流体系建设，视察小城镇环境综合整治，加大实事工程推进力度，调研公共文化服务体系建设工作，促进教育、医疗等民生事业协调发展。加强民主法治监督，开展道路交通安全法执法检查，推动“七五”法治宣传教育决议落实，听取法院工作报告，审议未成年人刑事检察工作，关注司法改革、监察体制改革进展情况，视察社区矫正工作，做好规范性文件备案审查，认真处理群众来信来访，深入推进“法治淳安”建设。

**三、严格依法按程序办事，积极做好决定任免工作。**依法行使重大事项决定权，将县委的重大决策部署通过法定程序转化为全县人民的共同意愿。围绕全县中心工作和工作重点，提出2017年度讨论决定重大事项清单。坚持党管干部和人大依法任免原则的有机统一，完善任免程序，依法任命新一届县政府工作部门负责人、监察委员会组成人员，为淳安科学发展、加快发展提供组织保障。严格执行宪法宣誓制度，加强对任命干部的任后监督。

**四、优化服务保障措施，充分发挥代表主体作用。**抓好新任代表和乡镇人大专职主席副主席及工作人员的学习培训，提高整体履职能力和水平。进一步丰富代表活动内容，完善活动方式，提高活动实效。加强对代表中心组、代表小组的指导，组织代表开展视察检查、集体约见等活动。强化代表联络站功能发挥，健全完善接待选民、联系走访、问题处理等制度，深化代表履职述职测评，拓宽接受监督渠道。严把议案建议质量关，坚持重点建议办理制度，深化代表集体评议建议办理工作，提高议案建议办理实效。

**五、落实从严治党要求，切实加强常委会自身建设。**认真学习领会十八届六中全会和习近平总书记系列重要讲话精神，全面落实从严治党主体责任，按照“四个人”要求，强化常委会机关与人大干部队伍建设。巩固和拓展群众路线、“三严三实”、“两学一做”等教育成果，保持一线精神状态，密切与代表和群众的联系。建立健全常委会会议、专门委员会会议、人事任免等制度机制，提升常委会工作的制度化、规范化水平。积极宣传人大制度和常委会工作，加强新闻宣传和信息公开，主动接受群众监督。加强与上级人大、外地人大的联系交流，强化乡镇人大工作指导，提升全县人大工作水平。

各位代表，宏伟蓝图催人奋进，新的征程任重道远。让我们在中共淳安县委的坚强领导下，牢记使命担当，依法履职尽责，不忘初心、继续前进，为开创我县人大工作新局面，建设康美千岛湖、高水平全面建成小康社会作出新的更大的贡献，以优异的成绩迎接党的十九大胜利召开！

# 政府工作报告

2017年2月7日在淳安县
第十六届人民代表大会第一次会议上

代县长　董毓民

**各位代表：**

现在，我代表县人民政府向大会报告工作，请予审议，并请县政协各位委员及其他列席会议的人员提出宝贵意见。

## 一、过去五年工作回顾

县十五届人大一次会议以来的五年，县政府在市委、市政府和县委的正确领导下，在县人大和县政协的监督支持下，牢固树立“绿水青山就是金山银山”理念，全力推进蝶变淳安、秀水富民，全县经济发展和社会各项事业取得全面进步，较好地完成县十五届人大历次会议确定的各项目标任务。

据初步统计，2016年，全县实现生产总值232.85亿元，比2011年增长58.0%，年均递增9.6%；实现财政总收入27.29亿元，其中地方财政收入17.36亿元，年均分别递增12.4%、12.7%；城镇常住居民人均可支配收入36708元，年均递增10.5%；农村常住居民人均可支配收入16110元，年均递增11.4%。五年累计完成固定资产投资672.96亿元，年均递增15.1%。三次产业比重达到14.7∶35.1∶50.2。

### (一)坚持加大投入、真抓严管，生态优势日益彰显

**保护机制更加完善。**严格落实千岛湖及新安江上游流域水资源与生态环境保护综合规划，完成千岛湖水功能区水环境功能区划调整。建立健全临湖项目联合审查监管、沿湖沿线规划控制、项目占用水域管理等制度，实施“一巡多功能”综合巡查，强化沿湖沿线区域管控。设立环保院士工作站基地，创新环境形势分析会、乡镇交接断面水质考核等制度，实施环境网格化监管和公安、环保联合执法，“河长制”、“警长制”实现全覆盖，千岛湖出境水质持续保持国家Ⅰ类，PM2.5考核全省优秀。

**生态基础更加扎实。**累计投入36.8亿元，全力推进以治污水为重点的“五水共治”，勇夺全省“五水共治”优秀县大禹鼎。城区建成污水管网302.8千米，截污纳管率由75%提高到94.6%，南山、城西、坪山污水处理厂实现国家一级A标排放，并启动扩容和深度提标改造，完成218家企业排污口整治。集镇建成姜家、威坪等4座污水处理厂。农村建成污水管网2991.4千米、终端1863处，截污纳管率由20.8%提高到85%，建立乡镇运维工作站，治污设施正常运行率100%、污水处理达标率95.4%。湖区完成116艘采砂船、货船整治，113亩库湾网箱全部退出，景点、游船艇污水统一收集上岸处理，湖面垃圾

实现市场化打捞和综合利用。建成全省首个县级藻类监测实验室,智慧环保平台投入使用。

**环境整治更加深入。**打好"三改一拆"、"无违建县"创建、"两路两侧""四边三化"整治组合拳,成功创建全省首批"基本无违建县"。推进景观修复和公益林扩面,完成林相改造3907亩,林木蓄积量居全省第一。强化农业农村面源污染治理,完成畜禽养殖专项整治,创新液肥智能化配送、废弃农药包装物回收等生态循环模式。开展湖区垂钓整治,出台垂钓新政。深化"清洁乡村",12个乡镇实施生活垃圾分类,全面开展美丽公路、美丽庭院、最美农居和最美河道争创工作。

**生态品牌更加响亮。**千岛湖成功列入全国良好湖泊生态环境保护试点和国家江河湖泊生态保护重点支持湖泊,被评为五个"中国好水"水源地之一。纳入国家重点生态功能区、首批国家级生态保护与建设示范区、全国生态文明建设试点、省级重点生态功能区示范区建设试点和"美丽杭州"实验区。成功创建全球绿色城市、国家生态县、国家园林县城、国家有机产品认证示范区。

**(二)坚持发挥优势、融合发展,经济实力显著增强**

**旅游经济龙头引领。**扎实推进全县景区化,致力将以旅游为龙头的服务经济打造成首位经济。2016年实现服务业增加值116.9亿元,年均递增13.8%;接待游客1266.53万人次,实现旅游经济总收入119.83亿元,年均分别递增13.7%和15.6%,千岛湖被列入国家"十三五"湖泊旅游目的地,荣获中国最具创新力特色会奖目的地。文渊狮城、中国北上抗日先遣队纪念馆对外开放,新增AA级以上景区14个。千岛湖国际酒店管理学院建成开学,润和建国、梅地亚君澜、山水间、铂瑞等酒店建成营业。新建330公里环湖绿道,千岛湖绿道被评为中国最适合骑行游览线路和中国体育旅游十佳精品线路。精心举办乡村旅游推进年系列节庆活动,建成富文美客爱途、界首淳乡居、宋村云里雾里等7家精品民宿。推出千岛湖夜游、城中湖休闲游等特色产品,开通"穿越千岛湖"水上航线。引进星巴克、德克士等餐饮品牌,推出朋友圈、几荷等主题餐厅。鱼头广场基本建成,秀水街荣获省级特色商业示范街。举办秀水节和游泳、自行车、马拉松等赛事活动,成功创建国家体育产业基地。房地产、金融保险等服务业健康发展,被列入全省首批服务业强县试点,2016年实现社会消费品零售总额80.9亿元,年均递增14.6%。

**生态工业稳步转型。**加快改造提升传统工业,积极培育新兴工业,2016年实现规上工业销售产值262.95亿元,完成工业投入32.69亿元,年均分别递增7.7%和6.7%。经济开发区"四退四进"有效突破,修正健康饮品等项目成功落户,谷神锂电池等项目建成投产。完成高铁新区控规编制,康诺邦一期建成投产。杭州敏迪科技大厦动工建设。推进乡镇工业功能区整合,浙江贝欧、金石生物等项目投产。农夫山泉、永通电缆等重点企业健康发展,中植新能源汽车新产品发布,千啤公司通过国家重点扶持高新技术企业评审,旭光照明在新三板成功挂牌。2016年实现信息经济主营业务收入36.81亿元,华通云数据中心一期建成运营。新增市级以上科技型企业35家,实现高新技术产业增加值42.53亿元。电子商务加快发展,建成电商产业园3个、农村电商服务站425个,发展电商主体1215家,实现网上销售额66.9亿元,被列为省农村信息化示范区。来料加工稳步发展,实现加工费收入10.42亿元。

**生态农业提质增效。**突出"两区"建设,加强农旅对接,促进农业向规模化、产业化、品牌化提升。2016年实现农业总产值48.77亿元、农业投入5.2亿元,年均分别递增

6.7%、125.8%。强化规模经营，流转土地2.81万亩，建成梓桐文佳、浪川联欢等现代农业示范园区33个，成功创建西南片省级现代农业综合区。发展林油、林药等林下经济23万亩，规模居全省首位。注重主体培育，新增农业龙头企业53家、示范性家庭农场32个、规范性农民专业合作社36家。突出品牌营销，成立县农品办，实施“千岛湖茶”区域公用品牌，举办两届斗茶大会等品牌宣传活动，山核桃、枇杷等干水果屡获国家金奖。加快农旅融合，姜家十里水果长廊等农旅融合板块初显成效。鸠坑乡列入全市首批有机茶小镇试点，金峰乡建成全市首个中华蜂一级保种场。

**选商择资成效显著。**强化精准招商，共引进项目705个，实际到位资金336.51亿元。注重产业招商，成功引进玉郎巨星文创乐园、“大白鲸”水岸城、千岛湖文化艺术园、蓝城十八坞农业等一批产业项目。注重招商引税，引进微贷网、天天快递等税源类项目17个。召开首届淳商大会，组建北京、上海等7个异地淳安商会，引进淳商回归项目98个，实际到位资金12.24亿元。加快外向型经济发展，实际利用外资3.87亿美元，实现自营出口8.83亿美元。

**(三) 坚持城乡统筹、美富并重，城乡面貌深刻变化**

**城市向秀水名城迈进。**围绕打造整洁有序、温馨文明的国际旅游小城市，突出多规融合，启动县域总体规划修编，完成土地利用总体规划中期调整。出台全省首个县级城市风貌管理办法，实施沿湖沿线农民建房带方案审批。完成千岛湖大道、阳光路、新安北路等重要路段和入城口景观提升改造。“四大中心”主体完工，秀水广场、珍珠广场、规划展览馆、滨湖景观飘带、七彩阳光花海等建成开放。完成老旧小区物业改善138万平方米。改造光伏智能公交站棚100个，微公交、公共自行车投入运行，开通汾口集镇公交。实施城区常态化、全天候保洁，推行“三包五定一整合”城管新模式，启用数字城管新中心，开展建筑工地、工程渣土运输、户外广告等专项整治。完成千岛湖镇排岭村、东庄村撤村建居工作。高分通过“国家卫生县城”、“省级文明县城”复评，成功创建中国宜居城市。

**农村向富丽乡村提升。**坚持基础提升和产业培育并重，推动美丽乡村向富丽乡村升级，连续5年荣获浙江省新农村建设优秀县。推进5个中心镇、30个中心村、47个精品特色村建设，建成一批基础设施、公建配套和产业发展项目，转移集聚农民1.03万人。实施富丽乡村示范培育计划，建成鳌山渔村、富泽畲族乐园等示范项目。推进农村产权制度改革，出台农村土地流转经营权确权登记和抵押贷款办法。农村生产、供销、信用“三位一体”改革全面推进，完成农村集体经济股份制改革。深化区县协作、联乡结村，落实市县帮扶资金7.3亿元。强化扶持和培育，村集体经济可分配收入从6940万元增加到1.18亿元。

**基础向便民利民完善。**累计投入交通基础设施建设资金73.03亿元，县域交通网络不断完善。杭黄铁路淳安段完成形象进度67.8%。千黄高速公路淳安段配套工程动工建设，争取国补资金23.17亿元。淳杨公路、屏河公路、金富公路改建和梓桐接线等工程建成通车，丰茂半岛连接线、潭唐公路屏门至郑中段改建、昌文公路临岐至紫槽岭段改建等工程全面动工，千岛湖汽车客运北站、汾口客运中心投入运行。完成农村公路大中修、安保设施和联村联网工程1311千米。成立全省首家县级水上搜救中心，中心湖区水陆加油站建成营业。完成392千米农村河道整治，清淤48万立方米。建成110千伏虹桥变、半岛变、珍珠变等供电设施，完成新一轮城乡电网改造。电信光纤、移动4G网络实现行政村全覆盖。

**（四）坚持以人为本、惠民利民，社会民生全面提升**

**民生事业繁荣发展。**连续出台教育新政，深化教育区域联盟集团化办学，2016年高考成绩取得突破。建成县职教中心、千岛湖镇六小等一批教育设施，引进建兰中学、睿达实验学校等民办教育机构。成功创建国家义务教育发展基本均衡县。深化公立医院改革，实施医疗服务“双提升”工程，县级医院省市托管和资源下沉在全省率先实现全覆盖。完成县一医院、妇保院等一批卫生项目，引进黄锋康恩、千湖口腔等民营医疗机构。成功创建省级卫生强县和慢性病综合防控示范县。“全面两孩”政策稳妥实施，人口计生指标执行良好。加强公共文化服务体系建设，组建专业睦剧团，淳安竹马入选国家非遗保护目录。完成105处村级文化设施建设和92处农村历史建筑修缮，建成103个农村文化礼堂。

**保障水平大幅提升。**完善就业创业扶持政策，推行智慧化就业服务，城镇登记失业率控制在2.85%以内。出台人才新政，成立2家博士后工作室，229套人才公寓投入使用。城乡基础养老金由每人每月70元提高到150元，基层医疗机构门诊、住院报销比例分别提高到50%和80%。稳步推进机关事业单位养老保险制度改革，连续五年提高企业退休人员养老金。开展企业职工“双爱”活动，加强防欠薪联动处置。千岛湖养老服务中心主体完工，逸和源·千岛湖颐养中心投入试运行。建成437家居家养老服务照料中心，实现村（社区）全覆盖。实施60周岁以上老年人意外伤害保险和城乡客运车辆优惠乘车政策。扎实开展低保扩面提标和“春风行动”救助，城乡低保标准分别提高到每人每月660元、594元，全面消除家庭人均年收入低于4600元的贫困现象。建成3708套保障性住房。县残疾人康复（托养）中心项目竣工，增设汾口残疾人评定点，助残直通服务车实现全覆盖。

**社会更趋和谐稳定。**深化“平安千岛湖”建设，圆满完成G20峰会维稳安保任务，省级平安县创建有望实现“十二连冠”夺取金鼎。创新开展信访“五项治理”，信访主要指标大幅下降。深化隐患大排查大整治，突出抓好交通运输、建筑施工、消防安全等重点领域监管，安全生产形势保持总体稳定。强化应急管理，建立“110”社会应急联动机制，健全防灾减灾体系，有效应对各类突发事件。与此同时，档案、民宗、外事、人民武装、国防动员、人民防空等工作得到加强，工青妇、科协、文联、红十字、关心下一代、住房公积金等事业健康发展。

**（五）坚持转变职能、改革创新，自身建设不断加强**

**严格依法行政。**坚持重大事项向县人大及其常委会报告、向县政协通报，自觉接受县人大的法律监督、工作监督和县政协的民主监督，认真听取各方面意见和建议，办理县人大代表建议和县政协委员提案2280件。深入实施政府常务会议学法、政府法律顾问制度，实现县、乡（镇）、村三级法律顾问全覆盖。圆满完成“六五”普法任务。深化开放式决策机制。完成新一轮政府机构改革和乡镇国土资源“一乡一所”设置。

**注重务实为民。**深化行政审批制度改革，完成“四张清单一张网”建设，建立投资项目行政审批联席会议、部门审批和中介服务连带考核等制度。成立行政服务中心汾口分中心。深入开展“服务企业、聚力发展”等系列行动，突出“政策、审批、金融、商事、环境”五大服务，切实帮助企业解决实际问题。出台新一轮产业扶持政策，设立企业转贷资金、农业和旅游文化产业基金，成立民间融资服务中心。千岛湖人免费游千岛湖等县政府为民办实事圆满完成。

**加强廉政建设。**全面落实党风廉政建设责任制,认真落实中央"八项规定"精神及作风建设有关要求,强化行政监察和审计监督,加大违纪违法案件查处力度。开展工程建设领域和政府投资项目招投标整治专项行动,规范项目标前、标中、标后监管。严格行政事业单位预算编制与控制,实施政府投资项目和政府采购项目信息公开。坚持勤俭办事,实施公车改革,"三公"经费逐年下降。

回顾五年来的发展历程,淳安之所以取得良好的成效,主要得益于:**始终坚持生态优先,绿色发展。**坚定"绿水青山就是金山银山"发展理念,精心呵护千岛湖一流的生态环境,科学把握保护与发展的关系,推动"秀水"与"富民"共赢。**始终坚持发挥优势,开放发展。**坚定不移走特色化、差异化发展之路,大力发展具有淳安特色的新兴产业,积极培育税源经济,为淳安加快发展积聚后劲。**始终坚持统筹兼顾,协调发展。**坚持做精城市与做美乡村并举,改善基础与促民增收共推,推动城乡统筹一体化发展。**始终坚持高效优质,创新发展。**始终以改革的勇气和魄力推进政府职能转变和社会管理创新,不断提高行政效能。**始终坚持惠民利民,共享发展。**坚持既要量力而行,更要尽力而为的理念,统筹推进经济与民生事业同步发展,着力提升群众生活品质,努力使改革发展成果惠及全县人民。

各位代表,过去五年取得的成绩来之不易。这是上级党委、政府和县委正确领导的结果,是县人大、县政协有力监督支持的结果,是全县人民团结拼搏、克难攻坚的结果。在此,我谨代表县政府,向各位人大代表、政协委员,向社会各界人士,向各驻淳单位、驻淳部队,向所有关心、支持和参与淳安建设与发展的同志们、朋友们表示崇高的敬意和衷心的感谢!

在肯定成绩的同时,我们也要正视工作中存在的问题和不足。**主要表现在:**千岛湖水质面临富营养化风险,上游来水水质尚未根本改善,城乡环保设施建设运维还有待进一步加强,始终保持Ⅰ类水体的压力越来越大;传统产业转型较慢,水饮料等具有比较优势的产业未取得突破,旅游引领带动作用发挥不够,新兴产业还刚起步,产业投资可持续增长压力不小,发展新旧动能转换不快;农村加快发展任重道远,区域发展的不平衡性还较为突出,偏远乡镇发展基础还比较滞后,农民增收渠道还有待进一步拓展;部分工作人员服务意识、办事效率和担当意识仍有差距,发展环境有待进一步改善。对这些问题,我们必须认真研究,在加快发展的过程中,采取有力措施,切实加以解决。

**二、今后五年的指导思想和奋斗目标**

今后五年,是淳安高水平全面建成小康社会的决胜阶段。根据县十四次党代会精神,今后五年淳安总的工作指导思想是:**以邓小平理论、"三个代表"重要思想和科学发展观为指导,深入贯彻习近平总书记系列重要讲话精神,统筹推进"五位一体"总体布局和协调推进"四个全面"战略布局,落实五大发展理念,坚定秀水富民路,建设康美千岛湖,着力构建康美环境、康美产业、康美生活三大体系,锻造康美团队淳安铁军,为争当全国践行"两山"理论标杆县而努力奋斗。**

今后五年经济社会发展的总体目标是:

**——县域总体发展水平进位争先。**到2021年,生产总值超350亿元,地方财政收入超26亿元,在全省加快发展县中走在前列,康美千岛湖成为全国知名的县域特色品牌。

**——千岛湖综合保护模式基本构建完成。**生态保护、环境治理、资源节约水平进一步提升,千岛湖三个国控断面全年保持Ⅰ类水质,力争县内支流断面水质全部达到Ⅰ类,建成国家级生态主体功能区示范区,成为全国可借鉴可复制的湖泊型生态文明建设典范。

**——康美产业体系基本形成。**五年投资总量达到1000亿元以上，其中产业投资保持年均20%以上增幅，三产服务业占比力争达到60%，以生态、绿色为特征的康美产业真正成为富民强县的主支撑。

**——城乡发展呈现新格局。**城乡环境美丽颜值进一步提升，小城镇人口集聚度、产业辐射度进一步增强，内外交通衔接更紧密、进出更便捷，县域大景区成效全面显现。

**——民生事业跃上新水平。**城乡居民人均可支配收入年均分别递增11%和12%以上，社会事业、社会治理水平不断提升。

三、2017年政府工作的主要任务

2017年是坚定秀水富民路，建设康美千岛湖，争当全国践行"两山"理论标杆县的起始之年，也是新一届政府的开局之年。**今年我县发展的主要预期目标是：**生产总值增长8.5%以上，服务业增加值增长13%以上，农业总产值增长6%以上，规上工业销售产值增长5%以上，地方财政收入增长8.5%以上，固定资产投资增长8%以上(其中产业投资增长20%以上)，社会消费品零售总额增长12%以上，城镇常住居民人均可支配收入增长11%以上，农村常住居民人均可支配收入增长12%以上。

针对上述预期目标，2017年政府工作着重抓好以下五个方面：

**(一)强化精准保护，着力构建生态建设新模式**

围绕争创全省首批"无污水直排县"，落实千岛湖环境质量管理规范，深化"五水共治"，提升康美生态环境，推动绿色发展。

**拉高治污标准。**坚持城乡并举、水陆并进、整转并推、建管并重，不断提升治污能力。**城镇治污再提升。**完善城区污水处理设施，推进南山、城西、坪山污水处理厂扩容和提标改造。**农村治污再完善。**完成90个农村生活污水治理提升改造项目和45个农居点治污工程建设，新建196处农村建筑垃圾填埋场。完善农村污染监管机制，压实"五位一体"责任，提升治污设施运维效果。**湖区治污再深化。**加大景区、景点、船舶、酒店等污水统一收集处置监管，实施内湖库湾清污整治行动，提高湖面垃圾打捞机械化水平。

**深化综合保护。**按照山水林田湖共治要求，构建全方位、系统性、特色化的综合保护格局。**强化原生态保护。**开展森林资源二类普查，启动磨心尖省级自然保护区创建。推进林相改造、环湖森林景观修复和森林病虫害防治，创建省级森林城市。实施汾口武强溪湿地保护一期工程，完成枫树岭等生态水电示范区建设。强化渔业资源保护，开展增殖放流和禁渔活动。**深化面源污染治理。**稳妥推进光大环保能源项目，完成双柏岭垃圾填埋场二期扩建工程。新实施10个乡镇农村生活垃圾分类，实现垃圾分类乡镇全覆盖。完成河湖库塘清淤28.6万立方米。积极推进"五气共治"，实施砖瓦、缫丝、矿山等五大行业整治。**完善智慧环保体系。**完成鸠坑口国家水质自动监测站升级改造，开展上游来水分析等课题研究，推进污染源在线监控监测系统建设，建立生态环境大数据库，形成千岛湖环境"一图一网"管理模式。

**构建共保格局。**严格落实千岛湖及新安江上游流域水资源与生态环境保护综合规划，全力推动中央山水林田湖生态修复工程试点和世界银行贷款项目实施，积极争取全流域共保共投共享政策，推动建立与上游联动保护机制。深化"河长制"，推进排污权有偿使用。落实自然资源资产责任审计和环境损害责任追究制度，强化环保网格化、移动式巡查执法，构建更加科学的生态文明建设体系。

**(二)强化特色发展,着力培育绿色产业新优势**

围绕加快生态富民,坚定产业发展方向,加快构建康美产业体系,推动创新发展。

**大力发展大旅游产业。**深入推进旅游全域发展,积极争创国家旅游休闲示范城市,打响“度假千岛湖”品牌。**做精湖区游。**启动三潭岛改造,推进西南湖区遂安列岛开发,加快东北湖区码头建设。推出“湖区旅游+”主题线路,优化提升“穿越千岛湖”等休闲游产品。深化景区精细化管理,开展景区专项整治。**做深城市游。**加快城市旅游产品开发,推进千岛湖国际商务度假中心、三特牧心谷户外休闲运动基地等项目建设,伯瑞特酒店建成营业。实施城中湖景观灯光提升工程,推进骑龙巷慢生活休闲街区、城市公共艺术小品等建设。挖掘培育本地特色餐饮美食,编制美食地图,打造鱼头广场美食集聚区,啤酒小镇建成开街。**做特乡村游。**围绕打造环湖休闲度假圈,完成白小线改造提升、中洲镇政府至纪念馆公路拓宽改建,推进茶园风情小镇、金峰摄影小镇开发,安麓酒店建成营业。加快休闲度假业态培育,优化绿道运营管理,新建富文、左口等10条绿道支线,界首栗原小村、浪川隐居等6个精品民宿建成营业。推动姜家文渊狮城、里商大千古街等特色商业街发展。**做响全域游。**深化全域旅游品牌营销,推动湖区观光与城区休闲、乡村度假的互融互动。完善旅游接待设施,建立健全覆盖全县的智能服务及监管体系。加强旅游行业管理,优化游客投诉处理机制,提高游客满意度。精心组织秀水节系列活动,打响千岛湖旅游品牌。

**提升发展绿色农业。**发挥生态优势,推动有机农产品全域化发展,打响“有机千岛湖”品牌。**强化规模化经营。**完善入股、托管等土地流转模式,新启动10个现代农业园区建设。发挥农合联作用,提升农业组织化、规模化、市场化水平。加大龙头企业、合作社、家庭农场等主体引进培育力度,积极推进农业“机器换人”,鼓励发展林下经济,稳定蚕桑产业,推动茶、果、竹和中药材、油茶、食用菌等优势产业做大做强。**提升生态化品质。**开展省级农产品质量安全放心县创建,建成农产品质量安全追溯管理平台。推进统防统治、有机肥使用等生态循环农业模式,实施耕地保护补偿试点。**打造特色化品牌。**深化鸠坑茶、淳安花猪、中华蜂等原种保护开发工程,推动临岐中药材小镇、鸠坑有机茶小镇建设。加大“千岛湖”农产品区域公用品牌推介力度,举办第三届斗茶大会等农事节庆活动。

**培育发展康体养生产业。**围绕打造全国湖泊养生基地,鼓励发展体验养生、康体疗养产业,打响“养生千岛湖”品牌。**注重医养结合。**引进知名医疗保健机构、高端养老品牌企业,加快中医药养生、健康管理等产业发展,千岛湖億美医院建成营业。**注重游养结合。**开发养生游、养心游、美容游、慢生活体验等系列产品,争取各级疗休养基地落户淳安,加快石林富德等3个康美村和千岛湖生物谷康美集聚区建设,推进龙川湾国际禅修中心建设。**注重食养结合。**依托生态农林果及中药材资源,开发中医药文化展览、药膳、养生菜、中药健康食品等衍生产品,打造健康美食产业。

**积极发展高端制造业。**以转型升级、扩量提质为主攻方向,积极培育发展新能源、新材料、运动休闲装备等高端制造业,打响“智造千岛湖”品牌。**推动企业做强。**深入开展工业企业综合评价,加快要素资源向优质企业集聚。鼓励企业利用资本市场,引导企业做强做大。深化“零土地”技改,完成工业投入34亿元。推进小微企业三年成长计划,新增小微企业500家,完成个转企50家。**注重产业转型。**开展优质山泉资源普查,编制水产业发展规划,推动水产业基地建设。加快修正健康饮品、中植新能源整车装配、谷神技改等项目建设。推进传统产业"两化融合"，鼓励纺织、服装等传统工业改造整合提升。深化电子商务公共服务体系建设，新增电商经营主体400家。**强化科技支撑。**推进科技孵化器等创新平台建设，引导企业加大科技研发和技术改造投入，承担重大科技专项研究和产学研合作项目。实施创新主体培育计划，新增市级以上科技型企业8家，实现高新技术产业增加值增长12%以上。

**加快发展新兴产业。**积极发展文化创意、总部经济等新兴产业，打响"创意千岛湖"品牌。**培育文创产业增活力。**完善扶持政策，加强与影视企业、高等院校、高端影楼对接，积极引进影视拍摄、艺术创作、婚纱摄影、动漫制作等项目。加快推进玉郎巨星、中南影视等文创园建设，建成求坑文创村一期和"醉美千岛湖"摄影创作基地，启用青溪新城创意工坊，千岛湖文化艺术园一期对外开放。**壮大总部经济扩税源。**积极培育本土企业总部，鼓励引进区域性总部和研发、营销、结算等功能型总部落户，加大创投基金、股权基金、财富管理机构等招引力度，税收亿元楼实现零的突破。

**（三）强化对接融入，着力拓展开放发展新局面**

围绕发挥"两高"时代新优势，积极拓展对外开放广度和深度，打响康美千岛湖品牌，推动开放发展。

**注重接轨融入。**以提升千岛湖旅游和会展国际化水平为目标，抢抓杭州城市国际化战略、G20峰会溢出效应和杭州亚运会等机遇，主动对接杭州打造国际会议目的地，积极引进承办文化交流、峰会论坛等国际会议会展，办好自行车、游泳、马拉松等国际体育赛事，全力竞办亚运会项目。主动对接杭州建设国际重要旅游休闲中心，鼓励发展国际旅行社，加快打造与国际接轨的游客服务体系、导游服务队伍和旅游环境。主动对接杭州建设东方文化国际交流重要城市，充分挖掘茶叶、茧丝等产品的新安文化元素，增强千岛湖的国际吸引力。

**强化平台对接。**围绕"两高"时代，针对性地开展产业发展功能和空间布局战略研究，科学谋划撤村建居、高铁高速沿线地块储备与开发建设，统筹布局产业发展空间。推动经济开发区空间产业规划修编，突出抓好大地区块、汾口浪川城乡统筹产业集聚区等平台开发，主动承接新兴产业项目落地。推进杭州敏迪科技大厦建设。围绕争创国家级旅游度假区，加快排岭半岛存量资源盘活，推进进贤湾和界首区块开发建设。围绕建设高铁小镇，大力发展旅游度假、健康养生、高端制造等产业。围绕争创省级特色小镇，加快推进西坡山乡度假酒店、云水江南等项目，推动姜家乐水小镇建设。

**加大招商引资。**坚持精准化、精品化招商，推进闲置资源开发利用，推动珍珠半岛中轴溪等区块特色招商，力争在水饮料、农林产品精深加工、特色旅游产品等重点招商上取得突破。紧扣全县产业投资、乡镇税收分别增长20%的目标，狠抓精准招商，实施重点招商项目攻坚行动，精心组织开展主题性招商推介活动。围绕主攻方向，瞄准重点地区、重点企业和产业链，组建专业招商引资小分队，积极敲门招商，大力引进大旅游、绿色农业、康体养生、高端制造、文化创意、风投总部等康美产业项目。精心办好第二届淳商大会，深入推进淳商回归工程。优化招商引资环境，健全"1＋X"招商体系，落实招商分成机制，强化招商项目跟踪服务，全年力争新引进项目115个，实际到位内资62亿元以上。

**（四）强化城乡统筹，着力提升县域景区新水平**

围绕建设美丽新城乡，坚持建管并重、产城融合，加快提升康美城乡环境，推动协调发展。

**建设国际旅游小城市。**以创建浙江美丽县城为目标,推进千岛湖镇重点生态功能区小城市培育,提升城市建设管理水平。**注重精准规划。**按照多规融合要求,完成县域总体规划修编,推进城市设计全覆盖,加强城市总体风貌把握和地下空间开发利用,强化沿湖沿线建设项目规划管控。**注重精致建设。**坚持还湖于民、还绿于民,落实临湖项目建设退湖规定,丰富城市色彩。启动新安南路街景立面改造,完成千岛湖大桥至05省道入城口景观飘带、浪达岭高山支路改建、里联至旅游码头接线、渔港路延伸等项目。围绕产城融合,加快推进"大白鲸"水岸城、县级电子商务产业园等项目建设,青少年活动中心等"四大中心"建成投入使用。**注重精细管理。**深化城市执法体制改革,推进智慧城管建设,构建与旅游城市相适应的城市运行管理机制。强化卫生保洁动态监管,推行城市管理严管街、挂牌督办等制度,深化户外广告、工程渣土运输等长效管理。切实提升物业管理水平,开展柴间车库违规改变用途、毁绿种菜等专项整治。**注重文明提升。**深化省级文明示范县城创建,开展"礼让斑马线与规范通行""城市拍客""微笑亭"等文明活动,推动城市由形态美向内质美提升。

**培育独具韵味小集镇。**按照"淳安韵味、乡土记忆、民俗风情、全域旅游"的要求,坚持"三态"并举、"五化"同步,全面推动小城镇环境综合整治。突出规划引领,加强集镇风貌管控,完成瑶山、王阜等乡镇集镇整治规划编制。强化环境提升,中心镇成立城管中队,推动综合执法向乡镇延伸覆盖,开展环境卫生、城镇秩序、乡容镇貌集中整治,推动威坪滨湖新城、宋村渔乐小镇等特色集镇建设。注重产业培育,立足资源禀赋、文化特色,推动中洲红色旅游、石林港湾运动、梓桐书画等特色小镇建设。

**打造富丽乡村升级版。**坚持"三美"并举,实施百源经济工程,争创省级"美丽乡村"示范县。**提升环境美。**按照"畅通、安全、舒适、优美、生态"的标准,开展美丽公路创建,实施淳杨公路、梓桐连接线等绿化提升工程,推动旅游公路向公路旅游转型。围绕打造丰富多彩、错落有致、自然和谐的"淳派民居",推进美丽庭院、最美农居评选,实施150个村生态修复。深化清洁乡村工程,推进农村河道综合整治,打造10条最美河道。巩固"无违建县"创建成果,长效推进治危拆违、防违控违。**突出产业美。**加大村级带富"领头雁"培育和农村特色产业基地建设,完成农村土地承包经营权确权登记颁证,推动民宿民居、来料加工等富民产业发展,构建"一源一特色"的农村产业发展格局。**注重生活美。**推进枫树岭和里商集镇自来水厂建设,完成200处地质灾害治理。深化区县协作和联乡结村,扎实推进低收入农户收入倍增计划,壮大村集体经济。

**构建配套完善城乡基础。**完成杭黄铁路主体工程,千黄高速公路淳安段全线动工建设。加快杭黄铁路千岛湖站互通、站前广场、05省道文昌火车站至千岛湖镇快速路等项目配套。扎实推进丰茂半岛连接线、潭唐公路屏门至郑中段改建、昌文公路临岐至紫槽岭段改建、鲍沈公路改建、淳开公路与千威公路连接线等项目建设。完成20千米中小河流分段治理重要堤防建设,实施29座山塘水库除险加固工程。完成110kV淳安变改造,推进220kV浪川变等电力基础设施建设。

**(五)强化民生保障,着力筑就康美生活新品质**

围绕打造淳朴安康示范县,推进"民富淳安、文明淳安、健康淳安"建设,构建康美生活体系,推动共享发展。

**加快社会事业发展。**深化省教育现代化县创建,实施"名师名校名校长"工程,促进各类教育均衡发展。启动千岛湖第七小学、南山学校初中部综合楼新建等工程，青溪小学迁建工程主体完工。开展省级综合医改试点，创新医院管理机制，加快卫生人才引进培养，推动县一医院、中医院“三乙”创建。启动县一医院二期工程和中医院后勤综合楼建设，新富骨伤新院区投入使用。深化分级诊疗和责任医生签约服务工作，实现居民签约率达30%以上。落实国免优生政策，提高人口生育质量。实施文化惠民工程，推进县博物馆（移民馆）建设，积极鼓励社会力量参与文化公益项目。完成50处村级文化设施建设和10处农村历史建筑修缮工程。积极做好民族宗教、外事、港澳台侨事务、工青妇、科协、文联、红十字、关心下一代等工作。

**健全社会保障体系。**推行就业创业智慧化服务，搭建多层次的求职招聘交流平台，实施创业人才培养计划，推动创业带动就业。深化“淳籍大学生回归”工程，建立高层次人才信息库，推进人才驿站建设，积极做好引才、留才、育才工作。完善基本养老、基本医疗保障制度，强化“五费合征”，探索实施第三方机构参与“政保合作”。深化企业职工“双爱”活动，强化欠薪防范和联动处置，构建和谐劳动关系。开展养老服务业综合改革试点，启用千岛湖养老服务中心，新建12个以上乡镇居家养老服务照料中心。完善农村支付体系，实现银行助农服务点行政村全覆盖。强化城乡低保动态监管，落实临时救助办法，推进残疾人全面小康工程。

**保持社会安全稳定。**巩固G20峰会维稳安保成果，完善维稳形势分析研判制度和社会风险排摸化解机制，深入推进“平安千岛湖”建设。深化信访“五项治理”机制，畅通和规范基层信访渠道，有效预防和妥善调处各类社会矛盾。深化“1+X”安全生产责任体系建设，推行社会化服务，确保安全生产形势总体平稳。推进食品药品全环节、智慧化监管。稳妥推进村委会、社区居委会换届选举工作。健全突发公共事件应急处置机制，有效应对各类突发事件。深化双拥共建活动，加强人民武装和国防教育，认真抓好征兵、优抚安置、人民防空、民兵、预备役工作。

**认真办好实事工程。**今年县政府将办好以下十件实事：**一是**启动百源经济工程，完善绿道网络，加强产业配套，集中资源打造千岛湖镇汪家源、姜家镇龙源溪等10条源，推动环境提升、产业成带、农民增收。**二是**强化农村用电安全保障，优化改造200千米农村电网线路，为每个行政村配备1名农村用电安全员。**三是**深化市民卡“一卡通”服务，开通杭州地区（含本县及周边县市）80%以上医保刷卡点，推行市民卡在杭州区域内交通、商务互通服务，方便市民看病出行购物。**四是**全面启动小城镇环境综合整治，完成首批11个乡镇集镇综合整治，打造一批具有淳安地方特色、体现千岛湖味道的特色风情小城镇。**五是**推进公共服务均等化，新建10千米登山健身步道，改建体育休闲公园、体育角3处，在城区设立8个新安书屋，实施瀛山书院遗址保护工程，全年送戏140场、电影3000场、图书20000册。**六是**投资5000余万元，完成11个老旧小区居家养老服务用房改造建设，整治背街小巷10万平方米，提升老旧小区品质。**七是**围绕群众办事“一扇门办理”、“一条龙服务”的要求，启用新行政服务中心，引进标准化管理系统，打造功能齐全、管理科学、审批高效的行政服务体系。**八是**推动农房设计服务由沿湖沿线向全县扩面，为全县农民建房免费提供通用图集和图纸修改服务，提升农村建房品质。**九是**推进城乡教育均衡发展，完成80个城乡学校教育教学设施改善和50处校舍维修改造工程，启动老年大学新建工程。**十是**加大农村基础设施建设，实施农村公路大中修245千米，新建港湾停靠站30个，建设林道150千米，新建修缮农用桥50

座,解决60个村特殊气候条件下的饮水困难问题。

**四、进一步加强政府自身建设**

新形势、新目标、新任务,对政府工作提出了新的更高要求。政府及政府各部门必须始终秉持实干担当、奋勇争先的精神,着力打造法治、创新、绩效、阳光政府。

**坚持依法行政,打造法治政府。**围绕建设法治淳安的要求,全面推进“七五”普法,严格按照法定程序、法定权限、法定职责行使权力。尊重法治规范,自觉接受县人大的法律监督、工作监督和县政协的民主监督,主动接受司法监督、舆论监督和社会监督,认真抓好人大代表建议和政协委员提案办理工作。深化开放式决策机制,完善重大决策咨询、听证和责任追究制度。突出法治重点,严格行政执法责任制,优化顶层设计,强化各规划间的衔接互动,推进项目科学落地。

**注重深化改革,打造创新政府。**围绕更好地适应速度转轨、结构转型、动能转换的新形势、新要求,力推改革创新。深化政府机构改革,全面推进乡镇内设办事机构差异化设置,加快经济开发区等平台管理扁平化改革,研究乡镇工业功能区整合管理的机制。深化国有企业改革,突出效益导向,引进战略投资者,加快推进茧丝绸总公司混合所有制改革,实施旅游集团股份制改造,推动千岛湖旅游上市。深化旅游管理体制改革,理顺职能权限,探索设立市民游客中心,成立旅游警察大队。深化投融资体制改革,严控政府债务,力推产业基金、PPP等投融资新模式。深化行政审批制度改革,完善项目“前期办”运行机制,积极推动审批环节瘦身,常态化推行并联审批、模拟审批。

**突出优质高效,打造绩效政府。**行政讲效率,进一步完善政府运行机制,大力精简会议和文件,提倡开小会、开短会,对可发可不发的文件坚决不发。资金讲效益,树立“有限政府”思维,在提供社会公共服务上,不搞大包大揽。在政府投资项目和财政资金安排上,不搞平均分配,鼓励多干事、褒奖干成事。坚持集中财力办大事,对中心和重点工作,统筹各项资源重点保障,确保干事成事。工作讲效能,强化工作执行,对议定和交办的事项,要做到马上就办、办就办好,坚决治理不作为、慢作为、乱作为。

**强化履职担当,打造阳光政府。**牢固树立开放发展理念,鼓励走出去向先进地区学习取经,开阔眼界,更新观念。营造关心关爱干部工作氛围,加强乡镇“两室两堂”建设,鼓励开展财政金融、城乡建设等领域业务培训,增强干部工作热情和主动服务意识,推动阳光干事。注重廉洁自律,严格落实规划土地联席会议、城规委、招管委、编委会、财审会等政府议事制度,强化对重大项目、财政资金、村级财务等重点领域和关键环节的审计监察,做到慎小慎独慎权。严格落实中央“八项规定”精神和省市作风建设各项要求,注重节俭办事,压缩“三公”经费,努力降低行政成本。

各位代表,辉煌成就令人鼓舞,美好蓝图催人奋进。让我们紧密团结在以习近平同志为核心的党中央周围,在市委、市政府和县委的坚强领导下,紧紧依靠全县人民,倍加珍惜千载难逢的历史机遇,倍加珍惜来之不易的发展势头,开拓创新,砥砺奋进,坚定秀水富民路,建设康美千岛湖,为争当全国践行“两山”理论标杆县而努力奋斗!

参阅资料一：

# 《政府工作报告》名词解释

1. **“一巡多功能”**：整合公安、城管等11个部门执法资源，组建联合执法队伍，建立完善日常巡查、交办督办、情况通报、责任追究等机制，对县域主干道及千岛湖湖岸线两侧各100米可视范围内的建设、环境、治安、交通、管理等七个方面的问题进行综合巡查，破除职能交叉、权职不清、多头管理、监管缺位等问题。

2. **“两路两侧”“四边三化”**：“两路两侧”是指公路、铁路的两侧；“四边三化”是指在公路边、铁路边、河边、山边等区域开展洁化、绿化、美化行动。

3. **千岛湖环境质量管理规范**：该规范包括最严格的环境准入标准、最严格的污染物排放标准、最严格的环境监管标准和更优的环境质量标准四大内容，将为开展新一轮千岛湖综合保护提供更为精准、更为科学的环境质量标准。

4. **五个“中国好水”水源地**：2015年，中国环境科学学会组织专家，对全国水源地进行20项指标综合评价，评出五个“中国好水”水源地，千岛湖名列其中。

5. **“穿越千岛湖”**：从千岛湖夜游码头至姜家西南湖区码头的水上航线，途径梅峰岛、遂安列岛水上迷宫，穿越湖区，连接城区和乡村。

6. **“四退四进”**：退二进三、退小进大、退低进高、退弱进强。

7. **医疗服务“双提升”**：通过加强等级创建、学科建设、人才培养等重点工作，推动医疗卫生、公共卫生、爱国卫生、计生服务再上新水平，实现服务能力和服务品质“双提升”。

8. **五位一体**：经济建设、政治建设、文化建设、社会建设和生态文明建设构成的中国特色社会主义事业总体布局。

9. **四个全面**：全面建成小康社会、全面深化改革、全面依法治国、全面从严治党。

10. **五大发展理念**：“创新、协调、绿色、开放、共享”的发展理念。

11. **“两山”理论**：“绿水青山就是金山银山”理论。

12. **省级自然保护区**：为保护生物多样性和自然遗产资源，依法划出一定面积予以特殊保护和管理的区域。按层级划分为国家级和地方级自然保护区，其中地方级自然保护区又分为省级、市级和县级。

13. **环保“一图一网”模式**：依托环保智慧平台，接入所有千岛湖环境管理数据，形成环境信息化网络，并与空间数据进行结合，实现千岛湖监控点位分布图及实时数据查看，在高分地图上展现环境现状和发展趋势。

14. **“醉美千岛湖”摄影创作基地**：通过培育一批“醉美千岛湖”最佳摄影创作点，推出若干条规划合理、资源丰富的摄影创作线路，举办摄影主题赛事及展览活动，打造千岛湖摄影文创特色品牌。

15. **“1+X”招商体系**：“1”是指利用招商引资项目预审、三级推进服务机制搭建的服务平台，“X”是指针对我县重点产业组建的专业招商小组，通过对内服务和对外招商的方式构建的招商体系。

16. **“城市拍客”**:借助智慧城管软件平台,利用微信、微博等方式,鼓励市民群众开展“随手拍”活动,对违反城市管理的行为进行爆料,并通过数字城管指挥中心进行派遣整改。

17. **“三态”并举、“五化”同步**:“三态”是指形态、业态、生态;“五化”是指洁化、序化、亮化、美化、文化。

18. **“政保合作”**:通过引入符合准入条件的商业保险机构,发挥其市场、专业、网格等优势,共同参与政府在医疗保险监管、经办等全过程的管理服务合作,提升医保服务管理水平。

19. **PPP**:Public-Private Partnership 的简称,即政府和社会资本合作建设公共基础设施的一种项目融资模式。

20. **“两室两堂”**:办公室、寝室;食堂、澡堂。

参阅资料二：

# 二〇一六年县政府为民办实事工程完成情况

1. 老年人关心关爱工程

**年度目标：**对我县老年人乘坐县内城乡客运车辆实行优惠政策，其中对全县70周岁以上（含70周岁）的老人实行免费，60～69周岁老人实行半票优惠；新建和改造提升40家居家养老照料中心，对管理规范、运营正常的给予3万～5万元的运营补助。

**完成情况：老年人乘车优惠政策，**2016年4月5日，县政府出台了《关于扶持农村客运发展的实施意见》，对我县老年人乘坐县内城乡客运车辆实行优惠政策，其中对全县60～69周岁老人实行半票优惠，对70周岁以上（含70周岁）老年人、伤残军人和二级及以上残疾人员等优抚对象实行免费乘车。政策于2016年4月20日起施行，截至2016年12月31日，县内城乡客运享受优惠政策总人数107万人次，占总客流量的35.7%，共减免乘车费用585万元。其中，享受半票优惠49.5万人次，全免57.5万人次。**居家养老照料中心，**全年新创建居家养老服务照料中心160家，实现了行政村、社区、居委会全覆盖。出台《淳安县居家养老服务照料中心运营补助办法》，对验收达标的105家照料中心给予3万～5万元的运营补助，共发放补助费419万元。

2. 农村自来水改造提升工程

**年度目标：**实施3个乡镇和60个村的自来水设施改造提升工程，努力提高农村饮用水保障能力。

**完成情况：石林镇集镇自来水厂，**项目总投资450万元，建设内容包括新建管理用房1座，铺设管网3公里，水表改造50户等，受益人口600人。项目已完工并开始供水。**梓桐镇集镇自来水厂，**项目总投资1500万元，建设内容包括新建取水堰坝2座、水处理设备1套，铺设取水管道1.8千米、给水管道7千米等，供水规模2000吨/日，受益人口5000人。项目已完工并开始供水。**里商乡集镇自来水厂，**项目总投资822万元，建设内容包括新建清水池1座、管理房1座、减压水池1座、拦水堰坝2座、一体净化设备1套，铺设取水管7.7千米、供水管3.8千米等，供水规模1000吨/日，受益人口1300人。项目已完成土建和管网安装，正在设备安装调试。**60个村自来水设施改造提升，**实际实施了94个村（点），项目涉及全县23个乡镇与青溪新城，受益人口5.89万人。工程建设内容包括新建堰坝121座、过滤池102只、蓄水池74只，铺设管道401千米，新建抽水泵站6座及配套净化消毒设施等，新增供水规模4060吨/天。项目已完工并通过初验。

3. 全民健身基础设施建设工程

**年度目标：**建成千岛湖镇城区2个连片的篮球、羽毛球、网球等球场项目，在汾口镇、威坪镇各建成1个多功能运动场，建成国家登山健身步道一期工程，满足群众多元化健身需求。

**完成情况：千岛湖镇城区2个球场，一为景秀运动球场项目，**主要建设4片连片的露天灯光篮球场，并结合现有的登山步道，规划建设登山入口、健身广场、歇息长廊及配套管理用房。项目已完工并投入使用。**二为阳光体育公园网球场改造项目**,主要对3片网球场的围网、球场地面、灯光、排水、供电等设施进行改造修复。项目已完工并投入使用。**汾口镇多功能运动场**:项目为集篮球、五人制足球、网球于一体的灯光多功能运动场,场地面积1080平方米。项目已完工并投入使用。**威坪镇多功能运动场**:项目为网球场,场地面积1766平方米。工程已于2016年9月完工并投入使用。**安阳乡国家登山健身步道**:主要建设登山步道、营地接待中心、导视系统等。项目已完工并通过国家登山协会现场验收。

**4. 农村道路改造工程**

**年度目标**:实施农村公路大中修245千米、安保工程60千米、病危桥改造16座、隧道照明增设12座提升改造11座,保障群众安全、便捷出行。

**完成情况**:农村道路改造工程包括县乡公路大中修、村道大中修、安保工程、病危桥改造、隧道照明等5类子项目,目前,各项目都已完工,共完成投资2.75亿元。**县乡道大中修**,涉及大上线、郑鸠线、潭唐线、淳开线等22条线路,实施里程105.08千米,投资8800万元。**村道大中修**,涉及建大线、白洞线、大官线等64条线路,投资12854.4万元,实施里程155.7千米,其中大修140千米。**安保工程**,涉及幸里线、姚郑线、儒桃线等35条线路,实施里程60.2千米,投资2000万元。**病危桥改造**,共16座,全部为村道,投资1620万元。**隧道照明增设及提升改造**,隧道新增照明12座,隧道照明改造11座,投资2170万元。

**5. 农村生产生活条件改善工程**

**年度目标**:全年建设主林道100千米、辅助林道50千米,维修农村桥梁30座,建设农村生态停车场30个。

**完成情况**:**林道**,项目涉及21个乡镇的68个村和5个国有林场,主林道69条100千米,辅助林道55条50千米。项目已完工并通过验收。**农村桥梁**,实际新建(修复)桥梁48座,涉及23个乡镇的36个村。项目已完工并投入使用。**生态停车场**,实际新建(改造)停车场63处,共涉及21个乡镇的51个村,新增停车位1000余个。项目已完工并投入使用。

**6. 加大城乡居民社会保障投入**

**年度目标**:城乡居民基本养老保险基础养老金由每人每月130元提高到每人每月150元。

**完成情况**:2016年5月完成城乡居民养老保险基础养老金调整工作,补发2016年1~4月符合享受条件的75219名城乡居民参保人员养老金625万元。从2016年5月起,执行新的标准,对符合享受条件的城乡居民参保人员按每人每月150元的标准进行发放。全年共有77851名城乡居民享受政策。

**7. 农村通信条件改善工程**

**年度目标**:加快推进光纤进村入户工程建设,不断改善农村通信基础设施条件。

**完成情况**:已完成全县425个行政村的光纤入户工作,并完成光宽带迁改平移。

**8. 村级文化设施建设提升工程**

**年度目标**:完成第七轮15处农村历史建筑和50处村级文化礼堂及文化场所修缮工程。

**完成情况**:**农村历史建筑**,15处农村历史建筑已完工并通过验收。**村级文化礼堂**,30个农村文化礼堂已建成并投入使用。**文化场所**,项目涉及22个乡镇的55处村(社区)文化设施建设。49个建设项目和6个整合改造提升项目已全部完工。

**9. 学校师生教学生活改善工程**

**年度目标**:投资5000万元,深入实施学校师生教学生活改善工程。

**完成情况**:学校师生教学生活改善工程包括三大类103个子项目,总投资6135万元。其中,幼儿园改造22个,师生生活设施条件改善38个,校舍维修改造43个。所有项目全部竣工并通过验收。

10. **引才留才环境优化工程**

**年度目标**:创建市级大学生创业园,实现首批入园项目30个;改造三处闲置用房,为在我县创业就业的优秀人才提供180套以上的周转房。

**完成情况**:**大学生创业园**,项目于2016年8月通过竣工验收。2016年9月通过杭州市大学生创业园创建验收。2016年9月22日,大创园揭牌启用,首批32支创业团队入驻,创业项目涉及旅游休闲、科技文创、教育、农产品销售等多个行业。**人才周转房**,原千岛湖镇大楼、原科技局和科协大楼、原卫生局大楼等三处闲置用房已完成改造,共137套,于2016年6月交付使用,已有121名优秀人才入住。原骑龙宾馆于2016年9月20日收回,改造后作为人才公寓使用,现已完成改造,共62套。

# 政协第八届淳安县委员会常务委员会工作报告

(2017年2月6日在政协第九届淳安县委员会第一次会议上)

政协第八届淳安县委员会主席　刘小松

**各位委员:**

我受政协第八届淳安县委员会常务委员会的委托,向大会报告工作,请予审议,并请列席会议的同志提出意见。

## 八届政协工作回顾

县八届政协任期的五年,是我县全面小康社会建设取得重大进展的五年,也是政协事业不断创新发展的五年。五年来,在中共淳安县委的坚强领导和县政府的大力支持下,县政协常委会高举爱国主义和社会主义旗帜,牢牢把握团结和民主两大主题,全力助推蝶变淳安、秀水富民,着力打造"有为、活力、和谐"政协,认真履行政治协商、民主监督、参政议政职能,为推动我县经济发展、社会和谐、人民幸福做出了积极贡献。

五年来,常委会广泛协商建言,主动服务科学决策

常委会按照政治协商"三在前"的原则,紧紧围绕全县经济社会发展的重大问题和事关改革发展稳定的重大事项,积极开展广泛多层的协商议政,努力建睿智之言,献务实之策。

**精心组织全会协商,扩大民主协商广度。**全体会议是委员协商议政最集中、最重要的形式。为提高会议成效,会前,委员们深入开展调研,了解社情民意;会中,委员们通过撰写提案、分组讨论、大会发言等形式,就"两会"报告进行协商建言;会后,及时将意见建议进行归纳整理,报送县委、县政府。五年来,委员们围绕千岛湖水环境保护、特色产业培育、农民转移集聚、农业园区打造、旅游产品开发、社会管理创新等问题进行广泛协商,共有40名委员作大会口头发言,126名委员作大会书面发言,并以《协商意见专报》的形式,有针对性地提出意见和建议320余条。委员提出的意见和建议,得到县委、县政府领导高度重视,有的已纳入县委决策,有的在政府具体工作中得到落实。

**认真开展专题协商,增强民主协商密度。**坚持以政协常委会会议和主席会议为平台,紧扣党政亟待解决、群众普遍关注的热点难点问题,有计划、有重点地开展专题协商。五年来,共召开常委会会议31次、主席会议85次,先后就深化改革的重点领域和关键环节、"五水共治"三年投资计划、推进全县景区化建设、政府投资建设项目安排、游船公司组建及游船公交化运行等16个课题进行专题协商,并以《协商纪要》的形式报送县委、县政

府。围绕"十三五"规划纲要编制工作，委员们在深入调查研究的基础上，提出了合理制定指标体系、强化项目支撑、重视优势特色产业发展、提高县域经济发展水平等建议 20 余条，为规划的完善提供了决策参考。主席会议还围绕住房公积金政策、社会保障政策、县域规划编制、生态环保资金的使用管理与绩效等热点问题，深入开展政情咨询，促进党委、政府决策的科学化和民主化。

**积极创新协商方式，增加民主协商深度。**充分发挥专委会的专业优势，不断加强沟通联系，完善协商议政机制。五年来，各专委会先后围绕金融支持城镇化建设、东北湖区旅游开发、促进房地产健康发展、农村公共文化设施建设、惩处和预防职务犯罪等主题，与相关部门开展对口协商，形成协商建议成果 35 份，有关科学编制"十三五"电网建设、高品质开发东北湖区旅游等 23 份建议得到了县委、县政府主要领导的批示肯定。积极推进界别协商，组织各界别委员就县政府拟出台的 123 个政策性文件进行深入协商，共提出修改意见 480 余条，为政府科学决策提供有益参考。县政协领导和部分政协委员还积极参加县委、县政府重大决策和重要工作部署会议，紧扣全县重大项目规划建设、撤村建居、"五水共治"、无违建县创建等重大工作，一线参与，一线建言，有效地发挥了政协协商机构功能。同时，实施了政协委员列席乡镇部门班子会议制度，协商民主进一步向基层延伸。

五年来，常委会强化民主监督，全力助推中心工作

常委会始终把服务大局、促进发展、关注民生作为民主监督的切入点，做到敢于监督、善于监督，政协民主监督水平进一步提升。

**开展派驻监督，推动部门工作。**继续深化选派民主监督员工作，积极完善知情知政机制，充实监督小组力量，提升民主监督水平。五年来，民主监督小组共对 22 个重点部门开展监督，发出民主监督建议书 25 份。民主监督小组着眼于部门重点工作，在加强项目预算管理、优先发展城市公交、完善医疗保障机制等方面提出建设性意见 160 余条。各派驻单位主动接受监督，认真抓好整改，实现民主监督工作良性互动。常委会还先后选派委员 300 余人次参与效能作风暗访、政风行风评议等监督活动，督促乡镇部门进一步改进工作作风，推动中心工作。

**深化集体监督，助推"五水共治"。**积极响应省、市政协工作部署，持续开展"三级政协联动、万名委员同行、助推五水共治"专项集体民主监督系列活动。常委会聚焦"农村治污设施建设及运行维护"、"城乡垃圾收集体系建设"、"农村饮水保障工程"等热点问题，先后 8 次组织委员集中开展明察暗访和调研视察活动，共向县委、县政府报送调研视察报告 8 份。据统计，在"助推五水共治"专项集体民主监督过程中，县政协共组建监督小组 21 个，参与委员 600 余人次，现场查看行政村 425 个、河道 700 余千米、企业 80 余家，及时发现问题，现场督促整改。"助推五水共治"专项集体民主监督工作，得到了省、市政协的高度评价。

**创新评议监督，致力民生改善。**按照"立足于帮助查找问题、立足于帮助反映困难、立足于帮助提供对策建议"的原则，先后对我县城建城管、城乡统筹和卫生工作开展民主评议，积极推动民生热点问题的解决。在民主评议中，委员们通过实地走访、座谈交流、问卷调查等形式，广泛听取社会各界的评价和建议，共向被评议单位提出意见建议 55 个方面，向县委、县政府提交评议报告和"回头看"报告 5 份。被评议单位诚恳接受评议意见，认真落实整改措施，切实加强建筑工程招投标管理、优化中心镇(村)布局、深化医卫体制改革等工作，工作效能和服务水平进一步提升。

五年来，常委会积极参政议政，努力提高履职成效

常委会始终把助推改革发展作为履职的重中之重，通过开展调研、视察、提案等形式，积极建言献策，做到参在关键处，议在点子上。

**以课题调研为抓手，集思广益献良策。**注重课题调研的针对性，努力提升建言献策的质量。五年来，常委会先后就“沿湖、沿溪、沿路”优质资源保护与利用、构建环千岛湖休闲度假圈、打造生态有机农产品示范县、促进工业实体经济发展、加强农村生活污水治理、推动“淳商回归”工程等重大课题进行专题调研，并向县委、县政府提交了12份专题调研报告。为促进绿道经济发展，常委会深入实施助推绿道经济发展三年行动计划，制定县政协联系基层抓点做样助推绿道经济发展实施意见，持续开展“培育绿道经济”专题调研，先后向县委、县政府提交调研报告4篇，有关积极培育板块经济、做好“绿道＋”文章、促进农产品向旅游商品转化等建议，均得到了县委、县政府主要领导的批示肯定。

**以专题视察为载体，突出重点谋实招。**紧扣事关淳安发展的重点问题和工作开展视察活动，不断增强视察工作的实效性。五年来，主席会议成员先后就国家生态县、省级卫生强县、洁净县城的创建，养老服务体系、社会治安防控体系、高铁配套项目的建设，职业教育、绿色运动休闲产业、千岛湖旅游的发展等重要工作开展专题视察，共形成视察报告32份。县委、县政府领导高度重视，及时就视察建议作出批示，并就有关问题进行专题研究，完善相关政策，进一步推动了视察成果的转化与落实。

**以委员提案为依托，抓好办理求实效。**始终把提高提案办理成效放在突出位置，进一步创新方式，完善机制，促进提案办理落实。五年来，常委会研究制定《提案工作规程》，不断完善县领导领办重点提案、提案质量“双向互评”、三级审查立案、征集联名提案、提案集中交办等机制，深入开展重点提案联合督办、难点提案会诊督办、提案办理上网公开、办理结果回访督查等工作，切实把提案办理工作真正落到实处。五年来，县八届政协共征集委员提案1459件，立案1139件，其中重点提案60件。据统计，已经解决落实或部分解决落实的提案达818件，“实施淳安人经济回归工程”“进一步打造鸠坑茶品牌”“加快千岛湖特色民宿发展”等一大批提案得到了较好的办理和落实，既很好地解决了人民群众普遍关心的热点难点问题，又充分调动了委员提案工作的积极性。

五年来，常委会坚持履职为民，广泛凝聚发展合力

常委会突出团结和民主两大主题，充分发挥政协纽带作用，积极做好团结各界、凝聚人心工作，唱响主旋律，汇聚正能量。

**团结联谊，凝聚社会各方力量。**注重发挥政协统战功能，切实加强与民主党派、港澳台侨、宗教界、新社会阶层等人士的交往交流，增强包容性、扩大团结面。坚持以政协委员为主体，发挥政协之友联谊会、政协企业家联谊会平台作用，深入开展庆祝县政协成立30周年系列活动，举办中秋茶话会、委员联欢会、新年茶话会、委员约谈会和各类座谈会，不断增强政协的凝聚力和影响力。发挥政协文史作用，编辑出版《三任浙江省委书记联系点——美丽下姜》《政协情怀》《千岛湖书画藏品》《淳安佛教》等资料。加强政协书画院建设，积极举办“丹青G20”、“醉美千岛湖”等书画摄影比赛，先后与桐庐、嘉善、安徽无为、江西景德镇等县市联合举办书画交流展，进一步宣传淳安、推介淳安。

**体察民情，积极反映社情民意。**建立政协领导联系委组、委组联系委员、委员联系群众机制，探索设立委员工作室、委员信箱，鼓

励委员开展民情恳谈、民意调查，进一步拓宽信息反映渠道。五年来，共收到事关教育文化、医疗卫生、环境保护、交通治堵、就业创业、食品安全等一批民生热点的社情民意信息1900余条，先后向县委、县政府编报《社情民意反映》251期，转送部门355条，其中《关于进一步创新千岛湖水质跨省联合监管机制的建议》等19篇信息被省市政协采用，《放宽民办医疗机构市场准入》《推行‘无保洁员村’工作》等222篇信息得到省市县领导的批示，为党委、政府了解民意、掌握舆情提供了有益参考。

**发挥优势，主动参与惠民行动。**常委会始终把“关注民生、关心企业、关爱百姓”作为政协履职的根本宗旨。自2013年始，创设了“委员活动日”机制，先后组织委员深入基层开展科普宣传、医疗义诊、文化走亲、法律服务、矛盾化解等便民服务活动200余场次，为乡镇、社区和基层群众解决实际困难。积极组织委员参与慈善公益事业，通过访贫问苦、爱心助学、敬老助残等活动累计捐款捐物120余万元。五年来，常委会领导积极投身经济建设和社会发展第一线，深入开展“十联基层”“三问三送”“服务百企解难题”等活动，知民情、解民忧、暖民心。

五年来，常委会注重自身建设，不断提升工作水平

常委会坚持把加强自身建设作为保持政协工作生机与活力的根本保证，着力打造“有为、活力、和谐”政协，不断提高履职科学化水平。

**坚持党的领导，确保正确履职方向。**自觉接受县委对政协工作的领导，做到重要议题、重大事项主动向县委请示汇报，始终与县委、县政府思想同心、目标同向、工作同步。认真学习贯彻党章、党纪、党规，深入开展党的群众路线、“三严三实”、“两学一做”等教育实践活动，切实加强党风廉政建设。制定出台《县政协党组工作规程》《加强常委会自身建设的意见》。县委高度重视政协工作，专门召开全县政协工作会议，制定出台《关于进一步加强和改进人民政协政治协商的意见》《关于进一步加强和改进人民政协民主监督的意见》切实为政协履行职能提供保障。

**重视队伍管理，发挥委员主体作用。**坚持以制度建设为引领，先后修订完善《进一步发挥委员主体作用的意见》《充分发挥县政协各专委工作组、联络组作用的意见》等20余项规章制度，进一步提高了政协工作的制度化、规范化、程序化水平。注重委员服务与管理，全面落实“八个一”的履职规定，不断优化委员履职环境，激发委员履职热情。制定政协委员培训大纲，创新委员培训机制，推行“菜单式”委员轮训，有效提升委员履职能力。开展“十佳政协委员”“十佳民主监督员”“十佳政协提案”“十佳社情民意信息”评选活动，进一步调动委员的履职积极性。五年来，广大委员双岗奉献、双责担当，李美霞委员荣获全国劳动模范称号，吕志明、占奕洋等20名委员被评为“十佳政协委员”和“十佳民主监督员”。

**加强机关建设，提升服务工作标准。**加强政协机关队伍建设，认真贯彻中央“八项规定”和上级党委有关文件精神，严格执行在调查研究、精简会议、改进文风、厉行节约等方面要求，不断优化政协机关工作作风。加强对政协机关的领导，主席会议每月听取“一办六委”工作情况汇报，并积极支持纪委派驻纪检组履行职责。围绕打造“学习型、服务型、廉洁型”政协团队，加强学习教育，保持清廉本色，提升服务水平。注重政协理论研究，《全面开启千岛湖“环湖休闲时代”》、《基层政协委员主体作用发挥面临的障碍与对策》等4篇调研报告和理论文章先后在省市政协获奖。积极参与城乡组团竞赛、联乡结村、“三认”服务、社区共建、在职干部返乡服务等中

心工作,密切联系群众、积极帮扶解困,树立政协干部良好形象。

各位委员,同志们!过去的五年,我们牢记使命,勤勉履职,为推动我县经济社会发展做出了新的贡献。我们深知,这是中共淳安县委的正确领导和杭州市政协有力指导的结果,是县人大常委会、县政府大力支持的结果,是全县各乡镇、各部门和社会各界积极配合的结果,是全体政协委员和广大政协工作者共同努力的结果。在此,我代表八届县政协常委会,向大家表示崇高的敬意和衷心的感谢!

在肯定成绩的同时,我们也清醒地看到工作中存在不少差距,主要是:履行职能的制度化、规范化、程序化建设有待进一步加强;参政建言的质量和水平有待进一步提高;委组的基础作用和委员的主体作用有待进一步强化;服务和管理委员的措施有待进一步完善等。这些问题需要我们在今后的工作中加以改进。

## 八届政协的工作体会

各位委员,八届县政协常委会在继承和发扬历届政协优良传统的基础上,着眼于新时期人民政协工作面临的新形势新任务,积极探索开展工作的新形式新方法,在丰富生动的工作实践中积累了新经验,为今后人民政协工作提供了有益的启示和借鉴。

**一、牢固树立政治意识,始终把加强党的领导作为根本保证**

坚持中国共产党的领导,把握正确政治方向,是人民政协工作的首要前提。五年来,县委高度重视政协工作,将政协工作纳入县委工作的整体布局,不断加强和改善对政协工作的领导。县政协自觉坚持党的领导,始终与党委政府同频共振、同轴运转、同向推进。实践证明,坚定不移地坚持党的领导,努力构建“党委重视、政府支持、政协主动、各方配合、社会关注”的工作格局,是做好政协工作的根本保证。

**二、牢固树立大局意识,始终把服务淳安发展作为第一要务**

坚持围绕中心、服务发展,是政协履职的基本原则。五年来,常委会紧紧围绕全县改革发展大局,精心选择课题,深入基层调研,了解民意,反映民情,集聚民智;紧紧围绕党委、政府中心工作,扎实开展形式多样的民主监督活动,有效助推政府部门作风改进和效能提升;紧紧围绕党委、政府重大决策部署,组织开展广泛多层的协商议政活动,为党委、政府科学决策提供民意支撑。实践证明,人民政协只有把服务改革发展大局作为履行职能的第一要务,才能顺应时代要求和人民期待,才能有所作为。

**三、牢固树立民本意识,始终把真情履职为民作为应尽使命**

坚持以人为本、履职为民,是政协组织的重要使命。五年来,常委会充分发挥政协联系广泛的优势,真诚倾听群众呼声,真实反映群众意愿,真情关心群众疾苦,协助党委、政府做好理顺情绪、化解矛盾、协调关系、维护稳定的工作,不断增进社会各阶层和不同利益群体之间的和谐。实践证明,只有坚持把增进群众福祉作为履职的出发点和落脚点,政协工作才能真正赢得党委政府和群众的好评。

**四、牢固树立委员意识,始终把提升履职能力作为重要基础**

政协委员是政协工作的主体,政协的潜力在委员、活力也在委员。五年来,常委会坚持以打造“有为、活力、和谐”政协为引领,明确委员履职“八个一”要求,健全学习培训、履职激励等机制,切实增强委员的责任感和使命感;重视履职能力现代化建设,不断优化委员履职环境,真情关爱委员工作生活,开展委员约谈、走访慰问、联谊联欢等活动，切实增强委员队伍的凝聚力和战斗力。实践证明，只有充分尊重委员主体地位，不断提升委员履职能力，才能为政协履职尽责、发挥作用奠定坚实基础。

**五、牢固树立创新意识，始终把勇于探索实践作为不竭动力**

人民政协事业实现新发展，关键是要坚持在继承中开拓，在创新中前进。五年来，常委会在继承我县历届政协成功经验的基础上，锐意改革、不断创新，首创“委员活动日”机制，建立特聘委员制度，不断拓展委员履职新平台；借鉴先进经验，在推进协商民主向基层延伸、民主评议政府部门工作、完善提案工作机制等方面进行了有益探索；注重总结与提炼，将有效做法和成功经验上升为制度性规定，健全了规范履职行为、加强自身建设、工作考核机制和工作联系等四大制度体系。实践证明，只有不断推进人民政协理论创新、制度创新、工作创新，才能激发人民政协事业的旺盛活力。

今后五年工作的建议

各位委员，今后五年是淳安高水平全面建成小康社会的决胜阶段。新目标、新任务为人民政协履行职能指明了新方向，提出了新要求。县政协常委会**要按照中共淳安县第十四次代表大会提出的战略目标和任务，始终坚持“绿水青山就是金山银山”理论，始终坚持“打造有为、活力、和谐政协”目标，始终坚持“锻造康美团队淳安铁军”要求，认真履行政治协商、民主监督、参政议政职能，为坚定秀水富民路、建设康美千岛湖，争当全国践行“两山”理论标杆县做出新贡献**。为此，向九届政协提出以下工作建议：

**一、聚焦改革创新主线，在服务发展大局上要有新作为**

要始终坚持把助推科学发展作为政协工作的第一要务，聚焦改革创新主线，合力服务发展大局。**要进一步提高政治协商规范化水平**，紧扣我县“十三五”规划的贯彻实施、“康美千岛湖”的加快建设，开展广泛多层的协商建言，为县委、县政府的科学决策提出前瞻性、建设性、可行性的意见建议。**要进一步提高民主监督组织化水平**，紧扣提升康美环境、发展康美产业、优化康美生活、锻造康美团队等中心工作，深入开展形式多样的民主监督，力促县委、县政府重大决策部署的贯彻落实。**要进一步提高参政议政精准化水平**，紧扣“争当全国践行‘两山’理论标杆县”目标，深入开展调研视察，积极建言献策，集民智、聚民力，合力助推党委政府补短板抓落实促发展。

**二、彰显履职为民主旨，在促进民生改善上要有新成效**

关注民生、履职为民，是人民政协所有工作的出发点和落脚点。**要关注民生福祉**，紧紧围绕重大交通基础设施建设、“美丽乡村示范县”建设、小城镇环境综合整治、“省教育现代化县”创建、医疗卫生服务、养老服务保障、食品安全等直接关系民富、民安、民乐的重大社会问题议政建言。**要畅通民意渠道**，着眼于社会生活中的重要情况和人民群众关心的热点问题，及时了解和反映人民群众的愿望和要求，通过提案、社情民意等形式，尽力帮助解决群众最关心、最直接、最现实的利益问题。**要倾情为民服务**，不断深化“委员活动日”等服务载体，突出服务群众、服务基层、服务民生主题，引导广大委员发挥自身特长，积极开展访贫问苦、帮扶济困、助学助残等为民服务活动，真诚奉献爱心，真情回报社会。

**三、把握团结民主主题，在增进社会和谐上要有新贡献**

要始终坚持大团结大联合，发挥政协凝聚共识、汇聚力量、协调关系、服务大局的优势和作用，为促进社会和谐稳定广泛凝聚正能量。**要强化政协统战功能**，进一步加强与各民主党派、人民团体和社会各族各界人士的联系,积极为建言献策搭建平台,切实在民主讨论、平等协商、体谅包容中求同存异,增进共识。**要发挥政协群众工作优势,**进一步密切委员与群众的联系,更加关注社会管理创新、城乡融合发展和群众幸福指数提升,围绕国际旅游小城市建设、"无污水直排县"创建等工作,多做沟通思想、理顺关系、化解矛盾的工作,竭力维护社会和谐稳定。**要扩大政协联谊交流合作,**依托政协之友联谊会、企业家联谊会、政协书画院等平台,进一步发挥政协老干部、工商界人士、政协书画院成员等社会各界人士的优势和作用,为淳安改革发展凝聚智慧和力量。全力提升政协文史工作水平,更好地发挥文史工作"存史资政、团结育人"的作用。

**四、突出政协委员主体,在提升履职能力上要有新举措**

要按照"锻造康美团队淳安铁军"的要求,努力提高履职能力,不断加强自身建设。**要强化委员"三大作用",**优化委员服务与管理,切实发挥委员在本职工作中的带头作用、政协工作中的主体作用、界别群众中的代表作用。**要强化委组基础作用,**完善委组工作机制,强化委组职能作用,鼓励民主党派、界别、委组之间联合开展活动,实现资源共享、优势互补。**要强化机关保障作用,**扎实推进政协机关思想、制度、作风建设,加强理论学习与工作研讨,积极弘扬政协文化,为打造"有为、活力、和谐"政协提供有力保障。

各位委员、同志们,潮平两岸阔,风正一帆悬。让我们在中共淳安县委的正确领导下,以更加坚定的信心,更加振奋的精神,更加扎实的工作,为开创淳安政协事业新局面,为坚定秀水富民路、建设康美千岛湖,争当全国践行"两山"理论标杆县而共同奋斗!

# 大 事 记

## 1月

1日,全县第三次农业普查入户登记工作正式开始。

4日,市人大常委会主任王金财到淳安专项督查小城镇环境综合整治工作。

10日,县政府召开第五十七次县长办公会议。会议就2016年财政收支预算执行预计及2017年财政收支预算安排、2017年政府投资项目、2017年政府投资项目资金盘子、2017年县政府工作报告和浙江旅游职业学院千岛湖校区基本建设资金支付等问题进行了讨论和研究。

是日,2016年度市对县党建工作考核述职会议召开。省公安厅副厅长、市委常委、公安局长叶寒冰参加会议并讲话。

11日,县政府下发《关于开展打造整洁田园建设美丽农业行动方案的通知》。

是日,县政府与国家电网杭州供电公司签订“十三五”电网建设合作协议。

13日,“摄影小镇——金峰”授牌暨“视界金峰”杯乡土中国全国摄影大展启动,标志着全国第三家摄影小镇落户金峰乡。

16日,淳安县印发《淳安县小城镇环境综合整治两年行动计划》。

是日,安徽省旌德县党政代表团到淳安考察学习。

16~20日,县四套班子领导分组走访慰问县级老领导、城区困难职工、困难劳模和农村烈军属、特困户、“三老一特”党员。

18日,在杭州举行的“最美浙江人——2016年度浙江骄傲人物评选”活动颁奖典礼上,淳安县已故纪检干部余延安入选2016年度浙江骄傲人物。

19日,杭州市智慧旅游现场会在千岛湖召开。

是日,市委常委、常务副市长马晓晖,市人大常委会副主任徐苏宾等到淳安走访慰问困难群众和基层干部。

19日、23日,县四套班子领导春节走访慰问杭州警备区、省预备役师、舟山“千岛湖”舰。

20日,淳安县印发《淳安县深化医药卫生体制改革综合试点实施方案(2016~2020)》。

是日,县委常委会召开2016年度专题民主生活会,市委常委、常务副市长马晓晖到会指导。

21日,淳安县举办首届千岛湖电商购物节。

## 2月

3日,省长车俊到淳安开展新春下基层调研。

是日,副市长戚哮虎到淳安开展新春下基层调研活动。

是日,县政府举办2017淳安“聚力发展倾注民生”就业创业人力资源交流大会。

6～9 日，县政协九届第一次会议召开。大会选举刘小松为县政协主席，王晓林、何建法、江华平、占志明、胡　敏、邵文涛为副主席。

7～10 日，县十六届人民代表大会第一次会议召开。大会选举董毓民为县人民政府县长，郑志光、章传强、费林建、张宏光、商松懋、余红英为副县长；选举余永青为县人大常委会主任，童小威、徐月焕、管国良、洪永鸿、叶春晖、毛夏平为副主任；选举赖明诚为县监察委员会主任，选举陈奇策为县人民法院院长，选举杨勇为县人民检察院检察长。

13～14 日，市长张鸿铭到淳安调研。

15 日，省林业厅厅长林云举率省考核组到淳安县，开展 2016 年度森林浙江目标责任书现场考核工作。副市长戚哮虎陪同考核。

是日，千岛湖镇社区卫生服务中心新大楼正式启用。

16 日，县政府召开第一次县长办公会议。会议就新一届淳安县人民政府的工作规则进行了讨论和研究。

20～21 日，富阳区委书记朱党其、区长吴玉凤率区四套班子考察团到淳安县考察生态环境保护、旅游产业发展、城乡环境整治提升、小城市培育、新农村建设等工作。

27 日，省考核组到淳安考核千岛湖镇小城市培育试点工作。

28 日，县政府印发《淳安县人民政府工作规则》。

## 3 月

1～2 日，四川省夹江县考察团到淳安考察城乡环境综合治理工作。

6 日，淳安县印发《淳安县磨心尖自然保护区创建工作方案》。

7～8 日，县委书记黄海峰率淳安县党政考察团赴丽水市考察学习遂昌县、松阳县、莲都区、景宁县在农旅融合、生态产业、古村落保护开发、精品民宿、特色小镇、城市规划建设等方面的先进经验和做法。

7～10 日，市政协党组书记潘家玮到淳安开展“联百乡结千村访万户”蹲点调研活动。

9 日，县政府召开第一次常务会议。会议就养老服务业综合改革、千岛湖镇重点生态功能区小城市培育试点等事项进行了审议和研究。

是日，县政府召开第二次县长办公会议。会议就农村百源经济发展、扶持林下种植业发展、全民健身实施计划等工作进行了讨论和研究。

是日，淳安县出台《关于开展剿灭Ⅲ类以下小微水体专项行动的实施意见》。

10 日，淳安县首个“全民清洁日”活动启动。

是日，县四套班子领导到许源林场上江埠林区参加义务植树活动。

11～12 日，2017 中国自行车联赛首站在千岛湖举行，来自全国 31 个省、自治区、直辖市以及港澳台地区 28 支车队、近 1000 人参赛。

13 日，市委常委、统战部部长佟桂莉到淳安调研统战工作。

14 日，全县经济工作会议召开。

是日，市人大常委会党组书记于跃敏到淳安调研人大工作。

是日，副市长陈红英到淳安就《杭州市政府工作报告》征求意见。

15 日，淳安县出台《关于推进农村百源经济发展的实施意见》《关于扶持林下种植业发展的若干意见》。

是日，淳安县召开领导干部离任交接工作会议，全县 29 个乡镇部门的 49 名领导干部进行了离任交接。

16 日，中国浙西(千岛湖)首届中药材交易博览会在临岐镇开幕。市委副书记马晓晖宣布博览会开幕，市政协副主席何关新讲话，县委书记黄海峰致辞，县长董毓民主持开幕式，县领导余永青、董文吉、商松懋、邵文涛参加开幕式。

20～21日，县长董毓民率淳安县党政考察团赴杭州市富阳区，绍兴市柯桥区、新昌县考察学习古村落保护与发展、行政审批制度改革、特色小镇建设、休闲旅游发展、美丽乡村建设、产业融合等方面的先进经验和做法。

21日，市政协主席叶明到千岛湖镇富泽村开展"联百乡结千村访万户"蹲点调研活动。

22日，在全省剿灭劣Ⅴ类水誓师大会上，淳安县再次荣获全省"五水共治"最高奖大禹鼎。

23日，县政府召开第二次常务会议。会议就淳安千岛湖玉郎巨星创意有限公司申请小客车直接配置指标、千岛湖旅游集团与浙旅集团合作等事宜进行了讨论和研究。

25日，淳安县出台《淳安县养老服务业综合改革方案》。

27日，市委常委戴建平到淳安调研经济社会发展情况。

28日，G100首届中国旅居养老合作会议暨逸和源·杭州千岛湖疗(康)养中心开业揭牌仪式举行。

28～29日，山东省蓬莱市党政考察团到淳安考察。

29～30日，市政协副主席董建平到淳安调研"五水共治"民主监督暨"干、查、督"行动情况。

29日，浙江省旅游集团与淳安县政府签订全面战略合作协议。当天，规模10亿元的千岛湖旅游投资发展基金正式成立，基金首个项目——千岛迷宫项目同时启动。省政府副秘书长陆建强宣布千岛迷宫项目启动，浙旅集团董事长方敬华致辞，县委书记黄海峰致辞，县长董毓民代表县政府签订全面战略合作协议，县委常委、副县长吴东明代表县政府签订基金合伙协议，副县长章传介绍合作相关情况。杭州市旅委相关负责人，县领导余永青、刘小松、郑志光参加活动。

30日，环保部调研组到淳安调研长三角地区生态补偿工作。

31日，在全省建设平安浙江工作视频会议上，淳安县平安县创建十二连冠，获得浙江省首批"平安金鼎"殊荣。

## 4月

1日，淳安县举行清明祭扫仪式暨"忆先烈 联民心"大型经典朗诵会活动。

13日，宁波银行杭州淳安支行开业。

14日，浙江省第三批语言资源保护工作启动会在淳安县召开。

是日，千岛湖安阳国家登山健身步道通过国家体育总局、国家登山协会项目验收组验收。

15日12时起至7月15日12时止，全县实行季节性休渔。

19日，"大白鲸"千岛湖文化主题乐园等10个2017年首批重点项目集中开工，总投资17.46亿元。

20日，省政协党组副书记、副主席王建满到淳安调研省重点建设项目"千黄高速公路淳安段工程"建设情况。市政协党组副书记、副主席翁卫军陪同调研。

23日，淳安县图书馆新馆开馆。

是日，2017千岛湖大铁113国际铁人三项赛开赛。

24日，淳安县印发《进一步深化"简政放权、放管结合、优化服务"推进办事"最多跑一次"改革实施方案》《淳安县行政审批"一窗受理、集成服务"改革实施方案》。

25日，县政府召开第三次常务会议。会

议就千岛湖千宇科技有限公司、淳安大中酒店有限公司和中植汽车(淳安)有限公司等企业申请小客车直接配置指标,对县公安局和张宏光等33人行政奖励、国家重点生态功能区产业准入负面清单,企业破产综合处置工作机制等事宜进行了讨论和研究,并举行了县政府法律顾问聘请仪式,组织开展了县政府常务会议学法。

是日,县政府召开第三次县长办公会议。会议就新安书屋建设有关问题进行了讨论和研究。

是日,市人大常委会党组副书记、副主任许勤华一行到淳安调研人大工作。

## 5月

2~5日,省督查组到淳安开展2017年度第一轮“五水共治”“三改一拆”和小城镇环境综合整治工作督查。

6日,2017年国家登山健身步道联赛·千岛湖站开赛。

8日,千岛湖修正健康产业园项目正式签约。

是日,市委常委、常务副市长戴建平来到淳安督查千黄高速项目淳安段推进情况。

13日,2017斯柯达HEROS中国自行车系列赛千岛湖·格兰枫度自行车赛开赛。

15日,县十六届人大常委会举行第四次会议。会议讨论通过了县长董毓民提请的有关任职议案,决定任命刘秀丽、吴东明、潘伟为淳安县人民政府副县长,并举行了颁发任命书仪式。

是日,省住建厅党组书记、厅长项永丹到淳安调研城中村改造、安置点建设、农民建房、生活垃圾环保化处理、小城镇环境综合整治等推进情况。

是日,淳安县举行首批员额检察官宪法宣誓仪式。

22日,淳安县与中国移动杭州分公司签署“十三五”信息化战略合作协议。

23日,淳安县制定出台《关于建立淳安县企业破产综合处置工作机制的实施意见》。

是日,千岛湖民宿行业协会正式成立。

23~25日,杭州市经合办组织各区县经合办及相关企业负责人到淳安开展山海协作工程对接活动。

26~27日,2017·千岛湖生态水果采摘季推介会在杭州吴山广场举行。市政协副主席汪小玫宣布2017千岛湖生态水果采摘季推介会正式启动,县委书记黄海峰向杭州市民介绍淳安一流的生态环境,推介千岛湖优质枇杷和其他生态农产品。县政协主席刘小松、副县长商松懋以及杭州市上城区领导参加推介活动。

28日,淳安国际狮文化艺术节在文渊狮城举行。

## 6月

1日,省创建森林城市检查组一行对淳安县省级森林城市创建工作进行预检。

4日,省环保厅、市环保局会同淳安县开展饮用水水源突发环境事故应急演练。

6日,2017年“全国放鱼日”(主会场)暨千岛湖水生生物增殖放流活动启动仪式在淳安县举行。农业部副部长于康震讲话,并宣布放流活动正式启动,省政协副主席黄旭明代表浙江省讲话,副市长王宏致辞,县委书记黄海峰参加启动仪式,并宣布千岛湖“金山鱼湾”生态放流基地正式启用。国家、省、市有关部门领导,县领导余永青、刘小松、董文吉、章传强、商松懋参加活动。

是日,市人大常委会副主任郑荣胜专程到淳安县看望部分在淳安的市人大代表。

是日,2017年淳安县小城镇环境综合整治专题研修班在浙江大学紫金港校区开班。

是日，副市长陈新华一行到淳安调研工业经济、市场监管、安全生产等工作。

21日，县政府召开第五次常务会议。会议就进一步优化资源配置深化国企改革、淳安县"厕所革命"工作实施方案、安全生产委员会组织架构和工作规则等事宜进行了审议和研究。

是日，县政府召开第五次县长办公会议。会议就推进全域旅游发展、创建浙江省体育强县、推广政府和社会资本合作模式、公共医疗服务PPP项目进行了讨论和研究。

22日，浙江省职工疗休养基地推介会暨工会工作品牌宣传会在淳安县召开。

28～29日，省政协副秘书长徐向东带领省政协委员到淳安开展小城镇环境综合整治调研活动。

30日，大型现代睦剧大戏《锦里家园》试演。

## 7月

3日，淳安县启动纪念"抗战全面爆发80周年"暨中国工农红军北上抗日先遣队历史巡展活动。

4日，市领导于跃敏、王金财、缪承潮到淳安督查杭黄铁路淳安段工程建设情况。

5日，淳安县召开创建浙江省体育强县动员会。

是日，淳安县启动百名浙大博士助力康美千岛湖建设工程。

5～6日，全市小城镇环境综合整治工作现场会在淳安县召开。市委副书记马晓晖参加会议并讲话，县委书记黄海峰就淳安县小城镇环境综合整治工作进行交流发言。市领导张建庭、缪承潮、胡伟，县领导董文吉、郑志光参加现场会。

6～7日，市政协副主席王立华到淳安调研。

7日，淳安县印发《淳安县安全生产委员会组织结构和工作规则》。

10日，县旅游警察大队正式挂牌成立。

11～12日，市人大常委会主任于跃敏到淳安督查小城镇环境综合整治工作。

14日，姜家镇被全国爱卫会正式命名为2014～2016周期"国家卫生县城(乡镇)"，成为淳安县首个"国家卫生镇"。

是日，姜家乐水小镇成功入围第三批省级特色小镇创名单位。

19日，县林业局被人力资源和社会保障部、国家林业局授予"全国集体林权制度改革先进集体"荣誉称号。

26日，全省首个原位光谱水质监测系统淳安农村污水处理设施出水水质在线监测系统正式投入使用。

27日，县委、县政府领导走访慰问杭州警备区、省预备役师及驻淳部队。

28日，县四套班子领导走访慰问"千岛湖舰"官兵。

## 8月

4日，在全省"三改一拆"和小城镇环境综合整治推进视频会议上，淳安县荣获全省首批"无违建县"荣誉称号。

是日，淳安县制定出台《关于扶持生态工业企业发展的若干意见》《关于加强科技创新促进科技成果转化的若干意见》《关于进一步促进现代服务业发展的实施意见》《淳安县农村用电安全员管理办法(试行)》《关于深化"先照后证"改革后加强事中事后监管的实施意见》《关于全面深化工业企业综合评价工作的意见(试行)》。

7日，国内首个以原创漫画为主题的大型乐园——千岛湖玉郎巨星文化创意园举行动工典礼暨新闻发布会。市委常委、宣传部部长戚哮虎，市政协副主席汪小玫出席动工仪式,县长董毓民致辞,县领导刘小松、徐恒辉、许海波、毛夏平、章传强参加活动。

8日,淳安农村商业银行正式挂牌开业,拥有60余年历史的“农村信用社”正式退出历史舞台。

9日,淳安县出台《淳安县主要污染物减排应急预案》《淳安县饮用水源突发环境事件应急预案》《千岛湖湖面垃圾打捞清理工作应急预案》《千岛湖水域藻类暴发应急预案》《淳安县突发辐射环境污染事件应急预案》《淳安县环境污染和生态破坏突发公共事件应急预案》。

10日,县委十四届二次全体(扩大)会议召开。

是日,淳安县出台《淳安县全面推进政务公开工作实施细则》《关于进一步加强千岛湖临湖地带建设项目环境保护管理的若干意见》。

11日,县长董毓民会见泰国驻上海总领事巴丽彩一行。

22日,淳安县出台《关于全面预防和治理欠薪问题的实施意见》。

24日,市政协副主席陈永良到淳安调研。

31日,县政府召开第七次常务会议。会议就给予优秀教师嘉奖、调整住房公积金补贴政策、小客车直接配置指标、青溪新城(经济开发区)行政审批管理服务事项、国有企业负责人薪酬制度改革、茧丝绸总公司混合所有制改革等有关事项进行了审议和研究。

是日,县政府召开第七次县长办公会议。会议就完善乡镇财政管理体制、开展“调整城镇土地使用税政策促进土地节约集约利用”工作等有关问题进行了讨论和研究。

## 9月

4日,淳安县新行政服务中心正式启用。

5日,淳安县出台《关于进一步促进生态农业产业发展的实施意见》。

7日,吉林省吉林市委书记张焕秋率党政考察团到淳安考察学习智慧旅游、绿道和旅游产业发展等工作。淳安千岛湖风景旅游委员会和吉林松花湖风景名胜区管委会签订《松花湖、千岛湖缔结“姊妹湖”旅游合作协议》。

12日,市委常委、纪委书记陈擎苍到淳安县就淳安贯彻落实市委有关人大工作文件精神情况进行专项督查。

16日,国务院安委会第二十七督查组到淳安进行综合督查。

19日,县政府召开第八次常务会议。会议就生态保护红线划定、鲁能胜地项目合作、登革热疫情防控等有关事项进行了审议和研究。

是日,县政府召开第八次县长办公会议。会议就加快电子商务产业发展、强化建设项目选址及用地前期多规审查等有关问题进行了讨论和研究。

20日,淳安县举行首届道德模范颁奖典礼。

20～21日,市委常委、副市长姚峰到淳安调研金融工作。

25～26日,省督查组到淳安县督查医疗、医保、医药“三医联动”推进综合医改试点工作。

26日,副市长王宏到淳安县开展“安全大督查　护航十九大”行动工作检查。

27日,溧阳至宁德国家高速公路浙江省淳安段正式开工。省委常委、市委书记赵一德,省政协党组副书记、副主席王建满,市委常委、秘书长许明出席活动,省交通运输厅党组成员、省公路管理局局长洪秀敏宣布开工,县委书记黄海峰致辞,县委副书记、县长董毓民主持活动,市交通运输局局长范建军,市交投集团董事长章舜年、总经理周建华,县领导余永青、刘小松、董文吉等县四套班子领导参加活动。

是日，2017 杭州千岛湖秀水节暨首届千岛湖（国际）康美论坛开幕。省政协党组副书记、副主席王建满宣布“2017 杭州千岛湖秀水节暨首届千岛湖（国际）康美论坛”开幕，市委常委刘德生参加活动并讲话，县委书记黄海峰致辞，县委副书记、县长董毓民主持开幕式，县领导余永青、刘小松、董文吉、赖明诚、刘秀丽、吴东明、徐恒辉、鲁连美、宋立新、许海波等县四套班子领导参加活动。

30 日，淳安县举行 2017 年烈士纪念日活动。

## 10 月

1～8 日，全县共接待国内外游客 88.9 万人次，实现旅游经济收入 7.6 亿元，两项指标前七日较上年同期分别增长 25.1%和 29%。全县乡村旅游接待游客 30.33 万人次，实现乡村旅游收入 3414 万元，两项指标前七日分别同比增长 34.3%和 38.7%。姜家旅游副中心接待游客 11.7 万人次，成为乡村旅游新高地。

9 日，淳安县与浙江凯喜雅国际股份有限公司签订战略合作协议。

9～10 日，省委书记、省人大常委会主任车俊到联系点枫树岭镇下姜村调研。省、市领导赵一德、陈金彪、徐立毅陪同调研。

9～10 日，副市长陈红英到淳安县调研教育、卫生工作，并到汾口镇调研小城镇培育试点工作。

11～12 日，省财政厅厅长徐宇宁到淳安县调研千岛湖综合保护及新安江流域生态补偿机制建设等相关工作。

12 日，市人大常委会党组书记、主任于跃敏到淳安县调研民生实事项目代表票制工作。

12～13 日，杭州市城乡区域统筹发展第三区县（市）协作组第二轮协作第二次联席会议在淳安县召开。市人大常委会主任于跃敏出席会议并讲话，市领导戴建平、陈红英、缪承潮，县领导黄海峰、董毓民、余永青、刘小松、董文吉参加会议。

13 日，淳安县举行党员干部“戴党徽、升国旗、唱国歌、寄祝语”喜迎十九大主题活动。

15 日，2017 年国际泳联 10 千米马拉松游泳世界杯赛在千岛湖开赛。

17 日，省农业厅厅长林健东到淳安调研现代农业发展情况。

同日，杭州市职工疗休养基地建设座谈会暨市职工疗休养基地授牌仪式在淳安举行，市人大常委会副主任、市总工会主席郑荣胜为枫树岭镇下姜村的杭州市职工（劳模）疗休养基地授牌。

18 日，县四套班子领导集中收看十九大开幕会盛况。

19 日，副省长成岳冲到淳安调研卫生工作。

23 日，副市长陈红英到富文乡开展联乡结村帮扶活动。

24 日，淳安县召开中央环保督察问题先行整改部署会。

25 日，县政府召开第九次常务会议。会议就绿盛地块收储转让、2017 年土地例行督察问题整改、安全生产综合治理三年行动计划等有关事项进行了审议和研究。

是日，县政府召开第九次县长办公会议。会议就中央环保督察环保拆除、关闭项目协议等事项进行了讨论和研究。

是日，县四套班子领导分组走访慰问部分百岁老人。

是日，副市长陈新华到左口乡开展联乡结村帮扶活动。

26 日，淳安县出台《关于进一步加快电子商务产业发展的意见》。

同日,淳安县召开“最多跑一次”工作专题研究会。

28日,2017捷安特&禧玛诺自行车联赛暨第六届千岛湖石林爬坡王挑战赛开赛。

30日,淳安县召开全县领导干部会议,传达贯彻中国共产党第十九次全国代表大会精神。

31日,淳安县召开档案工作会议,并举办档案新馆启用仪式。

## 11月

1日,县政府召开党组(扩大)会议暨县政府工作例会。

2～3日,省民政厅厅长王剑侯到淳安调研民政工作,并宣讲十九大精神。

3日,市政协副主席王立华到汾口镇开展“联乡结村”帮扶活动。

4～5日,2017中国·杭州千岛湖国际公路自行车团体计时赛,2017中国·杭州第十一届环千岛湖国际公路自行车赛开赛。

8日,千岛湖自然博物馆开馆。

是日,市委常委、宣传部长戚哮虎到汾口镇茅屏村宣传贯彻党的十九大精神。

13日,淳安县召开下姜村及周边地区振兴发展专题会。

13～14日,省督查组到淳安督查“五水共治”“三改一拆”小城镇环境综合整治工作。

18日,2017全域旅游发展(千岛湖)高峰论坛暨第十三届杭州·浙西旅游合作峰会在淳安举行。副市长王宏致辞并宣布开幕。

是日,温州淳安商会成立。

21日,县政府召开第十次常务会议。会议就杭州千岛湖修固健康科技有限公司申请小客车直接配置指标、推进全县“业态转型”促进绿色发展、拟划入城市管理局(综合行政执法局)行政职权事项、县域医疗服务共同体建设试点实施方案等事项进行了审议和研究。

是日,县政府召开第十次县长办公会议。会议就淳安县政策性担保公司组建等工作进行了讨论和研究,并学习传达了《关于严控地方政府性债务的意见》(浙委办发〔2017〕88号)文件精神。

22日,市人大常委会副主任郑荣胜到淳安调研人大工作。

23日,淳安县文学艺术界联合会第七次代表大会召开。

24日,淳安县印发《淳安县安全生产综合治理三年行动实施计划》。

25日,淳安县举行“唱响千岛湖”优秀原创歌曲大型演唱会暨2017年杭州千岛湖秀水节闭幕式。

26日,2017千岛湖马拉松开跑。

28～29日,首届中国纺织非物质文化遗产大会在文渊狮城召开。

29日,“11·19”淳安见义勇为事迹表彰会在杭州举行。

## 12月

5日,淳安县残疾人联合会第六次代表大会召开。

6日,市委副书记马晓晖到淳安调研千黄高速建设及“三农”工作。

7日,市委常委、纪委书记陈擎苍到中洲镇调研指导新一轮“联乡结村”工作。

8日,淳安县举行“客运村村通”暨“最美公路”授牌仪式。

9日,中国赛艇协会2017全国赛艇项目训练营在淳安开营训练。

11日,淳安县社会科学界联合会成立暨第一次代表大会召开。

13日,副省长孙景森到淳安调研乡村振兴战略实施情况。

15日,县政府召开第十一次常务会议。

会议就机关事业单位编外用工薪酬待遇和经费预算管理等有关事项进行了审议和研究。

是日，县政府召开第十一次县长办公会议。会议就2017年度环境状况和环境保护目标完成情况报告、2018年民生实事初步候选项目形成情况的报告等进行了讨论和研究。

是日，淳安县出台《关于进一步加强社会中介机构监督管理的通知》。

18日，县政府召开第十二次常务会议。会议就面向“双一流”高校（学科）引进党政储备人才、公共租赁住房实施细则、砖瓦行业综合整治、规范农村屋顶光伏应用发展、在市场体系建设中建立公平竞争审查制度、推进适度普惠型儿童福利制度建设等事项进行了审议和研究。

是日，县政府召开第十二次县长办公会议。会议就2017年财政收支预算执行预计和2018年财政收支预算安排、2018年政府投资项目计划和项目资金盘子、交通发展投资集团有限公司组建方案、消除集体经济相对薄弱村三年行动计划等事项进行了讨论和研究。

是日，省委常委、组织部部长任振鹤到淳安调研乡村振兴、生态经济发展、基层党建等工作。市委常委、组织部部长张仲灿陪同调研。

21日，县第十六次妇女代表大会召开。

25日，县文化创意人才协会成立暨第一次会员大会召开。

是日，县第二人民医院举行建院八十周年院庆暨新住院楼启用仪式。

26～27日，县四套班子领导、相关部门负责人及各乡镇负责人赴杭州市临安区、西湖区、上城区考察学习，并召开谋划工作务虚会。

29日，县政府党组理论中心组学习会议召开，传达学习《人民日报》头版文章《心无百姓莫为官——习近平同志帮扶下姜村纪实》。

是日，淳安县出台《关于实施消除集体经济相对薄弱村三年行动计划的意见》。

是日，县养老服务中心正式启用。

31日，淳安县出台《淳安县突发地质灾害应急预案》。

2017年，全县实现生产总值255.7亿元，按可比价计算增长8.6%；财政总收入30.9亿元，其中地方财政收入17.3亿元，分别增长13.3%、8.6%；固定资产投资174.4亿元，增长8.8%，其中产业投资93.7亿元，增长20.1%；服务业增加值141.8亿元，增长14.2%；社会消费品零售总额90.99亿元，增长12.5%；城镇居民人均可支配收入40269元，增长9.7%；农民人均可支配收入17721元，增长10.0%。

2017年，共接待国内外游客1540.6万人次，实现旅游经济总收入157.7亿元，分别增长21.6%和31.6%。成立全省首个县级旅游发展基金，千岛迷宫项目开工建设。新增AAAA级景区1个、AAA级景区2个。成功承办全国放鱼日主会场活动，推出常态化生态增殖放流项目。全年乡村旅游接待游客638.8万人次，实现收入7.4亿元，分别增长31.2%和38.1%。

2017年，实现农业总产值51.4亿元，增长5.4%。建成12个现代农业园区和5个省级农业科技示范基地。县农合联公共服务中心投入使用。深入开展省级农产品质量安全放心县创建，建立农产品质量安全追溯体系，新认证无公害农产品30个、有机农产品15个。强化品牌推介，建成千岛湖品牌农产品馆。举办第三届斗茶大会，“千岛湖茶”被评为浙江省知名农业品牌。鸠坑茶成为我县首个国家农产品地理标志登记产品，千岛湖龙井茶、枇杷、无核柿、水蜜桃入选全国名特优新农产品目录。

2017年，实现规上工业销售产值193亿元,增长3.0%,完成工业投入37.3亿元,增长14.2%。实施中植整车装配等“零土地”技改项目49个。扎实推进传统产业改造提升,整治“低小散”企业4家。坚持创新驱动,实现高新技术产业增加值9.3亿元,增长6.0%。新增国家重点扶持高新技术企业2家、市级以上科技企业9家,谷神锂电池研究院被认定为省级企业研究院。重视小微企业培育,新增小微企业1241家。

# 县情概览

## ·地理位置·

淳安县位于浙江省西部，地处北纬 29°11′～30°02′，东经 118°20′～119°20′。东邻桐庐、建德，南连衢江区、常山，西南与开化接壤，西与安徽休宁、歙县为邻，北与临安毗连。全境东西长 96.80 千米，南北宽 94.40 千米，面积 4427 平方千米，占全省总面积的 4.35%，是浙江省地域面积最大的县。属杭州市，距杭州市区 151 千米。是国家 AAAAA 级风景区千岛湖所在地，又是浙江省政府批准的革命老根据地县。

## ·建置沿革·

淳安县历史悠久。在新石器时代就有人类活动。春秋属吴、越，战国属楚，秦时为歙县辖地。东汉建安十三年(208 年)，孙权遣威武中郎将贺齐击山越，分歙县东之叶乡置始新县，治所在今淳安县威坪镇南 3.5 千米水域。又分歙县南之武强乡置新定县。治所在今淳安县西南仙居村附近。此为淳安、遂安建县之始。西晋太康元年(280 年)改新定县为遂安县。隋开皇九年(589 年)改始新县为新安县，并遂安、寿昌县入新安县。仁寿三年(603 年)，遂安县从新安县分出复立。隋大业三年(607 年)改新安县为雉山县。唐武德四年(621 年)遂安县移治狮城(今淳安县西千岛湖五狮岛)。唐文明元年(684 年)，复改雉山县为新安县。移治今淳安县西。开元二十年(732 年)改新安县为还淳县，永贞元年(805 年)，避宪宗李纯名讳，改还淳县为青溪县。北宋宣和三年(1121 年)，改青溪县为淳化县。南宋绍兴元年(1131 年)改淳化县为淳安县。1958 年 10 月，淳安、遂安两县合并为淳安县，县政府驻排岭镇。

三国吴置新都郡，以始新县治为郡治。西晋太康元年(280 年)，易新都郡为新安郡，始新县县治仍为郡治。隋开皇九年(589 年)废郡置州，属婺州。仁寿三年(603 年)置睦州，县为州治并属之。北宋属严州，南宋属建德府。元时，淳安、遂安属建德路；明、清属严州府；1912 年属浙江省；1914 年属金华道；1935 年属第五行政督察区；后又多次变更，至 1949 年，淳安、遂安两县改属第四行政督察区。1949 年 5 月两县解放，初属建德专署，1950 年撤建德专署，改属金华专署，1955 年划归复设的建德专署。1958 年撤建德专属，淳安属金华专属。1963 年，淳安县划属杭州市。

## ·行政区划·

2017 年年末，全县设 23 个乡镇，其中，11 个镇、12 个乡，423 个行政村，15 个社区。全县总户数 146647 户，常住人口 35.3 万人，户籍人口 46.08 万人。在户籍人口中，男性 233277 人，女性 227492 人。全县人口出生率 10.89‰，人口自然增长率 3.97‰。

## 2017年淳安县行政区一览表

表1

| 乡镇名称 | 面积(平方千米) | 人口(人) | 村委会 | | 社区 | | 居委会 | |
|---|---|---|---|---|---|---|---|---|
| | | | 个数 | 名称 | 个数 | 名称 | 个数 | 名称 |
| 千岛湖 | 356 | 83572 | 20 | 屏湖、茂畈、井塘、东汉、金家、进贤、青溪、周坑、宋家坞、富城、联丰、汪家、富泽村、农林、淡竹、马路、云村、宕里、坪山、前坞、 | 12 | 西园、江滨、新北、南山、南苑、望湖、李家坞、施家塘、火炉尖、城东、阳光、新城 | — | — |
| 石林 | 144 | 4998 | 8 | 茶园、千岛湖、富德、棠高、双西、岭足、玳瑁、西岭 | — | — | — | — |
| 文昌 | 221 | 14579 | 16 | 东树坑、卢家庄、西河、潭头、下潘、王家源、丰茂、栅源、文屏、浪洞、西阳、市畈、文昌、小西坞、富山、光昌边 | — | — | — | — |
| 里商 | 276 | 11395 | 16 | 塔山、燕窝、江村、村坑、里阳、鱼泉、架子岭、向阳、武源、五兴、里商、郎范、大叶、洞坑口、石门、石湾 | — | — | — | — |
| 富文 | 151 | 8427 | 10 | 青田、富文、漠川、聚璧、燕坑、章坑、方家畈、查林、重坑、六联 | — | — | — | — |
| 左口 | 175 | 11728 | 11 | 桥西、瑶村、显后、左口、田里、方家、芳桥、塘边、雌龙源、石岭后、龙源庄 | — | — | — | — |
| 金峰 | 150 | 6092 | 11 | 金源、景山、金峰、殿峰、百照、锦溪、五龙、山后、蒋岭上、朱家、安上 | — | — | — | — |
| 临岐 | 222 | 20707 | 17 | 范村、叶家畈、临岐、梅口、吴峰、仰韩、新华、高峰、新溪、里口、审岭脚、夏中、半夏、右源、左源、溪口、五庄 | 1 | 望溪 | — | — |
| 屏门 | 163 | 12543 | 15 | 将坑、屏门、佛岭后、堪村、项家、丁家畈、齐坑、童家坪、金陵、秋口、屏前、小陵、秋源、上中、隐将 | — | — | — | — |
| 瑶山 | 128 | 9686 | 11 | 琅坑源、爱国、张家、琅洞、幸福、贡坑、何家、富岩、双共、天坪、岭后源 | — | — | — | — |
| 威坪 | 301 | 48096 | 44 | 合富、黄石潭、流湘、横石、新茂、西山、长岭、五星、楼厦、新联、笔峰、唐村、坑下、凤凰、河村、茶合、洞源、妙石、贤茂、叶家、三坦、安川、杨家畈、岭脚、洪圻、旗山、琴坑、横塘、五丰、株林、三洲、邵宅、方宅、青山、联合、厚屏、蔗川、考川、杜川、黄金、汪川、屏村、蜀阜、驮岭脚 | 1 | 虹桥 | — | — |
| 鸠坑 | 104 | 7746 | 9 | 中联、乳洞、星光、赋置、青苗、金塔、严村、翠峰、常青 | — | — | — | — |

续表1

| 乡镇名称 | 面积（平方千米） | 人口（人） | 村委会 | | 社区 | | 居委会 | |
|---|---|---|---|---|---|---|---|---|
| | | | 个数 | 名称 | 个数 | 名称 | 个数 | 名称 |
| 王阜 | 168 | 18005 | 18 | 金紫、龙头、管家、长川、柳塘、何坪、郑中、新畈、华坪、王阜、山川、马山、新合、荷花坪、横路、金家岙、闻家、胡家坪 | — | — | — | — |
| 宋村 | 80 | 6940 | 8 | 硖石、青山口、胡家畈、镜洪、宋村、白云溪、常锦里、云港口 | — | — | — | — |
| 姜家 | 206 | 26708 | 28 | 球山、双溪、上玉泉、桂溪、黄村桥、霞社、姜家、龙川、狮石、银峰、郭村、霞五、赤城、浮林、章村、沈畈、伊家坞、木旺、炉形、石颜、下玉泉、孙家坞、巨源、庄源村、潘家、夫畈、双溪口、白坪 | — | — | 1 | 姜家 |
| 梓桐 | 156 | 19008 | 19 | 西湖、练溪、慈溪、并峰、富石、叶家庄、黄村、杜井、杏富、常宁、胡江、姜桐、唐家、卢家、结蒙、河联、三联、程家源、尹山 | — | — | — | — |
| 浪川 | 105 | 20399 | 19 | 源峰、汇源、狮古山、浯溪、裕丰、鲍家、大联、联欢、峰川、大塘、杨家、新桥、马石、桃源、占家、洪家、芳梧、芹川、全朴 | — | — | — | — |
| 界首 | 121 | 9501 | 13 | 姚家、康源、新燕、鳌山、周家、严家、坎脚、桐子坞、施家坪、松源、燕上、洋田、玛璜 | — | — | — | — |
| 汾口 | 237 | 55725 | 51 | 山头、赤川口、龙门、三渡、富占源、强川、红星、天林庄、舒翠、杨旗坦、祝家、汾口、章姚、仙居、翁川源、龙山、射墩、茅屏、云林、鲁村、桃林畈、龙姚、栗园里、毛家、百亩畈、岭后、荷塘、龙源、红旗、富塘、石峰、峰溪、交界、宏鲍、汪家桥、汪家、三底、经门、简门、郑家、宋祁、寺下、石畈、西村、三畈、程店、巧塘、横沿、陆乡、宋京、湛川 | 1 | 杨旗 | — | — |
| 中洲 | 166 | 20368 | 19 | 叶村、徐家、中洲、余家、樟村、苏家畈、长埂、左川、乘风源、厦山、霞童、李家畈、畈头、札溪、洄溪、双许、木瓜、枫林坞、南庄 | — | — | — | — |
| 大墅 | 163 | 14218 | 17 | 上坊、寺林、老岭、桃林、岭干、儒洪、桃源凌家、栗月坪、风山、高山、下坑、洞坞、大墅、大坞、殊塘、西园、孙家畈 | — | — | — | — |
| 枫树岭 | 308 | 18627 | 28 | 下姜、源塘、枫树岭、薛家源、上江、夏峰、丰家源、红光、陈家源、夏村、伊川、汪村、窄坑、铜山、鲁家田、木花坑、大源、横坑、衍昌、横山、知心坑、白马、乳洞山、大桥头、周家桥、凤凰庙、陈村、官川 | — | — | — | — |
| 安阳 | 146 | 11701 | 15 | 昌墅、山下、黄家源、上梧、陈家门、乌龙、红山岙、范家、下栖梧、五堡、黄川、安阳、外畈、桐川、嵊岭 | — | — | — | — |

备注：千岛湖镇行政区域内的马路、云村、宕里、坪山、前坞5个行政村和新城社区委托青溪新城管理委员会管理。

## ·自然资源·

**【概况】** 淳安县属浙西山地丘陵区,由中低山、丘陵、小型盆地、谷地和水库组成。土壤分为4个土类、9个亚类、29个土属、40个土种,以红壤、黄壤、岩性土、水稻土为主。其中,红壤为本县面积最大的土属,全县有27.47万公顷(412.11万亩);黄壤土3.68万公顷(55.26万亩);岩性土6.14万公顷(92.14万亩);水稻土1.82万公顷(27.25万亩)。土壤黏质占22.56%,砂质占28.41%,砾质占20.77%。土壤肥力中等,适宜种植水稻、小麦、玉米、六月豆等多种作物和各种经济林木。

矿产资源点多、面广、规模小。燃料矿主要有石煤、沥青煤;非金属矿主要有黄铁矿、磷矿、萤矿、耐火黏土、纬晶岩、大理岩和石英(脉)等;金属矿主要有磁铁矿、赤铁矿、锡铁矿、褐铁矿、铁铜锡矿、铜锌、铅锌矿、铜矿、锑矿、钨矿、汞矿、钒矿、钼矿、铍矿、毒砂矿等。按矿种分类,全县有燃料矿产15处、非金属矿产53处、金属矿产84处。

全县植被属中亚热带常绿阔叶林北部亚地带,为浙皖山丘青岗、苦槠林栽培植被区,全县森林覆盖率达65.00%,其中千岛湖内森林覆盖率达82.50%,生物种类繁多、资源丰富。已鉴定维管束植物1824种,蕨类植物35科69属126种,种子植物159科761属1698种。属国家保护植物18种;野生动物有兽类51种,鸟类224种,爬行类50种,昆虫类16目320科1800种;两栖类2目4科12种,鱼类有13科94种,属国家一级重点保护的野生动物有云豹、金钱豹、黑麂、中华秋沙鸭、白颈长尾雉5种,属国家二级保护的有猕猴、黑熊、穿山甲、水獭、大灵猫、金猫、河麂、鬣羚、海南鳽、鸳鸯、黑翅鸢、黑鸢、蛇雕、白尾鹞、赤腹鹰、松雀鹰、灰脸鵟鹰、普通鵟、大鵟、林雕、红隼、灰背隼、燕隼、游隼、勺鸡、白秋鹤、褐翅鸦鹃、领角鸮、斑头鸺鹠、鹰鸮、长耳鸮、仙八色鸫、雀鹰、苍鹰、白鹇、草鸮、短耳鸮、鼋、大鲵等41种。

**【湖泊河流】** 全县各河流统属钱塘江水系。境内溪河纵横、流向复杂、水系呈羽状。主要河流有新安江及其支流东源港和遂安港。新安江,又名徽港,1985年浙江省钱塘江河源河口调查考察确认新安江全长373千米,境内长82.69千米,主要支流有桐溪、六都源、鸠坑源、梓桐源、云源港、清平源和商家源;东原港又名进贤溪、富强溪,今流长40.90千米,主要支流有十八都源、潭头源和琅洞源;遂安港,全长80余千米,主要支流有武强溪,凤林港、浪川溪、上梧五都源、上坊溪、丰家溪、龙泉溪和龙川溪。

## ·气象·

**【天气概况】** 2017年,淳安县气温异常偏高、降水正常,日照正常。年平均气温18.3℃,属于历史第二高,仅次于2016年,年极端最低气温−1.3℃(出现在1月21日),最低气温≤0℃的天数有2天,比历史偏少16天;年极端最高气温40.2℃(7月24日),日最高气温≥35℃的高温天数有44天,比历年平均值多7天。全年总降水量1510.7毫米,比上年偏少443毫米(偏少22.7%),比历年平均偏多4.8毫米。年降水日数145天,比上年少30天,比历年平均少11天,其中出现降雪的天数为1天,未出现积雪。全年有2日出现暴雨天气,分别为6月12日82.0毫米,6月13日83.3毫米。全年总日照时数1870.1小时,比上年多187小时,比历年平均多19.8小时。

2月22日至23日淳安县域内出现一次明显的低温雨雪冰冻天气,气温急剧下降,日平均气温过程降温幅度达 6℃～8℃，全县普遍出现小到中雪，其中石林镇玳瑁村最大积雪深度达 5 厘米，给当地老百姓出行带来一定阻碍，但低温持续时间较短，对农业、林业等领域灾害影响程度不大，26 日起全县春茶进入全面开采期。整个 3 月，淳安出现持续阴雨寡照天气，降雨日数达 20 天，特别是中下旬的阴雨寡照天气，对春茶采摘等农事活动有不利影响。

2017 年 6 月 9 日入梅，7 月 5 日出梅降雨量 492.6 毫米，比历年平均值偏多 212.7 毫米，最大为屏门乡塔上村 703.8 毫米。受梅雨带南北摆动影响，12 日、13 日、23 日均出现了暴雨过程，多次的强降水天气导致河水暴涨、农田积涝、山体滑坡等灾害，土壤水分含量较高，农作物生长条件较差，露地葡萄、蔬菜等露地作物容易诱发病害。

2017 年夏季强对流天气多发，短时强降水、雷电、大风等天气发生“频率之高、范围之广、强度之大”为历史同期少见。特别是 8 月中下旬，全县出现了 5 天的雷暴大风日，千岛湖镇最大风速达 9 级，湖区十里甫达 10 级。强对流天气造成部分电器设备故障、部分地区停电。

7 月底，第 9 号台风“纳沙”登陆台湾宜兰后，于 30 日晨 6 时在福建省福清市沿海登陆；第 10 号台风“海棠”登陆台湾屏东后，于 31 日晨 2 时 50 分在福建省福清市沿海再次登陆。受双台风接续影响，淳安县普降小到中雨，降水时段主要集中在 30～31 日，对淳安县旱情略有缓解。大风影响主要集中在湖区和高山区，最大为大墅镇桃林村 8 级。如此短时间内，先后在同一地点登陆的双台风为历史罕见。

8 月 22 日至 9 月 19 日，淳安县面雨量 60.0 毫米，降水分布不均，降水主要集中在北部地区，其他大部分乡镇降水稀少。其中，浪川、中州等西南部乡镇累积降水量仅 30 多毫米。由于降水持续偏少，土壤含水量低，全县多地出现干旱，居民生活用水供应紧张，对生产生活造成严重影响。

10 月 18 日到 11 月 6 日连续 19 天无降雨，部分乡镇已出现用水困难，少雨天气不利于农作物生长，但利于单季晚稻的收割与晾晒和油菜播种。

**【气象监测与服务】** 2017 年淳安县气象局继续推进监测预警全覆盖县建设，全县自动站 106 个，负氧离子监测站 4 个，大气电场仪 8 个，实景监控 7 个，闪电定位仪 2 个，土壤水分站 5 个，农村气象信息电子显示屏 100 块。气象监测预警能力不断提升，继续做好农业、旅游、生态、港航气象服务。在冬季森林防火期、夏季干旱期共开展 9 次人工增雨作业。

2016—2017 年淳安县气象要素对照表

表 2

| 要素<br>年份 | 平均气温(℃) | 降水量(毫米) | 光照(小时) | 雨日(天) | 无霜期(天) | 暴雨次数(次) |
|---|---|---|---|---|---|---|
| 2017 | 18.2 | 1510.7 | 1870.1 | 142 | 291 | 3 |
| 2016 | 18.3 | 1953.7 | 1683.1 | 168 | 287 | 7 |
| 历年 | 17.2 | 1515.1 | 1850.3 | 156 | 241 | 4 |

（项琼斐）

## ·水文·

**【概况】** 2017 年，淳安县水文站下辖中洲、管家、千岛湖、下洪、小毛岭、西岭、荷岭后、双溪口、仙人潭、金竹岭、百罗畈、瑶山、大墅、白马、樟村、陈家村、姜家、杜井、塔山 19 个雨量代办站。其中，中洲水文站负责观测雨量资料的同时观测水位资料，在 2010 年 9 月 1 日起由于防洪堤建设，测站断面改变水位停测，2017 年恢复水位观测、河道流量监测。

全县重要小流域、小(1)型以上水库及部

分小(2)型水库安装的雨情、水情自动采集系统运行情况良好。

**【雨情】** 2017年，淳安县降雨属正常年份，年平均降雨量1753毫米，比多年平均降雨量偏多1.3%。因受县境地域广、地形复杂的影响，时空降水分布不均，县西南部的枫树岭镇白马雨量站降水量为2117.5毫米，而在县北部瑶山雨量站降水量只有1545毫米，两站相差达572.5毫米。全县最大24小时降水量出现在枫树岭镇白马雨量站为165.5毫米。

**【水情】** 2017年7月4日，实测新安江水库水位103.77米，为年度最高水位，比上年度最高水位低1.53米；6月9日，实测水位97.95米，为年度最低水位，比上年度最低水位低0.25米；水位年变幅5.82米，年平均水位99.94米。

（郑红日）

## ·国民经济和社会发展情况·

**【经济总量】** 全县实现地区生产总值(GDP)255.70亿元，按可比价格计算，增长8.6%。其中，第一产业增加值36.25亿元，第二产业增加值77.70亿元，第三产业增加值141.75亿元，分别增长4.1%、2.4%和14.2%。全县按户籍人口计算的人均GDP55496元，增长8.4%。按国家公布的2017年平均汇率折算，人均GDP达到8219美元。三次产业结构比为14.2∶30.4∶55.4，第三产业比重同比提高4.4个百分点。全县信息经济(智慧经济)实现增加值19.96亿元，按可比价格计算，增长43.7%，占全县GDP的比重为7.81%，比重较上年提高2.59个百分点。

**【财政收支】** 全县实现财政总收入30.91亿元，增长13.3%，其中地方财政收入17.27亿元，增长8.6%。全年地方财政支出57.37亿元，下降4.5%。其中，社会保障和就业支出7.54亿元，增长5.2%；住房保障支出1.46亿元，增长16.8%；文化体育和传媒支出1.11亿元，增长2.3%。

**【市场价格】** 全县居民消费价格总水平比上年上涨1.3%。八大类商品和服务项目价格呈“七升一降”格局(见表3)。

表3

| 项　目 | 2017年 |
|---|---|
| 全县居民消费价格指数(上年=100) | 101.3 |
| 1.食品烟酒类 | 99.3 |
| 2.衣着类 | 101.5 |
| 3.居住类 | 104.2 |
| 4.生活用品及服务类 | 100.9 |
| 5.交通和通信类 | 101.1 |
| 6.教育文化和娱乐类 | 102.1 |
| 7.医疗保健类 | 100.9 |
| 8.其他用品和服务类 | 103.8 |

**【市场主体】** 年末，全县共有市场经营主体22857户，其中企业7856户、个体工商户14230户、农民专业合作社771户，分别占总数的34.4%、62.2%、3.4%。全年新增市场主体4550户，其中企业1953家，个体工商户2558户，农民专业合作社39户；新增市场主体比上年同期增长24.9%，其中企业、个体户及农民专业合作社分别增长33.1%、21.9%和5.3%。

**【劳动就业】** 全县城镇新增就业人数2948人，失业人员再就业2217人，其中就业困难人员再就业594人。城镇登记失业率控制在2.62%以内。全年共完成各类培训4377人次，其中职业技能培训3097人次，创业培训

849人次，失业人员适应性培训431人次。

【人口】 年末，全县总户数146647户，户籍人口460769人。在户籍人口中，男性233277人，女性227492人。其中，千岛湖镇户籍人口83572人，比上年末增加959人。全县人口出生率10.89‰，人口自然增长率3.97‰。

【人民生活】 全年城镇常住居民人均可支配收入40269元，增长9.7%；人均生活消费支出22754元，增长9.2%。全年农村常住居民人均可支配收入17721元，增长10.0%；人均生活消费支出12147元，增长9.9%。

【社会保障】 年末，全县各类养老保险应参保人数382602人，已参保人数362911人，参保率达96.5%；全县各类医疗应参保人数460664人，已参保人数460341人，参保率为99.92%；工伤保险参保人数为90319人，比上年年底净增1944人；生育保险参保人数为50154人，比上年年底净增3912人；失业保险参保人数为50337人，比上年年底净增1502人。

【社会福利】 全县有福利院、乡镇敬老院、民办养老机构等福利机构33家，机构养老床位3617张，供养老人1065人；全县共有19323人享受低保、残保待遇。

【城市建设】 完成《千岛湖镇城市北门户区块城市设计》《淳安县地下空间及山体利用“十三五”规划》等各类规划50项。推进城中湖夜景照明工程、新安东路沥青路面改造和汽车北站至阳光区块道路建设，修补城区沥青路面19000余平方米，人行道板4000余平方米，维修照明设施2370盏，开发地下空间83万平方米，新增停车位3000个以上，改造老旧小区管道燃气5000户；推进光大环保能源、千岛湖镇生活垃圾运转中心建设和双柏岭垃圾填埋场二期扩建。年末，全县城市污水处理率94.72%，生活垃圾无害化处理率100%，城区住宅小区生活垃圾分类覆盖率100%。

【公用事业】 全年全社会用电量13.04亿千瓦时，增长7.3%，其中一产用电0.15亿千瓦时，增长23.3%，二产用电7.07亿千瓦时，增长2.9%，三产用电3.54亿千瓦时，增长17.8%，城乡居民生活用电2.28亿千瓦时，增长5.7%。

【环境建设】 连续两年夺得全省“五水共治”大禹鼎，千岛湖出境断面水质持续保持Ⅰ类。完成975个小微水体整治提升，全面消灭Ⅲ类以下小微水体。全面落实千岛湖环境质量管理规范，城西污水处理厂深化提标改造顺利推进，完成90个农村生活污水治理提升改造项目和45个农居点治污工程建设。巩固提升农村治污设施运维管理，农村治污设施正常运行率100%，水质抽检合格率98.2%。持续推进10个乡镇的农村生活垃圾分类工作，实现农村生活垃圾分类全覆盖。全面建成千岛湖预警系统硬件设施，建有剖面浮标站4套、单层浮标站7套、通量站4套。增设临岐、汾口水域两道湖面垃圾拦网，全年打捞上岸湖面垃圾9.96万立方米。

【农业生产】 全县完成农林牧渔业总产值51.38亿元，增长5.4%。其中，农业产值34.33亿元，增长6.5%；林业产值7.13亿元，增长7.7%；牧业产值6.50亿元，下降2.6%；渔业产值2.58亿元，增长2.8%。实现农林牧渔业增加值36.69亿元，增长4.1%。据粮食监测推算数据显示，全年粮食种植面积1.65万公顷，粮食总产量7.26万吨。茶叶产值7.47亿元，增长11.8%；蚕茧产量2284吨，下降13.8%；肉类17967吨，下降1.5%；禽蛋5865吨，增长2.9%。

**【品牌农业】** 举办千岛湖中药材博览会、第三届千岛湖斗茶大会、千岛湖生态水果采摘季推介会等大型品牌宣传活动。“千岛湖”茧丝荣获驰名商标；“千岛湖茶”入选浙江省知名农业品牌，品牌价值14.84亿元；鸠坑茶成为农业部地理标志保护产品；千岛湖龙井茶、千岛湖枇杷、千岛湖水蜜桃和千岛湖无核柿入选农业部名特优新农产品目录。年末，全县有驰名商标3件、省著名商标12件、市著名商标29件和县知名商标43件；有省名牌产品8件、市名牌产品5件和县知名产品41件。

**【百源经济】** 选取千岛湖镇汪家源、文昌镇王家源、梓桐镇梓桐源、枫树岭镇下姜汪村源等10条源作为县级示范源进行培育打造，主要围绕产业发展和村庄景区创建两大任务，经编制规划、专题研究，每源安排计划资金800万元，10条源共70个子项目。全年百源经济工程70个子项目已完工25个，在建36个，共完成投资4616万元。在建社会投资项目116个，计划投资超10亿元，已完成投资4.84亿元，其中新增产业项目63个，完成投资2.07亿元，提升项目53个，完成投资2.77亿元。10条源共新增流转土地339.6公顷(部分源含林地、园地等)，拆除有碍观瞻建筑6018平方米。

**【工业生产】** 年工业增加值增长4.3%。规模以上工业销售产值增长2.9%；规模以上工业新产品产值增长0.1%；新产品产值率21.6%，比上年下降0.6个百分点。高新技术、装备制造业、战略性新兴产业增加值分别增长6.0%、0.5%、6.2%。

**【建筑业】** 全年实现建筑业增加值15.64亿元，下降5.6%。全县在库总承包和专业承包资质的纯建筑企业47家，完成建筑业总产值32.39亿元，增长4.3%；房屋建筑施工面积133.1万平方米，下降7.8%；房屋建筑竣工面积55.4平方米，下降1.4%。

**【固定资产投资】** 全县完成固定资产投资174.42亿元，增长8.8%，其中第一产业投资7.98亿元，增长53.4%；第二产业投资37.38亿元，增长13.6%；第三产业投资129.06亿元，增长5.6%。完成基础设施投资55.04亿元，增长23.6%。

**【房地产业】** 全县完成房地产开发投资43.59亿元，增长9.9%，占固定资产投资完成额的25.0%。房屋施工面积361.56万平方米，增长20.7%；竣工面积79.28万平方米，增长307.0%。全年商品房销售面积44.22万平方米，增长2.5%；实现商品房销售额38.25亿元，增长4.5%。

**【贸易】** 全县实现社会消费品零售总额90.99亿元，增长12.5%。按城乡分，城镇消费品零售额55.34亿元，增长12.8%；乡村消费品零售额35.65亿元，增长12.0%。按行业分，批发零售业零售额72.24亿元，增长13.1%；住宿餐饮业零售额18.75亿元，增长10.2%。全县实现自营进出口总额16843万美元，下降8.4%，其中自营出口15120万美元，下降8.4%；进口1723万美元，下降7.6%。

**【招商引资】** 全年实际到位资金(不含外资)77.38亿元，增长9.2%，其中服务业到位资金53.33亿元，增长16.8%，工业到位资金18.27亿元，下降10.1%。实际到位外资3375万美元。

【交通运输】 杭黄铁路建设顺利推进，千黄高速于9月开工建设。全县公路总里程2741千米，其中高速公路13千米、国道54千米、省道29千米、县道780千米、乡道246千米、村道1619千米；有公路桥梁669座，有公路隧道80座。完成县交通重点项目投资25.60亿元；完成淳安县千威公路珍坞段改建工程及淳安县中洲镇政府至纪念馆公路改建工程；完成县乡公路大中修105千米，村道大中修140千米；续建联网公路30千米、农村公路安保工程50千米、病危桥改造10座、隧道照明增设5座、边坡治理6处。千岛湖镇城区现有公交线路13条，公交车112辆，其中37辆为清洁能源公交车，25辆为新能源纯电动公交车，公交出行分担率为22.6%；汾口镇公交线路2条，公交车6辆。2017年共更新和新增118辆油气两用节能环保出租车；农村客运老人减免政策继续实施，共减免费用达1576.35万元；推进客运村村通工程，全县423个行政村已100%实现村村通客车的目标。

【安全生产】 全年共发生生产安全事故16起，死亡18人。其中，工业商贸3起，死亡3人，交通领域发生13起，死亡15人，事故起数与死亡人数均比上年有所下降。

【旅游业】 全年共接待国内外游客1540.62万人次，实现旅游经济总收入157.73亿元，分别增长21.6%和31.6%。其中，乡村旅游接待游客638.80万人次，实现乡村旅游收入7.36亿元，分别增长31.2%和38.1%。玉郎巨星文创园、大白鲸水岸城等主题乐园项目启动建设；7D影院、慢生活休闲巷改造稳步推进；东北湖区旅游码头主体完工；安麓、伯瑞特、阳光大酒店、啤酒小镇等建成营业。全年新发展民宿175家，建成栗原小村、浪川隐居等精品民宿13家。全年民宿接待过夜游客192.6万人次，实现客房收入3.27亿元，分别增长30.9%和60.8%，带动餐饮及农产品收入3.32亿元。完成10条绿道支线建设，全县绿道网络基本形成。全年接待骑行游客118.2万人次，增长15.9%。出台全国首个县级“厕所革命”建设管理规范，全年累计投入600余万元，新改建厕所125座，新增第三卫生间10处，认定A级厕所55座。

【金融业】 年末，全县金融机构本外币各项存款余额315.21亿元，增长10.1%，其中人民币存款余额313.73亿元，增长10.1%；金融机构本外币各项贷款余额214.91亿元，增长15.1%，其中人民币贷款余额214.84亿元，增长15.1%。

【教育】 年末，全县有普通高中5所，在校学生5796人，初中15所，在校学生8952人，小学59所，在校学生15254人，幼儿园38所，在园幼儿8087人；职业高中2所，在校学生3264人，特殊教育1所，在校学生35人。顺利通过浙江省教育基本现代化县预评估。青溪新城幼儿园、千岛湖茶苑幼儿园建成投入使用，南景幼儿园主体建设完成。青溪小学迁建工程稳步推进，千岛湖镇第七小学、南山学校初中部综合楼和淳安中学综合楼工程启动建设。全县小学初中入学率和巩固率均达100%，初中升高中比率达99.5%。

【科技】 全年专利申请520件，下降3.35%，其中发明专利150件、实用新型262件、外观设计专利108件；授权专利278件，下降4.47%，其中发明专利24件，实用新型专利148件，外观设计专利106件。全年新增市级以上高新技术企业5家，其中国家高新技术企业2家，认定通过率100%。“浙江省谷神能源锂电池研究院”通过省级部门认定，实现了全县省级企业研究院“零”突破。培育市级以上科技型企业17家，其中省科技企业9家，市级农业科技企业6家，市级雏鹰企业2家。牵头完成伊斯特与杭州银行科技支行专利权质押融资合同的签署，实现专利权质押融资“零”突破。组织实施“利用海洋糖提高鲟龙免疫力技术研究”“电动汽车用锂离子动力电池产业化开发”等8个产学研合作及重大科技创新项目。

**【文化】** 年末，全县共有文化馆(站)24个，公共图书馆22个(含乡镇分馆)，艺术馆1个，农家书屋435个，电影院3家。全县公共图书馆拥有藏书115万余册，业余文艺团队近千支。建成县图书馆新馆、县博物馆，完成年度55处村级文化设施建设、第九轮14处农村历史建筑修缮工程，芹川王氏宗祠被列为第七批浙江省省级文保单位。探索建立“主客共享”公共文化服务模式，建成渡空间等11处新安书屋，推出了公共图书进精品酒店、民宿活动。举办全县青年歌手大赛、排舞大赛、农村文艺会演、“唱响千岛湖”原创歌曲大赛暨秀水节闭幕式等大型群众文化活动，各乡镇、村开展各类群众文化活动2000余场。出版发行了《睦州非遗》《睦剧经典唱腔集萃》光盘，睦剧小戏《旧梦重圆》《鸳鸯马》首登央视录制，《心愿》荣获杭州市精神文明建设“五个一工程”奖。

**【卫生计生】** 全县有各类医疗机构322家，医护人员2573人。2017年，全县门诊急诊293.91万人次，增长5.99%；出院人次6.01万人次，增长3.65%。其中，基层门诊159.13万人次，增长6.87%，占全县总门急诊人次的54.14%，出院人次3356人次，增长28.58%。继续推进“人才强卫”战略和“人才兴院”工程，通过自主公开招聘全日制本科及以上紧缺专业人才59人，其中研究生12人、副高及以上职称人才5人；通过社会公开招聘下属事业单位工作人员86人；柔性引进省市级医学专家105人；定向招生委培生23人，20名毕业定向委培生已分配到岗。新增市级医学重点学科5个；入选省级以上综合类医学会委员9人，其中国家级2人；获省科研项目9个；举办市级以上继续教育培训班8个；县一医院成功申报设立博士后工作站。继续推进县一医院、县中医院三乙创建和县妇保院二甲创建。加快推进县一医院二期、县中医院后勤综合楼PPP项目。新引进淳安仁医堂中医门诊部、淳安千湖中医门诊部、淳安恩泽眼科医院等5家民营医疗机构，建成新富骨伤医院住院综合楼，推进黄峰康恩医院异地搬迁。

全年共上报出生5018人，同比减少281人，下降5.30%，计划生育率98.57%；全年6452名奖扶对象和478名特扶对象，发放奖特扶助金952.39万元；完成独生子女家庭意外伤害险25440户。

**【体育】** 全力竞办杭州亚运项目，自行车、公开水域游泳、铁人三项3个大项落户淳安。成功举办中国自行车联赛、斯柯达自行车系列赛、千岛湖国际铁人三项赛、千岛湖马拉松大赛、中国·杭州环千岛湖国际公路自行车赛、国际泳联10千米马拉松游泳世界杯赛、千岛湖公开水域游泳公开赛、全国登山健身步道联赛、千岛湖国际毅行大会、中国大学生健康活力大赛等国际性、全国性重大赛事。

# 中国共产党淳安县委员会

## ·县委全委会·

**【县委十四届二次全体(扩大)会议】** 会议于2017年8月10日在千岛湖镇召开,出席会议的有县委委员、候补委员,纪委委员,县四套班子领导,法院院长、检察院检察长、人武部政委、副县级干部,副县级以上退休老同志,各乡(镇)党委书记、乡(镇)长,各部委办局(公司、行社)党政正职或主持工作的副职,部分党代表,工业企业负责人代表,省级以上农业龙头企业负责人,商贸旅游企业负责人代表,新社会阶层代表人士。会议的主要任务是贯彻落实省第十四次党代会和市委十二届二次全会精神,回顾总结县委十四届一次全会以来的工作,研究部署下半年任务,动员全县各级党组织和广大党员干部群众,增强定力、统筹发展,奋力夺取康美千岛湖建设"全年红"。县委书记黄海峰同志代表县委常委会向全会作了《增强定力、统筹发展,奋力夺取康美千岛湖建设"全年红"》的报告。

## ·县委书记专题会议·

**【县委书记专题会议】** 2017年的县委书记会议有:

1月3日,召开县委书记专题会议,研究纪委提交的有关事项,研究组织部提交的有关事项,研究2017年政府投资项目、财政资金盘子,交流1月重点工作。

1月6日,召开县委书记专题会议,研究组织部提交的有关事项。

1月22日,召开县委书记专题会议,研究组织部提交的有关事项。

2月4日,召开县委书记专题会议,交流2月重点工作。

2月8日,召开县委书记专题会议,研究组织部提交的有关事项。

2月16日,召开县委书记专题会议,黄海峰书记主持并讲话。

2月21日,召开县委书记专题会议,研究组织部提交的有关事项。

3月2日,召开县委书记专题会议,研究组织部提交的有关事项,交流3月重点工作。

4月5日,召开县委书记专题会议,研究组织部提交的有关事项,交流4月重点工作。

4月24日,召开县委书记专题会议,研究组织部提交的有关事项。

5月2日,召开县委书记专题会议,交流5月重点工作。

5月31日,召开县委书记专题会议,交流6月重点工作。

7月14日,召开县委书记专题会议,研究组织部提交的有关事项。

8月3日,召开县委书记专题会议,研究组织部提交的有关事项,研究纪委提交的有关事项,交流8月重点工作。

8月17日,召开县委书记专题会议,研究组织部提交的有关事项。

8月28日,召开县委书记专题会议,交流9月重点工作。

9月28日,召开县委书记专题会议,研究纪委提交的有关事项,交流10月重点工作。

11月8日,召开县委书记专题会议,研究组织部提交的有关事项。

11月10日,召开县委书记专题会议,研

究组织部提交的有关事项，交流11月重点工作。

11月24日，召开县委书记专题会议，研究组织部提交的有关事项。

12月4日，召开县委书记专题会议，交流12月重点工作。

12月7日，召开县委书记专题会议，研究纪委提交的有关事项，研究组织部提交的有关事项。

12月24日，召开县委书记专题会议，研究组织部提交的有关事项。

## ·县委常委会·

**【县委常委会议】** 2017年共举行30次常委会议，会议情况如下：

1月3日，召开十四届县委常委会(第2次)会议，会议研究了组织部提交的有关事项，传达习近平、刘云山在全国高校思想政治工作会议上的讲话精神，传达中央、省委经济工作会议精神。

1月13日，召开十四届县委常委会(第3次)会议，研究组织部提交的有关事项，研究2017政府投资项目，财政资金盘子，研究县“两会”会务安排、7个工作报告以及各类建议人员名单，传达学习省纪委全会精神。

1月19日，召开十四届县委常委会(第4次)会议专题民主生活会，县委常委会成员作批评与自我批评，市委常委、常务副市长马晓晖参加会议并讲话。

1月22日，召开十四届县委常委会(第5次)会议，研究县深化监察体制改革试点有关事项，研究全县作风建设大会暨践行“四个人”要求动员部署会相关事宜。

2月6日，召开十四届县委常委会(第6次)会议，研究组织部提交的有关事项，传达学习车俊省长在淳走访调研时的讲话精神。

2月15日，召开十四届县委常委会(第7次)会议，研究县纪委十四届二次全会有关事项，研究全县党建工作会议有关事项，研究乡镇部门大党建考核和综合考评结果，研究党群相关单位有关事宜，研究政法、人武、信访有关工作，研究村级带富“领头雁”认定评比结果。

2月21日，召开十四届县委常委会(第8次)会议，研究组织部提交的有关事项。

3月2日，召开十四届县委常委会(第9次)会议，研究组织部提交的有关事项，研究全县经济工作会议有关事项，研究全县农村工作会议有关事项，听取进京访和涉军群体信访维稳情况汇报，传达杭州市第十二次党代会精神。

3月13日，召开十四届县委常委会(第10次)会议，研究《中国共产党淳安县委员会巡察工作实施办法》《中共淳安县第十四届委员会巡察工作五年规划(2017—2021年)》，研究村和社区组织换届选举工作有关情况，研究编委办提交的有关事项，研究有关人事问题。

4月5日，召开十四届县委常委会(第11次)会议，研究县管领导干部考核等次方案，传达学习全省组织部长会议精神和通报市“三提一争”活动方案，研究车改有关事项，研究省委巡视整改有关工作。

4月24日，召开十四届县委常委会(第12次)会议，研究组织部提交的有关事项，传达全市领导干部会议精神。

5月2日，召开十四届县委常委会(第13次)会议，研究2017年度乡镇部门落实党建工作责任制考核和综合考评工作，研究四个平台建设，学习有关保密工作内容。

5月8日，召开十四届县委常委会(第14次)扩大会议，研究组织部提交的关于市“百千万”活动收集问题办理工作。

5月25日，召开十四届县委常委会(第15次)会议，研究全县“两学一做”学习教育常态化制度化工作，传达2017年全省农村文化礼堂建设工作现场会、杭州市农村文化礼堂建设工作领导小组(扩大)会议精神，汇报我县农村文化礼堂建设相关情况，研究设立淳安县社会科学界联合会有关事项。

5月31日，召开十四届县委常委会(第16次)会议，研究县委深化改革工作有关情况，研究淳安县"履行党风廉政建设主体责任意见书"整改情况的报告，研究《关于进一步新形势下加强党校工作的实施意见》。

6月23日，召开十四届县委常委会(第17次)会议，专题研究经济开发区(青溪新城)工作。

7月2日，召开十四届县委常委会(第18次)会议，研究组织部提交的有关事项，研究《淳安县安全生产委员会组织结构和工作规则》，研究其他有关事项。

7月14日，召开十四届县委常委会(第19次)会议，研究组织部提交的有关事项，研究《关于开展民生实事项目代表票决制工作的实施意见》，研究深化国有企业改革工作有关事项，研究省委巡视整改未完成事项报结工作情况。

8月3日，召开十四届县委常委会(第20次)会议，研究组织部提交的有关事项，研究县委十四届二次全体(扩大)会议有关事宜，研究"护航十九大"重点信访维稳问题包案化解督办方案，传达学习《中办、国办信访工作责任制实施办法》和《省、市信访工作责任制实施细则》，研究中央环保督察迎检工作，传达学习新修订的《中国共产党巡视工作条例》，传达学习市委全会精神。

8月17日，召开十四届县委常委会(第21次)会议，研究组织部提交的有关事项，研究秀水节相关工作，研究《健康淳安2030行动纲要》《关于加强健康淳安"6+1"平台建设建立大健康共建体系的指导意见》《健康淳安考核办法(试行)》，通报新安江外迁移民信访维稳处置情况，传达贯彻省市迎接中央环保督察工作动员会议精神。

8月28日，召开十四届县委常委会(第22次)扩大会议，听取淳安县迎接中央环保督察工作有关情况汇报，部署下步工作。

9月28日，召开十四届县委常委会(第23次)会议，研究纪委提交的有关事项，研究群团改革方案，研究茧丝绸混合所有制改革工作，研究国企负责人薪酬制度改革，研究淳安县生态红线划定工作。

10月10日，召开十四届县委常委会(第24次)扩大会议，研究交投集团组建工作，研究环保督察问题有关整改工作，传达贯彻省委书记车俊到到淳调研精神。

11月8日，召开十四届县委常委会(第25次)会议，研究组织部提交的有关事项。

11月10日，召开十四届县委常委会(第26次)会议，学习贯彻中共十九大精神，学习习总书记给下姜村亲笔签名的十九大首日封及省委书记车俊、市委书记赵一德的批示精神和省委十四届二次全体(扩大)会议精神，研究《关于开展第三轮"联乡结村"活动的实施意见》，研究《关于绿盛(百卤坊)土地及地上建筑物收储的情况汇报》和《关于修正健康产业园项目绿盛地块转让价款及招商政策汇报》，学习《宗教事务条例》。

11月24日，召开十四届县委常委会(第27次)会议，研究组织部提交的有关事项，研究县委巡察工作。

12月7日，召开十四届县委常委会(第28次)会议，研究组织部提交的有关事项，通报淳安县水功能区水环境功能区优化调整试点工作有关情况，通报下姜及周边地区协调发展工作有关情况。

12月24日，召开十四届县委常委会(第29次)会议，研究有关人事工作，研究《淳安县面向"双一流"高校引进党政储备人才建议方案》，研究《关于加强乡镇一般干部队伍建设的实施意见》研究指标核减相关事宜，研究人武部相关事宜，研究《关于县管国企领导转任非执行岗位实施意见》和《关于加强县政府直属企业监事会工作及外派监事管理的指导意见》，传达学习“关于全国推进国家监察体制改革试点动员部署电视电话会议”精神、听取我县深化国家监察体制改革试点情况，传达学习习总书记关于四风问题的批示、省委书记车俊关于四风问题的批示精神和省委省政府《贯彻落实中央八项规定实施细则的办法》。

12月28日，召开十四届县委常委会(第30次)扩大会议，学习《心无百姓莫为官——习近平同志帮扶下姜村纪实》。

12月29日，召开十四届县委常委会(第31次)会议，研究全委会报告、《决定》和会议安排相关事宜，研究《关于进一步落实县级党员领导干部党风廉政建设主体责任的实施意见》，研究《2018年民生实事工程》《2018年政府投资项目》和《2018年政府投资项目资金盘子》《“四本”预算盘子》，研究《关于实施消除集体经济相对薄弱村三年行动计划的意见》。

## ·重要工作会议·

**【全县重要工作会议】** 2017年，县委、县政府召开的重要会议(以召开时间先后为序)有：

中共淳安县纪委十四届二次全体会议，全县政法、武装暨信访工作会议，全县党建工作会议，全县经济工作会议，全县农村工作暨五水共治、治危拆违工作会议，中共淳安县委十四届二次全体(扩大)会议，淳安县文学艺术界联合会第七次代表大会，淳安县残疾人联合会第六次代表大会，淳安县社会科学界联合会成立暨第一次代表大会，淳安县第十六次妇女代表大会，全县离退休干部情况通报会，市对县党建工作考核述职会议，全县安全生产暨春运工作会议，县党代表提案交办工作会议，2016年度乡镇党委书记县直单位党组织主要负责人抓基层党建工作责任制述职评议会，淳安县践行“四个人”要求锻造杭州铁军排头兵动员会暨深化作风建设大会，2017淳安“聚力发展　倾注民生”就业创业人力资源交流大会活动启动仪式，全县人口计生、国土资源、环境保护工作会议，全县小城镇环境综合整治行动推进会暨首季开门红动员会，全县村和社区组织换届工作动员会及业务培训会，淳安县第二届淳商大会，2017年淳安县第一批重点项目集中开工暨“大白鲸”千岛湖文化主题乐园奠基仪式，全县养老服务业综合改革工作动员会，全县庆祝“五一”表彰大会，全县离退休干部践行“四个人”动员会暨老干部、关工委工作会议，县科协十届二次全委会暨省科普示范县创建工作推进会，“践行‘四个人’要求，实干担当提升战斗力”村(社区)党组织书记主题培训班动员会，全县“两学一做”学习教育常态化制度化工作座谈会和全县践行“四个人”暨行业系统党建、组工干部主题教育活动推进会，县文明委全体(扩大)会议暨省示范文明县城创建迎检动员会，“献礼七一红　喜迎十九大淳安县万名党员干部争当‘四个人’践诺行动”，全县来料加工工作会议，全县基层治理体系“四个平台”建设推进会，千岛湖玉郎巨星文化创意乐园动工仪式暨新闻发布会，淳安县创建省级教育基本现代化县工作推进会，全县打击经济犯罪暨防范处置非法金融活动工作部署会，淳安县党外知识分子联谊会换届暨淳安县新的社会阶层人士联谊会成立大会，淳安县计划生育协会第七次会员代表大会，全县社会团体清理规范暨行业协会商会与行政机关脱钩工作动员部署会议，第33个教师节庆祝大会，全县党的十九大信访维稳动员部署会暨平安建设推进会，首届“淳安县道德模范”颁奖典礼，2017 杭州千岛湖秀水节开幕式暨首届千岛湖(国际)康美论坛和千黄高速公路淳安段工程全线开工仪式，西湖区　上城区　西湖风景名胜区钱江新城——淳安县第二轮区县协作第二次联席会议，争做“四个人”深化“进访解”推进会，全县 2017 年度退役士兵返乡欢迎仪式，第五个老年节庆祝大会，全县档案工作会议暨档案新馆启用仪式，淳安县创建省示范文明县城工作情况汇报会，淳安县全域旅游发展推进会，2017 杭州千岛湖秀水节全域旅游发展(千岛湖)高峰论坛暨第十三届杭州——浙西旅游合作峰会，淳安县破获“11·22”案件表彰通报会，全县“争做‘四个人’，我向标杆学”村社干部论坛，全县防范处置企业拖欠工资暨开展“淳安无欠薪”行动动员会。

### ·议事协调和临时机构·

**【县委新设立的议事协调和临时机构】**　2017 年，鉴于工作需要和人员变动，县委新设立和调整了一批议事协调和临时机构：

淳安县村(社区)组织换届工作领导小组，淳安县村和社区组织换届工作联系督导组，光大环保能源淳安项目推进领导小组，淳安县小城镇环境综合整治行动领导小组，淳安县河长制办公室工作人员，淳安县创建省示范文明县城工作领导小组，全县推进“两学一做”学习教育常态化制度化工作协调小组，践行“四个人”要求锻造勇立潮头铁军排头兵领导小组，千黄高速公路淳安段工程建设推进指挥部，成立 2017 中国·杭州千岛湖秀水节组委会及其工作机构，淳安县环保专项督察迎检工作领导小组，淳安县水功能区水环境功能区划分工作领导小组，县政府民生实事项目代表票决制工作领导小组，淳安县基层治理体系“四个平台”建设领导小组，淳安县生态保护红线划定工作领导小组，美丽淳安建设领导小组成员及办公室，县委巡察工作领导小组，淳安县创建省示范文明县城工作各专项组，淳安县城中村改造工作领导小组，淳安县防范处置非法金融活动领导小组，加强健康淳安“6+1”平台建设建立大健康共建体系，健康淳安建设领导小组，淳安县打击经济犯罪联席会议制度，社会团体清理规范暨行业协会与行政机关脱钩工作领导小组，中药材产业发展领导小组，2017 年国际泳联 10 千米马拉松游泳世界杯赛、全国 10 千米马拉松游泳冠军赛、中国千岛湖公开水域游泳公开赛组委会及其工作机构，青溪新城征迁“清零行动”领导小组，淳安县信访工作联席会议和淳安县信访事项复查复核办公室，“无违建县”创建工作领导小组，淳安县交通发展投资(集团)有限公司组建工作领导小组，杭州千岛湖配水工程淳安县工作推进指挥部成员名单，东方巨龙投资发展(杭州)有限公司破产处置工作领导小组。

### ·政研工作·

**【主要工作】**　县委政策研究室立足服务领导决策，重大会议文稿起草两大任务，紧紧围绕县委中心工作开展调查研究，参与了县委全会、党建工作会议、农村工作会议、经济工作会议等重要会议文稿起草的调研工作。

(吴　聪)

### ·组织工作·

**【“两学一做”常态化制度化】**　十九大学贯热潮迅速掀起。第一时间下发《关于认真学习宣传贯彻党的十九大精神的通知》，组建十九大精神宣讲团，县级党员领导干部带头下基层宣讲；第一时间开展“感恩总书记、奋进新时代”专题学习教育“十个一”活动和“学贯十九大，争当排头兵，推进六大行动”，以姜昆

“说”相声、名家名篇朗诵会等群众喜闻乐见的方式走进基层。系列主题活动精彩纷呈。开设一把手电视访谈，举办微党课竞赛，推行党课“你点我讲”，隆重组织喜迎十九大系列主题活动，扎实开展全省远教专家普法服务淳安行，廉政微党课、党员带头亮家风等做法在《人民日报》刊文报道。常态督导成效显著。建立“月督导、季覆盖、年考评”常态督导机制，全年开展集中督导16次，查摆整改问题1895个。顺利通过省组专项督查，县人大机关支部在全省“两学一做”推进会上作典型交流。

**【“四种人”主题活动】** 精准发力加快“首提地”建设。以习近平总书记给下姜村寄来亲笔签名的十九大首日封为鼓舞，设立“下姜感恩日”，弘扬心怀感恩、励志奋进的“下姜精神”。配齐配强村级领头雁队伍，合力推进“三年行动计划”。推行支部主题党日“下姜模式”“下姜党员守则12条”。富民业态不断丰富，村集体经济收入、人均可支配收入同比呈两位数增长。丰富载体引领党员学思践悟。融汇十年践行成果，形成“525”工作体系。实行专项考核，建立项目化推进机制。开展周年系列活动，涌现出一批“四种人”标兵，双源完小爱心送教团队引起社会各界和中央省市媒体高度关注。上下联动打响“四种人”品牌。省、市分别将“四种人”纳入“两学一做”学习教育重要内容，并作为村社换届选优配强班子的重要标准；在全市村社干部中开展“争做‘四种人’、争当排头兵”主题实践活动；配合做好理论研究、高端媒体推介，品牌影响力不断提升。

**【“百千万”“进访解”活动】** 办出“淳安速度”。县委成立活动办，负责协调督导；县委常委会第一时间研究交办问题，按照“一般问题现场办、重点问题专题办、难点问题组团办”的思路，推行“一线工作法”，实现684件“百千万”问题和7080件“进访解”问题70天高效办结。办出“淳安标准”。建立县主要领导一线督、分管县领导牵头办、主管部门具体办、市直对应部门负责联及相关协办单位配合的“4＋X”办理体系和一周一报送、一旬一排名、一月一通报的“周旬月”督办制度。县四套班子主要领导一线领衔督办事关淳安发展的10件重点难点问题。办出“淳安决心”。依托县领导十联基层、城乡组团竞赛、“三认”服务等载体，分层分类推动县乡村三级党员干部常态化走进基层，共走访农户8.5万户次，走访企业1690家次，保障全国“两会”“十九大”等重点敏感时期“零进京、零非访”。县委书记在全市“百千万”论坛作交流发言。

**【铁军排头兵建设】** 强化理论武装。把学习宣传贯彻中共十九大精神和习近平新时代中国特色社会主义思想作为首要政治任务，发挥党校主阵地作用，多载体、多渠道、多举措抓好十八届六中全会及十九大精神轮训、习近平总书记“7·26”重要讲话、省市党代会精神以及《条例》《准则》等重点内容学习培训，增强“四个意识”，坚定“四个自信”。扎实开展“三提一争”主题活动。牵头实施《关于县管领导班子和领导干部带头践行“四个人”要求开展“三提一争”活动的实施方案》，突出以“五大专项行动”为抓手，抓实“五个千岛湖”主题培训，开展“五水共治”、“无违创建”等平台赛场赛马，“四人争先”持续发力，干部领导力、专业素养不断提升，重点工作领跑领先。深化“康美团队”建设。县“两会”圆满成功，候选人高票当选，组织意图与群众意愿高度统一。完成县级机关部门集中调整调配。进一步优化年轻干部、女干部配备，较好地调动各方面、各年龄段干部积极性。监察、司法体制改革稳步落实，第一批群团改革及时落地，干部考核机制改革积极破题。

**【精准科学选人用人】** 分析研判精准深入。认真开展乡镇、部门新班子专题走访调研和“回头看”工作，深入了解领导班子和领导干部履职表现、思想动态。深入实施署名推荐和历年推荐比较分析，实现精准提名；整合研判联席会议、“十部联审”、巡察信息，建立干部问题档案，严防“带病提拔”。选任程序严谨规范。从严从实开展选人用人全程纪实、干部档案自查整改，完善选任工作机制，落实选任程序清单、请示报告、沟通协调系列机制，推动选任程序优化、严谨规范。选用导向旗帜鲜明。突出实干导向，39 名经过重点项目平台实践锻炼，业绩突出、群众公认的干部提拔重用；突出基层导向，18 名机关部门干部提拔或转任乡镇任职，有基层工作经历的干部优先提拔重用。注重年轻干部配备，17 名年轻干部提拔重用。

**【年轻干部梯队建设】** “1＋X”后备库优化储备。建立“1＋X”县管后备干部库，在常规后备干部库基础上，结合干部培养使用需要，设立规划建设、商贸招商等 9 个后备干部库，有效破解结构性、专业性干部紧缺难题。多平台实训压担优苗。加强年轻干部教育培训和实践锻炼，学用结合开展中青班、“青马学院”培训，组织开展机关新录用公务员“三访”集训；建好杭州外派挂职基地、县内重点项目实践锻炼基地，选派 92 名年轻干部一线实战实训，提升工作视野和工作能力。

**【基层党建工作责任制】** 健全党建责任体系，调整充实县委党建工作领导小组，完善县乡村三级基层党建工作联席会议制度和“联述联评联考”工作机制。分层分类推进县乡村三级党组织书记党建责任清单、问题清单、任务清单和基层党建领办项目。强化乡镇党建工作力量，深化“1040”职责；明确机关部门党建分管领导、党务工作者及职责。首次将县级机关纳入“双百分制”考核，实现乡镇、部门全覆盖，突出过程管理、强化结果运用。

**【“双整”推进】** 紧盯“双基决定”120 项重点任务，持续深化交叉互查、常态督导。深化农村党建“十百示范”工程，建成 11 个示范乡镇、100 个示范点，形成“1310”党建示范集群。持续打造“三认”、第一书记帮扶团、“领头雁”培育等农村党建“金名片”。秉承“支部建在连上”，按照网格、产业等 6 种方式优化支部设置，落实支部“123”基本规范，出台主题党日新 12 条，全力打造最强支部。统筹做好发展党员工作，实行党员档案“支部初审、党委复审、组织终审”的“三级联审”机制。落细落实党员冬训春训、组织关系排查、党费收缴使用管理等长效机制。从严加强党员先锋指数考评管理，认真抓好失联党员查找和不合格党员组织处置工作，全年找回失联党员 26 人，处置不合格党员 158 人。

**【基层干部队伍建设】** 把加强党的领导贯穿始终。县四套班子领导靠前指挥，组建督导组，高质量完成 423 个村、12 个社区的换届工作。村社党组织书记、村(居)委会主任调整率为 49％和 57.2％，比上届提高 11.2％和 10.9％。村(居)民代表党员占比 42.8％，比上届提高 15.1％。信访总量比上届下降 35.8％。关心关爱离任村社干部，开展谈心谈话 1300 余人次。坚持事业导向选任干部。严把资格条件关，78 名“五不”村干部退出选举。优先使用 G20 峰会、“五水共治”“无违建”等工作中表现突出人员，省“千名好支书”80％实现留岗。班子结构进一步优化，村党组织书记平均年龄 41.6 岁，较上届下降 4.9 岁，配备 30 岁左右村社两委干部 442 人，比上届增加 387 人，实现能人回归 297 人。助推新班子快速形成战斗力。上好纪律规矩、党建业务、产业发展“三堂课”,推动新任村社两委班子尽快进入角色。实施“候鸟翱翔”计划,推行“三荐三选三公开”选拔,2746名优秀人员进入后备干部队伍库。选派第一书记和第十批农村工作指导员114人,实现软弱落后村和集体经济相对薄弱村派驻全覆盖。

**【多领域党建】** 加强机关党建,出台党建工作标准,开展“双服务、双报到”活动,形成“一机关一品牌”。深化城市党建工作格局,按照“区域统领、行业引领、两新融合、街社兜底”总体思路,完善城市党建系统建设和整体建设,较好破解了统筹协调不畅、整合能力偏弱、支撑能力不足等问题;23个行业系统实现党建全覆盖,落实“八个一”工作举措,推动示范点建设;成立物业公司党组织,社区党组织领导下的居委会、业委会、物业公司三方协调机制日趋完善。扎实推进两新组织“双覆盖”,聚焦互联网、金融服务等新经济新业态,创新成立并实体运行“互联红星”区域党群服务中心;精准指导乡镇制定出台特色小镇“1+3”工作意见,特色小镇党建工作加快推进。

**【人才工作】** 大力推进体制机制改革。健全工作机制。重点职能部门增设人才科,两所大学和四地商会组建淳籍人才联络站,人才工作力量下沉外延;以项目化落实人才工作任务。完善人才政策。全面落实“1+10”人才政策,兑现各类资金1780万元;出台新引进应届全日制大学毕业生生活补贴政策,人才政策体系日趋完善。改革管理体制。扩大用人自主权,实施技能人才企业自主评价;成立旅游、文创、乡土三大人才协会,实现行业人才社会化管理。加快推进人才引育集聚。刚柔并济引育高端产业人才。启动实施百名浙大博士“智汇康美”工程,首批28名硕博士完成15个课题攻关;举办首届中国纺织非遗大会和康美论坛;承接市组高层次人才疗休养,4个人才项目达成合作意向;在杭州国际人才交流与项目合作大会上成功签约淳籍意大利留学人才项目1个。“三名”工程引育公共服务人才。名师工作室带徒培养教育人才180人;名医工作室带动培养高端卫计人才48人;“名家”培养新增市131第一层次人选1人,享受杭州市政府津贴人才1人。“双百工程”引育乡土人才。评鉴选拔四、五星级乡土人才各20人,新增杭州市民间工艺大师1人,建成民间工艺人才工作室1个。开展技能大赛等活动,认定高技能人才520人和“千岛湖工匠”10名。启动面向“双一流”高校招引党政储备人才工作,破解优秀高校毕业生引进难问题。努力推进人才平台建设。推进人才孵化器建设。青溪新城科技大楼、高铁新区生物谷、大学生创业园等创新创业平台建设取得新进展,异地人才孵化园敏迪大厦建设顺利推进。推进高端科研站室建设。建成省级企业研究院1家和市级专家工作站1个,实现零的突破;新增省博士后工作站、省技能大师工作室各1家,获评杭州市首席技师1人。推进“名校名院名所”建设。与省中医药大学等合作,助力中草药种植加工;与中国纺织工业联合会合作,建立国家丝棉麻研究中心;与省旅游职业学院合作,培养本土高端旅游人才;鼓励企事业单位与大学合作,建立产学研基地。强力推进人才生态优化。深化“最多跑一次改革”。建立“一站式”人才服务平台,推动人才认定和政策兑现网上全程办理,全年认定高层次人才49人。建立人才“绿卡”和“亲商卡”服务制度。发放“绿卡”和“亲商卡”近200张,落实“三免一补”政策和提供管家式服务。“店小二”服务优化升级。落实县级领导联系高层次人才制度;开展走企访才活动,全年走访人才1400余人次,解决各类问题145个;分配人才房和人才公寓23套,新安排单身青年县城“一张床”56人。

**【自身建设】** 聚力打造专业型组工队伍。重业务学习。建立“钉钉夜学”制度，每月组织全县组工干部围绕相关主题研讨交流，破解组织工作难题，提升专业化能力；积极选派干部参加市组专业化培训班。重互动交流。建立“部长点题、科室定题、干部论题”机制，交流感悟、碰撞思想。重实训锻炼。下派1名干部担任第一书记，安排10名乡镇组工干部到组织部业务科室挂职锻炼，选派干部到上级部门挂职锻炼。重业务帮带。按照“以老带新、互帮互学、共同提高”的要求，开展“师徒结对”活动，做好传帮带工作。着力优化高效运行机制。注重统筹谋划。坚持“周行事历”“月度例会”“季研判”制度，强化工作统筹安排，做到谋定而后动。强化考核考勤。建立部机关干部“钉钉”考勤制度、工作日报周报制度，推进日常管理和考评，考勤结果与评优评先相挂钩。实行督查跟进。推行工作项目化分工负责制，把年度重点任务分解到科室、到人员，并实行分管部长负责制，做到每季一分析、每季一督查，倒逼责任落实。不断塑造组工示范形象。突出价值引领。开展组工干部“忠诚、公道、专业、廉洁”主题教育，引导组工干部弘扬政治坚定、公道正派、廉洁勤奋、求实创新、甘为人梯等组织部门优良传统作风。提升工作作风。深入推行组工干部下基层制度，落实“周三调研日”机制，推动组工干部到基层一线解剖麻雀，到基层一线吸取营养。强化廉政建设。年初开展党风廉政建设责任状签订仪式，部委班子成员向常委部长、一般干部向分管领导作出遵守廉洁自律规定的书面承诺。

（周　娟）

## ·宣传工作·

**【概况】** 2017年，全县宣传思想文化战线以马克思列宁主义、毛泽东思想、邓小平理论、“三个代表”重要思想、科学发展观和习近平新时代中国特色社会主义思想为指导，深入贯彻中共十九大精神，全面落实省、市、县党代会精神，全力以赴做好宣传思想文化领域各项工作，为“坚定秀水富民路、建设康美千岛湖，争当全国践行‘两山’理论标杆县”提供了有力的思想保证、精神动力、舆论支持和文化条件。

**【思想理论武装】** 以学习贯彻中共十九大和习近平系列重要讲话精神为主线，组织县委常委走进中学开展“中国梦、淳安梦、青春梦”主题讲座10场，赴基层开展十九大精神宣讲10场。组织参加杭州市“勇立潮头话担当”主题微型党课和“我最喜爱的习总书记的一句话”主题演讲等活动，分获市级优秀奖、组织奖。组建各类宣讲团，开展宣讲解读113场，听课人数达2万余人次。评选县管领导干部优秀理论文章35篇，编辑优秀理论文章作品集《理论与思考》，大型电视理论对话节目《厉害了，我们的新时代》在淳拍摄录制，有效推动“两山”理论成果向实践转化。

**【社科理论建设】** 成立县社科联机构，召开县社科联成立暨第一次代表大会，做好县社科联机构建章立制工作，对全县137家各类社团进行全面摸底调查，推进千岛湖生态补偿机制等县委重点课题研究，加速县社科联工作走上点、线、面运行轨道。推进社科平台建设，做好4家市社科普及示范基地、12家县社科普及基地建设管理，成功申报省级社科基地2家、市级社科基地重点项目2个。

**【十九大宣传】** 十九大前夕，央视《还看今朝》《辉煌中国》、浙江卫视《大地的回响——习近平总书记在浙江的探索与实践》等栏目相继报道淳安绿色发展故事；举办“龙腾盛世——农村文化礼堂百龙喜迎十九大”展演、

"宣贯十九大精神相声晚会"等活动;在两家媒体开设"喜迎十九大""感恩总书记　奋进新时代"等专栏,先后刊发十九大相关新闻100余篇,造浓喜迎十九大氛围,在全县上下掀起学贯十九大热潮。

**【样本宣传】** 围绕"两山"理论转化,紧盯淳安"康美"样本宣传,开展百源经济、剿灭Ⅲ类以下小微水体、小城镇环境综合整治、淳安铁军团队等主题宣传,讲好精彩淳安故事。先后在中央级媒体报道260余条次,省级380余条次,市级340余条次,其中《人民日报》27篇,新闻联播7条,央视专题报道12部;网络新媒体传播报道4200余条次。

**【亮点外宣】** 推出权威媒体+网络直播的联合互动外宣新模式,宣传推介第九届秀水节、斗茶大会、第三届覆盆子节等节庆活动,荣获"金纽带·节庆传播创新奖"。举办"忆先烈　联民心"、跟着名嘴去朗读、"康美淳安　青声嘹亮"等大型主题朗读活动3个,与腾讯"北纬30°·探秘"栏目合作,全球直播千岛湖水下古城探秘,创作《千岛之湖》歌曲,美丽淳安得到"井喷式"传播。

**【省示范文明县城创建】** 积极营造全民参与、共建共享的创建氛围,以问题为导向,下发整改通知106份,简报9期,整改问题300余个。开展文明单位、文明村镇评选和复评,成功创建全国文明村1个、省级文明村4个、省级文明单位2个;推进家风传承和移风易俗工作,开展"文明家庭"评选,创建10个好家风示范村;将每年3月第二个星期五设为"全民清洁日",深化"不文明行为随手拍""礼让斑马线"等品牌活动,进一步提升群众文明素质。2018年1月16日,淳安县被省委省政府授予浙江省示范文明县城。

**【文化礼堂建设】** 完成新建农村文化礼堂51个、培育17个;开展文化礼堂星级认定及复评工作,成功创建省示范文化地标1个、省优秀文化地标3个、四星级文化礼堂4个、杭州市文化礼堂"双十佳"5个,培育五星级文化礼堂2个。开展文明单位结对文化礼堂活动,编发《2017年服务菜单》,举办首届"文化礼堂我的家—我们的村晚"、首届文化礼堂摄影大赛、第二届农村文化礼堂村歌大赛、"最美全家福"摄影大赛等活动,全年共计开展文体活动1000余次、礼仪活动200余次、民俗活动80余次,助推礼堂作用发挥。

**【核心价值观宣传普及】** 广泛开展"我们的节日"主题活动400余场次,设置社会主义核心价值观宣传350余处,新增墙景画等公益广告10余处,面积1500余平方米。加大"最美"品牌建设,宣传展示"最美淳安人"146名,评选"首届淳安县道德模范"10名,深入开展"浪川乡双源完小最美教师团队"等典型宣传;做好身边好人推荐,入选浙江好人3人、杭州好人5人;落实《淳安县关心关爱道德模范实施意见》帮扶机制,营造崇尚好人、学习好人的良好氛围。

**【群众性文化活动】** 围绕"中国梦""秀水富民""康美千岛湖"等主题,组织开展青年歌手大赛、"唱响千岛湖"原创歌曲演唱会、群众文艺角汇演进文化礼堂等大型文化活动10余场,千岛湖艺术馆举办各类展览12场。积极探索建立乡村文艺角,新增群众文艺角7个。开展全民阅读活动、非遗进校园等宣传活动100余场次,开展送电影3080场、送戏160余场、送图书20000余册,送展览、讲座50余场,群众精神文化生活水平大幅提高。鼓励文艺精品创作,睦剧《心愿》入选杭州市第十三届精神文明建设"五个一工程"。

**【文创平台搭建】** 认定千岛湖秀水街文创园、姜家文渊狮城文创园等县级文创园区2个，千岛湖新安文化创意街区成功创建浙江省文化创意街区。持续推进姜家乐水小镇、临岐百草小镇、石林运动小镇、千啤音乐小镇等特色小镇建设，进一步凸显文创产业特色。成功创建中国摄影小镇1个、省级摄影基地3个、市级摄影基地1个，打造县级摄影基地42个。成功挂牌“世纪剧本创作与交易基地”，影片《烽火芳菲》在全国院线上映，并先后招引《老公去哪了》《游戏直播》《特种兵王3》等一批院线及网络电影来淳拍摄。

**【文创项目招引】** 加快推进玉郎巨星、中南卡通等10余个已招引文创项目落地建设，建成开放三叠纪古生物活化石馆、千岛湖自然博物馆、千岛湖啤酒小镇，文创业态进一步丰富。结合音乐小镇打造，加强与浙江音乐学院等艺术院校合作，举办原创音乐大赛。承办国际环湖自行车赛、游泳锦标赛、露营大会等竞技类和休闲类体育赛事，成功竞办2022年亚运会比赛项目，促成场地自行车、公路自行车等7个比赛场馆落户千岛湖。

**【文创活动开展】** 举办首届“千岛湖·我的家”民宿设计营造国际大赛，收到参赛作品150余件，评出最创意民宿奖6个；推出2017“创意千岛湖”旅游纪念品设计大赛，收到参赛作品170余件，评出金、银、铜及优秀奖50个；举办“国际动漫·美丽淳安”漫画巡展，展出82个国家100余幅漫画精品，被评为最佳分会场；举办第二届“醉美·千岛湖”全国摄影大展，收到摄影作品10585件，评出119件入展作品；组织参加杭州市文博会、休博会、国际动漫节等会展，向国内外观众展示淳安文化。

**【文创政策扶持】** 登记成立淳安县文化创意人才协会，吸纳文创企业及个人会员100余人。引进和培育游美千岛湖国际营地、千岛湖逐浪者户外运动等文创发展典型企业14家，推荐评选出“千岛湖工匠”10位，挖掘培育鱼拓、竹编等民间工艺人才50余人，杭州千岛湖啤酒有限公司被评为第二届品质杭商品牌案例。2017年，共兑现文创建设项目、文创基地、文创发展典型及文创活动等各类补助资金861.41万元。

**【宣传文化队伍建设】** 做好宣传文化队伍建设，推进落实乡镇宣传干事、乡镇文化站站长享受中层待遇，调整行政村宣传文化员185名。举办乡镇宣传干部培训等各类宣传意识形态领域培训5期2000余人次。结合“进访解”活动，赴基层开展蹲点调研50余天，形成《县域公共文化服务“主客共享”模式探索》《县域摄影文化创意产业发展路径探索》等调研文章。

（管卫亮）

## ·统战工作·

**【概况】** 2017年，在县委县政府的领导下和市委统战部的指导下，淳安统一战线认真贯彻中央、省、市委关于加强统战工作系列重要文件精神，全面深化“两学一做”学习教育，突出“凝心聚力建名城，开拓创新促康美”主题实践活动载体，着力促进“五大关系”和谐，狠抓党外代表人士、新的社会阶层人士、民族宗教、非公有制经济、港澳台海外统战工作，加强队伍建设，为推进“建设康美千岛湖”提供广泛力量支持。

**【多党合作制度效能不断提升】** 一是规范党外代表人士队伍建设。对全县机关事业单位、国有企业的党外干部，对全县中级职称及以上的党外优秀专业技术人才开展摸底排查，纳入党外后备干部库111名；在县委党校增挂“淳安县社会主义学院”牌子，打造党外干部理论学习基地，并成功举办一期全县党外代表人士培训班；把淳商服务中心打造成党外干部的实践锻炼基地。二是积极推进参政议政、民主监督工作。建立了民主党派与政府部门对口联系制度，各民主党派成员参加县委县政府组织的各类专题协商会、座谈会10余次；各民主党派、无党派人士中的人大代表、政协委员围绕县委县政府的中心工作和社会关注的热点问题开展调研、建言献策，共撰写社会情民意信息30多篇。三是加大党外干部及后备队伍培养选拔力度。优化两部联席会议制度，对拟任用的党外后备干部人选，由两部共同成立考察组，进行联合考察；全年岗位交流县管党外领导干部8名，人民团体、国企、司法机关也有一定比例的党外领导干部。

**【新的社会阶层人士统战工作扎实推进】** 一是成立了新的社会阶层人士联谊会。依据新的社会阶层人士四大群体的情况特征、分布状况、数量规模，对全县5682家民营企业、542家中介组织和256家社会组织以及自由职业人员、新媒体从业人员开展走访调研、摸底建档，统计代表人士共计127人。2017年8月25日，淳安县党外知识分子联谊会成功换届，并成立了淳安县新的社会阶层人士联谊会，选举产生了新一届理事会。二是建立联席会议制度和列名制度。建立党政领导与新的社会阶层人士联系列名制度，将新的社会阶层人士统战工作纳入县委重要议事日程和对乡镇和部门的考核体系，整体推进新的社会阶层统战工作。将淳安县新的社会阶层人士联谊会分成“企业高管”“中介和社会组织”“民宿＋文化”“高级专业人才”四个小组，每个小组确立一名组长，以组为单位开展相关联络联谊活动。三是示范推动，打造实践创新示范点。根据淳安80万亩573平方千米的广阔水域，水上事故易发的实际，建立“浙江民安公益救援中心淳安大队”民间公益实践创新示范点；根据淳安精品民宿业态发展势头良好的现状，在“美客爱途”民宿建立“文化＋民宿”实践创新示范点；根据互联网文学创作在千岛湖方兴未艾的态势，在千岛湖“对云文创”公司建立“互联网＋文化”实践创新示范点。

**【非公有制经济领域统战工作深入发展】** 一是开展理想信念教育。2017年首次开办“淳商讲坛”，成功举办了走进康盛、千岛湖啤酒、微贷网和清正生物四期工商联企业家副主席季度轮值活动，为企业提供力所能及的帮助，亲清政商氛围更加浓厚。二是切实抓好新生代培养。发挥新生代企业家联谊会的积极作用，2017年推荐20余名会员参加杭商学堂、新生代出资人培训班、杭商大讲堂等高质量培训班。组织开展“共走红军路”理想信念教育主体培训班(贵州遵义)和淳安县新生代企业家综合素质提升培训班(厦门大学)等五次大型活动；发挥优秀新生代的示范作用，洪旭光被评为“杰出淳商”，王斌、叶翼宏被评为“杰出淳商”提名奖，应强、吴俊获得“新兴旅游行业十大领军人物”称号。三是积极指导异地商会和基层商会建设，服务“淳商回归”。4月召开第二届淳商大会，会议期间对20位杰出淳商进行了表彰，40个招商项目现场签约，签约金额达18.66亿元；异地商会回报家乡公益活动成效显，全年开展公益活动10余次，捐助资金物品价值达180万元；11月18日温州淳安商会成立大会成功召开；大力发展基层商会，中洲、威坪、里商、大墅、瑶山商会先后成立，2017年基层商会总数12家，会员企业、商家总数1300余家，人员3768人；走访了7家异地商会和淳商企业，形成《淳安县异地商会建设情况汇报》。完成《关于深入推进淳商回归工程的思考》。

【民族团结宗教和顺局面更加巩固】 一是宗教事务管理工作呈现新局面。先后到县佛教协会、基督教协会和龙川湾、里商、蜜山等重点宗教场所开展调研；稳步开展里商施姑山寺、左口天堂山药王寺宗教场所危旧房改建工作；全面完成宗教场所监控设备安装，对全县107处宗教活动场所依法安装了视频监控联网设备，其中佛教点6个，基督教点101个，实现全覆盖，设备正常运行率达100%；首次召开全县宗教(民间信仰)场所规范化管理会议，开展法律法规进场所活动，提升依法管理宗教水平，全县各佛教场所和基督教活动场所活动开展正常。二是民族工作再上新台阶。进一步推进千岛湖镇富泽畲族村“富丽乡村”建设，已累计投资300万元，基本完成民族文化特色戏台、登山游步道开发、景观带改造、“光棍桥”修建等15个基础设施项目建设，进一步落实少数民族群众优扶政策。

【港澳台海外统战工作特色优势充分彰显】 2017年，涵养侨界资源成效明显，全年共接待海外侨胞共计220人次。继续关注港澳人才资源，不断做好淳安旅港同乡会工作，通过他们窗口作用向港澳、向世界推介宣传千岛湖，以服务淳安经济社会的发展。在淳安旅港同乡会的帮助下，2016年4月28日恰逢同乡会成立庆典之日，“淳”牌有机鱼成功进入香港水产市场。淳安旅港同乡会继续帮助千岛湖发展公司与香港千岛湖淳鱼商贸公司合作，扩大在新界的放养基地，提高入港淳鱼量，2017年，4月18日同乡会成立周年庆典，“淳”牌有机鱼成为招牌主菜。6月11日，杭州旅港同乡会以“淳”牌有机鱼为纽带(举办鱼宴)广泛联络爱国爱港人士。目前，“淳”牌有机鱼已成为旅港浙籍同胞宴请的首选食材。打造两岸基层交流平台，先后接待来访基层台胞20批次200余人。接待台商到淳考察4批次20余人，淳安县于11月成功组团赴台学习交流文创工作。

【统战部门自身建设进一步加强】 开展“打造铁军”专项行动，打造统战铁军，践行“四种人”要求。加强党性作风锤炼，进一步完善统战部部务会议、部长办公会议、公务接待等制度，深化“三会一课”制度。统战部领导班子带头开展“党员干部进村社访民情解民忧和联乡结村访户”活动。严格开展“党员主题党日”活动，认真开展“两学一做”学习教育，采取集中辅导讲座、交流研讨、服务群众等工作举措，不断提高党员干部深入联系群众的能力水平。

(谢国成)

## ·党校工作·

【概况】 2017年，在县委县政府的领导和重视下，充分发挥思想建党作用，聚焦“红色领航秀水，智慧助推富民”目标，立足党校基地建设、主业主课、科研咨政、队伍建设，凝聚力量，彰显特色，社会影响不断扩大，综合评价逐步提升。全年共完成培训班次117期，培训学员29756人次，其中下姜基地办班56期5003人次，县外班次41期3524人次。全年累计社会宣讲210场次，受众人员10078人次。

【下姜品牌基地建设】 坚持特色办校方向不动摇，牢牢把握“红色”主题，锤炼下姜党性教育。下姜基地办班56期5003人次，其中县外班次41期3524人次。深挖精品化教学课程。深挖习总书记在下姜、四任省委书记联系点，创新开设《传承海瑞精神》《习总书记的群众观》《“绿水青山就是金山银山”在淳安的探索实践》3大体系10余个主题的品牌课程。

深融现场化教学基地。强化现场教学资源的互补,把枫树岭下姜"四种人"首提地品牌红色文化教育基地、下姜、中洲、文渊狮城、界首新农村建设教学基地等教育资源集中整合。深推合作化教学模式。积极开展"红色领航秀水,智慧助推富民"红色教育基地品牌创建工作,丰富教学内容,建立"校地"共建合作,打造知名基地品牌。

**【干部培训】** 坚持主业主课核心不走偏,在教学设计上严格落实理论教育不少于70%和党性教育不少于20%的指标。全年共完成培训班次117期,培训学员29756人次。全年累计社会宣讲210场次,受众人员10078人次。打造优良教学机制。针对不同群体,分门别类开展教学,通过内系科室、外联部门、统筹安排、协调共进,圆满完成中青班、党校大课堂、青马学院、专题研讨班等培训任务。打造优质教学师资。健全党校教师培训机制,外出轮训考察学习交流等常态化培训方式加强现有师资教育;尝试"择优教学"机制,创设性开设"康美千岛湖,人人话担当"微型党课竞赛载体,通过比赛及时组织12名获奖选手到基层进行宣讲,上党课38余堂,受众面达2000多人次。打造优秀教学阵地。结合"进访解""两学一做"等活动载体,采取"走出去+请进来"模式优化教学阵地。挑选知名专家讲师,组建"红色专题党课"宣讲团,开展党课宣讲"六进"活动。

**【科研咨政】** 坚持咨政参谋决策不松劲,加强理论的总结和创新,聚力落实"党校姓党"的要求。2017年,积极参与中青班三个课题调研,自主完成"两山"理论和"四种人"调研课题并转化为校级精品课。服务全县产业发展。发挥党校决策参谋作用,主动结合绿道经济、乡村旅游、电子商务等县域产业布局,做优咨政调研红色文章。注重调研成果运用。围绕县委县政府中心工作开展"四种人"要求在淳安实践和"两山"理论的课题调研,做强秀水富民实践推进绿色文章。壮大教育培训产业。着眼"康美千岛湖"发展大局,立足"下姜——梦开始的地方",创建省委党校重点现场教学基地,编织融合发展彩色文章。

**【康美团队】** 坚持发挥示范表率不懈怠,通过三个狠抓,凝聚团队力量,塑造铁军形象,不断提升内核力。出台3项奖励制度、组织4次外出学习考察,开展多次全方位学习。狠抓学习强素质。注重与"两学一做"系列学习教育、践行"四种人"、进访解、咨政科研等活动结合起来学习,与支部固定主题党日、中心组学习相融合,发挥"党建+"效应,注重党员干部理论修养与理想信念提升培育。狠抓作风树形象。及时修订绩效考核管理制度,坚持新课试讲、集体备课和优秀调研成果奖励制度,顶层设计上切实推进党校各项工作,狠抓作风建设,服务水平进一步提高,纪律意识、责任意识、集体意识明显增强。狠抓管理提效率。组织外出学习考察培训,加强内部制度管理,提升综合素质,变被动适应为主动出击,在超前服务上下功夫。

(邵　瑜)

### ·机关党务工作·

**【概况】** 截至2017年年底,县直机关工委共有176个下属基层党组织,其中机关党委4个,机关党总支20个,直属机关党支部59个,二级党支部93个。共有机关党员2384人,其中在职党员1892人,离退休党员492人。

**【主题活动】** 牵头举办县直机关党员"戴党徽、升国旗、唱国歌、寄祝语"喜迎十九大主题活动和"康美千岛湖、人人话担当"微型党课大竞赛大宣讲活动，配合县委宣传部举办“我最喜爱的习总书记一句话”主题演讲和“学贯十九大、奋进新时代”知识竞赛活动，通过开展大型主题活动，传递正能量，提振精气神。

**【县直机关行业系统党建】** 聚焦“五个对标、五大行动”，推进县直机关行业系统党建工作。制定《淳安县机关党建工作标准》和机关党组织书记责任清单，明确机关党建“谁来干、干什么、怎么干”。印发《机关党建文件选编》，举办机关党组织书记、组织委员培训班以及党员发展、党内统计等专项工作培训班，提高党务工作者的专业化能力。

**【“一单位一品牌”创建】** 组织机关党组织围绕一个主题开展“一单位一品牌”创建活动，总结提炼机关党建经验做法、特色亮点，全年共有49家单位开展品牌创建工作。经综合评定，认定县委办机关党支部“‘四句话’机关文化”、县发改局机关党支部“党员+项目、服务三下沉”等6个项目为淳安县机关党建示范品牌。

**【“两学一做”学习教育】** 围绕“学、做、改、考”推进“两学一做”学习教育常态化制度化，制定“123”支部学习教育基本规范，从严督查“支部主题党日”活动，牵头对县级机关部门、国有企业“两学一做”、基层党建重点工作开展全面督查，细化提出问题清单和整改要求，推动“一切工作到支部”落地见效。

**【组织建设】** 按照《党和国家机关基层组织工作条例》要求，坚持公推直选，严格审查报批，规范开展机关党组织按期换届工作，规范党务干部配备，共有67个机关党组织进行换届和改补选。

**【党员发展】** 认真执行《发展党员工作细则》，按照“控制总量、优化结构、提高质量、发挥作用”的要求，把好发展党员培训关、政审关、考察关，把政治坚定、符合条件、群众公认的先进分子吸收到党员队伍中，全年培养入党积极分子52人，发展预备党员26人，预备党员转正28人。

**【服务中心】** 组建金牌陪跑员、重点项目攻坚、治水护水先锋等15支党员志愿服务先锋队，全面开展“争做四个人、争当排头兵”承诺践诺大行动。创设助力“百源经济”“‘最多跑一次’改革”“全域旅游”等各类载体，发动机关党员以排头兵姿态围绕大局、服务中心，为完成县委县政府年度目标任务提供了强有力的支持。

**【“进村社访民情解民忧”工作】** 在机关党员中全面开展“进村社访民情解民忧”工作，推动机关党组织和村社党组织“一对一联姻”，机关党员和一线群众“零距离对接”，2400余名机关党员走访农户近1.2万户，收集、解决问题3000余个，密切了党群干群关系。

**【结对帮扶】** 深入开展动第三轮党员干部结对帮扶城乡困难家庭工作，全年共走访困难户3636名，送去慰问金220万余元，为困难家庭成员解决就业、就学、就医问题800余个。深入推进党员进社区报到服务、返乡报到服务工作，点亮“微心愿”，2400余名机关党员共认领开展了平安巡防、矛盾调解、物资捐赠、工作联系等1200余项服务活动，真正为群众办了实事、解了难事。

**【党内关心关爱】** 在元旦、春节和“七一”期间，对机关在职困难党员、党龄在58年以上的机关老党员进行家访慰问，落实党内关怀、帮扶机制。首次举办先锋党员培训班，邀请杭州市健康管理中心讲授压力调适课程，开展户外身心健康体验活动,给予党内激励,增强党员队伍的凝聚力和向心力。

**【党带群团】** 坚持党建带群建,推进机关群团改革,新成立县直机关工委工会工作委员会,县直机关妇工委改建县直机关妇联。强化人员、经费保障,支持机关工青妇组织依章程开展工作。发挥群团组织优势作用,积极开展洁美家园、平安巡防、文明劝导、趣味运动、登山健身、养身保健等各类活动,增强群团工作的"政治性、先进性、群众性"。

**【党建理论研究】** 针对机关党建如何围绕中心、服务大局等问题开展课题研究,其中调研文章《淳安县直机关实施"大党建"模式 推进党建工作和业务工作一体化的探索和实践》在全省机关党建理论研究课题成果评选中荣获二等奖。

**【监督执纪】** 机关纪工委在县纪委和工委的双重领导下,认真履职,监督执纪,全年共查办7起机关党员违纪案件。其中,党内警告5人,党内严重警告2人。

(余慧芳)

## ·老干部工作·

**【概况】** 县委老干部局为县委常设机构,内设办公室、服务保健科、活动教育科、关心下一代工作委员会办公室4个科室。下属事业单位有老年大学和老干部活动中心。2017年,全县共有机关事业单位离退休干部(职工)5327人,其中退休干部(职工)5246人(行政1504人,事业3742人),离休干部81人。在离休干部中,有县处级离休干部39人,有14名离休干部安置在本省外地,有2名离休干部安置在外省,有1名离休干部由外地安置在我县,有离休干部遗孀142人;在退休干部中,有县(团)级退休干部52人(其中副县以上退休干部27人),有局(乡)级退休干部385人。

**【老干部党组织建设】** 着眼于组织建设,深化党建基础工作。一是全力保障老干部党支部学习需求。在县委组织部、县委宣传部大力支持下,为4个老干部临时党总支部,33个老干部临时党支部提供十九大报告、党章修正案学习资料200余份,征订学习资料100余份。此外,老干部局还为乡镇驻千岛湖城区老干部党员240余人征订了人手一份的《浙江老年报》,最大限度满足离退休老干部党员精神需求。二是适时对老干部党支部进行调整。易地安置离休干部党支部的三名党员平均年龄87岁,老干部局从实际出发,积极与县直机关工委沟通协调,本着就近方便的原则,对易地安置离休干部党支部进行撤销,并将三名党员组织关系转接到居住地社区支部,确保他们组织生活正常进行;整合原有"三大交流平台",建立"淳安驻杭、驻千离退休干部党总支交流群"方便两地党支部经验交流,增加"老年大学临时党总支""老年活动中心临时党总支"交流群。

**【思想政治建设】** 立足于党性教育,强化教育引导工作。一是以践行"四种人"为重点,开展教育引导系列活动。结合老干部局的服务对象和工作实际下发了《关于在离退休干部中开展践行"四种人"活动的实施意见》,召开动员部署会,号召全县广大离退休党员干部积极发挥政治优势、经验优势、威望优势,投身践行"四种人"和"两学一做"活动,为建设康美千岛湖做出应有的贡献。共开展专题学习讨论会9次,开展践行"四个人""两学一做"专题讲座、培训会12次,参加人数共3800余人次。二是以"畅谈新变化、争做'四个人'、喜迎十九大"为主题,开展系列庆祝活动。围绕十九大为主题，开展了“听党课、办讲座、开座谈会、排演出、开展览、办笔会”等系列活动；与施家塘社区文化共建，组织开展了“喜迎十九大，践行四人，推进两学一做”文体活动。组织开展学习习近平总书记“7·26”重要讲话精神和省十四次党代会、市委十二届二次会议精神，举办“两学一做”系列党建知识趣味问答等活动。三是有效开展思想政治教育。在十九大胜利闭幕以后，及时开展了党的十九大报告和党章修正案学习活动共64次，累计参加人数2800余人。老干部们积极响应，尤其是11月15日老干部学习日人数达400余人，一些老干部全程站着听完学习内容。2017年还组织老干部学习县委第十四届二次全会精神，看红色文艺演出，参加全县党建工作会议、县委全委会议等全县重大活动10次，举办老干部理论学习会18次，情况通报会8次，其中董文吉副书记组织开展了4次通报会。

**【落实老干部待遇】** 着力于待遇落实，规范服务管理水平，常态化落实政治生活待遇。一以贯之地做好每年一度的“四检四养”即：县级老领导体检、团职军转干部体检、离休干部体检、局乡级干部体检，做好离休干部避暑疗养、县级老干部考察休养、局乡级老干部考察休养、近二年乡镇机关退休干部考察休养，同时要求各个单位同步做好老干部体检工作。

**【文化养老】** 借力于文化养老，突出“阵地”服务功能。一是“老有所学”。活动中心以每月15号学习日为依托，组织老干部参加各类学习和讲座，共组织学习12次。县老年大学开班38个，共有学员965名。二是“老有所为”。以文化养老为载体，根据老同志的不同特点，开展送文化下乡活动。组织老干部书画协会奔乡村开展“迎新春·送春联”志愿活动，为广大村民送去新春祝福。诗词协会通过参观新农村建设和企业进行实地采风创作，形成诗刊发送到有关部门和乡镇。文娱协会在“舞动新淳安、康美好生活”的广场舞大赛中获三等奖，并发挥她们的特长积极服务社会，到乡镇传授排舞、腰鼓等活动。三是“老有所乐”。活动中心以“增长知识、丰富生活、陶冶情操、促进健康、服务社会”为目标，坚持从老干部的生理、心理特点出发，多层次、多渠道、多方位满足老干部精神文化需求。全年共开展老干部乒乓球、台球、象棋、钓鱼等比赛20余次，组织拳、剑、排舞、唱歌等培训60次，参加人数达8500余人，成功举办第四届老干部金秋艺术节。四是“老有所用”。充分发挥党员模范作用，组织各协会、党支部10余次下乡进村，围绕康美环境、康美产业、康美生活进行建言指导。钓鱼协会支部书记汪的连多次主动参与城市执法监督，受到该局奖励。

**【老干部作用发挥】** 贯穿于服务大局，加强正能量活动。一是持续开展组团督查工作。继续发挥老干部清洁乡村工作检查团作用，在县委、县政府大力支持下，积极与县五水共治指挥部、环保局协作，4个由局乡级退休干部组成的督查组对全县425个村进行了3次全面现场督查，为县委、县政府推进重点工作奉献余热。二是开展把脉献计活动。老干部局今年组织老干部40余次，各临时党支部自行组织10余次深入乡镇、部门、村社、企业进行考察调研活动，提出了一大批宝贵的意见和建议。在考察调研的基础上完成专题论文《壮心不已桑榆情，红色教育润童心——坚持不懈用红色教育引领下一代健康成长》得到了县委主要领导的批示。三是开展“喜迎十九大　全力保平安”和“学习十九大　感恩总书记　奋进新时代”活动。在十九大召开前夕，7支志愿队陆续开展了相应的系列活动，如文体宣传队和关工委宣讲团开展“喜迎十九大”主题宣讲活动32次;在十九闭幕以后,各协会、团队、临时党支部500余人在广场举办“学习十九大　感恩总书记　奋进新时代”为主题的文艺宣传活动,发放各类资料1000余份。

**【慰问帮扶老干部】** 一是经常化落实走访慰问和困难帮扶工作。结合春节、七一等重大节日和高温季节组织做好“四慰二望”,即县领导慰问县级老领导、老干部局慰问县级老领导遗属、慰问离休干部及遗属、慰问困难老干部,探望住院老干部、看望居住在外地的离休干部。2017年走访慰问生病住院和困难的老干部达410人次,定期结对走访帮扶离休干部446人次。二是制度化落实“三认”机制。强化“三认”服务机制,结合《关于深化“践行‘四个人’要求,党员干部进村社访民情解民忧”活动的通知》(县委办〔2017〕51号)精神,老干部局对12名困难离干部,12名困难退休干部,61名离休干部进行结对调整,要求7月和12月进行走访慰问,对27位县级老领导分三组进行组团联系。一年来进村入户10次,走访群众130户,收集建议和意见到15条,“党史”“国史”主题宣讲4次,组织县级老领导促发展活动17次。

**【阵地建设】** 活动中心不断深化“满意家园”建设,丰富活动内容,提高服务水平,全年举办较大规模的活动23次,各类培训51次,参加人数6000余人。组织老干部开展了钓鱼、象棋、台球、乒乓球等比赛活动,参加人数2100人次。组织开展送文化下乡活动:书画协会到青溪新城前坞村开展“迎新春·送春联”活动;诗词协会通过参观新农村建设和企业进行实地采风创作,形成诗刊发送到有关部门。老年大学优化教师队伍,积极与教育部门协调沟通,争取到学科水平拔尖的专业教师4名,为传递更高品质的文化知识、锻造更具特色的文化品牌奠定基础。其次,优化课程,设置了时政、文史、书法等29个专业,36个班级,共有965名老干部参加学习,根据老同志的喜好,新增了《京剧教唱》课程,深受老同志的欢迎。再次,强化教学管理,每学期开学之初,相继召开教师和班长会议,部署有关工作,强化课堂教学管理,提升了教学质量。

**【关心下一代工作】** 以“五红”教育为载体,全面推进青少年社会主义核心价值观教育。充分利用“五老”队伍独特优势,发掘淳安红色资源,在充分调研和讨论的基础上,自编红色教材,开展“五红”(听红色报告、读红色图书、走红色之路、写红色征文、作红色演讲)教育。广泛开展了“五红”教育活动。“五老”队伍先后到淳安中学、大墅初中、文昌完小、石林小学、南山小学等学校举办红色教育讲座、共唱红色歌活动;联合县检察院、县教育局共同举办了检察官法治宣讲团进校园活动;与县教育局、县工商联共同举办“中华魂——辉煌与梦想”留守儿童红色经典朗诵会,全县33所学校积极参与。完成法治教育、价值观教育、家庭教育、心理健康教育等各类宣讲活动达67场次,受教育1.17万余人。广大“五老”(老党员)热忱真心、执着和奉献精神,得到了县委领导和社会各界的广泛赞誉和认同,县长董毓民、县委副书记董文吉、县委常委宣传部部长徐恒辉先后作出批示,充分肯定了广大“五老”的创新做法和爱心善举,倡导社会各界给予支持并加以学习。红色教育的创新举措,还引起了省、市关注,11月1日省关工委副主任王柏荣、傅颂恕,杭州市关工委常务副主任曾东元、副主任郑柯荆对“五红”教育进行专题调研,《浙江日报》《今日千岛湖》《千岛湖先锋》《淳安信息》等媒体刊物进行了宣传报道。　(叶学俭)

## ·机构编制工作·

**【概况】** 2017年以来，县编委办在县委、县政府的领导下，深入开展“两学一做”学习教育常态化制度化，紧紧围绕县委县政府“坚定秀水富民路，建设康美千岛湖”这一使命，深化“放管服”改革，推进政府职能转变，加强机构编制管理，为淳安县经济和社会发展提供了有力的体制机制保障。

**【做好权力清单动态调整工作】** 按照省人民政府《关于做好“最多跑一次”事项在浙江政务服务网权力事项库信息更新的通知》的要求，组织各部门和乡镇按照通知要求调整到位，确保“最多跑一次”办事事项的准确。

**【开展公共服务清单梳理工作】** 按照“权力事项应纳尽纳，公共服务自行申报”的原则，根据省市口径和《淳安县深化完善“互联网+服务清单”公共服务模式实施方案》(县委办〔2017〕34号)文件要求，牵头指导淳安县52家单位共梳理公共服务事项494项，已经于5月初陆续导入浙江政务服务网。

**【加强乡镇“四个平台”建设】** 推动乡镇综治工作、综合执法、便民服务、市场监管四个平台建设，科学划分部门与乡镇职责分工，明确四个平台职责，落实责任，理顺相互工作关系，在各乡镇成立了综合信息指挥室，并核增中层领导职数一名，在县委政法委成立了县级综合信息指挥中心，积极推进基层治理体系和治理能力现代化建设。

**【设立高铁新区管委会】** 经杭州市编委批复，同意我县设立千岛湖高铁新区管委会，与文昌镇政府实行“一个机构、两块牌子”，也是淳安县首个实行“区政合一”的机构。

**【落实乡镇内设办事机构差异化设置】** 切合淳安实际，在总结试点经验的基础上，分类拟制了全县23个乡镇内设办事机构及其主要职责调整的实施方案，于3月底下发到各乡镇。通过重点督查、实地指导，23个乡镇已实施到位，目前运行正常。

**【做好综合执法相关工作】** 一是拟定了《淳安县推进综合行政执法工作实施方案》，4月份县府办已经下文；二是拟定了住建局和城管局“三定”方案草案，8月，两局“三定”方案已经正式发文；三是协调相关部门并指导城市管理局(综合执法局)做好行政处罚权力事项的划转工作。

**【配合经济开发区等产业主平台做好管理体制机制改革】** 会同开发区赴外地学习，拟制了扁平化改革的初步方案，与开发区进行了对接。并举一反三完成了4个园区的现状调研和改革建议拟制。同时，与开发区、度假区、江东区明确了管理体制机制改革的责任分工。

**【认真开展“双随机、一公开”抽查监管工作】** 按照《浙江省政府办公厅关于全面推行“双随机”抽查监管的意见》(浙政办发〔2016〕93号)和《杭州市政府办公厅关于全面推行“双随机”抽查监管工作通知》精神，淳安县积极布置了“双随机”的相关工作。2016年底，淳安县25个部门已完成了“一单、两库、一细则”的制定工作。经查，淳安县25个部门基本都按照要求，开展了“双随机、一公开”抽查监管工作。

**【统筹推进重点领域体制改革】** 一是会同纪委(监委)落实监察体制改革，做好编制转隶等配套工作；二是参与群团体制机制改革方案制定工作；三是核定县法院司法雇员，保障司法体制改革深入推进;四是对保密机构的职责管理、职能配置、机构设置等方面提出建议方案,发挥参谋作用。

**【认真落实编委会议精神】** 3月6日,县编委召开了2017年度第一次成员会议。本次会议涉及机构编制日常管理审议事项和乡镇办事机构差异化设置、综合执法、县级党政群机关减员空编、县属事业单位减员空编等工作。会上共研究了机构编制日常管理审议事项共17个,涉及32个部门。会后,及时按照编委会会议精神,对涉及机构编制方面的请示都下文予以批复。

**【圆满完成控编减编】** 历经一年的调查摸底、研判分析、多次分析,并与周边县市进行比较、研究,主动和部门对接沟通,2017年4月份,核减35家事业单位的人员编制126个。其中,财政补助类事业编制41名(含参公事业编制8个),适当补助类事业编制26个,经费自理类事业编制59个,圆满完成控编减编工作,盘活现有的"闲置"资源,满足民生事业发展对人员编制的刚性需求,并实现总量平衡,同时促使各单位尽量挖掘内部潜力,实行精细化管理,提高行政效能。

**【做好进人用编前置审核】** 一是进一步规范进编审批,先后出台了《关于完善进人用编指标审批工作的若干规定》和《关于建立机构编制审批与违规问题整改联动机制的通知》,建立完善了进编审批的规范化、制度化流程;二是应对人员编制实行"总量控制"的大气候,组织实施了用人单位选调人员必须有空余编制并适度预留的前置审核,截至10月共审核92批次200余家机关事业单位用编申请713个,其中党政群机关12个,事业编制701个(卫生系统216个,教育系统143个)。

**【做好提议案答复工作】** 按照上级工作要求,共主办6件县"两会"和县党代会提议案,按照提议案的建议,集中精力认真做好答复工作,6件提议案保质保量在规定时间内完成答复。

**【规范编外用工使用审批管理】** 一是针对编外用工管理中部门信息衔接存在漏洞的情况,在摸清全县编外用工指标数和实有数后,建立编外用工使用每月定期审批制度;二是主动和人社、财政部门衔接,加强从指标核准、使用、招聘、录用、核拨经费等环节的信息联动,堵住编外漏洞;三是同时将所有经核准聘用的编外用工录入实名制数据库,及时对其进行人员增减、信息修改,有效规范了编外用工管理工作。

**【做好新一轮车改工作】** 2016年11月,淳安县启动第二轮公务用车制度改革,根据全县车贴系统功能调整,人员审核、职务级别对应调整等诸多事宜快速推进工作。确保从2017年3月开始,正式发放新一轮车贴。目前,每月审核327家机关、事业单位4800余名涉改人员,每月金额264万元,截至10月共审核2697余万元,并及时将有关数据报送车改办、财政局和市民卡中心。

**【认真做好机构编制监督检查】** 为准确做好机构编制核查,2017年5月,在省、市编办的统一部署下,对全县400余家机关事业单位的机构编制信息和10000余名机关事业单位的在职人员信息进行了一次系统、全面的核对、补充和完善。按省、市编办要求梳理出37项需整改事项,并根据情况分类,确定14项2017年整改到位的事项。

**【及时更新实名制数据】** 建立实名制数据库实时更新的工作机制,统一对退休、辞职、辞退、调出等出编人员进行删减;对招录、调进等入编人员督促各单位及时按流程添加,编办审核;对单位人员职务等重要信息的变化及时审核,确保系统中的数据始终处于最新、最准状态。

**【依法开展事业单位登记】** 根据国务院令411号《条例》的规定,及时做好2017年度267家事业单位法人年度报告的审核和网站上公示工作,其中229通过年度报告,38家被冻结。全年共办理事业单位法人变更登记36家,注销登记5家,并按要求将登记许可在"中国淳安千岛湖"政府门户网站和《今日千岛湖》报纸上进行了公告。组织教育系统94家事业单位法人开展业务培训。

**【开展机关、群团、事业单位统一社会信用代码工作】** 经过认真审查,为3家单位核发统一信用代码证书,为32家单位变更统一社会信用代码证书。

**【规范中文域名、网站管理】** 据省编委办统一要求,以机关、群团、事业单位法人登记管理系统中的数据为基础,对全县法人机构全部注册中文域名,注册率100%。通过财政统一支付全县中文域名注册费7万余元,缴费率达100%。与此同时,为保障十九大,开展机关、群团、事业单位网站开办资格审查,复核,对挂党政机关、事业单位标识的网站进行清理规范。共清理关停违规网站2家,规范网站10余家。

(许　晶)

## ·史志工作·

**【概况】** 2017年,县委党史研究室围绕县委、县政府总体目标要求,全力实施"存史、资政、育人"职能,提升能力,合力创新,深化史志研究、拓展党史宣教平台、扩大红色资源影响力,认真做好史料征集、史志编研、党史宣教、胜迹保护、红色旅游发展等工作。与县政协文史委合作开展新安文化的发掘研究工作。召开新安文化研讨会,实施新安文化丛书编撰写项目,与14位专家学者签订委托研究协议。与县政协文史委合作开展全县各行政村微村志编写工作。至年底,完成50个村的初稿撰写。对70万字的《民国淳安县志》整理初稿进行资料补充、资料核实、章节调整。至年底,基本完成送审稿。县先遣队纪念馆全年接待国内参观游客6.1万人,其中15人以上大型团队760个;接待培训团队140个,提供讲解487场次,培训4003人。举办"忆先烈　联民心"大型经典朗诵会,近千名群众在县先遣队纪念馆广场聆听艺术家们朗读饱含激情、深情演绎的红色诗篇。加大宣传力度,县先遣队纪念馆被列入省市党校"红绿蓝"现场教学点、杭州市新四军历史研究室培训基地、浙江计量大学大学生教育培训基地。与县教育局在千岛湖镇各学校联合开展纪念全面抗战80周年暨抗日先遣队历史巡展活动、"我心目中的方志敏"主题征文活动、和《走进红色博物馆——我眼中的红色经典》微拍大赛。完成由程就创作的《光耀淳安》一书的统稿、校对并正式出版。向各机关、乡镇、学校、社区及村文化礼堂赠送《习近平书记联系淳安》《新安江水库淳安库区移民遗留问题的基本解决》《中国共产党淳安县历次代表大会重要资料选编》《中共淳安县委大事记》《淳安史志》等党史书籍。启动《中国共产党淳安党史》第三卷初稿撰写。至年底,完成全书总篇幅的35%。与社会人士王谏正合作完成《淳安儿女(5)》画册出版。记述枫树岭镇面貌巨变的《筑梦路上的枫树岭老区》出版。争取资金22万元,在枫树岭镇横坑村修建总投资50万元的红军坟、红军亭及配套道路。争取资金60万元,在威坪镇茶合村实施总投资150万元的徐樟顺革命烈士故居修复工程和茶合革命烈士纪念馆建设。争取资金13万元,在王阜乡板桥村对中共淳安县委旧址周边建筑收储。启动并完成总投资200余万元的县先遣队纪念馆改造提升工程。启动投资额约为970万元的淳安县委旧址综合保护项目。

**【举办新安文化研讨会】** 8月21～23日,由淳安县政协文史委、淳安县委党史研究室(县志办)联合举办的新安文化研讨会在千岛湖镇举行,来自复旦大学、天津南开大学、安徽大学、中国徽州文化博物馆等大学、研究机构的专家学者、淳安县四套班子领导、淳安县相关部门负责人50余人参加会议。与会人员围绕新安文化研究的重要意义、总体概念、研究对象和研究的主要方法进行了研究讨论。会上,新安文化丛书编撰项目正式启动。该项目计划分五年实施,前三年完成约20卷400万字的丛书撰写,后两年进行成果汇总、成果宣传和总结反馈。

**【启动淳安县委旧址综合保护项目】** 10月,县委决定在王阜乡闻家村板桥自然村中共淳安县委旧址建设中共淳安县委旧址综合保护项目。由县委党史研究室组织实施。县委党史研究室及时明确分管领导和工作管理人员,迅速进入项目前期准备工作。11月,项目启动,12月进入立项流程,预计投资额为970万元。

**【《淳安儿女(5)》画册出版】** 3月,淳安县委党史研究室编纂发行《淳安儿女(5)》画册,主编王谏正。该书图文并茂地介绍了29名历史文化名人、33名领导干部、109名科技人才、44名现役(退伍)军人、7名企业家、15名移民的概况、事迹。收录了大量珍贵图片。该书开本16开,550页,印数1000册。

**【郎健华到淳安调研党史工作】** 7月3日,杭州市委党史研究室主任郎健华在副主任曹正法等陪同下到淳安调研党史工作。郎健华听取了淳安县委党史研究室负责人关于近年来党史工作开展情况、2017年工作亮点及下步工作思路的工作汇报,参观了中国工农红军北上抗日先遣队纪念馆。郎健华对淳安党史工作给予充分肯定。指出淳安党史工作理念创新意识强,围绕党委政府中心工作意识强,发挥党史服务功能能力强,机制灵活,发力精准,特色鲜明,很好发挥了党史“存史、资政、育人”职能。就做好下步淳安党史工作他提出了五点要求:要紧紧抓住历史机遇,做好党史资料征集工作;要深度挖掘红色遗存,发挥红色基因作用;要认真做好党史三卷编写;要扎实抓好队伍建设;要市县合力,打造好红色联盟。

(刘东山)

(编辑　徐华健)

# 中国共产党淳安县纪律检查委员会

**【县纪委十四届一次、二次全会】** 县纪委十四届一次全会于2016年12月30日召开，县纪委委员19人出席会议。会议选举产生县纪律检查委员会常务委员会委员和书记、副书记，赖明诚当选为县纪委书记，徐军飞、方爱民当选为县纪委副书记，吴社平、胡晓明、胡正阳、汪爱莲4人当选为县纪委常务委员会委员。

县纪委十四届二次全会于2017年2月16日召开。会议回顾总结2016年党风廉政建设和反腐败工作，研究部署2017年任务。县委书记黄海峰出席会议并讲话，强调要进一步认清党风廉政建设和反腐败工作的新形势，加强对全县中心工作的纪律保障，突出重点领域问题治理，强化监督执纪问责，推进全面从严治党在淳安的新实践，锻造务实担当、干净干事的勇立潮头铁军排头兵。县委常委、纪委书记、监委主任赖明诚代表县纪委常委会作题为“坚守责任　强化担当　坚定不移推动全面从严治党向纵深发展”的工作报告。报告指出，2017年党风廉政和反腐败工作要按照中央、省市县委和上级纪委全会部署，严肃党内政治生活，加强党内监督，推进监察体制改革试点，强化监督执纪问责，持之以恒改进作风，坚定不移惩治腐败，严格执行监督执纪工作规则，推动全面从严治党向纵深发展，为实现“坚定秀水富民路、建设康美千岛湖”精彩开局提供坚强保证。

**【监察体制改革试点】** 按照中央的决策部署和省、市委确定的时间表和路线图，积极稳妥推进监察体制改革试点工作，圆满完成试点各项任务。2月10日，县第十六届人大一次会议选举赖明诚为县监委主任，在随即召开的人大常委会议上任命徐军飞、方爱民为县监委副主任，吴社平、胡正阳、黄立新为县监委委员。2月13日，召开组建暨转隶工作会议，县监察委员会正式挂牌运行。全县从检察机关划转编制13人，实际转隶12人。监委成立后，第一时间优化配置内设机构人员，实现集中办公，开展集中培训，厘清各室工作职责，推进人员、机构、业务、感情全面融合。着力规范监察业务流程、监察法律文书和配套业务文书，建立完善与执法司法机关协作配合机制，推动“纪法”“法法”有机衔接。用足用好监察措施，用留置取代“两规”措施，成功办理全市扶贫领域首例监察留置案件，屏门乡原党委委员、副乡长余建成涉嫌严重违纪违法被移送司法机关审查起诉。将各派驻纪检组更名为派驻纪检监察组，授予部分监察职能，实现监察职能横向拓展。

**【健全责任体系】** 出台关于进一步落实县级党员领导干部党风廉政建设主体责任的实施意见。县级党员领导干部对分管联系单位班子成员的个人事项报告审核把关，对巡察发现的问题及时掌握并督促指导做好整改工作，定期与分管部门和联系单位班子成员开展谈心谈话。在乡镇部门层面明确履行主体责任“十个一”和履行监督责任“6＋X”责任清单。创新完善主体责任当面报告形式，探索以提问质询的方式听取重点部门全体班子成员开展“一岗双责”记实述绩情况。以建议书的形式向61个乡镇部门交办问题，督促限期整改。修订乡镇部门党风廉政建设责任制考核标准，进一步完善考核内容。严格“一案双查”，全县共对8起落实主体责任、监督责任不力问题进行责任追究，11 名党员干部受到问责处理。

【强化纪律监督】 加强对中共十九大精神学习贯彻落实和党章党规党纪执行情况的监督检查。加强对“最多跑一次”改革、千岛湖生态环境保护、小城镇环境综合整治、“日志式”管理、“进访解”活动、政府投资重点项目等重大部署贯彻落实和重点任务推进情况的专项督查和日常监督检查。开展扶贫领域监督执纪问责专项督查，全县共查处扶贫领域违纪违规问题 14 起，处理 23 人。其中，党纪政务处分 6 人。加强村社组织换届纪律监督，严肃查处 3 起违规拉票、干扰换届秩序的案件。加强对选人用人情况的监督，防止和纠正选人用人不正之风。加强对中央环保督查组交办件和反馈问题的督办监察，问责处理 10 人。

【深化作风建设】 聚焦形式主义、官僚主义方面的突出问题，加大查纠力度。持续高标准抓好中央八项规定精神贯彻落实，紧盯节庆假日等重要节点，开展专项检查，通报典型案例。聚焦公款吃喝、公车私用、违规发放津补贴等易发多发问题，创新运用专项督查、大数据筛查等方式开展明察暗访。全县共查处违反中央八项规定精神问题 22 起，处理党员干部 45 人，体现了越往后执纪越严的要求。聚焦县委、县政府重点工作任务，开展“三不”问题专项整治，全县共查处“三不”问题 199 起，问责 250 人，问责人数同比增长 37.4%。加大通报曝光力度，全县共通报曝光典型问题 9 起 21 人。

【推进巡察工作】 高标准完成巡察机构组建，建立巡察干部人才库，协助县委制定巡察工作五年规划(2017—2021)和巡察工作实施办法，突出政治站位和政治巡察，加大巡察力度，巡察利剑震慑作用有力彰显。全年共开展 4 轮 24 家单位的常规巡察和学习贯彻十九大精神专项巡察，共发现问题 748 个，移交问题线索 161 条。通过巡察整改，督促被巡察单位完善制度 102 项，清退、收缴资金 635 万余元，实施谈话教育 970 人，运用监督执纪“四种形态”约谈提醒 59 人，作风效能问责 47 人，党纪处分 11 人。

【纪律审查和监察调查工作】 2017 年，全县各级纪检监察组织共立案 317 件；党纪政务处分 313 人，其中乡科级干部 7 人；移送司法机关 3 人。全县各级纪检监察组织共处置问题线索 1213 件，同比增长 56.9%，运用“四种形态”处理 1189 人次，同比增长 64.0%；其中，第一种形态 861 人次、占 72.5%，第二种形态 271 人次、占 22.8%，第三种形态 28 人次、占 2.3%，第四种形态 29 人次、占 2.4%。强化反腐败协调小组作用，进一步建立健全信息查询、信息比对、线索传递、陪护保障等方面的制度机制，完成全县 865 名县管领导干部和 1858 名中层干部廉政档案建设。加强案件监督管理，严格依纪依法、安全文明开展审查调查。加强和改进审理工作，严格规范审理流程和制度，严格落实涉刑案件“先处后移”，开展处分决定执行情况专项检查，不断提升案件质量。

【农村基层党风廉政建设】 建立完善信访办理质量评估、疑难信访集体会商等机制，落实办信主体责任，大力强化专项督查，助推信访举报工作提质增效。2017 年，县纪委监委共受理信访举报 381 件次，其中受理重复信访 85 件次，重复信访受理数在 2016 年同比下降 42.9%的基础上，再次同比下降 36.6%。加强对农村“三务”公开特别是村级财务逐笔明细公开情况的监督检查，下发线索通知单 15 份。深入整治群众身边不正之风和腐败问题，全县共查处问题16起，处理28人，通报曝光典型问题5起5人。深入学习贯彻习总书记给下姜村亲笔签名的十九大首日封及省市委主要领导批示精神，按照把下姜村打造成农村基层党风廉政建设样板的要求，围绕省市县委关于下姜村及周边区域发展的有关部署，把党风廉政建设与“1＋4”规划同部署、同落实，深入实施下姜村党风廉政建设提升工程。

**【党风廉政宣传教育】** 在全县党员干部中开展“廉洁好家风”主题教育活动，征集家规家训700余条、家风家教故事300余篇。拍摄推送反腐微剧《兄弟》，相继在浙江新闻APP、廉洁杭州、淳安发布等新媒体持续热播，刷爆朋友圈。持续加大对外正面宣传力度，全年在省级以上媒体共刊登新闻稿件90余篇（其中《人民日报》6篇），继续位居全省县、市（区）最前列。特别是单列考核、党员亮家风活动、公款竞争性存放、处分后党员的关心教育、严纠“四风”等做法成效在《人民日报》《中国纪检监察报》《浙江日报》等媒体刊登，6月24日的《人民日报》对余延安的先进事迹进行了跟进报道。

**【纪检监察队伍自身建设】** 制定实施关于“全面融合、全面提升、全面过硬，锻造内外兼修监督执纪‘铁军’”的意见，落实“六个一”制度，创新探索“3＋X”交流协作机制，实施捆绑联动、项目化管理和区域协作，推进深度融合。第一时间部署开展全县纪检监察系统学习宣传贯彻十九大精神活动，掀起学习热潮。举办全县纪检监察干部培训班和首届“审理能手”比武大赛，强化纪检监察干部业务培训，提升能力水平。传达学习中央关于纪检监察干部违纪案件通报，探索问题线索“室务会”集体分析研判等机制，深入贯彻执行监督执纪工作规则，坚决防止“灯下黑”。

（方秀珍）

（编辑　徐华健）

# 淳安县人民代表大会

## ·人民代表大会会议·

**【县第十六届人民代表大会第一次会议】** 2017年2月7日至10日在千岛湖镇举行。该次会议应出席代表237名，因事因病请假5名，实到代表232名。列席人员198名。会议听取和审议了县长董毓民所作的县人民政府工作报告、县人大常委会主任余永青所作的县人大常委会工作报告、县人民法院院长陈奇策所作的县人民法院工作报告、县人民检察院检察长杨勇所作的县人民检察院工作报告。会议决定批准以上报告，并作出相应决议。会议审查和批准了县发展和改革局《关于淳安县2016年国民经济和社会发展计划执行情况与2017年国民经济和社会发展计划草案的报告(书面)》及县财政局《关于淳安县2016年财政预算执行情况和2017年财政预算草案的报告(书面)》。会议依法选举产生了县十六届人民代表常务委员会，选举余永青为主任，童小威、徐月焕、管国良、洪永鸿、叶春晖、毛夏平为副主任，委员19人；选举董毓民为县人民政府县长，郑志光、章传强、费林建、张宏光、商松懋、余红英为县人民政府副县长；选举赖明诚为县监察委员会主任，陈奇策为县人民法院院长，杨勇为县人民检察院检察长；选举王光贵、王金仙、方宇航、方其风、方贺兵、甘志伟、叶春晖、田红华、孙萍、吴坚平、何炘、何琪峰、余永青、张金妹、张雅燕、陈芬辉、陈新华、陈擎苍、钟文静、姜贤飞、洪旭光、倪彩程、徐晓东、黄海峰、董毓民、童桂秀、童祥贵、谢彬、管建丽、魏颖为杭州市第十三届人民代表大会代表。会议决定设立了县第十六届人民代表大会法制委员会和财政经济委员会，并依法通过两个专门委员会的组成人员名单。

会议收到代表提出的议案、建议176件，其中10人以上联名提出的议案2件，建议174件。这些议案建议中，涉及经济建设方面84件，政治建设方面1件，社会建设方面54件，文化建设方面13件，生态文明建设方面24件。经大会主席团研究，全部作为代表建议处理，交县政府和有关单位办理。

## ·人大常委会会议·

**【县十五届人大常委会第五十次会议】** 1月9日举行。会议讨论通过了县人民法院院长陈奇策提请的关于郑苏程等人职务任免的议案，并举行了任命书颁发仪式；讨论了县十六届人大一次会议议程(草案)、日程(草案)，通过了关于召开十六届人大一次会议的决定；听取和审议了县十五届人大常委会代表资格审查委员会关于县十六届人大一次会议代表资格的审查报告，确认县十六届人大一次会议实有代表237名；审议了拟提交县十六届人大一次会议的县人大常委会工作报告(送审稿)、设立县十六届人大法制委员会、财政经济委员会的决定(草案)和县十六届人大有关专门委员会组成人员人选办法(草案)，并提出了修改意见；审议通过了县人大常委会2017年工作要点和县人大常委会2017年度讨论决定重大事项初步清单，并书面审查了2016年县人大常委会关于开展规范性文件备案审查工作情况的报告。

**【县十五届人大常委会第五十一次会议】** 1月16日举行。会议讨论通过了关于调整县十六届人大一次会议召开时间的决定，将会议召开时间调整为2017年2月7日，会议地点和建议议程不变；听取和审议了拟提交县十六届人大一次会议的县政府、计划、财政和法院、检察院五个工作报告；听取和审议了2016年政府投资项目实施情况和2017年政府投资项目计划安排情况的报告、2016年财政收支预算执行情况和2017年财政收支预算安排建议及2017年部门预算编制情况的报告；听取了县选举委员会办公室关于2016年县、乡两级人大代表换届选举工作情况的汇报，讨论了淳安县人民代表大会代表行为守则，并通过了县十六届人大一次会议列席人员名单；会议还讨论通过了县人民政府代县长董毓民、县人大常委会主任余永青分别提请的人事任免议案，并组织开展了宪法宣誓。

**【县十六届人大常委会第一次会议】** 2月10日举行。会议讨论通过了《淳安县人民代表大会常务委员会任免国家机关工作人员办法》及县人民政府县长董毓民、县监察委员会主任赖明诚分别提请的人事任免议案，并组织新通过任命的县监察委员会副主任和委员向宪法宣誓。

**【县十六届人大常委会第二次会议】** 2月24日举行。会议讨论通过了《淳安县人民代表大会常务委员会议事规则》《淳安县人民代表大会专门委员会议事规则(试行)》《关于设立淳安县第十六届人大常委会代表资格审查委员会的决定》；通报了主任会议成员工作分工，书面通报了《淳安县人大常委会2017年工作要点分解》；县人大常委会主任余永青作了专题讲话，对新一届县人大常委会提出工作要求。

**【县十六届人大常委会第三次会议】** 3月13日举行。会议讨论通过了县人民政府县长董毓民提请的人事任命议案和县人民检察院检察长杨勇提请的人事任命报告；县人大常委会主任余永青向新通过任命的县人民政府工作部门负责人颁发了任命书，并作了讲话；会议组织了县人民检察院检察长杨勇和新通过任命的县政府工作部门负责人向宪法宣誓，还邀请杭州市人大常委会法工委主任路江通作了《人大监督的理论与实践》专题辅导讲座。

**【县十六届人大常委会第四次会议】** 5月15日举行。会议讨论通过了县人民政府县长董毓民提请的关于刘秀丽等任职的议案，决定任命刘秀丽、吴东明、潘伟为县人民政府副县长；举行了宪法宣誓仪式，并邀请杭州市中级人民法院民一庭副庭长王辉作了《民法总则》专题辅导讲座。

**【县十六届人大常委会第五次会议】** 7月25日举行。会议讨论通过了《淳安县人大常委会关于实施民生实事项目代表票决制的决定》和《淳安县人大常委会关于政府重大投资项目票决的实施办法》；讨论通过了县人大常委会主任余永青提请的人事任免议案，并举行了宪法宣誓仪式；听取和审议了县审计局局长杨仁宽受县人民政府委托所作的《关于2016年度淳安县本级财政预算执行和其他财政收支情况的审计工作报告》、县财政局局长陆建育受县人民政府委托所作的《关于淳安县2016年财政决算草案的报告》和《关于淳安县2017年1～6月财政预算执行情况的报告》，批准了县人民政府提出的2016年财政决算；审议了《淳安县人民政府关于2017年地方政府债务限额及新增债券预算调整方案的议案》，批准了淳安县2017年地方政府债务限额及新增债券预算调整方案；审议了《淳安县人民政府关于增加中洲镇政府至纪念馆公路改建工程投资概算的议案》，决定批准增加中洲镇政府至纪念馆公路改建工程投资概算1027.3万元。

**【县十六届人大常委会第六次会议】** 9月12日举行。会议讨论通过了县人大常委会主任余永青提请的关于审议吴敏辞去淳安县人大常委会委员职务的议案，决定接受吴敏辞去淳安县第十六届人民代表大会常务委员会委员职务；讨论通过了关于接受吴敏等辞去代表职务的决定，决定接受吴敏、汪鹏飞辞去淳安县第十六届人民代表大会代表职务；审议通过了县人大常委会关于补选淳安县第十六届人民代表大会代表的决定，决定补选3名淳安县第十六届人民代表大会代表；邀请中国环境资源法学会常务理事、浙江大学光华法学院教授钱水苗作了《水污染防治法》专题辅导讲座。

**【县十六届人大常委会第七次会议】** 11月1日举行。会议审议通过了县人大常委会关于补选淳安县第十六届人民代表大会代表的决定，决定补选1名淳安县第十六届人民代表大会代表；审议了《淳安县人民政府关于提请审议青溪小学迁建工程追加投资概算的议案》，决定批准追加青溪小学迁建工程投资概算1855万元；审议了《淳安县人民政府关于提请审议将千岛湖洲际大酒店及周边地块截污纳管工程列入2017年政府投资项目计划新增项目的议案》，决定批准将千岛湖洲际大酒店及周边地块截污纳管工程列入2017年政府投资项目计划新增项目；听取和审议了《淳安县人民政府关于提请审议淳安县生态保护红线划定的议案》，原则通过《淳安县生态保护红线划定》；会议还邀请浙江警察学院经侦教研室主任、副教授张金明作了《新形势下涉网经济犯罪防控对策》专题讲座。

**【县十六届人大常委会第八次会议】** 12月6日举行。会议讨论通过了县人民法院院长陈奇策、县人民检察院检察长杨勇分别提请的人事任免报告，并举行了任命书颁发仪式；讨论了县十六届人大二次会议议程(草案)、日程(草案)，并通过了关于召开县十六届人大二次会议的决定；听取和审议了县十六届人大常委会代表资格审查委员会关于县十六届人大二次会议代表资格的审查报告，确认县十六届人大二次会议实有代表239名；审议了县人大常委会工作报告(送审稿)，并提出修改意见；审议通过了县人大常委会2018年工作要点和县人大常委会2018年讨论决定重大事项初步清单，并书面审查了2017年县人大常委会关于开展规范性文件备案审查工作情况的报告。

## ·常委会日常工作·

**【专项工作审议和视察检查】** 4月1日，县人大常委会专业代表小组对淳安县民宿产业发展情况进行了视察，实地察看了金峰山水间微酒店、界首鳌山淳乡居、姜家文渊狮城艺宿及西坡民宿，听取了县旅委关于全县民宿产业发展情况的汇报；4月24日，县人大常委会主任会议听取和审议了淳安县食品安全工作情况报告；5月8日，县人大常委会主任会议专题听取和审议了《道路交通安全法》贯彻执行情况的报告；6月15日，县人大常委会主任会议听取和审议了关于剿灭Ⅲ类以下小微水体工作情况报告；同日，县人大常委会专业代表小组对淳安县卫生乡镇创建工作进行了专项视察，实地察看了文昌、屏门、瑶山、临岐等乡镇“创卫”工作情况，听取了县卫计局(爱卫办)关于全县21个乡镇“创卫”工作情况的汇报；6月21日，县人大常委会组织代表视察了部分重点项目，6月23日，主任会议听取和审议了县政府关于全县重点项目建设情况的报告;8月16日,县人大常委会在农业和农村工委前期对全县23个乡镇开展问卷调查的基础上,组织专业代表小组实地察看了石林镇、里商乡和安阳乡农产品电商物流中心,听取和审议了县市场监管局和农合联资产经营公司相关工作情况报告;8月22日,县人大常委会专业代表小组对淳安县省示范文明县城创建工作进行了专项视察,实地察看了部分社区小区、背街小巷、车站码头、建筑工地、农贸市场、小餐饮店等场所,听取了县创建办关于省示范文明县城创建工作情况的汇报;8月23日,县人大常委会主任会议听取和审议了千岛湖旅游度假区工作情况报告;8月28日,县人大财政经济委员会对我县部门预决算公开工作进行了视察,现场察看了住建局、民政局、市管局、工商联、党史办、体育局等单位的预决算公开情况,听取了县财政局关于淳安县部门预决算公开情况的汇报;8月30日,县人大法制内司委员会在前期视察千岛湖、中洲、王阜等乡镇以及千岛湖司法所、汾口司法所、姜家司法所和李家坞社区矫正工作站的基础上,听取和审议了县司法局关于淳安县社区矫正工作情况的报告;9月20日,县人大常委会主任会议听取和审议了县政府关于推进农村百源经济发展情况的报告;10月17日,县人大常委会组织专业代表小组对淳安县小城镇环境综合整治工作进行了视察,实地察看了枫树岭、大墅集镇环境整治项目,听取了县住建局关于小城镇环境综合整治工作的汇报;同日,主任会议听取和审议了县人民检察院未成年人刑事检察工作情况报告。

**【规范性文件备案审查】** 2017年初,县人大常委会正式使用规范性文件网上系统报备审查,与2016年之前的纸质报备审查相比形式发生了较大变化,大大提高了报备质量和审查效率。按照要求,县人大常委会依法对县政府报送的《关于推进县属国有企业发展混合所有制经济的意见(试行)》《关于推进国有企业减员增效的实施意见(试行)》《关于建立国企职业经理人制度的意见(试行)》《关于扶持林下种植业发展的若干意见》《关于新安书屋建设的实施意见》《关于对淳安经济做出特殊贡献的企业免费享受千岛湖旅游相关政策的通知》《关于推进全域旅游发展的若干意见》《淳安县残疾人精准康复服务行动实施方案》《淳安县关于推广政府和社会资本合作模式的实施意见》《淳安县城乡危旧房治理改造工作实施细则》《关于扶持生态工业企业发展的若干意见》《关于加强科技创新促进科技成果转化的若干意见》《关于进一步促进现代服务业发展的实施意见》《关于印发淳安县农村用电安全员管理办法(试行)》《关于深化"先照后证"改革后加强事中事后监管的实施意见》《关于全面深化工业企业综合评价工作的意见(试行)》《关于全面预防和治理欠薪问题的实施意见》《关于进一步促进生态农业产业发展的实施意见》《关于开展"调整城镇土地使用税政策促进土地节约集约利用"工作的实施意见》《关于印发〈淳安县农村宅基地使用权及房屋所有权登记发证实施细则〉的通知》《关于进一步加快电子商务产业发展的意见》《关于重新公布淳安县征收集体土地区片综合价的通知》22个规范性文件进行备案审查,严格维护了国家法制统一。

**【代表工作】** 通过初任轮训、专题培训、以会代训等多种形式,组织新一届代表学习宪法、代表法、监督法等相关法律法规及业务知识,出台了人大代表行为守则"十条规定",增强代表的角色意识和履职能力。完善代表联络站活动机制,推动联络站活动常态化制度化,全年开展接待选民活动136次、参加代表1645人次、征集梳理问题1028个,为代表汇集民意、服务群众创造条件。以"践行'四个人’,代表展风采”主题实践活动为主抓手,开展了“最多跑一次”改革、小城镇环境综合整治、重点项目建设、百源经济发展、登革热防控、低收入农户增收等视察检查活动,助推全县重点工作顺利进行。深入开展“剿灭Ⅲ类以下小微水体,人大代表在行动”主题活动,借助人大代表监督治水APP系统对Ⅲ类以下小微水体进行全方位、无死角的监督检查,省市县乡四级人大代表共参与活动3408人次,排查项目2801个,发现问题2188个,提出整改建议1514条。深化代表集体约见询问活动,实现乡镇约见询问全覆盖,推动物业管理改善、城区噪音污染控制、无证无照经营整治、优质医疗资源就近享受等热点难点问题得到较好解决。

**【建议督办】** 县十六届人大第一次会议期间,代表共提出议案及建议、批评和意见176件,经主任会议研究,决定将《关于加快农村抛荒土地林地经营利用,推进百源经济发展的建议》等11件建议作为重点建议。组织预交办、会商交办、会议交办,优化建议交办精准度,坚持重点建议县政府领导领办和常委会领导督办制度,落实网上公开、中期督办、不满意件重办、代表小组集体评议、听取报告、办理情况督查考核等措施,代表建议的办理质量与效果有新提升。十六届人大一次会议期间提交的176件议案建议均在法定期限内办理完毕,解决率57.39%,闭会期间的23件建议实现解决率69.5%,重点建议有效落实,得到群众的普遍好评。

**【代表补选】** 2017年,依法完成了4名县代表的补选工作。

**【自身建设】** 认真学习中共十九大精神和习近平新时代中国特色社会主义思想,牢固树立“四个意识”,坚定“四个自信”。深入贯彻落实全面从严治党各项要求,扎实推进“两学一做”学习教育、践行“四个人”要求、“进村社访民情解民忧”等工作,人大机关党总支深化支部主题党日活动,落实县级领导干部联系基层工作制度,主动联系重点企业、重点项目和基层单位,参与十九大维稳安保、县委县政府重点工作督查等中心工作,推动县委重大决策部署更好落实。制定讨论决定重大事项清单,作出实施民生实事项目代表票决制的决定,出台政府重大投资项目票决实施办法;建立健全党组工作规则、常委会议事规则、人事任免办法、联系代表与选民等制度,不断提高人大工作制度化、规范化水平。坚持深入调查研究,撰写提交了关于生态循环农业发展、水饮料产业发展、城乡污水处理设施运维情况、公共文化服务体系建设等方面的5篇专题调研报告,为县委决策提供参考。积极推进常委会工作的公开,加强人大制度和人大工作宣传,面向社会征集监督课题和意见建议,自觉接受人民群众监督。

(姜海仙)

(编辑　徐华健)

# 淳安县人民政府

**·重要会议·**

**【县政府常务会议】** 2017年3月9日，县政府召开第一次常务会议。会议就养老服务业综合改革、千岛湖镇重点生态功能区小城市培育试点等事项进行了审议和研究。

3月23日，县政府召开第二次常务会议。会议就淳安千岛湖玉郎巨星创意有限公司申请小客车直接配置指标、千岛湖旅游集团与浙旅集团合作等事宜进行了讨论和研究。

4月25日，县政府召开第三次常务会议。会议就千岛湖千宇科技有限公司、淳安大中酒店有限公司和中植汽车(淳安)有限公司等企业申请小客车直接配置指标、对县公安局和张宏光等33名同志行政奖励、国家重点生态功能区产业准入负面清单、企业破产综合处置工作机制等事宜进行了讨论和研究，并举行了县政府法律顾问聘请仪式，组织开展了县政府常务会议学法。

5月24日，县政府召开第四次常务会议。会议就新引进应届全日制大学本科及以上学历毕业生生活补贴发放实施办法、城乡危旧房治理改造实施细则、杭州千岛湖安誉酒店管理有限公司等2家企业申请小客车直接配置指标、浙江淳安经济开发区整合提升方案等事宜进行了讨论和研究。

6月21日，县政府召开第五次常务会议。会议就进一步优化资源配置深化国企改革、淳安县“厕所革命”工作实施方案、安全生产委员会组织架构和工作规则等事宜进行了审议和研究。

7月19日，县政府召开第六次常务会议。会议就经济开发区(托管区块)优化整合提升、农夫山泉税收及政策、健康淳安2030年行动纲要、健康淳安“6+1”平台建设、农村用电安全员管理等有关事项进行了审议和研究。

8月31日，县政府召开第七次常务会议。会议就给予优秀教师嘉奖、调整住房公积金补贴政策、小客车直接配置指标、青溪新城(经济开发区)行政审批管理服务事项、国有企业负责人薪酬制度改革、茧丝绸总公司混合所有制改革等有关事项进行了审议和研究。

9月19日，县政府召开第八次常务会议。会议就生态保护红线划定、鲁能胜地项目合作、登革热疫情防控等有关事项进行了审议和研究。

10月25日，县政府召开第九次常务会议。会议就绿盛地块收储转让、2017年土地例行督察问题整改、安全生产综合治理三年行动计划等有关事项进行了审议和研究。

11月21日，县政府召开第十次常务会议。会议就杭州千岛湖修固健康科技有限公司申请小客车直接配置指标、推进全县“业态转型”促进绿色发展、拟划入城市管理局(综合行政执法局)行政职权事项、县域医疗服务共同体建设试点实施方案等事项进行了审议和研究。

12月15日，县政府召开第十一次常务会议。会议就机关事业单位编外用工薪酬待遇和经费预算管理等有关事项进行了审议和研究。

12月18日，县政府召开第十二次常务会议。会议就面向“双一流”高校(学科)引进党政储备人才、公共租赁住房实施细则、砖瓦行业综合整治、规范农村屋顶光伏应用发展、在市场体系建设中建立公平竞争审查制度、推进适度普惠型儿童福利制度建设等事项进行了审议和研究。

**【县长办公会议】** 2017年2月16日,县政府召开第一次县长办公会议。会议就新一届淳安县人民政府的工作规则进行了讨论和研究。

3月9日,县政府召开第二次县长办公会议。会议就农村百源经济发展、扶持林下种植业发展、全民健身实施计划等工作进行了讨论和研究。

4月25日,县政府召开第三次县长办公会议。会议就新安书屋建设有关问题进行了讨论和研究。

5月24日,县政府召开第四次县长办公会议。会议就对淳安经济做出特殊贡献的企业免费享受千岛湖旅游相关政策进行了讨论和研究。

6月21日,县政府召开第五次县长办公会议。会议就推进全域旅游发展、创建浙江省体育强县、推广政府和社会资本合作模式、公共医疗服务PPP项目进行了讨论和研究。

7月19日,县政府召开第六次县长办公会议。会议就“先照后证”改革后加强事中事后监管、调整社会保障风险准备金提取比例、全面预防和治理欠薪问题、扶持生态工业企业发展、全面深化工业企业综合评价、加强科技创新促进科技成果转化、促进现代服务业发展、扶持房地产建筑业和物业服务发展、促进生态农业产业发展等有关问题进行了讨论和研究。

8月31日,县政府召开第七次县长办公会议。会议就完善乡镇财政管理体制、开展“调整城镇土地使用税政策促进土地节约集约利用”工作等有关问题进行了讨论和研究。

9月19日,县政府召开第八次县长办公会议。会议就加快电子商务产业发展、强化建设项目选址及用地前期多规审查等有关问题进行了讨论和研究。

10月25日,县政府召开第九次县长办公会议。会议就中央环保督察环保拆除、关闭项目协议等事项进行了讨论和研究。

11月21日,县政府召开第十次县长办公会议。会议就我县政策性担保公司组建等工作进行了讨论和研究,并学习传达了《关于严控地方政府性债务的意见》(浙委办发〔2017〕88号)文件精神。

12月15日,县政府召开第十一次县长办公会议。会议就2017年度环境状况和环境保护目标完成情况报告、2018年民生实事初步候选项目形成情况的报告等进行了讨论和研究。

12月18日,县政府召开第十二次县长办公会议。会议就2017年财政收支预算执行预计和2018年财政收支预算安排、2018年政府投资项目计划和项目资金盘子、交通发展投资集团有限公司组建方案、消除集体经济相对薄弱村三年行动计划等事项进行了讨论和研究。

(方向玉)

## ·依法行政·

**【依法决策机制再强化】** 一是严格程序规定,强化法制审查。把合法性审查作为县政府研究审议重大决策的前置程序,明确重大决策未经合法性审查不得提交审议、未经集体讨论决定不得付诸实施。2017年以来,共对《关于新安书屋建设的实施意见》等在内的30余件政府重大决策进行了法制审查并提出修改完善意见。二是细化实施标准,落实酌情程序。根据决策的影响范围、专业性质、风险程度等因素综合判断、精准实施,确保公众参与、专家论证、风险评估等酌情程序履行到位。三是加强队伍建设，提升决策质效。以强化法制队伍特别是法律顾问队伍建设为抓手，通过政府购买服务配强配优法律顾问，促进政府重大行政决策的科学制定、有效实施。充分发挥法律顾问在政务咨询以及合同、决策合法性审查等方面的积极作用，通过列席政府会议、参加专项调研等方式为政府决策提供法律论证和法律意见。2017 年，县政府法律顾问参与重要规范性文件合法性审查 20 余件，协助处理重大涉法事件 60 余件，参加重大项目的谈判、合同和协议的合法性审查、签订等工作 20 余件。

**【规范性文件管理再加强】** 一是强化规范性文件制定管理。严格落实规范性文件起草、调研论证、征求意见、合法性审查、提请审议等法定程序。认真抓好规范性文件"三统一"管理工作，2017 年来，将县政府出台的《关于扶持林下种植业发展的若干意见》等 24 件规范性文件进行登记编号并上报市政府及县人大备案。同时对部门报送的《关于进一步加强城乡适龄妇女妇科疾病免费检查的通知》等 7 件规范性文件进行"三统一"登记备案审查。二是认真开展规范性文件清理。按照"谁实施，谁清理"的原则，对 2001—2016 年间县政府制定的 297 件现行有效规范性文件进行清理，经清理废止 90 件，宣布失效 30 件，提出修改建议 12 件，清理结果经县政府同意后向社会公布，确保了法律法规规章的正确实施，有效维护了政令统一。

**【行政复议应诉工作再强化】** 一是加强行政复议工作。畅通行政复议渠道，引导当事人依法有序表达诉求，坚持矛盾化解、复议裁决一体推进，力争在复议环节有效化解行政争议。一年来，县政府共受理行政复议案件 22 件，审结 16 件。其中，复议维持 9 件；撤销、变更或确认违法 3 件，经调解撤回复议申请 4 件。二是落实行政应诉职责。各行政机关均能依法履行出庭、举证、答辩等应诉义务。全年，省市县三级法院共受理以淳安县政府为被告或共同被告的案件 14 件；以乡镇、部门为被告案件 23 件。

（郑炬清）

## ·政务公开工作和电子政务·

**【搭建政务数据中心】** 按照省、市要求，配合最多跑一次改革工作，搭建全县数据中心（包括人口、法人等基础数据库）和数据管理平台，延伸了全省政务数据交换平台，梳理了一批政务信息资源目录，初步实现了人口、企业及民生保障等数据的共享，从而提升行政审批和公共服务事项的办理效率。

**【政务公开工作】** 2017 年，县政府门户网站、信息公开和浙江政务服务网等平台主动公开各类信息共 29285 条，淳安微政务共发布信息 1633 条，县政府共收到依申请公开申请 24 件，按时按规答复 24 件，并及时做好省市对县政务公开工作的第三方测评工作。

**【"最多跑一次"工作】** 一是配合各单位做好最多跑一次事项入库及办事流程图、办理程序、星级服务模式的修改完善工作。二是配合做好依申请服务事项网上申请率 100%相关工作。三是全面梳理办事事项所需材料共享需求，共梳理共享需求 540 项，共享数据清单 200 余份，可信证照及版式文件 58 份。四是对接省市数据共享平台，申请共享省市数据查询接口 85 个，接口查阅量达 2723 次。五是做电子印章推广工作，共颁发数字证书及电子公章 81 个。六是完成"一窗受理"平台培训工作和应用工作，并做好业务系统对接工作。

【电子政务应用平台】 一是基于钉钉微应用,开发消息管理和协同办公系统接口,实现钉钉OA办公基础功能,主要是办理文件、会议通知和接收邮件,办公室内部应用取得一定成效。二是完善文件共享、督查督办、文件归档等功能。

【信息化项目评审工作】 全年组织行业专家对信息化项目进行方案论证,评审项目73个,审核资金达10886万元。其中,较大项目有传媒中心全媒体智能化、档案局国家级数字档案馆、审管办智慧行政服务大厅、广播电视台新大楼广播摄像录音系统、智慧城管视频监控系统等。

(方友军)

## ·人防工作·

【人防指挥通信建设】 做好警报设施设备日常维护管理工作,精心组织"5·12"防灾减灾日防空、防灾警报试鸣和千岛湖镇江滨社区居民200余人防护疏散演练工作;做好人防专业队和民防志愿者队伍整组、训练;做好单边带电台、移动指挥通信车和视频会议系统日常维护和训练;组织开展新一轮人民防空方案和重点镇、重要经济目标单位人防预案修订工作;完成指挥工程及配套设施勘界、划定和设立军事管理区工作。

【行政执法与工程监管】 开展全县人防工程专项检查,对全县人防工程平时使用登记情况、管理状况、出租情况、维护管理资金落实情况、商住项目建设成本等进行调查登记,为杭州市做好人防工程产权制度改革试点工作提供参考资料;认真抓好人防工程质量监督工作,新建人防项目均按要求办理人防质量监督手续,实施人防专业监理,并协助开展质量监督"三板"隐蔽验收工作;根据新修订的《浙江省防空地下室管理办法》,全面开展人防工程平时使用和维护管理登记手续工作;做好"双随机"抽查监管工作,根据《"双随机"抽查监管实施细则(试行)》对全县已投入使用的防空地下室和使用维护管理单位实施监督检查;依责权做好有关人防工程投诉、举报事项的办理工作,完成2起网上投诉事件,按时办结率和满意率100%。

【行政审批改革提速】 积极推进"最多跑一次"改革,通过缩减审批时限和材料数量,再造审批流程,以"干部跑""快递跑"等服务,防止群众办事"多次跑",人防审批事项12个主项(含20个子项)全部进驻行政服务中心并实现"最多跑一次";人防审批工作做到"应收尽收,应建尽建"。

(胡　滨)

## ·外事工作·

【外事工作概况】 2017年,淳安县共办理因公出国(境)任务33批65人次。其中,自组团8批39人次(党政团组5批30人次;国企经贸团组1批3人次;教育系统暑期游学团组2批6人次),参加省市部门组团25批26人次。出访的主要内容为旅游促销、经贸洽谈、业务培训、学术访问和招商引资等。全年接待重要来宾5批62人次。

【主要出访】 4月,由县委副书记董文吉带队赴香港指导淳安旅港同乡会周年庆典,并开展招商引资和招才引智工作;6月,由县委副书记、县长董毓民带队赴英国、俄罗斯开展生态产业项目招引接洽及调研经济发展中的环境保护问题;9月,由县委常委、副县长郑志光带队赴美国、墨西哥调研城市建设管理工作及项目招引洽谈;12月,由县委常委宋立新带队赴美国调研森林旅游综合发展及项目洽谈；同月，由县委常委许海波带队赴澳大利亚、新西兰调研水资源保护与开发利用及项目洽谈。

（王淑萍）

（范军建　统稿）

## ·住房公积金管理与住房保障·

**【住房公积金归集】**　2017年，新增住房公积金建制职工6387人，净增正常缴存职工1561人，年末建制单位1443户，建制职工40729人，其中正常缴存职工30374人，封存停缴职工21335人。2017年，住房公积金归集总额5.52亿元，比上年增长4.55%，其中一般住房公积金5.47亿元，比上年增长4.39%；住房补贴1142.33万元，比上年增长1%，年末归集余额11.75亿元，其中一般住房公积金11.51亿元。2017年6月开展超下限缴存基数清理工作，清理超下限缴存单位15家，完成全面整改9家。同月下文调整住房公积金缴存基数，进一步明确住房公积金缴存基数组成范围、统一标准、规范操作以及2017年度淳安县在岗人均收入和最低工资标准，严格执行"限高保低"政策，完善住房公积金管理系统相关信息。

**【住房公积金提取】**　2017年，住房公积金提取总额5.25亿元，比上年增长40%。其中，职工住房消费提取4.59亿元，比上年增长46.65%。

**【住房公积金贷款】**　2017年，发放个人住房公积金贷款1531户，贷款总额5.86亿元，比上年增加23.89%。全年收回贷款本金1.97亿元，比上年增加384.03%，年末贷款余额16.85亿元，逾期贷款为0，户数逾期率为0.03%。住房公积金存贷比143%。分中心按杭州中心部署积极推进公积金贷款提能增效，实施"一次告知、七日审核、二日核准、证到放款"的公积金贷款审批模式，还推出了住房公积金贷款审批、提前结清材料邮寄送达和还款变更预约服务等便民措施。

**【公积金增值收益】**　2017年，住房公积金业务收入5199.5万元，业务支出3151.75万元，增值收益2047.75万元，比2016年增加52.80%。年末分配提取个人贷款风险准备金2047.75万元。

**【落实竞争性存款政策】**　2017年4月14日，分中心委托淳安千岛湖明瑞企业管理咨询有限公司完成了竞争性存款招投标工作。此次竞争性存款招投标共计5100万元，中标单位分别为建行、中行、农行、工行等，所有存款已于2017年10月底完成存放工作。

**【窗口搬迁】**　2017年9月2日，公积金中心窗口、档案室完成搬迁，机关科室待装修完成后搬迁，9月3日完成系统调试，4日起正式在新大楼办公。

**【"最多跑一次"改革，双休日开放】**　分中心按照省市县要求做好"最多跑一次"改革及相关的权力事项和服务清单的梳理工作，简化办事程序，不断推出各项服务举措，运用"互联网+"思维，探索"网上申请、在线办理、快递送达"等模式，推进网上网下住房公积金服务体系创新融合，扩大住房公积金网上业务应用。缴存提取实行综合柜员，实现"一窗受理，内部流转"。部分事项实现"就近跑"或零跑，开通网上对账和网上业务功能，实现零跑；部分事项回单采用邮寄方式，实现最多跑一次。简化部分事项材料，提高办事效率。

为落实徐立毅市长在"最多跑一次"改革专题座谈会上的指示精神和市政府全体（扩大）会议要求，方便市民就近办事，持续提升群众的满意度和获得感。根据县领导指示精神,县跑改办要求定于2017年9月9日开始实施双休日便民服务事项开放工作。开放时间为周六、周日两天(法定节假日及调休不开放),开放时间参照正常上班日。

(毛红萍)

## ·国有资产管理·

**【概况】** 2017年,县国有资产管理委员会办公室认真履行工作职责,着力提高国资监管工作水平,有效促进淳安县国有经济健康发展,取得了国有资产保值增值和服务全县经济社会发展双丰收。2017年,县政府直属六家企业资产总额170.25亿元,同比增加11.28%;净资产37.53亿元,同比增加1.79亿元;资产负债率76.91%,比上年同期上升1.44个百分点。实现营业收入162574万元,利润总额10923万元,圆满完成扭亏为盈的总体目标。

**【深化国企改革】** 明确一个改革框架。近几年国企改革任务繁重,上国资国企改革的步伐,年初国资办就在县领导的带领下开展《深化国企改革》专题调研,在向上级取经、基层走访、召开座谈会的基础上,起草了《深化国企改革实施意见》,通过"整合国企资产业务、完善国资监管体制、激发企业活力"三大举措,迈出淳安县国企改革新征程,如有效地推进了交投集团组建,将茧丝绸剥离资产充实到交投集团,壮大了交投集团资产资本实力。稳步推进"两大改革"。2017年国资办主要抓好"茧丝绸混合所有制改革和国有企业负责人薪酬制度改革"两大改革重任。针对茧丝绸混合所有制改革,国资办紧抓"国有资产保值增值、以人为本、战略合作"三个关键,牵头混改小组成员单位做好混改方案、清产核资、资产评估、资产剥离等工作,混改前企业资产总额2.56亿元、负债总额2.05亿元、净资产0.51亿元,经清产核资、资产评估后,企业资产总额3.17亿元、负债总额2亿元、净资产1.17亿元,净资产比混改前增加了0.66亿元,确保了国有资产的增值。10月13日,茧丝绸总公司66%的国有股权已在杭州市产权交易所挂牌,11月20日签订股权转让协议。针对国有企业负责人薪酬制度改革,县领导高度重视国有企业负责人薪酬制度改革工作,多次召开领导小组办公会议,研究商定"薪酬改革"的总体思路,国资办专门组织业务骨干到兄弟区县学习、考察企业负责人考核体制机制,在充分调研、论证的基础上起草了《深化县管企业负责人薪酬制度改革的实施意见》,首次规范了县管国有企业负责人薪酬支付结构和水平,明确县管企业负责人的薪酬由基本年薪、绩效年薪、任期激励收入三部分构成,任期激励收入实行延期支付办法,在任期考核结束后的3年内按照6:2:2的比例逐年兑现。10月18日,县政府下发《国有企业负责人经营业绩考核暂行办法》(淳政办发〔2017〕114号);10月27日,县委下发《关于深化县管企业负责人薪酬制度改革实施意见》(县委办〔2017〕116号),薪改工作圆满完成。认真谋划三项配套监管制度。合理有效的管理制度是国资监管、企业管理的重要抓手,因此,完善国资监管制度十分重要,该办在深入企业调研的基础上,着手起草制定国企在"用人、用工及收入分配"等三项制度改革意见,为下一步完善国有企业三项制度改革提供指导性文件,同时还填补了国有企业在"货物与服务采购管理"的空白,起草了《国有企业货物与服务采购管理办法》。

**【推动国企转型】** 2017年,县属国有企在旅游、民生、林业等领域申报了10个创新发展新兴产业项目。如建设集团投资1000余万元打造千岛湖智慧治污信息平台,利用物联网技术，收集和储存城区治污工程大数据，实现污水处理在线监测及远程监控；旅游集团的城中湖旅游项目实现营业收入360万元，同比增长30%，有效推动城市旅游和城市夜游；开发总公司与千发公司合作，开展原木购销业务，全年实现营业收入3570万元，实现利润147.61万元；工贸公司肉类加工厂进行混合所有制改革，联合县内4家生猪养殖企业和部分肉类经营户共同出资600万元成立“杭州千岛湖泰众肉类食品有限公司”，完成定点屠宰和统一配送工作；水投公司组建生态电站，装机320kW，使枫树林水库下游及下姜村河道生态明显改善。

**【完善监管体系】** 把好评估审核关，确保国有资产不流失。2017年，国资办资产评估审核任务繁重，业务科室人员认真负责做好各项评估审核工作，当好国有资产的守门员，共完成度假区管委会华联项目、青溪新城管委会新型墙体材料厂、国土局土地收储中心宁淳矿产口、县缫丝行业整合、杭州荣域置业、千岛湖清华房地产、千岛湖赛丽置业等20个资产评估审核项目，40份评估报告，审核金额81427.36万元。业务范围从单一的开发区、国土部门的土地收储、企业拆迁，逐步扩展到各部门、各乡镇的行业退出、环境整治、合同中止、业态改造，一般行政事业单位资产出售涉及的资产评估项目。完善中介委托方式，提升财务决算审计质量。为进一步规范委托审计工作程序，扩大审计中介机构优选范围，提升审计中介机构责任意识，通过公开招标方式，严把“招投标代理机构、招投标文件、评标”三个关键环节，选取3～5家会计师事务所，进入县属国有企业2017—2019年财务决算审计业务中介机构库，从源头上确保评标工作的公平、公正，提高评标的质量。

**【国有企业党建工作】** 组织建设更完善。进一步强化对县属国有企业党建工作日常监督、具体指导、组织考核等工作，成立国资系统党建工作领导小组，并配备专兼职党务工作者，提升国企党建标准化水平。运行机制更健全。通过明确党组织在企业决策、执行、监督等环节的核心地位，坚持党组织成员和董事会、经理层成员实行“双向进入、交叉任职”领导体制，促进党建和经营有机融合。4家一级公司已完成公司章程修订和工商变更，21家二级公司党支部于11月底全部完成相关修订、变更工作。考核制度更完善。对照“两学一做”、践行“四个人”等党建考核任务清单，下发国企党建考核文件，将各企业党建工作考核结果列入综合考评，并按15%的分值计入国有企业领导绩效考核结果。

**【国有企业负责人经营业绩考核】** 业绩考核是一项敏感性强的工作，涉及企业负责人的切身利益，为此，在开展这项工作时进行了周密的部署，专门下发了文件，并进行了业务培训。在结合年度财务审计工作的同时，要求企业和中介机构分别对2016年度企业负责人个人年度收入发放情况的统计汇总，并按收入口径分项进行仔细的核对，确保统计汇总数据的准确性。在中介审计决算报告的基础上，对企业经营业绩考核指标的完成情况进行计算，深入调查分析影响企业经营业绩的相关客观因素，并进行相关因素调整，确保考核指标完成情况的真实、正确，并对各企业的考核得分、考核绩效工资等进行了测算，为领导决策提供依据，在5月底之前基本完成了考核兑现工作。

**【国有企业职工工资清算】** 结合年度财务审计工作，对照年初批复的企业工资总额预算，对2016年度企业工资总额开展了工资清算工作，并严格按照文件规定进行工资清算批复，对企业超额发放的职工工资要求扣回，维护政府文件的严肃性。

**【国有资产统计报表工作】** 一是严格把握工作质量,高效完成市国资委组织的2016年度国有资产统计年报会审报送工作,国资办被杭州市国资委评为国有资产统计报表先进单位。二是按月及时做好企业快报编报工作,认真做好一级公司主要财务指标完成情况报告工作,每月对县属一级企业的生产经营状况、财务结构、重大政府投融资项目等主要财务指标,结合企业年度财务预算指标进行汇总分析,初步形成淳安县一级企业国资运营的动态监控系统,为加强企业日常财务监管打下了基础。

(朱卫星)

## ·行政审批·

**【概况】** 2017年,县行政服务中心共受理行政许可事项2.91万件,办结2.9万件;受理便民服务事项44.51万件,办结44.33万件;受理其他事项9.33万件,办结8.79万件。受理总数56.75万件,办结总数56.02万件。受理、办结事项数量同比增长27%。全年中心审批办件量56万件,招投标项目900多个。上半年淳安县"最多跑一次"改革满意度排全省第11位、杭州市第2位,下半年排名全省第9位,杭州市第2位。一年来,省委机关刊物《今日浙江》、市委机关刊物《杭州》、市政府简报《杭州政务》,以及省市主流媒体《浙江日报》《杭州日报》陆续刊登淳安县新中心启用、"就近最多跑一次"、"金牌陪跑员"、政府购买的"证照快递"等特色亮点做法。1—12月,县公共资源交易中心完成工程招投标项目696个,预算金额30.68亿元,中标金额27.97亿元,节约资金2.76亿元;政府采购项目168个,预算金额2.08亿元,中标金额1.85亿元,节约资金0.23亿元;土地招拍挂项目35个,中标金额21.39亿元;国有资产交易项目38个,交易金额0.69亿元。

**【高标准推进"最多跑一次"改革】** 2017年,淳安县跑改办围绕"最多跑一次"事项全面覆盖、"一窗受理"集中审批、涉改项目专项督查等方面,推进"最多跑一次"改革,做了大量工作,攻克了很多难题,也取得了很好成效。一是"最多跑一次"事项高覆盖。根据省市要求,牵头组织各部门、乡镇于6月底前分三批梳理公布"最多跑一次"事项,下半年按照省市的要求持续进行动态调整优化,努力推进事项信息标准化建设。县级部门依申请事项730项,"最多跑一次"事项698项,占比95.62%;乡镇依申请事项1022项,"最多跑一次"事项961项,占比93.93%,远超杭州市85%覆盖目标。二是"一窗受理"改革高效审批。设立投资项目、不动产登记、商事登记、社会事务"综合进件"窗口24个,纳入事项221项。在全市率先推进政府购买服务的"证照速递"全覆盖和政务服务事项"网上申请"全覆盖。投资项目、商事登记建立"受办分离"办理机制,由审管办人员负责统一受理、统一流转。投资项目"一窗受理"2.0系统和商事登记"1+N+X"系统试运行,实现全程"在线申请、在线流转、在线监管",更加阳光高效。不动产登记"一窗受理"实现提速,最快1小时办结,其中抵押登记业务与农商银行合作,全程由银行代办,直接为企业节省办理时间和资金成本。三是"最多跑一次"专项督查考核。县委、县政府在县对乡镇部门综合考评体系中,专门将"最多跑一次"列入县对23个乡镇和青溪新城、35个部门专项考核。审管办专门从县人大、县政协等综合部门聘请8人成立"最多跑一次"推进工作督查组,加强专项督查。与此同时,主动邀请媒体加强宣传监督,组织开展"一把手办事体验"活动,有力促进各单位"最多跑一次"工作向纵深推进。

**【特色化实施“就近跑一次”改革】** 作为全省地域面积最大县，淳安结合实际，相继出台《关于进一步深化三级行政审批(便民)服务体系建设的指导意见》《关于建立“最多跑一次”代办制的通知》《关于全面推行“金牌陪跑”服务制度的通知》，全力推进“就近最多跑一次”改革。一是推动部门便民便企事项向乡镇下放。如公安局的户籍、交通、治安、消防等29项事项、人社局的医保、社保、求职登记等事项、市管局的企业登记事项、地税局的个人和个体开票、缴税事项下沉到乡镇直接办理。二是建立项目审批和便民服务“二合一”的代办体系。推进汾口分中心和乡镇便民服务中心“一窗受理、集成服务”改革，明确村级代办事项和“最多跑一次”代办员，逐步建立“县级审批事项乡镇综合受理、全程代办”制。目前各乡镇、部门“最多跑一次”代办员90多人，月办2000余件。这一特色做法成功被《杭州政务情况专报》录用，成为淳安“最多跑一次”改革方面的一张名片。

**【高水平启用县新行政服务中心】** 落实打造“高效行政服务体系”实事工程，按照“‘一扇门办理’最佳综合平台、‘最多跑一次’最佳承诺践行平台、践行‘四个人’要求最佳行动示范平台”“三个最佳”的工作目标，努力推动县行政服务中心提质升级。一是推进新布局，平台“应合尽合”。按照启用标准和“最多跑一次”改革要求相统一的目标，推进社保分中心、国税分中心整体入驻，进驻审批部门达26个，比原中心多1/3。同时吸收8家银行、11家社会服务单位、33家中介机构进驻，服务窗口共计148个，比原中心多40%，“集中办”功能更强大。二是实行新流程，环节“应简必简”。按照“最多跑一次”承诺，新行政服务中心全部采用“最多跑一次”办事流程和服务指南，统一实行叫号服务，分区新增自助服务区和表单填报台，群众和企业事前咨询查询、准备申报材料，办事“最多跑一次”更便捷。三是完善新机制，服务“有呼必应”。以党建为引领，在践行“四个人”要求当中，全面推行“金牌陪跑”服务，每个工作日都有6名导服员、6名“最多跑一次”志愿者、窗口引导员组成“金牌陪跑员”，全程参与、协助群众和企业办事，尽最大努力帮助服务对象“一次准备、一次提交、一次办成”。

**【规范招投标监督管理】** 一是规范招投标市场管理。出台《施工及监理企业IC卡登记管理补充规定》，一方面简化办理程序，另一方面规范交易员、委托人的资格条件、授权行为，防止企业乱授权。落实招标代理企业“一标一考”制，2017年对9家代理企业进行扣分通报。二是优化招标投标评标办法。正式实行建设工程技术匿名评标，进一步减少评标人为因素，评标更加公平、公正。2017年，实施匿名评标项目103个，受到招投标企业的广泛好评。根据县长办公会议和招管委会议精神，通过征求意见、法制性审查，修订完善了《淳安县房屋建筑和市政基础设施工程施工招标投标评标办法》。三是更新建设工程评标专家库。经资格审查、考核培训、结果公示等程序，对淳安县建设工程专家库了全面更新，进一步提升评标专家评审能力和职能道德水平，规范交易现场管理。

**【提升交易平台服务】** 一是加强标前服务。对重点项目、小城镇综合整治项目、PPP项目，主动提供招投标政策、业务咨询指导。二是加快受理速度。按照“最多跑一次”要求进行了梳理和修改，投标企业IC卡登记简化了手续，标前标中进行了程序性优化，缩短了时间，提高了招投标效率。在具备财政预算批复等原则性要件前提下，对一些非要件性材料暂时缺项漏项的,按特事特办要求,实行容缺受理,缩短公示时间,加快招标进度。三是提高排标效率。对涉及面广、时间紧的,如小城镇综合整治项目,实行即报即排标,第一时间开标,有效加快了项目建设进度。2017年,召开招管办主任会议10次,招管委会议5次,研究招投标事宜120个。组织召开中标企业约谈会议10次。答复346多个乡镇小额交易管理问题,指导处理投诉13起。

(王家艳)

## ·综合考评工作·

**【概况】** 2017年,综合考评工作紧紧围绕县委县政府"坚定秀水富民路,建设康美千岛湖"发展战略,注重党建引领、突出省市重点、强化导向助推、完善综合管理,较好推进县委县政府决策部署和重点工作落实。

**【省对26县发展实绩考核】** 2017年是省对26县发展实绩考核的第三年。考核以主体功能区划分为基础,根据26县生态特点、区位条件、资源禀赋和产业基础,分一类、二类各13个县考核,淳安县、文成县、泰顺县、磐安县、衢江区、常山县、开化县、龙泉市、云和县、庆元县、遂昌县、松阳县、景宁县13个县(市、区)列二类县考核。考核指标由常规性指标和动态性指标组成,常规性指标包括总体水平、绿色发展、民生保障、生态保护四大类,保持相对稳定,动态性指标根据省委省政府有关重大决策落实情况进行设置。考核采取量化评分办法,常规性指标总分100分,动态性指标总分根据年度设置的指标数量而定。考核结果评定采取分类分档排列办法,考核结果与省财政补助挂钩,与要素配置挂钩,与干部使用挂钩。

**【"美丽杭州"实验区单列考评】** 2017年是实施"美丽杭州"实验区单列考评的第5年。根据《关于下达2017年度"美丽杭州"淳安实验区单列考评指标的通知》(杭考评办〔2017〕13号)文件,2017年度考评指标由发展指标、重要工作目标、特色创新项目等组成,其中发展指标14项,包括生态保护类指标3项、生态经济类指标6项、民生保障类指标5项;重要工作目标12项,包括生态文明建设(美丽杭州实验区工作)、"五水共治"(剿劣Ⅴ类水)工作、城中村改造和小城镇环境综合整治、小微企业三年成长计划、"1+6"产业体系推进、食品安全综合评价、人民武装工作、领导班子建设、党风廉政建设、全面深化改革、社会评价意见整改目标、绩效管理与信息督查。特色创新项目为"发展百源经济,助推康美建设"。根据《关于2017年度综合考评结果的通报》(市委发〔2018〕13号)文件,淳安县"美丽杭州"实验区单列考评得分94.185分,高于85分优良达标线,并荣获"城中村改造和小城镇综合整治""平安创建""剿灭劣Ⅴ类水"3项重点工作单项奖。

**【县级机关、直属单位综合考评】** 深化落实省市关于加强基层党建工作要求,自2017年开始对县级机关、直属单位实施落实党建工作责任和综合考评"双百分制"考核。落实党建工作责任考核结果与综合考评结果综合运用,落实党建工作责任考核得分计入综合考评共性目标得分,落实党建工作责任考核未达标及排名末位的,综合考评不得确定为优胜(满意)单位等次。2017年,列入综合考评的对象为89家县级机关、直属单位,其中绩效评价单位25家、目标管理单位39家、评议单位25家。绩效评价单位和目标管理单位实行目标考核、领导考评、社会评价、创新创优和倒扣分相结合,评议单位实行领导考评、社会评价及相关工作倒扣分相结合。经考核评定,绩效评价单位中县公安局、县住房和城乡建设局、县财政(地税)局、县人力资源和社会保障局、县农办因连续3年优胜(满意)获优胜(满意)单位荣誉奖;县发展和改革局、县水利水电局、县交通运输局、县林业局、经济开发区(青溪新城)管委会、县民政局、千岛湖旅游度假区管委会、县教育局获优胜(满意)单位;县农业局、县综合行政执法局、千岛湖风景旅游委员会、县环境保护局、县卫生和计划生育局、县行政审批管理委员会办公室、县经济信息化和科学技术局、县商务局、千岛湖旅游集团有限公司、千岛湖建设集团有限公司获先进单位。目标管理单位中县纪委(监察委)、县委组织部、县委政法委因连续3年优胜(满意)获优胜(满意)单位荣誉奖;县委办公室、县政府办公室、县委宣传部、县委统战部、县国税局、县统计局、县委党校(行政学校)、县妇联、县文广新局获优胜(满意)单位;县移民局(库区投资公司)、县司法局、团县委、县审计局、新安江开发总公司、县总工会、县信访局、县体育局、县委老干部局获先进单位。评议单位中农商银行因连续3年优胜(满意)获优胜(满意)单位荣誉奖;县人大机关、县政协机关、县检察院、县法院、县国资办、杭州银行淳安县支行获优胜(满意)单位;公安消防大队、县气象局、中国银行淳安支行、中国人民银行淳安县支行获先进单位。

**【乡镇经济社会发展目标考核】** 2017年,乡镇继续实施落实党建工作责任和经济社会发展目标“双百分制”考核,其中经济社会发展目标考核根据23个乡镇区域特色、产业布局及发展重点,实行Ⅰ类和Ⅱ类分组考核,以此强化考核竞争,助推乡镇特色发展。经济社会发展目标考核由发展指标、重要工作目标、个性工作目标、领导考评和加扣分组成。其中,发展指标(70分)包括生态保护(16分)、生态经济(30分)、民生保障(24分)三类。重要工作目标(25分)包括招商引资工作、产业投资、全域旅游工作推进、“五水共治”工作、三改一拆及无违建县创建工作、百源经济、小城镇环境综合整治、党委政府信息工作。个性工作目标(20分)实施差别化设置,包括县委、县政府指令下达给部分乡镇差异性目标,各乡镇根据自身产业特点和发展定位,自主申报具有一定突破性、创新性和延续性的特色工作。经考核评定,2017年度乡镇经济社会发展目标考核优秀等次10个,分别为临岐镇、汾口镇、千岛湖镇、威坪镇、石林镇、枫树岭镇、瑶山乡、梓桐镇、中洲镇、安阳乡;良好等次13个,分别为大墅镇、文昌镇、姜家镇、王阜乡、里商乡、浪川乡、富文乡、鸠坑乡、金峰乡、界首乡、宋村乡、左口乡、屏门乡。

**【目标绩效管理】** 一是探索试行专项考核。进一步加强重点工作推进力度,积极探索并试行综合考评奖内设置百源经济、小城镇环境综合整治、“五水共治”、无违建县创建、征地拆迁、“最多跑一次”、千黄高速推进、经济开发区“清零行动”8个专项工作考核,并实行任务量化差异奖励,积极助推重点工作落实。二是优化完善绩效举措。严格遵循杭州市六部门规范考核奖励精神,优化完善“1+8”考核奖项设置,使单项考核激励作用发挥更加均衡。深入贯彻杭州市绩效管理条例,完成淳安县首轮绩效管理规划编制。优化调整考核主体,设置乡镇考核优良线,适度提升优秀等次比例,推进职级奖励系数优化,系统规范加分体系等。三是注重动态跟踪督查。围绕省市考核争先创优目标,严格执行目标分类管理、月度专项督查、月度情况专报等动态督查分析机制,强化指标进度全程跟踪。深入开展指标执行研判分析,围绕动态进展、考核形势等全年出刊《情况专报》18期,并多次获县委县政府主要领导批示交办。深入贯彻县委县政府经济形势分析会精神,围绕“争一保优”目标牵头落实省市考核大冲刺行动,全力助推指标得高分争进位。积极参与县委大督查工作,根据全县经济社会发展状况,按季梳理乡镇部门考核目标推进落实情况,编印情况专报,注重工作提醒,助推目标任务落实。深化完善现结现报工作举措,制定出台“一标一档”核验制度,规范书面审核、现场核验流程,弱化纸质台账依存,有效减轻乡镇部门年终考核迎检负担。

(钱　炜)

## ·档案工作·

**【概况】** 2017 年是淳安档案事业发展具有里程碑意义的一年,档案新馆建成并正式投入使用,档案硬件设施一流,档案管理水平和服务水平全面提升,档案资源建设、文化建设和法制建设取得新进展,一个更加开放、大气、现代和服务一流的档案馆形象展现在世人面前,从而打造出淳安档案事业发展升级版。

**【新馆建成并启用】** 为适应淳安档案发展的需要,县政府委托建设集团,在环湖北路 381 号建造了一座新馆。新馆建筑面积 8000 平方米,共七层,其中三层为宽敞明亮的查阅大厅,四至五层为现代化的库房,单开间大库房配备了高智能型密集架、细水雾消防设备和大功率恒温恒湿机组,六层为办公区域,七层为展厅和机房。为凸显档案文化氛围,在三楼和六楼布置了富有淳安历史文化的照片、字画、珍贵档案复制件等展览,得到社会各界的好评。

10 月 30 日,举行新馆启用仪式,县四套班子领导、市档案局领导、各乡镇、部门的分管领导和档案员共 200 余人参加了开馆仪式。县委副书记董文吉宣布淳安县档案馆正式启用,市档案局局长范飞和县档案局局长邵吉明分别致辞。

**【馆库搬迁】** 档案馆搬迁是一项严格而又十分繁重的任务,容不得半点差错。局(馆)高度重视,周密计划,明确分工和职责,确保搬迁工作系统、有序、安全可靠。为做好前期工作,从 4 月到 7 月局(馆)投入大量人力对馆库全部档案、资料全面清点、检查、登记、造册和打包,认真做好搬迁招投标事项,与中标公司签订了合同。从 9 月初开始正式动迁,从档案下架、装箱、上车、押运到进库、上架、排列、清点等各个环节都有专人负责,每天 4～5 车,前后近一个月,馆藏档案 26 万卷(件),图书资料 1.2 万余册全部搬运完毕。

**【全县档案工作会议】** 10 月 30 日,两年一次的全县档案工作会议在县规划展示中心会议室召开,各乡镇、部门档案工作分管领导和档案员参加了会议。县档案局局长邵吉明做工作报告,县委副书记董文吉对近两年全县档案工作取得的成绩表示肯定,同时对下一阶段的档案工作提出了新要求。县人力资源和社会保障局、县建设集团、千岛湖经济开发区管委会和汾口镇人民政府的领导和档案员在会上作交流发言。

**【档案征集接收】** 全年接收档案 779 卷、资料 180 册,其中家谱 8 种 39 册。局(馆)主动出击,积极寻找,向社会广泛征集档案资料,较珍贵的有习近平总书记亲笔签名的送给枫树岭镇下姜村的十九大首日封,清朝学者方椝如《集虚斋四书口义》6 册,清末淳安五都横塘王氏家谱修谱公告 1 份,钱长贵先生个人收藏的珍贵钱币、邮票、书画等实物 31 件。

**【档案服务民生】** 新馆查阅大厅正式启用,可容纳 100 余人同时查档。新招收 3 名合同工用于窗口接待服务,配备先进的排队叫号系统和电子屏幕显示系统,实现了电子计算机检索，档案服务效率明显提升。全年接待查档 4246 人次，提供档案资料 6503 卷（册、件）次，出具档案证明 13998 份。加快推进全县民生档案数据库建设，县人社局民生档案数字化加工项目通过验收，县公安局户籍档案数字化加工项目完成 90%，县民政局民生档案数据库建设有序推进。

**【档案监督指导】** 县档案局依法做好“五水共治”、“无违建县”、土地确权、小城镇环境综合整治、重点建设项目等领域档案监督指导工作，推进档案规范化建设。与县人大、县重点办及部分人大代表对县建设局、旅游集团、第二人民医院、汾口镇政府的 49 个县级以上重点建设项目开展档案专项执法检查。全年组织了 5 次档案岗位培训和继续教育培训。加强对“千村档案”建设的业务指导，全县有 24 个行政村被列入全省“千村档案”建设计划。

**【档案宣传】** 6 月 9 日是国际档案日，局（馆）在新北社区举办了“6·9”国际档案日活动，吸引群众 200 余人，发放资料 1000 余份。9 月 17 日是《中华人民共和国档案法》颁布 30 周年，县档案馆在新馆正面玻璃墙悬挂大幅标语——纪念《中华人民共和国档案法》颁布 30 周年暨新馆启用。11 月 9 日，县直机关党工委、县考评办和档案局组织开展了“邀请群众走进档案新馆”活动，来自各基层的党代表、人大代表、政协委员、市民代表共 50 人参与了这一活动，通过走访、观看、交流和座谈，代表们加深了对档案和档案工作的认识，对我县档案事业的变化和成果表示满意。开通“淳安档案”微信公众号、“淳安档案”手机 App，继续在《钱江晚报·淳安生活》栏目上宣传档案工作。

**【全力助推“最多跑一次”改革】** 县档案局（馆）根据“最多跑一次”行政审批及公共服务事项分类梳理工作的要求，充分利用“互联网＋政务服务”的优势，完成本局 10 项“最多跑一次”事项梳理工作，并全部实现了“最多跑一次”。同时，积极做好“最多跑一次”事项电子化归档和培训工作，通过前期细致摸底，咨询电子政务办、编办、审管办等单位，组织开展了“最多跑一次”事项电子化归档培训班。年底共完成 28 家单位、510 个“最多跑一次”行政许可事项归档范围和保管期限的审核工作。

**【选举成立档案局工会委员会】** 2017 年 10 月 16 日，淳安县档案局工会第一届会员大会在六楼活动室召开，会议选举产生了第一届工会委员会，由邵雄飞任工会主席，姜带生任副主席，方文飞为委员。

（杜　莹）

### ·信访和“12345”工作·

**【概况】** 2017 年是信访工作非常不平凡的一年，重大敏感节点又多又密前所未有，管控压力之大前所未有，在县委、县政府的高度重视和市局的精心指导下，淳安圆满完成了中共十九大、“一带一路”北京峰会、全国“两会”等重大敏感时期的“零非访、零滋事、零进京”工作目标，信访工作业务规范化、法治化水平明显提升，信访铁军排头兵全力打造。2017 年 1～12 月，全县信访电登记交办 7716 件（批）次，同比上升 38.90%。其中，来访 177 批 463 人次，来信 874 件，来电 6239 件、网上信访 426 件。淳安县被杭州市信访工作领导小组评为杭州市 2017 年度信访（“12345”）工作目标管理考核优秀单位；县信访局被县委、县政府评为 2017 年度县级机关综合考评先进单位；县信访局（县长公开电话受理中心）1 人获得国家部级先进个人荣誉，2 人获得省级先进个人荣誉,1 人获得市级先进个人荣誉,2 人获得县级先进个人荣誉。

**【强化信访工作责任】** 严格落实信访工作责任制,年初与 23 个乡镇和 67 个部门签订了信访和"12345"工作目标管理责任书,乡镇与行政村(社区)、部门与下属单位层层落实工作责任。同时,33 位县级领导带队到所联系的乡镇、部门和重点群体所涉及的责任单位进行明察暗访,先后督查 150 余次。强化严责问效,实行信访工作责任追究。

**【敏感时期接连实现"三零"】** 圆满完成中共十九大、"一带一路"北京峰会、第四届世界互联网大会、各级"两会"、厦门金砖峰会、全国学生运动会、省市党代会期间的信访稳定工作,成功实现重点敏感时期"零非访、零滋事、零进京"目标。

**【疑难信访化解持续给力】** 开展"百千万""进访解"和信访"双百"活动,化解大量信访矛盾,解决疑难复杂信访问题 38 件。3 件市级信访积案和 2 件县级信访积案全部化解稳定。

**【依法处理信访成效初显】** 加大依法信访宣传力度,依法解决信访诉求,聘请了信访局法律顾问,受理信访复查事项 60 件,配合杭州市复核 3 件,35 件涉纪信访和 9 件涉法涉诉信访事项全部导入法定程序解决。依法处置信访活动中违法行为,全年训诫 41 人次、拘留 3 人次。

**【信访接待制度更加科学】** 落实领导干部接访制度,细化制定《2017 年县级领导接访约访和下访督查及阅转批示工作方案》,全年县领导阅批信访件 44 件次,县领导接待来访群众 44 批 53 人次。重点时期有 50 人次县领导到信访局坐班值班。

**【经受住国家级大督查考验】** 完成中央环保督察、国务院第四次督察等两次国家级大督查信访件的办理。办理上级交办和本级受理的环保信访件 58 件,妥善协调解决国务院第四次交办信访投诉 12 件。

**【完善督查考核机制】** 深化源头治理机制,加强信访基层基础和平时监督指导,实行信访考核问题清单预通报和点对点工作提醒机制,初次信访事项回访核实率和满意率均达 100%。完善乡镇、部门的信访工作考核办法,不单纯考核量,更加注重初次信访事项办理和积案化解等。继续实行小班化业务培训制。

**【助力"最多跑一次"】** 完善建设统一政务咨询投诉举报平台,整合政务服务热线,实施"12345"和"110"对接联动,打造信访"最多投一次",助力"最多跑一次"。建立微信平台、乡镇信访公开电话,让群众"就近访一次"。

**【打造信访铁军排头兵】** 树立"以人民为中心""稳定也是政绩"的理念,开展践行"四个人"深化"进访解"等主题活动,信访干部牢记使命,克难攻坚,精准办理群众信访事项,开展信访劝返和应急处突,切实维护群众合法权益,维护正常信访秩序,锻造了一支信访铁军排头兵队伍。

(金　斌)

## ·机关后勤服务·

**【概况】** 2017 年,淳安机关事务管理局在县委、县政府的领导和省市机关事务管理局的指导下,深入贯彻中共十八以来习近平总书记系列重要讲话精神,积极宣传贯彻省市《机关事务管理办法》，坚持科学发展，打造服务型后勤机关，深入开展学习教育活动，注重抓班子、带队伍、提素质，机关后勤服务工作再上新台阶。

**【人才公寓二期建设】** 进一步实施“一张床”工程，保障单身青年在城区有房可住，完成骑龙宾馆改造装修和室外工程，对新安北路22号单身公寓进行维修，新增人才公寓90间。

**【“两堂两室”改善提升】** 以改善乡镇干部职工的工作和生活条件为目标，践行发展带头人，为乡镇的快速发展，做好后勤保障、当好“服务员”。成立以发改、财政、审计和机关事务管理局等单位相关人员组成的项目建设专项工作组，牵头负责“两堂两室”改善提升工程相关工作。严格控制工程投资，新建宿舍按“一室一卫”布局，建筑面积控制在40平方米/套，严禁搞豪华装修，维修改造工程加强前期设计论证，合理编制工程量清单，确保结构安全，避免盲目施工，造成投资浪费。严格按拟定的装修和配置标准，复核乡镇新建或改造设计方案（概算或预算），待初步审核通过后再由各乡镇报发改、财政审批。统一编发了“两室两堂”项目工作汇编资料，并及时召集各乡镇召开了相关工作推进会议，进一步规范“两室两堂”项目操作流程，便于乡镇统一开展工作。为确保装修主材和设备产品品质，节省政府开支，机关事务局统一公开采购装修主材类（进户成套门、强化地板）和设备类（电视机、热水器、空调、宿舍家具）产品，通过招标明确选用产品的品牌、规格型号、产品价格及产品供应商（每个产品入围供应商二至三家），各乡镇根据工程需求自行到中标供应商采购和结算。根据审核批复的建设内容及规模，开展跟踪督查，严控质量，做好“事前、事中、事后”三步督查工作。乡镇“两室两堂”项目的新建或改造工程全面启动，截至年底，已完成了项目实施进度的90%。

**【重点项目建设】** 为确保商务大楼和“市民中心”按期投入使用，机关事务管理局着力从三方面进行协调管理：一是狠抓工程进度。要求代建单位严格按照合同约定的工期进行项目管控，对工期延误的情况及时进行原因分析，并采取有效措施进行补救。二是严把质量关。在项目推进过程中，严格把关工程质量，在品牌选定、材料进场、项目施工、隐蔽工程验收、竣工验收等环节，要求监理、代建和使用单位进行层层把控，确保工程质量。三是严控投资。要求代建单位严格按照政府投资工程管理规定进行管理，对项目建设中的工程量变更、清单漏项、功能布局调整等事项进行逐级审核，从严控制工程投资总额。另外，定期组织召开由发改、财政、审计、建管等相关管理部门协调会议，对建设项目的方案评审、招投标管理、装修工程模式、装修标准、建设投资规模平衡等事项进行研究，提出有效对策后及时落实，为县政府决策建言献策，提供建议。商务大楼于8月正式运行，市民中心于12月底建成对外开放。

**【服务群众】** 继续深化支部共建、机关党组织和党员干部“1＋X”结对帮扶、在职党员进社区服务群众、认领“微心愿”和干部返乡服务等活动，进村入社聊民情听民声，主动作为解民忧帮民困，细化服务暖民心树新风，架好维护群众利益的“连心桥”。全年累计服务群众500余人次，走访群众80余人次，解决帮扶奖金27557.5元。

**【公务接待】** 转变服务理念，进一步规范公务接待。全年接待来宾349余批，约2万人次。参与各类会议、活动的后勤保障工作30次，服务人数9600余人次。主要有2017年“全国放鱼日”暨千岛湖水生生物增殖放流活动、中国浙西(千岛湖)中药材首届交易博览会、市小城镇综合整治工作现场会、千黄高速开工仪式、2017杭州千岛湖秀水节开幕式暨首届千岛湖(国际)康美论坛活动、2017年第二轮第二次区县协作会议、千岛湖文化大观园开园暨千岛湖自然博物馆开馆仪式、第二届淳商大会、第三届斗茶大会、中央环保督察迎检等重要会议活动。

**【节能工作】** 贯彻国家发改委等14部委通知精神,牢固树立“五大发展理念”,宣传节约资源和保护环境的基本国策,培育和践行节约集约循环利用的资源观,大力倡导勤俭节约的社会风尚,在全社会营造节能降碳的浓厚氛围,推动绿色低碳发展,践行新风示范人。6月13日低碳活动日,向全县机关部门、企事业单位工作人员发出“节能有我,绿色共享”倡议书,倡导绿色出行“135”、绿色办公和“节能有我,绿色共享”。6月15日节能宣传周,公共机构在县一医院开展节能宣传周活动,县政府副县长费林建和县政协副主席占志明出席了活动。县府办、发改局、经信科技局、财政局、水利水电局、卫计局负责人和相关业务科室工作人员,机关事务管理局全体工作人员和县一医院负责人及相关工作人员约200人参加了活动。县领导为县一医院国家级节约型公共机构示范单位揭牌,颁发国家级节约型公共机构示范单位证书,赠送LED灯具300只。开展“节能有我,绿色共享”倡议签名活动。举办节能宣传图片展活动。制作节能宣传展板30块。向群众发放节能宣传资料。活动共计发放资料2000余份,环保袋600个,环保围裙300余条,LED节能灯600只。通过活动,向广大干部群众宣传了“节能有我,绿色共享”的新理念,引导更多的人自觉参与“节能有我、绿色共享”公益行动,为美好家园的明天尽一份自己的责任。在县医院成功创建国家节约型公共机构示范单位的基础上,进一步进行规范和细化,争创节约型公共机构效能领跑者。同时,联合水利水电局开展节水型单位创建活动,通过系列创建活动和努力,完成了26家机关单位和12家事业单位的节水型单位创建工作,力争到2019年,90%以上县级机关单位、20%以上县级事业单位建成节水型单位。加强机关事业单位垃圾分类的宣传与普及,强化每月全覆盖督查检查,提升垃圾分类的知晓率和分类准确率。2017年,水、电能耗同比分别下降3.5%、3.1%。

**【物业管理】** 该局管理的六处综合性办公楼,建筑面积24万平方米,全部采用社会化外包委托管理的模式。强化制度管理,修改和完善了日常零星维修申报制度、保安管理制度和考核办法等一系列管理制度措施。强化考核监督,对各岗位人员的到岗情况、工作职责等多方面进行考核。根据考核办法,对恒邦物业一季度工作采取措施罚款3533元。坚持例会制度。定期召开工作例会,业务科室及驻点负责人、物业公司负责人参加,对工作开展情况进行总结,对工作重点进行部署,并通报相关考核结果,提升各点的整体管理水平。2017年,开展零星维修5000余件,修复率100%。

**【食堂管理】** 加强人员管理,新招面点师1名,把1名洗碗工交流到面点岗位工作,以提高“就餐满意度”为目的,坚持伙食品种的多样化,做好膳食供应工作,按要求对主副食品、肉类、水产、蔬菜、水果等供应进行议标,主动邀请县市场监督管理局对食堂的餐具用具定期进行检测,合格率100%。同时,利用2017年国庆长假,对食堂后厨地面、天花板、墙面、门窗、炉灶、蒸饭箱进行整修和更新。全年机关食堂共保障用餐17万余次,就餐满意率86%。加强对托管食堂的监督管理,对商务大楼和市民中心食堂通过公开招投标托管经营，商务大楼食堂9月开始营业，市民中心食堂于12月底试营业。食堂管理员每月一次上就餐单位征求意见，监督检查食堂供应商的进货渠道及库存食品的保质期等，及时收集汇总意见和建议。推行办公室主任联席会议，不定期召开座谈会，向就餐单位通报食堂经营情况，征求食堂管理中存在的问题与建议。建立经营考核机制，按照合同约定，根据就餐满意率对托管方实施考核。11月初，组织3名选手参加杭州市机关事务管理系统餐饮技能大赛，取得了公务接待摆台三等奖和团体三等奖的成绩。

**【车辆保障】** 有序推进车改，组建机关公务用车服务平台和执法执勤用车管理平台两大平台，按要求完成车辆调配和标识喷涂工作，加强车辆信息化管理断。继续落实一车一人一档制度，配备专门的管理员，负责车辆维修的监督审核、车况检查、维修保养统计等工作。经常性开展安全教育培训，树立驾驶人员的安全意识、守纪意识、爱车意识和公德意识。坚持平时考核和年度考核相结合，将每月300元的驾驶员各类补贴纳入年度考核，与公里数和安全奖挂钩。年度违章较多的取消年度评优资格。落实严格落实公车定点加油、定点维修、定点保养、定点停放“四定点”制度。狠抓行车安全，自觉做到“思想集中不麻痹，谨慎行车不急躁，中途行车不冒险，礼让三先不抢道”文明礼貌行车。随时保持良好的精神状态开车，进行安全自检，不带故障上路。自觉遵守“五不”出车制度。2017年，在为全县性集体公务活动提供用车1200次，安全行车约200万千米。

**【会议服务】** 按照八项规定，坚持简单大方的原则，不摆放花草。外租会场时，自带服务人员节约成本。机关事务局管辖的会议室有4个，针对会议功能多样化的特点，国庆期间对人大、政协楼一楼大会议室的音控音频系统全部进行了更新。从每个工作环节出发，梳理形成一整套服务流程、工作标准。修订和完善相关制度，规范服务人员的行为。2017年，机关事务管理局负责管理的4个会议室共接待会议300余场12000余人，圆满完成了2017年县“两会”及全县经济工作会议、全县农村工作会议及县纪委全体扩大会议等全县性重大会议的会务保障工作。

**【闲置资产处置】** 完善固定资产管理制度，完成物资入库验收、登记、移交及转移工作，定期组织资产清查盘点，做到账实相符，实现电子化管理。共完成物资采购45批次，采购金额182万元，调剂闲置资产100余件。

**【公车公司管理】** 强化对公司“三重一大”事项和财务状况的监管。实行月报告制度，公司每月10日前向管委会报送上月的会计报表和财务情况说明书。公司全年出车5400车次，安全行驶近约175万千米，实现营业收入468万余元。

（汪定文）

（编辑　徐华健）

# 政协淳安县委员会

## ·全体会议·

**【九届一次会议】** 2017年2月6日至9日，在千岛湖镇举行。会议听取并同意县八届政协主席刘小松所作的《政协第八届淳安县委员会常务委员会工作报告》和县八届政协副主席王晓林所作的《政协第八届淳安县委员会常务委员会关于提案工作情况的报告》。会议按照《政协章程》，以无记名投票的方式选举刘小松为县九届政协主席，王晓林、何建法、江华平、占志明、胡敏、邵文涛为副主席，汪林星为秘书长，王建军等35人为常委会委员。九届政协235名委员中，中共委员92名，占总数的39.1%，非中共委员143名，占总数的60.9%；女委员82名，占总数的34.9%；非公有制经济人士41名，占总数的17.4%。与会人员列席了淳安县第十六届人民代表大会第一次会议，听取并讨论了代县长董毓民所作的《政府工作报告》及其他报告。会议审议通过了《政协第九届淳安县委员会第一次会议提案审查情况报告》和《政协第九届淳安县委员会第一次会议决议》。26名委员做了大会发言和书面发言。会议期间，共收到委员提案267件，经审查立案214件。杭州市政协副主席董建平到会祝贺。县委书记黄海峰在闭幕式和大会发言上分别作重要讲话。

## ·常委会议·

**【八届常委会第三十次会议】** 1月9日下午，县政协召开八届三十次常委会议。会议由县政协主席刘小松主持。县委副书记、代县长董毓民应邀参加会议。会议协商讨论了《政府工作报告(征求意见稿)》，协商通过了《政协第八届淳安县委员会常务委员会工作报告(征求意见稿)》、《政协第八届淳安县委员会常务委员会关于提案工作情况的报告(征求意见稿)》；听取县委、县政府有关2016年政协提案办理情况的通报；协商讨论了政协第九届淳安县委员会委员名单，会议还就近期政协工作进行了部署强调。

**【八届常委会第三十一次会议】** 1月13日下午，县政协召开八届三十一次常委会议。会议由县政协主席刘小松主持。会议协商决定了有关人事任免事项；讨论通过了召开县政协九届一次会议的决定；协商讨论了县政协九届一次会议议程(草案)、日程(草案)、提案截止日期决定(草案)、《选举办法(草案)》、九届一次会议列席人员名单、特邀人员名单、主席团及秘书长建议名单、提案审查委员会建议名单及九届一次会议讨论分组及召集人建议名单；协商决定了《政协第八届淳安县委员会常务委员会工作报告》和《政协第八届淳安县委员会常务委员会提案工作情况报告》的报告人；通报了县政协2016年度各项考核结果；讨论通过了关于授权县政协主席会议审议县政协八届三十一次常委会议未尽事宜的决定。

**【九届常委会第一次会议】** 2月9日下午，县政协召开九届一次常委会会议。会议由县政协主席刘小松主持。会议协商通过了《政协第九届淳安县委员会专门委员会工作组编组名单》《政协第九届淳安县委员会常务委员会关于任命专门委员会工作组组长、副组长的决定》。会上，政协第九届淳安县委员会主席刘小松对新一届政协常委会提出了希望和要求。

**【九届常委会第二次会议】** 3月13日上午，县政协召开九届二次常委会会议。会议由县政协主席刘小松主持。会议协商通过了《县政协常务委员会2017年工作要点》《政协淳安县委员会常务委员会关于加强自身建设的意见》《关于进一步发挥委员主体作用的意见》《关于充分发挥县政协各专委工作组作用的意见》，协商通过有关人事任免、委员调整事项；会议还集中学习了《政协章程》、全国“两会”精神及杭州市第十二次党代会精神，并就结合县十四次党代会和县“两会”精神抓好学习贯彻进行了部署强调。

**【九届常委会第三次会议】** 8月10日下午，县政协召开九届三次常委会会议。会议由县政协主席刘小松主持。会议学习了习近平总书记在省部级主要领导干部专题研讨班开班式上的重要讲话精神、浙江省第十四次党代会精神、杭州市委十二届二次全体(扩大)会议精神、全省政协主席读书会议精神、县委十四届二次全体(扩大)会议精神。会议听取了县政协提案委有关今年上半年提案工作情况的通报、县环保局相关负责人关于中央环保督察工作有关情况的汇报；协商讨论了部分委员及部分工作组正、副组长调整事项。刘小松主席就当前及下步政协重点工作进行了强调部署。

**【九届常委会第四次会议】** 9月29日下午，县政协召开九届四次常委会会议。会议由县政协主席刘小松主持。会议学习了《人民日报》刊发的《为决胜全面小康实现中国梦而奋斗——七论学习贯彻习近平总书记“7·26”重要讲话精神》和《坚定不移推动全面从严治党向纵深发展——八论学习贯彻习近平总书记“7·26”重要讲话精神》。会议听取了县政协常委会关于科技创新工作课题调研情况和小城镇环境综合整治课题调研情况的说明，并就调研报告《加大科技创新力度，促进康美产业发展(讨论稿)》、《关于进一步加强小城镇环境综合整治工作的建议(讨论稿)》开展了协商讨论。会议还就国庆节、中秋节期间的相关工作和纪律要求作了强调部署。

**【九届常委会第五次会议】** 12月8日上午，县政协召开九届五次常委会会议。会议由县政协主席刘小松主持。会议协商讨论了2018年政府投资项目安排、财政资金盘子和2018年民生实事项目安排，并向县委、县政府提交了《关于2018年县政府投资项目安排、财政资金盘子和民生实事项目安排的协商纪要》；书面审议通过了县委办所作的《2017年党委系统政协提案办理工作情况报告》，听取并审议通过了县府办所作的《关于县政协九届一次会议委员提案办理情况的报告》。协商通过了召开县政协九届二次会议的决定，建议会议议程为六项。

## ·日常工作·

**【政协常委会课题调研】** 为推动淳安县科技创新和小城镇环境综合整治工作，4月至9月，常委会采取走访座谈、问卷调查、外出考察等形式，深入乡镇和部门，围绕“加大科技创新力度，促进康美产业发展”和“我县小城镇环境综合整治工作中存在的问题和建议”开展专题调研工作，形成了《加大科技创新力度，促进康美产业发展》《关于进一步加强小城镇环境综合整治工作的建议》的调研报告，先后得到县委、县政府领导6次重要批示。

【重要课题调研】 4月至7月，按照县委、县政府统一安排，县政协积极承担"'两高'时代淳安经济发展与空间布局研究"课题的调研，先后深入23个乡镇、18个部门和32家企业，广泛听取意见，深入分析研究，着力为解决"两高"时代淳安今后发展的新定位、新产业、新城乡、新空间、新保障等问题建言献策，调研报告中提出的"构建资源依托型和创新创意型康美产业新体系、拓展城乡发展新空间、优化县域产业空间布局"等建议，得到了县委、县政府领导的充分肯定。

【政协主席会议成员专题视察】 3月27日，县政协主席会议成员专题视察淳安县来料加工业发展情况，向县委、县政府提出《关于进一步加强淳安县来料加工业发展的建议》；4月21日，专题视察淳安县创建省级森林城市工作，向县委、县政府提出《关于扎实推进我县创建省级森林城市工作的建议》；5月23日，专题视察淳安县城乡教育一体化工作，向县委、县政府提出《关于扎实推进我县城乡教育一体化工作的建议》；7月4日，视察淳安县乡镇开源增税工作，并向县委、县政府提出《关于进一步提升我县乡镇开源增税能力的建议》；7月21日，专题视察淳安县特色旅游产业发展情况，并向县委、县政府提出《关于进一步做强我县特色旅游产业的建议》；8月25日，专题视察高铁小镇建设工作，并向县委、县政府提出《关于推进我县高铁小镇建设的建议》；9月14日，就淳安县县级医院等级创建工作进行了专题视察，并向县委、县政府提出《关于扎实推进我县县级医院等级创建工作的建议》；10月24日，对淳安县医疗保障工作进行了视察，并向县委、县政府提出《关于进一步加强医疗保障工作的建议》；11月22日，县政协主席会议成员专题调研"国家级旅游度假区"创建工作；11月30日，就淳安县五大行业（缫丝、纺织、砖瓦、矿山、养殖）污染整治工作进行了专题视察，并向县委、县政府提出《关于深入推进五大行业污染整治工作的建议》。

【委组调研视察】 政协各委组制定年度调研计划，并通过实地走访、问卷调查、座谈交流等多种形式，积极建言献策，共有10个工作组的小组调研被采用，9篇获得县委、县政府领导18次批示。8月，金融财贸工作组向县政府提出《关于加快提升我县农村金融服务的建议》。9月，祖统民宗工作组向县政府提出《关于进一步扶持小微工业企业发展的建议》；提案工作组向县政府提出《关于建设和完善电动新能源汽车充电基础设施的建议》；社会法制工作组向县委、县政府提出《关于深入推进"度假千岛湖"建设的建议》。10月，城建环保工作组向县委、县政府提出《关于加快我县林下经济发展的建议》。11月，农业科学工作组向县委、县政府提出《关于进一步加快我县低收入农户增收的建议》；工业交通工作组向县政府提出《关于进一步提升发展我县茶叶产业的建议》；旅游工作组向县委、县政府提出《关于加强淳安红色资源整合利用的建议》；教育体育工作组向县政府提出《关于加强和改进干部教育培训工作的建议》。12月，医药卫生工作组向县政府提出《关于进一步扶持淳安县第二人民医院发展的建议》。

【委员约谈】 多形式举办各界别委员约谈会，汇集委员智慧和力量，积极为全县发展献计出力。3月24日，组织企业界委员赴余杭区学习考察"大众创业，万众创新"工作情况；5月9日，组织卫生界委员赴桐庐县考察学习"政协文史工作"和"美丽乡村建设"；6月8日，组织农村界委员赴金华市金东区、建德市考察现代农业发展和富丽乡村建设情况；9月8日，组织教育界委员赴临安区开展教师委员约谈活动；12 月 1 日，组织旅游界委员赴开化考察农旅融合产业及界首乡岩下村民宿项目。

**【提案工作】** 始终把提案工作作为政协履职基本形式，完善提案交办、领办、督办工作机制，加大提案办理“回头看”力度，提高提案办理实效。县政协九届一次会议以来，共提交提案 267 件，其中集体提案和联名提案 16 件。经提案委员会审查，立案 214 件，25 件内容相近的意见建议予以归并，28 件转为社情民意信息处理，所有提案均按时办复。提案所提问题已经解决的有 107 件，占提案总数的 50%；部分解决的有 68 件，占提案总数的 31.8%；列入计划拟解决的有 24 件，占提案总数的 11.2%；留作参考的有 15 件，占提案总数的 7%；提案办理面商率、委员满意和基本满意率、办理结果上网公开率均达 100%，21 件提案被评为优秀提案。特别是“深耕细作顺商回归，助推招商引资和招商引税”、“借助千岛湖品牌，提升农副产品附加值”等 14 件重点提案，在县委、县政府有关领导的领办下，得到了较好的落实。

**【社情民意信息】** 注重发挥社情民意信息在民主监督过程中的独特作用，加强社情民意信息的汇总、分析、报送和跟踪反馈，努力为党委政府掌握基层情况，了解群众呼声提供助力。一年来，共收集政协委员社情民意信息 384 条，经整理编辑向县委、县政府编报《社情民意反映》专刊 30 期、增刊 4 期，转送部门 58 条，获得县委、县政府领导批示 48 条。其中，“关于改善农村公厕‘维护难’问题的建议”，得到县委、县政府主要领导的高度重视，并在全县范围内掀起了广受社会好评的“厕所革命”。有关“加强农村集中式供水安全保障”“加强农业面源污染治理”“加强千岛湖骑行安全管理”等建议，有力地推动了相关问题的落实和解决。

**【民主监督员工作】** 换届后，及时充实和完善新一轮选派民主监督工作机制和力量，共向 15 家事关全县经济社会发展和民生事业保障的重要部门派出 90 名民主监督员。17 年以来，各民主监督小组围绕派驻单位工作职能，在加强日常监督的基础上，形成了“加强电动自行车管理”“加强建筑工地文明施工”“加强农产品质量安全监管工作”“加强村村通客运”“做大最强水饮料产业”“加强电商助推农产品进程工作”“加强国有企业管理”“深入推进最多跑一次改革”“加强未成年人刑事检察工作”及“强化防欠薪工作”等 10 份民主监督建议书并着力推进建议落实，有效促进了派驻单位工作作风的转变和服务水平的提高。

**【专项集体民主监督】** 3 月以来，深入开展“助推全域内剿灭Ⅲ类以下小微水体专项集体民主监督”活动，通过组建 7 个督查组、12 支督查小分队，组织省、市、县三级政协委员 300 余人次，共查看河道 47 条，查看水质断面 46 个，查看各类小微水体 260 余个，及时督促整改，及时督促整改，并向县委、县政府提交了《关于县政协“五水共治”民主监督“干、查、督”大行动第一次督查情况的通报》。9 月，组织委员与市政协联动开展了“助推文明城市与生态文明建设”专项集体民主监督活动。通过明察暗访、随手拍等形式，查找出 72 处存在的不文明现象，形成了专项集体民主监督情况反馈呈送县委、县政府，持续推进“小城镇环境综合整治”“最多跑一次”改革等集体监督活动，得到了省市政协的充分肯定。先后选派 16 批次 125 名委员参与基层党建述职评议、小微水体整治验收等活动，充分发挥政协监督机构功能。

【团结联谊】 加强与民主党派、工商联、港澳台侨、宗教界、新社会阶层等人士的交往交流，通过举办中秋茶话会、新年茶话会等各类座谈，进一步增进共识、扩大团结。举行“学习十九大·感恩总书记·奋进新时代”政协委员联欢会，用歌声汇聚社会各界人士坚定信念、砥砺奋进的磅礴力量。完成政协之友联谊会、政协企业家联谊会换届工作，进一步夯实团结联谊的平台。建立主席会议成员联系商会制度，组织相关乡镇、部门负责人走访调研了7个异地淳安商会，并以“情况专报”形式向县委、县政府反映问题、提出建议，进一步促进商会建设，助推“淳商回归”工程。

【委员活动月】 继承创新，在9月至10月组织委员深入开展“委员活动月”活动，启动仪式在汾口镇赤川口村举行。政协委员们积极响应，集中履行职能，极好地提高了组织化程度，提高了委员联系基层、联系群众的广度和深度。活动月期间，共开展视察调研、民情恳谈、科普宣传、医疗服务、帮扶救困等便民服务活动60余场次，发放各类宣传资料3000多份，征集民生实事项目建议40余条，征集提案线索80余条，反映社情民意50余篇，帮助解决实际问题200余个。

【文史书画】 研究制定政协文史工作五年计划，有序开展《淳安印迹》《当代淳商》《淳安村庄集萃》等文史丛书的资料征集工作，着力推动淳安重要人物、重大事件的资料征编工作，积极支持委员编撰《光耀淳安》等书籍，不断增强存史资政、团结育人功能。完成政协书画院的换届工作，支持政协书画院开展文化采风、创作交流，与余杭、临安等地政协联合开展“喜迎十九大”文化走亲活动，与梓桐镇共同举办“秀水富民路·康美千岛湖”特色书画展，进一步营造和谐氛围、汇聚人文力量。

【自身建设】 切实加强政协自身建设，进一步健全委员履职“八个一”量化管理办法，全力打造“有为、活力、和谐”政协。认真学习贯彻中共十九大精神，引导全县政协委员和政协工作者进一步增强“四个意识”，坚定“四个自信”。深入开展“感恩总书记·奋进新时代”专题学习，扎实推进“两学一做”常态化制度化、“践行四个人、争当排头兵”和“党员干部进村社访民情解民忧”三大专项活动，努力锻造勇立潮头的淳安铁军“政协方阵”。先后制定和完善《加强常委会自身建设的意见》《充分发挥县政协各专委工作组作用的意见》《主席会议成员联系委员制度》《政协提案办理工作考核办法》等16项制度，进一步完善知情明政机制、沟通协调机制、部门联系机制、履职成果报送和反馈机制，不断提高政协履职制度化规范化程序化水平。举办各类新任委员、骨干委员、委员集训等培训班，有效提升委员履职能力。创立“委员微讲坛”，先后邀请7名委员到政协机关举行讲座，激发委员履职热情。加强政协宣传阵地建设，继续开设《委员风采》栏目，展示委员风采，展现履职成果，不断扩大政协委员的影响力。

（方文佳）

（编辑　徐华健）

# 社会团体

## ·县总工会·

**【概况】** 2017年,全县共有基层工会组织713个,其中总工会12个,乡镇工委12个,部门工委18个,直属工会6个,实名制会员35105名;创建市级示范职工之家1家,市级先进职工之家、职工小家23家。县总工会行政人员编制7个,在职人员8人;下属事业单位职工服务中心在编在职2人,下属事业单位工人文化宫在编在职5人。

**【工会改革】** 按照"把群团组织建设得更加充满活力、更加坚强有力"的省市群团改革要求,结合淳安实际,总工会紧紧围绕保持和增强政治性、先进性、群众性这条主线,强化问题意识、改革意识,着力解决突出问题,及时制定淳安县总工会改革实施方案、工会服务基层服务职工工作制度、工会挂职兼职干部管理办法、工会志愿者队伍管理办法、工会重点工作清单制度、职业化工会工作者聘用管理办法6个方案。12月,召开第十五届委员会第四次全体会议,增替补选举产生了兼挂职副主席和新的委员,工会各项改革工作有序推进。

**【素质教育】** 依托县总工会职工教育培训中心的教育平台,积极开展岗位培训、文化礼仪、先进事迹宣讲等培训活动,累计培训职工3500人次。进一步加大对职工学历提升工程的补助力度,为在职职工上大专、上大学提供有力资助,全年共有30人完成了2017年本科学历的报名程序工作。全年共举办中式烹调师、中式面点师、养老护理员等技能比赛16场,2000余名职工参加,有效提高了职工的自身素质和工作技能。

**【文体活动】** 举办全县直属工会健身挑战赛,500多名工会干部参加,通过比赛进一步增进工会干部之间的交流。举办"五水共治"摄影、征文活动,共收到征文600余篇,手机摄影赛作品300余张,生动展示了全县职工广泛参与治水的良好风貌。

**【首届千岛湖工匠评选】** 会同宣传、人社等10个部门开展首届"千岛湖工匠"评选活动,通过资格审核、现场考察、专家评审、微信投票、社会公示、领导小组审定6个环节进行公平公正的认定,评选出10名工匠,在2017年庆祝"五一"表彰大会上进行表彰,号召全县上下大力弘扬"工匠精神",在建设康美千岛湖征程中勇挑勇战、再立新功。

**【职工保障】** 扎实开展春送岗位、夏送清凉、秋送助学、冬送温暖的工会常态化、长效化帮扶机制。全年建设爱心驿家2家,发放夏季清凉慰问慰问品4000份,积极服务户外一线人员。举办"春风十里,不如七夕有你"单身青年交友活动1场,把工会各项普惠化政策有机结合。重点推进职工医疗互助工作,全年申请参加医疗互助的单位有367家,职工43451人,进一步保障职工的权益。

**【疗休养基地建设】** 6月,邀请全省各县市工会主席百余人来到千岛湖召开职工疗休养现场推介会,专门制作《千岛湖疗休养手册》,设计了9条疗休养特色线路,带动淳安县旅游业明显增长。淳安县入选2017年度省级劳动模范休养基地，是全市唯一入选的县。枫树岭镇下姜村等5家单位获得杭州市职工(劳模)疗休养基地。县委书记黄海峰、县长董毓民在专报《县总工会推进疗休养基地建设成效初显》上作了批示。

**【特色工作】** 积极开展“最多跑一次”工作。将职工医疗互助、工会会员意外伤害及家财损失保障、工会法人登记或变更等业务纳入工会“最多跑一次”改革项目，进一步对窗口职责、工作流程、审批权限进行规范调整，不断优化服务水平，提升服务效能，方便职工办事，也跑出了淳安工会的新速度。其中，《让办事职工“最多跑一次”浙江省淳安县总办事窗口效率大提速》刊登于8月11日《工人日报》第二版头条，《淳安工会改革提速》刊登于8月14日《浙江日报》第六版。

(方哲熙)

## ·共青团淳安县委员会·

**【深入学习十九大精神，凝聚青年听党话】** 一是持续兴起学习宣传贯彻热潮。以主题活动营造宣传十九大的氛围，在共青团系统内组织开展“收看十九大、话使命担当、共筑中国梦”主题团日活动，3万余名团员青年参与收听收看中共十九大开幕式。利用“五四”青年节、“七一”建党节开展喜迎十九大“康美淳安·青声嘹亮”朗诵会、“献礼‘七一’红　喜迎十九大”践诺行动、“我最喜欢的习总书记的一句话”主题演讲等系列活动。开展“有主题、有讨论、有共识”的深读深思十九大报告精神专题研讨会54场，400余名团干部撰写学习十九大感悟，征集各类“青春誓言——中国梦·我的梦”1100余条。二是积极开展践行十九大精神活动。在“读原文、深思考、常态学”的基础上，将十九大精神贯彻落实到具体工作中，细化到具体载体、具体项目，引导全县青年不忘初心跟党走。组织全县直属团组织结合自身特色载体开展“新时代新青年新征程”“感恩总书记·奋进新时代”“践行‘四个人’，争当新青年”“一团一品、青春建功”等践行十九大活动。三是不断强化典型引领弘扬正能量。开展“奋斗的青春最美丽——寻找淳安好青年”评选，评选出淳安十大好青年10名，优秀好青年8名，为全县青年树立学习榜样。利用“青春淳安”公众号和省市团情等媒介宣传创业创新青年、优秀社会青年以及公益志愿者群体的先进事迹，在淳安青年中号召树立“正青年正有声”的形象。推荐2人当选为首届淳安县道德模范，推荐1人评选为“浙江好人”。

**【始终坚持服务中心大局，助力发展更突出】** 一是青春建功业绩突出。将“五水共治”和“最多跑一次改革”作为团员青年“践行‘四个人’、争当青年铁军”的主阵地。全县设立“河小二”治水实践基地25个，“青助跑”服务实践窗口16个，一年来共组织开展小微水体专项整治100余场，开展青助跑、青工比武等活动26场，参与人数4000余人次，2名团员青年的护水事迹被省级媒体报道。积极开展各级“青字号”创建工作。旅游集团千岛湖旅游集团秀水街运营公司成功创建“省级青年文明号”，县财政局、县千岛湖派出所雷霆突击队等7家单位成功创建杭州市共青团员先锋岗(队)。二是志愿服务精彩纷呈。全面修订《淳安县注册志愿者管理办法》和《淳安县志愿服务组织管理办法》，开展优秀志愿者、志愿项目评选。在充分发挥“天使导医”“一米阳光”“秀水红娘”等15支专业志愿者队伍的基础上，注重党员志愿者的先锋示范作用。全面推广96345志愿汇平台使用，全县志愿汇注册人数达3.5万人。深入开展重点会议重大赛事、省级示范文明县城创建、“青助跑”“一杯水”公益等志愿服务活动660余场，服务4万余小时,得到县委书记批示肯定。相关活动在《中国青年报》报道,进一步打响“青小淳”志愿服务品牌。三是创新创业氛围浓厚。筹建青年创业导师团实施一对一精准帮带,组织1000余人次团员青年参加民宿运营推广、电商等各类创业培训。开展杭州千岛湖青年创业创新活动月专项活动12场。联合有关单位常态化开展创业政策咨询和返乡青年创业一条龙服务,成功引导10余名在外优秀青商返乡创业,带动就业近800人。

**【全心打造青年成长载体,服务青年有温度】** 一是培育青年逐梦的热土。依托网上共青团、创业创新和婚恋交友三大重点工作项目组,扎实推进“亲青恋”平台使用,分群分类举办“春风十里,不如七夕有你”“爱在新岭古道,还你千年浪漫”“天使之恋”等婚恋交友活动30余场,切实满足了一大批青年的婚恋交友需求。积极帮扶困境青少年,对接省青基会、省爱心事业基金会和社会爱心企业、爱心人士,开展“精实助学”“彩虹计划”“雏鹰计划”等各类助学活动,发放助学金36万元。着力建设青少年校外教育阵地——青少年活动中心,朝着打造区县市标杆校外品牌迈出了坚实的步伐。二是厚植青年成才的基土。明确“一把手与青年面对面”的青年干部培养品牌化和量化建设,开展面对面座谈交流活动114场。打响一批特色鲜明的青年成长载体,其中“青年龙耳营”“青蓝工程”“青春沙龙”等青年干部培养平台已成品牌。坚持“理论与实践结合、素质与能力提升”的办学思路,与县委组织部共同创立“青马学院”,培养年轻干部50名,青年干部干事激情进一步激发。加大青年素质提升工程,开展直属团干培训2期,优秀青年座谈会2期,少先队辅导员培训1期。三是开辟青年维权的沃土。扎实开展“共青团与县人大代表、政协委员面对面”活动,向人大代表、政协委员反映青少年关心关注的热点问题。积极做好重点青少年群体服务管理和预防犯罪工作,积极开展“12355”“心灵花园”工作,受理青少年咨询300多次。大力推进未保委、预青专项组和青少年法律援助工作站工作,深化青少年禁毒防艾、预防暴力、平安自护等教育宣传活动,持续开展“青少年维权岗”创建工作。

**【扎实推进共青团改革,从严治团出实效】** 一是理顺顶层设计让班子更有力。正式出台《淳安县群团改革总体方案》和《淳安县共青团改革实施方案》,1名挂职副书记和3名兼职副书记全部到岗到位,明确领导班子分工职责,确保一周集体办公一天等工作制度。改革团县委机构,在办公室和基层工作部的基础上,新增网上共青团建设、婚恋交友、创业创新三个重点工作项目组,落实专职人员1人、挂职人员2人,开展亲青恋、亲青创等活动30余场。严格按照青年章程,开展第五届青年联合会换届,大大突出了基层青年代表性和统一战线职能。二是抓住关键少数让基础更扎实。对照“三张清单”严格落实“双百双提升”工作,通过班子一对一、组织手把手等整改方式,进一步增配团委班子,切实规范了基层团组织建设。团的基层组织建设到村,对全县425个村级团支部和直属120余个团支部进行系统调整完善,通过增设团的基层组织专兼职人员41人、落实32周岁以下村两委班子担任村团支部书记等措施强化了基层团组织力量。稳步推进中学共青团和少先队改革工作,中洲镇中心小学成为市首批少先队改革试点单位。严控团学比,规范入团仪式,增进团员光荣意识和先进代表性。加大新兴领域青年工作力度,完成40家非公经济组织建团工作,培育青年社会组织2家。三是突出制度建设让管理更科学。严格落实“一学一做”“三会两制一课”,常态化推进主题团日等工作。党建带团建考核纳入年度党建重点内容,在机制上确保团组织受重视有保障。加大团干储备,2017 年调整直属团干部 28 名,储备 88 后青年干部 50 名并上报组织部纳入组织青年干部储备库。探索实施扁平化管理机制,将抓团委书记季度述职向抓团委班子和基层团支部书记延伸。切实履行县综治委预青专项组组长单位职责,明确各成员单位工作职责,建立联席会商制度,协调各有关单位共同开展预防青少年违法犯罪和平安志愿者队伍建设工作。

(姜　维)

## ·县妇女联合会·

**【概况】** 2017 年,妇联组织改革后,全县共有基层妇联 496 个,其中乡镇妇联 23 个、县属单位(部门)妇联 35 个、行政村妇联 423 个、社区妇联 15 个;创建省级巾帼文明岗 2 个、市级巾帼文明岗 3 个和县级巾帼文明岗 10 个。县妇联行政人员编制 5 个,在职人员 6 人;下属股所级事业单位(县来料办)人员编制 4 个,在职人员 4 人;下属股所级事业单位(县妇儿工委办)在编在职 1 人;编外工作人员 1 人。是年,县妇联在年度综合考评中首次获得“优胜(满意)单位”称号。

**【来料加工】** 正月初九,在千岛湖广场举办来料加工产品展示与招聘活动,全县 6 大特色项目 400 余件产品参与展示活动,现场提供就业岗位 230 余个,达成就业意向 210 余个;3 月,开展全县来料加工十佳经纪人评选,并在全县经济工作会议上进行通报表彰;7 月中旬,召开全县来料加工工作会议,会上兑现上一年度各类奖励补助资金 345.36 万元;9 月,在文昌镇、石林镇、宋村乡、姜家镇分别举办“流动式”来料加工技能培训班,带动低收入农户增收,全县共有 450 名经纪人带动低收入农户 5840 家,年人均增收 7000 元;10 月,组织各乡镇优秀套笔经纪人、村主要干部和村妇联主席赴汾水对接制笔企业,组织部分优势经纪人、精选上百个来料加工产品参展义博会;贯穿全年开展来料加工户籍化、规范化、项目化、网络化和标准化“五化”管理,促进来料加工稳步发展。全年新培育经纪人 85 名,培育专业村 70 家,带动从业人员 4.5 万人,发放加工费 2.25 亿元,实现了较好的经济和社会效益。

**【美丽庭院创建】** 制作美丽庭院创建指导手册,完善美丽庭院业务知识课件,培训课程列为全县村委会主任培训班、第一届村妇联主席培训班和全县美丽庭院暨农村垃圾分类业务骨干培训班的主题课程;指导各乡镇建立专业指导队、庭院督导队和巾帼志愿队等三支“乡土人才”队伍,通过一对一或一对多地指导、督导和帮扶,提高所在乡镇的创建覆盖率;在威坪镇召开全县美丽庭院创建工作推进会,各乡镇分管领导、妇联主席及各美丽庭院建设村主要负责人、村妇联主席共 160 余人参会;编制“创美丽庭院·享康美生活”美丽庭院创建宣传画册,指导各乡镇开展庭院靓化大比武活动,在赛一赛、比一比中激发广大妇女和家庭参与热情。通过实地考核验收,全年建成 25 个县级美丽庭院示范村、14 个美丽庭院巩固提升村,示范建设村的美丽庭院示范户、美丽庭院合格户和整洁庭院户创建率分别达到 35%、35%和 30%。

**【开展特色节庆活动】** 三八妇女节,在县体育馆举办“树双清家风·创康美家庭”主题活动启动仪式暨家庭趣味运动会,31 个单位选派 300 个党员干部家庭参赛。母亲节,联合县直机关工委开展“家庭公益一小时”活动,组织 102 户家庭志愿者在母亲节当天上午 9:30—11:00 在千岛湖镇城区各主要路口劝导行人和车辆不文明行为,平安出行。六一儿童节，特邀“小候鸟基金会”12位老师为浪川乡留守儿童学校——双源完小送去一台家校联动、师生同台倾情奉献的文艺会演，并走访慰问新世纪幼儿园、枫树岭镇铜山完小全体师生，分别送去关爱助学金5000元和近百册家庭教育知识书籍。

**【开展“树双清家风·创康美家庭”主题活动】** 3月4日，在县体育馆举办“树双清家风·创康美家庭”主题活动启动仪式，县级机关企事业单位选派的300个党员干部家庭以及县管女领导、全县各基层妇联主席共900余人参加启动仪式，市妇联主席魏颖亲临现场祝贺并向家庭志愿者代表授旗。4月，各乡镇、行政村抓住村级组织换届契机，发放“廉政红包”、征集好家风好家训和签订“家庭助廉倡廉承诺书”，全县各乡镇及县属各单位共开展特色廉政文化进家庭活动160余场次，发放助廉倡廉承诺书3000余份，征集好家风家训2500余条。3～10月，开展全县“康美家庭”创评活动，通过自荐（推荐）申报、专家评审组初评以及网络投票等评选环节，评出“创业美家庭”“护水美家庭”“庭院美家庭”“家风美家庭”等康美家庭各10户。

**【开展家庭教育知识进学校、进家庭活动】** 年初，编制《家庭教育指导手册》3.6万册，分发到全县各初中、小学和幼儿园学生家长手中；11月，调整充实县级家庭教育讲师团成员，并组织市、县两级家庭教育讲师团成员20人，为全县40所乡镇中心幼儿园和中心小学开展家教知识进学校活动，同时聘请市、县青春期教育研究专家，为城区5所小学中高年级段学生送去青春期指导教育课5堂，受益学生近千名。

**【举办首届村社妇联主席培训班】** 8月21～24日，全县首届村（社区）妇联主席培训班在县委老干部局报告厅举行。培训班分两期举办，每期培训时间为两天，全县437个村（社区）妇联主席和24个乡镇（青溪新城）妇联负责人参加培训。

**【县妇联第十五届七次执委（扩大）会议】** 3月24日，县妇联第十五届七次执委（扩大）会议在千岛湖饭店召开，县妇联第十五届执委委员、各乡镇妇联主席（副主席）、县属各单位妇委会主任或主持工作的副主任以及受表彰对象100余人参加会议。余晓兰主席代表常委会作《工作报告》。

**【妇联组织改革】** 2017年，是各级工青妇等群团组织改革之年，也是县、乡镇、村社三级妇联组织换届年。5月，完成全县425个行政村和12个社区的妇联组织换届暨“会改联（妇代会改建妇联）”工作，村社妇联主席进村“两委”比例达100%，1名主席、2～3名副主席、7名以上执委的“会改联”组织构架改建完成率100%。截至10月底，完成全县23个乡镇妇联组织改革任务，改革后的乡镇妇联执委由原来的7人扩充到15～25人，千岛湖镇、汾口镇、威坪镇三个省级中心镇增设常委和兼职副主席3～4名。截至11月底，完成35个县级机关部门“妇（工）委会”改建成机关部门“妇联”（简称“会改联”）的改革任务。县妇联组织改革也于12月底完成，改革后的县妇联增设挂职副主席1名、兼职副主席2名，增加执委委员7名。

**【县妇联第十六届妇代会召开】** 12月20～21日，淳安县第十六次妇女代表大会在千岛湖镇阳光大酒店会议中心二楼鲁能宴会厅召开。正式代表、各乡镇党委副书记、各乡镇（部门）正职女领导干部以及分管群团工作领导、特邀及列席代表共390余人参加大会开幕式，市妇联主席魏颖、县委书记黄海峰到会祝贺并致辞,县妇联主席余小兰代表县妇联第十五届常委会作《工作报告》。正式代表、列席代表和特邀代表近300人参加闭幕式,副县长商松懋宣布县妇联第十六届执委会主席、副主席、常委名单,县委副书记董文吉讲话,县领导洪永鸿、胡敏参加闭幕式。新当选的妇联主席余小兰向大会作表态发言。

(方慧君)

## ·县科学技术协会·

**【概况】** 2017年,县科协在县委县政府的领导及省市科协指导下,认真贯彻落实县十四次党代会精神,围绕“坚定秀水富民路,建设康美千岛湖”发展战略,坚持“四个服务”职责定位,全力做好各项工作。现主管14个学(协)会,会员3045人,其中老科技工作者协会和反邪教协会为直属协会;乡镇(含青溪新城)科协24个,会员6448人;企业科协7个,会员730人;全县注册科普志愿者417人。

**【创建省科普示范县】** 淳安县于2013年成功创建浙江省科普示范县。2016年,浙江省科协按照中国科协所要求的“全国科普示范县(市、区)创建工作要常抓常新、按级创建”精神,下发了《关于认定2016—2020年度浙江省科普示范县(市、区)的通知》,要求各县(市、区)开展新一轮创建工作。为此,县科协及时向县领导进行了汇报,经县委、县政府主要领导同意,2016年6月向省科协提出了创建申请,2017年县政府专门下发了《淳安县创建2016—2020年度浙江省科普示范县工作实施方案》和相关责任分工,并召开创建工作推进会进行部署。县科协会同相关部门对照新一轮创建标准,认真准备,查漏补缺,并于4月向省科协递交了《淳安县创建浙江省科普示范县工作汇报》和典型案例。7月,由省科协发文认定淳安县为2016—2020年度浙江省科普示范县。

**【院士专家工作站】** 指导并协助清正生物和鲟龙科技两家院士工作站进行年度考核,鲟龙科技院士工作站的建站经验被市院士专家工作站服务中心收录为典型案例。指导千岛湖啤酒有限公司申报杭州市专家工作站,已由杭州市院士专家工作站协调小组认定为2017年杭州市专家工作站。

**【助力创新驱动】** 蚕桑学会与杭州市蚕桑学会续签合作协议,继续开展“协同创新”项目建设;在“科技服务站”项目建设中,市县深入交流合作,6月1日市青年科技工作者协会专家与县农技推广中心的科技人员赴梓桐镇组织石榴种植技术指导、林下经济培训、科普进文化礼堂、科普进校园等多种活动。

**【全国科技工作者日】** 2017年5月30日是首个“全国科技工作者日”,根据上级科协的要求,开展了系列活动。4月26日,县委副书记董文吉、副县长费林建代表县委县政府赴千岛湖啤酒有限公司、清正生物科技有限公司看望慰问生产一线科技工作者;会同杭州市科协、杭州市低碳科技馆赴梓桐镇开展科技服务活动;利用气象局的气象预报电子屏和各学(协)会的电子屏滚动播放“科技工作者日”宣传内容。

**【学(协)会工作】** 组织所属学会开展年检工作,指导预防医学会等学会换届,2017年有6个项目列为县级重点学术项目,2个项目列为县级能力提升建设项目,9月22日全国科普日主场活动现场40余位学会科技工作者为临岐镇百姓开展科技咨询和义诊活动;老科技工作者协会圆满完成换届,选举产生新一届理事会理事,新成立文化教育分会,多篇调研文章得到县领导的批示;反邪教协会深入县公安局、有关乡镇和社区开展工作调研，指导汾口镇等四家单位创建市级反邪警示教育阵地，以“防范邪教宣传月”活动为契机，积极开展反邪进校园、进社区、进文化礼堂等系列宣传活动。

**【青少年科普活动】** 流动科普馆先后在潭头完小、叶村小学、青溪新城小学等6所学校巡展并同步开展校园科技节活动，共有1200余师生参与活动；邀请杭州市“让科学流行起来”表演团队分别在千岛湖镇三小、临岐镇中心小学为1100余名小学生开展科普秀活动，进一步激发了学生学科学、爱科学的兴趣；今年首次尝试开展青少年科学调查体验活动，指导镇三小、青溪新城和梓桐镇中3所学校有组织有计划开展活动，并成功创建省级青少年科学调查活动推广示范学校，其中镇三小有两人分获全国优秀教师和优秀学生作品奖；和教育局等相关部门联合举办淳安县第五届中小学生科技节，承接第32届青少年科技创新大赛相关活动评审，选送参加市级优秀创新项目、实践活动和科幻画评审作品36项，其中获市二等奖2人，三等奖6人；承办中国兵工学会“走进校园、爱我国防”国防科普教育主题活动，组织淳安中学、县实验小学400余名师生聆听科学家国防科普知识讲座，激励青少年热爱国防、献身国防的爱国情怀和科学精神。

**【提升农民科学素质】** 实施《杭州市农民科学素质提升计划》，邀请省市专家到梓桐镇和临岐镇开展博士服务团“农村行”系列活动，为300余名中药材等种植户进行农技培训；与市科技工作者服务中心联合开展3场“农民科学素质讲堂走进淳安”活动，专家采用“课堂＋现场”的方式为全县120多名葡萄和油茶种植户面对面指导栽培技术，受到农户的欢迎；利用微信公众号“科普微点”平台，开展2017年全国科普日农民科学素质有奖竞答活动，共有200余名农民“微友”在线参与竞答；开展农村科普示范基地等项目建设，2017年千岛湖金紫尖铁皮石斛有限公司被列为市级农村科普示范基地，千岛湖清流养殖有限公司被列为杭州市科普惠农项目。

**【科普宣传周活动】** 9月22日，在全县范围内开展以“创新驱动发展，科学破除愚昧”为主题的全国科普日暨淳安县第31届科普宣传周活动，临岐镇活动主场开展9项系列活动，全县共有380余个单位（包括行政村）31825余人参加了活动，共举办培训班和讲座63场，培训人数5414余人，展出科普展板500余块，义诊咨询2000余人次，发放各类资料23095余份。

**【科学知识普及】** 在《钱江晚报·淳安生活》开设“这科我爱学”栏目，刊登科学知识试题6期；在《今日千岛湖》开设“科技信箱”、“科普之窗”栏目；在城市屏媒上全天候滚动播出科普知识；与卫计局联合刊发四期《健康教育科普专刊》；在电视台、华数有线电视栏目定时播放科普小视频，每月更换内容；制作科普专题宣传片，在“电影下乡”时作为片头播放，在乡镇、学校、社区宣传100余场。

**【科普信息化服务】** 在千岛湖门户网和百姓网开通“科普网络书屋”和开设“科学技术普及”专栏，扩大科普宣传覆盖面；借用公交车载电视，每天4000频次播放科普和反邪教知识；以智能手机终端为传播新途径，开展科普微信公众号“科普微点”增粉工作，目前已有2000余人关注，提升了科学传播能力；采用“租赁＋购买信息服务”形式，2017年全县建成10家科普中国社区、校园、乡村e站，推动“科普中国”品牌落地应用，打通基层科普宣传“最后一公里”。

【科普阵地建设】 会同机关事务局、团县委全力做好县科技馆的设计装修、设备采购招投标等工作，2017 年 12 月前完成展品设备进场。对流动科普馆和临岐中学主题科普馆进行改造提升，增加 VR 科普展教项目；为新城小学“标本”科普馆新建主题科普画廊。新建施家塘社区、汾口镇政府、中洲畈头村三处科普宣传栏。

【全民科学素质工作先进乡镇】 大墅镇、文昌镇创建县级全民科学素质工作先进乡镇，临岐镇申报创建杭州市全民科学素质工作先进乡镇。

(徐剑锋)

## ·县工商业联合会·

【概况】 2017 年，深入学习中共十九大和习近平总书记系列重要讲话精神，紧紧围绕“建设康美千岛湖”总目标，以促进“两个健康”为主线，以服务“淳商回归”为抓手，密切联系非公经济人士，凝聚力量，优化服务，圆满完成各项目标任务。目前会员数为 448 家，其中团体会员 24 家，个人会员 74 人，企业会员 350 家。县工商联荣获 2017 年“杭州市工商联系统综合先进单位”，报送的《关于深入推进“淳商回归”工程的思考》《关于淳安异地商会建设情况的现状与思考》分获杭州市工商联系统优秀调研文章二等奖、三等奖，淳安县威坪商会被评为杭州市工商联系统“四好”商会，郑晓峰荣膺“2017 华东十大经济年度人物”称号。

【第二届淳商大会】 承办第二届淳商大会，全力做好方案草拟、会务准备、代表邀请、代表接待等工作，圆满完成县政府交办的任务。4 月 1 日，第二届淳商大会召开，县内外淳商代表 320 余人参加。会上共有 40 个招商项目现场签约，签约金额 18.66 亿元，淳商回归项目 28 个，签约金额 7.66 亿元。

【评选“杰出淳商”】 开展杰出淳商和杰出淳商提名奖评选表彰活动，评选表彰杰出淳商和杰出淳商提名奖各 10 名。经过推荐、审核、审定、公示程序后，王侯、王英潮、王麒诚、吴建平、陈汉康、郑晓峰、洪旭光、洪爱金、祝培文、姚宏被评为“杰出淳商”，方森炎、汝才良、肖建宏、陈贤兴、郑林峰、胡钢亮、贾锡明、徐元连、徐红仙、徐娅娟被评为“杰出淳商”提名奖，并在第二届淳商大会上举行表彰颁奖仪式。

【举办“淳商讲坛”】 6 月 19 日，首期“淳商讲坛”开讲，邀请浙大经济学院余绍忠博士为 90 余名企业家上了一堂题为“企业增长困局与战略新定位”的主题讲座，令大家受益匪浅。

【企业家副主席轮值】 建立企业家副主席轮值制度，每季安排 1 名企业家副主席担任轮值主席，全年成功举办了 4 次轮值活动。轮值活动把政治学习和企业家之间的交流作为重要内容，充分发挥企业家副主席的示范引领作用。

【理想信念教育】 一是教育培训。推荐 30 余名会员参加杭商学堂、新生代出资人培训班、杭商大讲堂等高质量培训班、北大“品质杭商”研修班。举办“共走红军路”主题研修班，30 余名新生代企业家赴遵义进行红色革命教育。在厦门大学举办了“淳安县新生代企业家综合素质提升培训班”，40 余名新生代企业家报名参加。二是选树典型。推荐方森炎、姚宏、郑团建参与杭商故事最美创业人物遴选，推荐陈汉康、姚宏参加第五届“品质杭商”评选，推荐千啤参加第二届“杭商品牌案例”评选。应强、吴俊获“新兴旅游行业十大领军人物”称号。旭光照明成功登陆“新三板”，成为淳安县第一家“新三板”上市公司。

**【杭州市民营企业运动会】** 组织微贷网、千啤公司、和盛市场组队参加以“杭商·中国梦——凝心聚力建名城 振奋精神迎亚运”为主题的杭州市民营企业运动会，体操、拔河项目分获第5、第6名，乒乓球项目获得男、女季军。杭州千岛湖啤酒有限公司被授予杭州市民营企业运动会组织奖。

**【成立温州市淳安商会】** 温州市淳安商会是在原来“乐清淳安商会”的基础上扩展组建起来的。2017年11月18日召开成立大会，温州盘古世纪科技发展有限公司董事长余进杰当选为首届会长。

**【大力发展乡镇商会】** 按照每个建制镇都要成立商会的要求，威坪、里商、大墅、瑶山、石林、姜家、梓桐、汾口、枫树岭、临岐、文昌、千岛湖等乡镇商会先后成立。

**【深化服务内涵】** 落实班子成员联系服务对象制度，与县委常委、统战部部长一同走访了7家异地商会和淳商企业，征求意见建议，形成《淳安县异地商会建设情况汇报》。协助县政协落实副主席联系商会制度。完成了《关于深入推进淳商回归工程的思考》调研建议。建立淳商服务事项转办制度，以《淳商服务事项转办函》的统一格式，将异地商会求助事项转交所辖乡镇，跟踪事项落实。改版《淳商》杂志和淳商微信公众号，淳商杂志出版四期，赠阅人员增加至1900余人。与政协文史委合作编辑出版《当代淳商》。为异地商会会长、秘书长和执委送上生日蛋糕祝福。发放亲商证20本，实时增加淳商信息库信息50余条，及时做好异地商会补助经费的拨付。与公安局、检察院联合下文，建立服务民企合作机制。从2017年开始，专门聘请法律顾问为小企业会员提供免费法律咨询服务。在《淳商》杂志、微信公众号上开辟法律宣传窗。与县检察院联合进企业召开“服务和促进民营经济健康发展”座谈会。邀请县检察院公诉科科长黄凤英为20余名企业家作了《我县非公经济领域犯罪情况分析》专题讲座。

**【积极参政议政】** 企业家主动通过各种途径向县委、县政府建言献策，体现了企业家们高度的历史使命感和社会责任感，推动了新型政商关系的构建。24名工商联界别政协委员在县政协九届一次会议上共提交提案26件，其中李许金委员撰写的《关于开展企业信用信息共享和联合惩戒，打造信用千岛湖的建议》被确定为重点提案。闭会期间，又撰写提交社情民意信息46篇，被政协采用25篇，其中孙中华委员撰写的《关于加强农村古民居保护的建议》得到县委主要领导的高度重视。考察推荐市政协委员人选1人。

**【履行社会责任】** 组织异地商会参加淳安县新春就业创业交流大会，提供了150多个就业机会。深圳淳安商会举办了首期雅思公益培训，45人参加了为期两周的系统培训。宁波淳安商会返乡举办了“中华魂—辉煌与梦想”红色经典朗诵比赛和杭州七彩阳光夏令营。上海淳安商会举办了第一届在沪淳安籍师生联谊会。北京淳安商会举办了“鹌鹑汇”迎新活动。杭州千岛湖商会徐军晖、唐日葵等为淳安县三所农村小学捐赠价值12余万元的文体用品。杭州千岛湖商会党支部为身患白血病的淳安籍学生方瑾煜募捐3万余元治疗款。各异地商会累计开展公益活动20余次，捐助资金300余万元。

**【商会规范化建设】** 指导各异地商会规范化

建设,完善建立财务管理等制度。建立异地商会工作情况月报告制度,每月报送商会活动、招商引资、公益行动等情况。指导会员信息梳理完善,各异地商会会员总数达1798家。召开首次商会建设座谈会,共促商会规范发展。注重示范商会建设,县工商联争创全国"五好"县级工商联,威坪商会争创杭州市"四好"商会。

**【机关自身建设】** 认真开展两学一做、践行"四个人"、进访解三大专项工作,制定和下发实施意见,及时召开动员会,每月到安阳乡上梧村集中走访、协调解决问题。加强自身宣传,与电视台合作,制作宣传工商联亮点工作。争取编外用工3名,完成工会单独组建,及时组织学习十九大精神,鼓励机关干部参加各类业务培训,提升队伍综合素质。积极配合县委巡察,整改全部反馈问题,及时上报整改报告。严格落实履行主体责任"十个一"全程留痕纪实,严格执行中央八项规定和省市县作风建设规定要求。

(方雅倩)

(编辑　徐华健)

## ·县残疾人联合会·

**【概况】** 2017年,淳安县有持二代证残疾人17296人。其中,农业户口16074人;非农业户口1222人。分类为视力残疾2074人、听力残疾2781人、言语残疾115人、肢体残疾8342人、智力残疾1337人、精神残疾1453人、多重残疾1194人。

**【出台惠残系列政策】** 2017年,淳安县出台了《关于印发淳安县无障碍社区创建工作实施方案的通知》(淳残工委〔2017〕2号)、关于印发《淳安县残疾人精准康复服务行动实施方案》的通知(淳政办发〔2017〕55号)、《关于促进残疾人电子商务、文化创意及辅助性就业创业的实施意见》(淳残联〔2017〕49号)3个政策性文件。

**【基本生活保障工程】** 全年有17999名残疾人(其中困难补贴11579人,护理补贴6420人)享受两项补贴政策,发放补贴金共4028.89万元;自2017年12月开始,残疾人最低生活保障标准实现非农一体化统一补助标准,由原来的农村594元/月,城镇600元/月,统一提高到665元/月,全县有7563名残疾人纳入低保,占持证残疾人总数的48%;146户残疾人家庭享受"普惠加特惠"危房改造补助金26.45万元;2900名(不含低保对象)重度一、二级残疾人及一户多残家庭减免有线电视视听费补助73.08万元。

**【康复服务工程】** 2017年,在全县实施残疾人精准康复服务,出台了《关于印发〈淳安县残疾人精准康复服务行动实施方案〉的通知》,认定了29家康复定点机构,明确6类57项精准康复服务项目与补贴标准,淳安县"三抓三有"创新农村残疾人精准康复服务新模式得到市县领导的批示肯定,并在省政府残工委专刊宣传推广。推进残疾人社区康复站规范化建设,出台《淳安县基本康复服务目录和补贴标准》,创建了4家省级康复站、4个康复点,并输送13名社区康复站医务人员到省人民医院进修培训;将残疾儿童、精神残疾人和"三瘫一截"等成年重度残疾人纳入签约服务范围,签约残疾人9348人,其中签约3类重点人群2547人(总数4012人),签约率为63.48%;配合相关部门排查了795名重性精神病患者,并纳入精神病管理系统信息管理。开展了新一轮"三助行动"项目,验配助听、视器器、安装假肢等254人,实施白内障手术126例,免费发放轮椅、拐杖、助行器等辅助器具500余件。实施残疾儿童抢救性康复,全年完成0～17岁贫困残疾儿童抢救性康复救助47人，1名听障儿童得到人工耳蜗手术救助儿童康复训练评估36人，新增持证残疾儿童20人。开展第二轮平安工疗站创建活动，创建仁爱家园工疗站8家，照料劳动年龄段智力、精神残疾人189人。启用新建的残疾人康复(托养)中心，残疾人康复、托养及辅助器具服务功能得到进一步提升。全年下拨康复服务经费307万元。

**【托安养工程】** 截至2017年底，全县建有托养机构21家，小康阳光庇护中心17家(其中市级14家，省级3家)。2017年，全县集中托养残疾人247人，下拨托养护理补贴经费222.73万元。

**【创业就业工程】** 2017年，进一步规范残疾人扶贫基地、创业能手的验收和申报工作，广泛发动残疾人发展种养业、加工业和服务业，培育扶持省级扶贫基地2个、市级7个，巩固和发展县级残疾人扶贫示范基地32个，创业能手72名，并在县里指定的十条源全部培育了残疾人参与百源经济的基地或能手1名，全年安置残疾人就业380名，辐射带动残疾人家庭就业、增产增收867户；开展农村实用技术和职业技能培训15期，培训残疾人526名；组织残疾人参加省、市相关技能培训46人；做好个体就业残疾人开办费、养老保险、贷款贴息政策的资金扶持，全年下拨就业创业资金329.18万元；依法做好按比例安置残疾人就业保障金征收核定，全县164家企业安置残疾人就业261名，地税代征残保金入库1200余万元。

**【教育培训工作】** 2017年，全县有74名残疾学生和残疾人家庭子女得到16.43万元就学补助，有15名贫困残疾学前儿童得到4.5万元省级福利彩票公益助学金，帮助13名残疾人大学生向省残联申请免除学费住宿费17.47万元；8月28日，联合县妇联在千岛湖饭店组织100名残疾人举办全县残疾人来料加工套笔比武，并对前30名套笔能手给予每人500元的奖励。

**【生活困难救助】** 开展第十八次“春风行动”慰问活动，慰问低保残疾对象5130户、残保对象1646人，共发放慰问金338.8万元；开展“送清凉”慰问活动，慰问困难残疾家庭128户，发放慰问资金6.4万元；开展临时救助工作，救助困难残疾对象221户，发放救助金12.21万元。

**【医疗救助】** 2017年，继续实施残疾人重大疾病、住院医疗和意外事故保险，77名残疾人享受意外保险理赔35.6万元。淳安县向杭州市残疾人福利基金会了申报“生命阳光·爱心救助”项目34户，发放救助资金36万元。

**【基础设施建设】** 推动县残疾人康复(托养)中心整体迁建工程列入县政府为民办实事项目，工程总投资3410.46万元，建筑面积7648平方米，设置总床位160张。新的康复(托养)中心于2017年10月31日正式投入使用。继续以“公建民营”形式开展儿童康复、成人康复、重度残疾人托养及辅助器具服务等工作职能。

**【无障碍设施进家庭活动】** 2017年，淳安县残疾人家庭无障碍改造完成80户，其中40户每户平均补贴6000元，40户每户平均补贴3000元，补助资金35.5万元。淳安县残疾人家庭无障碍改造工作涵盖了家门口进出坡道改造、室内卫生间改造、厨房改造，以及装扶手和地面硬化，配送辅具如座便椅、沐浴椅、高靠轮椅、多功能床等。

【残疾评定和残疾人证办理】 2017年,县残联会同县卫生局共组织开展集中评残18次、上门肢体评残48次,共为2800余人提供了评残服务,符合评残标准办理"残疾人证"的有2236人,其中326人变更残疾等级和类别。全年残疾人死亡651人。

【宣传文体活动】 2017年,淳安县优秀残疾人文艺代表杨洋、方红英参加了省、市第八届文艺会演。组织县残疾人艺术团到左口、富文、里商等乡镇开展6场慰问演出。开展了残疾人文化艺术周、残疾人健身周(全民健身日)等残疾人群众性文体活动。2017年全国助残日期间,组织工疗站及福利企业180余名残疾职工观看了电影,为福利企业残疾职工开展免费健康体检服务。对千岛湖镇新北社区残疾人社区康复站、千岛湖南山幼儿园和残疾人陈雪、徐莉、汤宝禄、何喜平4名自强典型事迹进行宣传报道。

【维权服务】 2017年,接待处理残疾人信访件35次,办结率100%;法律救助25次,化解信访积案件;举办1期残疾人普法培训班,参训残疾人200人。进一步增强残疾人的法律意识和依法维权意识。

【残疾人数据动态更新】 全县动态更新工作从5月26日正式开始,调查底册共有残疾人14294人。8月4日前,完成了所有入户调查登记工作。完成登记13780人,完成率为96.4%,其中入户登记13664人,电话登记116人,入户调查率为99.16%,电话调查率为0.84%;未完成登记514人,未完成率为3.6%。

【区县帮扶协作】 加强与上城、西湖区残联的区县帮扶协作工作,落实帮扶资金130万元。其中,上城区残联落实帮扶资金30万元,西湖区残联落实100万元(2016—2017年)康复帮扶项目。

(余胜平)

## ·县文学艺术界联合会·

【概况】 2017年,县文联有作家、戏剧家、音乐家、舞蹈家、美术家、书法家、摄影家、民间文艺家、影视家9个文艺工作者协会,有会员672人,其中市级131人、省级69人、国家级23人。

【第七次代表大会】 11月23日,县文学艺术界联合会第七次代表大会在海外海大酒店隆重召开。县委书记黄海峰、县长董毓民、县人大常委会主任余永青、县政协主席刘小松及县领导董文吉、徐恒辉、徐月焕、何建法等人参加了会议。县委书记黄海峰在开幕式上作重要讲话,对过去五年县文联取得的各项成绩给予充分肯定,对县文联今后的工作提出要求。大会审议并通过了邵红卫主席代表第六届委员会作的工作报告和《淳安县文学艺术界联合会章程》。

【选举产生文联第七届领导班子】 根据《章程》和《大会选举办法》,选举产生新一届文联委员,分别是方明华、方建军、方晖华、方银中、卢余娟、刘毅、李珊、吴俊彪、何仁德、余远、余国志、余昌顺、汪银贵、邵敏、邵文化、邵红卫、胡俊、胡慧敏、洪晓辉、洪善富、程海波、鲁万来、詹黎平、蔡斌、潘咏霞。其中,主席:邵红卫;副主席:邵文化、吴俊彪、方建军(兼)、刘毅(兼);秘书长:邵文化。

【文艺阵地】 创新工作,创办《千岛湖书画》刊物,为广大书画爱好者提供新的交流平台,全年共发行3期;《千岛湖》杂志成为双月刊,全年发行6期,同时将稿费提高至100元/千字；加强“淳安文艺”公众号管理，充实栏目内容，发表各类文艺信息及文艺作品三百余期；千岛湖宣传橱窗，展出“最美淳安人”事迹图片及获奖摄影作品，传播正能量，弘扬社会主义核心价值观；“文艺之家”建设启动，位于千岛湖森林公园的“文艺之家”活动场所开始修缮建设。

**【文艺赛事】** 2017 年，县文联单独或与相关部门单位举办的文艺赛事主要有为提振高铁精神、展示高铁速度，举办“畅想高铁时代 唱响高铁精神”第三届“锦山秀水千岛湖”文学创作暨新故事创作大赛；为迎接中共十九大胜利召开，在全县广大青少年中掀起传承和弘扬中华民族优秀传统文化的学习热潮，举办淳安县首届“康美杯”青少年书画摄影大赛；为展示淳安县文化礼堂和文艺角建设风貌，参与举办“首届文化礼堂和文艺角”摄影大赛；为进一步推动省示范文明县城创建，展示淳安文明和谐的社会形象，参与举办淳安县“最美全家福”摄影大赛；为积极响应治水剿劣行动，参与举办“五水共治话康美”主题征文比赛；为助推汾口镇现代生态田园城市建设，参与举办“汾口镇摄影大赛”。

**【艺术展览】** 先后举办“浙水千秋·最美杭州”——秀水千岛湖油画作品展、“两江一湖”富阳、桐庐、建德、淳安美术作品展、“湖山之约”杭州淳安·合肥蜀山书法作品联展，与县政协书画院和梓桐镇人民政府联合开展“秀水富民路，康美千岛湖”暨“古韵梓桐”书画小镇书画作品展，在杭州市图书馆举办“田园翰墨香，喜庆十九大”——淳安姜家镇章村农民书画展，吸引了包括杭州日报、杭州电视台在内的 20 多家媒体。

**【采风交流】** 先后组织杭州作家和淳安、建德、临安、桐庐等地作家到文昌镇实地感受高铁新区的人文景观、民俗风情、经济社会发展变化，为“畅想高铁时代、唱响高铁精神”征文创作积累素材；组织美协、作协骨干会员赴枫树岭镇下姜村、大墅镇、安阳乡、临岐镇、屏门乡、瑶山乡等地开展“治水剿劣采风活动”；组织书法家协会、美术家协会骨干会员赴合肥市学习交流；邀请富阳区文联主席、桐庐县文联主席一行 11 人到淳安县采风，并就“如何做好文艺工作”进行座谈交流。

**【培训辅导】** 邀请由浙江省作家协会牵头组织的“浙江作家服务营”到淳安开展一对一的文学创作指导点评和文学讲座；邀请市民间文艺家协会副主席兼秘书长邵毅霞、市非遗中心主任、市民间文艺家协会副主席戚晓光来我县考察民间工艺工作，并对刘毅等骨干会员的作品进行指导；邀请中国书法家协会会员、沙孟海书学院特聘研究员杨家伟先生在王佑贵书法工作室举行书法知识讲座，受到书法爱好者的喜爱。

**【外出学习】** 组织 4 名骨干会员赴北京参加中国书法家协会书法培训中心举办的 2017 年第二期临帖班学习；组织书协会员赴绍兴兰亭书法博物馆、德清、临安等地参加各类书法作品展览活动；组织美协会员赴杭州观摩“跨洋三杰”作品展等。

**【服务基层】** 春节前夕，组织书协骨干书写春联 1 万余幅用于赠送，并到县体育馆及富文、浪川、威坪、中洲、西园社区等地现场参加 10 余场活动，活动场次和所送春联数为历年之最；开展“一展一送”系列活动，5 月 24 日，“一展一送”书画摄影作品进文化礼堂巡展活动在威坪镇叶家村文化礼堂启动。随后，一百余件书画摄影作品走进威坪镇中心小学，富文乡茂川村、查林村文化礼堂，满足基层群众对“康美淳安”的多样化需求；积极参与乡镇节庆,组织书画骨干参加“鸠坑乡斗茶大会暨第三届茶文化节”,现场为鸠坑乡百姓创作以家风家训为题材的书画作品近百幅。

**【文艺基地建设】** 在富文乡青田村美客爱途民宿挂牌成立“乔宇书法工作室”,并举办“千岛湖书法研修班”学员作品展。成立仪式现场,对乔宇书法作品进行了拍卖,拍卖所得30900元全部捐赠富文乡小学;在浪川乡芹川村成立西泠书画院写生创作基地,西泠书画院院长助理、著名画家田舍郎为基地揭牌;指导创建书法村(社区),浪川乡芹川村、施家塘社区、姜家镇章村,成功创建省、市级书法村(社区)。

**【主要艺术成果】** 2017年,淳安县各艺术门类文艺创作取得了丰硕的成果,主要有作家协会詹黎平创作的诗歌《邱卫东》等8首短诗在省级刊物《江南诗》重点栏目“江南风度”发表;戏剧家协会的大型睦剧小戏《锦里家园》排演完毕;音舞家协会余远创作的歌曲《我们的家园浪花飞》《千岛之恋》《千般宠爱只为你》在中国音乐家协会主办的《歌曲》杂志发表;李珊编排的舞蹈《彩球飞舞》、章建军编排的舞蹈《快乐的口哨》在省级排舞大赛中获银奖;美术家协会在浙江省美术家协会举办的“浙水千秋、美丽杭州”作品展中,有5件作品入展;书法家协会汪银贵的书法作品在浙江省书协举办的浙江省中书协200家优秀作品展暨浙江省书坛精英50家作品展中入展;摄影家协会汪黎明的摄影作品《魅力花海活力畅行》在21万余幅作品中脱颖而出,在第26届全国摄影艺术展览中获奖;民间文艺家协会汪兆兵的新故事《贺城古酿米酒的传说》《张秀才赶考》在省级刊物《民间故事传奇》发表。影视家协会的微电影《兄弟》获杭州市广播电视政府奖电视文艺项艺术片三等奖、MV《石林家庭之歌》获音乐节目二等奖。

(胡慧敏)

## ·县红十字会·

**【概况】** 2017年,淳安县红十字会(以下简称县红会)有卫生、学校、直属机关、志愿服务4个工作委员会,乡镇红十字会23个、团体会员60个,“浙江省红十字示范学校”1所、“杭州市红十字示范学校”10所,“杭州市红十字优秀青少年”2人,县红十字志愿者356人。上海航天能源股份有限公司被中国红十字总会授予“中国红十字人道服务奖章”、杭州市烟草公司淳安分公司被授予“浙江省红十字功勋奖铜奖”,石林镇派出所方记文同志荣获“全国无偿捐献造血干细胞奖奉献奖”、县委办余平同志荣获“浙江省红十字人道促进奖”、县旅委彭革东同志荣获“浙江省红十字奉献服务奖”、县中医院何菊娟同志荣获“浙江省红十字优秀志愿者”,红十字爱心志愿者唐礼法荣获首届“淳安县道德模范”荣誉称号。淳安县红十字会荣获2017年度“杭州市红十字会系统博爱救助工作先进单位”。

**【县红十字会理事会五届三次会议】** 会议于2017年12月20日在千岛湖镇召开。会议调整了县红十字会第五届理事会理事,调整后理事会由余红英等48位理事组成。会议总结五届二次会议以来的工作,审议五届二次会议以来捐赠款接受、使用情况的报告,研究部署2018年工作。会上余红英会长希望各位理事以这次会议为新的起点,以更加坚定的信心、更加远阔的视野、更加有力的举措、更加务实的作风,开拓进取,奋力前行,努力把淳安县红十字会建设成为党委政府人道救援的助手,为加快推进“康美千岛湖”建设做出新的更大的贡献。

**【学习新修订的《中华人民共和国红十字会**

法》】 在“五八”世界红十字日期间，以新修订的《中华人民共和国红十字会法》实施为契机，组织全县各基层红十字会开展了红十字会法“十进两参加”系列宣传活动。充分利用公共场所、重要街道悬挂横幅，墙体广告、千岛湖镇各社区的小区屏媒、出租车电子屏媒、党政网、微信朋友圈以及电视新闻、《今日千岛湖》等进行及时宣传。浙江省红十字示范学校县育才学校举办了“激情五月，唱响博爱”歌咏比赛、县红十字会团体单位千岛湖南山幼儿园开展红十字知识“小喇叭”广播活动。

**【应急能力建设】** 建立健全自然灾害的应急响应机制，制订淳安县红十字会突发自然灾害应急处置预案。通过建立应急预案、健全制度、安排2万元志愿服务补助经费，强化救援队员救护培训等提升民安救援志愿队在重大自然灾害和突发公共事件中处置能力。2017年，民安救援志愿服务队23人参加了数十次公益救援和帮扶活动，救援危难群众50余人。以“及时救援、无私奉献”，“不抛弃、不放弃”的民安精神感动着身边的每一个人。

**【应急救护培训】** 2017年，扎实开展救护培训“五进”活动（进社区、进农村、进学校、进机关、进企事业单位），广泛普及救护知识与技能。建立2个红十字救护培训基地。按照“四统一”标准开展救护培训，开展红十字“救”在身边公益培训。有5名优秀的救护培训师成为杭州市红十字救护培训师资库成员，11月，在县委党校举行两期培训班，培训红十字救护师资93人，完善应急救护培训师资库建设。2017年，共普及培训红十字救护知识11706人次，普及率占户籍人口比例2.6%。

**【红十字人道救助】** 2017年，元旦及春节期间，开展“红十字博爱送温暖”活动，慰问因灾因病特困家庭、人体遗体（器官）家庭和造血干细胞捐献者家庭。在“3·5”学雷锋纪念日“5·8”世界红十字日“六一”儿童节等纪念日期间，为病残孤老等弱势群体送去关爱，改善易受损害群众的境况。同时，贵州黔东南州剑河县红十字结对帮扶6万元。2017年，筹资募集56.07万元，发放人道救助款76.03万元，全县有困难群众1279人次受益。

**【生命关爱】** 主题活动精心组织，通过“五进”活动、公益活动等多渠道提高造血干细胞捐献认知度，凝聚社会各方力量。利用千岛湖广场献血点、“5.8”世界红十字日，开展捐献造血干细胞志愿报名登记、采样宣传动员活动。2017年，完成捐献造血干细胞志愿采样入库46人，人体器官（组织）实现捐献有2例，遗体实现捐献1例，并做好捐献宣传动员、捐献保障和善后服务工作。

**【人道传播】** 2017年，大力开展宣传普及新修订的《中华人民共和国红十字会法》，借助红十字知识“进机关、进社区、进企业、进学校、进农村”五进活动，使红十字人道理念深入人心。通过红十字公益广告、红十字网站、QQ、微信公众号、县政务信息平台等自媒体、新媒体拓宽渠道，红十字工作在中国红十字网站、省、市《红十字报》网站，《今日千岛湖》报等宣传报道共30余次。结合重大纪念日、“5·12”防灾减灾知识竞赛、现场救护普及培训、红十字广场志愿服务等活动，进行红十字基本知识、红十字精神宣传和人道传播，发放宣传资料3万余份。

（方华美）

# 法　治

## ·政法委及综合治理·

**【概况】** 2017年,全县各乡镇各部门凝心聚力,立足平安创建“夺金鼎”新起点,全力保障服务发展,有效维护社会稳定,创新开展综合治理,深入开展反邪工作,全面推进司法改革,圆满完成中共十九大维稳安保工作任务,连续第十三年获评省“平安县”。

**【维护稳定】** 一手抓涉稳问题排查化解,一手抓群体性突发事件依法妥善处置,全力以赴确保淳安县在中共十九大、第四届世界互联网等重大会议期间和敏感节点的和谐稳定。为确保十九大等重要会议的顺利召开,经过多次排查梳理重大涉稳问题36个,坚持按照“3+x”模式每日会商制度,形成稳控合力。同时由县委副书记、政法委书记董文吉带领维稳办、信访局、公安局主要负责人到相关乡镇进行督查,确保了重要会议期间和敏感节点未发生进京非访和赴省市集体上访。积极指导36件重大涉稳问题化解稳控工作,下发了《关于对光大环保能源淳安项目等36个重大涉稳问题实行项目化监管的通知》,明确了化解责任主体和配合主体,明确了责任领导和工作专班,以及具体工作措施和化解时限,并要求每月报送工作进展情况和应急预案,36件全部顺利化解。牵头协调处置千岛湖外迁移民来淳集聚、望湖山庄等突发性重大涉稳事件。8月10日至15日,在省、市维稳办和县委的坚强领导下,经全县各乡镇、部门6天不分昼夜工作,平稳劝返300余新安江外迁移民来淳安县集聚维权。7月15～24日历时10天,将进京集体上访的拆村建居群体22人从南京、北京成功劝返。牵头处置亲水寨破产、华联项目欠薪、千岛湖1号工地班组长冯某携款潜逃导致欠薪、凤凰岛阻工、杭黄高铁阻工、汾口现代农业产业园阻工事件,处置金峰李某、安徽李某非正常死亡引发的家属集体上访事件。对浙江万银公司的“中佳易购”互联网金融平台引发的重大涉稳隐患,多次组织开发区、市场监管局、公安局等部门分析研判,采取果断措施,避免浙江万银公司“中佳易购”金融平台在淳安县进行实体运营引发重大涉稳事件的发生。推进社会稳定风险评估工作,全年完成重大决策、项目社会稳定风险评估126件,其中普通程序27件,简易程序99件。

**【综合治理】** 围绕“责任落实、阵地充实、防控紧实、基础夯实”四大工作要求,不断夯实综治基层基础。扎实推进基层治理体系“四个平台”建设,统筹建立四级架构体系,硬件上,县级层面成立了淳安县综合信息指挥中心,乡镇层面均建立综合信息指挥室。软件上,与天阙公司合作开发了淳安县基层治理综合信息平台,推广应用统一App,开展2轮培训,受训人数5000余人次。完善相关工作制度,实现“受理、执行、督办、考核”闭环管理。队伍上,出台关于《县级部门派驻乡镇“四个平台”人员管理考核的意见》,七部门共下沉派驻人员282人。全县“王”字形指挥体系有效运转。整合推进全科网格建设。制订全科网格“十统一”实施意见,全县划分1015个网格,按照“一长三员”模式成立全科网格员队伍4637人。制定《网格员队伍管理办法》和《网格员事务清单》,概括明确网格员五大工作职能,细化6条主要职责和20条协助职责。标准化建设综治中心。按照“四室一中心”标准化推进综治工作中心建设。以下姜村“国标版”综治工作中心为样板，推进村级综治工作中心(站)建设提升。建立社会面防控等级响应机制。按照“统筹协调原则、属地管理原则、谁主管谁负责原则、快速响应原则”落实社会面防控等级响应机制和平安巡防等级响应机制，在中共十九大一级响应期间，全县756名专业巡防队员、2.5万名兼职巡防队员、网格员和志愿者进行“四定”巡防，全县90个部委办局2235名党员干部力量赴全县74个水、电、油、气、危化等重点物品和广场、车站、码头等重点场所部位开展平安巡防。充分发挥“大调解”作用，坚持矛盾纠纷滚动排查机制，不断推进人民调解、行政调解、司法调解、专业调解、仲裁调解等无缝对接。1～3季度，全县各级人民调解组织共排查化解矛盾纠纷3554件，比上年同期下降27.67%。调处成功率98.91%。深入推进社会治安重点地区挂牌整治。对1个县级、23个乡镇社会治安重点地区进行挂牌整治，于11月初进行验收，现已全部摘牌转为长效管理。

**【平安建设】** 健全工作机制，着力构建共建共治共享的“大平安”工作格局。平安综治领导责任制落实进一步延伸扩面。认真传达、贯彻落实省市平安综治领导责任制实施办法，2017年，与县委、县政府签订平安综治维稳工作目标管理责任书的部门由去年的35家增加至92家，各乡镇、各部门坚持“一手抓发展、一手抓稳定”，把平安综治维稳工作纳入全年工作计划，层层签订目标管理责任书1492份，将“平安县”考核任务分解到65个责任部门，“平安乡镇”分解到56个主管部门，推动全县平安建设“一盘棋”格局。长效工作机制进一步完善固化。牢牢抓住“强部署、重考核、抓落实”三大重点环节，完善平安综治综合考评和单项奖“双重”考核。健全完善每季督导检查、重大事项牵头协调、重大隐患约谈、平安创建领导小组例会等工作制度，全县共开展督导检查4次，牵头协调重项48次，督导整改隐患和问题58处。系统创安活动进一步提升提质，以达到“四个更加”“五个坚决”为目标，深入开展“平安网格”“平安村”“平安家庭”“平安景区”等25个基层系列平安创建活动，认真履行平安综治成员单位职责，着力延伸平安创建工作触角，构建了以“一村一域小平安”促全县“大平安”工作模式。瞄准“三率”，切实做好平安宣传“扩面”工作。3月，开展全县平安综治反邪教宣传月，悬挂横幅、标语、广播、宣传车等9000余块次，微博、微信、屏媒等新媒体14000余条次。9～10月，开展了“五个一”集中宣传，选出24个村书记录制“村书记讲平安”在农户家每周播放；录制了《平安创建，你参与了吗?》宣传视频在优酷、微信公众号、公交车、电视台滚动播放，切实做到电视有影、报刊有文、广播有声、网络有载、短信有训。

**【司法改革】** 推进司法改革工作，健全完善执法监督、涉法涉诉信访、刑事素材等工作机制。将司法体制改革纳入全县深改重点项目，制定出台《淳安县刑事案件认罪认罚从宽制度试点的若干规定》试行办法，积极开展认罪认罚从宽试点工作。全年刑事速裁各类案件159件。深入推进以审判为中心的刑事诉讼制度改革，推行刑事案件相对集中的办理机制，成立预审大队，集约归并预审办案职能。进一步落实出庭作证制度，全年共组织鉴定人、侦查人员、证人出庭作证5件11人。建立健全刑事案件法律援助工作机制，为经济困难的被告人32名提供援助律师出庭辩护。强化司法救助落实，会商审核案件司法救助16件，落实救助资金45.3万元。

【队伍建设】 根据县委关于践行“四个人”要求，在全县政法系统中开展“践行‘四个人’，锻造政法铁军”主题实践活动。强化“两学一做”学习教育常态化制度化，对县委座谈会上要求落实的13项重点任务进行深度理解和细化，并明确完成工作任务时间表。充分发挥党建工作优势和党委政法委协管政法队伍职能，坚持管人与管事结合，积极协助政法各部门党委和组织部门管好政法团队，全年共考察审核提拔政法县管干部2名、中层干部23名。全面落实党支部“主体责任”“第一责任人”责任和班子成员“一岗双责”责任清单，拧紧党员干部思想“总开关”，提升队伍防腐拒变能力。通过“一把手”上党课、党组中心理论组学习、党员固定活动日等活动，开展示范教育、警示教育、岗位廉政教育，全面深化廉政风险防控体系建设，督促全体党员干部自警自省自律。一年来，全县政法委机关和全县政法干部队伍氛围好、干劲足、无严重违法违纪问题。

（姜　芊）

## ·公安·

【概述】 2017年，淳安县公安局(以下简称县局)内设综合管理机构1个、直属执法勤务机构19个、监管场所2个，下辖派出所8个，有民警405人、公务员1人、职工22人、辅警529人。2017年，县局立足于维护全县大局稳定，着眼于公安事业长远发展，牢牢把握机制创新年、基层基础年的总体要求，以打赢十九大安保工作为主线，以“护淳山厚水，建康美警队”为目标，公安工作和队伍建设各项工作都迈上新台阶，取得新成绩。全年共受理报警29686起，同比上升3.4%，全年立刑事案件1902起，同比下降20%；其中盗窃、诈骗刑事侵财案件分别立1418起、177起，同比分别下降14.4%、56.4%，命案零发案，五类案件立4起，“两抢”案件立1起，均实现“发一破一”。全年移诉各类犯罪嫌疑人786人，同比上升20.2%。2017年，获评“全省安保突出贡献单位”“2017年度全省公安信访考核工作县级优秀单位”。执法质量考评位列全市第二，连续15年被省厅评为执法质量优胜单位。社会评价连续10年位居全县前列，县综合考评位列第一，连续9年跻身满意单位，并创第二轮荣誉单位。监所管理和监所队伍连续28年安全无事故，创全省唯一。

【马维亚到县局调研指导工作】 5月19日，公安部治安管理局副局长马维亚一行2人在省厅、市局相关负责人的陪同下，到县局调研指导工作。局领导张宏光、胡金河、徐梦发及巡特警大队、指挥中心负责人陪同调研。

【王敏奇到淳检查指导工作】 8月3日，省人大常委会副秘书长、办公厅主任王敏奇率省委创建法治工作先进单位调研组一行5人到淳检查指导，并实地参观考察千岛湖派出所法治创建工作。县委副书记、政法委书记董文吉，县人大常委会副主任童小威，县局领导余小阳及法制部门相关负责人陪同检查。

【汪劲浩调研指导侦防工作】 5月4日，市公安局党委委员、副局长汪劲浩在刑侦、禁毒支队相关负责人的陪同下，到淳调研指导侦防工作机制建设。副县长、公安局局长张宏光，局领导胡国宏、余小阳，刑侦、经侦、禁毒相关警种负责人陪同调研。

【乐华到县局检查指导监管工作】 9月22日，市公安局党委委员、副局长乐华在市公安局监管支队长王伟、副支队长沈建国的陪同下来淳检查指导监管工作。副县长、公安局局长张宏光，县局领导邵新华及相关科室负责人陪同检查。

**【翁金儿调研指导基层基础工作】** 5月16日，市公安局党委委员、副局长翁金儿在市公安局基层基础支队政委傅俊的陪同下到县局调研指导基层基础工作。副县长、公安局局长张宏光，县局党委委员、副局长胡金河以及相关单位负责人参加调研。

**【金洪亮到淳开展大走访活动】** 12月19日，市公安局副局长兼交警支队长金洪亮在市公安局交警支队政治处主任闫春雷陪同下，先后到淳安县政府、千岛湖镇走访。县委副书记董文吉以及部分市党代表、市人大代表、重点企业代表，副县长、公安局局长张宏光，县局领导胡国宏、邵新华及相关单位负责人陪同走访。

**【贾勤敏指导专案工作】** 1月14日凌晨，市公安局党委委员、刑侦支队支队长贾勤敏受省公安厅副厅长、市委常委、公安局局长叶寒冰指派，赴淳与副县长、公安局局长张宏光指挥，调集县局侦查、技术、特警及专案人员，制定实施抓捕及预审工作方案。在市局刑侦支队、技侦支队的全力支撑下，14日上午10时许，成功抓获犯罪嫌疑人钱某某，破获1993年“11·22”、1994年“3·25”两起强奸杀人案。

**【黄海峰到县局调研指导工作】** 6月21日，县委书记黄海峰在县委副书记董文吉，县委办、政法委、组织部、编委办、财政局、人社局等相关部门负责人的陪同下到县局调研指导工作。县局党委班子成员陪同调研。

**【董毓民到县局调研指导工作】** 1月24日，县委副书记、代县长董毓民在县委常委、副县长郑志光，县府办、民政局、编委办、人社局、城管局等相关部门负责人的陪同下到县局调研指导工作。县局全体党委班子成员陪同调研。

**【十九大安保工作】** 县局坚持把公安工作融入党委政府的中心工作中来谋划，在十九大安保工作中，县局实施“大脑工程”“铁桶工程”“智慧工程”三大工程，夯实基层基础；坚持领导指挥、情报引领、跟踪督导三大机制，突出强化面上掌控；梯次开展“专项”战、“阵地”战、“集群”战，全面净化社会环境；强化政治保障、队伍保障、勤务保障、纪律保障，深入挖掘发挥内力；以最高标准、最严要求、最实举措、最大力度，实现“五个不发生”“六个坚决防止”“三个确保”的具体目标，完成十九大安保各项工作任务，被评为全省安保工作突出贡献集体。

**【推进覆盖全域对讲系统应用】** 2017年，县局加强科技支撑的力度，建立情指中心，以湖区、山区、高铁新区为重点，提高350兆无线集群对讲通讯覆盖，在全县原有3个基站的基础上增设13个固定基站，1个移动基站，推进覆盖全域对讲系统应用，提高扁平化指挥调度水平。

**【打造情指合成作战云平台】** 县局依托情指中心建设，完成智能图侦平台建设，并打造集“预测、预警、预防”“情报、指挥、处置”以及“扁平化、可视化、系统化”于一体的情指合成作战云平台，推动实现各业务系统和县局个性化系统之间的数据抽取流转、智能碰撞比对、实时发布预警等可视化功能。

**【推进智慧工程建设】** 县局以小城镇综合整治为契机，全面启动重点行业、重点部位的人脸识别工程。旅馆业、民宿行业通过一年时间，基本完成安装。按照治安防控及“雪亮工程”建设需要，全县新增视频监控点位500

个，覆盖道路交通复杂路段、城镇重点部位、农村重点村庄、农家乐景点、湖面水域、林区主要通道。2017 年，县局入网 4265 个监控点位，自建 2178 个点位，整合青溪新城、旅委、建设集团、数字城管、民宗、安监等部门监控资源 1310 个，整合居民小区等其他社会单位监控资源 776 个。2017 年，依托视频监控破案成效达 60%以上。

**【深化铁桶工程建设】** 2017 年，县局依托淳安区域半封闭的布袋优势，以警务站为依托，以边界卡口为策应，根据人流、车流，以扎紧进出城 23 条通道为重点，规范设置公安检查站、检查点、完善临时羁押、应急备勤、封控拦截等功能，建成 23 个智能化标准化卡口，在主城区的 4 个出口落实 24 小时勤务运作。

**【完善群防群治网络】** 2017 年，县局以完善社区群防群众网络、部门联动网络、重点区域巡逻防控网络为抓手，突出社会力量、社会资源的整合应用，提高服务实战效能。新增 2700 多名网格员，群众工作效能进一步显现。

**【夯实旅馆业管理】** 对标市公安局基础工作“26 个 100%”要求，坚持“以查促管”，依托“扬旗”系列基础整治平台，建立健全“常态检查、集中清查、整改回访”等机制，规范场所内部的管理。千岛湖派出所推出旅馆业、娱乐场所的星级化管理模式。通过评定星级、公示星级、悬挂星级、运用星级，让负责人自己寻找差距，形成“比、学、赶、超”的竞争氛围，充分激发行业内在的自我管理动力，同时减少民警工作量，释放警力。对酒店式公寓进行独栋经营整治，逐步将分散经营的酒店式公寓进行整合，统一经营管理，消除隐患。

**【强化危化物品管理】** 2017 年，县局在继续全面开展危化品排查管控的基础上，以缉枪治爆专项行动、易制爆危险化学品和寄递业专项行动为抓手，检查涉爆、涉枪、涉危等单位 800 余次，排查整治安全隐患 220 处，责令限期改正 90 家，没有发生危险物品被盗抢、丢失以及发生涉危物品安全事故。缉枪治爆行动中立案查处违法犯罪案件 33 起，刑事强制措施 7 人、治安处罚 20 人，收缴危险物品 26048 件，整改安全隐患 376 起。易制爆危险化学品和寄递业专项行动中，公安机关对易制爆危险化学品从业单位处罚 18 家，安监部门对易制爆危险化学品从业单位处罚 6 家，运管部门对易制爆危险化学品从业单位处罚 4 家，市邮政管理局对寄递物流从业单位处罚 8 家。

**【夯实刑侦基础】** 以提升专业能力，为基层减负为重点，组建刑事案件审查大队，提升基础防控、专业办案的能力。强化“一长四必”现勘机制建设和运行，实现“一长四必”所有刑事案件现场勘查录入率 100%、十五类现场勘查率 100%。提升专业实验室检验鉴定能力，确保各项检验鉴定结果准确可靠，全年法医物证室(即 DNA 室)受理案件 122 起生物检材 424 份，检出 41 起，检出率为 33.6%，比中 29 起，比中率为 23.8%。强化图侦队伍建设，成立刑侦大队视频工作室，整合千岛湖所、青溪所图侦力量，进一步强化全县特别是千岛湖镇区域侵财案件的侦破力度。

**【打击刑事犯罪】** 2017 年 1 月 14 日，刑侦部门以 DNA 数据技术为突破口，成功突破“1993 年 11・22”“3・25”系列强奸杀人案。2 月，刑侦大队经过研判抓获 19 年前江西玉山籍男子抢劫杀人逃犯李某某；2 月，姜家派出所在江西赣州警方协助下成功抓获潜逃 18 年之久的命案逃犯汪某某；3 月，成功破获 2005 年以来发生在贸易弄系列纵火案及毁坏公私财物案件；4月，快速侦破街面抢劫案件1起。全县五类案件4起破4起(强奸案3起，放火案1起)，抢劫案件1起破1起，命案实现“零发案”；破获命案隐积案2起、放火隐积案2起、抢劫隐积案1起，辖区治安平稳有序。全年刑事发案同比下降20%，移送起诉上升20%。杀人案件零发案，盗窃案件同比下降14.4%。入室盗窃案件破现案同比上升37.9%，诈骗案件破案同比上升10%。

**【打击经济犯罪】** 2017年，县局针对网络传销活动突出的情况，对“赛比安”实施打击，共抓获犯罪嫌疑人7名，捣毁窝点2处，该案件的侦办实现了国内首次对“赛比安”的传销性质认定和打击，得到省公安厅副厅长王海仁的批示肯定。对2起涉众型非法集资案件进行立案侦查，采取刑事强制措施4名，对“欣喜美”案件进行全力追赃，促使犯罪嫌疑人退赔全部投资款，获得侦办和挽损双赢效果。

**【打击环食药犯罪】** 2017年，县局共侦办环食药类案件13起，移送起诉28人。5月，淳安县界首乡洋田村发现有人故意将装有危害物质的铁桶丢弃在道路旁的小溪内，导致环境被污染。该案经过县委书记批示，县局调集精干力量开展侦查，迅速查明案件，犯罪嫌疑人姜存虚于2017年5月8日被刑事拘留。

**【打击通信网络诈骗犯罪】** 2017年，根据市局反诈中心指令劝阻受骗62人次，成功冻结止付200余万元，其中最高的一笔止付金额为46万元，抓获通讯诈骗犯罪犯罪嫌疑人105人，其中平台诈骗犯罪嫌疑人75人。

**【消防管理】** 推进火灾隐患整治，依托县政府办公室专门下发《全县消防安全重点领域专项整治工作方案》，重点针对居住出租房屋、居民小区、商场市场(超市)、建筑消防设施、酒店式公寓、农村消防安全六大领域，分阶段开展专项整治行动。首次将消防安全管理责任纳入各乡镇、社区年度综合考评，得到副市长缪承潮的批示肯定。全县423个行政村中，千人以上行政村居义务消防队建设、创消防安全示范村居率先在全市推开。将千岛湖镇消防基础设施纳入2018年为民办实事项目，争取资金700余万元。全年未发生群死群伤火灾事故。

**【交通管理】** 持续开展“一创一治”行动，严管严治突出交通违法行为，推进城市“数据大脑”交通治堵项目建设，破解交通治堵难题。全年共受理涉及道路交通事故报警13083起，同比下降4.69%；上报道路交通事故109起，同比下降3.5%；直接经济损失54.7万元，同比下降1.08%；全口径道路交通事故死亡数42人，比上年同期减少4人；已实现连续14年全县道路交通事故三项指数“零增长”，已连续8年未发生一次死亡3人以上的较大道路交通事故，实现“安全、有序、畅通、满意”的目标。

**【旅游安全管理】** 根据旅游淡季、旺季、小长假、黄金周等季节性治安特点，深化错时上下班，落实双休日、小长假、黄金周假日警务，加强对旅游节假日道路交通、景区秩序、公共安全的管理，最大限度地把巡防力量投放到治安复杂、案件多发、群众需要的重点部位和重点时段。县域旅游在年度游客量同比增加15%，总量突破1500万人次的情况下，保持平稳有序。县域自行组织的60余场次大型活动安保以及春节、五一、端午、国庆、中秋等节假日安保，累计投入警力3万人次，实现安全万无一失。

**【提升执法主体能力素质】** 开展执法资格等级考试，“以考促训”，2017年5月、11月分别组织民警赴杭州参加执法资格等级考试，实现县局基本级执法资格考试通过率100%，中级执法资格通过率为78.9%，53人通过高级资格考试，均列全市公安机关前茅。提升中层干部的执法履职能力，备战市局组织的4次执法素质测试，以集中自学和每日模拟考试讲解的培训模式，实现短期内突破，所(队)长组取得全市第一名，教导员组、交警大队组、法制员组均获全市第二名，综合排名全市第二。法制大队在全市法制部门大比武活动中，取得全市第二名、个人第二名和第五名。

**【加强执法管理水平】** 强化日常巡查监督通报制度，在县局网页上专门开设“执法监督”专栏，对各单位办案区日常管理、信息化录入、受立案情况等巡查结果实行定期通报制，实行案件评判催办制，将相关通报内容计入执法考核，严格责任追究，2017年，共开展执法专项检查12次，发布执法检查通报20期。推进受立案制度改革，实现经侦警种受立案工作和纪委、检法、工商、环保、卫计等外单位移送案件统一归口接受，破解报案部门不明确、立案多头找等受案立案关键问题。

**【扎实推进疑难积案攻坚化解】** 着力在领导包案、难案攻坚、健全机制三个方面下功夫，一大批未结积案息诉停访、不诉不访、案结事了，2017年县局新受理信访案件、行政复议案件、行政诉讼案件同比分别下降5.4%、25%、60%，执法工作呈现出“积案存量大幅降低、新受案件及时解决、信访复议诉讼总量稳步下降”的良好态势。

**【突出政治建警】** 县局从6月开始开展为期3个月的队伍风险隐患排查整治活动，通过开展“三项教育”“五项活动”和“五个一律”，发现、解决当前队伍存在的突出问题。组织开展“两学一做”“迎接十九大、忠诚保平安”等学习教育活动，局长带头，局班子成员和中层干部深入基层农户家中开展走访调研，帮助群众解决实际问题，其间走访农户815户，收集意见建设35条，专题组织调研活动5次，解决实际困难8件。

**【突出从优待警】** 3月13日，县局出台《辅警从优关爱“十条举措”》，对辅警的加班工资和夜餐补助进行上调，吸收辅警为工会会员，将民警服务小分队服务范围扩展到全体辅警举措，得到局长叶寒冰的批示肯定。挖掘选树先进，涌现出胡立新等一批典型，1人获一等功，2个集体荣获二等功。开展“送奖上门、报喜到家”。细化民警疗休养、困难民警慰问等措施，对1名患重病辅警家属开展全局捐款活动，筹款4万余元。

**【突出从严治警】** 坚持打造与康美千岛湖相匹配的过硬公安队伍，抓政治建警、抓素质强警、抓文化育警、抓关爱惠警，形成四道防线管理长效机制和争当“四个人”的浓厚氛围。以督促履职，提升作为为重点，将民警的日常养成、执法效果、执纪表现统筹量化，建立工作积分制，形成“一人一档”。注重实战检验，在全省公安机关大比武工作中，县局9个集体和个人位列前三。

**【推出“就近跑一次”工作】** 5月2日，县局出台《淳安县公安局“就近跑一次”改革工作实施方案》，23个乡镇实现平台前移、权力下放。中央人民广播电台、新华网、法治中国、人民法治网、浙江卫视、浙江新闻客户端、《浙江法制报》、大浙网、《杭州日报》等众多媒体对县局推行“就近跑一次”解决服务群众“最后一公里”难题工作进行报道。目前涉及全局的事项共计107项，实现跑一次比率达93.46%，远超省、市要求。将45项行政许可事项全部纳入县行政服务中心公安窗口集中办理，公安窗口已连续40个月获五星窗口，群众满意率达99%，基本实现“零投诉”。

**【推出电动车“一车一码一保险”工作】** 7月3日，在成功试点基础上，推出电动车“一车一码一保险”全县推广工作，破解全县尤其是电动车交通秩序上“车乱开、车乱停”，交通管理上“管理难、赔偿难”和治安管理上“失窃多、纠纷多”的“两乱两难两多”难题。截至12月中旬，全县各乡镇上报排摸电动车数量70056辆，已办理编码保险共60609辆，占电动车总保有量的87%。电动车“登记、编码、保险”工作得到赵一德、熊建平、缪承潮等省市领导及市局领导肯定以及受到群众欢迎。

**【组建并实体化运作旅游警察大队】** 7月10日，旅游警察大队正式挂牌成立。自成立以来，旅游警察大队通过建立“四联三防”等工作机制，定期召开联席会议，协同开展环境整治工作，累计服务游客1800余人次，办理扰乱公共场所秩序案件6起，先后协助旅游执法大队、市场监督管理局、运管等部门查处案件7起，维护全县旅游秩序。

**【启动“四位一体”建设工程】** 2017年，县局筹措230余万元专项建设经费，对局机关案件管理中心、涉案财物管理中心、受立案中心、执法监督中心进行全面建设，总建筑面积近500平方米。优化受立案、案件办理、执法安全、平台执法数据、卷宗管理工作流程。优化全局涉案财物的入库、出库、临时出库等工作流程。建立起事前预防、事中提醒、事后监督相结合的执法管理体系，实现“人、案、物”集约化、标准化、流程化、精细化管理，有效形成“1＋1＋1＋1＞4”的叠加效应。“四位一体”建设共接待考察交流29批次，285余人，交流单位涉及全国8个省、20个县市区。执法工作连续14年进入省优，并位列全市第二，继续领跑。

**【破获1993年“11·22”1994年“3·25”系列强奸杀人案】** 1993年11月22日凌晨、1994年3月25日凌晨，淳安县发生两起针对单身女性的强奸杀人恶性案件，造成1人死亡、1人受伤的严重后果。该案发生后，引起各级领导的高度关注，历任局长均高度重视该案，每届局长到任后均不同程度的关注和支持案件的侦破工作。时隔24年，在杭州市局领导、市局刑侦支队的大力支持下，县局专案组于2017年1月14日，将涉嫌强奸杀人的犯罪嫌疑人钱某某抓获，经审讯，钱某某对自己的犯罪行为供认不讳。

**【侦破浙江省“2017-91”号毒品目标案件】** 3月，县局根据情报，获悉淳安籍吸毒在册人员多次向在杭州市区涉毒人员购买毒品用于吸食，交易量较大。县局立即成立专案组。7月9日，在前期三个多月专案经营的基础上，组织80余名专案警力，在杭州市区及河南周口两地同时对省厅“2017-91”号郭某某等人贩卖毒品目标案件进行收网。抓获吸贩毒违法犯罪嫌疑人29名，查获毒品冰毒100余克、麻古20余粒，查扣毒资1万余元、涉案车辆3辆等涉案财物。

**【侦破“百家乐”网络赌博案】** 4月，根据县局“扫黄赌”专项行动的部署，临岐派出所深入辖区排查，获取深层次的涉赌线索，开展立线经营，强化警种协作，成功打掉1个有组织的“百家乐”网络赌博犯罪团伙，抓获涉赌人员14名，收缴赌资3万余元。经审查深挖，该赌场涉赌金额1800余万元，刑事拘留开设赌场犯罪嫌疑人3名，行政拘留9人。

**【破获系列“酒托”网络诈骗案】** 3月14日，

千岛湖派出所在县局刑侦、特警等警种的支持配合下,对接报案线采取循线经营,集中收网侦查措施,一举捣毁以千岛湖镇明珠路的 moni 咖啡店为据点,长期盘踞淳安县的有组织酒托诈骗犯罪团伙,全案 12 名安徽及湖南籍违法犯罪嫌疑人悉数落网,经初步查明受害人 60 余人案值 20 余万元。这也是首起发生在淳安县县域的酒托诈骗案件。

**【侦破地下“六合彩”赌博团伙案件】** 2 月 23 日晚,县局通过组团发力,联合县局刑侦大队、治安大队、巡特警大队、网络警察大队,汾口、姜家、大市等派出所及衢州市局马金派出所,充分利用“六合彩”每周二、四、六三天“开奖”的有利时机,出动 60 余人对地下“六合彩”赌博团伙案件的涉赌嫌疑人进行抓捕,并当场抓获涉赌犯罪嫌疑人 18 人,现场缴获涉及近三百万元的证据单据。县局以此案为基础,进一步扩线侦查,深挖深揪,于 2 月 26 日、5 月 23 日,再次破获两起地下六合彩赌博团伙案件,刑事拘留 8 人,涉案金额达上百万元。

(方勇平　何　旭　汪晓芳)

## ·检察·

**【概况】** 2017 年,县人民检察院在县委和上级检察院的领导下,在县人大及其常委会的监督下,在县政府、县政协和社会各界的关心支持下,认真落实县第十四次党代会的决策部署和县十六届人大一次会议关于检察工作的决议,紧紧围绕全县中心工作,深入践行绿色司法理念,不断深化品质检察实践,扎实推进司法体制改革,全面履行各项检察职能,为我县经济社会健康发展做出了积极贡献。

**【服务保障生态文明建设】** 2017 年,县检察院充分发挥检察职能,深入开展生态环保检察,助推千岛湖综合保护。加强生态环保领域执法司法协作配合,与公安局、环保局制定《环境保护行政执法与刑事司法衔接工作机制》,确保相关案件快捕快诉;与渔政局、森林公安局建立执法信息通报机制,规范“非法捕捞水产品罪”和“非法狩猎罪”案件执法标准。严厉打击破坏生态环境资源犯罪,建议行政机关移送公安立案侦查 5 件,办理非法采矿、盗伐滥伐林木、盗捕鲢鳙鱼等破坏生态环境资源类案件 26 件涉案人员 47 人。

**【服务保障经济健康发展】** 2017 年,县检察院以护航非公经济健康发展为重点,与工商联协商制定《加强合作、服务和促进非公经济健康发展的工作意见》,建立联席会议和情况通报制度,联合走访调研重点民营企业,针对非公经济领域刑事发案特点,开设预防涉企犯罪专题讲座,为企业提供法律咨询,受到企业广泛好评。坚决打击危害经济健康发展的犯罪案件,全年共办理非法经营、挪用资金、职务侵占等侵害企业合法权益案件 10 件涉案人员 14 人。

**【服务保障全县重点工作】** 2017 年,县检察院打好“五水共治”组合拳,制定《开展剿灭Ⅲ类以下小微水体行政执法监督专项行动工作方案》,与环保局联合开展企业生产用水排污专项检查,确保涉水违法案件得到依法及时处置。深入开展“最多跑一次”改革,制定改革任务清单,推行一站式办理模式,实现律师阅卷、行贿犯罪档案查询网络预约和现场办理,节省了群众办事时间,全年共接待律师阅卷 86 人次,提供行贿犯罪档案查询 1324 件次,实现了检察环节“最多跑一次”。

**【依法打击各类刑事犯罪】** 2017 年,县检察院充分发挥审查逮捕、审查起诉职能,全年共批准逮捕各类刑事案件 174 件 255 人,提起公诉340件577人。依法从重办理了“11·22”故意杀人强奸案、段某等21人贩卖运输毒品案等恶性犯罪案件,依法妥善办理“善心汇”组织传销案、涉案100余人的淘宝代运营合同诈骗案等涉众型犯罪案件,切实维护社会大局稳定,保障人民群众生命财产安全。

**【积极预防未成年人犯罪】** 2017年,县检察院践行未成年人保护性司法理念,落实合适成年人到场、犯罪记录封存等特殊保护制度。高度重视对涉罪未成年人的教育、感化、挽救工作,联合学校、家长、社会共同开展帮教,1名涉罪未成年人经过帮教,顺利考上大学。高度重视未成年人法治教育工作,与关工委、教育局、司法局联合开展“检察官法治教育宣讲团进校园”活动,组建检察官讲师团,在全县部分中小学校举办法治讲座40场次,受教育学生6000余人,起到较好的宣传教育效果。

**【落实社会综合治理措施】** 2017年,县检察院加强调查研究,分析全县刑事犯罪情况特点,提出防控对策建议。落实检察环节维稳职责,做好“两会”、中共十九大、世界互联网大会等关键敏感时期安保维稳工作,妥善处理群众来信来访90余件次,确保涉检上访零越级、零进京。落实恢复性司法理念,深入推进刑事和解等工作,减少社会矛盾,全年共对125名犯罪情节轻微、社会危害不大的犯罪嫌疑人作出不捕不诉决定,促使其改过自新、回归社会。为生活困难的刑事案件被害人家属落实司法救助金5万元,充分体现司法关怀。

**【加强刑事诉讼监督】** 2017年,县检察院以案件质量为核心,把好案件进口关,强化对公安机关侦查活动的监督,全年共提前介入侦查取证30次,提出纠正违法意见5件次,监督刑事立案10人,依法追诉漏犯6人。结合淳安县林业资源丰富、涉林案件较多的特点,成立了杭州地区首家驻森林公安局检察官办公室,提升对破坏森林资源案件的侦查指导和监督力度。强化对刑事审判活动的监督,通过交叉审查,对其他基层法院确有错误的1件刑事裁判建议上级检察院抗诉。

**【加强刑事执行监督】** 2017年,县检察院加大对监管场所的日常巡查力度,全年共检察出入所人员1465人次,向监管机关提出纠正意见4件次,为实现监管场所安全无事故发挥了积极作用,驻看守所检察室被最高人民检察院评为“一级规范化检察室”。依法开展羁押必要性审查,对不需要继续羁押的21人依法建议变更强制措施。完善社区矫正法律监督,联合司法局对468名社区服刑人员进行监督检察,对6名违反规定的社区服刑人员建议收监执行,防止脱管漏管现象发生。

**【加强民事行政检察监督】** 2017年,县检察院积极开展对民事行政诉讼活动的监督,对法院的正确裁判,耐心做好申诉人的息诉服判工作,维护审判权威。加强对民事执行活动的监督,通过检察建议等方式,监督配合法院解决“执行难”问题。加强与法院、公安局联动,移送公安机关查办虚假诉讼案件5件。加大行政执法监督力度,发出检察建议10份,督促相关行政机关依法行政。深入推进公益诉讼常态化机制建设,主动向县委、人大、政府、政协报告和通报工作,县委县政府高度重视,出台了《关于加强检察机关提起公益诉讼工作的意见》,支持检察机关依法开展公益诉讼工作。

**【稳妥推进司法责任制改革】** 2017年,县检察院落实检察人员分类管理要求,完成员额检察官、检察辅助人员和司法行政人员三类人员分类定岗，遴选产生19名员额检察官，形成了以检察官为核心、检察辅助人员为保障的办案工作新格局。坚持“谁办案谁负责，谁决定谁负责”，制定检察官权力清单，检察官在授权范围内独立办案，并对案件质量终身负责。实行新的办案模式，组建新的检察官办案组，所有员额检察官全部到一线办案，入额领导干部带头办理重大疑难复杂案件，实现领导干部办案常态化，促进司法办案质效提升。

**【全力配合监察体制改革】** 2017年，县检察院提高政治站位，坚决贯彻中央关于监察体制改革试点的部署要求，支持、配合县监察委员会做好机构、职能划转和人员转隶工作，县检察院院反贪污贿赂局、反渎职侵权局、职务犯罪预防科等3个部门共12名检察人员于2016年2月顺利完成转隶。同时，积极加强与县监察委员会的工作衔接，由公诉部门专职负责办理监察委员会移送的职务犯罪案件，确保反腐败工作成效。2017年，依法决定逮捕、提起公诉了屏门乡原党委委员、副乡长余建成贪污、挪用公款案，中洲镇霞童村原村委会委员程龙飞贪污案。

**【扎实推进诉讼制度改革】** 2017年，县检察院落实以审判为中心的诉讼制度改革要求，与公安局建立重大案件会商机制，定期向公安机关通报案件质量情况，努力将诉讼制度改革的新理念、新要求及时传导给一线办案人员。完善案件繁简分流机制，以“简案快办、繁案精办”为要求，提升办案精细化水平，确保案件质量经得起检验。推进认罪认罚从宽制度试点工作，对如实供述罪行、自愿接受刑事处罚、积极退赃退赔的犯罪嫌疑人、被告人，依法从宽处理，全年共对222人适用认罪认罚从宽处理程序，有效提升司法效率。

**【狠抓思想政治建设不动摇】** 2017年，县检察院坚持以党建带队建，扎实推进“两学一做”学习教育常态化制度化，通过“三会一课”、主题党日活动等形式加强理论学习和实践养成，自觉增强“四个意识”、坚定“四个自信”。全面深入学习贯彻中共十九大精神，开展“感恩总书记、奋进新时代”主题演讲比赛、重温入党誓词、邀请专家作辅导报告等系列活动，营造浓厚的学习氛围，把学习贯彻党的十九大精神作为推动检察工作的强大动力。积极践行党的群众路线，深入开展“进村社、访民情、解民忧”活动，选派3名干警担任驻村“第一书记”和“农村指导员”，协助市检察院抓好“百千万”工程，帮助推动重点工作落实，进一步密切了干群关系。

**【狠抓专业化建设不懈怠】** 2017年，县检察院围绕业务需求，坚持实战导向，组织干警参加业务培训、岗位练兵等活动。每月举办一期“淳检大讲堂”，邀请高校老师、检察业务专家进行授课，在浙江大学举办检察干警素能强化培训班，提升干警的综合素质。建立检察图书室，举办青年读书会，为干警提供业务学习与交流平台。鼓励干警积极参与调查研究，全年在省级以上期刊发表论文5篇。强化业务人才培养力度，与司法局联合举办全县首届检察官律师控辩大赛，组队参加全市优秀公诉人辩论赛，均取得优异成绩，提升了干警业务实战技能。加强“智慧检务”建设，实现远程视频提审庭审、办案智能语音录入、简易案件文书辅助生成，提升了检察工作的科技化水平。

**【狠抓纪律作风建设不放松】** 2017年，县检察院严格落实党风廉政建设责任制，认真履行“一岗双责”，层层签订党风廉政建设责任书和廉政承诺书。加强廉政风险内控机制建设，运用检察办案系统加强对办案流程的全程监控，定期组织案件质量评查和司法行为专项督查，确保司法办案依法公正。制定年度作风建设工作计划，支持派驻纪检监察组依纪依规履行监督职责，对重点岗位人员经常进行廉政谈话，在节假日对全体干警进行廉政短信提醒，严格执行中央“八项规定”和各级党委关于纪律作风建设的要求，引导干警自觉增强拒腐防变能力，确保检察队伍零违纪。

**【自觉接受人大监督】** 2017 年，县检察院全面落实县人大及其常委会关于检察工作的决议，认真办理人大代表的意见建议，严格执行重大案件和重要事项报告制度，主动向人大常委会报告工作、报备重要事项 20 余次。积极配合县人大常委会开展对未成年人检察工作的专题审议，认真落实审议意见。密切与人大代表的联系，邀请人大代表参加庭审观摩、法治讲座等活动，向人大代表赠送《检察日报》和《检察工作宣传册》，为代表履职提供必要条件。

**【主动接受政协和社会监督】** 2017 年，县检察院加强与县政协的工作联系，主动接受县政协民主监督小组的工作监督，通过定向视察、通报检察工作、组织考察学习等形式，不断提升政协民主监督实效。举办“检察开放日”活动，邀请社会各界代表走进检察机关，增强互动、增进了解，进一步提升了检察工作透明度。落实人民监督员制度，对拟撤案、拟不起诉的职务犯罪案件，邀请人民监督员参与评议和监督，确保检察权依法规范行使。

**【全面深化检务公开】** 2017 年，县检察院加大案件信息公开力度，构建“网站、客户端和微信”三位一体的检务公开新格局，全年公开各类案件程序性信息 1067 条，法律文书 277 份，充分保障人民群众对司法办案的知情权。积极拓宽检察宣传阵地，进一步优化官方微信、微博内容形式，全年在各级媒体发表宣传稿件 50 余篇，推送微信 70 余期，努力讲好检察故事，传播法治正能量。

（严巧莉）

### ·法院·

**【概况】** 2017 年，县法院以“努力让人民群众在每一个司法案件中都感受到公平正义”为目标，认真履行宪法和法律赋予的职责，服务保障全县经济社会发展大局，各项工作取得了新的进展。全年收案 11254 件，结案 11040 件，同比分别上升 19.14%和 16.92%。法官人均结案 247.26 件，同比增加 48.48 件增长 24.39%，收案、结案、法官人均结案均创历史新高。主要审判质效指标继续保持良性态势。

**【刑事审判】** 依法惩治刑事犯罪。受理刑事案件 331 件，审结 329 件，判处罪犯 509 人，同比分别下降 20.24%、21.85%和 17.64%。审结故意伤害、强奸、“两抢一盗”、寻衅滋事、“黄赌毒”等严重危害社会治安犯罪案件 173 件 252 人，其中 12 人被判处三年以上有期徒刑，守护社会安定。审结非法经营、非法吸收公众存款、组织领导传销活动、合同诈骗等涉众型经济犯罪案件 31 件 107 人，涉及金额 1.25 亿元，维护经济金融秩序。审结贪污、贿赂、挪用公款、私分国有资产等职务犯罪案件 11 件 11 人，其中县管领导干部 1 人，促进反腐倡廉建设。坚持宽严相济，依法对 208 人情节轻微、社会危害较小的罪犯从宽判处缓刑或单处罚金。

**【民商事审判】** 妥善调处民商纠纷。受理民商事案件 6167 件，审结 6301 件(含旧存)，同比分别上升 10.2%和 10.02%，解决争议标的额15.25亿元。审结婚姻继承、交通事故、人身损害赔偿、医疗纠纷等案件897件,维护群众切身利益。审结商品房销售、房屋质量及建设工程纠纷等案件190件,促进房地产市场健康发展。审结买卖、租赁合同等案件337件,保护交易安全有序。审结民间借贷、金融借款、担保追偿等案件3640件,维护正常金融秩序。实行繁简分流,简易程序适用率85.03%。注重以调解方式化解矛盾,民事案件可调撤率88.42%,对不宜调解、调解不成的案件,及时依法作出裁判,一审民事服判息诉率96.23%。

**【行政审判】** 监督支持依法行政。受理行政案件23件,审结28件(含旧存),同比分别下降69.33%和71.13%。严格审查被诉行政行为,依法判决撤销、变更、确认违法3件,占全部行政诉讼判决案件10.71%。注重行政争议的实质性化解,经协调促成原告调解撤诉6件。受理行政非诉案件4件,裁定准予执行4件,支持行政机关履行社会管理职能。落实行政首长出庭应诉制度,行政机关负责人出庭应诉率89.47%。完善与行政机关良性互动工作机制,对办案中发现的管理漏洞和执法瑕疵,及时向相关行政部门反馈,进一步助推“法治淳安”建设。

**【执行工作】** 着力破解执行难题。受理执行案件4729件,办结4378件,执行到位金额4.3亿元,同比分别上升41.38%、37.59%和65.38%,执行标的清偿率56.39%,同比上升34.1%。围绕基本解决执行难工作目标,深挖内部潜力,加强制度建设,制定完善案件办理流程、被执行人唯一一处住房处置等文件,为规范执行奠定制度保障;开展“白露行动”等专项执行活动13次,组织夜间、节假日集中执行,夜间及节假日出勤450余次。争取外部支持,与公安、国土、住建、银行等部门建立查询、查控机制,在全县23个乡镇建立“执行联络站”,与供电、水务等单位建立协助腾房机制,大力推进执行联动机制建设,冻结存款3750余万元,查封房产466处、汽车407辆,布控抓获被执行人450人。加大制裁力度,司法拘留227人,罚款6人,移送公安查处及追究刑事责任14人,严厉打击规避、抗拒执行行为。强化信用惩戒,纳入全国法院失信被执行人名单2788人,限制高消费6661人,通过电视台、县域公交车车载传媒等媒介曝光失信被执行人450人,使失信被执行人“一处失信、处处受限”,敦促512名被执行人主动履行。

**【强化重点工作保障】** 按照“全力支持、依法审查、加强沟通、提前介入”的工作思路,为“三改一拆”、“淳商回归”、“杭黄高铁”、“千岛湖配水工程”、小城镇环境综合整治等重点工作提供司法保障,审结涉“三改一拆”案件12件,审执结涉微贷网案件945件。充分发挥审判的引导和示范效应,依法稳妥审理房屋及土地征收、违章建筑拆除等案件,既保障政府重点工作顺利开展又维护好相对人的合法权益。

**【助力经济转型升级】** 高度重视并审理好困难企业、房地产、金融类等涉案纠纷,通过司法程序化解银行、企业不良资产2.23亿元,尽可能维护企业正常生产经营。建立企业破产综合处置工作机制,依法受理涉阳光水岸、金紫度假村、天清岛等楼盘及雅洁等相关企业破产案件,有序推进破产清算、破产重整等各环节工作,充分发挥破产清算、和解重整对“僵尸企业”的资产盘活及司法救济功能,依法保障供给侧结构性改革。

**【参与社会综合管理】** 加强与综治、司法、公安及乡镇的衔接联动,做好未成年被告人、缓刑人员和刑满释放人员的跟踪帮教，预防和减少重新犯罪。通过法制专题讲座、公众开放日、观摩庭审等多种形式，积极开展法制宣传。加强涉稳风险案件的排查、研判和化解，全力做好全国“两会”、十九大、世界互联网大会等重要节点维稳安保工作。开展律师代理申诉信访和参与矛盾化解工作，引导涉诉信访通过法治轨道解决，化解涉诉信访案件36件。

**【推进“三大机制”建设】** 建立“大立案”机制，严格落实立案登记制，推行网上立案、跨域立案、延伸立案，案件当场登记立案率、网上立案率分别达99.85%和61.61%。开展交通事故纠纷“网上数据一体化处理”综合改革，实现事故定损、赔偿标准、保险理赔、先行调解、开庭诉讼全程网上处理，努力实现诉讼服务“最多跑一次”常态化。完善“大服务”机制，推进立案大厅、诉讼服务网、“12368诉讼服务热线”三位一体的新型诉讼服务中心建设，增设当事人自助服务区，为当事人提供除庭审以外的一站式、全方位、标准化服务。强化“大调解”机制，建立与行业调委会、乡镇综治办的诉调对接平台及特邀调解员队伍，委托人民调解案件1077件，诉前化解率19.35%，办理确认人民调解协议案件343件。积极防范虚假诉讼风险，严厉打击不诚信诉讼行为，共有7名当事人被处罚款及追究刑事责任。

**【司法为民】** 完善农民工讨薪快速处理机制，加大审执力度，全年帮助农民工兑现工资403.07万元。成立司法救助委员会，将司法救助案件纳入审理程序，发放司法救助金40.3万元，为经济确有困难的当事人减、免、缓交诉讼费53.64万元。加大追赃力度，为刑事案件被害人挽回经济损失581.8万元。保障刑事被告人辩护权，为83名未成年人及经济困难、可能判处三年以上有期徒刑的被告人指定法律援助律师出庭辩护，可能判处三年以上辩护率95.83%。建立律师在诉讼服务中心轮流值班制度，为当事人无偿提供法律咨询和帮助。

**【司法公开】** 深入推进审判流程、裁判文书、执行信息三大公开平台建设，累计向当事人发送审判、执行各节点动态信息4万余条，上网公开裁判文书5375篇，应当公开的裁判文书上网率100%。严格数字法庭开庭管理，庭审录音录像率99.92%。坚持涉诉资产全部通过淘宝网公开拍卖，成交金额2.78亿元，为当事人节省佣金895万元。通过微博庭审直播、庭审视频点播等形式进一步提升庭审过程透明度，促进庭审程序规范。组织公众开放日5次，邀请200余名各界人士走进法院见证司法。

**【司法公正】** 严格法官入额标准和比例，遴选产生第二批6名员额法官，确保让“能办案、办好案”的优秀审判资源集中到审判一线。组建以35名员额法官为核心的新型审判团队，真正实现“让审理者裁判，由裁判者负责”。建立司法雇员制度，完成首批24名司法雇员招录工作，有效缓解审判辅助力量长期不足的现状。严格执行院庭长办案制度，实行院庭长办案常态化。建立以审判权运行为核心、以审判管理权、审判监督权为保障的运行机制。明确独任法官、合议庭的办案权限和职责清单，规范审判权行使。建立专业法官会议制度，成立刑事、民商事、行政三个专业法官会议，为独任法官、合议庭正确理解和适用法律提供咨询。完善审判委员会工作机制，合理确定和缩减讨论案件范围，强化审判委员会统一裁判标准、总结审判经验等宏观指导职能。健全院庭长审判监督机制，推动审判管理监督由微观的案件审批、文书签发转向宏观的案件质量效率监管。全面开展以庭审全程录音录像、智能语音识别系统代替书记员庭审笔录的庭审记录改革，庭审记录改革适用率78.94%，同比上升了25.28%，确保庭审记录过程客观真实，有效提升庭审效率。实施以审判为中心的刑事诉讼制度改革，全面落实证据裁判规则，充分发挥庭审在查明事实、认定证据、保护诉权、公正裁判中的决定性作用，确保每个案件都能经得起历史的检验。加大刑事速裁力度，扎实开展认罪认罚从宽制度试点工作，适用认罪认罚审理案件150件，判处罪犯222人，缩短了审理期限，提高了服判息诉率。

**【队伍建设】** 以推进“两学一做”、践行“四个人”、“进访解”三大专项工作为载体，加强理想信念教育，增强干警政治定力。加强业务研讨，坚持审判条线每月学习制度。加大干警培训力度，组织干警参加各类业务培训，不断提高干警的理论水平和办案能力。注重青年法官培养，安排年轻法官到人民法庭、信访窗口轮岗锻炼，积累基层工作经验。建立健全审判流程管理机制，确保对立案、审判、执行等各环节的有效监督。完善审判执行态势分析研判机制，强化案件质量评查，每月通报绩效评估数据和考核结果，倒逼审判执行质效提升。建立长期未结案通报和审委会定期听取汇报制度，督促承办人及时清理积案。严格督查二审改判发回重审案件，对案件承办人追究相应责任，减少和预防差错案件发生。深化党风廉政和作风建设，严格执行中央“八项规定”精神，“三公经费”持续下降。通过签订党风廉政责任状、随案发放廉政监督卡、开展反面典型警示教育、廉政短信提醒等方式，增强廉洁意识，筑牢廉洁底线。完善廉洁司法防控机制，认真排查审判执行及后勤管理存在的廉政风险点，强化监督管理。开展审务督察和纪律作风巡查，提升院纪院风院貌，全年未发现干警违纪违法事件。

**【接受监督】** 认真执行法院重要工作和重要案件审理等报告制度，全力配合县人大常委会开展法院半年工作和司法改革工作专项督查，并根据审议意见和决定抓好整改落实。加强与县人大代表日常联络，主动邀请人大代表参加座谈、视察工作、旁听庭审，认真办结人大代表意见建议。严格执行政协民主监督制度，认真办理政协提案，积极回应政协委员关切问题。拓宽公众和媒体的监督渠道，邀请政协委员和新闻媒体全程参与执行专项活动，加强民意沟通。及时做好人民陪审员选任工作，新选任人民陪审员18名，全年一审普通程序案件陪审率98.92%。支持、配合检察机关依法履行法律监督职责，全年受理并依法改判抗诉再审案件1件，及时反馈处理检察建议4件，共同维护司法公正。坚持邀请检察长列席法院审判委员会案件讨论制度，自觉接受诉讼监督。

（余利明）

## ·司法行政·

**【概况】** 2017年以来，淳安县司法局紧紧围绕省、市司法行政工作会议的工作部署，紧贴县委县政府中心工作和淳安百姓的现实需要，牢固树立中心大局意识、争先创优意识和品牌打造意识，充分发挥司法行政职能优势，努力践行“四个人”要求，主动作为、干在实处，各项工作取得明显成效。一年来，全县司法行政系统涌现出了一批先进集体和个人。县司法局被浙江省司法厅评为“全省法律援助工作先进集体”；被杭州市委组织部评为“2017年度杭州市行业党建好支部”；被杭州市司法局评为“2017年度全市司法行政系统法治政府建设先进集体”；被中共淳安县委评为“2017年度县级机关、直属单位落实党建工作责任优秀奖”。县司法局法律援助中心被评为“2017 年度淳安县巾帼文明岗”,县局团支部被团县委评为“2016 年度先进团支部”,县公证处被杭州市司法局、市公证协会评为“杭州市三星级公证处”,被市公证协会评为“全市公证知识竞赛二等奖”,公证处党支部被杭州市司法局评为“全市司法行政系统党建示范点”,浙江千岛湖律师事务所党支部被杭州市律协评为“先进基层党组织”。方四雷被浙江省司法厅评为 2017 年度全省司法行政系统依法行政工作成绩显著个人;汪丽霞、张立真被市普法办评为全市普法理论调研工作优秀奖;方宗仁、汪向华被县委宣传部评为“最美淳安人”之“最美平安卫士”;方宗仁被县委宣传部、县委政法委评为第二届淳安县“最美平安卫士”;徐军被县委办、县府办评为 2016 年度“无违建县”创建暨“三改一拆”行动业绩突出个人;张立真被中共杭州市委办评为 2016 年全市党委系统优秀信息员,被县纪委、县监察委组织评为“我的家风家教故事”三等奖,在县委组织部、县委宣传部组织的“领悟‘一句话’精神,践行‘四个人’要求——淳安县‘我最喜爱的习总书记的一句话’”主题演讲比赛中获得二等奖;詹敏被杭州市司法局评为杭州市十佳社区矫正能手;童雪被杭州市司法局评为 2017 年度全市司法行政系统法治政府建设先进个人;张承进被杭州市律师协会委员评为“优秀共产党员”;章献彪被县政协评为 2017 年度优秀民主监督员,2017 年度优秀委员;王芳被农工党杭州市淳安县支部委员会评为 2017 年度优秀党员;甘志伟被杭州市人大常委会办公厅评为人大代表监督治水积极分子。

**【开展两大主题活动,服务保障中心工作成效显著】** “三大”专项行动保驾护航村级组织换届。村和社区组织换届是 2017 年党委政府的中心工作,县司法局认真贯彻落实上级司法行政部门和县委统一部署,迅速行动,于 2017 年 3 月 24 日召开司法行政服务保障换届工作动员会,在第一时间组织开展“普法宣传、法律服务、法治保障”三大专项行动,为村级组织换届平稳有序、依法推进营造了良好法治氛围,提供了坚强法治保障。活动期间,共发布专题微信 5 期,印发宣传折页 35150 份,张贴挂图、悬挂横幅(张、条)5452 份,送法下乡 435 场次。组织全县律师、法律工作者联合 7 个基层司法所组成服务换届选举“法律服务团”,为 23 个乡镇提供专题法律服务,共接待相关法律咨询 3523 人次,开展法治宣讲 75 场次,为党委政府提供法律意见建议 120 条,担任法律见证人 46 人次。当好“和事佬”“联审官”,共排查矛盾纠纷 276 次,调处纠纷 459 件,其中成功 451 件,成功率 98.3%;共联审 5000 余名候选人(自荐人),审查出不符合条件的 1 人。开展“三争三创”专项行动服务康美千岛湖。2017 年下半年以来,淳安县局以“一提升、两围绕、三突出”为总要求,深入开展“三争三创”专项活动,激发党员干部干事创业的内生动力和示范带头作用,使司法行政工作更好的服务康美千岛湖。紧贴“提升”,激发全体干部争先创优意识。争当“调解高手”,争创“金牌调解室”。举行人民调解岗位大练兵、调解能力大比武、调解案例大竞赛,从中选拔十名高素质、熟法规、懂政策、讲奉献、讲正气、群众公认的“调解高手”。同时,通过“金牌调解室”的创建评选活动,在全县乡镇、行业调委会、村调解室中,打造老百姓“家门口”的“社会法庭”。争当“矫正能手”,争创规范矫正工作示范站。在全县各司法所开展“提技能、夯基础、促和谐、保平安”社区矫正技能大比武,评选出十佳社区矫正能手,全面提升社区矫正工作管理水平。在全县 425 个社区矫正安置帮教工作站开展“树典型、出实效、提规范、促和谐”为主题的矫正工作示范站评选活动,调动全县工作站人员的积极性与主动性，规范工作站的标准化建设。争当“服务好手”，争创康美先锋团队。继续发挥普法讲师团、普法志愿者队伍、法律服务队三支队伍专业优势，7个法律服务团下沉农村、贴近一线，积极服务中心工作，人人争当“服务好手”，成为法治惠民的主力军、基层群众的贴心人，为“坚定秀水富民路、建设康美千岛湖”全力护航。活动期间，共开展矛盾纠纷排查1296次，化解重大矛盾纠纷50余起，成功化解涉及杭黄高铁工程60余名农民工讨要工资的群体性纠纷，有力推进杭黄高铁顺利实施。全县24名普法讲师团成员奔赴各乡镇、各部门开展《新民法总则解读》等法治讲座，累计开展法治讲座31堂，普法志愿者开展“礼让斑马线”“家庭一小时”“全省远教专家普法服务淳安行活动启动仪式”等志愿活动共计136人次；法律服务队通过组团重点走访与日常跟踪服务相结合助力“淳商回归”“管家式服务”助推重点民生工程。

**【围绕平安护航“十九大”，规范社区矫正实现“零脱管”】** 严格落实各项监管手段，社区矫正管控全面升级。实行“一日两报告、一日一见面”的日报告制度。以重点人员管控工作为抓手，开展一次“人员大走访”活动，累计走访社区服刑人员1066人次，摸排重点人员35名，走访刑释人员2436名，摸排重点人员28名。临战阶段全面落实24小时值班备勤制度，共计开展安保督查10批次，督查基层单位7个，参与安保值班240人次。探索社区服务新形式，助力“两个八小时”真正落地。将每月的6日、16日、26日作为视频点验教育固定日，制定个性化教育劳动方案，以“任务令”的形式由社区矫正安置帮教工作站人员监督完成。积极探索“互联网＋公益劳动”方式，借助“志愿汇”平台，社区服刑人员每月完成斑马线文明劝导，以新方式、新角度有效补充“两个八小时”管理。举办SYB创业培训班，落实决战阶段社区服刑人员的教育管控措施。10月17日至26日，县司法局联合县人社局，为辖区60名社区服刑人员举办了SYB创业培训班，实现了“党委政府满意、社区服刑人员满意、社会各界满意”的“三满意”目标。2017年，在册社区服刑人员249人，其中缓刑209人，假释35人，监外执行5人；2017年以来无脱管漏管人员和再犯罪人员，未发生一起重大社区服刑人员安全事故，全面实现社区矫正和安置帮教安保双赢目标。

**【推动精准化普法宣传教育，“法治淳安”理念深入人心】** 开辟“法治宣传＋旅游经济”模式，打造“法治游船”项目作为法治宣传服务旅游经济的实体阵地。在千岛湖夜游船上融入喜闻乐见的法治元素，让游客、旅游从业人员能零距离体验普法，提高法治意识，进一步规范旅游市场秩序，提高旅游服务质量。出台《淳安县重点单位法治宣传教育普法责任清单》，进一步明确相关单位的普法责任，变被动为主动，真正让部门普法工作落到实处。抓住重点时间节点，进行有针对性的普法宣传教育。2017年以来，依托法治进礼堂、开学第一课、春泥护花、法治进军营等活动，开展各类法治讲座600余场次，发放各类宣传资料40000余份(册)。省司法厅副厅长劳泓出席全省远教专家普法服务淳安行活动并致辞。扎实开展民主法治村创建活动。在下姜村省级民主法治村的基础上，通过完善民主法治机制，深入开展法治宣传教育，扎实推进法律保障和法律服务，全力将枫树岭镇下姜村打造为国家级“民主法治村”。继续深化法治阵地建设。在原有“淳安司法微信公众号”、千岛湖新闻网“普法频道”、淳安电视台“以案说法”栏目三大普法平台的基础上，增设“淳安百姓网普法专栏”。《以案说法》栏目加大电视普法，发挥律师等法律工作者的专业优势，进行有针对性的“以案释法”，广受广大群众的好评。开展普法宣传月活动。通过法治文艺进社区、普法宣讲进社区、法治游船启航仪式，12·4国家宪法日大型广场法治咨询等活动，深入学习贯彻宣传十九大精神，造浓全社会法治氛围。

**【落实“最多跑一次”改革，推动法律援助提质增效快速跑】** 纵深推进法律援助“最多跑一次”改革。紧紧围绕“最多跑一次”这一主题，采取法律援助争创效能“快速跑”、主动服务“反向跑”、窗口前移“就近跑”等有效措施，打造法律援助“城区半小时、农村一小时”法律援助服务圈，切实提高法律援助工作质量和效率，推进便民服务落地。2017年，12348专线共接待来电来访2647件，办理法律援助案件562件，其中“绿色通道”援助案件159件，刑事案件115件，民事393件，认罪认罚法律帮助54件，比上年同期增加31.62%，为困难群众节约诉讼代理费用294.92万元，帮助受援人挽回经济损失1382.71万元。全面落实法律援助案件质量管理体系建设。自2017年全市开展法律援助案件质量管理体系建设试点工作以来，切实解决了试点工作中人、财、物等问题，通过思想认识到位、经费保障到位、设备配备到位、协作配合到位，确保工作顺利开展。2017年，结案上交的案卷已全部扫描上传，走在全市各区县前列，并多次得到市局领导的表扬和肯定。

**【健全人民调解组织网络，依法调解维护社会和谐稳定】** 时刻紧贴县委县政府中心工作，开展各类矛盾纠纷大排查大调解活动。围绕“两节两会”、省党代会、中共十九大等敏感时间节点，提前谋划，主动出击，重点排查黄杭高铁、杭千高速等县级重点工程，切实做到底数清，情况明。2017年，全县各级人民调解组织共排查调处矛盾纠纷3554件，比上年同期下降27.67%，调处成功率98.91%。全力配合打造“四个平台”，推进司法所规范化建设。加强重点司法所建设，有序创建星级司法所，积极争取将姜家、临岐司法所的提升改造工程列入政府投资项目。加大选派骨干力量下沉司法所力度，加强调解业务培训。对全县900余名人民调解员，分6个批次进行全面培训，切实提升了人民调解员的业务能力。

**【深化“惠企便民二十条”，提升法律服务行业整体形象】** 成功举办律检控辩赛，助力律师人才机制不断完善。与县检察院联合举办“淳安县首届律师、检察官控辩大赛”，进一步提升全县青年律师的逻辑思维、语言表达、临场应变、庭审实战等控辩能力。开展惠企便民活动，服务经济社会发展。围绕中心大局，聚焦企业群众需求，优化供给模式，通过组团式走访、管家式服务、智囊团支撑等举措全方位构建企业便民服务网，提供优质、高效、便捷法律服务。截至年底，共走访企业150家、为企业出具法律意见书、风险提示函185份，开展法律讲座26场，发放宣传资料4600余册。开展“村级法律顾问e服务”，打造智慧法治平台。依托“之江法云”微信塔群的推广和应用，实现全县425个行政村(社区)，法律顾问e服务全覆盖，深度融合“一对一”上门服务与“一对多”掌上微服务，实现法律服务“零等候”。截至年底，通过“之江法云”微信塔群解决群众法律疑问120人次，开展法律宣传507次。

**【践行“四个人”要求，全力打造淳安司法行政铁军品牌】** 抓创新，全面提升司法行政队伍的积极性和创造性。开展党员民主评议、评选先锋党员、“季度之星”、“四个人”标兵等选树先进典型工作，引导党员干部见贤思齐，学先进、赶先进、当先进。完善基层党组织建设，建立姜家和大墅司法所两个基层党支部。抓好行业系统党建工作，完善两新组织党支部建设。2017 年以来，两名机关党员干部被评为“最美平安卫士”，2 名党员荣立个人三等功，1 名律师党员被市律协党委评为优秀共产党员，局党组副书记、副局长余秋华带头参加县“康美千岛湖、人人话担当”微型党课竞赛活动，获得二等奖，机关党员张立真参加全县“领悟‘一句话’精神，践行‘四个人’要求——淳安县‘我最喜爱的习总书记的一句话’”主题演讲比赛，获得二等奖。下属县公证处党支部被评为全市司法行政系统党建示范点，浙江千岛湖律师事务所党支部被市律协党委评为先进基层党组织。抓载体，全面提升司法行政队伍服务水平。在机关党员干部中深入开展“进村社访民情解民忧和联乡结村访户”活动，实现“十个一”活动要求，进一步夯实党在基层的组织基础和群众基础。2017 年，累计有 45 名党员干部参加走访，共走访 18 个村 133 户农户，宣讲 12 次，帮助村情分析共计 35 次，重点调研了农村人民调解员现状与发展以及农村留守儿童普法问题。抓廉政，全面提升司法行政队伍整体形象。继续落实干部预警制度，切实配合县委第二巡察组对司法局的巡察工作，做到立行立改。实施学习常态化、工作标准化、监督制度化，转化党员干部作风，切实增加机关党员增强政治意识、大局意识、核心意识和看齐意识。

（童　雪）

（编辑　徐华健）

# 军　事

**【概况】** 2017 年，淳安县人武部以习近平主席新时期强军兴军重要论述为指引，紧扣形势任务，聚焦“六部”职能，认真贯彻浙江省军区、杭州警备区党委扩大会议精神，着力在“加强领导、形成合力、统筹兼顾、突出中心、着眼实效”上下功夫，高标准完成民兵整组、年度征兵、国防教育、国防潜力调查等大项工作，人民武装建设继续呈现向上向好的发展势头。

**【思想政治建设进一步加强】** 坚持用党的创新理论武装干部职工头脑，按照年度理论学习总体计划，重点抓好中共十九大精神和习近平新时代中国特色社会主义思想学习教育。坚持多种学习方式并用，着力在阅读原文、座谈讨论，撰写心得体会上下功夫；坚持学用结合，组织党员到地方企业、红色基地参观学习，回顾光荣历史，感悟辉煌成就，重温入党誓词，强化党员意识。

**【干部骨干培养和民兵训练】** 通过党管武装述职、双重领导、过军事日、专题会议等制度的落实，重点抓好干部骨干培养和民兵训练工作。坚持按纲施训、科学组训，重点抓好机关干部、专武干部和民兵骨干三支队伍建设。在民兵训练基地，组织全县基干民兵技能强化集训。按警备区正规化建设要求，进一步完善全县 23 个基层武装部的“两室一库”规范化建设和“一部一室”（民兵营连部、民兵活动室）建设，按标准配备物资器材，强化硬件基本功能。

**【安全管理工作进一步落实】** 认真落实安全责任制，年初，全员签订安全工作责任书，在干部职工中反复强调要时刻保持清醒头脑，每月进行安全形势分析和安全隐患排查，着力抓好“十三个严防”的落实，重视加强八小时以外的人员管理，对探亲休假、外出学习人员搞好临行前教育，定期打电话提要求。严格车辆管控，杜绝干部违规用车、违规开车。加强安全保密经常性教育，尤其“十条禁令”的学习做到不漏一人、一机、一盘，组织机关保密办公排查和基层武装部保密清查，继续与公安、驻军建立网络安全协作机制，严密防范网络泄密，规范维稳处突和治安联防的力量运用。2017 年，淳安县被杭州警备区评为安全管理工作先进单位，张有洪被杭州警备区评为安全管理先进个人。

**【切实抓好三项教育】** 高标准落实专题教育。结合季度党委中心组理论学习深入开展“维护核心、听党指挥”和“感恩组织、争创一流”专题教育，做到“一课不漏、一人不拉、学有计划、悟有体会、行有遵循”；常态化开展“两学一做”学习教育。把“两学一做”学习教育活动贯穿全年，做到“每周有学习、每季有主题（党课）、半年有测评、年底有考评”，坚持学用结合，组织党员到地方企业、红色基地参观见学，重温光荣历史，感悟辉煌成就，树牢党员意识，加强队伍建设，特别是下半年把十九大精神学习贯彻融入“两学一做”学习教育活动，组织党员承诺践诺、重温入党誓词等活动，增强了教育的指导性和操作性；持续组织群众性教育活动。利用民兵训练、军事日等各种时机，在专武干部和民兵队伍中广泛开展群众性教育，将十九大精神的相关内容纳入到年底基础技能理论考核，催逼了基层学习热情，拓展了教育的广度和深度。是年，县人武部军事科科长严建文、职工管圣东分别被杭州警备区评为优秀基层干部和优秀职工。

**【完善专职人民武装干部(简称“专武干部”)队伍建设机制】** 按照《兵役法》《专职人民武装干部工作规定》相关规定,明确职责义务,规范工作机制,加强日常管理。特别针对淳安县地域范围大、人员分散的特点,注重发挥群众监督作用,定期到各乡镇进行走访调查,每年开展2次绩效考评,了解专武干部履职情况,提高管理的针对性。

**【强化专武干部教育训练】** 灵活利用各种时机开展教育训练,助力提升自身素质和履职能力。5月,结合民兵训练时机,组织集中强化训练15天,坚持每天有讲评、人人有成绩,有效提高了专武队伍的军事素质和组织能力。下半年,与县委党校对接,邀请著名军事专家尹卓教授到淳授课,提高队伍理论素养,坚持以考促训,把基础科目纳入年底绩效考评内容。2017年,姜家镇人武部和县林业局人武部被杭州警备区授予基层建设标兵单位,汾口镇人武部被杭州警备区评为情报信息工作先进单位。

**【加强对专武干部的使用考评提拔工作】** 上半年与地方组织人事部门对接出台武装工作考评细则,把党管武装工作成绩作为专武干部提拔任用的重要依据。同时,采取综合检查、基础考核、民主测评等多种形式对干部履职情况进行量化排名,末位淘汰,有效激发专武干部干事创业的动力。11月上旬,参照《解放军军事体育训练大纲标准》组织基础科目考核,让专武干部切实认清差距找准短板。

**【创新专武干部和人武职工管理办法】** 针对部分专武干部和人武职工现职任职时间长,年龄偏大,产生“船到码头车到站”思想的现象,部党委在进行长时间调研的基础上,分别召开专武干部和人武职工专题会议,分析存在的问题,指出问题的症结,制订整改方案,帮助大家树立“在位一分钟,奋斗六十秒”的理念。鼓励老专武干部和老人武职工保持革命本色,用军人标准要求自己,努力为年轻人做出样表率,力争在退休之前为人民武装事业做出更大的贡献。是年,临岐镇人武部部长李刚、王阜乡人武部部长方旺盛、新安江开发总公司人武部部长罗小华被杭州警备区评为优秀专武干部。

**【创新民兵队伍力量编成】** 立足实际重新编组,结合民兵队伍人员流动性大的特点,建立民兵预备队,确保人员在位率达标;其次,充分利用地方专业优势提高自身打赢能力,在整组工作中,将淳安县民安救援队整体纳入特殊队伍并配发16万元的应急救援器材,组织互帮互学、合训合练,以点带面,提高民兵队伍整体的应急保障能力。2017年,汾口镇简门村民兵连长郑衍法、金峰乡山后村民兵连长江勇龙、里商乡里商村民兵连长商克纯被杭州警备区评为优秀民兵连长,县人武部民兵情报信息员范材兵、姜文杰被杭州警备区评为信息工作先进个人。

**【探索建立全民国防教育新模式】** 2017年,充分利用电视、报纸、屏媒以及互联网等多种手段,打造国防教育“全媒介”平台;探索建立全民国防教育新模式,11月,会同鸠坑乡人民政府筹办“爱国拥军、情系国防”农民运动会,通过设置队列会操、篮球、拔河等项目,将基础科目比武和民间体育竞技有机结合,要求乡镇干部特别是村两委班子必须带头参训,引领了全民练兵的热潮,得到基层干部群众广泛好评,人民网、杭州日报等知名媒体分别以《身穿迷彩服、汇聚鸠坑乡》和《农民运动会:“沙场点兵”搞得像模像样》为题进行了宣传报道。

**【创新征兵督导工作】** 全县征兵工作会议,明确加强征兵考核工作,“五率”考评排最后一名的乡镇,年底党管武装考评征兵工作分值“归零”。县府、县人武部在会议现场与各相关部门、各乡镇签订征兵工作责任书,明确责任目标和追责办法。

**【推出作风建设新举措】** 分析形势摸清底数。在工作中大兴调查研究之风,坚持实事求是,不搞闭门造车,确保每年到县域23个乡镇调研至少2次。立足实际因地制宜,及时调整工作思路。广泛听取基层意见建议。在工作中注意发扬军事民主,2月,组织召开党管武装工作会议,在会上与各乡镇领导、部门主官进行互动,充分听取他们对党管武装工作的意见和建议;5月,利用民兵整组的时机,组织全县专武干部召开党管武装工作座谈会,畅谈对民兵整组训练以及年度大项工作开展的设想打算,为人武部开展工作谋篇布局起到了很好的建设性作用。营造敢于履职担当的深厚氛围。针对编制体制调整后,现役干部仅有3人,分管各个口子上业务工作,一人身兼多职的新情况,营造敢于履职担当的氛围,克服工作压力和家庭矛盾,认真完成本职工作。

**【推出专武工作量化考评细则】** 配合县对乡镇“两个一百”综合考评,推出党管武装工作量化考评细则,将基层规范化建设的各项内容量化为具体分数,综合全年大项工作落实情况(60%)和年终综合考评成绩(40%),对表扣分,量化排名,现场反馈。确保公平公正公开。强化行政催逼,落实末位淘汰。

**【激发地方管武建武积极性】** 县人武部主动与地方党委政府互动,加强军地交流,支持地方工作,赢得地方领导信任,向地方领导介绍人武工作成效,激发地方各级领导管武建积极性和对县人武部工作的支持。针对停止军队有偿服务问题,县委出资100余万协调解决人武部招待所停偿问题。4月,县委书记与有关人员到人武部现场办公,研究武装工作绩效考评细则。9月17日,县委副书记、副县长及相关局办领导出席人武部组织的退伍士兵返乡欢迎仪式。11月13日,县四套班子领导参加军事日活动,强化班子成员管装意识。12月,县委通过决议,委托相关部门对县人武部战备器材库和干部公寓房进行升级改造,改善单位办公生活条件。

**【抓好国防教育】** 继续加大做好新形势下国防教育的力度,推动国防教育进党校、进学校、进乡村(社区)的工作。通过与县委宣传部、县电视台等单位的协调,在当地媒体建立“八一”光荣榜,开辟国防教育专栏,会同县委宣传部、县教育局、县传媒中心建立县国防教育专题网站,实现国防教育手段的现代化,促进了国防教育的常态化开展。

(余祝华)

(编辑 徐华健)

# 旅　游

·千岛湖风景旅游委员会·

**【概况】** 2017年，淳安县共接待国内外游客1540.6万人次，实现旅游经济总收入157.7亿元，同比分别增长21.6%和31.6%。其中，千岛湖景区接待下湖游客232.8万人次，实现门票收入2.1亿元，分别增长4.4%和8%；乡村旅游游客638.8万人次，实现乡村旅游直接收入7.4亿元，同比分别增长31.2%和38.1%。淳安县获评“2017中国最具特色魅力旅游示范县”，千岛湖荣获“国际知名旅游度假城市”“全域旅游创建典范城市”“浙江省优质旅游经典景区”“中国十大最受欢迎旅游目的地”。

**【全域旅游发展推进会召开】** 11月20日，全域旅游发展推进会在海外海假日酒店召开。县相关领导、相关部门党政正职、乡镇主要负责人和分管领导负责人、旅游企业负责人等约200人参加了会议。县委副书记、县长董毓民主持会议，副县长章传强部署全域旅游发展推进工作，旅委、公安局、石林镇、威坪镇、旅游集团及机关党工委相关人员分别做了表态发言，县委书记黄海峰做重要讲话。

**【旅游规划】** 6月28日，经县政府研究同意，批复印发《淳安县旅游产业发展规划修编》。11月17日，启动《下姜村及周边地区旅游业发展规划》编制工作。

**【风景名胜区规划】** 3月31日，富春江—新安江风景名胜区千岛湖分区《西南湖区十八坞详细规划》《东南湖景区白小公路沿线详细规划》通过浙江省住房和城乡建厅评审，经修改后报住房城乡建设部审批。9月15日，富春江—新安江风景名胜区千岛湖分区《中心湖景区金峰区块详细规划》《东北湖景区环左公路、05省道沿线详细规划》《中心湖景区排岭半岛区块详细规划》三个单元报住房城乡建设部审批。

**【涉旅项目】** 伯瑞特、安麓、阳光等酒店正式营业，千岛湖自然博物馆建成开放，啤酒小镇建成开街，大白鲸水岸城、玉郎文创园等项目动工建设，牧心谷景区、遂安列岛景区处于项目前期，高铁站房、广场及配套设施、东北湖区码头等项目建设有序推进。

**【景区村庄创建】** 11月1日，茶合村、南庄村、鳌山村、桥西村、汪家村、富德村、姜家村、朱家村、青田村、赤川口村共10个村庄被认定为首批浙江省AAA级景区村庄。11月3日，屏湖村、茂畈村等95个村庄被认定为浙江省A、AA级景区村庄。

**【A级景区创建】** 12月28日，龙川湾景区、千岛湖鱼街景区被评为国家AAA级旅游景区。12月29日，千岛湖乐水小镇·文渊狮城被评为国家AAAA级旅游景区。

**【特色小镇、风情小镇建设】** 8月9日，“千岛湖乐水小镇”列入省级特色小镇第三批创建名单。8月14日，石林镇入围省级旅游风情小镇培育创建名单。

**【民宿经济提质发展】** 1月22日，鳌山淳乡居、拾得水石间、芹川古村乡宿、岩下栗原小村4家精品民宿获评“杭州市民宿示范村(点)”。5月10日,在上海举办千岛湖精品民宿、精品酒店旅游推介会。5月23日,淳安县千岛湖民宿行业协会正式成立,县领导董毓民、管国良、章传强、占志明参加成立大会。全年新发展民宿175家,建成精品民宿13家,全县民宿接待过夜游客192.6万人次,实现客房收入3.27亿元,分别增长30.9%和60.8%,带动餐饮及农产品收入3.32亿元。西坡千岛湖荣获“2017城市旅游最美民宿奖”,美客爱途、芹川隐居荣获“浙西十佳民宿”。淳安县民宿发展经验做法获得副市长王宏肯定批示,《人民日报》(海外版)做了专题报道。

**【发展旅游公共咨询服务新模式】** 1月15日,城区8个旅游咨询亭委托经营进行公开招投标,由淳安千岛湖金色假日旅行社中标,城区咨询亭进入市场化运行阶段。2017年,共接待游客2.68万人,营业额达258万元,实现咨询亭“自我造血”长效发展。5月31日,千岛湖旅游热线400电话参照114电话经营模式,委托第三方负责旅游咨询、电话预订等接待工作,由杭州千岛湖伯爵之元旅行社有限公司中标。委托后,共接待电话咨询5258个,预订金额达3.5万元,实现咨询量和预订量双丰收。将城区游客相对集中区域的2个公共自行车岗亭,按照市旅游咨询网点设置标准进行改造,纳入全市统一的旅游咨询服务体系,为游客和市民提供旅游咨询和便民服务。

**【咨询服务】** 1月1日,千岛湖汽车北站旅游咨询服务中心正式启用。9月23日,召开千岛湖旅游志愿服务队成立大会暨旅游志愿者工作培训会议,成立全国首个县级旅游志愿服务队。全年全县17个咨询服务网点接待国内外游客16.3万人次,其中境外游客0.3万人次,电话咨询3.8万人次,网络咨询0.9万人次,发放千岛湖级杭州周边旅游折页12.1万余份。

**【智慧旅游】** 1月18日,发布2016年度千岛湖旅游大数据报告。1月19日,2016杭州市智慧旅游现场会在淳安县召开,与会人员体验了淳安县智慧旅游应用项目。6月14日,千岛湖旅游大数据服务创新项目获住房城乡建设部信息化示范工程立项。7月27日,55台千岛湖旅游互动信息屏投入使用。9月28日,智慧旅游共性技术研究——全域旅游安全监管与智慧导览共性技术研究与应用项目获省科技厅重点研发项目立项。12月26日,森林氧吧、文渊狮城、林海归真获市智慧景区;千岛湖开元度假村、千岛湖君澜度假酒店获市智慧酒店;千岛湖金色假日旅行社获智慧旅行社;下姜村、茶山村获市智慧乡村;千旅集团电商公司获市智慧运营商荣誉称号,数量位列全市首位。

**【旅游人才建设】** 12月29日,成立淳安县旅游人才协会,吸收了64名会员,大会选举产生了协会首届理事会和监事。制订年度人才培训计划,全年共举办全域旅游、乡村旅游专题、智慧旅游应用、旅游行业统计、景区从业人员综合素质等各类培训32批次,培训人员达5000余人次。制定出台《关于推进全域旅游发展的若干意见》(淳政发〔2017〕6号),对取得中、外语导游证的给予一次性3000元、高级导游证的给予一次性5000元奖励,并在县内从事导游工作满两年且每年规范带团批次累计在80批次(含)以上的,每人分别给予津贴3000元、5000元。

**【厕所革命】** 6月26日,出台全国首个县级“厕所革命”建设管理规范,将旅游厕所、城区厕所、农村公厕全部纳入此次“厕所革命”范围。全年新改建厕所125座,新增第三卫生间10处,认定A级厕所55座,其中石林景区、城区开发路2座厕所被认定为杭州首批AAA级旅游厕所。淳安县厕所革命的做法在全市作经验交流,被省市政务专报刊发。

**【旅游行业管理】** 2月28日,召开县精品度假酒店、主题特色酒店评定实施细则评审会。评审通过了《淳安县精品度假酒店评定实施细则》《淳安县主题特色酒店评定实施细则》,引导酒店业转型发展。5月31日,参加全省全域旅游统计工作会议,开展全域旅游统计工作。6月,制定出台《关于推进全域旅游发展的若干意见》,编印完成《淳安县全域旅游导游词》。8月印发《关于开展旅游行业文明旅游行动的通知》,开展系列旅游行业文明旅游行动。

**【安全管理】** 组织安全人员培训2000余人次、联合安全大检查35次,指导开展应急演练近60次,全面升级千岛湖景区安全措施。实行漂流景点联检联审机制,经水利、安监等九部门联审验收通过后方可开漂,2017年开漂9条。联合卫计局开展宾馆住宿业卫生知识培训和专项检查,提高宾馆住宿业卫生安全管理水平。联合卫计局开展旅游行业“登革热”防控行动。全年未发生旅游安全责任事故,切实守好安全底线。

**【景区满意度调查】** 7月1日,千岛湖景区实施游客满意度月度抽样调查,是杭州地区首个将游客满意度抽样调查常态化工作开展的A级景区。满意度抽样调查结果实行每月通报,累计回收有效调查问卷2189份,调查存在问题598条,结合明察暗访、三大OTA网评等汇总问题建议,及时反馈给景区企业,整改落实情况实行每周一报。千岛湖景区全年共受理投诉87起,同比下降8%,满意率达98%以上。

**【整治专项】** 牵头水上项目专项整治,在暑期旺季来临前,联合公安、体育等11个部门对全县水上项目进行排查整治,通过地毯式联合排查梳理,全县共47个水上项目,除东辰、湖人两家外,其余都进行了整改,部分水上设备清理上岸。持续开展“春季行动”“暑期整顿”“秋季会战”以及“三黑一野”、景区景点、民宿、旅行社等集中整治专项行动。查处“野导”拉客6起,其中行政拘留5人,行政罚款1人;查扣“黑车”33辆,罚款31.5万元;查扣“黑船(艇)”30艘,罚款2.54万元;查处不明码标价5起,罚款400元;查处渔船违章搭客4起,罚款7000元;查处未经许可从事旅行社业务等涉旅案件5起,罚款28258元。通过重拳打击,景区公路沿线“野导”拦车、追车等现象基本消除。

**【特色潜力行业】** 5月19日,召开淳安县十大特色潜力行业项目评审会,根据申报项目与旅游休闲结合度及市场影响力,拉动当地旅游消费,经济效益明显,对申报项目与市民和游客的集合度、多行业多业态的融合度等方面的16个项目进行评审,经过评审,千岛湖水下古城影院、城中湖“画舫船宴”、第二届石林港湾运动休闲旅游节等项目,列入2017年度十大特色潜力行业资金扶持范围。12月7日,淳安千岛湖被命名为浙江省劳动模范休养基地。12月22日,杭州市旅委产业促进处来考察啤酒小镇、水下古城影院等特色潜力行业项目。

**【旅游培训】** 7月10日,组织召开淳安县全域旅游统计工作培训会,8月启动全域旅游统计旅游消费结构调查。11月27日、28日,举办2017年淳安县导游素质提升暨普法教育培训,共有560名导游人员参加。

【星级酒店评定】 3月22日，组织星级宾馆参加全市宾馆饭店服务品质提升培训班。7月10日，组织淳安县8家品质旅行社参加全市旅行社品质提升培训会。同月，召开旅游行业宾馆饭店旅游环境专项提升大讨论座谈会。8月8日，千岛湖蓝天旅行社通过四星级品质旅行社复评。8月31日，淳安千岛湖金色假日旅行社通过四星级旅行社评定。10月12日，千岛湖龙庭开元酒店通过四星级复评。

【出台《淳安县全域旅游营销奖励实施方案》】 4月18日，出台《淳安县全域旅游营销奖励实施方案》，重点招引全域游客、过夜游客，强化特定群体精准营销。

【国际主题营销】 与Facebook、YouTube、Instagram等平台合作，做好千岛湖旅游信息发布和推广，推进旅游国际化，发布图文、视频等信息205条，互动5.6万人次，其中Facebook粉丝1.84万，邀请外宾参加拍摄绿道骑行专题片、组织外国人到千岛湖过圣诞节活动，以线上线下相结合进行推广。12月24～25日，实施“外国青年圣诞节同游千岛湖”活动，在Facebook上通过关注“Qiandao Lake”账号招募外国青年到千岛湖过圣诞，线下游玩体验千岛湖，通过个人Facebook传播千岛湖旅游。在纽约时代广场上线千岛湖旅游广告。全年入境市场游客接待量同比增长21%。

【国内主题营销】 3月18～26日，赴广东、贵州、湖南参加“诗画浙江”主题推介会，三地参会总人数3000余人，反响热烈。4月24～28日，联合黄山股份公司赴成都、重庆开展春季旅游推广活动，开拓新合作渠道。6月2日～12月25日，与新浪、腾讯等主流新媒体合作，连续举办济南腾讯“遇见自己”、福建新浪“入闽十周年”、湖北新浪“千湖之省遇见千岛之湖”、河南新浪“心游记”等主题活动，各活动微博话题总阅读量6791万次，平台累计宣传1.4亿次。9月27日，启动湖南验客体验活动，邀请五组亲子家庭和五对情侣来千岛湖进行深度体验，活动宣传量105万次，活动参与人数15449人，其中8072人参与活动报名。

【会奖旅游推介】 6月9日，参加2017年中国(杭州)会议与奖励旅游产业交易会。6月22日，举办浙江省职工疗休养基地推介会。12月4～6日，赴北京参加第十届中国会议产业大会。成功促成千人医药行业会议和长安哈弗H7汽车发布会的落地，全年申报会议团队优惠56个，同比增长27%，平均参会人数162人，住宿逗留天数2.5天/人。

【第九届秀水节】 3月19日至11月29日，2017第九届杭州千岛湖秀水节成功举办。该届秀水节以“千岛湖，共享康美生活”为主题，按照“精品、高端、市场化”原则，围绕“体育赛事、文化活动、会议论坛、主题展览”四大版块，举办23个精品项目。2017斯柯达HEROS中国自行车系列赛千岛湖·格兰枫度、第二届千岛湖啤酒原创音乐大赛暨世界卡丁车争霸联赛、2017中国国际名城经典汽车巡礼、2017“醒狮文渊”国际狮王争霸赛、首届中国纺织非物质文化遗产大会、2017中国杭州千岛湖第七届秀水人居展、千岛湖龙川湾·七彩湿地生活节、千岛湖有机鱼文化节、千岛湖音乐美食节9个项目完全通过市场化运作，县内外企业共投资2792万元。

【2017杭州千岛湖秀水节全域旅游发展(千岛湖)高峰论坛暨第十三届杭州·浙西旅游合作峰会】 11月17～19日，全域旅游发展

(千岛湖)高峰论坛暨第十三届杭州·浙西旅游合作峰会在千岛湖隆重举行,副市长王宏、中国旅游研究院院长戴斌、省旅游局副局长傅玮、省旅游集团董事长方敬华参加论坛,县委书记黄海峰致辞,县长董毓民作了题为《政府引领市场化推进模式下的全域旅游发展之路》。国家旅游局数据中心对千岛湖民宿及乡村旅游观测站进行授牌。新华网、澎湃新闻、《浙江日报》《杭州日报》《中国旅游报》等对活动进行了宣传报道。

**【旅游节庆活动】** 5月20日,联合世纪佳缘网举办“520千岛湖佳缘寻爱节”,组织500名青年男女到千岛湖体验婚恋旅游产品,网络总宣传量达922万次,点击量60万次,线上报名1481人。8月1日～12月25日,联合新浪江西组织“我为爸妈补蜜月”活动;5月14～26日,联合驴妈妈、同程组织“千岛湖蜜月游”活动;9月15日在合肥、7月14日～16日在内蒙古等地举办专场推介。全县全年接待婚纱摄影13.5万对,同比增长12.5%。7月26日,“虐炼千岛湖—2017中国青少年励志绿道挑战行”活动专题正式上线。8月22～27日,“虐炼千岛湖—2017中国青少年励志绿道挑战行”线下活动吸引600名少年参加。通过QQ空间策划事件营销,活动累计宣传7500多万次,点击量159万次。全县全年接待骑行游客118.2万人次,同比增长15.88%。9月23～24日,第四届中国国际名城经典车拉力赛和“野性江南”商学院联盟户外节成功举办,两场大型活动完全市场化运作。

(倪淑娟)

## ·旅游集团·

**【概况】** 2017年集团实现营业收入3.6亿元,比上年增长28%;完成旅游项目投资1.15亿元,完成年度任务115%;招商引资到位资金1.1亿元,完成年度目标290%;融资到位资金8.2亿元。截至年末,集团下有10家法人企业,资产规模36亿元,净资产13亿元,干部职工1296人。

**【上市启动】** 8月,完成券商、会计事务所、律师事务所、评估公司招标,并进场尽职调查;10月,拟定“一个目标、两步走”的千岛湖生态旅游上市方案并获县政府同意;11月份启动以旅游交通公司为上市主体的游船艇资产整合,目前资产整合谈判协商工作基本完成。

**【混合经济】** 成功引进浙旅集团,规模达30亿元的省内首家县级旅游产业基金审批手续基本完成,合作投资10亿元的千岛迷宫项目启动,与中惠旅达成投资4000万元推进石林景区提升改造的合作协议。全年共敲门招商30余次,实现到位资金1.1亿元,完成招商引资任务290%。

**【内部改革】** 推进人力资源改革,完善人力资源管理制度,出台中层干部竞争上岗管理办法、中层后备干部培养管理办法、千旅劳模评选办法等,首次实施大规模中层干部竞争上岗,建立29名合理梯次结构的后备干部库,干部队伍活力进一步激发。

**【经营项目管理】** 以效益、效率和质量为导向,对所有经营项目进行经营模式评估,实行自营、租赁、职业经理人运作、职工承包等多模式经营模式。坚持以利润指标为第一指标,实施重奖与重罚相结合,推行企业经营班子风险安全考核制度,积极探索高度市场化企业经理人竞聘机制。健全经营例会机制,对整体面上情况进行定期分析,对具体点上事项进行逐个研究,决策效率和经营管理能力实现提升。

【市场营销】　强化龙川湾、水之灵、36 都酒店、交通公司、客运公司、电商公司等内部资源统一营销的市场力度，实行点对点的精准营销，整合效应不断放大。策划实施龙川湾七彩湿地生活节、秀水街灯光节、美食节等 11 次大型主题节庆活动，外部主动承接安阳登山节、界首柑橘节、瑶山山核桃文化节等 30 余场节庆活动。与新美大深度合作，提升“美团点评千岛湖品牌馆”，“农旅融合”电商线上交易额实现 1.6 亿元。成立千岛湖旅游集散中心，开通上海、杭州等旅游直通车。

【文化旅游精品】　水之灵被评为淳安县首个省级科普基地，文化金名片进一步彰显。睦剧团参演的《旧梦重圆》《鸳鸯马》首登央视，成功编创现代睦剧大戏《锦里家园》，被推荐选送为省文化精品重点扶持项目。首部以千岛湖为主要场景的影视片《烽火芳菲》在国内和美国成功上映，并获浙江省“五个一工程”奖。秀水街被授予淳安县首个省级文化创意街区。

【生态保护】　深化景区“厕所革命”，提升原有景区 36 座厕所，新建设有第三卫生间的石林、渔乐岛各 1 座厕所。抓好督查问题整改，高质高效开展“中水回用”改“抽运”工作，实现湖区所有景点 35 处生化池污水全抽运。推进旅游环境整治，深入开展“大讨论、大整治、大变革”旅游品质提升，查找整治各类问题 497 件，建立健全内控制度 9 项，千岛湖景区的游客满意度得到提升。

【品牌提升】　千岛湖景区第三次景点革命拉开帷幕，其中龙山岛景点改造提升基本完成；石林景区高分通过国家 AAAA 级旅游景区景观质量审定；龙川湾景区成功创建 AAA 级景区。休闲游推出个性化定制产品，全年接待游客 28 万人次，实现营收突破 4000 万元，已成为淳安县美誉度和知名度较好的高端城市旅游品牌。加强木屋、房车、集装箱等乡宿酒店运营管理，丰富品质内涵，36 都乡宿酒店正逐步成为淳安县最美乡宿品牌。

【惠民富民】　以全域旅游为契机，着力带动乡村经济发展，其中“穿越千岛湖”体验游为姜家镇带去游客 2.1 万人。开展送睦剧进农村、进校园、进景区等公益演出 75 场，参与淳安县重大节庆活动和乡村旅游节庆活动 36 场，实现 23 个乡镇全覆盖，惠民 10 万余人。积极参与结对村新农村建设，落实扶持资金 9 万元，向上争取各类帮扶资金 400 余万元。

【专项行动】　以“两学一做”、践行“四个人”、“进访解”三大专项行动为抓手，积极融入全县中心工作和集团“扭亏为盈”工作重点，实施党课在一线岗位上、组织党员赴安吉余村、安徽旌德路西村学习考察等多种形式，基层支部领办攻坚重点事项 7 项，党员提出合理化建议 63 条，增创 200 余万元，党员干部累计进社区服务 420 次，返乡服务 560 趟，帮助解决问题 60 余件。

【党建发展】　在县属国企率先设立党建办，部分企业设专职党支部书记，配齐党务工作者，全面提升基层党组织力量。以“一支部一品牌”创建为抓手，推出党建＋电商、党建＋项目、党建＋文化等，推动大党建发展。积极开展“评优推先”，7 名党员干部分别当选市、县“两代表一委员”，2 名党员获首届“最美国企人”，电商公司“互联红星”被评为市级党建“双强”示范点，交通公司“巾帼红船”和秀水街经营公司中心湖区出口收费岗被授予省级巾帼文明示范岗，秀水街经营公司被授予省级青年文明号。集团党建工作在 71 个县级机关、直属单位大党建责任考评中位列第13位，是县唯一一家获优秀等次的国有企业。

【廉政建设】 严格贯彻落实中央八项规定，出台《党风政风行风建设情况抄告办法》，实现分管领导与各企业、各部门同步抄告、捆绑追责，形成合力监督局面，集团风气更加清正。加强作风效能监督，“三公”经费持续下降。严肃案件查办追责，3人被通报批评，下发抄告单7件、约谈7人次。

（方勇飞）

## ·旅游度假区·

【概况】 2017年，旅游度假区紧紧围绕“坚定秀水富民路、建设康美千岛湖”的发展战略，按照“胸怀大局、稳定小局、谋划新局”的工作要求，坚持高标准定位、高质量建设、高效率服务，全力抓好品牌创建、产业招商、项目推进、环境提升等工作，取得了较好的成效。全年，度假区完成固定资产投资15.9亿元，完成率103.2%；完成产业投资15.6亿元，完成率100.4%；完成政府投资3530万元，完成率100.8%；完成县外资金12.37亿元，完成率112%，完成市外资金7.6亿元，完成率106%，完成省外资金8亿元，完成率275%。完成特色招商项目8个，其中淳商回归项目2个；完成地方财政收入1111.4万元，完成率101.8%。

【招商引资】 围绕文化创意、运动休闲、健康养生、总部创投等产业进行专题招商推介和点对点上门招商，分别赴广州、上海、北京、贵州、杭州、绍兴、义乌等地开展上门招商活动共计30余次，接待来访客商75批；排岭半岛哨兵南侧、界首竹里影视基地项目成功落地，并启动项目编制工作；投资60亿元的界首鲁能胜地项目签订合作协议，该项目被县委县政府定位为“康美千岛湖一号工程”；第19届亚运会淳安分馆选址于界首鲁能区块，是杭州市区外唯一一个场馆建设地，必将成为今后度假千岛湖发展的新引擎。

【项目建设】 度假区2017年共有5个项目顺利完工并对外营业，其中伯瑞特度假酒店、阳光大酒店、开元颐居度假酒店、全季酒店4个酒店的正式开业更加丰富了度假区的住宿产品体系；千岛湖文化大观园一期千岛湖自然博物馆的开馆已成为全县文化产业的新亮点，成功打响了“创意千岛湖”品牌。民福度假村二期完成了独立客房的方案设计，并完成硬装修；华美度假村一期室外工程完工，二期方案通过审批，并已完成林地砍伐和放样等工作。

【存量项目推进】 继续破题供而未用、建而停滞项目。人和、碧水华庭等均项目已实现重启建设，人和项目正在进行挡墙和栈道施工；碧水华庭项目已完成三期主体结顶，二期外立面、室外景观绿化及市政工程均已完成50%。清心山庄、玲珑湾、天清岛二期、国学大厦等项目也已明确下步推进举措。

【基础配套】 完成排岭半岛的双回路供电工程，解决了困扰度假区十年的第一难题，并与县供电公司签订《淳安千岛湖旅游度假区电网发展合作框架协议》，为度假区长远发展谋篇布局；完成排岭半岛截污纳管工程，实现排岭半岛排污系统全覆盖；完成千岛湖自然博物馆室外配套、严家安置点室外及边坡、安龙边坡治理、玛瑛安置点道路等工程，启动排岭半岛天然气管网预埋工作；不断完善绿道、驿站的接待和服务能力，年底启动排岭半岛驿站形象提升工程。

【环境提升】 完成三个区块沿湖沿线100余

处环境卫生、乱堆乱放现象的整治，整治环境脏乱差50余处，及时完成了21项交办单的整改，累计投入环境整治专项资金120余万元；扎实开展排岭半岛小城镇环境综合整治，对15项环境整治重点工程进行集中整治，同时还对部分绿化缺失地块、岸线景观不协调等环境问题下功夫，以点带面全面推开，实现整体环境全面改善。

**【品牌创建】** 2017年，度假区在43家省级旅游度假区考核中获得优秀等次，荣获杭州市五一劳动奖状，被评为淳安县先进基层党组织；继续抓好国家级旅游度假区创建工作，度假区总规编制原则上获得通过，做好创建氛围营造、标识系统完善、智慧旅游度假区打造、软硬环境提升等工作。创建工作得到市委市政府高度重视，市委书记赵一德专门对淳安创建工作进行了批示。

（朱春竹）

# 经济开发区

## ·经济开发区(青溪新城)管理委员会·

**【概况】** 2017年,淳安经济开发区(青溪新城)(以下简称开发区)实现规上工业销售产值101.04亿元,同比增长6.08%,占全县的51.01%;实现税收收入14.45亿元,同比增长50.52%,占全县的48.38%;实现财政收入5.46亿元,同比增长54.97%;完成规上服务业限价增长20%以上,同比增幅提高3个点;完成招商引资到位资金30.1亿元(其中市外资金15.99亿元,浙商到位资金5.89亿元),同比增长13.5%,占全县的39%;完成固定资产投入33.52亿元,其中政府投资3.6亿元,社会投资29.92亿元,投资结构持续优化;5个行政村完成集体经济总收入19744万元,同比增长11.9%;农民人均收入1.95万元,同比增长11.5%。从数据分析,全年完成税收收入、财政收入、服务业增加值、农村人均收入等主要指标增速均高于全县增幅;完成规上工业销售产值、税收收入占全县比值近半,对县域经济的贡献份额日益提高,成为名副其实的经济贡献首位区。

**【工业经济】** 2017年,开发区加快构筑联系企业、促进企业发展的平台,建立健全“百名干部联百企”工作制度,深入开展“一对一、点对点”的精准服务,累计走访企业人数856余人次,解决问题254个,解决率91.37%,得到了园区很多企业主的认可。同时,进一步完善产业扶持政策,科学下达指导性生产计划及相关考核办法,引导和帮助企业加快发展,全年新增规上企业9家,规模企业块头不断壮大。2017年,全区共有投产工业企业132家,规上工业企业52家,园区先进机械制造、纺织服装、食品饮料等三大主导产业支撑作用明显,信息产业、新能源汽车产业等战略性新兴产业初露锋芒,工业经济运行稳步增长,运行态势企稳向好。

**【转型升级】** 2017年,开发区加快推进“腾笼换鸟”、企业技术改造、多业态融合步伐,全区转型升级工作循序渐进。千岛湖标普食品有限公司成功投产,健康养生产业块头壮大;中植新能源汽车取得新能源、氢能源两块生产牌照,技改扩产后将拥有年产5000台新能源汽车的生产能力;新联外包服务股份有限公司成功获批挂牌“新三板”;千岛湖啤酒小镇一期项目正式运营,实现二、三产业的深度融合。通过转型升级工作加速新旧动能加速转换,园区经济结构持续优化,经济增长有了新的活力。

**【招商引资】** 2017年,开发区进一步转换招商引资理念,将招商引资作为园区产业提升的重要引擎,全力招引符合开发区产业导向的优势产业和新兴产业。全年新签约修正集团储物流基地、修正健康集团运营总部、修正集团健康饮品产业园、汽车媒体总部、环保设备研发与生产等10个项目,总投资30.46亿元,全部投产后可新增销售收入85.5亿元、新增上缴税金5.57亿元以上。成功签约修正健康产业园项目,总投资达30亿元,落地后将实现销售产值80亿元,新增各类税收5亿元以上,全部达产后将新增一个与农夫山泉同等量级的新龙头企业,成为淳安康美产业新标杆。

【项目推进】 2017年，开发区牢牢抓住项目建设这个“牛鼻子”，积极扩大有效投资，重点项目建设紧扣年度工作计划稳步推进。全年新建和续建项目54个(社会投资项目36个，政府投资项目18个)，其中列入县重点项目10个，县重点预备项目1个，全部完成年度目标任务。文化综合体(精装修)工程加速推进，图书馆、博物馆、青少年宫已经启动使用，全部投入使用后将成为集演艺、培训、会展等为一体的文化产业综合体，珍珠半岛城市综合服务功能迅速提升，人居环境和发展环境不断优化。千岛湖标普食品有限公司提前投产，修正健康产业园项目不断推进，“大白鲸”千岛湖文化主题乐园、玉郎巨星文化创意园相继开工，中植新能源、谷神锂电池技改顺利进行，产业支撑不断得到强化，进一步夯实“产业新区”的基础。

【城市提升】 2017年，开发区加快推进环境整治提升、征迁清零行动、基础设施完善，不断拓展城市发展空间，为下一步招揽大企业大项目打造良好的硬件设施优势。推进环境整治提升，清退了辖区内6家无证经营的砂场，完成高速口原砖瓦厂收储并清退区块内汽修、废品收购点，开展洗涤企业、餐饮具集中消毒企业专项整治，进一步提升新城整体形象。推进征迁清零行动。对坪山后山村、前坞村、宕里村过去遗留下来的28户未签约农户的房屋和土地开展征迁行动，截至2017年末，拆除签约率达90%以上，腾退拆除率达80%以上。环湖绿道、滨湖景观带等生态景观项目逐步完工，千岛湖一号、汇宇和庭、尚雅珍珠湾项目等房地产项目加速推进，坪山十字路口局部改造二期、绿盛至千啤道路及电力管道配套等公共配套设施陆续建成，服务功能持续增强。

【农村事务】 完成村级组织换届选举工作，配齐配强村级班子，为青溪新城农村未来三年的发展打好基础。实行农村事务“一张网”管理制度，全面落实党员干部包户制度，强化农村基层管理队伍建设。扎实推进农村环境综合整治提升工作，完成污水管网的改造提升，完成2个重点小微水体和19个一般小微水体的整治提升。完成新城农村违章建筑拆除工作。做好征地拆迁清零工作，启动前坞村大地自然村的整村拆迁前期摸底工作，完成杭黄高铁、千黄高速等重点工程在辖区内的土地征用和后续服务工作，做好拆迁户的回迁工作。启动宕里村0.41公顷留用地开发建设审批，推进坪山村、前坞村等留用地的规划选址，壮大村级集体经济。完成居家养老服务中心的建设，为辖区内210名老人提供送餐、休闲娱乐等服务。强化对困难群体的帮扶救助，全年享受最低生活保障的81户，享受残疾人基本生活保障的42人，完成危房改造补助9户，临时救济25户。强化流动人口和出租房管理，保障1500余名外来人口的基本权益。

(赖倩倩)

## ·江东杭千(扶贫)开发区·

【概况】 2017年，江东杭千开发区在县委、县政府的正确领导下，深入贯彻县委十四届二次全体(扩大)会议和县“两会”精神，结合身处异地开展工作的特殊情况，紧紧围绕“坚定秀水富民路，建设康美千岛湖”发展目标，以加快打造江东杭千开发区“税源经济的基地，创业创新的园区、异地招引的窗口、干部锻炼的阵地”作为自身的功能定位，扎实推进项目建设、项目招引、体制建设、挂职管理等重点工作，并取得了阶段性成果。

【杭千扶贫园区】 普凯项目实现预期，项目工程建设，已进入竣工验收阶段，消防、水电等都已通过验收,绿化测绘阶段正在进行;普凯物流园二次招商已确定入园企业 4 家(京东、宅急送、中通物流、佳吉快运),其中宅急送、中通物流、佳吉快运已正式运作。税收划转壁垒得以突破,经与大江东管委会及相关部门的多次对接,明确了入驻杭千扶贫园区的淳安招引企业的税收归口路径。已成功实现对明浦供应链、芷行科技等企业的税收征管地划转,其中明浦供应链已实现税收入库近 50 万元,芷行科技也于 11 月产生相应税收。杭千扶贫园区政策落位工作推进有序,通过前期对大江东财政局、经发局等多个主要职能部门的走访沟通及向大江东管委会相关领导的汇报。2017 年 7 月 26 日,杭州大江东产业集聚区巡视员施水祥率相关部门负责人,专程前往淳安县就如何落实江东杭千(扶贫)开发区政策问题,以项目引进撬动土地尽快供应落实,以对普天环保、数源科技等生产线建设项目的招引落户江东杭千扶贫园区为支撑理由,争取招商土地空间新增和落实。

**【敏迪项目推进】** 敏迪项目在进行地下室的施工阶段,1～8 区的底板混凝土已浇筑完成,支撑拆除和地下室样板施工正在进行之中,完成投资近 8000 余万元,计划于 2019 年 5 月建成并投入使用。按照确保西湖杯,争创钱江杯和打造该区块标杆工程的质量目标要求,从建设单位到施工单位都组建了安全管理机构和安全紧急预案,并定期开展安全交底、检查和整改。在今年地下施工阶段,对基坑施工、周边建筑安全监测做到一日一测一分析。总部大厦招企引税(虚拟招商)工作早谋划、早准备。为努力实现"大楼建成之日就是税收有实效之时"的目标。利用政策优势,以盯紧"大、好、优项目"为招引点,提前开展招商工作,并取得新成效。如远算云计云企业已完成注册、社保登记等手续的办理。通过对周边区域人才引进工作的学习、借鉴和考察,规划提前在敏迪区块划出部分大楼用于建立科技孵化器,敏迪科技孵化器建设工作目前也已在筹备当中,届时将会实现科技人才带动淳安、成果转化反哺淳安的目的。

**【新塘区块推进】** 按照县政府将原建设集团所属大为贸易公司资产划转江东杭千开发区的有关要求,完成了资产转移和法人变更工作,同时完成了对原办公点的翻新改造工作。在资产移交中发现,新塘区块原温馨岛酒店缺少土地证,为解决好资产证照补全问题,通过前期对所在地有关职能部门的走访、沟通和了解以及相关资料的收集,及时启动了土地证办理,现已完成土地测绘,处于审批阶段。为使该区块的低效资产能够效益利用最大化,经过走访了解和调研,对 19 套外租的房产按照原定合同期限予以收回,并进行翻新再使用,同时对原温馨岛酒店启动提前回收程序,后续考虑作为淳安回归总部经济楼予以使用,为后期规划整合新塘区块资产的效益最大化利用奠定基础。

**【招商引资】** 新增注册企业项目普凯物流园二次招商企业(8 家)、芷行科技、远算云计算等 10 家,预计完全正常运行后能实现税收约 5000 万元;加强了对招商平台的搭建,积极促进与九仁资本、杭实资本的基金建立,并重点瞄准总部和创投行业的项目洽谈,其中普天总部项目预计税收 3000 万元,米阳股份总部项目预计税收 2000 万元,永安资本与鞍钢合伙成立的区域销售总部,预计税收 1000 万元。国富资本、戴鑫信息等项目也在继续跟踪和洽谈中。洽谈招引符合产业的生产线建设项目 2 家(普天环保、数源科技),完成外资考核任务 3000 万美元。

**【挂职人员管理】** 3 月 23 日,第三批 12 名挂职干部于分别前往西湖、滨江、萧山、江东杭千四地 11 个岗位开展挂职工作。根据县委组织部相关挂职干部管理意见，主动牵头制定驻杭挂职干部的相关管理考核细则，完善挂职干部日常考勤、请假等相关规定；协助成立“淳安县外派挂职干部实践基地”。一年来，完成工作简报《康美之窗》编制 4 期，集中活动 3 次，完成并完善挂职相关规程。

**【整合管理】** 4 月，县委书记黄海峰在杭调研期间提出以打造“税源经济的基地，创业创新的园区、异地招引的窗口、干部锻炼的阵地”作为江东杭千（扶贫）开发区新一轮的功能定位。由县政协副主席胡敏兼任江东杭千开发区主任，新增 1 名县管副职干部，建立了由 3 人组成的管委会领导班子，进一步增强和充实领导力量。在杭千开发区对江东区块、敏迪区块和新塘路区块实施统一规划、统一管理、统一招引的运作模式后，为适应单位形势变化，加速工作推进，尽快凸现效益，本着精干、高效、实用的原则，在原有“三定方案”的基础上进行了修改完善，下设“一办三部”上报县编办审批。为更好地管理淳安在杭资产，发挥资产最大化效益。继敏迪区块划入江东杭千开发区后。将新塘区块资产划转并整合到江东杭千开发区实行统一管理并进行开发拓展，实现了江东区块、敏迪区块、新塘区块“三位一体”的统一管理模式。

（徐丽梅）

## ·姜家产业区块·

**【概况】** 2017 年，姜家产业区块紧紧抓住旅游、休闲、度假等产业快速发展的优势，以企业为根本，以服务为抓手，着力推进千岛湖旅游副中心和姜家乐水小镇建设，全年共接待游客 102 万人次，实现旅游经济总收入 9500 万元，同比分别增长 124.08%和 82.67%。

**【品牌建设】** 姜家以四大创建引领经济社会发展，相继成为淳安县首个国家卫生镇、省级特色小镇创建单位、国家 AAAA 级旅游景区、省级旅游风情小镇单位的“四创”于一身。

**【民宿项目】** 2017 年 4 月 28 日国内民宿领军品牌西坡千岛湖开业，36 间客房入住率达 67%，平均房价达 1520 元，共计接待客人 10000 余人次，已成为全县民宿业的标杆。千岛湖景区首家顶级奢华度假酒店千岛湖安麓酒店已于 8 月投入运营，客房单价在 2000～9000 元，为消费者呈现了最前沿的国际水准休闲度假产品。文渊狮城新增 6 组特色民宿，增加 99 个床位，日常入住率达 40%。龙川湾景区推陈出新，总投资 1200 万元新建 20 座“水屋”、20 幢“树屋”，并成功引入英迪格酒店管理品牌。

**【景区活动】** 产业区块积极开拓旅游发展新思路，以特色活动打响“乐水小镇，康美姜家”旅游金名片，各类活动更是精彩纷呈。文渊狮城景区“大摆千鱼宴，邀君免费尝”，“醒狮归来”文渊狮城开园周年庆典、十一国庆“国际狮王争霸赛”、浙江省第十一届中华经典诵读比赛等系列活动，共吸引县内外游客约 45 万人次。龙川湾景区“亲子”玩转亲情色彩，举办的湿地生活节，彩绘艺术节，彩绘艺术墙体、赛龙舟等一系列体验活动，吸引了购票游客 8 万余人。同时，“36 都乡宿之夜”、章村忠孝文化节、方盛采摘体验节等主题活动亮点纷呈，“到姜家玩”成为千岛湖旅游新风尚。

**【招商引资】** 招商引资县外资金 3.4554 亿元，完成率达 101.63%；市外资金 2.489 亿元，完成率为 132%；省外资金 2.4232 亿元，完成率为 303%。一直以来，产业区块通过为企业提供“保姆式”服务，实现“枝繁巢暖引凤栖”的软件配套，掀起了新一轮项目建设投资的高潮。浙江省旅游集团与千岛湖旅游集团共同投资10亿元的千岛迷宫项目于3月29日正式落户姜家;与浙江大学就大学校区项目达成合作意向,明确了千岛湖校区以浙江大学为主,建设高端培训基地;9月27日,2017杭州秀水节开幕式暨首届千岛湖(国际)康美论坛召开,产业区块与杭州新天地集团签约了文渊狮城二期项目,计划用地约53.33公顷,总投资20亿元;10月12日,与杭州千岛湖金土地投资管理有限公司签约了千岛湖国际度假医疗养生中心项目,总投资10亿元,计划用地约46.67公顷。

**【镇区联动】** 为发挥技术优势,服务区域发展,区块与镇政府实行镇区联动机制。通过领导、人事、决策、信息、服务联动,加大重点工作的推进力度。2017年,产业区块全体干部积极配合姜家镇做好村级组织换届选举、国卫复评、清洁乡村、小微水体整治、高标农提升改造、党群组织建设等各项重点工作,呈现"1+1>2"的组合效应。为全面贯彻"四个人",深入开展进访解活动,产业区块全体干部参与联村工作,配合村干部做好村级事务管理,帮助解决村级建设难题,扶持村级经济发展,共计拨付30万元用于支持村物业综合楼改造和文化礼堂建设。

(余淑慧)

# 库区开发

## ·库区综合开发·

**【概述】** 2017年新安江开发总公司实现营业收入3.6825亿元，实现利润总额3615万元。招商引资工作到位资金3500万元，完成特色招商项目3个。姥山林场荣膺“全国工人先锋号”。

**【林渔资源保护工作】** 完成幼林抚育213.33公顷，发展柏木实验林、资源收集区6.27公顷，培育珍贵苗木40余万株。组建渔政森林消防预备队伍，森林消防首次实现零案件、零火灾，2名职工被评为浙江省优秀护林员。根据国家生态保护政策和项目建设要求，开展千岛湖国家森林公园总体规划修编工作。按照“一库一方案”开展库湾整治工作，重点完成青湾和钟岭坞库湾剿劣。投入300余万元，开展林渔单位及租赁点污水设施改造提升工程。践行“保水渔业”，向湖区投放116万千克优质鲢鳙鱼种，为历年之最。

**【改善基础设施】** 制定“一场一改造”方案，投入900余万元，完成林场空调、监控等安装及饮用水提升、场部绿化、林道建设等工程。投入800余万元，完成5个国有林场扶贫中央补助项目和11处林场危房治理改造工程。

**【农业园区建设】** 协助蓝城公司做好十八坞农业园区项目规划设计及风景区规划、生态红线划定、水环境功能区调整相关工作。橘园改造项目通过验收，生产柑橘450万千克，品质较上年有明显提升。探索农旅融合项目，举办千岛湖新安兵营年货团购月活动，搭建城乡融合平台，吸引1万多名外地游客。

**【旅游项目建设经营】** 金山鱼湾生态放流基地完成一期工程，于全国放鱼日对外开放，先后接待各级领导及团队2000余人次。姥山森林体验岛完成基础接待设施建设，开展松竹文化之旅、夏令营活动，接待游客3000余人次，实现收入30余万元。龙涧温泉康养园开展矿产资源储量评审、备案和登记等工作。神龙湾特色酒店实现营业收入超百万元。上江埠搜救中心、架子岭驿站完成建设投入试用。森林公园实现盈利，经营发展步入正轨。

**【园林产业】** 林业工程公司签订绿化工程合同1500余万元，圆满完成安麓酒店等园林绿化及养护工程；立足市场，拓宽经营范围，取得房建、照明、装修、市政等资质，中标建筑项目工程1200余万元；林业勘察设计业务打开省外市场，完成安徽宣城交投公司等编制业务，全年实现收入92万元。全年实现产值2692万元，净利润306万元。

**【优化品牌渔业】** 采购长江原种鲢鳙鱼苗4500万尾，培育夏花1130万尾，销售鱼货347万千克；销售中心开发优质淳鱼客户20余家；杭城第三家直营店对外营业；千发任天公司开发客户30余家；体验式巨网捕鱼常态化旅游项目接待游客12万余人次；千发食品公司引入液氮速冻加工流水线，开发鱼酱等新产品；鳌山渔村淳乡居民宿配套项目有序推进，获评首批杭州市特色民宿和特色休闲示范点；鱼博馆完成文化走廊创意提升工程；淳牌连续两年获最具影响力水产品企业品牌，有机鱼文化节荣膺国家级示范性渔业文化节庆,叶志清淡水捕捞技能大师工作室被列为省级技能大师工作室。

【木材贸易业务】 投入3000万元与千发集团和中林集团森林国际旅行社合作开展进口木材贸易业务,实现木材贸易收入3572万元、利润86万元。

【回报社会提升形象】 牢记国企社会职责,深入开展帮扶结对、党建互助、文明单位结对、春风行动、慈善一日捐、城乡组团竞赛等活动,落实帮扶和慰问资金、实物100余万元。积极组织三认服务群众、党员集中服务、"一户一册一干部"、党员干部"进访解"等工作,累计开展服务600余人次,为民办实事69件,得到社会的肯定。

(孙邦建)

## ·移民局·

【概况】 2017年,淳安县移民局(以下简称移民局)坚持实干担当、情系移民、服务移民的工作理念,各项工作成效明显。全年直补核减817人,到村核减605人,发放直补资金4930.89万元。美丽家园建设投入770余万元,建设美丽家园项目31个。为提高库区移民生活水平、完善库区基础设施建设,促进库区社会和谐发展得到保障。

【项目管理】 严格贯彻省移民办关于移民项目编排"少""大""准""预""明"五字工作要求,2017年共编排移民项目168个,项目数与2016年的654个相比较下降了76%,安排50万以上的移民项目61个。打造了汾口生态湿地、供销社农产品展示中心、千岛湖青溪村果园基地、瑶山花卉苗木基地、威坪彪鑫果蔬基地等一批社会效益和经济效益双赢的移民榜样项目。继续推行资金预拨付制度,进一步完善机制建设,积极鼓励、支持各乡镇探索第三方管理机制在移民项目管理中的实施和运用,鼓励报账资料委托第三方中介机构提供服务的做法,提高工作效率。及时对现有移民项目信息库系统进行升级,充分发挥项目库信息平台的作用。2017年年底,淳安县2015年以前下达的项目资金结报率达100%,2016年至2017年三季度后扶项目资金1.86235900亿元,支付1.68798960亿元,资金支付率达90.64%以上。

【资金管理】 加大移民周转金和有偿扶持资金的回收力度,全年共收回资金占用费、有偿使用费717万元。依法规范管理移民资产,所有固定资产的建设、维修、租赁等均严格程序,实行公开招投标程序;充分发挥法律顾问作用,所有的合同合约须经法律顾问审核后方可签订,确保移民资产在安全的前提下实现保值增值目标。加大对项目资金的监管力度,对移民人数多、项目资金多的重点乡镇,进一步提高检查密度,及时发现问题、解决问题,确保资金内审面达到30%考核要求,确保移民资金安全。对2016年监测评估发现的问题落实到乡镇,及时总结经验、一线解决问题、一线推进工作。

【创业致富】 深化创业致富工作,引导和帮助困难移民依托资源优势开展种植业、养殖业和农产品加工业。加大对投资百万元以上产业基地的扶持力度,扶持投资百万以上的产业基地项目5个。继续开展移民实用技术培训,在全县开展以养殖、种植、深加工等为重点的实用技术培训及电子商务、民宿民居、美丽家园为重点的实用技能培训,参训人数10165人,达到移民劳动适龄人口10%以上,使移民人均可支配收入达到当地农村居民的90%以上。做好文昌创业园一期工程的扫尾和工程验收工作,并及时组织文昌创业园、鼓山创业园的招商工作，使创业园充分发挥孵化器的作用，为创业创新提供良好环境。文昌创业园的二期工程土地已受让，正在前期准备工作。

**【精准扶持】** 扎实实施脱贫解困建设工程，全面落实《淳安县大中型水库移民困难临时救助实施细则》精神，对因病因灾致贫的移民实施救助，对符合条件的困难移民继续实施更加优惠的叠加救助政策。全年共对563户困难移民发放119万元救助金。同时，开展全县移民人身意外伤害、意外死亡和重大疾病保险全覆盖工作，确保全县移民不因病因灾返贫。

**【库区维稳】** 严格落实稳定风险评估制度，完善外迁移民定期联络制度，及时掌握外迁移民思想动态和信访需求，切实加强外迁移民的稳控工作，防止外迁移民群体性事件发生，确保十九大召开期间新安江移民群体总体稳定；进一步规范信访登记受理、转送交办、处理答复等工作程序，依法依规及时就地解决信访问题；充分发挥法律顾问的作用，借助专业法律团队的力量，依法妥善处理库区各类矛盾纠纷，增强信访工作实效；着力提高基层能力，抓好库区乡镇、村移民干部培训，切实提高基层队伍掌握动态、预测预警、化解矛盾能力，提升库区社会治理水平。2017年共办理各类信访件30件，其中上级转办17件，来信7件，其他6件；共办理“12345”县长公开电话9件，网上信访答复预处理信息16件，全年接待到访人员22批40人次。

**【移民文化】** 积极响应县党代会号召，挖掘具有淳安特色的移民文化。以库区移民为表现对象的睦剧《锦里人家》编排完毕，彰显地方戏曲特色，弘扬淳安的移民文化；按时间节点完成新安江移民纪念馆的老物件征集工作和设计装修工作，移民纪念馆于2018年1月15日开始试运行，试运行期间得到了市、县主要领导的充分肯定和了广大市民的广泛赞许。

**【招商引资】** 全年共参加5次外出招商活动，完成实际到位资金1600万元，特色招商项目1家，圆满完成招商引资工作目标。

（余文琪）

# 农 业

## ·富丽乡村建设·

**【概况】** 2017年,县农办紧紧围绕“坚定秀水富民路 建设康美千岛湖”战略,以农村康美环境为引领、康美产业为主导、康美生活为目标,全年目标任务较好完成,推动淳安县农村从“美丽”向“富丽”升级。全年实现农业总产值51.25亿元,增速5.1%;农村常住居民人均可支配收入17721元,增长10%;村级集体经营性收入5548万元,增长10.65%。

**【农村基础设施】** 围绕省委省政府全域旅游发展要求和市委市政府“拥江发展”战略,按照“重点打造与全域覆盖并重”开展美丽乡村建设,乡村旅游、民宿民居等新业态进一步兴起。启动美丽乡村示范县创建。全年完成200个村生态修复,52个村停车场和55个村农用桥建设。石林镇被评为浙江省美丽乡村示范镇,屏湖村等5个村被评为浙江省美丽乡村示范村。

**【厕所革命】** 建立出台农村“厕所革命”建设管理规范,整合资源,多渠道解决改建资金,建立健全长效运维机制,全年完成52个“厕所革命”示范项目,以千岛湖标准打造农村公厕“一厕一景”。如结合当地元素,“毛竹之乡”大墅镇的公厕打造成“毛竹屋”,“中草药之乡”临岐镇公厕墙面采用“淳六味”中药材喷绘等。

## ·农业产业发展·

**【百源经济】** 根据“人依源居,业以源兴”特点,编制发展规划,启动首批10条县级示范源创建,计划财政投入8000万元,分两年实施。通过富丽乡村、小城镇综合整治、绿道经济等联动推进,提升城乡统筹、富丽乡村等建设成果,打造一批环境优美、生态高效、业态繁荣、农民增收的县级农村特色产业带。截至12月底,10条源70个政府投资子项目,完工25个,完成投资4616万元,在投社会投资项目116个,计划投资超10亿元,完成投资4.84亿元,其中新增产业项目63个,2.07亿元,提升项目53个,2.77亿元,10条源共新增流转土地339.60公顷。

**【区域公用品牌】** 立足“淳山淳水、天然生态”独特禀赋,坚持“本乡本土、品牌品质”准入原则,整合全县散杂的农产品小众品牌,合力打造“千岛湖”农产品区域公用品牌,围绕茶叶、水果等主导产业,先后授权80余家农业企业规范使用“千岛湖”区域公用品牌。通过举办千岛湖斗茶大会、千岛湖生态水果采摘季等大型推介活动,参加中国国际茶叶博览会、世界浙商茶文化论坛、省农博会等展销活动,不断宣传提升品牌形象和知名度。“千岛湖茶”公用品牌跻身浙江省知名农业品牌50强,在2017中国区域公用品牌价值评估中,以14.84亿元进入全国茶叶品牌40强。千岛湖枇杷、千岛湖无核柿、千岛湖水蜜桃、千岛湖龙井茶入选农业部2017年度全国名特优新农产品目录。

**【农旅融合】** 把品牌馆二维码以及形象广告融进千岛湖旅游门票、湖区游船艇、景区广告、绿道驿站、精品民宿等资源,进行全方位推广。引入智慧农业系统,实现“品牌馆邮乐网—千岛湖旅游网—智慧农业网”全网络互通。指导协助各乡镇举办农事节庆活动，丰富乡村旅游项目。打造2条精品示范线，实施2个历史文化村落保护利用，启动2个风情小镇培育，全县共有10个村被命名为首批浙江省AAA级景区村庄。

**【产业发展】** 出台新一轮农业产业政策，对茶叶、水果、中药材、蚕桑、中华蜂等主导产业予以重点支持。建成启用千岛湖中药材交易市场，推动提升淳安中药材在全国的市场地位和影响力，中药材交易市场交易额超过4个亿，实现税收300万元。2017年，全县中药材投产总面积6013.34公顷，总产值3.688亿元，淳安县被认定为浙江省中药材产业基地。依托省山区经济发展项目和省农科院“县院合作项目”，带动特色产业发展。投资5500万元，完成省山区经济发展项目14个。“县院合作”第一批建成优质雄蚕品种规模化饲养、柑橘产业结构调整等13个项目，第二批立项实施高山紫菊无性繁殖、林下中药材栽培等11个项目。推进千岛湖“淳果小镇”农旅融合园区等新型农业载体建设，全年建成7个县级现代农业示范园区，全县面积在6.67公顷以上的农业园区57个。新培育省、市、县级农业龙头企业10家，县级以上农业龙头企业总数124家。建成农村特色产业基地村93个，有效推动农民增收。

**【人才工程】** 首次引入市场培训机制，通过公开竞标，将年度培训计划分五大类，落实到5所培训机构。出台《淳安县农民素质提升工程实施方案》，明确管理细则，基本形成农办牵头、各机构落实、乡镇配合的人才培养体系。以农村实用人才队伍建设为重点，坚持民生、热点和富民导向，“按需点单”开展培训，全年开展百源经济、中药材、民宿民居等培训103期5900人，为“三农”发展提供人才支撑和智力支持。成立淳安县乡土人才协会，以农产品经营、种养殖以及手工艺3类乡土人才为主，由16名有实力、能带动的规模企业主组成理事会，在人才服务和引领示范方面发挥作用。

### ·城乡统筹发展·

**【区县协作】** 落实年度协作资金1亿元，其中，区县协作资金8600万元，镇街协作资金1400万元。实施32个协作项目，投资总额达到2.054亿元。与往年相比，2017年区县协作资金使用进一步向经济发展项目倾斜，更加突出对于乡镇、农村产业发展的扶持，体现市级协作单位的协作意向，实现共赢发展。投入8000万元用于百源经济10条县级示范源培育，打造农旅融合的主平台、农民增收的新渠道；投入600万元用于村集体经济发展；投入1400万元用于农村产业发展、民生保障、基础设施等项目。同时，通过精心筹备汇报专题片、成果展示画册、现场参观活动等，联席会议会务工作得到参会人员的一致认可好评，提升了市级协作单位对淳安的美好印象，扩大了区县协作工作的影响力。

**【土地确权】** 淳安县土地确权测绘工作面临着确权村数多、地块数量多、面积小、测绘环境复杂等难题，农办作为实施单位精心组织，狠抓进度，加强与乡镇、测绘单位对接，全面完成415个需开展农村土地确权登记颁证村的指界测量工作，测绘成果顺利通过省质检总站验收。目前，全县已全面进入土地承包合同签订阶段，将有效激活淳安县农业农村内生发展动力。

**【消薄行动】** 做好上轮薄弱村工作的同时，启动新一轮消除集体经济薄弱村工作。2017年度立项薄弱村项目33个，及时足额拨付资金。结合新一轮第一书记下派工作,实现村集体总收入20万元且经营性收入5万元以下的101个村第一书记派驻全覆盖。制定《关于实施消除集体经济相对薄弱村三年行动计划的意见》,强化因村制宜,探索投资参股经营、盘活现有存量资产、建立产业基金、发展物业经济等多种发展渠道。

**【低收入农户增收】** 开展政策调研,制定《关于开展第三轮“联乡结村”活动的实施意见》(县委〔2017〕29号),落实帮扶资金6754.02万元。完成新一轮低收入农户认定和数据录入,共新认定低收入农户16959户,31381人,占2016年全县农业人口数的8%。做好低收入农户子女助学资金、小额信贷贴息、产业发展工作,2017年,为全县222户低收入农户申请市级“春风行动”补助66.6万元;390户低收入农户申请县级助学补助121.37万元;发放低收入扶贫爱心小额贷款卡2万余张,发放贴息贷款2230.05万元。

**【农民转移集聚】** 做好丰家山二期一批753户转移农户安置工作和枫树岭镇等农民转移集聚工作,2017年共转移826户2561人,补助资金76726416.22元。起草完善自购商品房安置新政策,修改完善货币补助政策及后续管理政策的相关问题。

**【农村用电安全】** 认真落实“农村用电安全保障”实事工程办理,研究出台农村用电安全员管理办法,为每个行政村配备1名农村用电安全员。10月,启动农村用电安全员取证培训工作,全县6个片区培训371人,年底前全部配备到位。

### ·农业科技·

**【整建制推进生态循环农业发展】** 2017年淳安县继续围绕“一控两减三基本”目标,重点开展“化肥农药减量增效、畜禽养殖业综合整治、废弃农药包装物回收处置、农村清洁能源提升、液肥异地配送、区域性生态农业示范”等重大生态农业工程建设,构建了“化肥农药减量增效、废弃农药包装物回收处置、农业废弃物资源化再利用、智能化液肥异地配送服务”四大模式,得到了各级部门的充分肯定。4月,农业部相关专家来淳安县就生态循环农业发展作了专题调研,11月22日,副县长商松懋代表淳安县在全省生态工作会议上做了典型汇报。全年共接待贵州、湖南、广东等省考察团9批222人次。

**【农业面源污染治理】** 2017年,深化推进淳安县农业水环境治理的各项工作。全县共建立统防统治核心示范面积4693.34公顷,推广商品有机肥2.05万吨、配方肥2950吨,推广应用测土配方施肥面积2.4万公顷,新建沼气工程210立方米,完成户用沼气池大出料维护416只,新增沼液利用量10.14万吨,减少不合理化肥使用量231吨,减少农药使用量9.5吨,回收废弃农药包装物89吨、无害化处理81.78吨,实现了回收率95%以上、无害化处置率90%以上的目标。农业局被评为2016年度杭州市“五水共治”工作先进集体。

**【液肥配送体系运维】** 液肥配送服务体系的运行,为淳安县畜禽养殖业排泄物的资源化利用提供了新的技术手段,2017年为提高液肥使用量,积极对接县公路段、交投公司等相关科室探讨液肥多途径利用模式。全年通过液肥配送服务体系配送至规模种植基地及公路绿化带,完成了2万吨的配送目标,进一步优化了淳安县农业生产环境,实现畜禽养殖排泄物的资源化利用。

【世行贷款项目】　2017年，制定了《浙江千岛湖及新安江流域水资源与生态环境保护工程—淳安县农业面源污染治理》规划，进一步推进淳安县生态循环农业发展及农业面源污染治理工作，该规划实施年限为2018～2023年，财政计划投入资金24760万元，针对种植业及养殖业产生的农业面源污染，开展环境友好型种植业示范项目和畜禽养殖废弃物农牧对接示范项目，通过项目实施将进一步改善淳安县农业面源污染情况，推进绿色生态农业发展。

【基层农技推广体系改革与建设】　项目总投资80万元，项目强化了23个基层农业公共服务中心的“3＋X”和“1＋N”职能配置和服务模式，建设省级现代农业科技示范基地5个；选送53名基层农技人员到省级科研院校参加为期5天的知识更新培训；围绕粮油、茶叶、水果、蔬菜、食用菌、畜禽6大主导产业，推广新品种110个、主推新技术38项，增产增收效果明显。

【杭州市农业丰收奖项目】　集成推广先进适用农业技术，2017～2018年度中药材、水果、蔬菜、食用菌等产业立项实施市农业丰收项目4项；2016～2017年度实施的粮油、茶叶、水果等4项农业丰收项目通过验收，推荐2个丰收奖项目参加省级评奖。

【县农业产业技术创新与推广服务团队】　粮油、茶叶、水果、蔬菜、食用菌、畜禽6个县级农业产业技术创新与推广服务团队，组织开展农业先进技术集成熟化6项、解决蔬菜嫁接苗、蔬菜无土栽培、桃流胶病、水稻高产科技攻关、秀珍菇虫害、黑木耳高温烂棒、黑木耳提前生产温度控制关键、绣球菌工厂化控制等农业生产中技术难题7项。组织推介观摩、培训活动9次。

【新型职业农民培育】　按照“科教兴农、人才强农、新型职业农民固农”要求，着力培养一批爱农业、懂技术、善经营的新型职业农民，2017年，举办蚕桑、茶叶、果树等专业技能型新型职业农民10期共585人，技能鉴定合格率达90%以上。

【淳安县农广校】　浙江省农业广播学校淳安分校2017年招收果树生产、中药材种植2个专业班新生共计83人，招生数创淳安农广校历史纪录；截至年底，在校生有127人，也创历史新高；2015级果树生产专业计33人通过全部课程学习和考试，于6月取得毕业证书。

【农业专业技术人员继续教育】　组织20名县乡两级农技人员参加了杭州市农培中心举办的农技人员知识更新和素质提升培训班学习；组织县级技术人员参加农业部举办的网络—农广在线知识更新培训12期共360余人次。组织推荐4名基层农技人员，参加浙江大学远程教育学院农业推广专业专升本学历提升免费学习。

（严华建　汪　娜）

### ·产业信息·

【省级园区建设】　委托浙江省农业科学院完成《下姜及周边地区农业产业振兴规划》《淳安县下姜现代农业园区建设方案》《环千岛湖蚕桑现代农业园区建设方案》《淳北中药材现代农业园区建设方案》编制工作。《关于公布2017年省级现代农业园区和特色农业强镇创建对象名单的通知》（浙农园办〔2018〕1号）文件确定，淳安县下姜现代农业园区成功入选为2017年24个省级现代农业园区创建对象之一。

【美丽农业】　2017年1月，出台《淳安县人民政府办公室关于开展打造整洁田园建设美丽农业行动方案(2017—2020)》(淳政办发〔2017〕4号)文件。界首乡、姜家镇建成市、县美丽农业乡镇;建成市、县美丽田园体验区和美丽农牧渔场共47家。2017年2月,在全市美丽农业建设现场会上,淳安县作典型交流发言。

**【智慧农业】** 建成"淳安传化有机铁皮石斛智慧农业示范园区"1个市级智慧农业示范园。

**【良种保护】** 安排613.2万元专项资金用于淳安花猪、鸠坑种茶、中华蜜蜂、农作物等原生境保护,落实良种保护项目8个。

**【现代农业园区】** 建成"羡山岛缤纷花果山现代农业园"等7家县级现代农业园区,新建钢架大棚面积10.50公顷。2017年10月17日,浙江省农业厅厅长林健东到淳安县调研现代农业,先后考察了千岛湖镇汪家源"淳果小镇"、枫树岭镇下姜村和沪阳农业开发有限公司的杏鲍菇生产基地。

(葛一舟)

## ·农产品质量监管·

**【农产品质量安全监测】** 2017年,开展了农业部、省、市、县四级例行监测,省级茶叶、柑橘、西瓜等农产品的专项监测,以及省级示范合作社、名牌农产品的跟踪监测。全年完成农产品定量检测915批次,合格率为99.5%,其中蔬菜479批次,食用菌2批次,粮油16批次,水果157批次,茶叶93批次,畜禽产品126批次(其中不合格4批次),水产品42批次。完成快速定性检测21738批次,其中果蔬类11248批次,合格率为99.9%;生猪和屠宰场10229批次,合格率为100%;水产品261批次,合格率为100%。不合格农产品处置率为100%。

**【农产品质量安全认证】** 2017年,新增无公害农产品产地38个,无公害农产品44个;绿色食品1个;"鸠坑茶"地理标志农产品1个。完成复查换证无公害农产品41个。

**【杭州市农产品质量安全保障项目】** 2017年杭州淳安千岛湖生态综合养殖有限公司、杭州千岛湖科普养殖园、淳安县千岛湖葡萄开发有限公司、淳安县农业技术推广中心4家单位通过品质农业创建审核;淳安县千岛湖高垅龙井茶专业合作社实施的《高垅龙井茶标准化推广示范》、淳安县鸠坑万岁岭茶叶专业合作社实施的《鸠坑原种茶标准化生产加工技术示范》、杭州千岛湖兴宝菇业专业合作社实施的《食用菌标准化推广示范》通过杭州市农产品标准化推广示范项目验收。

**【农业标准化生产程度】** 2017年农作物种植标准化生产程度64.80%;畜禽标准化生产程度70.28%;渔业标准化生产程度99.2%。

(杨佩贞)

## ·植保土肥·

**【市级中低产田改造项目】** 2017年,实施2016年度市级中低产田改造示范项目6个,实施总面积193.267公顷,项目工程总投资334.35万元,其中市财政补助265万元,县财政补助22.95万元,自筹46.4万元。项目主要完成工程措施:新建排水渠5068.6米,新建机耕路1881.4米,新建石挡墙160米,土地平整2.858公顷。项目区开展种草、冬绿肥、秸秆还田等生物改良措施116.67公顷,推广测土配方施肥、综合防治等农艺措施110.28公顷。

【春季农村统一灭鼠】 2017年，春季农村统一灭鼠工作在全县23个乡(镇)423个村范围内展开，共实施农田统一灭鼠面积为8333.333公顷，农户统一灭鼠10.5万户，免费供应鼠药(0.5%溴敌隆母液)72千克，共投放毒饵7700千克。

【测土配方施肥工作】 2017年，开展推广农作物测土配方施肥面积24000公顷，施用配方肥2950吨。完成标准农田4个土壤肥力长期定位监测点、生态、蔬菜、钱江流域和有机肥施用22个土壤肥力动态监测点的地力监测工作。完成农业“两区”污染监测常规点9个、综合监测点2个的布局和监测工作。完成水稻、果树、蚕桑、茶叶等肥效对比、替代等试验5个，完成土样采集325个，化验土样325个，测试项次1950项，植株样品30个，测试项次90项。

【标准农田质量提升工程】 2017年，淳安县组织实施2013年度续建项目标准农田质量提升地力培肥工程568.59公顷，以山区河谷平原田畈和山区低丘田畈为主，其中二等三级田有458.25公顷，占80.59%，二等四级田有110.34公顷，占19.41%，农业生产能力较低。通过项目的实施项目区地力水平明显提升。

(姜铭北　唐宁安)

## ·农业执法·

【废弃农药包装物回收】 2017年，全面推进废弃农药包装物回收工作，全县23个乡镇136个回收点回收各类农药废弃包装物89吨，达回收指标163.46%；已无害化处理81.78吨，全年投入回收资金376.69万元。

【“绿剑”执法行动】 2017年3～5月和7～10月，开展“绿剑”系列集中执法行动，累计出动执法人员250余人次，检查农资经营网点和农产品生产基地190家次，通过执法检查和抽检等手段发现违法行为23起，立案23起(包括8起简易程序)，其中农药案4起、肥料案12起(8起简易程序)、兽药案4起、饲料案2起、种子案1起，共查获数量21520.1千克，货值金额5.1086万元，罚没款6.9505万元。违法行为查处率100%，结案率100%，无行政复议和行政诉讼。

【农资质量监管】 全年抽检农业投入品129批次，其中种子16批次、农药43批次、肥料33批次、兽药15批次、饲料和饲料添加剂22批次。全部129批次的样品检测结果中，不合格批次有23个，均已立案查处。

【农业法律法规宣传培训】 开展农业法律知识宣传活动2次。3月，参加放心农资下乡宣传活动，共发放资料1800份，接受咨询人数300人次。在“放心农资下乡宣传活动”中组织农资企业优惠供应农用物资31万余元，为农民节约资金5万余元。10月，开展“送法进农户、送法进企业、送法进校园”的三进活动，在汾口镇开展1次新《农药管理条例》培训，发放资料500余份。在千岛湖镇、汾口镇开展2次植物检疫知识现场宣传活动，并在主要集镇悬挂宣传横幅4条，发放各种宣传资料1400余份。举办农药经营人员培训班暨农资监管信息化培训班1期，累计培训人数119人次。

【植物检疫防控】 2017年，受理种子调运检疫1批次40千克，苗木(茶叶苗)调运检疫12批次326.02万株。设立各类疫情监测点12个，建立柑橘溃疡病综合防控示范区一个，示范区面积40公顷。开展梨枯梢病、加拿大一枝黄花、柑橘溃疡病、黄瓜绿斑驳花叶病毒病等各类疫情普查工作，投入普查人力1300余人次，普查面积为15755.7公顷，各级投入普查经费18.84万元，铲除加拿大一枝黄花0.53公顷。开展植物检疫专项执法行动，共出动检疫执法人员20余人次，检查种子(苗木)经营企业5家，种苗繁育企业1家，检查种子15批次18500千克，市场检查苗木7批次52.5万株。淳安县被评为2017年度杭州市重大农业植物疫情防控工作优秀等次。

(余廷贵　钱志冲)

## ·蔬菜(食用菌)·

**【概况】** 2017年，全县蔬菜播种面积8906.67公顷，产量24.08万吨，产值5.12亿元；全年生产食用菌规模1970万袋，产量9971.3吨，产值10046.26万元。其中，黑木耳186.8万袋、香菇366.1万袋、秀珍菇411.5万袋、杏鲍菇741万袋，其他菇类264.6万袋。

**【杭州市“菜篮子”基地建设】** 新建淳安县毛家山野蔬菜基地、里商乡莼菜生产基地等两个蔬菜基地7.87公顷，改建提升杭州千岛湖金溢农秀珍菇基地、杭州淳安硕凯农业食用菌基地，投入建设资金353.72万元。全县“菜篮子”基地累计直供直销蔬菜10123.84吨。

**【县生态农业产业发展基地建设】** 改建提升兴宝菇业和桑都等食用菌基地2个，总投入建设资金222万元，基地智能化出菇房、制冷机组等配套设施设备得到有效提升。

**【院县合作项目】** 继续实施“蔬菜新品种引进与关键技术研究和示范应用”，启动实施“食用菌产业(桑黄)新资源视频标准与炮制技术研究”“黄瓜、南瓜等蔬菜新品种的示范与推广”县院合作项目2个。引进南瓜、茄子、绣球菌等新优蔬菜品种10个，示范推广嫁接苗、小苗定植等蔬菜高效栽培技术7项，开展食用菌产业(桑黄)食字好执行标准与中药材质量标准研究，仿野生栽培4万余棒。

**【三新技术推广应用】** 举办蔬菜、食用菌技术培训班5期，培训乡镇农技人员及规模基地、生产大户340余人次。推广应用蔬菜肥水同灌、嫁接育苗栽培技术，示范省主推辣椒品种“杭茄2010”13.33公顷。开展桑果枝栽培食用菌、高效节能灭菌装备等技术应用示范，熟化秀珍菇虫害绿色防控技术，实现技术全覆盖。引进水肥一体机、菇类产品空气能烘干设备、自动接种机等新型机具4台，推动菜篮子基地“机器换人”步伐。

**【建成省内首家工厂化绣球菌基地】** 在兴宝菇业成功引种并规模化栽培绣球菌，成为浙江省首个绣球菌工厂化生产地区，年生产能力达100万袋。

**【“金溢农”牌秀珍菇荣获2017年浙江省精品果蔬展金奖】** 首次组团参展浙江省精品果蔬展，选送5家基地10个蔬菜、食用菌产品，杭州千岛湖金溢农食用菌专业合作杜“金溢农”牌秀珍菇获得2017年浙江省精品果蔬展金奖。

(潘飞云)

## ·农机·

**【农机总动力稳步提升】** 截至2017年末，淳安县农机总动力309487千瓦，比上年略有增加。其中，柴油机120025千瓦，汽油机22942千瓦，电动机166520千瓦。农业机械原值达34324万元。拥有耕作机械1921台，种植及收获机械116台，山地轨道运输车9条；新增各类农机装备3280台(套)；首次引进乘坐式蔬菜移栽机、履带式小型收割机、全自动食用菌装袋机、割草机(自走轮式、乘坐式)、烘干设备(食用菌、中药材)等机具9台(套)。

**【农机推广与培训】** 全年举办农机手安全驾驶法规培训班、山地轨道运输机械培训班、“平安农机”示范乡镇培训班等培训班7期,培训相关人员1151人次。2017年6月16日,浙江省暨杭州市农机事故应急处置演练在淳安县举行。

**【农机监理】** 全年检验拖拉机239台,受理信息登记118台外省级拖拉机,备案87名外省籍拖拉机驾驶员。免费实地检验机具186台。举办拖拉机驾驶员培训班2期。受理拖拉机报废申请81台。

**【农机补贴】** 2017年,全县补贴购置各类农业机械2787台套,享受中央及地方财政补助资金总计648.7万元。

(冯玉琴)

## ·农村能源·

**【农村户用沼气池大出料维护项目】** 项目为政府投资项目。全年完成农村户用沼气池大出料维护416只,完成计划任务。

**【沼肥利用推广】** 2017年,全县共新增沼肥利用10.14万吨,利用农作物面积近2000公顷。

**【小型沼气工程建设】** 2017年,在5个农业企业基地新建小型沼气工程5处合计210立方米。

**【杭州市2017年度农林牧废弃物资源化利用示范项目】** 2017年,依托杭州市2017年度农林牧废弃物资源化利用示范项目,在临岐镇新建投产淳安县首家利用农林废弃物生产生物质颗粒燃料的工厂(淳安千岛湖泽祥实业有限公司)。通过该项目建设,每年可收集利用临岐镇、瑶山乡和屏门乡区域内的农林牧废弃物(稻草、玉米、豆秆、山核桃壳等)3000吨,生产生物质颗粒燃料7000余吨,综合效益明显。

(程建明)

## ·茶叶·

**【概况】** 2017年,共生产各类茶叶4576吨,总产值73781.7万元,与上年同比,产量增230.4吨,增幅5.3%,产值增8531.5万元,增幅13.1%。其中,名优茶3402.2吨,产值68860.5万元,分别比上年增长1.9%和11.5%。

**【项目建设】** 完成省十县33333.35公顷茶产业升级转化工程项目验收材料的编写、报送;参加浙江省茶树新品种选育重大科技专项“十三五”目标中的5个子课题任务;开展浙江省茶产业技术团队项目“浙江特色红茶生产技术研究与推广”“龙井茶连续化加工技术标准研究与推广”的实施;协助完成省农业厅科技项目“适制浙江红茶品种筛选”的试验和实施任务;组织申报并立项2017年度市山区纯农户增收工程项目7个,县产业政策性资金项目8个。

**【推广鸠坑单株】** 开展鸠坑茶原种的异地保护、收集、选育、繁育、试验等工作,2017年共出圃鸠坑单株茶苗320万株;制定鸠坑种优良单株推广发展计划,力争3年实现种植规模666.67公顷,5年达到2000公顷的目标,形成淳安县合理的特早(乌牛早)、早生(鸠坑单株)和中生(鸠坑群体种)品种搭配结构。

【鸠坑有机茶小镇建设】 完成“鸠坑有机茶企业联盟”组建;继续扩大产区“两禁”范围,签订协议农户220余户,面积160.00余公顷;全乡茶厂全面开展煤、柴灶改生物质颗粒等清洁化提升,完成220只生物质颗粒燃烧炉的改造,添置茶叶加工流水线2条,开展1家标准化、清洁化加工厂的重建改造等多项任务。2017年,全县共完成茶园统防统治计划828公顷,持续推进茶产业绿色生态防控。

【试验示范与技术推广】 继续以鸠坑单株技术推广、良种良法应用、名茶连续化清洁化加工、红茶加工技术、茶园肥药双控等为主要内容,做好技术指导,强化技术培训。与市县农业科教部门合作、邀请省市茶叶专家指导、组织、参与技术培训班13期,培训生产技术骨干、茶农700余人次。开展“十三五”优质高香绿茶品种选育、优质红绿茶兼制品种的筛选和工艺优化试验;鼓励企业深入开展红、黑茶类加工研究,扩大茶粉、茶食品等茶产品利用方面的探索,推进绿+红、绿+黑、名优茶+茶片茶粉、茶初制品+茶延生产品等多茶类、多品种组合生产模式,增长茶产品附加效益。

【品牌宣传与服务】 积极配合完成“2017·第三届千岛湖斗茶大会”等县政府主办的茶事活动,积极协助里商、鸠坑举办了千岛湖龙井茶(里商)体验节、2017第九届“千岛湖·鸠坑茶文化节”等活动;5月,组织参加在杭州举行的中国国际茶叶博览会,向全世界茶叶爱好者展现了淳安茶叶的风采。8月,“鸠坑茶”以优美的生长环境,深厚的文化底蕴,独特的品质特征顺利通过“国字号”品牌——农业部农产品地理标志登记。“叶肥耐冲泡,栗香味鲜浓”成为鸠坑茶独有品质印记。

(李 继)

## ·畜牧·

【概况】 据畜牧定点调查,2017年,全县生猪年末总存栏12.04万头,同比增长1.12%;出栏13.7万头,同比减少7.42%。家禽存栏50.55万羽,同比增长1.98%;出栏39.59万羽,同比减少22.86%。牛存栏0.25万头,同比减少4.53%。羊存栏0.53万只,同比减少1.36%。兔存栏0.02万只,同比减少4.55%。蜂存栏28000箱,同比增长27.27%。鹌鹑存栏30万羽。全年肉类总产量11420.35吨,同比减少8.08%,禽蛋产量4794吨,同比减少2.78%。

【重大动物疫病防控】 落实免疫、监测、流调、消毒等各项防控措施,禽流感、口蹄疫、猪瘟、高致病性猪蓝耳病和小反刍兽疫5种重大动物疫病免疫密度均达100%,下发各类疫苗221.145万头份(毫升),监测养殖场(点)260场次,出动人员780人次,采样送检畜禽血样等5626份,监测抗体水平全部达到了农业部规定的70%以上。乡镇上报月度疫情巡查报表276份、综合巡查报表780份,村级防疫员上报乡镇巡查1212次;动物标识及疫病可追溯体系建设有序推进,全县共启用93台移动智能识读器联网操作运行,上传农业部动物标识及动物产品追溯系统防检疫信息26.72万条头次。

【动物检疫监督】 开展动物检疫证章标志管理提升行动,规范检疫管理,全面实行检疫电子出证。全年产地检疫生猪34328头、家禽74090羽、蜜蜂2770箱、马33匹;禽产品21.63吨。事先备案生猪182批次15652头、猪肉642批次1030.16吨、禽产品9批次47.45吨,调入动物及产品备案率达100%。开展“双随机、一公开”抽查工作等共计11项专项整治行动，出动检查人员350次810人次，检查单位445家次，下发责令整改通知书30份，办理动物卫生监督执法案件6起，罚没款7621元。

**【畜产品安全监管】** 开展养殖环节违禁药物检测，采用生猪瘦肉精快速金标法，共进行盐酸克伦特罗、莱克多巴胺、沙丁胺醇监督检测6000头(份)。完成省市送检任务164个(大猪尿100个，禽类20个，猪肉20个，猪肝8个，投入品16个)，完成县食安办送检任务50个(禽类30个，投入品20个)。

**【畜禽屠宰监管】** 严格定点屠宰监管，强化乡镇屠宰巡查，确保上市肉品质量安全。县肉类加工厂全年屠宰生猪2.61万头，屠宰检疫检验2.61万头，定点屠宰检疫检验率达100%，开展宰前瘦肉精自检493批次4609头，自检比率达17.66%以上，监督抽检393批次756头，检测结果全部为阴性。监督指导无害化处理病害生猪134头及其产品5455千克，无害化处理率100%。

**【动物尸体无害化处理】** 建立"统一收集、集中处理、保险联动、智慧监管"的长效监管机制。全县共建死亡动物收集点(冷库)21个其中规模生猪养殖场15个，公共收集点6个；4月1日起，正式启用电子监控实施智慧监管，开展死亡动物统一收集、集中转运，实现跨区域无害化处理。将生猪、能繁母猪、鸡、蛋鸡列入县政府政策性农业保险全额补助范围，对收集畜禽进行保险理赔。全年共收集处理死亡生猪4021头，生猪产品9432千克，死亡鹌鹑31360千克，跨区域无害化处理体系运作良好。

**【完善动物卫生监督体系建设】** 千岛湖检疫申报点成功创建省级动物卫生示范窗口，配备专职官方兽医1名，协检员11名，落实固定办案人员2名，配备执法记录仪等办案设备，提升基层所站综合业务能力和执法水平。

**【项目建设】** 6家养殖场"2016年淳安县畜禽生态养殖项目"，2016年淳安县农业科技项目——翻毛鸡养殖推广示范项目；2016年中央现代农业生产发展(标准化养殖)项目——标准化改造提升项目，淳安花猪种质资源保护和开发利用项目2017年7月获杭州市科技进步二等奖通过验收项目；2017年淳安县农业科技项目——中华蜜蜂标准化活框养殖项目，浙江省农业科学院院县科技合作项目——蛋鸭旱养关键技术集成示范和淳安县中蜂主要疫病监控与养殖关键技术研究与应用，2017年淳安县畜禽生态养殖项目，淳安花猪和中华蜜蜂良种保护项目立项实施项目。

**【品种保护】** 继续配合金峰乡做好中华蜜蜂保种场建设，在划定省首个中华蜜蜂保护区、成功创建杭州市首家中华蜜蜂一级保种场的基础上，积极探索，有序发展；两家省级资源保种场淳安县茅山淳安花猪种业有限公司和杭州千岛湖蜂业科技有限公司千岛湖种蜂场，已落实保种方案，明确保种目标任务。

**【宣传培训】** 为提高从业人员业务技能与水平，采取多种形式开展农技人员知识更新培训、畜产品安全、重大动物疫病防控、生态养殖技术等培训5批次，受训人员282人次。发放相关宣传资料840余份。

**【启用畜牧云平台】** 根据省市相关部门要求及统一工作部署，淳安县于2017年初开始使用浙江省畜牧业智慧云平台。目前，平台检疫模块、屠宰模块、防疫模块、养殖管理以及项目管理模块已正常开展业务工作。

**【畜禽养殖业污染整治工作】** 为巩固畜禽养殖污染治理成果,杭州千岛湖养殖有限公司等5家畜禽规模养殖场已完成关停退养工作,已核拨补助资金1791余万元;关停富文乡徐南大养殖场、文昌镇余泽法养殖场两家生猪保留养殖场;开展畜禽养殖废弃物处理隐患再排查再治理百日行动,对淳安县规模畜禽养殖场开展综合巡查,累计出动116人次,下发巡查工作抄告单6期、整改告知书7份;完成全县25家保留生猪养殖场及无害化收集点智能化在线监控平台建设,并接入县环保局监管平台实施在线防控;畜禽规模养殖场全面完成"一场一策"农牧对接方案,确保治理设施正常运行、确保消纳落地、实现生态消纳,加速推进畜禽养殖"减量化、无害化、资源化、生态化"发展进程。

(刘荣平　余爱珍　徐旭敏　杨小春)

## ·水果·

**【概况】** 2017年,全县水果生产总面积8830.54公顷,总产量104706吨,总产值32704万元,分别比上年同期增长1.02%、增长26.31%、增长42.27%。

**【生态水果基地建设】** 2017年,全县新建生态高效水果基地面积222.47公顷,其中柑橘59.67公顷、枇杷31.67公顷、桃46公顷、杨梅27.33公顷、梨3公顷、葡萄7公顷、猕猴桃8.67公顷、其他39.13公顷。完成提升改造面积556.67公顷,其中淘汰更新198.07公顷、提质增效352.53公顷、高接换种6.07公顷。

**【参评参展获奖】** 在"2017年杭州市第三届优质鲜桃评比活动"中,荣获"二金一银一优",淳安小标农业开发有限公司选送的"观音桃"、淳安县千岛湖德尧果蔬专业合作社选送的"白桃"荣获金奖,淳安县锦溪果蔬专业合作社选送的"大团蜜露桃"荣获银奖,淳安千岛湖彪鑫果蔬专业合作社选送的"燕红桃"荣获优质奖。在"2017浙江精品果蔬展销会"中,淳安小标农业开发有限公司的"黄芝山"牌桃荣获金奖。在"2017精品草莓评选活动"中,淳安千岛湖乐乐农业开发有限公司的"下姜"牌"越心"草莓喜获金奖。

**【技术培训】** 2017年,全县举办水果优质栽培技术培训班20期,受训果农1420人次,发放资料1430份。

(江雪芳)

## ·种子·

**【种子市场质量监管】** 完成2017年度省市下达的市场种子质量抽检16个样品批次的检查工作,年出动执法人员45人次,检查种子经营企业30余家,检查经营档案30余个,检查标签数量60余个,扦取种子样品16个。

**【农作物区试工作】** 2017年,完成9组农作物新品种区试,参试农作物品种达94个。如国家区试甜玉米1组11个品种、糯玉米2组21个品种;省级区试甜玉米1组13个品种三个重复、糯玉米1组12个品种三个重复、普通玉米区试6个品种三个重复;市级水稻区试1组11个品种二个重复,省极限耐迟播鲜食秋大豆区域试验,8个品种,三重复、省油菜区试1组12个品种三个重复。

**【救灾储备种子】** 2017年,实际储备粮食作物种子8.175万千克,其中杂交玉米种子3.11万千克(折合常规种子数量7.775万千克);蔬菜种子0.08万千克(折合常规种子数量0.4万千克)。完成了上级业务主管部门下达的8万千克储备种子储备任务。同时,及时动用储备种子 280 千克，确保农业生产稳定发展。

**【农作物种质资源保护】** 做好临岐右源旱粮基地建设、种质资源原生境保护及示范展示工作。在右源旱粮基地建设中，着重做好马铃薯、白黄瓜等淳安本地农家品种的展示、繁育以及相关的性状观察等，已完成的有马铃薯、正在做的有辣椒、白茄子、白黄瓜、船形豆、扁豆、芝麻、荞麦、黑豆、六月豆、高粱、花生等品种展示。在基地集中展示观察的基础上，继续做好农作物品种原生境的保护工作。2017 年，在枫树岭、王阜等 10 个乡镇共安排了 25 个点进行当地农家品种的原生境保护，涉及农作物品种有粮食、蔬菜、油料三大类作物 66 个品种，并在王阜、大墅、枫树岭等地对山玉米、番薯、荞麦进行展示示范。

**【开展县第三次农作物种质资源普查与收集工作】** 2017 年 4 月，启动淳安县第三次全国农作物种质资源普查与收集的工作，成立由种子站、农作站、茶叶站、果树站等科室组成的县农作物种质资源普查小组，召开老同志座谈会，乡镇工作布置会，查阅县志等各种档案资料，深入全县各乡镇田间山头调查收集，与农村有经验的农民交流座谈，了解各乡镇地方品种的情况，为完成全年普查和收集工作打下坚实基础。目前，全县已完成种质资源品种定位 130 余个，收集上交 30 个种质材料，收集整理上交约 100 个种质材料，圆满完成普查工作任务。同时，通过钱江晚报、农村信息报、今日千岛湖等媒体的大力宣传报道，扩大种质资源保护的影响力，增强地方品种资源的保护意识。

（吴东林）

## · 粮油 ·

**【概况】** 2017 年，全县粮食播种面积 16465.21 公顷，比上年减少 385.13 公顷，降幅 2.29%，总产 7.2592 万吨，比上年减少 0.0833 万吨，降幅 1.13%。其中，小麦面积 266.27 公顷，平均单产 146 千克，总产 583 吨，面积减 17.73 公顷，单产增 12.64 千克，总产减 9 吨，面积、总产减幅分别为 6.24%、1.52%，单产增幅 9.48%；马铃薯面积 809.60 公顷，平均单产 292 千克，总产 3541 吨，面积增 86.87 公顷，单产增 3.16 千克，总产增 415 吨，面积、单产、总产增幅分别为 12.05%、1.09%、13.28%；蚕（豌）豆面积 159.27 公顷，平均单产 145 千克，总产 346 吨，面积增 51.27 公顷，单产增 1.62 千克，总产增 114 吨，增幅分别为 47.47%、1.13%、49.14%；玉米播种面积 7194.74 公顷，平均单产 331.59 千克，总产 35786 吨，面积减 284.87 公顷，单产增 1.85 千克，总产减 1209 吨，面积、总产减幅 3.81%、3.27%，单产持平；番薯播种面积 3208.40 公顷，平均单产 324 千克，总产 15593 吨，面积增 166.40 公顷，单产增 4 千克，总产增 993 吨，面积、单产、总产减幅 5.47%、1.26%、6.8%；大豆播种面积 3495.27 公顷，平均单产 145 千克，总产 7584 吨，面积减 255.40 公顷，单产增 1.44 千克，总产减 473 吨，面积、总产减幅 6.81%、5.87%，单产增 1.44%；水稻播种面积 1148.80 公顷，平均单产 506 千克，总产 8719 吨，面积减 61.20 公顷，单产减 2 千克，总产减 501 吨，面积、单产、总产减幅 5.06%、0.4%、5.43%。油菜面积 6555.94 公顷，平均单产 131 千克，总产 12882 吨，面积减 194.00 公顷，单产减 0.96 千克，总产减 179 吨，单产持平，面积、总产减幅分别为 2.87%、1.37%。

（监测数据）

**【粮食生产功能区建设】** 2017 年，升级创建中洲镇叶村村私家坞畈、畈心里畈、苏家畈村上下畈 34.33 公顷市级水田类粮食生产功能区。截至2017年,淳安县已建功能区面积2166.47公顷,完成省下达淳安县2000公顷粮食生产功能区建设总任务的108.3%,建设数量189个。其中,创建省、市级粮食生产功能区14个,面积826.27公顷。

**【景观农业建设】** 大墅镇孙家畈村建设农业景观示范点3.33公顷,引进种植“十里荷一号”“建选17”“红衣舞女”“友谊牡丹莲”等子莲、盆栽、睡莲、碗莲荷花品种;种植紫色、黄色、红色、白色4个彩色水稻品种,形成“鱼肥粮丰”“牧童短笛”和“田园逐梦”3个彩稻图案主打区块。通过水旱轮作、休耕等模式,采用增施有机肥、先进无人机统防统治等技术,减少农药和化肥的施用量,生产生态农产品,保护千岛湖环境。

**【淳安稻米品牌再获金奖】** 在2017浙江农业博览会上,淳安县文昌农盛粮油专业合作社生产的“清野”牌“千岛湖富硒米”被浙江农业博览会组委会评为金奖产品;在省农业厅主办的“2017浙江好稻米”评比活动中,杭州千岛湖绿墅家庭农场有限公司生产的“绿墅”牌大米获“优质奖产品”荣誉。

(余建忠 何爱珍)

## ·中药材·

**【概况】** 2017年,全县中药材种植面积7273.33公顷,投产面积6013.33公顷,与上年的相比增长22.47%;总产量6179.9吨,与上年相比增长14.65%;总产值3.69亿元,相比上年的2.358亿增长56.36%。2017年,整体市场行情相比去年较好,覆盆子增加1600公顷,总产值15116万元,比上年增长255.67%;山茱萸2766.67公顷,面积与上年持平,总产量和产值比上年增长48.57%、183.93%;黄精种植面积增加383.33公顷,总产值增加3458万元;贡菊因连作障碍,面积减少266.67公顷,总产量和产值分别减少80%、91.43%。

**【成立县中药材产业发展领导小组及办公室】** 9月27日,成立由县委副书记董文吉任组长、县政府商松懋副县长任副组长的淳安县中药材产业发展领导小组,并设立办公室,负责领导小组日常工作。

**【编制中药材产业发展三年规划】** 2017年,编制出台《淳安县中药材产业发展规划》(2018—2020年)。《规划》产业发展目标,到2020年,全县中药材种植面积8666.67公顷,中药产业产值10亿元,其中中药材产值6亿元,中药工业产值2.5亿元,中医药文化和中药康美产业产值1.5亿元,临岐中药材市场交易额力争10亿元。

**【淳六味中药材积极申报新浙八味】** 根据浙江省经济和信息化委员会、浙江省农业厅等部门11月27日发布的“关于开展新浙八味遴选工作的通知”,淳安县及时组织了“淳六味”品种的山茱萸、覆盆子、前胡3个品种参加新“浙八味”遴选。

**【举办第二届中国(千岛湖中药材产业高峰论坛)】** 11月22~24日举行由县政府、浙江省中药材产业协会主办,县农业局、农办、临岐镇政府承办的第二届中国·千岛湖中药材产业发展暨临岐中药名镇协同推进高峰论坛,省市涉产部门领导、中药材业内专家学者、医药企业代表及媒体记者等逾200人参会。论坛上,省农业厅农场局局长方丽槐,浙江省中药材产业协会秘书长何伯伟,浙江省中药研究所所长王志安,浙江中医药大学博士生导师、教授吕圭源等专家教授分别从中药材绿色发展及产品品牌登记保护、淳安中药材产业发展布局及相关建议措施、中药材互联网＋模式、“淳六味”产业发展技术制约瓶颈解决思路和建议举措、千岛湖(临岐)特色药材优势和产业化等不同方向，对中药材产业发展进行探讨，为千岛湖中药材产业发展献计献策。

**【淳安县被认定为浙江省中药材产业基地】** 2017年，淳安县申报认定浙江省中药材产业基地县。经省中药材产业协会组织评审，2017年12月被认定为浙江省中药材产业基地县。

(张　薇)

## ·蚕桑·

**【概况】** 2017年，全县有16个乡镇200个村9800户蚕户，桑园面积3976.6公顷，其中投产桑园3543.3公顷。全年共发放蚕种53078张，生产蚕茧2281.5吨，蚕茧产值12178.4万元，蚕桑总产值13909.2万元，平均张产43.0千克，平均茧价2669元/担。与上年相比，蚕种减14478张(减幅21.4%)，生产蚕茧减365.7吨(减幅16.0%)，蚕茧产值增681.7万元(增幅5.9%)，张产增3.8千克，平均茧价增497元/担。蚕茧综合质量指标名列全省第一，统一供种数量名列全省第二位。2016年冬、2017年春采购与发放桑苗95.32万株，改造更新桑园面积100.33公顷，其中果桑4公顷。2017年，共培育生产优质桑苗80万株。

**【技术推广】** 全年举办技术培训班149场次，受训5616人次，印发技术资料1.3万余份；大力推广“十天养蚕法”技术模式，全县共有63个标准示范点，2103户蚕农、18435.27张蚕种参加“十天养蚕法”技术模式饲养，应用面为34.7%。参加“十天养蚕法”技术模式饲养的农户平均张产46.2千克，比全县平均水平提高2.9千克，节本增效574.8万元；积极做好农业面源污染治理工作，对全县9个蚕桑示范园区及连片2公顷以上的桑园，按照“统一时间、统一农药、统一标准、统一防治”的要求，对2000公顷桑树进行了统防统治，减少了农药使用量，提高防治效果。

**【项目实施】** 继续探索多批次养蚕布局，由1年饲养4期蚕布局逐渐向1年饲养6～8批蚕方向发展；积极探索“机器换人”新模式，多次参与由县农机站组织的“机器换人”政策调研，及时安排人员参加农业“机器换人”相关政策培训，并把浪川大联农丰桑苗合作社基地和方宅蚕业农场作为开展农机农艺技术融合示范基地建设，积极推进蚕业领域的“机器换人”工作；尽力探索桑树病虫害防治新方法，从省农科院引进“桑螟生物食诱剂——酷饵灵”诱杀桑螟，在汾口、姜家和威坪等116.67公顷地进行“酷饵灵”防治效果进行试验。试验表明食诱剂诱杀桑螟成虫效果较好，能明显减少桑螟为害；做好多对蚕品种对比试验。在省市相关部门的支持下，全年共做好8对新品种在农村中试饲养工作，其中“雌29×卵36”品种420张；“雌35×平28”品种285张；“雌29×平30”品种153张；“菁云×平2830”品种33张；“农科2号”品种140张；“农科5号”品种33张；优食1号(人工饲料育试验)140张；“日2016×中20”品种57张。

**【蚕桑致富典型】** 浪川乡芳梧村葛汝娟是全县蚕桑科技示范户，在2012年开始创办一星级“十天养蚕法”示范点；2013年提升到二星级；2015年提升到三星级；2016年在县蚕桑产业项目的扶持下，桑园面积扩大到4公顷，并将原来的一层平房改建成两层的楼房，扩大了养蚕场所，成功升级到四星级。2017

年，充分发挥四星级“十天养蚕法”标准示范点的作用，全年共饲养小蚕790.3张，饲养小蚕收入25.2万元；且饲养大蚕55张，收入12.6万元，养蚕总收入37.8万元。

（方广生）

## ·渔业·

**【概况】** 2017年，全县渔业养殖面积41041公顷，与上年持平。全年渔业总产量预计13339吨，产值26274万元，分别比上年同期增长0.81%和增长4.61%。其中，捕捞产量2925吨，产值4645万元，分别比上年同期增长2.49%和4.34%；养殖产量10414吨，产值21629万元，分别比上年同期增长0.36%和5.74%。

**【渔政执法】** 全年共查获各类渔业违法案件2377起，处罚243.06万元，没收非法渔具25446件，其中电鱼案件53起，罚款8.76万元。

**【安全生产】** 开展安全生产大检查4次，出动人员116人次，检查企业3家、渔船82艘；组织开展“两禁一超”“百日攻坚”“你点我检”等水产品安全整治活动，出动执法人员189人次，检查养殖场(户)105家，发放水产品安全资料440余份，开展水产品抽检160批次，抽检合格率达100%；编制完成千岛湖渔业突发事件应急预案；组织1100余名渔业船员参加换证培训，讲授渔业安全生产、渔船实际操作等知识，换发渔业船员证书181本；严把渔船检验关，全年检验合格渔船912艘。淳安县被认定为2017年度省级平安渔业示范县。

**【增殖放流】** 全年共筹集资金1077.85万元，向千岛湖增殖放流黄尾密鲴、细鳞斜颌鲴、中华鳖、鲢、鳙鱼等优质苗种5845.9万尾；成功举办2017年“全国放鱼日”(主会场)暨千岛湖水生生物增殖放流活动启动仪式；创建千岛湖“金山鱼湾”生态放流基地，原国务院副总理吴仪、农业部副部长于康震、国家渔业局局长张显良、省政协副主席黄旭明等多位领导到基地参加放流活动。“以鱼护水”的保水渔业工作得到省委书记车俊和杭州市副市长王宏的批示肯定。

**【浙皖交界水域网箱整治】** 8月6日上午，县委常委、常务副县长郑志光召集环保局、渔政局、威坪镇召开浙皖交界处网箱整治工作会议，县渔政局会同威坪镇、鸠坑乡，迅速组织力量、统一思想，开展宣传发动、拟定政策、评估资产、处理鱼货、拆除网箱、清理水面一系列行动。至8月12日，威坪镇宅上村的38户、130只网箱及水面其他渔业设施、121390千克鱼货和鸠坑乡青苗村31户、103只网箱、44722.5千克全部清理完毕。

**【产业发展】** 推进无公害农产品申报，积极组织3家合作社开展无公害水产品复查换证和产品申报工作，并大力推广循环水养殖技术，开展生态循环水养殖模式研究。

（胡莉莉）

# 林　业

## ·林业生产·

【概述】 2017年，全年实现林业总产值121.3亿元，其中一产产值31.7亿元、二产产值8.4亿元、三产产值81.2亿元，荣获“全国集体林权制度改革先进集体”称号，淳安县成功创建浙江省森林城市。

【全民义务植树】 广泛开展全民义务植树活动。3月10日，县党政军领导、绿委会成员单位在许源林场上江埠林区开展义务植树活动。以“两路两侧”“四边绿化”珍贵彩色树种造林为重点，全县设立义务植树基地(认建认养点)48个、面积50.8公顷，完成义务植树18.6万人次，植树62.2万株。

【营造林生产】 完成造林更新863.6公顷，其中造林208.3公顷，迹地更新529.5公顷，有林地补植12公顷，有林地和灌木林地封育113.8公顷。完成森林抚育2430.4公顷，四边绿化15.27公顷，新育苗5.73公顷。扎实开展“珍贵彩色树种进万村行动”和“新植1亿株珍贵树行动”，向全县20个乡镇93个行政村1200余户赠送珍贵树苗23.9万株。

【康美林业建设】 全面完成千岛湖森林彩化工程(2015—2017年)三年建设，共完成建设773.93公顷，其中2017年建成310.93公顷，树种44种、种植17.11万株。实施环湖森林景观维护修复行动，对淳杨线、千汾线、入城绿道、千威线、昌文线5条环湖公路沿线200公里森林景观进行维护修复，补植面积21.6公顷，种树5.61万株。开展森林景观专业养护，完成376个小班、38.67公顷的两次集中清理工作。启动“两高”入城彩色森林通道建设，对坪山高速口至一家山水、文昌杭黄高铁站至千岛湖汽车北站两侧山体47.93公顷山林进行彩化景观提升，其中人工造林4.2公顷、补植22.73公顷、经济林改造21公顷，种植苗木2.49万株。

【美丽乡村建设】 枫树岭镇被评为浙江省森林文化小镇，临岐镇列入第二批省级森林特色小镇创建镇，千岛湖镇屏湖村、富文乡青田村、左口乡桥西村3个村被命名为省级森林人家，淳杨公路景观带彩叶观花植物和许源林场千年桐花被评为浙江最美赏花胜地。

【创建省级森林城市】 县委县政府成立创森办，将创建省级森林城市工作纳入县综合目标考核，召开全县创建森林城市工作推进会，分解落实责任。县政协组织主席会议成员开展专题视察，五四青年节期间在秀水广场举行万人签名活动。11月15日，顺利通过省政协副主席陈艳华带队的省关注森林组织委员会验收组的现场验收。

【特色产业】 深入实施“一亩山万元钱”行动，2017年新发展油茶155.93公顷、山核桃177.33公顷、毛竹70公顷、林下中药材526公顷，建成临岐镇半夏源覆盆子示范区、淡竹杉木附生栽培铁皮石斛示范区、瑶山张家山核桃林下种植黄精示范区3个林下经济示范区。县政府出台《关于扶持林下种植业发展的若干意见》(淳政办发〔2017〕21号)，以中药材和食用菌为重点的林下经济种植空前高涨，全县覆盆子种植面积1933.33公顷，投产面积1333.33公顷，产量453吨，产值突破亿元。组织参加第十届中国义乌国际森林产品博览会，瑶记牌山核桃仁、常香果牌山核桃、野花香牌巧克力山核桃仁、大墅底下牌手编竹制品、瑶记牌山核桃油5个林产品获得金奖，千岛仙谷牌铁皮石斛、千岛露珠牌茶油等6个林产品获得优质奖。全年新建成林区道路主干道100千米、辅助道50千米。完成食用林产品质量安全检测122批次，开展食用竹笋安全排雷“百日攻坚”专项行动，抽检30批次，合格率均为100%。

**【林业科技】** 启动2017年院县合作项目“山核桃加工废弃物基质化利用研究与示范”项目和“林下中药材复合栽培关键技术研究与示范”项目，中央财政林业科技推广示范资金项目“浙江省淳安县毛竹林下竹荪仿野生栽培技术推广示范”项目正式签订合同。编印《林业科普知识》系列挂图张贴到每个行政村，举办林业科技培训122期，培训林农3800人次。千岛湖红枫林果蔬专业合作社吴约木被评为“浙江省林业(油茶)乡土专家”。

### ·森林资源保护·

**【林地管理】** 加强林地保护和利用，加大日常巡查力度，全面开展事后监督检查，完成林地变更调查工作。全年办理林地审批113起，面积283.18公顷。完成2016年度森林资源动态监测更新，完成新一轮森林资源二类调查工作。

**【林木采伐】** 落实森林资源“双增”目标责任制，继续将森林覆盖率和森林蓄积量作为生态指标列入县对乡镇考核。县政府下达全年采伐限额228988立方米，实际发放采伐许可证128754立方米，占采伐限额的56.23%。根据《2016年杭州森林资源与生态状况公告》，2016年县森林覆盖率75.27%(剔除大中型水库面积为87.3%)，森林面积33.33万公顷，活立木蓄积2288.32万立方米，森林蓄积2269.6万立方米。

**【野生动植物保护】** 大力开展“世界湿地日”、野生动物保护宣传月和“爱鸟周”等林业主题宣传活动，千岛湖林场被命名为省生态文化基地。完成全县古树名木资源调查工作，开展“一树一策”保护，争取省厅资金375万元对122株散生古树和3处古树群54株古树进行保护建设，《浙江淳安古树名木》一书完成编纂出版，受到社会广泛好评。

**【森林病虫害防治】** 完成马尾松毛虫、美国白蛾、松褐天牛、松材线虫病等9种森林病虫害疫情的监测调查，监测面积22.16万公顷次，防治作业面积2.03万公顷次。开展山核桃病虫害统防统治1863公顷。严防松材线虫病，查处外来松木案169起、处罚47.75万元，案件查办量占全省半数以上。通过对736株死松木进行取样镜检，未分离到松材线虫，是全省唯一无松材线虫病疫情县。

**【森林消防】** 森林消防继续综合施策，全面落实乡镇行政首长负责制、林业部门分工责任制和管护承包责任制，确保责任、宣传、设施、督查和处置“五个到位”。实施森林消防基础设施三年(2017—2019年)建设计划，2017年投入962万元对护林员通讯指挥调度系统、2支县级、24支乡级和48支村级森林消防队伍进行补充维护，完善县级储备库建设，更新运兵车1辆，采购水灌车5辆。全年发布4次林区禁火令，印制禁火令、告村民书17.2万份；开展鲜花换纸烛活动，送出鲜花5.1万束。严格管控火源，劝阻并制止野外用火、燃放烟花爆竹675次，收缴下湖游客打火机2.8万个。全年森林消防实现“零火灾”，总结出的逢节必抓、逢山必守、逢火必查、逢陋必改、逢责必严“五逢”工作成效得到孙景淼副省长的批示肯定，要求在全省面上推广。

**【林业执法】** 积极探索森林公安独立执法权限改革，成立杭州市首家驻森林公安检察官办公室。完善林区警长制，严厉打击各类涉林违法犯罪行为，全年查处林业行政案件397起，其中刑事立案5起，查处野外用火行政案件45起、行政罚款3.16万元，办理木检案件261起、查扣木材302.32立方米。森林公安打击非法狩猎中华蟾蜍案被央视《新闻周刊》栏目以“舌尖上的法”为题进行宣传报道。

**【生态公益林建设】** 全县生态公益林面积166491.33公顷，其中省级以上重点公益林160556.06公顷，市级公益林5935.27公顷。完成新一轮专职护林员调整，新增30人，专职护林员906人；专职护林员工资上调到630元/月，保险费每人600元/年。全年发放省级以上重点公益林损失性补偿资金8428.1575万元，其中国有林场（含国有单位）29个、补偿资金1687.6615万元；村集体425个、补偿资金6260.6551万元；农户个人7704户、补偿资金479.8409万元。启动集体林区公益林损失性补助资金绩效评价工作，举办五期全县专职护林员培训班。

**【省级自然保护区创建】** 推进千岛湖磨心尖省级自然保护区创建，历经一年完成动植物资源综合科考，记录到黑鹿、白颈长尾雉和南方红豆杉、黄梅等多种类国家重点保护和珍稀濒危野生动植物，组织专家实地考察评估，召开专家咨询会议，完成千岛湖磨心尖省级自然保护区总体规划编制，并通过评审。

## ·林业改革发展·

**【林权登记改革】** 开展省级林地股份合作制改革试点县工作，推进林权抵押贷款，新增邮政储蓄银行、淳安县民间融资服务中心2家林权抵押贷款业务单位。全年办理林权抵押贷款登记8宗、2314万元，林地经营权流转登记37宗、490.67公顷，发展林地股权专业合作组织6家，家庭林场8家。2017年7月，被人力资源和社会保障部、国家林业局授予“全国集体林权制度改革先进集体”的荣誉称号。

**【最多跑一次改革】** 公布和实施“最多跑一次”改革事项30项，其中行政许可18项，其他权力12项，“最多跑一次”比例和事项进驻率均达100%。进一步下放权力，6项群众常办项下放到林业中心站；有序推进“一窗受理，集成服务”改革。全年办件量1356件，即办件当场办结率、承诺件提前办结率均达100%，服务对象投诉率为零。

（毛凤成）

# 水利　水电

## ·水利建设·

**【概况】** 2017年全年完成各类水利工程532处，累计完成土石方307万立方米、砼42.3万立方米，总投资3.52亿元。主要建设内容有水库除险加固红旗水库、镜坑源水库、邵坑坞水库、越古源水库、胡家水库、联合水库6座，万立方米库容以上山塘14座，万立方米库容以下山塘10座；中小流域治理6.24千米；重要堤防建设20千米，农村河道综合整治100千米；高效节水灌溉喷微灌面积446公顷，堰坝工程37座，新建修建排灌渠道115千米；新扩建农村饮水安全工程86处，受益人口5.74万人；实施低丘红壤治理40公顷，有效减少水土流失，提升红壤利用空间。通过工程建设，新增旱涝保收面积110公顷(农水部分)，改善农田灌溉面积110公顷(农水部分)。通过实施河湖库塘清淤45.43万立方米等五水共治，改善了水环境，提升了水景观。

(汪增辉)

**【水库山塘除险加固工程】** 完成汾口镇红旗水库、越古源水库、镜坑源水库、鸠坑乡胡家水库、威坪镇邵坑坞水库、文昌镇联合水库6座水库、14座万立方米以上山塘、10座万立方米以下山塘除险加固。总计完成8万土方立方米，石方1.6万立方米，混凝土0.5万立方米等，完成工程工程总投资4400万元。解决个11个村计3.5万人口的水库防汛安全隐患，保护农田600公顷，解决水库下游400公顷农田的灌溉水源问题，保障和新增山塘水域养殖面积100公顷，解决了1.8万人口饮用水水源问题。

(胡新军)

**【河道整治工程】** 实施农村河道整治工程100千米。在进贤溪、郁川溪、枫林港、上梧溪、六都源等18条流域23个乡(镇)疏浚、堤防加固100千米。完成投资4000万元，开挖土石方29.02万立方米、砌石6.56万立方米、砼2.83万立方米。河道整治建设取得一定的效果，超额完成河道整治的年度计划。整治效果明显，农田、村庄分别达到了五年、十年一遇的洪水标准。

**【重要堤防加固工程】** 在千岛湖镇、富文乡、青溪新城、里商乡、汾口镇、威坪镇、宋村乡、大墅镇、枫树岭镇、临岐镇、瑶山乡、屏门乡、安阳乡、梓桐镇、左口乡15个乡(镇)实施重要堤防加固工程，新建加固堤防20千米，完成投资4000万元。开挖土石方42.42万立方米、砌石12.91万立方米、砼7.15万立方米。

**【东源港叶家畈段治理(续建)工程】** 完成淳安县东源港叶家畈段治理(续建)工程建设任务，综合治理河长2.0千米，重建、加固堤防1.49千米，重建灌水渠1处计122米及疏浚河道长2.0千米。总投资537.89万元。开挖土石方3.12万立方米、砌石0.26万立方米、砼0.3万立方米。

**【武强溪流域综合治理工程】** 完成淳安县武强溪流域综合治理工程建设任务，综合治理河长8千米，重建、加固堤防8.133千米，重建加固堰坝7座，及疏浚河道长8.0千米。

总投资 2997 万元。开挖土石方 19 万立方米、砌石 3.76 万立方米、砼 1.7 万立方米。

（何贵平）

**【第九批中央财政小型农田水利 2017 年项目县工程】** 根据淳发改投资〔2017〕11 号文件实施第九批中央财政小型农田水利 2017 年项目县工程。该项目完成排灌渠道 57.2 千米，改造堰坝 9 座，高效节水灌溉 165.67 公顷（其中新建喷灌 6 公顷，新建微灌 28 公顷，新建管灌 131.67 公顷），总投资 3518.22 万元。项目于当年 11 月底全部完工。

**【高效节水灌溉工程】** 根据淳发改投资〔2017〕24 号文件实施 2017 年高效节水灌溉工程。全县完成新建、改造固定式喷微灌工程 36 处，灌溉面积 280.47 公顷，工程总投资 1822 万元。工程完工后，280.47 公顷农田灌溉保证率达 90%以上；灌溉水利用系数由原来的 0.5 提高到 0.85 以上；年产值增加 650 万元，每公顷增加 23175 元，年利润增加 443 万元；节水 113 万立方米，受益人口 1874 人。

**【农村饮用水安全提升改造工程】** 根据淳发改〔2017〕31 号文件实施 2017 年农村饮用水安全提升改造工程。全县 22 个乡镇 75 个村（点）实施饮用水提升改造工程，改善农村饮用水安全人口 4.3 万人。建设内容主要包括新建堰坝 104 座，过滤池 93 只，蓄水池 3550 立方米/52 只，铺设管道 309 千米，安装水表 5060 只及配套净化消毒设施等工程建设内容。

（毛双军）

## ·水电建设·

**【概况】** 2017 年，完成增效扩容改造水电站 1 座（枫树岭水电站），改造后装机容量 36000 千瓦，增加 4000 千瓦。截至 2017 年年底，全县建成投产的水电站共 104 座，装机容量 147905 千瓦。全年小水电发电量 22503 万千瓦时，较上年减少 39.8%；发电收入 11610 万元，较上年减少 36.2%。

**【安全生产大检查】** 4～12 月，对全县水电站进行了年度安全生产大检查。从检查情况看，全县水电站总体形势平稳，部分电站日常管理工作有所改善，总体情况看，以往电站日常管理中存在的主体意识不强、安全认识不到位、规范化意识淡薄、基础管理薄弱、重生产轻管理等一系列老问题仍未得到彻底改观。对于存在问题较为突出的水电站，已被要求停产整改或限期整改。

**【水电站星级创建活动】** 按照星级创建的要求，对水电站各项建筑物、设备、管理行为进行考核打分，按总分高低分别评定三、二、一星级水电站。2017 年参与考评的为 96 座水电站，其中三星级水电站有 11 座，二星级水电站有 18 座，一星级水电站有 67 座，另外 3 座水电站由于大坝建筑物未进行安全认定，被定为无星级水电站。

**【水电站增效扩容改造】** 2017 年陈家坞水电站增补为“十三五”期间增效扩容改造项目。完成除洄溪、枫树岭水电站项目的初步设计报告审查；完成枫树岭水电站增效扩容改造工程，装机容量 36000 千瓦，较原装机增加 4000 千瓦；启动枫树岭生态水电站建设，装机容量 320 千瓦。

**【生态水电示范区建设】** 实施枫林港流域、枫树岭镇、大墅镇三个生态水电示范区建设项目，开展枫树岭、衍昌、窄坑、麟振桥、洞坞、老岭、陈家坞、岭干、下坑 9 座水电站生态治理，主要建设内容包括生态堰坝、防洪堤、河道清淤、亲水平台、游步道、栈道、仿青石栏杆等,工程总投资1820万元。

(王连春)

## ·水土保持和水资源·

**【水土保持】** 2017年,审查水土保持方案报告书4个,报告表3个,登记表备案13个。审批项目水土保持总投资5400万元,征收水土保持补偿费18万元,落实防治责任范围35.2公顷。2017年,全面加强在建生产建设项目的监督检查,逐步实现监管的制度化和规范化,在定期检查的基础上,结合水政巡查、水资源巡查等开展不定期巡查,全年累计开展水土保持监督检查60余次,发出整改意见8份,验收生产建设项目24个。2016年,启动淳安县枫树岭丰家源小流域水土流失综合治理项目,2017年追加中央资金60万元,总投资280万元,完成治理面积7.04平方千米。完成2018年梓桐源小流域综合治理项目方案编制。完成国家级水土流失重点预防区标识标牌建设工作,全县安装重点预防区公告牌140块。

**【水资源管理】** 全面规范取水许可及一户一档建设,实现取水计划网上申报,加强取水实时监控运维,规范水资源费征收工作,严厉打击非法取水行为,开展水资源日常监督检查。推动县水资源管理规范化、制度化迈上新台阶。深入贯彻落实最严格水资源管理制度,切实抓好用水总量控制、用水效率控制和水功能区的纳污控制,水资源保障能力稳步提升,水环境明显改善,有效保障了经济社会的可持续发展。2017年,先后出台《淳安县节水型社会建设工作实施办法》《关于开展节水型单位创建活动的通知》《关于开展节水型宾馆创建活动的通知》,加强节水型载体覆盖面,全年创建节水型企业7家,节水型灌区2个,创建县级节水型单位41家,节水型小区2个,节水宣传基地1处,开展企业水平衡测试5家,工业企业清洁生产审核7家。全年开展3·22世界水日、中国水周主题宣传,送节水宣传下基层,节水杯乒乓球赛和运动会。

(俞发康)

## ·水政监察·

**【水政宣传】** 以"3·22"世界水日和"中国水周"纪念活动为载体,联合浙江省钱塘江管理局杭州管理处开展水法规宣传活动。在全县各乡镇分发张贴主题宣传画和悬挂宣传横幅的形式,营造纪念活动浓厚氛围;在千岛湖广场举办主题宣传活动,向群众发放各类宣传资料,现场接受咨询;开展"守护生命线、保护千岛湖、共护钱塘江"主题征文比赛;在"今日千岛湖"刊登《乘势而上、强势推进、全力打赢治水攻坚战》专题纪念文章;拍摄制作水利宣传专题片,"中国水周"期间在当地电视台滚动播放。通过一系列水法规宣传活动,取得了良好的社会反响。

**【"河长制"水利工作】** 围绕进一步完善落实河长制水利工作开展相关工作,制定出台淳安县河长制水利工作实施方案,与县委宣传部联合开展"寻找家乡最美河道"评选活动。会同县治水办对全县所有河道610块"河长制"公示牌信息内容再次进行统一更新完善;配合对淳安县4条县级河道、84条乡级河道的长效管理工作落实情况开展相关检查,并对存在的问题进行督办整改等。

**【占用水域管理】** 严格监管项目建设占用水域行为,联合县发改、住建(规划)、环保等部门对相关建设项目定期进行梳理检查,防止新的违法行为发生。4月,积极配合县委县政府,有效应对国家审计署对中办督查前千岛湖沿湖建设项目占用水域问题的审计取证相关工作，并向省、市业务主管部门及时汇报沟通；8～9月，认真对待中央环保督察组交办淳安县的涉及水利部门管理职能的环境信访问题相关整改落实，并按时间节点要求，及时做好情况汇总上报工作。开展沿湖沿线涉水建设项目专项检查，结合2017年省、市河湖专项执法检查工作部署要求，组织人员会同县沿湖沿线巡查办对全县主要沿湖乡镇建设项目进行检查。重点对乱倒工程弃渣入湖、违法占用水域情况、河道非法采砂、擅自取水行为等进行检查。积极配合开展“无违建县”创建工作巩固提升，根据省市对“无违建县”和“无违建河道”创建相关工作要求，结合乡镇小城镇综合整治等工作，积极发挥千岛湖沿湖沿线综合巡查管理有效机制，认真配合乡镇及国土、住建等部门做好对新增涉水违建的防控和及时处置工作，有效巩固淳安县“无违建县”创建工作成果。做好省水利厅2016年度水域动态变化遥感监测报告的现场复核、汇总、上报工作，及时向省水利厅和水域动态监测项目组反馈淳安县实际情况，争取“平安浙江”考核不扣分。

**【水政执法】** 以水政巡查和受理群众来信来访为主要抓手，注重水政执法信息化建设，对全县84条河道做到巡查全覆盖，及时发现并将水事违法事件处置在萌芽状态，有效维护县良好的水事秩序。

## ·灾情·

**【6.23强降雨】** 主汛期先后遭遇4次连续强降雨过程，其中6.23强降雨过程造成较为严重的影响。据统计，造成农作物受灾面积2200公顷；倒塌房屋20间；塌方333处2.94万立方米；损坏堤防213处8511米；23条县乡道临时中断；冲毁涵洞12处；因洪涝灾害造成经济损失7010万元，其中水利直接损失3453万元，农业直接损失2186万元，交通直接经济损失760万元，其他损失611万元。

**【第9号台风、第10号台风】** 第9号台风“纳沙”及第10号台风对淳安县影响较小，带来少量降雨，未造成灾害。

## ·水文·

**【概况】** 2017年，淳安县水文站下辖中洲、管家、千岛湖、下洪、小毛岭、西岭、荷岭后、双溪口、仙人潭、金竹岭、百罗畈、瑶山、大墅、白马、樟村、陈家村、姜家、杜井、塔山19个雨量代办站。其中，中洲水文站负责观测雨量资料的同时观测水位资料，在2010年9月1日起由于防洪堤建设，测站断面改变水位停测，2014年列入中小河流水文监测系统建设项目，2016年完成水文站房、水位台、测流缆道等设施建设，2017年恢复水位观测、河道流量监测。淳安县水文站负责全县雨情、水情的搜集、分析和整编，积累县境全年水文资料，为防汛防旱、水利水电工程建设及其他经济建设提供服务。全县重要小流域、小（一）型以上水库及部分小（二）型水库安装的雨情、水情自动采集系统运行情况良好，2013年山洪灾害调查评价及非工程措施完善项目于2015年完成。为淳安县防汛防旱指挥、决策及时传递雨、水情信息和实现水库科学调度提供准确依据。

**【雨情】** 2017年，淳安县降雨属正常年份，年平均降雨量为1753毫米，比多年平均降雨量偏多1.3%。因受县境地域广、地形复杂的影响，时空降水分布不均，县西南部的枫树岭镇白马雨量站降水量为2117.5毫米，而在县北部瑶山雨量站降水量只有1545毫米，两站相差达572.5毫米。全县最大24小时降水量出现在枫树岭镇白马雨量站为 165.5 毫米。

【水情】 2017 年 7 月 4 日,实测新安江水库水位 103.77 米,为年度最高水位,比上年度最高水位低 1.53 米;6 月 9 日,实测水位 97.95 米,为年度最低水位,比上年度最低水位低 0.25 米;水位年变幅 5.82 米,年平均水位 99.94 米。

(郑红日)

## ·其他·

【水利工程标准化管理创建】 2017 年,水利工程标准化管理工程省对县考核计划数为 29 项,全年共完成水利工程标准化管理工程创建 29 项,全面完成省考核目标。其中,完成小型水库 20 座,山塘 3 座,农村供水工程 2 座,水文测站 4 座,全部通过省、市、县考核验收。

【农村供水工程管理体制改革试点工作】 在浪川乡开展农村供水工程管理体制改革试点工作,为全县范围推进改革提供了思路、积累了经验。集中供水,通过组建浪川乡自来水有限公司,将能纳入自来水厂供水的 14 个行政村全部纳入乡自来水厂统一供水,剩余 5 个不具备联网条件的行政村实行单村供水。明确产权,明确各行政村现有供水工程资产归各村经济合作社所有,浪川乡自来水有限公司资产归乡政府所有。统一管理,将全乡 19 个行政村自来水工程全部纳入浪川乡自来水有限公司进行规范化、市场化、专业化管理。有偿供水,全乡统一实行有偿供水制度,并建立阶梯水价制度,倡导节约用水,并与农商银行(信用社)进行合作,由银行代缴代扣,引导农民到银行进行自助缴费。

(何海澎)

## ·淳安县水利水电投资有限公司·

【概况】 2017 年,全年累计完成上网电量 9885.79 万千瓦时,销售收入 5077 万元,利润 734 万元,税收 1024 万元。

【增效扩容改造】 加快推进枫树岭水电站增效扩容改造,包括机电设备、110 千伏线路、水库大坝及配套设施等,机组容量由 2×1.6 万千瓦增容到 2×1.8 万千瓦,总投资 4935 万元。2017 年 4 月 15 日,该项目顺利通过电力部门并网验收正式投产发电,7 月 18 日通过水利部门机组启动验收。

【监测调度】 针对全年雨水偏少的特点,加强雨情水情研判,编制调度计划,优化调度方案,科学调节库容。积极协调上级电力部门,优先安排发电负荷,及时调整发电时段,提高水资源利用率,确保有序调度。

【设备维护】 加大设备日常维护和检修力度,做到小故障不过夜,大故障及时排除,保障设备安全稳定运行。同时,加强运行、检修人员专业培训,提高专业技术水平和突发事故处置能力,实现安全生产零事故目标。

【库养护管理】 在成立水利工程养护管理公司,开展全县 65 座小(二)型以上水库养护管理的基础上,承接 9 座 5 万立方米以上山塘养护管理;通过“管养分离”机制和精心实施,养护管理工作取得了显著成效,得到了省、市水利部门的一致好评,走在了全省的前列。

【水利工程建设】 报批水利水电工程总承包资质,培育市场竞争主体,参与水利工程建设。通过人才资源整合和转型培训,共培训考试 68 人。其中,工程师 4 人,建造师 9 人,特种工 9 人，技工 12 人，五大员 24 人，三类人员 10 人。目前，资质报批已经市林水局、城乡建设委员会受理和预审公示，可望在近期审批到位。

**【枫电旅游项目】** 充分发挥公司水库、山林等资源优势，以租赁方式开发精品民宿、健康养生、休闲垂钓、户外运动、生态果园等综合旅游项目。通过招商引资，引进上海项卫集团，成立了淳安县凤林港旅游开发有限公司，总投资 1 亿元。动员干部职工及时腾退宿舍，协调乡镇积极配合，发放职工住房补助，工程于 9 月正式动工建设。

（潘自鑫）

# 工　业

## ·工贸公司·

**【概况】** 2017年,淳安县工贸资产经营有限公司(以下简称公司)实现营业收入6510万元,比上年增长23.4%;实现利润总额652万元,增长8%。招商引资方面,完成到位资金3800万元,其中市外资金2700万元,浙商创业资金1800万元,分别完成县下达指标的238%、245%和360%。

**【汾口"泰和苑"商住楼项目基本建成】** 汾口镇最大老城区改造项目——"泰和苑"商住楼项目建筑面积1.29万平方米,于2015年11月正式开工建设,投资4500余万元,2017年元旦正式开盘,现已销售住宅43套、营业房9间,回笼资金2800万元。该项目于2018年2月通过综合验收,计划2018年5月交房。

**【工贸大楼建设】** 完成原香料厂地块工贸大楼的建设。项目于2017年4月正式开工建设,2017年年底通过竣工验收,2018年春节前完成全部施工任务,计划5月投入使用。工贸大楼总建筑面积3200平方米,总投资1000万元,设计为七层商业办公楼,其中一、二层为商业用房,三至七楼为办公用房。

**【资产经营】** 全年组织公开物业拍租15次,成交73处,租金收缴率100%。为提高城市品位,进一步发挥十字街核心商圈效应,积极利用新安大街物业提升改造肯德基餐厅,5月底重新开张营业;引进"必胜客""来伊份""漫书咖"等项目,丰富商业业态,提高公司资产经营效益。同时,积极支持乡镇平台实施小城镇整治和特色招商,文昌纸厂、枫树岭、富文等地资产得到有效处置,回笼资金400万元。

**【推进铜山锡铁矿生态恢复治理】** 自2016年通山锡铁矿正式停产后,2016年11月正式启动尾矿库闭库工程,2017年积极推进铜山锡铁矿生态恢复治理,尾矿库闭库工程完成并通过验收。投入治理资金150余万元,修筑排水渠1000余米,基础护堤30余米,新增复绿面积2公顷,矿区生态得到有效治理恢复。

**【完成肉类加工厂混改】** 2017年,公司联合县内重点生猪养殖企业和部分经营户共同出资600万元成立"杭州千岛湖泰众肉类食品有限公司",完成肉类加工厂混合所有制改革,组建产供销一体化经营企业。杭州千岛湖泰众肉类食品有限公司于5月18日正式开业。全年屠宰生猪2.6万头,比上年增加3000头,实现销售收入3150万元。通过有效整合经营资源,巩固业务渠道,有效保障了出厂肉品的质量安全,同时也从根本上促进了国有资产保值增值。

**【完成危旧房治理任务】** 完成192处房屋排查、18处丙级房屋的质量安全鉴定,安全拆除2处2000平方米的D级危房,对鉴定为C级的面积1.3万平方米的10幢危旧房分两批进行治理,涉及160户500余人,总投资520万元。风暴巷、贸易弄、如意巷等第一批5处危旧房治理于2017年底顺利完工,第二批危旧房治理于2018年春节前完工,切实保障了公司和群众的生命财产安全。

【维护安全稳定，服务社会民生】 联合县危改办、征迁办顺利完成原机油泵厂、香料厂、鞋楦厂等91户国有企业老职工安置选房工作，改善老职工居住环境，促进社会和谐稳定。开展安全生产事故隐患大排查大整治行动，盯紧烟花爆竹仓库、民爆器材仓库、铜山锡铁矿及建设工地等重点部位，全年安全生产形势基本稳定。认真受理群众来信来访，妥善处理老职工社保、泰众肉食公司经营纠纷等突出问题，全年共排查受理信访案件10起，化解8起。铜山锡铁矿80余人116万元欠薪问题得到彻底解决。

（关静雯）

## ·经济信息化和科学技术局·

【概况】 2017年，全县新增规模以上工业企业15家。

【科技发展项目】 新增市级以上科技发展项目34项，其中省级7项、市级27项，共争取上级资金1838.42万元。新增市级以上高新技术企业5家，其中国家重点扶持高新技术企业2家；"浙江省谷神能源锂电池研究院"通过省级部门认定，实现淳安县省级企业研究院"零"突破。新增市级科技型企业17家，其中省科技企业9家，市级农业科技企业6家，市级雏鹰企业2家。杭州千岛湖鲟龙科技股份有限公司"'鲟龙1号'"新品种选育及应用项目获得中国水产科学研究院科技进步奖一等奖；杭州千岛湖丰凯实业有限公司"名优绿茶生产加工关键技术创新与成套设备研发"项目获浙江省科学技术进步奖二等奖。县微生物所参与实施的"基于食用菌的农业废弃物资源化循环利用技术研究与应用"项目和淳安县茅山花猪种业有限公司参与实施的"淳安花猪种质资源保护和开发利用"项目分别获得杭州市科技进步一、二等奖。2017年，淳安县经信科技局获第十二批省科技特派员工作先进单位，3名科技特派员获省优秀、3名科技特派员获市优秀，2个乡镇获市第六批科技特派员工作先进单位。

【企业融资】 全年帮助79家企业转贷115次，资金7.22亿元，组织政银企对接2次，同时与建行筹建"助保贷"业务设立"风险池"；制定工业企业服务组"服务企业　聚力发展"百日服务攻坚专项行动实施方案，共走访企业203家，其中反映困难或问题的企业163家，征集到的问题184个，解决率为100%；组织企业外出参加中国国际丝绸博览会、装备博览会等相关展会活动，参与企业进行对接，帮助企业拓展市场，提高产品知名度；组织企业经营管理者和乡镇分管经济工作的领导开展人才素质培训班2期，不断提高经营者管理能力。运营企业服务平台，利用淳安食品饮料企业公共服务平台（杭州市中小企业服务平台淳安分平台），举办"中小企业服务日——淳安专场"活动，帮助县内中小企业对接政策、资金、人才。

【县级科技政策】 出台新的科技创新产业政策《关于加强科技创新促进科技成果转化的若干意见》（淳政发〔2017〕）进一步优化科技创新创业环境。组织实施"利用海洋糖提高鲟龙免疫力技术研究""电动汽车用锂离子动力电池产业化开发"等8个产学研及重大科技创新项目。落实兑现2016年度企业研发经费补助561.04万元，县科技企业种子资金396万元，落实产学研合作、企业研究院、科技孵化器、创新券、专利、科技特派员等各类奖励补助资金398.16万元。引进6名紧缺专业浙大博士生到淳安县4家急需技术人才到企业挂职锻炼，解决企业技术难题9个。牵头完成伊斯特与杭州银行科技支行专利权质押融资合同的签署，实现专利权质押融资

“零”突破。制定出台《淳安县2017年地震应急准备工作方案》。

**【县级科技政策】** 2017年，出台关于加强科技创新促进科技成果转化的若干意见》(淳政发〔2017〕10号)。完成培育新增国家高新技术企业2家，省科技型企业9家目标任务。组织推荐市级高新技术企业3家，雏鹰企业2家，省企业研究院1家。2017年8家企业通过国家重点扶持高新技术企业认定(6家重新认定，2家新增)，通过率100%。成功扶持普通规上工业企业蓝海特种汽车、方泰搪瓷转型为国家高新技术企业，其高新的认定有助于提升2017年度淳安县规上高新产业比重。

**【农业科技】** 2017年，新认定市农业科技企业6家；征集2017年农业与社会科研发展入库项目20项立项16项；组织申报2018年度省重点研发计划项目2项，立项1项；实施省科技特派员6项，市科技特派员10项，县科技特派员项目6项，共争取上级资金403万元。县微生物所参与实施的“基于食用菌的农业废弃物资源化循环利用技术研究与应用”项目和淳安县茅山花猪种业有限公司参与实施的“淳安花猪种质资源保护和开发利用”项目分别获得杭州市科技进步一、二等奖。2017年，经科局获得第十二批省科技特派员工作先进单位，3名科技特派员获得省优秀、3名科技特派员获得市优秀，2个乡镇获得市第六批科技特派员工作先进单位。

**【信息经济】** 淳安县实现信息经济增加值20.0亿元，同比增长43.7%；实现信息经济主营业务收入38.25亿元，同比增长44.1%。全县纳入信息经济统计的规上(限上)企业27家，涉及电子信息制造业、云计算和大数据、物联网、信息软件、互联网金融等12大产业。2017年，两化融合发展指数为74.80，相比2014年的59.90提升14.9个点，位次从全省三类地区上升到二类地区第2位，农夫山泉杭州千岛湖饮用水有限公司列入了2017年杭州市工厂物联网和工业互联网试点项目。

**【智慧应用】** 开展市民卡“智慧医疗”诊间结算服务的医疗单位包括四家县级医院、23家卫生院(社区卫生服务中心)和城区8个社区卫生服务站，开展“医信付”提供的“先诊疗、后付费”服务。开展市民卡绑定支付宝实现结算自动扣款服务，实现一次绑定，不用再充值，方便百姓就医。启动智慧环保二期建设，在一期智慧环保系统的基础上进行扩展和升级，补充数据内容，完善数据分析能力，建立“一库一图一网”体系，连通淳安县环保数据脉络，使其更加符合智慧环保的定义。推进通信设施共建共享，优化信息基础设施布局，现新建住宅区具备宽带千兆入户接入能力，千岛湖绿色数据小镇等产业园区商务应用具备千兆到桌面接入能力。按照共建共享原则，2017年结合旅游环境提升，重点做好国家AAAAA级旅游景区(包含旅游主航道)、沿湖沿线、高铁高速、民居民宿等重点区块的网络建设，截至年底，新建设基站59个，提升改造基站58个。

**【专利申请】** 新增市级专利示范(试点)企业3家。全年专利申请520件，下降3.35%，其中发明专利150件、实用新型262件、外观设计专利108件；授权专利278件，下降4.47%，其中发明专利24件，实用新型专利148件，外观设计专利106件。

## ·淳安县商务局·

**【概况】** 2017年，浙商创业创新实际到位资金24.86亿元，市外国内招商引资实际到位资金44.11亿元，县外招商引资实际资金77.38亿元，实际利用外资3375万美元。实现服务业增加值142亿元，同比增长14.0%，增幅位居杭州三区四县市前列。实现社会消费品零售总额91亿元，比上年同期增长12.5%，增幅位居杭州三区四县市第二。实现网络销售额36.76亿元，同比增长32.75%。年底，进入县电商统计监测平台的电商户数共1670家，比上年增加455家。

**【项目门槛准入】** 下发《关于招商引资项目引入标准和管理服务的指导性意见（试行）》（淳商务〔2017〕34号），对占用淳安县资源的一、二、三产项目分别制定准入标准，以节约集约利用淳安县有限的土地资源，提高资源利用率和贡献度，推动产业结构调整升级。

**【项目预审机制】** 进一步明确所有在谈项目只有经过预审（备案）才得入库的要求，同时赋予五大招商平台自行组织预审的权利，全面把握和推进全县在谈项目落地。

**【招商引资】** 排摸招商资源，按照产业分类对淳安县招商资源进行重新排摸，制定全县招商手册，切实掌握地块属性，真正发挥招商手册选地、用地指南的作用，提升项目与意向地块的契合度，提高客商看地、项目落地效率。紧抓重点产业，紧紧围绕水产业、总部经济开展招商工作，建立水产业和总部经济招商小分队，制定水产业规划，实地排摸全县可实现产业化的溪流，进行重点推荐，打造阳光大厦总部经济园区，应到乡镇平台利用优势资源进行税源类项目招引。

**【新兴产业】** 全年新增总部经济企业300家，以微贷网、修正、神导科技为代表的2015年以来招商引资企业税收贡献超过4亿元，全县国地税总收入首次突破30亿元。其中，阳光大厦已经入驻企业达200余家，到位资金12亿元。开发区总部经济园区已经入驻微贷网、神导高科、新联实业等企业，2017年税收已超2亿元；天天快递宗海物流产业园已入驻企业8家，贡献税收超2500万元。

**【山海协作工程】** 引进山海协作产业转移项目58个，实际到位资金20.25亿元，谷神锂电池、华通云数据等康美产业纷纷选择淳安，生态后发优势突显。有上城区、下城区等10个兄弟区县商务局与县西山村、玛瑻村等12个村结对帮扶，帮扶资金达485万元，为县农村发展注入新活力。

**【兑现财政贴息补助】** 10家企业获得省市山海协作财政贴息补助资金159万元，有效地激发山海协作企业在县投资信心。

**【首届千岛湖（国际）康美论坛】** 9月底，共有130多位学术专家、商界精英、社会名人参加首届康美论坛，共有修正健康产业园项目、鲁能胜地项目等18个康美产业项目签约，总投资超百亿。国内外20余家媒体对本次活动进行宣传报道，极大造浓千岛湖发展康美产业的氛围，全力打响“康美千岛湖”品牌。

**【全省首批“服务业强县”三年行动培育计划】**

自开展浙江省服务业强县（市、区）培育提升三年行动计划以来，完成了阶段性工作任务，经过专家评审，淳安县被列入一档首位，获服务业专项资金450万元。立足传统媒体、自媒体和新兴媒体，对服务业强县及康美产业采取集中宣传和长期宣传的模式，进行版面刊发、网络转载、信息推送。此外，在城区人流量集中区域设置了公交站点灯箱广告50块，在千岛湖屏媒的9块大屏和11块小屏上进行宣传，还根据不同类型拍摄康美产业微电影。

**【兑现2016年度服务业发展引导资金】** 兑现2016年度服务业发展引导资金19920.58万元,进一步推动发展一批服务业建设项目和重点产业。

**【集聚商贸业态】** 运用产业政策,进一步培育休闲业态,完善小城镇主客共享功能。目前,形成新的商业集聚区或专业市场,拥有60余家餐饮店并涵盖中餐西餐、小吃面馆、甜点粥铺等丰富餐饮类型的南景路(鱼街),拥有18家汽车经销商和1家二手车交易市场的千岛湖汽车城,拥有啤酒温泉、婚纱摄影等多种休闲业态的千岛湖啤酒小镇等。同时,配合新安南路改造提升,关注骑龙巷工程建设。

**【特色餐饮树品牌】** 举办首届千岛湖餐饮名宴认定暨名厨地方特色菜肴技能展示赛活动,推出4席千岛湖名宴,评出8位名厨和10道千岛湖名菜;编制美食地图,图文并茂展现千岛湖美食特点,解决千岛湖美食"去哪儿吃、吃什么"的问题,营造"千岛湖美食必到地"和"千岛湖美食必尝菜"氛围,同步撰写《淳安餐饮业调研报告》;协助指导汾口、临岐、威坪等乡镇开展本土美食活动,聚拢乡村旅游人气。

**【农产品网销活动】** 年初,制定了大墅春笋、千岛湖白枇杷、千岛湖桃子、有机葡萄等农产品网络销售活动计划,县商务局牵头组织宣传策划、农业基地(农户)保证货源、电商平台组织销售、快递企业通力配合,统一集中宣传推广、统一设计快递专用包装、统一团购快递优惠价格。通过网销活动的促进和带动,农产品进城工作取得了显著成效。全县农产品电商销售同比增长21.8%,尤其是生鲜农产品微商销售增长40%以上,成为全县经济发展的新亮点。

**【探索"村级电商物流班车"】** 积极探索"村级电商物流班车"模式,破解农产品上行的"最初一公里"和工业品下乡的"最后一公里"。2017年,在汾口镇进行了村级电商物流班车项目的试点,目前已正式投入运营。第三方物流班车每天固定时间到达每个行政村,在送快递件下村的同时,以优惠的价格收寄外发的农产品。通过"先试点后推广、先补贴后市场化"的方式和路径解决农村电商物流难题,为农产品电商发展打好基础,打通关键环节。

**【电商线下推广活动】** 牵头在线下进行了多次"地推"活动。年初为期两天的首届千岛湖电商购物节吸引近3万人现场参与,实现销售额40余万元。10月下旬,召开杭州电商博览会,千岛湖十大酱通过网红直播与现场互动活动吸引了超过230万人次的关注。

**【提升改造电子商务产业园】** 按照电商集聚、服务集中、资源集约、功能集成的要求,完成磊鑫电商产业园的提升改造,业主新投入改造资金74万元,产业园功能和面貌焕然一新。磊鑫电商创业园面积20000多平方米,入驻主体90多家,实现网上销售额1亿多元。

**【兑现电子商务扶持政策】** 联合财政局兑现电子商务扶持政策,2017年共兑现电商扶持政策1317万元,176家企业(网店)获得了政府的资金支持,既有效地促进了"让更多的人从事电子商务",又增强了广大电商的发展信心。

**【设立信保专项资金稳出口】** 设立信保专项资金30万元,扩大企业享受面,把全县出口额在500万美元以下的企业都纳入政府统保范畴；加大对参加一般性出口信用保险保费的支持比例。帮助企业开拓市场、规避风险，保住订单。

（余登辉）

# 交　通

## ·交通基础设施建设·

【概况】 2017年,淳安县交通局共承担交通项目32个(其中,续建项目9个、新建项目19个、储备项目4个),总投资约50亿元。

【杭黄高铁淳安段】 东起杭州东站,向南及西经浙江省杭州市、萧山区、富阳区、桐庐县、建德市、淳安县、安徽省绩溪县、歙县,接轨于皖赣双线铁路工程新建黄山北站。整条铁路建筑长度265.244千米,杭州至黄山运营长度287.375千米,其中浙江省境内184.748千米,整个项目估算投资为367.93亿元,项目建设工期为4年。设计时速为250千米,是一条客运专线铁路,杭州东站至黄山北站行驶时间约为70分钟。其中,淳安段建筑长度为53.658千米,沿途经过富文乡、文昌镇、左口乡、屏门乡、王阜乡5个乡镇和15个行政村。2017年,杭黄高铁淳安段19座隧道、18座桥梁已全部贯通;10月10日完成钢轨铺设,并提前进入绿化和机电工程施工阶段。同时,千岛湖站作为沿线唯一一个具备始发功能的站点,站名已报上海铁路局审批。

【千黄高速淳安段】 路线全长51.47千米,起点衔接拟建的溧阳至宁德国家高速公路安徽段,沿线主要经过威坪镇、宋村乡、金峰乡、汪宅、左口乡、青溪新城6处重点村镇,终点接杭新景高速公路千岛湖支线,是G4012溧阳至宁德高速公路的组成部分,采用双向四车道高速公路标准建设,全线设收费站6处(1处省界主线收费站及威坪、宋村、汪宅、千岛湖北、千岛湖东5处互通收费站)、金峰乡设停车区1处,估算总投资96.13亿元。2016年8月16日,工程可行性研究报告获国家发改委批复,12月16日,召开了全线征迁动员会暨配套工程开工仪式;2017年9月27日,举行开工典礼并全线开工,比原计划提前了2个月,累计完成投资15亿元。

【潭唐公路屏门至郑中段改建工程】 位于淳安县屏门乡和王阜乡,包括主线和齐坑接线,建设里程25.248千米。主线设计起点设于屏门乡初级中学门口与潭唐公路临岐至屏门段终点顺接,终点位于王阜乡郑中村与刚建成的郑中段改建路段起点相接,主线全长19.093千米,估算总投资5.13亿元。按照二级公路标准建设,设计速度40千米/小时,路基宽8.5米,路面宽7.0米。2016年3月24日开工建设,累计完成投资4.06亿元,形象进度90%。

【S302省道丰茂半岛连接线工程】 从文昌火车站经丰茂半岛至奎星桥,路线长8.39千米,概算总投资64527万元。按照二级公路标准建设,设计速度60千米/小时,路基总宽17.0米(含绿道)。该项目于2016年11月24日开标,2016年12月8日正式开工建设,累计完成投资65899万元,形象进度65%。

【淳开线与千威线连接线工程】 主线起点平交接淳开公路约K6+600处,路线向西北方向傍山沿湖布线,路经珍坞村、五坑村,终点在千威公路约K13+000处并顺接千威公路,主线长2.675千米,估算总投资9518万元。该项目于2017年12月底建成通车。

【昌文公路临岐至紫槽岭段改建工程】 起点位于淳安县临岐镇佑口村，顺接已改建的昌文线淳安临岐至文昌段工程，路线基本沿老路，在两县处设隧道穿越紫槽岭，终点位于临安湍口镇沈头村，顺接已改建完成的昌文线临安昌化至湍口段工程，淳安段路线长14.9千米，估算总投资38400万元，计划工期24个月。一般路段路基宽度10米，（特殊困难路段900米路基宽度8.5米），隧道净宽10米，桥梁净宽9米。该项目开工时间2017年1月12日，累计完成投资1.81亿元，完成形象进度60%。

【05省道文昌火车站至千岛湖镇快速路工程】 起点位于文昌镇花屋村附近，终点位于05省道新甘线交叉口，路线全长18.408千米；绿道依托05省道建设，起点位于文昌镇花屋村老文昌桥南侧桥头，终点位于九龙湾度假村小区门口，全长21.474千米，路面宽3.5米。主要建设内容包括路面大中修、绿道工程、“三线”序化、排水设施改造、安全设施改造、景观工程整治及其他配套设施等，估算总投资57345万元，计划工期18个月。该项目于2017年3月15日，累计完成投资4.11亿元，形象进度70%。

【小型政府投资项目】 2017年，淳安县积极整合资源，围绕百源经济和美丽公路建设，实施农村公路大中修245千米（其中县乡公路105千米，村道公路140千米）、联网公路30千米、安保工程50千米、危桥改造及维修10座、隧道照明增设5座、边坡整治6处、新建港湾式停靠站30个均按时完工，还完成了淳杨线、淳开线、千威线、白小线、梓桐接线绿化改造提升工程，累计完成投资3.37亿元。

### ·交通行业管理·

【城市公共交通】 出租车更新换代，118辆出租车全部采取油气两用节能车型。新增K11、K13两条公交线路，K3、K12路的25辆公交车全部采用纯电动车；全年优化公交线路3条，增加公交班次1689班。

【农村客运优待人群乘车优惠政策】 从2016年4月20日起，继续淳安县户籍的60～69周岁老人、70周岁以上（含70周岁）老年人、伤残军人、二级及以上残疾人员等优抚对象，凡是乘坐县内的农村客运班车都享受福利性半价、免费乘车政策。2017年，累计优惠182万人次，共减免车费991万元。

【“客运村村通”】 用6个月时间，完成前期勘察、道路改造、车辆采购及上牌等工作，11月17日全面开始试运营，比省政府规定时间提前了一个月。12月8日，县委书记黄海峰参加并宣布通车。这项工作得到了副市长缪承潮的批示肯定。

【“最多跑一次”改革】 2017年，交通窗口办理的近2万件事项中，“最多跑一次”100%，其中30%实现了“一次不用跑”。

【加强执法检查和规范政处罚行为】 2017年，全系统共受理行政许可346件，准予许可346件，不予许可0件。其中，运管处341件，公路段5件，行政许可事项办理均能严格按照法律法规规定运作。开展专项执法检查行动，对公路“治超”、运输市场整治、安全生产领域的执法活动，按规定实施现场与非现场检查，发现问题及时予以纠正，检查情况作出通报，促进了规范行业执法工作。截至2017年12月底全系统共办理行政处罚案件66件，罚没款总额33.55万元。其中，运管处64件、罚没款32.65万元，公路段2件、罚没款9000元、卸载货物659.8吨。全年未发生行政诉讼或行政复议情况。 （胡光裕）

# 邮政　电信　供电

## ·邮政·

【概况】 2017年,全县邮政业务总收入3459万元。其中,代理金融业务收入完成2002.25万元,同比增长16.23%;包快业务收入完成281.06万元,同比增长64.83%;函件业务收入完成356.38万元,同比增长24.75%;集邮业务收入完成77.29万元;报刊业务收入完成319.26万元。淳安邮政共有195人,其中在岗职工106人,劳务派遣制员工89人,退休职工73人。设有金融、包裹快递、电商、集邮文化四个专业部门,有36个营业所、7个金融网点;建成村邮乐购站点261个,打造"五个不出村"现代农村生活模式;已建成36个精品点,完善了"村村通"农村电商物流配送渠道,实现425个行政村全覆盖;拥有邮运投递车辆53辆;建成了80个信息化、智能化的E邮站,基本实现千岛湖镇住宅小区的全覆盖;创新了"农旅邮"农村电商发展新模式,打造了邮乐"千岛湖品牌农产品馆"综合平台。

【基层党支部管理】 2017年,确立了"支部建在专业上,党建落在支部上,党旗插在基层上"的工作思路,围绕经营战略,成立了金融党支部、渠道党支部和邮务党支部,并精心制定了"党建+专业"工作规划。推选出了专业知识强、年纪轻的基层人员担任支部书记,同时将党委班子成员下沉到经营生产一线,融入到基层一线支部。大力推行"一支部一品牌一LOGO一口号一目标"的"五个一"支部建设模式,每个专业支部都有独立的品牌名称和创建目标;支部管理要求做到"四个明确",专业支部内部分工明确、学习教育时间节点明确、克难攻坚项目执行方案明确、责任落实明确。开展了党员佩戴党徽亮身份、设立共产党员示范岗、党员一句话承诺等一系列举措规范党员言行,广大党员在活动中踊跃作表率、当先锋、树形象,形成了上行下效、整体联动的党建工作氛围。渠道党支部被评为2017年度全省邮政基层党组织示范点、2017年度淳安县五星级党支部。

【企业文化统领融合发展】 2017年,淳安邮政被中国邮政集团公司评为全国邮政系统企业文化建设示范单位,被省邮政公司党组评为浙江邮政企业文化示范点。淳安邮政紧紧围绕中国邮政企业文化示范点建设要求,专门成立了以党政一把手为组长的企业文化建设领导小组,制定建设实施方案,将企业文化体系在淳安邮政公众号上发布,让企业文化渗透至一线;开展了企业文化知识竞赛选拔、征文,"和谐邮政,传承家风"摄影、书法、绘画作品征集活动等,并积极选拔人才参加市邮政公司企业文化竞赛活动。将邮政大楼二楼200多平方米面积的闲置区改建成集党员活动、企业文化宣传、阅读学习、健身休闲于一体的多功能区,并根据集团企业文化内涵,按照企业文化示范点要求,建立了楼梯文化、文化墙、文化长廊、海报展板等集中展示区域。

【"党建+"主题活动】 积极参加争当"四个人"践诺行动、"洁美环境"、"护航十九大平安巡防"、心系公益邮政同行等县级党员志愿服务活动,为争创省级文明城市贡献自己力量;完善党员帮扶机制,结合"党建+金融"、"党建+包快"、"党建+农村电商"等积极开展

“党建＋”主题党日活动。党员干部下基层帮扶重点业务、解决难点问题，帮助县城营业网点清理打扫室外自助银行机具；深入农村各村邮乐购点帮助邮掌柜业务操作、货柜整理；帮扶千岛湖品牌农产品馆开展十一黄金周宣传；加班加点帮扶双十一活动，用实际行动感染带动身边员工积极参与，凝心聚力，助推淳邮启航。党日活动遵循“每月自主＋每季集中”相结合的方式，灵活机动开展活动。通过“党委集中开展＋专业支部每周重温”的方式开展“重温入党誓词，唤起党性意识”主题党日活动。制订“班子成员＋中层干部”的帮扶联系点与帮扶工作计划表，分步骤、有计划地开展调研帮扶工作。

**【金融业务】** 2017 年，余额总规模为 11.56 亿元，该年净增 1 亿元。代理保险累计达成标保 15966 万，淳安邮政是杭州地区中邮期交、中邮长期险双达标双增长单位，是全地区第一个达成中邮长趸、中邮期交和长期险全年保险目标的县局，同时也是点均产能最高的县局。中邮证券完成有效户开户 232 户，是全省第一个完成目标数的县局；手机银行全年完成开户 6118 户；微信银行全年完成 3328 户。中邮保险外，中邮证券、手机银行、ETC 等从上到下的重点指标邮政的完成率在地区甚至全省均名列前茅。同时，还积极参与“最牛广场舞”项目、社区企退活动以及山核桃项目、春茧项目和大墅番薯干项目，实现余额新增长。

**【农村电商创新发展】** 根据“一个乡镇两个精品点”的工作要求，成立邮乐购改建小组，着手对邮乐购站点进行筛选、择优选点，并对项目标准、进度、存在问题等及时跟进。目前，全县 23 个乡镇已建成 36 个精品点。积极参与农产品进城项目，4 月，与县商务局、县农办、大墅镇政府策划开展了“电商助农大墅春笋网销活动”；5 月，作为合作单位参与在千岛湖和杭州举办的 2017 杭州·千岛湖枇杷节项目。淳安邮政作为唯一一家电商和物流配送单位，全力配合开展活动，并取得良好效果，赢得了各级领导的一致好评。同时，开展了“粽情端午”、思乡月、车险及简易险项目。

**【包裹寄递业务】** 2017 年，累计完成包快业务收入 281.06 万元，其中快包业务收入 263.24 万元，同比增长 75.97%。包裹快递业务坚持强化经营考核，加强利润管控。出台了兼职揽收考核办法，挖掘投递员兼职寄递力量，包括社会代办，“邮乐购”电商平台；出台了酬金化激励考核体制，加强资费与利润的管控；坚持以服务政府为民服务项目为基础，加大发展农产品进城力度。开展了“千岛湖春笋配送项目”，“千岛湖白枇杷项目”等项目，通过活动发件量同比增长 200%。依托“千岛湖品牌农产品馆”运营平台，开展农产品寄递业务。目前，已经签订了四家入驻的合作单位，寄递数量逐步提高。其中，严家大方还开通了“千岛湖—金华”“千岛湖—上海”专线。

**【合作业务】** 5 月 5 日，与县烟草邮政举行烟草配送签约，正式承担全县辖区内 25 条送货线路，共 2065 家卷烟零售客户的配送任务。淳安邮政成为全省第一家运行烟草支线物流配送的试点单位。5 月 17 日，与淳安联通签署战略合作协议。联通公司的通信服务、销售渠道、电子商务、金融等业务叠加到邮乐购站点，与邮政各项业务共同服务于广大用户。5 月底，2017 千岛湖生态水果采摘季推介会在杭州吴山广场举行。淳安邮政积极参与其中，线上推广千岛湖农特产品。此次千岛湖枇杷节活动，淳安邮政主打千岛湖风光明信片，通过邮寄明信片的方式，大力宣传千岛湖良好的生态环境和旅游资源。

**【财务管控】** 淳安邮政对企业房产、资金、存货和成本等资源进行梳理盘点,加大整合和盘活力度,集中优势资源重点向“三个一把手工程”倾斜;围绕构建以利润为核心的财务管理体系要求,加大对效益贡献的考核力度,指标体系突出体现以利润为核心的政策导向。出台《欠费管理办法》,强化责任追究和终身问责,规范全局欠费管理,最大限度保障资金回笼,通过严格执行合同收账期、督促收缴欠费、及时停止不良信用客户收寄、加强考核欠费责任人等一系列措施,缓解资金压力。

**【优化人员结构】** 根据省公司“三个一把手工程”经营策略,在人员结构调整上注重把青年的业务骨干调整到金融、电商平台、包裹快递业务部门。为保障农村电商各项工作能够扎实、稳健地推进,根据工作需求,组建了一支由12名成员组成的农村电商团队;加快金融业务发展,为每个金融网点配备了综合柜员、理财经理和客户经理,加强了网点服务和走访宣传的团队能力。进一步深化《问责办法》《班组长以上管理人员办法》《员工退出机制》等内控管理考核制度,规范员工职业行为,优化服务员工工作水平和能力;严格控制人员增长,通过传统业务整合,机制引导,鼓励传统业务人员向“三个一把手工程”转岗,释放能量。

**【安全服务质量管理】** 强化安全管控,加强基础管理,加大对重点岗位、关键环节安全隐患排查整治,全力做好中共十九大等重大活动邮政安全保障任务;开展了“安康杯”劳动竞赛,加大对投递安全、车辆管理、金融资金安全、邮件安全、职工小家及出租房屋安全检查整治力度,确保事故防范措施落实到位。优化内部管理,下发了《禁烟条例》《周例会制度》《金融服务质量管理考核标准》等管理办法。加强对网点服务能力建设,对南山营业所进行了装修改造;对金融网点网点进行了翻新整修,按照标准统一采购,美化厅堂环境;规范营业员服务操作,继续推行一杯水、举手礼等厅堂礼仪;加大对投递车辆的投入,新增投递车辆4辆,改善投递工作环境,配套购买了20张新桌为投递员更换了封发桌;完善服务质量监督检查体系,对岗位进行梳理,强化监督检查力量;对无着落邮件通过规范处理流程,加强现场管理,实施源头管控;加强投递质量管控,在投递能力基本到位的前提下,对当日妥投率、实时反馈率等质量指标进行每日通报,以确保各项指标的完成;切实做好邮政普遍服务新标准落实,加强服务宣贯和检查。

**【群团活动】** 淳安邮政党委、工会、团委、女职委等群众组织,积极开展形式各异的活动。开展了“喜迎元旦·户外寻宝”员工趣味活动,营造健康向上的企业氛围;2月底,举办了淳邮2016年度颁奖盛典,颁发了各类先进个人和集体奖项;3月,组织全体女性职工到杭州太子湾—宋城—钱江新城踏青游玩,舒缓了工作压力;5月下旬,组织参加了县总工会举办的“快乐运动,康美生活”为主题的县直属工会健身挑战赛,团体和个人赛都取得了较好的成绩;6月,以关心、关爱未成年子女健康成长为主题,为未满14周岁的职工女共90人发放了学习用品作为“六一”儿童节礼物;7月,成立了毅行、骑行、兵乒球、钓鱼等兴趣小组;9月,参加了2次全国性的毅行大会,展现了邮政职工积极进取和团队协作的良好精神面貌;重阳节组织40余名退休职工到建德梅城一日游;11月,组织70余名投递员开展了趣味运动比赛,营造努力工作快乐生活的氛围;以“辛勤工作、愉快生活”为主题,组织40余名职工自驾前额往大墅镇兰纳外拓基地开展户外采风活动。

【业务联学培训】 5月,开展了全省邮政特有职业技能竞赛,参加市邮政公司举办的技能竞赛取得了团体第七名;全力做好职业技能鉴定工作,凡符合条件的员工都积极组织参加职鉴考核;组织全体金融从业人员开展了一次集中金融风控合规管理考试,确保人人熟记"十条禁令"和"否决积分行为"的内容;8月,组织全体金融从业人员进行了"十条禁令""十五条红线"理论及点钞操作等方面的技能大练兵,旨在提高窗口人员服务水平,提高窗口办事效率,提升客户体验满意度。

【关心关爱活动】 开展为员工送生日蛋糕等暖人心活动;组织开展县第十七次春风行动,单位和个人共捐款34430元整;组织参加了"献礼七一红 喜迎十九大"淳安县万名党员干部争当"四个人"践诺行动,积极参与了争当"四个人"践诺行动启动仪式、"礼让斑马线"、"路面非机动车序化停车"、"洁美环境"志愿服务活动四项内容;8月,开展了高温慰问工作,为全体员工发放了防暑药品及红豆、米仁、冰糖等防暑食品;10月,党委、行政、工会、共青团委联合开展了"世界邮政日,大手牵小手"走进县培智学校志愿服务活动,以特殊的方式迎接第48届世界邮政日;11月,开展了"关爱员工、传递温暖"活动,对邮政三项重点业务的从业人员进行了一对一的走访慰问工作,真正身入基层、心入基层。

【千岛湖品牌农产品馆综合平台】 千岛湖品牌农产品馆是2017年10月,由淳安县委、县政府以"助农增收"为根本目标,通过整合农业全产业品类、旅游全网络互通和邮政全区域快递三方资源优势,共同打造的线上线下综合平台。平台集"品牌展示、销售自提、网上体验、培训孵化、仓储配送"五大功能为一体,同时也为全县优质农产品企业和示范种养植大户提供一个线上线下销售渠道。"线上"通过扫千岛湖品牌农产品馆二维码,即可在线上购买千岛湖品牌农产品。千岛湖品牌农产品馆二维码已经进驻旅游门票、游船艇、景区码头,进驻部分绿道驿站、精品民宿、四星级宾馆饭店及行政村等,并创建了"一船一码一店铺,一人一码一微商"新模式。2017年,千岛湖品牌农产品馆已荣获中国最受欢迎的邮乐地方馆,并被作为淳安县人民政府唯一推广的官方农产品馆。"线下"建立了近300平方米的千岛湖品牌农产品馆实体店,并在下姜村、旅游码头秀水街等地建立了农产品服务点和自提点,方便游客购买和提货。目前,按照"三品一标"准入制度已入驻68家商家,产品213余种产品,其中线上销售108种。

【农旅邮】 "农旅邮"融合的淳安农村电商发展模式,推动了淳安邮政农村电商新增长极的快速发展,在促进农民增收的同时,也促进了邮政企业的转型升级。2017年12月13日,浙江省副省长孙景淼到淳安邮政邮乐"千岛湖品牌农产品馆"调研;县委书记黄海峰高度评价淳安邮政助力地方经济发展,创新农村电商发展新模式;县长董毓民专题调研邮政农村电商体系建设,对创新农旅邮深度融合,打造康美乐淳安电商提出了后方有基地、前方有市场、中间有保障的工作要求,并强调要集中力量、整合资源,全力做好邮乐"千岛湖品牌农产品馆"。

(胡韶玲)

## ·中国电信淳安分公司·

【概况】 2017年,中国电信股份有限公司淳安分公司(简称淳安分公司)有合同制员工97

人、外聘员工 104 人;下设 3 部、1 室、1 个中心、7 个支局。淳安分公司在上级公司的战略指引下,快速接应阶段性各项重点工作要求,聚焦三化,强化执行,加快企业转型发展,较好地完成了年度工作任务,全业务经营保持健康稳定的发展态势。2017 年,全县净增宽带用户 5852 户,宽带累计出账用户 55789 户,同比上年增长 11.70%,其中光宽带占比为 95.2%,百兆宽带占比为 65%;净增 iTV 用户 1.39 万户,iTV 累计出账用户为 4.74 万户,同比上年增长 41.67%,至 2017 年年底高清用户占比为 71.71%;新增 C 网用户 2.72 万户,其中新增 4G 智能机用户 2.7 万户,净增 4G 用户 1.02 万户,移动累计出账用户 71578 户;完成全业务主营收入 9241 万元,完成率为 100.16%,同比上年增长 8.66%;完成税前利润－1514 万元,比上年下降 0.84%。

**【营维一体经营承包】** 2017 年,淳安分公司在网格化营维一体经营承包上,不断完善网格厅基础建设、标准化运营和管控制度。至 3 月,辖地 13 个网格,按照营维一体模板签订了承包协议,完成了人员配置和网格厅建设,经协同运营,网格人员已熟练掌握精准营销工作流程,有效促进了接单率、在岗率、成功率的不断提升及不限流量套餐业务的发展。在翼支付生态圈与销售渠道打造上,以实现渠道有效覆盖、收入预算完成、业务份额提升、用户结构优化为目标,通过“一张地图”“一支团队”“一套系统”、“一本战法”积极打造面向“智能连接型业务生态圈”和“智慧家庭生态圈”销售能力的专业化网格团队;坚持“做强”社区厅布局、“做深”营维一体、“做实”以店包片、“做透”精确营销,成效显现。在划小经营承包工作上,8 月 31 日,分公司召开五级包区划小承包再提升推进会,对上级公司“五级划小承包再提升实施方案”进行了学习宣贯和解读讨论,正式确定临岐支局为公司五级包区划小承包试点区域。9 月 1 日,淳安分公司五级划小承包进入正式实施阶段;建立了社区清单化销售服务体系,不断加强了宽带攻防堡垒作用,扩大了智慧家庭市场份额,通过接应集团公司转型 3.0 战略和上级公司布置,积极推进五级划小承包工作深入开展,全年完成了 14 个五级划小 A 类承包包区;同时,认真接应 EHR 智慧人力系统上线应用工作,组织网格经理进行了该系统的应用培训,使该系统日益成为营维一体管理者的重要管理工具。

**【渠道与营业网点建设】** 2017 年 4 月,淳安分公司在渠道建设上,新增商圈内外包厅 2 家(淳安沃商新北天翼卖场、淳安沃商西园天翼卖场);5 月 18 日,新增商圈内全网通卖场 1 家(淳安悦动新安大街天翼卖场);9 月,新增商圈内专营店 1 家(淳安县淳南千岛湖专营店);4 月,新增支局外包厅 1 家(淳安大墅众旭新兴路专营店)。在网格厅建设上,全年新增 4 家网格厅(新安网格厅、新城网格厅、新北网格厅、南山网格)。五级承包 A 模式专营店 14 家(淳安广福汾口支局中洲包片、淳安畅想威坪支局王阜包片、淳安明威威坪支局叶家包片、淳安启辰威坪支局鸠坑包片、淳安爱米临岐支局屏门包片、淳安方妍威坪支局唐村包片、淳安云耀临岐支局瑶山包片、淳安千通姜家支局浪川包片、淳安仕良姜家支局界首包片、淳安和鑫临岐支局临岐包片、淳安吉运姜家支局郭村包片、淳安华馨大市支局安阳包片、淳安唐奕大市支局大市包片、淳安武捷大市支局枫树岭包片)。至年底,淳安分公司新增泛渠道 70 家。

**【宽带与 iTV 业务】** 2017 年,淳安分公司在宽带业务发展上,通过响应国家提出的“提速降费”政策,全年宽带免费提速至百兆的用户为2.9万户，百兆占比65%。在宽带用户续包上，全年普通宽带续包率为72%，政企宽带续包率为87%；在iTV业务发展上，通过iTV整村推进，带动iTV规模新的扩展，全年净增iTV用户1.39万户，完成率为128.1%；光宽带占比同比上年提升381%，全量光宽带占比95.2%。

**【移动业务】** 为响应国务院提速降费总体要求，2017年9月1日始，淳安分公司实施取消手机长漫游通话费。为有效推进移动业务规模发展，淳安分公司全面聚焦“以店包片、营维一体、精准营销、翼支付‘1元购’及5级划小承包”工作；安排多场次全员营销劳动竞赛，红包卡全员劳动竞赛、精准营销PK赛，不限量融合拉新攻坚战、“杭电云销”全员劳动竞赛等。淳安分公司各经营单元在销售部统筹安排下，按季度、月、周、日制订营销活动计划，每次活动提前一周取数派单、列出计划、明确目标，固化执行动作，并对活动成效现场进行评估，综合支撑部门深入支局做好支撑，解决一线难题，提高响应速度，全力聚焦重点产品，迅速组织不限流量套餐业务的有效承接，尤其是在三季度不限流量套餐业务融合拉新率达98%，质态管控位居本地网排名首位，其中发展不限流量用户3360户，完成季度重点工作指标的127%，业务融合占比为80%，全新增占比为86%，单宽转不限流量套餐占比为37%。8～9月，在拉新攻坚战中，单个宽带业务用户转融合套餐完成率达140%，拉新率(C网资产新增占比)为93%。12月25日，淳安分公司与淳安县中医院签订了移动护理项目协议，通过该协议，新增新惠农礼包75户，带动新增移动业务用户225户。

**【翼支付商户】** 2017年，淳安分公司在翼支付商户发展上，为承接上级公司红包套餐业务，年初结合对返乡务工人员的点对点上门营销、重点区域与人流密集场所的现场营销等重点营销活动，对当地“一村一店”翼支付后向商户(电信提供服务、商家提供货物)进行了联动营销，并按“培育一个，成熟一个”为要求，积极做好翼支付后向商户的发展工作。下半年，淳安分公司以提高移动业务市场份额为目标，通过对重点区域、千人村的大数据挖掘，结合翼支付“一元购”活动，积极做好单一宽带用户及C网单产品用户转融合套餐的签转工作，此举增进了存量用户的保有和新增用户的发展；全年各支局圆满完成了“一村一店”“泛渠道拓展”及商户电信产品覆盖率的年度目标。至年底，淳安分公司新增发展翼支付后向商户441家，翼支付后向商户电信产品覆盖率为86%。

**【创新业务】** 平台项目建设，9月，淳安分公司与淳安县人民政府信息中心签订了4个平台软件开发项目，第三方公司免费提供软件平台，淳安分公司收取三年服务费，共计三万元，通过延伸服务平安通APP，带动发展C网团购300余户，新增宽带业务光纤50余条在视频监控项目上；淳安分公司成功中标淳安县城市管理综合监察大队智慧城管视频监控系统租赁项目，合同金额为244万元。智慧小镇建设，11月，成功中标淳安县枫树岭镇人民政府下姜村智慧旅游指挥中心软件平台项目，通过打造该项样板工程，旨在为淳安分公司的智慧城镇建设树立标杆。“12345”县长热线的整合项目，淳安分公司通过积极跟进、优化方案，最终完成热线项目整合，信访已向财政申报项目预算，每年创收150余万元。在医疗云项目上，实现项目拓展，累计有43台云主机上线，年收入为48万元。在移动业务项目上，通过移动护理业务的签约，3年可创收近60万元。在新课堂业务项目上，通过该项目的实施，新增班班通20个，桌面云创收 19.8 万元,并带动发展中(小)学校园 C 网用户 1102 户。

**【网络运营】** 2017 年,以网络运营维护"新六大提升计划"为载体,提升服务质量、网络质量和资源质量,利用信息化支撑手段,重构运维三级质量管理体系,提升网络维护效率与效益,高效支撑市场发展。在项目建设上,淳安分公司全年预算分配资金为 1034 万元,全年完成资本性支出 1036 万元,投资预算进度完成 100.2%,建设项目 164 个(包括续建 152 个),立项金额 3610.18 万元,报竣 141 个。在维修项目上,全年维修费用预算为 280 万元(含光缆代维 80 万元),全年完成成本性支出 664 万元,投资预算进度完成率为 237.14%,维护项目共 80 个,立项金额 1992.66 万元,其中续建项目 45 个已全部报竣。在全光网络建设上,针对 EPON(基于以太网的无源光综合接入技术)覆盖的住宅小区,全部配置了基于 ITU-TG.984.x 标准的最新一代宽带无源光综合接入技术(GPON)资源,以支撑宽带千兆接入需求;通过优先改造光纤到楼宇(FTTB)覆盖的住宅小区,实现了光纤到楼宇和光纤到户(FTTH)的双重能力覆盖,通过全力支撑小 CEO 零星应急订单补盲需求,精准提升了光纤覆盖面,全年公司新建接入能力 1.47 万线,FTTH 接入能力累计达 16.74 万线,全网 FTTH 覆盖率 100%。在支撑驻地网项目上,通过积极跟踪已签约的驻地网项目,将驻地网全部采用 FTTH 方式接入,满足了用户高速宽带的需求。在无线动力设备建设上,全年完成了 45 个站点的电池更换、3 个接入网点的整流器更换、56 个站点的电表安装。在无线网络建设上,全年建设开通 800 兆基站 398 个,完成上级公司下达建设指标的 103.38%;开通 LTE 网基站 89 个,室内分布系统 30 个,完成上级公司建设指标的 100%。全球眼监控项目建设,全年开通公安系统监控点位 195 个、数字城管点位 168 个;完成小微 ICT 项目建设 52 个,计创收 190 万元。

**【业务升级】** 2017 年,淳安分公司在新业务开通、网络故障与质量管控体系建设上,通过加快岗位认证培训、评选质量标兵、开展 QC 活动,装维指标有效提升,新业务开通规范执行率 100%,48 小时开通及时率 96.48%,开通现场规范率达 96.48%,商务领航工单处理及时率 100%,商务领航工单平均历时为 76 分钟。在新网络质量提升计划执行上。完成全年接入网关(AG)光纤到节点(FTTN)交换改挂 IP 多媒体系统(IMS)割接指标,数字用户线路接入复用器(DSLAM)退网完成率为 100%,完成无线接入网 IP 化(IP RAN)设备双路由闭环优化,完成城域网扩容优化,支撑城域网流量增长需求,提升了网络安全性。在新资源质量提升计划执行上,通过加快局站归并和机房整治,使光路关联率提升至 100%,光路完整性提升至 99.56%。在新光网质量提升计划执行上,通过加快光缆维护"三化"体系建设,全面提升了光缆维护关键指标,48 芯以上光缆中断障碍为零,光缆故障抢修及时率 98.89%,位居当地网排名第一。在新无线及接入网质量提升计划执行上,新建接入网(通信设备机房)及标准化自有基站 31 个,完成比率为 53%;全年开通 800 兆基站 398 个,完成率为 103.38%。在新政企客户服务质量提升计划执行上,通过该计划执行,政企服务基础管理、政企差异化服务能力有效提升,政企故障发生率每月保持在指标 3%以下。

**【天翼高清·浙江 IPTV 首届广场舞大赛】** 7 月 29 日,由中国电信淳安分公司和淳安县委宣传部联合举办的 2017"天翼高清.浙江 IPTV 首届广场舞大赛"初赛在淳安县水之灵剧院开幕。本次大赛以浙江电信“舞比快乐”和淳安县委宣传部“舞动新淳安，康美好生活”为主题，充分展示了淳安人民昂扬饱满、健康向上的精神风貌。本次比赛共吸引了14支参赛队伍，参赛队员达300余人，报名覆盖了千岛湖镇各个社区。

**【强化精确管理】** 2017年，淳安分公司在增强内生动力工作上，优化了全员收入服务责任制考核办法，设置了岗位绩效框架结构，规范了各部门的二次考核分配与激励；各部门按照市场化要求，积极推行“内生动力”考核成效显现。在增收节资工作上，通过挖掘潜能、积极开展增收节资工作，全年完成赔补费金额为97.26万元，退铜收益为333万元，保险理赔金额为20.9万元，资产盘活折合金额为50万元；通过从严管控各类费用支出，确保了本公司年度利润的达成。

**【人才培养】** 通过规范选人用人流程，全年本公司有1人入选上级公司“863”人才库，4人入选市公司朝阳人才库，4人充实到支局助理岗位、1人提到副支局长岗位；在加强外包用工管理上，注重外包员工的职业发展，在骨干选拔中积极推行“积分管理”办法，2017年拥有中级骨干7人，初级骨干21人（新增中级骨干4人，初级骨干8人）。在加强员工培训工作上，为提升员工技能素质，组建了各部门、专业40名员工组成的内训师队伍，全年本公司自行组织开展员工培训184期4600人次，承接派送学习培训110人次，派送50人次参加了云维护、网络资源管理、无线网优、产品维护经理、家庭通信工程师、实体渠道、政企客户经理等岗位技能认证培训和考试

**【安全生产管理】** 落实“党政同责、一岗双责”安全责任，与公司内部及外协单位层层签订安全责任书，任务分解到岗到人；建立健全安全生产组织机构，完善安全制度，开展清单式应急处置能力演练培训，外线人员和准驾人员均持证上岗；公司还从人防和技防入手，有效利用智慧安APP工具，每月组织安全检查，全年发现并整改安全隐患36处，更换灭火器98只，整改电力线路隐患24套，整改投入金额为9万余元。同时，公司还积极开展“安康杯”、“安全生产月”等系列活动，组织员工学习《中华人民共和国网络安全法》等法律法规，开展用户信息安全管理知识问卷，及时更换消防水带等安保设备，各网格厅均配置了防盗监控，使之安全生产管理上了一个新的台阶。

**【党建工作】** 2017年淳安分公司在党建工作上，制订了年度党建重点工作任务和工作清单，层层签订了党建责任书，进一步完善了本公司党委会议制度、党建工作考核、党建指导员覆盖要求及党费收缴规范等制度建设，夯实了党建基础；全面深化和推进党建指导员制度，党委成员挂钩经营单元，发挥党建指导员的引领作用；党员活动固定化，在党员固定活动日，形成支部特色。同时，全面落实“三创建”主题活动和推进“百千万”行动计划，完成“一支部一品牌”和“支部书记工作室”的创建工作，充分发挥党组织的政治核心作用，切实推进企业经营发展与改革创新；12月1日，淳安县经济和信息化工作委员会及所属系统党建工作会议在淳安分公司召开现场会。在开展党员干部“两学一做”活动上，制定了“两学一做”及本公司中心理论组月度学习计划，每月按计划开展学习活动，各支部结合党员活动日组织定期学习。在坚持“三会一课”制度上，按时召开专题民主生活会，党委班子成员讲授党课，积极组织中共十九大精神的“大学习、大宣讲、大落实”工作。在提升党员干部综合素质上，组织了4期党员

干部“转型先锋”培训班,通过集中学习,促进了党员干部的观念转型、能力转型,提高了执行能力,提升了党员的党性修养和综合素质,以在企业转型发展时期发挥先锋模范作用。在组织党员活动上,积极开展了“先锋颂”劳动者风采展示、“我最喜爱的习总书记的一句话”主题演讲、“七一送温暖”、“礼让斑马线”文明劝导等丰富多彩的党员活动,有效提升了企业党组织形象和员工的凝聚力。

**【干部队伍作风与廉政建设】** 2017年,淳安分公司在作风建设上,将其有机融入日常工作,使之习惯成为自觉,成立党风廉政(作风建设)监督员队伍,强化日常监督,以“节日必查+季度抽查+日常巡查”的方式落实常态化管理。完善约谈制度,坚持“凡提四必”;健全管理干部廉洁档案管理,认真执行管理人员述职述廉和个人重大事项报告等制度;严肃查处“四个专项”和集团巡视中发现的突出问题,着力营造“不敢腐”的环境。廉政文化建设,接应落实廉政文化“六个一”工程,组织开展了“六个一”主题活动,全年公司有51人参加了反腐倡廉集中宣讲活动。至年底,开展警示教育6次计222人次。切实履行党风廉洁建设第一责任人职责,严格执行“三重一大”集体决策制度,以问责倒逼责任落实,以上率下,一级抓一级,加大责任追究力度;全年本公司开展党章党规党纪教育11次计644人次。

(蒋文红)

## ·中国移动淳安分公司·

**【概况】** 2017年,中国移动通信集团浙江有限公司淳安分公司(以下简称淳安分公司)内设综合部、市场部、政企部、网络部4个部门,以及城区、汾口、威坪3个区域营销部,有自办营业厅4所,员工92人。2017年,通信服务收入1.68亿元,同比增长11.8%。通话用户达到23.8万户,通话市场份额67.8%。2017年,新建4G网络基站210个,4G网络已实现乡镇及以上区域的全覆盖,行政村覆盖率100%。

**【网络通信保障】** 网络规模再上台阶,顺利完成各项工程建设任务,目前淳安共有2G宏站882个,室分127个;4G宏站842个,室分138个;完成4G+设备替换逻辑站点776个站点;如期完成4G网络建设百千万重点项目,大大提升了政府和周边用户感知。完成大墅镇高脚坞村和石林镇乌山尖村等26个老百姓关注区域站点的开通,有效解决网络覆盖和无线信号覆盖需求,进一步增强了网络运营能力,提升了客户感知。深覆盖打造精品网,实现光纤接入基本覆盖全县,实现“村村通”光纤到户工程,为地方经济发展提供良好的基础通信保障。网络保障工作再谱新章,圆满完成了千岛湖国际毅行大会、姜家镇方盛农庄民俗节、下姜民俗文化节、秀水节等十余项重要活动的通信保障。

**【运营支撑能力建设】** 2017年,网络总投资超过8000多万元,新增光缆1500多千米,新建有线宽带信息点5万个,累计信息点15万个,发展用户2.4万户;营业支撑方面,目前共有移动社会签约网点89家、加盟合作厅7家、准签约渠道14家,自营厅4家,合作厅7家,外包厅2家。移动专营渠道占比达到79.45%,较上年提升9.83%,相对竞争对手初具领先优势。

**【政府项目建设】** 2017年,淳安分公司深入推进政府合作,全年累计完成信息化项目合同8个。大力支持淳安县“雪亮工程”建设,全力做好公安治安监控系统建设项目,积极推进千岛湖镇人民政府、石林镇人民政府抓拍机系统，汾口镇、界首乡4个平台村级监控等村级视频接入乡镇项目。配合市场监督管理局推进阳光厨房监控系统项目。2017年，完成智慧绿道建设，落地环湖绿道主要场所和重要驿站新建8个大屏，16个无线WiFi上网点，为游客提供免费上网和信息查询，新建11个人流量统计点位，以及相应的智慧平台软件开发。利用移动基站地理优势新建10个天眼点位，助力公安治安和交通系统工作，完成城市管理局人行道监控54个点位建设。在行政执法终端方面，全力做好公安、交警警务通、监管通、综治通等系列行业执法终端应用项目。

**【信息化项目】** 淳安分公司紧紧围绕县旅游、民生、教育、政务、交通、公安城管六大领域，统筹资源，充分发挥行业优势，使移动信息化项目在六大领域内均取得了较好的发展，实现了移动信息化助力淳安经济发展的良好目标。2017年，信息化项目累计合同金额800余万元。

**【荣誉成绩】** 2017年，淳安分公司内部荣获浙江省明星县公司和杭州市先进分工会；外部成功创建杭州市“十佳健康单位”，大市营业厅被评为县级巾帼文明岗，3名员工分别荣获杭州市G20峰会安保工作成绩突出个人、杭州市反恐怖工作先进个人、县级优秀团干部等荣誉。

**【社会扶持】** 组织开展春风行动捐款，员工捐款总额8656元；党支部与梓桐三联村贫困家庭户结对，每年为他们送去慰问金和慰问品；2017年，杭州移动与中洲镇木瓜村开展联乡结村活动，淳安移动与大市镇栗月坪村结对，着力做好结对村的信息帮扶工作；持续做好县助残服务直通车项目的各项维护工作；积极落实县政协九届一次会议第213号提案，解决富文乡青田村岭后自然村移动手机信号盲区问题。

**【落实安全文明工作】** 全年安全管理零事故，深入推进“平安千岛湖”建设，成功夺取省平安金鼎贡献力量；配合做好市文明县城指数测评与省级文明县城复评工作的落实与分工，认真做好市民文明礼仪出行引导，投入较大的人力、物力、财力，创造良好的卫生、文明环境，以优异的成绩通过迎检；全方面做好互联网大会安全保障工作，实现会议期间零事故。

（余力求）

## ·供电·

**【概况】** 2017年，全县用电量13.04亿千瓦时，同比增长7.28%，售电量12.73亿千瓦时，同比增长5.10%；最高日用负荷25.18万千瓦时，增长12.96%；综合线损率3.80%，综合电压合格率99.996%，供电可靠率99.89%；完成销售收入7.41亿元，利润1250.55万元，同比略有增长；电费回收率100%。用电户数22.4519万户，同比增加1.0459万户；新上业扩用户1.2万余户，新增容量29.84万千伏安，同比增长71.89%。集体企业营业收入3.42亿元，利润2261.98万元。

**【安全生产】** 2017年，公司安全生产总体平稳，未发生人身、电网和设备事故，基本实现年初提出的各项安全生产目标，保障全县经济发展和人民生活安全可靠供电。截至2017年年底，累计安全日达4518天。

**【杭黄铁路王阜牵引站220千伏外部供电工程】** 总投资2.9亿元，被列入浙江省重点工程和浙江省电力公司考核项目，2017年4月

28日开工建设,截至2017年年底,已完成排岭变扩建土建和构支架组立,线路部分完成近30%。

**【110千伏淳安变整体改造工程】** 总投资3549万元,20世纪80年代建设的淳安变就地重建,占地面积相比原先更小,为10075.64平方米,主变容量相比原先更大,为100兆伏安。2017年1月6日正式开工,于2017年11月9日竣工投产。

**【110千伏界首输变电工程】** 总投资6043万元,被列入国网公司里程碑计划的淳安亚运会主供电电源之一,2017年2月13日破土动工,经过9个月的施工,于2017年11月30日竣工。

**【低压台区改造工程(含配变增容改造)】** 总投资8231万元,工程涉及全县38个行政村,9843户农户,于2017年3月开工,10月底全面完工,完成新建配电房102座,新上配变298台计77560千伏安,新增高压熔断器262组、高压避雷器各222组,新增低压配电屏(柜)168组,JP柜42组,电容柜156组,新建10千伏线路共50.59千米,低压架空线路185.05千米,接户线202.27千米,更换单表箱9367只,动力表箱486只,新装分支保585只。

**【中心村电网改造工程】** 工程总投资1338万元,工程涉及全县4个行政村,于2017年3月开工,9月底全面完工,主要工程量:新上配变48台共16200千伏安,新增高压熔断器48组、高压避雷器48组,新增低压配电屏(柜)38组,JP柜10组,电容柜38组,新建10千伏线路10.2千米,低压架空线路28.6千米,接户线35.20千米,新装分支保96只。

**【规划编制工作】** 结合淳安县配电网现状,以问题为导向,完成新一轮农网升级改造规划编制及淳安"十三五"配电网规划滚动修编。完成8个分区配电目标网架规划编制,其中《千岛湖镇主城区配电网目标网架规划》获市公司劳动竞赛铜奖。

**【企业管理】** 完成公司制改革,完善公司法人治理结构及运作模式,促进科学决策和现代企业制度在公司落地。强化制度保障,开展制度有效性评估,修订、废止公司层面制度19项。加强项目预算管控,实现项目管控"两个90%"目标,项目转资率位列杭州七县市公司之首。有序推行电费账户"一市一行一户"管理,压降电费账户4个,撤销业务收费账户1个。加强绩效管理,组织绩效《两本手册》学习,开展绩效考核细则滚动修编,促进绩效管理与专业管理深度融合。推进"全能型"供电所建设全覆盖,完成营配融合式班组配置,建立网格化管理、片区化服务模式,推行台区经理、分片包干等管理方式,管理指标和工作效率明显提高。

**【优质服务】** 大力开展"最多跑一次"服务,进驻淳安县新行政服务中心开展电力窗口服务,实现客户"一次都不跑"业务16类,"最多跑一次"业务5类,客户在线办电率91.39%。累计走访华数运通、新兴纺织等30余家企业,主动对接客户用电需求。完成县政府、县二医院、水务公司等双电源改造,确保重要用户可靠供电。为千黄高速各标段业扩工程配备"一对一"客户经理,累计现场服务230余人次,服务工作获得客户认可。推广"多表合一"标准化建设,构建与水气企业合作共赢模式,完成"多表合一"868户的建设采集目标。促成政府"农村用电安全员"网络机制建设,进一步提高农村用电服务工作。

(方利剑　景旭辉)

# 供销　贸易

## ·供销·

**【概况】** 县供销总社有基层供销社6家、独资(控股)企业6家、参股企业6家,在服务三农和促进淳安社会经济发展中发挥了积极作用。截至2017年,共培育发展中华全国供销合作总社重点龙头企业2家、省级骨干农业龙头企业2家、省三星级文明规范市场1家,县重点工业企业2家。2017年,全社实现经营总收入3.28亿元,同比下降1.2%,汇总利润1470万元,同比增长11.5%,所有者权益16497万元,同比增长48.9%,在全省供销社系统县(区)基层供销社考核中,荣获综合业绩考核优秀奖,全省农合联建设先进单位。

**【农合联建设】** 乡镇农产品电商物流中心有序托管,采取“成熟一家托管一家,先托管后划转”的方式,先后与威坪、姜家、枫树岭、安阳、临岐、左口6个乡镇签订托管协议,根据“一点一方案”的要求,制定因地制宜、务实有效的运营方案,威坪、姜家、临岐按“九个一”功能布局,着力打造综合型农贸市场;界首主要以柑橘文化展示和柑橘交易为主要特色,筹建农产品展示展销中心。县农合联公共服务中心投入使用,12月底,县农合联公共服务中心正式挂牌运营,集成生产、供销、信用三大服务体系,成为全县首家农业发展的综合服务平台。目前服务中心设有农产品展示展销中心、农合联电商交易和培训中心、办公商务中心等功能,农信担保公司、惠多利农资公司、同兴供销超市等供销社下属涉农企业,农合联资产经营公司及下属参(控)股企业进驻,满足农业经营主体“一站式”服务需求。生产信用合作服务成效明显,截至目前,建成6个农业服务网点和5个林业技术服务网点,生产合作辐射带动功能明显。信用合作服务力度进一步加大,“三位一体”融合贷会员授信率95.73%,为会员提供贷款1.86亿元,减轻融资成本80余万元;2017年,发放互助资金3560余万元,提供担保金额6984万元,多形式解决农业经营主体融资难题,促进农业生产发展。

**【茶叶交易服务】** 2017年,千岛湖茶叶市场完成名茶交易11.85亿元,达到历史最高值,同比增长8.3%,交易平均单价332元/千克,比2016年同期增加32元/千克,实现茶农增收1200余万元。千岛玉叶公司注重品牌推广。千岛玉叶公司积极履行品牌打造职责,协助举办各类茶事活动,做强做大“千岛湖”牌茶叶品牌价值。在2017年第二届千岛湖斗茶大会,公司出品的千岛湖龙井、千岛湖银针分获金茶王奖,选送参评的千岛湖龙井茶在“2017中国(上海)国际茶叶博览会”茶叶评比中,荣获“中国好茶”金奖。同时,完成名优礼品茶包装16.37吨66571盒,同比增长22%和14%,统一品牌包装价值差异明显。新洲制茶主抓茶产业链延伸文章。在巩固传统茶叶经营业务的同时,新建8000余平方米的标准厂房,开展茶饮料原料、大宗茶内外销,推进茶叶从农产品向工业产品转换,增加茶产业附加值。

**【智慧农资】** 发挥供销社自身优势,借力农合联综合服务平台,构建新型社会化服务体系,加强“智慧农资”建设,按产业类别开展个性化、专业化、精细化服务。4月20日,借助县农合联资源，启动支农惠农服务活动，其中果蔬、茶叶两个产业25家县级农合联会员每户受赠1万元农资和一年庄稼医生服务。规范提升发展为农服务组织建设，全年新组建农民专业合作社联合社4家，新建1家国家级农民专业合作社示范社，13家经营服务综合体得到提升发展。开展“党建带社建，村社共建”活动，培育的2家专业合作社所在村均增收3万元。强化蔬菜公司便民服务公益性，运营以来严格执行县委县政府“低价优质、让利于民”的要求，采取直供直销、成本销售、设立特价专柜等方式，始终保持蔬菜价格比周边市场低10%～30%以上，倒逼周边市场蔬菜价格下调，得到了广大市民的点赞。突出日用消费品连锁服务便利性，以同兴供销超市为龙头，采取“直营店＋加盟店＋便利店”的网点建设模式，在中心镇、中心村、学校等人口密集区大力发展网点，方便城乡农民居民生活。2017年实现连锁业务2.35亿元。

**【党建工作】** 抓好思想政治引领建设，通过党委理论中心组、集中学习培训、上专题党课等形式，及时组织学习习近平总书记系列重要讲话精神和中共十九大精神，引导党员干部增强“四个意识”，坚定不移向党中央看齐，始终在思想上政治上行动上同以习近平同志为核心的党中央保持高度一致，始终在落实县委县政府决策部署上不打折扣。加强基层堡垒阵地建设，推出“双百分”考核制，建立支部书记认领重点党建项目制度，细化量化目标任务，强化党建工作体系。严格开展支部主题党日活动、民主生活会、认领微心愿等13项支部常规性工作，夯实党建工作基础。创新“党建带社建”、“党建＋农资”、最美供销人评选等党建工作载体，提升党建工作水平。深入开展党建“三大专项”工作，坚持把“三大专项”党建工作贯穿于改革、服务、发展工作始终。坚持领导带头上党课，普通党员联系实际上微党课，实现“学”和“做”同频共振。积极践行“四个人”要求，打造先进示范典型，提升供销社新形象。坚持问题导向，深入开展基层走访调研，提高服务群众精准性。抓好干部职工队伍建设，加强领导班子建设，严格落实民主集中制，健全议事决策制度。严格执行《党政领导干部选拔任用工作条例》等规定，9月份完成机关中层干部竞争上岗，4名综合素质较强的干部被选任到中层岗位，转岗1人。牵头召开“妇”改“联”工作大会，选举产生妇联主席1人。

（钱利君）

## ·淳安县茧丝绸有限公司·

**【概况】** 2017年，全县有16个乡镇200个村9800户养蚕，桑园面积3976.6公顷，其中投产桑园3943.33公顷。全县共发放蚕种53118张，生产蚕茧2281.5吨，蚕茧产值12178.4万元，蚕桑总产值13909.2万元，平均张产43.0千克，平均茧价2669元/担。与去年相比，蚕种减14438张(减幅21.4%)，生产蚕茧减365.7吨(减幅16.0%)，蚕茧产值增681.7万元(增幅5.9%)，张产增3.8千克，平均茧价增497元/担。蚕茧质量继续保持全省第一，统一供种取得全省第二位的好成绩。全县全年共收购蚕茧1922吨，收购茧款10165万元，收购张产达36.6千克。与上年同期相比，收购茧量增156.8吨(增幅8.9%)，收购茧款增2766万元(增幅37.4%)，收购张产增5.5千克(增幅17.7%)。全年销售干茧833.5吨，销售额12297万元。

**【混合所有制改革】** 按照县政府确定的2017年全面推进茧丝绸总公司混合所有制改革规划，公司积极配合县委县政府及国资办等相关部门，研究、审议并出台了淳安县茧丝绸总公司混合所有制改革方案、职工安置方案、资产剥离方案；与凯喜雅公司进行了专题商谈会议，进一步修改、完善了县政府与凯喜雅公司《关于蚕桑产业建设战略合作协议书》。原茧丝绸总公司在职职工131人，其中县财政补助事业工作人员21人，分别安排到县农业局、县农办、县国资办等有关部门及乡镇工作，乡镇财政补助事业人员18人全部安排到重点蚕桑乡镇工作，企业身份职工70人，根据安置方案自行选择，47人选择到改制后企业即淳安县茧丝绸有限公司就业，14人选择自谋职业，9人符合内退条件选择内退。立足于公司改革的实际，切实做好员工思想工作，组织实施好淳安县茧丝绸有限公司的各项筹建工作，稳步推进混合所有制改革，提升企业活力，迅速完成新老公司的交替。

**【蚕种管理】**　通过探索多批次蚕种布局，调整一年养四期的蚕种布局为全年以春蚕、夏蚕、早中秋、晚中秋为主，适当增养二春、早秋、晚秋蚕，推动农场、大户养蚕多批次养蚕布局；完成了催青中心的升级改造工作，并提前做好了孵化实验，确保催青工作安全高效；由于近年来蚕桑产业比较效益低，合同订种量严重不足，2017年由公司出资购买6971张蚕种按一定比例配送给蚕农饲养（春蚕按每张20%，夏蚕、早中秋每张10%，晚中秋每张15%），蚕农增产蚕茧299.75吨，增加茧款现金收入1600万元。

**【病虫防治】**　密切关注今年桑树病虫发生动态，及时发布病虫情报7期，对桑树病虫害防治起到较好的指导作用；做好连片桑园统防统治工作，2017年对全县9个蚕桑示范园区及连片2公顷以上的桑园，进行了6次大面积统防统治，全县统防统治面积14860公顷次，药品及发放务工费等260万元；安装杀虫灯150台25万元，为全年病虫害防控奠定了基础；创新防治方法，从省农科院引进“桑螟生物食诱剂——酷饵灵”诱杀桑螟成虫。在汾口、姜家和威坪等地农场布点116.67公顷对“酷饵灵”防治效果进行试验，效果优异。

**【小蚕示范点建设】**　2017年，公司主要抓“十天养蚕法”升级。2016年冬至2017年春，有七个示范点已经从星级示范点升级为家庭农场。全年每期均按要求统一安排，相关科室人员参与组成3～4个检查组，对全县所有“十天养蚕法”标准示范点，进行严格检查验收。据统计，2017年全县共有63个标准示范点，有2103户蚕农共18435.27张蚕种参加“十天养蚕法”，吸纳1131户次特殊人群2077.01张蚕种，基本达到了“突出重点、扶强扶优”的目标。

**【蚕茧收烘】**　切实落实好“一担茧像一担茧”理念，各总站、茧站认真把好上蔟指导关、主评司秤关、三茧处理关、烘茧工艺关、干茧进仓关，确保收烘各个环节工作到位，保护好蚕茧质量，全年蚕茧质量期期优良，创一体化以来最佳质量。虽然淳安占全国蚕茧总量比例不高，但全年大部分庄口均可缫制5A、6A高品位生丝，深受国内外客户欢迎，蚕农效益也非常明显，全年均价超过全省均价380元/担以上。

**【蚕茧市场管理】**　2017年，是鲜茧收购资格证放开后的第二年，紧紧围绕“保护蚕农合法利益、促进蚕桑产业发展”这一主题，通过合同蚕业守法宣传、严厉打击非法收购、布好网点做好劝返、收购茧价充分到位等措施工作，全年蚕茧收购秩序总体稳定，取得了较好的管理成效，蚕茧收购率达95%以上。

**【竞价销售】**　2017年，公司对春茧、晚中秋茧继续实施竞价销售制度，销售价格屡创历史新高，春茧、晚中秋茧最高价分别达16.76万元/吨、18.4万元/吨，凸显阳光操作；强与县内缫丝企业、安徽边界缫丝企业的合作，销售茧量不少于上年，销售价格按集合竞价价格、同期市场行情、适当让利比例确定。既保证了公司的经营效益，又稳定了缫丝企业的关系。

（郑娇燕）

## ·淳安县烟草专卖局(分公司)·

**【概况】** 2017年，卷烟批发销量1.39万箱；实现卷烟销售总额5.69亿元；实现税利1.45亿元。在行业转型发展的新常态下，淳安烟草专注市场状态调优，落实新品培育，推进降本增效，销量、销售额、单箱销售结构等主要销售指标呈现增长态势，同时继续为地方财税增长作出积极贡献。全年无安全生产事故、党风廉政考核事件及影响企业稳定事件发生，企业管理继续保持稳定和谐。

**【市场监管】** 2017年，市场监管工作以全面监管的态势加强监管，着力打击涉烟违法犯罪，维护正常市场秩序，以“互联网+专卖管理”为主要抓手，积极探索微信自媒体售假新领域、开辟物流寄递卷烟新战场、试行市场监管新模式。全年共查获案件128起，同比上升65.79%，其中在物流寄递环节共计查获涉烟违法案件75起，查获假私烟共计590.8条，创历史新高；顺利办结三起利用微信销售假私非烟重大案件，涉案金额3000余万元。全年共抓获犯罪嫌疑人18人，判刑5人。

**【依法行政】** 积极推进政府信息公开和行政许可定期公示，严格行政许可审批程序，完善政务服务体系，加快推进落实烟草行政服务“最多跑一次”。按照《烟草专卖许可证管理办法》和《淳安县烟草制品零售点合理布局管理办法》的相关规定，共受理行政许可事项834份。其中，新办零售许可证228份，不予许可39份，变更许可12份，到期办理延续许可448份，歇业许可103份，停业许可3份，补办许可1份，恢复营业许可1份。注销烟草制品零售许可证197份。全面打通便民通道，开辟网上办证服务，办理行政许可事项267件；构建“一窗受理、一站服务”，实现“最多跑一次”，烟草专卖行政许可办证窗口正式入驻地方行政服务中心，核发许可证由20个工作日减少至15个工作日。行政执法上，进一步加强执法视音频记录、案件文书制作质量，全面规范烟草专卖执法活动。

**【管理】** 紧密结合淳安烟草工作实际，对照深度转型、更精更实的企业发展要求，全面推进分层分类对标管理、项目化开展课题研究，有效夯实企业管理基础。不断深化管理体系建设，在分层分类对标上下实功夫，探索初建县级局分层分类对标机制；强化企业内部精益管理，探索推进机关员工绩效管理；持续加强财务规范管理，月度现金流预算准确率保持在98%～100%；扎实推进安全生产管理，全面落实安全生产责任制，强化分层分类培训，定期排查安全隐患，强化安全硬件投入，建立“微型消防站”等，连续四年被全省烟草专卖商业系统评为安全保卫先进单位；有序推进信息化建设，全年无信息安全责任事故；企业差旅费、办公费、业务招待费、会议费均实现持续下降。

**【队伍建设】** 围绕“美丽淳烟”做文章，明确转型提升的关键在人，以人和促精和，有效提升淳烟团队整体精神风貌。结合工作实际，突出党建工作中心位置，以践行“四个人”要求为主线，融合“家风”建设要求，积极打造“精和先锋·红色立方体”党建品牌，着力发挥党组织堡垒作用和党员先锋模范作用；寓教于乐地组织开展新春联欢会、经典诵读等活动，为职工搭建交流展示平台，有效提升团队向心力；组建全新工作交流群，开展第一季“身边美丽随手拍”活动，充分挖掘身边最美现象，积聚团队向上向善正能量；班子带头开展家访谈心，进基层“一对一”面谈，让职工感受企业关怀；抓素质技能提高，分层开展培训活动，确保了全员技能、素质的再提升。

**【严格规范】**　做好严格规范重点工作，确保权力规范运行。开展常态化正风肃纪工作，严查工作执行力不强、侵害群众权益、工作作风不正、廉洁纪律不严等方面问题；严控权力运行，加强“三重一大”、议事规则等制度的宣贯，落实执行情况自查，积极接受上级巡察检查，认真做好巡察自查整改；规范办事公开，进一步完善办事公开程序、推进民主管理，确保职工知情权实现，增强干部员工参与办事公开民主管理自觉性；落实法制建设，强化案件、合同审核，开展普法宣传活动，多种形式、多种载体促进行业法律法规得到普及。

（高　腾）

# 财政 税务

## ·财政·

**【概况】** 2017年,淳安县实现生产总值255.70亿元,按可比价格计算,比上年增长8.6%;其中,第一产业增加值36.25亿元,增长4.1%;第二产业增加值77.70亿元,增长2.4%;第三产业增加值141.75亿元,增长14.2%;三次产业结构比为14.2∶30.4∶55.4。按户籍人口计算,人均生产总值55496元,增长8.4%。全县财政总收入30.91亿元,同口径增长13.3%,一般公共预算收入17.27亿元,同口径增长8.6%,一般公共预算收入占财政总收入比重55.9%,占GDP比重6.8%;其中,税收收入15.88亿元,占一般公共预算收入比重92.0%。全县一般公共预算支出57.37亿元,下降4.5%。全年预算收支情况良好,财政收支平衡。

**【组织财政收入】** 落实税源企业税收收入预测报表制度,实施按月常规分析、按季重点分析和按年全面分析,提高收入预测准确度,把握收入主动性。实施"大征管"机制,着重加强税收风险防控,全年累计推送风险纳税人总户数78户,纳税评估入库税款612万元。监控重点税源企业150户,入库税收5.28亿元。优化税警协作,管查互动,全年查补入库税费1631万元。停征水利建设专项资金,取消、停征11项行政事业收费项目,全年减轻企业(个人)税费负担4300万元。全年完成非税收入及其他资金19.26亿元,其中国有土地使用权出让金收入15.37亿元。

**【服务经济发展】** 优化创业环境,加大企业研发和企业科技项目配套奖励资金投入,投入600万元扶持电子商务平台建设。修改完善七大产业扶持政策,规范政策审核兑现流程,全年兑现产业扶持政策补助资金2.09亿元。全年提供中小企业转贷服务113户次,累计使用转贷基金7.23亿元,优化中小企业发展环境。完善农业产业基金考核管理办法,完成对2家企业7000万元投资,推进旅游文化产业基金与项目正式对接。立足"百源经济",投入8000万元用于首批十条源产业发展和村庄景区创建;开展小城镇环境综合治理,投入2.13亿元用于改善农村生态环境,促进农村经济健康发展,全年完成治理项目159个。注重招商引资绩效,实现招商引资与税源经济有机结合,成功招引百余家创投类企业,税收亿元楼实现零突破。

**【保障民生支出】** 全年民生保障和社会事业支出41.56亿元,占一般公共预算支出比重72.4%。办好县政府为民办实事项目,全年投入8.65亿元,着力解决农村基础设施建设、养老服务用房、城乡教育均衡发展、电网线路等热点难点问题。扶贫资金投入5682万元,用于下山异地搬迁、农村基础设施和低收入农户增收。全年教育支出7.94亿元。保障教育经费投入,完善教学基础设施,实现教育"三名工程"建设;落实教育资助券、营养餐资金补助和低收入农户子女就学补助。全年文化体育与传媒支出1.11亿元,完成新图书馆和新安书屋建设工程3处,保障国际铁人三项赛、中国自行车联赛、千岛湖马拉松、国际泳联10公里马拉松游泳世界杯等体育赛事活动开展。全年医疗卫生投入5.14亿元。落实县级公立医院和基层医疗机构财政补助政策，支持医疗资源“双下沉”和县域“医共体”建设。全年社会保障和就业支出 7.56 亿元。调整土地出让金计提社保风险准备金比例，督促国有企业全部参保，实施医疗保险基金“政保合作”，协助千岛湖镇制定 11 个社区照料中心建设方案，重点推进 15 个乡镇 200 家照料中心运营。2017 年 9 月 27 日，千黄高速淳安段工程正式开工，全长 51.42 千米，总投资 95.27 亿元，建设工期预计 3 年，计划于 2020 年正式建成并通车。

**【财政管理改革】** 助力“最多跑一次”改革，主动对接服务预算单位，开展“上门服务至少一次”活动。统一公共支付平台再扩面，23 个政府缴费大项实现便捷化支付，全年有 13 万人次通过统一公共支付平台进行缴费。清理整合存量资金，加大部门实有账户资金统筹力度，统筹部门结转结余资金 1.18 亿元用于民生支出。组织 4 家单位开展公款竞争性存放，共招标 7 次，定期存放金额 2.54 亿元，提高资金存储收益。深化预算管理，建立项目支出标准体系，落实部门预决算信息公开制度，全部 61 家预算单位完成信息公开。深化投融资改革，争取地方政府债券、国开行专项贷款和小城镇环境综合整治融资等各类中长期低息资金，引入社会资本启动首个公共医疗服务 PPP 项目。防范债务风险，完善政府债务管理制度，开展自查自纠，制定隐性债务消除计划，政府债务规模控制在规定限额内。

**【强化财政监管】** 加强政府投资项目监管，建立专家集体会审制和重大项目 AB 岗复核制，提高预算审核实效。全年完成政府投资项目预算审核 1019 个，涉及资金 35.49 亿元，核减不合理资金 1.08 亿元。开展资金绩效评价。对地方政府债务、专项资金、财政存量资金和预算编制执行等专项工作开展自查自纠，组织实施重点绩效评价项目 30 个，涉及财政资金 20.12 亿元。加强政府采购监管。全面应用政府采购“政采云”信息系统，制定下发《淳安县政府购买服务采购管理实施办法(暂行)》，组织采购活动 264 次，节约采购资金 2435 万元，资金节约率 10.4%。加强预算单位财务监管，全县 66 家部门单位建立内控报告制度，强化预算单位财务支出规范性审核，纠正或退回违规资金 3581 万元。严控“三公”经费支出，健全长效管理机制，严格落实厉行节约规定，全县 66 家县级预算单位全部向社会公开“三公”经费预决算信息，全年“三公”经费支出下降 14.3%。

**【乡镇财政管理】** 按照“基本财力足额保障、发展财力分级保障、超收财力额外保障”总体思路，实施新一轮乡镇财政体制调整，强化乡镇财政税收考核绩效。全县 23 乡镇财政总收入 4.67 亿元，占全县财政总收入比重 15.1%；其中一般公共预算收入 2.34 亿元，同比增长 30.4%，占全县一般公共预算收入 13.5%；一般公共预算支出 18.28 亿元，同比下降 10.4%；乡镇财政滚存结余 5800 万元。推进乡镇财政公共服务平台信息化建设，实施“一卡通”与“市民卡”相关联，40 项涉农民生补助资金全部纳入乡镇公共财政服务平台，实现平台民生资金发放全覆盖。

**【队伍建设】** 加强党风廉政建设，落实中央“八项规定”精神，深化党风作风建设，打造“党建＋能手＋绩效”品牌，激发基层党建活力。树立“四手标杆”。完善服务强手、理财好手、查账高手、征管能手等“财税四手”评优办法，挖掘业务线行家能手，提升干部综合业务技能。培养青年干部。搭建岗位锻炼平台，鼓励青年干部组织策划社团活动，举办“青春沙龙”11 期，帮助青年干部快速成长。丰富文化建设。挖掘财税核心价值文化，设立宣传栏、文化窗,营造向上向善文化氛围。连续第6年在县级机关部门综合考评中被评为优胜(满意)单位。财政管理绩效得到省财政厅肯定,获国务院办公厅发文表彰。

(唐　华)

## ·地税·

**【概况】** 2017年,全县实现地区生产总值255.70亿元,按可比价格计算,比上年增长8.6%;其中:第一产业增加值36.25亿元,增长4.1%;第二产业增加值77.70亿元,增长2.4%;第三产业增加值141.75亿元,增长14.2%;三次产业结构比为14.2∶30.4∶55.4。按户籍人口计算,人均生产总值55496元,增长8.6%。全县财政总收入30.91亿元,同口径增长13.3%;一般公共预算收入17.27亿元,同口径增长8.6%。

**【收入情况】** 2017年,地税部门组织各项收入21.78亿元,同口径增长5.8%,包括税收收入9.28亿元,同口径增长8.2%;非税收入12.50亿元,增长4.2%,其中社会保险基金收入11.60亿元,增长6.5%。税收收入实现平稳增长,同比增长8.2%,完成省市局下达年度计划的106%。所得税成增收主力,占税收比重48.6%,其中企业所得税入库2.06亿元,同口径增长11.2%;个人所得税入库2.45亿元,增长29.2%。第三产业税收占比提高,结构更加合理,其中第一产业入库670万元,增长4.4%,占比0.7%;第二产业入库2.09亿元,下降12.2%,占比22.5%;第三产业入库7.13亿元,增长15.8%,占比76.8%,比2016年提高5个百分点。

**【管理基础】** 充分运用"金三"系统。强化"金三"应用技能,清理基础数据2.24万条;调整税制落实改革。实施以"亩产税收贡献"为导向的土地使用税评价机制,实行差别化减免税政策。组织排污费征缴调研,做好环保税实施前的各项征管准备;强化社保费年度清算。清算户数与清算补缴金额比上年同比增长43%和100%;创新土地增值税清算审核模式。成立土地增值税清算审核业务专家小组,聘请天健税务师事务所引入第三方中介清算复核服务,减少和防范税务执法风险。

**【风险管控】** 强化税收预测分析。按月做好地税税收分析,按季联合国税开展汇总分析;加强风险数据核实。全年共推送风险纳税人总户数78户,入库税费款612万元,风险应对率达为100%;强化税务事项审核。审核登记注销股权转让事项1143户补缴税费467万元,清欠企业税费1525万元;持续规范社保征缴。开展专项管理户清理,落实新办企业全部缴费登记。夯实"五费合征"征管基础,推进部门协作征缴,扭转企业职工基本养老保险费征缴被动局面。出台残疾人就业保障金征缴政策,明确相关征缴体制、征收标准以及部门职责分工,组织编写《淳安县残疾人就业保障金征缴手册》并落实宣传。

**【减税降费政策】** 贯彻落实各项税费优惠政策,全力支持中小企业发展。落实小微企业税收优惠政策,89户小微企业减免所得税93.73万元。2户高新技术企业减免所得税354.95万元,5户企业研究开发费用加计扣除654.70万元;24户企业享受"符合条件的居民企业之间的股息、红利等权益性投资收益",免税收入9729.87万元。对12家小升规企业集中减征基本养老保险73万元、基本医疗保险21万元;落实一个月的社保费减征政策,减免基本医疗保险费1174万元。

**【税务稽查】** 对120户纳税人实施税务检查

(其中责成自查84户,重点检查36户)。查补入库收入1631万元,同比增长24.71%,人均查补收入181万元,增长70%;户均查补收入13.6万元,增长209%。查账软件应用率36%。

**【服务措施】** 服务机制再优化,公布地税"最多跑一次"事项83项,地税部门66%以上事项已经实现"零上门",改革税费优惠备案制,推行"地税专邮",简化股权转让审核流程和资料提供,优化整合残疾人办理减免退税流程,地税TPIS扣款协议90%以上实现网上签订,个人纳税证明完全自助。"最多跑一次"改革在税务系统满意度调查中名列杭州市第二名。满意调查再提升。创建纳税人学堂,举办培训办班25期培训3500余人次,创新利用二维码宣传税收政策及办事程序,发放宣传资料3000余份。依托行政服务中心实现不动产登记业务部门联办。强化12366服务水平,积极落实迎检纳税人满意度调查,上门走访纳税人2700余户次,满意度调查在全省排第31名,比上年进步20名,满意度调查指标全部在90分以上。

**【深化国地合作】** 组建国地税联合办税服务厅,集中地点联合办税方便纳税人。在税务登记联办、国地税相互代征、纳税人共同培训、纳税人权益保护等多方面实现深度合作,人员数据实现共享共用,支部共建监察共管。强化纳税信用体系建设,国地税共同实施纳税信用评价共同发布结果,在复评和补评环节,实行一家受理、互相流转,并利用纳税信用共同推进"税易贷""税银贷"。

**【规范法制服务】** 积极推进省政府行政执法公示、重大执法决定法制审核、行政执法全过程记录三项制度的落实。继续推进"双随机一公开"改革,全年组织实施两次共33户随机抽查,检查结果(行政处罚结果)均在浙江政务网上予以公开。加强与法院之间的沟通协作,参与分配执行税费款1473.5万元。

**【创新队伍建设】** 强化党建品牌建设,落实中央八项规定精神以及作风建设相关规定,打造"党建+能手+绩效"品牌,激发支部党建活力,直属分局支部荣获淳安县五星级基层党组织。树立财税"四手"标杆。完善服务强手、理财好手、查账高手、征管能手等"财税四手"评优办法,出台《淳安县财政(地税)局师徒结对实施办法》,挖掘业务线行家能手,提升干部综合业务技能。推进青年干部成长。搭建岗位锻炼平台,鼓励青年干部组织策划社团活动,"青春沙龙"全新改版,全年举办11期。鼓励青年干部参加业余学习考证,取得注册类资格证书4人,取得中级以上职称7人,首批公职律师岗前培养1人。建设地税文化。挖掘财税核心文化,设立宣传栏、文化窗,营造开拓创新、朝气蓬勃文化氛围,连续第6年在县级机关部门综合考评中被评为优胜(满意)单位。

(王宝军)

## ·国税·

**【税收收入】** 2017年,县国税局组织入库税收收入21.1116万元,完成年度计划20万元的105.56%,同比增收76977万元,增长57.39%。完成县财政总收入口径税收收入198904万元,同比增长61.35%,占财政总收入比重64.35%,较上年提高19.18个百分点;完成县地方财政收入口径税收收入92640万元,同比增长69.53%,占地方财政收入比重为53.65%,较上年同期增加19.28个百分点。

**【税收优惠】** 2017年,县国税局落实办理各项税收优惠38055万元,同比增长22.43%,相当于全年税收收入的18.03%。其中,各项减免税22352万元(鼓励高新技术减免税2520万元,促进小微企业发展减免税4117万元,支持三农减免税3943万元,支持金融资本市场2407万元,节能环保减免税1554元,改善民生减免税4243万元,支持其他各项事业减免税3568万元),同比增长54%;落实增值税转型固定资产进项抵扣6133万元,同比下降17.78%;办理出口退税(含调库1500万元)9570万元,同比增长5.05%。

**【增值税】** 2017年,全县增值税入库157153万元,同比增收66474万元,增长73.31%。2017年,全县营改增入库78772万元,其中原营改增23384万元,新扩围55388万元。新扩围营改增翘尾因素增收26036万元,占全部增值税比重16.57%。2016年,增值税无跨年缓缴情况,2017年跨年缓缴入库4092万元,减去其中属营改增新扩围翘尾因素的1077万元,净增3015万元。2017年,免抵调库收入1500万元,上年同期为零,净增1500万元。2015年以来的招商引资企业本期申报入库增值税20428万元,同比增收14497万元,增长244.43%。其中,微贷网系企业业务进一步扩大,入库增值税10423万元,同比增加5925万元,增长131.73%;杭州千岛湖标普健康食品有限公司入库增值税1540万元,同比增加1035万元,增长204.95%;杭州千岛湖修正健康科技有限公司、浙江宗海物联网发展有限公司、杭州神导高科技有限公司分别入库增值税2680万元、2707万元和575万元,三家为2016—2017年新成立企业,属净增收入。2017年,农夫山泉企业入库增值税32940万元(已减跨年缓缴1453万元),同比增收11342万元,增长52.51%。

**【企业所得税】** 2017年,全县共入库企业所得税46022万元,上年同期为39561万元,增收9560万元,增长26.22%。2017年,跨年缓缴入库2512万元,上年无此因素,拉动企业所得税增幅6.89个百分点。2015年,以来的招商引资企业本年入库企业所得税14664万元,同比增收10897万元,增长289.28%。其中,微货网下属的千岛湖两家公司锐拓(杭州)互联网金融信息服务有限公司和千微(杭州)科技有限公司业务进一步拓展,经营效益获得飞速发展,分别入库5606万元(其中查补672万元)和4372万元,同比共增收6658万元,增长200.54%;杭州神导高科技有限公司、杭州千岛湖标普健康食品有限公司和杭州千岛湖修正健康科技有限公司分别入库2337万元、1407万元和379万元,上年同期只有标普入库400万元,共增加3723万元。三是农村信用联社税收增长。农村信用联社入库企业所得税3962万元,同比增收1409万元,增长55.19%。

**【消费税】** 2017年,全县入库消费税4419万元,同比增收604万元,增长15.83%。消费税主要来自于千岛湖啤酒有限公司,全年共销售啤酒182758吨,上年为171322吨,该期入库消费税4351万元,增收421万元,同比增长11.21%。

**【车辆购置税】** 2017年,全县入库车辆购置税3522万元,同比增收339万元,增长10.65%。

**【数字管税清单制】** 2017年,县国税局实施数字管税清单制。以强化“大数据”管理为媒介,整合现有应用系统数据资源,推动“后续管理清单”向“管事制”转化,降低一线税收管理岗位风险。全年,清单制辅助县局百分百完成征管数据纠错9773户次;发现29户次纳税人少计收入,补缴税款、滞纳金23.5万元；评估查补入库税款 936.8 万元。

**【税收风险管理】** 2017 年，县国税局实施税收风险管理，风险应对率 100%，风险分析识别命中率 99.89%，通过风险管理组织入库税款、滞纳金 8700 余万元。

**【税务稽查】** 2017 年，县国税局共对 34 户企业进行了立案检查，督促 99 户企业开展自查，共查补入库税款 577.67 万元。通过专项整治工作，打击发票违法犯罪活动，推广“风险推送、定向稽查”试点和稽查“双随机”工作，在全市国税系统基层局率先完成“双随机”平台设置。

**【纳税服务】** 2017 年，县国税局深化电子税务局应用。大力推广“互联网＋纳服”新模式，拓展网上办税渠道。全局综合网上办税率达到 90%以上，已有 347 户企业通过邮寄领取了发票。打造 24 小时税务咨询热线——“巧妹热线”。设立首条区县级 24 小时税务援助公开电话——“巧妹热线”，全天候回应纳税人咨询。改变人工电话的传统形式，推出“巧妹嘟嘟”语音呼叫平台，用电话语音替代人工呼叫。三是加强纳税信息增值应用。为“两代表一委员”选举提供纳税信息查询；推进“银税互动”工作，助力小微企业发展。

**【税收宣传】** 2017 年，县国税局对外联合地税在《今日千岛湖》开辟税收宣传专栏，每月发布 4 期税收政策解读；在《钱江晚报》、淳安发布、电视台等及时进行重点工作专题宣传，确保税收新政及时传递到位。对内加强科室协作，定期召开税收政策宣传辅导会，每月编辑《最新税收政策解读》；分类开展税收政策培训增强培训效果，不断提高税务干部的执法准确性。

**【纳税服务】** 2017 年，县国税局加强办税服务厅管理，开展“最多跑一次”改革。营改增后，增加 2 个综合服务窗口，通过中介购买服务的方式增加了 6 名志愿者，同时请地税派 2 名干部到国税办税大厅，协助办理代开发票、涉税咨询以及外经证办理等基本事项。每天安排一名局领导和两名综合科室、管理科室人员到办税服务厅值班，维护办税服务厅秩序，协调解决问题。实施首问责任、限时办结、预约办税、延时服务、“二维码”一次性告知、24 小时自助办税等机制，提高办税效率。办税服务大厅于 9 月入驻县行政服务中心。

**【纳税信用评级】** 2017 年，县国税局与县地税局联合做好纳税信用评级工作。对全县 2311 户纳入信用企业进行评价，评出 A 级纳税人 231 户，B 级纳税人 1678 户。2016 年度个体工商户和其他类型纳税人纳入信用管理户数 9196 户，筛选掉不予评价户，对 5041 户参评户完成了信用评级。另外，依申请对 10 余户纳税人进行了信用复评。

**【纳税评估】** 2017 年，县国税局开展纳税评估，全年共分析企业 230 余户，重点评估 9 户，风险识别准确率 100%，完成省局下达的指标验证式辅导性评估 4 户（其中两户有问题），评估入库税款 960 万元，加收滞纳金 66 万元。有问题户户均税款 93 万元是上年户均税款 56 万元的 166%，案件入库 750 万元，是近几年来第一个达省局三等功案件标准的评估案件。

**【税务登记】** 2017 年，县国税局深化商事制度改革，做好“五证合一”“两证整合”工作。根据《淳安县人民政府办公室关于进一步深化商事登记制度改革的若干意见》（淳政办发〔2015〕77 号）及省市国税局的相关文件精神，县国地税各派工作人员进驻行政服务中心联合办证，通过金三系统与工商部门实现信息的传递与共享，开设“换证变更专窗”与“首次办税专窗”，简化办税流程，及时办理纳税人换证、变更、新办等事宜。全年共新办五证合一纳税人2221户，两证整合3400户；五证合一应换证7709户，已换证7593户，未换证116户，换证率98.5%。

**【国地税合作】** 2017年，县国税局与县地税局成立国地税协作工作领导小组，建立国地税机关联席会议制度，每年轮流主持定期召开联席会议，商讨确定国地税合作事项。建立联合税务登记管理、联合纳税人培训、联合政府购买服务、联合建设纳税人援助中心等优化纳税服务事项。建立联合定额、落实征管保障制度、联合催报催缴、协同非正常户管理、协同稽查等联合加强征管事项。联合建设网格化服务点，联合委托代征。2017年，国税共为地税代征税款2925.26万元，地税共为国税代征税款2343.15万元。国地税双方累计共享11276条涉税内部涉税信息。

**【第三方信息应用】** 2017年，县国税局深化第三方信息利用。利用网络发票综合应用系统的电力发票数据，对纺织业、木材加工业两个行业实施以电控税，以电税比、电销比等指标进行行业预警，2017年共实现入库税额1144.19万元。获取社保部门医保卡刷卡数据，建立开票销售额与未开票销售额比等指标，加强医药零售行业纳税人的管理，2017年医药零售行业税款入库达543.37万元。深化网格化管理，加强零散税收管理，通过街道乡镇和银行等部门的委托代征，2017年网格点代征税款533.3万元。获取银行对外支付数据，加强与各银行之间的沟通协作，2017年非居民税收税款入库204.01万元。

**【欠税管理】** 2017年，县国税局加强欠税风险管理。建立欠税台账，逐户分析对策，严格实行欠税企业催缴工作制度，同时督促企业制订清欠计划，依法采取以票控欠等征管措施，有效做好清欠工作。截至2017年年底，欠税余额796.66万元，其中新欠户数19户，新欠金额25.72万元，陈欠户数31户，陈欠金额770.94万元，当年清理欠税62.34万元。

**【实名办税】** 2017年，县国税局做好实名办税工作，实名采集纳税人8548户，采集率为45.36%。

**【外来建筑企业税收保障】** 2017年，县国税局做好外来建筑企业税收保障工作。针对2017年11号公告出台，规定从2017年5月1日开始，跨县不跨地级行政区范围的外来建筑企业，不再在建筑服务发生地预缴税款，改由机构所在地开具发票并申报纳税这一规定，为此县国税局多次召集相关人员召开专题会议，探索研究外来建筑企业税收保障机制。先后走访了千黄高速项目部、千岛湖给水工程项目部、中铁隧道、中铁二局等在淳企业，进行情况摸底，测算税款入库数据，并在与县财政地税局、住建局、招管办、交通局、市场监管局进行多次对接论证的基础上，形成了《关于加强外来建筑企业税收保障工作的通知》和《备忘录(送审稿)》，在县政府第九次县长办公会上进行专题研究并获通过。全年共入库税收1.8亿元。

**【创先争优】** 2017年，县国税局在县委县政府综合考评中连续第二年获得优胜(满意)单位，在系统绩效考核中获得序列第6名，实现了年初制定的“保优进位”目标。在县局评出优秀公务员19名，先进集体4个，15位工会积极分子，1名先进党支部和7名党员积极分子。同时，完成省、市局各类干部奖项21人次，其中干部奖项市局嘉奖 14 人次、记三等功 4 人次；省局记二等功 1 人次，嘉奖 2 人次。

**【帮扶服务】** 2017 年，县国税局开展帮扶服务工作，对安阳乡安阳村、黄川村、外畈村、桐川村和崀岭村 5 个村庄共 73 户困难群众家庭走访慰问，发放慰问金 43800 元；县第十七次"春风行动"中，党员个人捐款 23400 元；2 月，在"爱心接力行　帮助小凌莹"募捐中，广大党员干部捐款 6500 元；3 月 10 日，组织 23 名党员干部到共建单位——周坑村，开展"清洁"活动。十九大和县级卫生示范测评期间，组织党员干部 150 余人次到社区、协管路段和路口等地点开展巡防、序化停车及文明劝行等活动。党员进社区全部完成 2 次以上服务任务，最多为 7 次。

**【公车改革】** 2017 年，县国税局根据省市局车改工作统一部署，主动对接县车改管理部门，全面掌握车改各类政策，制定完善的县局车改实施方案，努力做好车改工勤人员安置工作，按照时间要求完成了车改工作。

**【干部培训】** 2017 年，县国税局制订干部教育培训计划，全年共组织各类培训 22 期，参训人员 809 人次，培训天数为 1367。同时，按照省市局要求及时组织安排人员参加省市局及系统外组织的各类培训，参训率 100%。对纳税人方面，全年组织和配合政策法规科、纳税服务科等科室开展业务培训、新办纳税人培训 20 余次，参加培训纳税人达 1200 余人次。重点培训项目的组织落实方面，5 月，组织全局中层以上干部 34 人赴广西税务干部学校进行中层干部能力建设专题培训，11 月底组织全局一般干部 73 人赴嘉兴学院进行全员能力提升培训。

（詹黎平）

# 金　融

## ·浙江银监局淳安办事处·

**【概况】** 2017年，淳安县银行业本外币各项贷款余额214.9亿元，比年初增加28.2亿元，增速15.12%，比上年同期提升了24.07个百分点；本外币各项存款余额315.2亿元，比年初增加28.9亿元，增速10.08%，增速比上年同期提升了3.97个百分点；不良贷款余额2.7亿元，比年初下降0.9亿元；不良贷款比例1.3%，比年初下降0.7个百分点。

**【党建工作】** 参加省局与联合党支部组织的“两学一做”“做守严”以及八项规定专项整治等活动，突出党员表率，定期组织学习，及时谈话提醒，严格岗位制约，公开监督电话，真正做到清正廉洁、为民监管。

**【监管平台】** 完善平台，加强监测，动态预警，实行非现场与现场、上与下、内与外联动监管，落实主体，传导压力，借力使力，精准监管。积极推进农商行顺利股改并开业，现场走访调查80人次，及时约见谈话3次、审慎会谈4次，下发监管要情7期、风险提示书3份，提示16大类28个风险问题，提出各类监管意见36条。另外，派出4人次投入60多个工作日参与省局三次现场检查，及时上报了14份初审资料，参加县委县政府及相关部门有关会议或工作103人次。

**【优质服务】** 优服务方面，持续推进“双转双赢”主题活动，服务实体降成本。着力引领辖内银行回归本源，专注主业，转变理念，创新方式，推出“最多跑一次”和“一次都不跑”举措，全面提升服务质效。2017年新增贷款28.2亿元，同比多增46.6亿元，年末信用、保证贷款占比分别比年初提升4和2个百分点，共办理无缝续贷1.1万笔20亿元，累计促“降成本”超千万元。

**【风险防控】** 坚持管法人、管重点，及时发现并提示个人贷款、政府背景贷款、投资业务、抵押登记等方面风险，督促整改贷转定存、消费贷进房市、投资业务与法人治理不规范等问题，及时提示农商行老龄存款群体逐步退出后的流动性风险，积极推进授信总额联合管理、债委会组建、联合惩戒逃废债、押品平台运用等，不良贷款实现大幅“双降”。维持秩序方面，通报批评与深入督导自查问题“零报告”银行，认真监测并配合治理社会金融乱象，有效督导银行妥善处置消费者投诉22起，深得消费者好评。

**【创新成效】** 浙江银监局副局长傅平江对办事处积极推进辖内银行业还款方式创新的调研报告做出批示肯定，彰显监管引领创新之成效。县委书记黄海峰对办事处组织辖内六家银行成立债委会联合维护近亿元涉案债权的报告做出批示，要求有关部门有效维护银行债权，从而不仅撤销刑事立案，而且从快判决银行胜诉，彰显监管防控信用风险之成效。局党委书记、局长熊涛同志对办事处建立的辖内银行业内控再评价机制作了重要批示，“监管办既要站岗放哨，又要监管督导，淳安办的办法接地气有成效，挂内网供参考”，彰显监管防控操作风险之成效。

（王卫国）

## ·中国人民银行淳安县支行·

**【概况】** 2017年,全县金融机构紧紧围绕县委、县政府中心工作,认真贯彻稳健货币中性的政策,有效促进了淳安经济平稳较快发展。截至2017年末,全县本外币各项存款余额315.21亿元,比上年新增28.85亿元,同比增长10.08%;各项贷款余额214.91亿元,比上年新增28.24亿元,同比增长15.13%。

**【存款增长稳定】** 截至2017年底,全县金融机构本外币各项存款余额315.21亿元,同比增长10.08%,增速比上年同期上升3.97个百分点。2017年全县各项存款新增28.85亿元,存款增速在杭州辖内七县市区位列第4名,比上年同期上升3位。存款较快增长的主要原因是全县政府性项目推进加快,相关企业留存资金有所增多,2017年企业存款合计新增7.18亿元;土地出让金收入大幅增长,政府性存款增加较多,截至12月末,土地出让金收入15.3亿元,增长90.14%,比上年同期上升123.77个百分点。2017年,全县各项贷款增长持续上升,派生存款随之增多。从存款主体看,住户(个人)、非金融企业、广义政府存款"增减不一"。主要表现为住户存款新增8.08亿元,同比少增7.28亿元;非金融企业存款新增10.45亿元,同比多增1.67亿元;广义政府存款新增10.66亿元,同比多增20.32亿元。

**【贷款增长】** 截至2017年末,全县本外币各项贷款余额214.91亿元,同比增长15.13%,增速比上年同期上升了24.08个百分点,连续五个月保持两位数增长。2017年,全县各项贷款新增28.24亿元,同比多增46.59亿元。贷款较快增长的主要原因是房地产市场和基础设施投资的带动效应。2017年,全县房地产市场火热,全年销售金额达38.06亿元,同比增长17.54%,带动个人住房贷款增长20.54%。基础设施投资的较快增长也带动了贷款增速的提升,截至2017年末,以基础设施投资为主的政府性项目贷款余额27.24亿元,比年初新增9.93亿元。从贷款投向来看,与政府项目建设有关的水利、环境和公共设施管理业较快增长。2017年末,水利、环境和公共设施管理业贷款余额19.55亿元,新增10.23亿元,同比多增23.21亿元;农户生产经营性贷款小幅增长,2017年末,农户生产经营性贷款余额32.55亿元,比年初新增1.92亿元,同比增长6.27%;小微企业贷款小幅下降,截至12月底,小微企业贷款余额38.13亿元,同比下降1.29%,比年初减少0.5亿元,同比少减5.67亿元;制造业贷款有所减少,2017年,制造业贷款减少2.62亿元,同比多减3.03亿元。

**【金融服务】** 贯彻落实稳健中性的货币政策更加到位。主动开展与地方党委、政府的沟通和对金融机构的政策引导,年初以来,利用金融工作会议、金融机构负责人座谈会、经济金融形势分析会等,对稳健中性的货币政策进行宣讲,引导社会各界正确理解政策内涵。以宏观审慎评估(MPA)为抓手,督促金融机构提升稳健经营意识,引导法人机构信贷均衡投放、合理增长。金融支持供给侧结构性改革更加有力。在全县金融系统组织开展"金融支持供给侧结构性改革深化年活动",优化信贷投向,强化精准服务。2017年以来,对大旅游产业发放贷款1.81亿元;向传统产业改造提升发放贷款1.56亿元;向新兴制造业提供贷款1.32亿元。开展"服务小微企业成长金融对接周"活动,活动期间,累计走访企业162家,解决问题49个,落实资金5468万元;举办金融知识下乡45次、金融讲座41次,发放宣传资料9840份。金融支持

"康美千岛湖建设"成效初显。制定下发《关于金融支持康美千岛湖建设的实施意见》,在全县金融系统开展"金融支持康美千岛湖建设服务年"活动。针对贷款抵押难,引导金融机构大力推广商标权、林权、应收账款质押权等无形资产抵质押贷款,创新推出"小本贷款"、小微创业贷等免担保信用类产品,截至12月末,发放"融e借"4167万元、"小微快贷"1350万元。创新推出十年分期贷、长抵贷等中长期贷款业务,延长借款人还款期限,降低了周转贷款带来的财务成本,已发放贷款33笔3182万元。

**【普惠金融】** 创新推出"扶贫再贷款+"金融扶贫新模式,实现扶贫再贷款与精准扶贫高度融合。截至12月末,已累计发放扶贫再贷款1.06亿元,带动191户农户创业、510位农村居民就业。推出"巾帼贷""青年创业贷"等"精准扶贫"领域贷款产品,支持妇女、青年创业,截至12月末,发放巾帼贷285万元、青年创业贷款869万元。进一步完善农村支付体系,启动"智慧支付工程"试点,推动"云闪付"在公交支付上应用;推动当地政府对市民卡进行升级;制定《2017年淳安县推广实施"智慧支付+"健康医疗工作方案》,提高非现金支付医疗领域的应用。全面推进银行卡助农服务"提质增效"工程,截至12月末,共设立银行卡助农服务点401个,覆盖全部行政村。扎实推进"电子支付应用示范村"创建工作,通过推进网上支付、手机支付应用,优化农村支付环境,2017年共创建示范村4个,网银用户、手机支付用户分别达到30.9万个、26.78万户。提升货币管理和经理国库水平,分解落实硬币自循环工作目标,确保辖内小面额现金供应,顺利完成普通纪念币兑付发行工作。加强金融消费权益保护工作。以反假货币、反洗钱、征信等与百姓密切相关的内容为重点,开展常态化的下乡村、进企业、走校园、上街头宣传活动,切实提高城乡居民维护自身合法权益的意识和能力,2017年共开展各类宣传活动22场次,相关活动被当地电视台、报纸广泛报道。

**【金融管理】** 加强风险监测预警。加强对涉贷出险企业、逃废债企业及银行信贷资产质量状况的监测分析,主动推进交叉性金融风险、债转股企业、破产重整企业的排查,掌握辖内金融风险情况,提高风险研判能力,建立淳安县房地产监测制度。结合当地实际,创新建立统计扩面季报制度,组织金融机构新增填报贷款利率、表外业务、表外理财、政府项目、康美产业和康美生活的统计内容并形成制度化和常态化。开展执法检查和综合评价,2017年,开展综合执法检查1次,开展各类执法检查6次;对辖内14家银行业金融机构2016年度依法经营情况开展综合评价,加强后续跟踪,督促落实整改,强化评价成果运用。加强金融机构开业管理,审核同意2家新设银行金融机构加入人民银行金融管理与服务体系。维护支付市场秩序,加大防范电信网络新型违法犯罪宣传工作,开展"1元木马"病毒排查,紧抓联合整治银行卡网上非法买卖专项行动。

(李思蔚)

### ·中国工商银行淳安支行·

**【概况】** 2017年,中国工商银行淳安支行(以下简称工行淳安支行)认真贯彻落实行长会议精神,以"抓存款、做贷款、拓客户"为主旋律,把握县域经济发展的特点和资源优势,紧紧围绕全行的工作重点,加大存款揽存力度,加快贷款投放速度,夯实客户发展深度,拓宽业务发展广度,全行员工齐心协力,群策群力,努力实现支行各项业务健康、持续、稳定发展。到年末,存款时点余额24.16亿元,其中对公存款余额15.87亿元，储蓄存款余额8.28亿元；同业存放0.89亿元。各项融资余额18.06亿元，其中法人贷款8.00亿元，个人类贷款10.05亿元。年末不良贷款320万元，不良率0.018%。全年各项业务收入11550万元，实现中间业务收入1382万元，实现拨备前利润6352万元。

**【开拓市场】** 2017年，将存款作为全年工作的重点工作之一，制订各专业存款竞赛办法与奖惩措施，激发员工营销激情，将存款营销理念深入人心。做好前期行政事业单位存款招投标工行淳安支行中标单位存款到期的维护工作，稳定存量存款。积极争揽新的竞争存放项目，2017年共参与存款招标8次，中标6次，标的金额占比13.95%，争揽存款4240万元，中标金额排名同业第一。以县内重大项目为抓手，努力营销千黄高速标段账户，通过信息战，团队战，支行成功揽入千黄高速两个标段的监管账户，年末存款7000多万元，有效提升了工行淳安支行的公司存款。发挥网点的揽存作用，以网点为营销阵地，利用厅堂存款微沙龙，稳定存量存款，吸收新存款；个人客户经理加强对优质客户的走访，争揽新资金。争揽县内优质代发工资单位，落实专人上门服务，提高储蓄存款。在强拓客户方面，强化与工商通的对接，在工商窗口驻点，加强与开发区招商平台、中介等部门的联动。2017年，支行对公账户新增270户，完成营业部任务94.81%排营业部第14位；在营业部“一体两翼”对公结算账户营销活动中，支行完成新开户139户，完成率92.67%，在营业部排第9位。积极联系当地组织部门及机关党工委，开展党费专户营销，成功办理专户开户19户，占全县应开户的36.5%。12月，开展民工工资专户营销，成功营销2户。做好行政事业单位、国有企业账户招投标的争揽。工行淳安支行中标众泰肉类、青溪新城幼儿园、公安局食堂、国土资源局4个标的，中标率50%，中标账户数量位同业首位。四是持续跟进服务存量私人银行客户，努力拓展新户。以上市公司高管、企业高管、私营企业主为目标客户群体，主动上门拜访，开展调研，制定个性化营销方案，着力提升私人银行客户。

**【信贷投放】** 2017年，公司贷款余额76990万元，较上年增加2345万元，其中小微企业贷款余额4349万元，较上年减少2391万元。票据贴现79861万元，完成全年任务的127%，完成率排名营业部第五位。表外融资余额11000万元，比年初减少1000万元。2017年，通过高铁新区12900万元和青溪新城5500万元两笔国有企业融资和精文文广安麓酒店3800万元银团贷款的发放，贷款开始呈现增长。2017年，向上级行报送了9户企业融资需求，其中获批碧桂园房开贷款8亿元、建设集团固融项目1.3亿元，滨江酒店固融、鲟龙科技流贷正在审批。通过与上级行建立评估联系机制，在项目上报上级行后，每天对项目进行跟踪，保持信息传导畅通，对评估分析部下发要求补充的资料和内容在1个工作日作出响应，并在最短时间做出反馈。同时，争取到千黄高速银团份额4.5亿元，为2018年做好项目储备。2017年，工行淳安支行充分利用“融E借”在同业中的竞争优势，不断扩大营销群体，走单位，访企业，信用贷款取得新突破。2017年，新增信用消费贷款白名单客户1559户，发放金额4167万元，发放金额位列营业部第15名。截至2017年末，累计营销单位客户88户，其中机关团体77户，企业5户、学校3户、军队2户、医院1户。

**【支行绩效】** 进一步推进贵金属业务。年初成功牵头举办了“贵金属品鉴会”，贵金属各项数据均创同期新高，实现收入 200 万元。实现贵金属中间业务收入 18 万元。其中，大吉年红包销售 501 套完成率居营业部第二；福佑大吉产品主题销售活动完成 21 套，完成任务的 105%，完成率在营业部排第一位。全力推进“童心”系列产品的营销工作，营销 KITY 产品 27 套完成营业部任务的 135%，排营业部第 1 位；幸福小苹果 427 套，完成营业部任务的 106.75%，排第四位；贵金属有效户净增 862 户，排营业部第一位。2017 年 12 月开始的 2018 年旺季贵金属营销中，至年底，2018 熊猫金币套装营销 14 套，完成率在营业部排第二位；2018 贵金属实物业务旺季重点产品营销 139.6 套，完成营业部任务的 46.53%排第三位。进一步推广电子银行业务。2017 年企业网银新增 192 户，有效网银户 163 户，完成任务的 239.71%；手机银行客户数(户)新增 3779 户，完成任务的 65%，排营业部 18 名；工银 e 支付客户数(户)新增 3838 户，完成任务的 52%。融 e 联净增客户数 4449 户，完成任务的 44.5%。

**【党建工作】** 坚持“围绕业务抓党建，抓好党建促发展”的思路，完成学习十九大精神、争创新的业绩党建宣传窗。按照营业部党建“结对共建”方案，落实了庆春路支行的党建结对活动。在“七一”前夕，依据支行制定的“共产党员示范岗”评选细则，对 22 名在职党员进行评选，分不同岗位评选出了“管理示范岗”二名、“营销示范岗”二名、“服务示范岗”二名。积极组织党员以开拓对公存款客户和个人中高档客户为目标的党员营销活动三次，把党员“晒成绩、晒亮点、晒作用”的争先创优活动引入深处。为营造全行员工积极参与健身锻炼的浓厚氛围，组织开展“欢庆十九大　共筑中国梦”为主题的职工趣味运动比赛，丰富了员工业余生活，提升凝聚力。

**【内控案防】** 夯实内控基础环节管理。在加强完善内控制度和合规文化同时，制定、落实内控制度学习培训及其考核制度，强化合规风险防控。将专业管理部门培训常规化，管理部门通过每月例会进行业务及责任意识培训，提高员工业务素质、责任意识和履职能力。强化员工风险意识教育，对上级行有关会议精神和下发的文件，坚持第一时间传达、第一时间部署、第一时间落实，并利用全行员工大会、专业条线例会、“直通车”视频、部门网点“三会”、风险提示等多途径进行教育，提高员工的风险意识和防控能力。落实管理干部履职检查与考核。支行与各级管理人员签订《绩效合约》，明确告知各级管理人员所要履行的内控案防工作职责，按季开展履职情况检查考评，强化专业督导、约谈交流。强化现场负责人的履职管理，坚持部门网点案防例会制度，突出现场管理人员对业务风险、关键环节的事中控制。把员工积分和违规问题作为管理人员管理履职考核的指标，形成上下齐抓共管，促进案防工作的目的。发挥内控案防案分析会作用。支行召开内控会议 6 次、操作风险委员会 6 次、反洗钱工作领导小组会议 4 次。根据风险管理要求，听取各部门汇报，分析、研究内部控制中存在的漏洞和隐患；针对经营管理中薄弱环节和风险点，研究解决方案和整改措施，结合内控管理与业务发展、经营与风险关系问题找到结合点，做到既能开拓业务发展，又能保障内控制度执行，在最大限度上规避风险。

**【金融服务】** 灌输服务理念。以“客户为尊，服务如意；员工为本，诚信如一”的服务文化核心理念，开展“新服务，心满意”服务提升季活动，制定《淳安支行开展“新服务，心满意”服务提升季活动方案》，进一步巩固 G20 金融服务及“服务面貌专项整治季”活动成果，进一步深化“服务提升六大工程”，加快实现“半年服务面貌迅速改观，一年服务口碑明显改善，三年打造出一个服务效率高、体验佳、口碑好的客户满意银行”工作目标。提升服务能力。积极探索智能化网点大堂经理与低柜柜员等岗位的劳动组合优化，推广弹性排班和动态补位机制，提升智能服务模式应用效果，增强网点服务供给能力，持续推动网点服务水平提高及客户服务体验改善。在秀水支行实施智能化改造和转型为轻型化网点的基础上，陆续对周边代发工资业务单位、中高端客户告知了业务迁徙办理计划妥善处理好业务运行、客户服务和风险控制之间的关系，做到无缝衔接。

**【企业文化】** 2017年，组织各部门工会小组开展春游和秋游活动10次，其中组织支行女职工“三八”妇女节春游活动1次，组织全行开展“欢庆十九大　共筑中国梦”职工趣味比赛1次，通过活动丰富了员工的业余生活，缓解了工作压力。按照营业部工会的部署，2017年还组织了支行员工参加营业部工会开展的“西您一起、悦动一七”员工俱乐部交流活动和营业部职工综合运动会，同时还组织选手参加了淳安县金融系统联合工会技能竞赛。在淳安县金融系统联合工会技能竞赛中，工行淳安支行选手在夹气排球比赛中获团体第三名、气排球获团体第四名和征信知识竞赛获团体三等奖，为支行争得了荣誉。积极开展青年员工岗位练兵。每周三晚上，组织35周岁以下青年员工进行技能训练，强化青年员工岗位练兵的自觉性。2017年7月至9月，根据营业部工会的安排，认真落实了全行柜员和客户经理综合技能大赛，组织青年员工参加选拔竞赛，员工徐桂珍获得综合柜员个人竞赛第三名，为支行争得了荣誉。

（邵　翔）

## ·中国建设银行股份有限公司淳安支行·

**【概况】** 截至2017年年末，中国建设银行股份有限公司淳安支行（以下简称建行淳安支行）对公存款时点余额20.13亿元，较年初新增0.75亿元，日均余额15.77亿元，较年初新增1.44亿元；个人核心存款余额8.87亿元，新增700万元，核心存款日均余额10.17亿元，新增5400万元。年末对公贷款余额5.82亿元，较年初新增1.12亿元。个人贷款余额9.71亿元，比年初下降0.85亿元，其中公积金住房按揭发放441笔，金额1.71亿元，笔数和金额均为四行第一。全年实现中间业务账面收入1214万元。至2017年底，不良贷款余额7267万元（全部为个人贷款），较年初减少5096万元，不良率7.49%；对公贷款继续保持零不良。全年实现账面净利润4143万元。

**【业务拓展】** 在地方政府融资进一步缩紧和存款竞争性存放等不利因素影响下，支行改变思维，继续支持政府项目建设。通过上级行牵头，支行成功营销了杭州千岛湖发展集团公司额度授信1亿元并全额支用。通过多次营销，最终实现了杭黄铁路项目贷款支用1.5亿元，同时发挥母子公司联动优势，通过建信租赁为千岛湖建设集团提供融资2亿元，为淳安县交投提供融资1亿元等。

**【队伍建设】** 紧紧围绕人力资源管理的具体工作要求，坚持人才是第一生产力，充分尊重员工，建设积极的企业文化，全面提升员工队伍素质，实现员工价值提升，促进员工与企业共成长。建立高效个人客户经理团队，挖掘有潜力、有愿望的员工充实个人客户经理岗。强化对公客户经理队伍建设，坚持人岗匹配的原则进行调整。继续加强后备人才、网点负责人队伍建设,做好基层后备人才的培养工作,选拔素质高、业务硬的专业人才、管理人才,充实中层管理人员队伍。四是加强员工队伍建设,通过培训、业务考试、资质考试等手段,不断提高员工的业务水平。

**【风险内控】** 做好风险合规管理工作,及时有效地担负起辖内信用风险、操作风险、市场风险、内控合规等管理职责。传达学习各项文件制度及风险监测信息,牵头召开预警跟踪管理暨贷后集中诊断会议、合规例会、操作风险例会;落实上级行各项专项检查计划,如开展"银监四项专项治理""关键风险点监控检查""信贷领域严重违规行为及案件风险专项整治""银监局信贷经营行为排查""信贷综合大检查""员工行为排查""2016 年支行内控评价"等等检查自评;组织落实"合规宣誓""手抄誓词""三线合规教育""知行合一""远离底线、严守红线"教育巡讲等宣教活动;督促整改落实,落实员工行为积分管理;及时完成定期和不定期各项报告报表报送,按季督促和审核信贷资产风险分类、十二级分类及预警跟踪工作。

**【党风廉政】** 严格遵守党规党纪,坚持道德"高线",坚守纪律"底线"。开展风险排查和自查自纠工作,支行全体员工全部完成申报和承诺。强化检查监督,落实从严治行。严格按规定准确运用执纪问责手段,严肃责任追究,持续强化"检查+积分+整改"联动机制,对支行自查、营业部条线检查、审计整改发现问题均严格按积分办法进行积分处理。对三清查中发现问题的员工进行"诫勉谈话"和"批评教育"处理。2017 年度,支行共处理员工 15 人,其中通报批评 2 人,积分处理:13 人;扣减绩效 2050 元。

**【安全保卫】** 认真贯彻落实安全保卫工作会议精神,根据预防为主、综合治理,"谁主管、谁负责"的指导原则,通过制度约束和检查监督,强化了员工的安全防范意识,使安全管理落到了实处,保证了支行财产和员工、客户的人身安全。2017 年度在公安部门的联合检查验收中,建行淳安支行的各项安全设施全部达到了公安部门的要求,评估得分为 97.2 分,在当地金融机构总评分中名列第一,达到预期的目标。同时,建行淳安支行荣获 2017 年度淳安县金融系统唯一一家"省级治安安全示范单位"称号。

(陈力飞)

## ·中国农业银行股份有限公司淳安县支行·

**【概况】** 2017 年,中国农业银行淳安县支行以科学发展观为指导,正确把握国家宏观调控政策,认真贯彻落实上级行决策部署,突出党建,强基础,抓业务,控风险,立足县域,做好"服务三农"文章,支持当地经济发展。至 2017 年年末,全行本外币各项存款余额 47.21 亿元,各项贷款余额 17.35 亿元。

**【服务】** 2017 年支行突出党建,认真实施县域阵地战和"8510 战略",充分利用乡镇挂职、惠农通服务以及网点优势,大力支持地方经济发展,持续做好三农服务;强化涉农理财产品、村级账户的营销、金融自治村的建设,推进农户建档工作,完善惠农通功能,持续开展普惠金融服务。

**【管理】** 深化"三线一网格"管理,积极开展"三化三铁"、"三化三大达标"、内控评价、安全评估等活动,强化履职检查和案防管理,认真落实反洗钱、档案管理、保密管理、消费者权益保护等工作,严格执行信贷政策,切实防范信贷风险,全面提升风险防控水平。

【文化】　加强企业文化建设，“两学一做”学习教育制度化常态化，认真落实爱国卫生、计划生育、综合治理工作，积极参加公益捐款、联乡结村扶贫、双百结对共建文明等社会公益活动。

（管建辉）

### ·浙江稠州商业银行杭州淳安支行·

【概况】　2017 年，各项存款余额 60431 万元，较年初下降 2726 万元，各项贷款余额 59791 万元，较年初增 2649 万元，全年总营业收入 3503 万元，实现账面利润 2368 万元。全年无经济案件和重大责任事故发生。在中国人民银行淳安县支行组织的 2016 年度金融机构综合评价中，获得综合评价等级 A。

【安全评估】　2017 年是浙江省银行业金融机构第五轮安全评估活动年。淳安支行根据工作要求成立相应的领导小组及办公室，切实加强组织领导，确定专人负责，制定具体实施方案，确保金融安全评估工作有序开展。在自查阶段针对自助设备区域进行了物防改造。9 月 14 日，淳安县公安局专家组一行对支行二家网点全面开展第五轮安全评估并顺利通过评估达标验收工作。

【平安护航十九大】　切实做好中共十九大维稳安保工作，确保中共十九大期间和谐稳定、无案件发生。专门成立工作领导小组，以支行一把手为组长，各部门负责人以身作则，并制定应急预案，根据“谁主管、谁负责”的原则，加强各类方案与预案的演练，确保反应迅速、应对及时。切实增强责任感和紧迫感，切实强化大局意识、责任意识。全力以赴、全心投入，细化工作方案，层层分解任务，压实工作责任，切实把各项工作措施落到实处。

【稠“银”产品】　始终坚持“支持中小企业、服务个私经济”的市场定位。推出的“惠金卡”集理财服务、支付结算、增值服务、商超优惠等于一体，转账汇款手续费全免的结算卡，存活期也可拿到定期的收益。“益加益”定期收益高、保本理财稳、是财富积累的新选择。“市民贷”手续办一次，五年不还本，贷款金额可达 1000 万元，最长期限 20 年轻松还款。

【服务管理】　稠州银行历来高度重视文明规范标准化服务建设工作，结合自身实际，深化服务内涵，完善服务机制，逐步形成了一套适合自己的文明规范服务质量评价体系。4 月向县妇联递交了“市级巾帼文明岗”创建申报材料，12 月成功被杭州市巾帼建功和双学双比活动协调小组办公室授予“市级巾帼文明岗”荣誉称号。这也是在 2015 年被浙江省银行业协会评为“四星级”服务网点后的又一佳绩。支行将继续以客户满意为目标，不断提升客户体验，创新服务手段，不断提高全员服务品质，全力打造一流优质服务网点。

（方　敏）

### ·浙江淳安农村商业银行股份有限公司·

【概况】　2017 年，浙江淳安农村商业银行股份有限公司（原淳安县农村信用合作联社）下辖 35 家网点，其中营业部 1 家、支行 12 家、分理处 22 家。在职员工 394 人。截至 2017 年 12 月末，各项存款 101.42 亿元，较年初新增 9.92 亿元，增幅 10.84%，存款市场占有率 32.1%；各项贷款 75.57 亿元，较年初新增 10.22 亿元，增幅达 15.65%，贷款市场占有率 35.4%，其中涉农贷款 68.52 亿元，较年初新增 11.44 亿元，增幅 20.05%；五级不良贷款余额 12316 万元，比年初下降 1898 万元，不良贷款率 1.63%，比年初下降 0.55 个百分点；实现营业收入 6.08 亿元，同比增加 8787

万元，增长16.9%；缴纳税收5884万元，同比增加1889万元，增长47.3%，占全县金融业入库企业所得税的70.7%。

**【内部改制】** 积极稳妥推进股份制改革工作，完成筹备方案，推进清产核资，召开创立大会，筹建和开业请示得到批复，法人治理架构建设落地，管理体制和经营机制焕发新活力。优化总部建设。以客户为中心，增强营销功能，完善风险管理体系，突出专业化管理，提升部门工作效率，出台督办制度，提升总部执行力，使总部成为业务发展的经营决策、营销策划、风险控制、服务保障和资源调配中心。调整各部室职能、细化部室职责，设立普惠金融部，不断做实做深做透普惠金融。重抓机制建设。实行网点功能分类管理，对城区和乡镇支行采取一行一品，分别指导、分层管理、分类考核；推行授用信条线管理，摒弃支行风险管理识别能力依赖；推广“普惠通”移动办贷系统，实现业务现场受理、实时审批；建立“问题一流程”机制，对事后监督和检查发现的问题，责成88位责任柜员编写规范的操作流程解析图和案例分析，下发学习参考。

**【金融创新驱动】** 全面开展“比学赶超”活动，针对“存款增速指标”短板，推出“百日攻坚战、存款超百亿”劳动竞赛活动，细化责任考核，首破存款百亿元大关；持续做好主要考核指标监测工作，定期召开业务短板分析会，实行分层分类考核；开展第三轮整村授信再出发活动，农贷覆盖面和贷款余额稳步上升。推出“光伏贷”“省心贷”“亲情贷”“财富贷”“订单贷”“民宿贷”等秀水系列产品，满足客户多元化需求；推出4款定存宝和2款丰收互联专属存款产品，增加理财发行期数，实现手续费收入较上年翻一番；以丰收信用卡为载体，开展信用卡汽车分期业务。与县旅游、建设集团合作，对三个景区大型固定停车场和城区800多个街面移动停车位进行智能化建设，实现车辆进出智能识别、自动计费，停车费用结算方式多样化；简化信贷审批流程，实行无纸化审批；驻点不动产抵押登记，推进“无缝续贷”业务，提升办贷效率，降低隐性融资成本；推出教师节惊喜大放送和大型感恩活动，在上海清算所开立投资人账户，上线缴费通、丰收一码通，推广ETC，实现助农机具全覆盖，扩充新型便利支付渠道。

**【风险防控】** 创新清收方式。采取承包式清收，将所有账面不良、隐性不良和表外资产未处置的不良资产交保全中心，及时与法院衔接，积极清理积案旧案，开展诉讼执行。全年清收处置不良资产本金18616万元、利息971万元。前移风控关口，加强隐性风险贷款监测预警和隐性风险客户清单管理。推进授信总额联合管理，解决银行业金融机构过度授信风险隐患。逐步减少大额贷款余额和户数，开展员工风险行为专项排查、个人贷款专项自查、信贷经营行为风险核查、“三违反”、“三套利”、“四不当”和“治乱象、维秩序”检查以及会计运营风险专项检查并制定财会专项负面清单，进一步消除风险管控盲区，确保监管不踩红线。护航安全生产。开展第五轮安全评估，狠抓安全防范工作落实，全年辖内无刑事案件、治安案件和责任事故。重视首次信访，力争把问题处理在萌芽状态。开展心防工程及防范通讯诈骗宣传活动，劝阻通讯诈骗10起，为客户挽回经济损失18.5万元。共组织突发事件预案演练4次，保证安全生产无事故。

**【企业文化】** 提炼和弘扬具有自身特点的“淳厚”文化——淳山厚水　普农惠商，核心内容为淳朴、厚道、忠诚、拼搏，并将战狼精神渗透到经营管理中。开展以“淳厚”文化为主题的征文和“我为农商行献一策”活动，向客户、员工开放建言献策专窗；成立农信发展志编纂组，客观系统记录淳安农信改革发展历史，传承淳厚文化基因。培育合规意识。办好合规大讲堂，领导班子、部室负责人轮流讲担当、责任、合规等。注重建立与合规文化相适应的惩戒约束机制，重塑普惠员、委派会计两支队伍，统一检查、处罚两类标准，通过检查惩戒树立制度规矩。

**【党建工作】** 抓好廉政建设。坚决贯彻落实中央八项规定精神，坚持不懈纠正“四风”，切实把纪律挺在前面。与各支行(部室)负责人签订《党风廉政建设责任书》，开展“九种人”排查、“4+2”廉洁风险防控、廉洁合规满意度调查活动，增强廉洁从业意识，筑牢拒腐防变思想防线。

**【社会效益】** 持续开展扶贫帮困、春风行动、喜迎亲人回家过大年等公益活动，先后已资助200名淳中贫困学子180万元；“春风行动”个人捐款累计33.4万元，单位捐款累计1027.2万元，得到县委县政府的充分肯定，被授予“春风行动”爱心奖，荣获淳安县满意单位荣誉称号，获称第五轮浙江省银行业金融安全评估工作突出集体、2017年度全市经济文化安全保卫工作先进集体，荣获全县财税知识竞赛团体二等奖、淳安银行业金融机构知识竞赛团体三等奖。

(鲁慧琴)

## ·广发银行淳安支行·

**【概况】** 2017年，全年各项存款余额13475万元，其中对公存款余额5441万元，储蓄存款余额8034万元；各项贷款余额20051万元，公司贷款余额18000万元，个人贷款余额2051万元，人民币日均存款余额27800万元，完成年度计划的29%；支行营业收入426万元。

**【促推优势产品】** 银行产品品质性高，为提升竞争力，必须要发挥产品优势，广发银行的信用卡为中国银行业发行的真正意义上的第一张信用卡，具有较高的知名度。为此，支行把信用卡的发行作为业务拓展的重点，同时与6商家合作组织开展各类优惠促销活动，活动经费4万元。

**【案件防控】** 为做好案防工作，支行明确全行内控案防工作要求和工作制度。支行与各部门负责人及员工签订综治、安全、消防、风险防控等责任书，进一步明确各部门负责人为内控案防第一责任人，全面承担案防职责。抓好案防党风廉政建设，广泛开展职业道德教育、案防教育、警示教育、岗位廉洁教育等主题性活动，同时做好员工八小时外异常行为排查工作。

**【党建工作】** 认真做好“两学一做”党员教育工作，定期召开党员大会，组织学习和上好党课，在党员中开展创先争优和“三个一”活动，过好党员的“政治生日”。组织开展内容丰富的党员活动，淳安支行党支部组织全体党员和入党积极分子前往中洲镇方志敏烈士纪念馆，开展红色爱国主义教育，聆听中国工农红军抗日先队的英勇事迹，重温入党誓言。

## ·杭州银行淳安支行·

**【概况】** 2017年，杭州银行股份有限公司淳安支行(以下简称杭州银行淳安支行)各项存款余额14.62亿元；各项贷款余额14.34亿元。资产质量继续保持较好水平，不良贷款率仅为1.1%。全年实现净利润2682.55万元,上交各项税收592.79万元。

【小微金融服务】 为解决客户“融资难、融资贵”问题,杭州银行淳安支行推出了无担保、纯信用类产品——“税金贷”。同时大力推广“小企业理财业务”,帮助部分有临时性资金闲余的企业实现了“增收”。杭州银行淳安支行小企业理财业务以其“收益较高、风险相对较低、购买便捷”而闻名于业界。2017年,杭州银行淳安支行为19家公司办理了小企业理财业务,累计金额7749万元,利率水平达到了4%~4.5%的,为小微企业主增收理财利息70余万元,切切实实的为小企业带来“增收”效果。

【个人金融服务】 2017年杭州银行淳安支行依托“移动金融服务站”营销活动的推广,走进单位、走进社区、走进农村,为企事业单位员工、居民及农户送上便捷、周到的金融服务,在送上金融服务的同时积极履行社会责任,为广大群众宣传和普及金融知识。全年上门服务单位79家,共受理信用贷款客户1161户,全年累计发放信用贷款3.3亿元;走进社区服务46次,支行共销售理财18亿元。

【案件防控】 为确保金融安全、稳健经营和持续发展的“生命线”,杭州银行淳安支行积极开展案件防控治理工作,认真落实“双基管理”实施年活动,通过支行内控分析会议、“大家来找茬”活动、有奖征文、知识竞赛、一把手一堂课、部门负责人一堂课等方式开展多层次案防教育,使案件防控工作逐步步入常规化、制度化、规范化轨道。抓好廉洁文化建设,严格执行总行“八项禁令”,制定了八小时外员工行为规范“六不准”,进一步规范员工职业行象。

【党建工作】 以“两学一做”学习教育为载体,将“两学一做”常态化、制度化,制订切实可行的学习计划,确立主体鲜明的学习内容。通过请专家讲座、上党课、重温入党誓词、撰写读书心得、开展学习测试等,增强学习的吸引力,提高学习活动的覆盖面,全面提升党员干部的政治思想水平。开展暖色爱心活动,组织全体党员和全行员工为遭遇车祸的中洲镇党政办主任占晓娟的公公捐款,帮助她家庭走过人生的困难期;慰问县离退休老干部,为他们送上物质和精神上的关怀。发动全行员工开展“两节、两会期间平安大巡防”“深化礼让斑马线”“文明礼让劝导”“十九大巡防”等活动。通过党建的带动作用,员工队伍的整体素质得到了提升,工、团、妇的工作得到了有效开展,支行整个团队的精神得到了进一步加强,有力地宣扬了党组织的正能量,很好地履行了社会责任,也有效地促进了支行各项工作的开展。

【企业文化】 优良的业绩与优质的服务来源于强有力的团队,强有力的团队离不开先进的企业文化。杭州银行淳安支行始终把加强企业文化建设放在重要位置。2017年,以“双基管理”实施年为载体,完善规章制度,内强素质,外塑形象,积极履行社会责任。2017年,支行获得总行岗位技能大赛团体第八名,荣获淳安辖内银行业金融机构知识竞赛二等奖和征信知识竞赛优胜奖;依托和支持群团组织,开展诸如城市悦跑、气排球、秀厨艺展风采、采摘、征文等形式多样的文体活动,增强员工的凝聚力和向心力,2017年荣获淳安县金融工会运动会羽毛球团体第四名。

## ·中国人民财产保险股份有限公司淳安支公司·

【概况】 2017年,中国人民财产保险股份有限公司淳安支公司(以下简称支公司)全年完成签单保费14665万,增幅27.46%,完成计划121.4%,市场份额12月行业报表为58.1%,持续提升市场占有率。支公司被评为浙江省分公司先进单位和杭州市分公司先进集体;荣获杭州市分公司综合经营管理一等奖和综合柜员制推广奖。

**【干部队伍】** 2017年,首次中标社保大病保险项目,从无到有招聘人员组建队伍,成立23人组成的团队,开展医疗审核、驻点管理、预警巡查、视频监控等工作,保障大病保险项目顺利开展。为促进农险业务持续健康发展,致力于打造一支高素质农险专业团队,淳安支公司通过电视台、网络和淳安发布等相关媒体面向35周岁以内大专以上学历社会群体定向公开招聘政策性农业保险服务专员,经过学习培训政策性农险服务专员为公司农险业务发展注入新的活力。精细管理、重视员工培训教育是淳安人保的传统,公司高度重视目标考核,提高承保理赔服务质量,尤其员工培训、互联网、App手机销售、人保V盟、产寿健业务互动等,理顺内部管理人员分工与布局,提高支公司发展合力,以制度规范操作,固化流程职责,应对千变万化的客户和服务需求;以责任落实服务,提升品质。继续深化开展"两学一做"党员教育学习活动,发挥党员先锋模范带头作用。

**【"三农"服务】** 深入开展"三农"营销服务部标准化建设工作,打造农村地区统一规范的销售及服务窗口,提升标准化"三农"营销服务部服务水平,支公司分别对姜家、威坪、千岛湖和临岐4个营销服务部进行统一标识规范窗口标准化落实,持续做好农险承保、大灾理赔服务工作。积极拓展业务,不断提升农网产能,在车险、农险业务基础上,加速拓展农村小额分散性业务,凭借专业的保险服务和品牌实力持续统保全县残疾人意外、重大疾病保险和农村聚餐及校园方食品安全责任保险。配合农机管理站,在全县农村区域内办理农机具保险62家,承保率达90%以上。针对信用社、邮政部门在农村的渠道优势,积极加强沟通联系,设立银保专员协同各营销部、协保员拓展农村、乡镇代理业务。

**【业务发展】** 适应转型,积极拓展新领域新阵地,年初,赢得社保大病保险1654万元的中标,各项监控数据全面下降可控,县委书记、县长作出进一步深化合作的批示。电动车编码保险在2016年试点的基础上向全县推广,组建专业团队战高温斗酷暑,历经4个月对23个乡镇动员425个村全面扫村,承办率达80%以上,淳安电动自行车编码保险工作在保障民生、服务"三农"、服务社会等方面获得了社会各界高度关注和肯定,浙江省委常委、省委书记车俊和市委书记赵一德作了批示,《人民日报》等多家媒体作了专题采访报道。推进监护人责任险,统保烟花爆竹行业安全生产责任险,开展手机销售驾意险家庭成员责任险等多行业的新险种新产品。持续承办旅游集团车辆险、企财险、游船险、责任险四大项目;独家中标信用社(农商银行)保险代理;中标淳安建设集团综合险以及枫树岭电力公司综合险等。

**【社会共建】** 积极参与地方社会共建,持续做好春风行动、结对扶贫威坪三洲村,开展"3·15"消费者权益保护宣传,作为县级文明单位,积极响应参与文明礼让劝导活动志愿服务。积极参与政府、社会各界开展的具有重大社会影响力的宣传活动,协办淳安首届道德模范评选颁奖典礼,落实中国人保"文明出行"全省巡回宣传月走进淳安大型公益活动,积极宣传安全驾驶。

(吕丽萍)

## ·中国人寿保险股份有限公司淳安支公司·

**【概况】** 2017年,中国人寿保险股份有限公司淳安支公司(以下简称人寿淳安支公司)总保费21392.77万元,创历史新高,业务新增人力600余人,超额实现全年预算指标。

**【个险业务】** 较2016年相比,首年期交、十年期交、标准保费、保障型产品、短险指标均实现正增长。标准保费2032.81万元,同比增长9.86%;首年期交3889.17万元,同比增长6.92%;十年期交2852万元,同比增长30.16%;保障型产品920.46万元,同比增长36.7%;短险686万元,同比增长13.39%。

**【团险业务】** 2017年,农村小额保险实现全县23个乡镇为本镇老百姓投保了该产品,保费300余万元,全乡镇参保率100%。同时,政保业务稳步推进,淳安县民政局为全县老人投保100万元意外人身保险;计生险保费89万元;学平险业务实现公立学校100%全覆盖,保费468万余元。

**【银保业务】** 共实现趸交保费2217.55万元,达成年度目标任务的120.52%。

**【队伍建设】** 2017年以来,人寿淳安支公司通过市县两级社会招聘途经,新增员工6人,充实基层岗位,强化公司领导班子;通过内部公开竞聘,使2名青年成为全市后备干部和青年英才;通过政策引导、制度经营等方式,积极组建保险规划师、综合拓展专员和协保员队伍,目前淳安公司销售人力有600余人。

**【市场营销】** 2017年,人寿淳安支公司积极与建行、农村信用社等渠道做好企划方案,迅速启动规模业务,进一步密切了双方合作关系,明确了业务发展目标,调动了广大银行职员的销售积极性,通过多渠道共同努力,为全年业务目标的完成打下了良好的基础。同时,淳安县支公司十分注重拓展政保业务的渠道,主动对接地方政府和有关职能部门,进一步实现政保业务稳步推进。

**【服务建设】** 2017年,人寿淳安支公司通过加强协保员队伍的建设,实现了人力对服务对象就近、最快、最优服务,极大地方便了广大客户尤其是农村客户的投保和理赔。针对老年险理赔人数众多、理赔案积压严重的情况,公司专门挤出人力,特事特办,为老年险理赔开辟绿色通道,提升理赔时效。淳安支公司顺利完成了契约、核保、理赔、保全新一代系统的上线实施,积极推动微信理赔和移动理赔,并且启动了与淳安县社保中心合作理赔直付项目,于2017年12月28日测试成功完成第一单理赔直付案件。公司还借助媒体宣传、微信平台、上门服务等多种渠道,为老客户提供全方位的保单增值服务,同时借助产说会、联谊会等平台向老客户传递保险业前景、国家有关政策和最新保险资讯等。

**【社会责任】** 2017年,人寿淳安支公司持续给全县农村政协委员、全县农村人大代表免费赠送一份人身伤害保险,并协助淳安县委举办了2017首届淳安县道德模范评选活动。同时,组织员工积极参加结对帮扶、春风行动等公益慈善活动。

**【党群工作】** 以"两学一做"学习教育为主线,深入学习十九大精神,严格落实"三会一课"制度,抓好思想政治工作和党风廉政建设。加强党建带群团,坚持每月夜学活动,开设移动课堂,组织党员干部赴福州红色教育基地学习;开展石川坞趣味团康活动、组织青年员工和业务伙伴参加市公司青年之家和县金融系统文体运动会等，不断增强企业活力，提升员工综合素养。

（办公室）

# 经济管理

## ·发展和改革·

**【2017年国民经济和社会发展计划执行情况】** 2017年,在县委的领导下,在县人大及其常委会和县政协的监督支持下,全县上下认真贯彻落实中央和省市的决策部署,紧紧围绕"坚定秀水富民路,建设康美千岛湖,争当全国践行'两山'理论标杆县"发展思路,坚定不移强化创新驱动,加快转型升级,经济社会持续健康发展,较好地完成了县十六届人大一次会议上提出的预期目标任务。

**【经济总量稳中有进,转型升级步伐加快】** 2017年,全县实现生产总值255亿元,按可比价计算增长8.5%;财政总收入30.9亿元,其中地方财政收入17.3亿元,分别增长13.3%、8.6%;固定资产投资173.9亿元,增长8.5%,其中产业投资93.6亿元,增长20.0%;服务业增加值142亿元,增长14.0%;社会消费品零售总额91亿元,增长12.5%;城镇居民人均可支配收入40195元,增长9.5%;农民人均可支配收入17705元,增长9.9%。

**【服务经济持续增长】** 全年实现服务业增加值142亿元,增长14.0%。服务业作为首位经济,对地区生产总值增长的贡献率达到88.2%,同比提升9.9个百分点。全域旅游成效彰显。通过开展新媒体宣传融合线下活动、推广特色线路产品等营销手段,全县湖区游、乡村游、特色游均呈全面上升态势,成为经济增长的重要亮点。省级全域旅游示范县创建有序推进,全年共接待游客1540.8万人次,实现旅游经济总收入154.9亿元,分别同比增长21.7%、29.2%。绿道骑行、精品民宿、文渊狮城等特色产品带动乡村旅游接待游客及旅游收入分别同比增长28.8%、30.0%。社会消费增势良好。全县实现社会消费品零售总额91亿元,增长12.5%。电子商务发展迅猛,新增电商主体455家,全县电商户数超过1600家,实现网络销售额36.8亿元,同比增长32.8%。

**【工业经济企稳向好】** 全年实现规上工业销售产值180.1亿元,增长4.0%。淳安县紧紧抓住大数据、云计算、新一代人工智能加速发展等机遇,突出培育高新技术产业、战略性新兴产业和信息经济,产业能级不断提升,成功列入省级工业节能和绿色制造试点示范。高新产业趋稳回升。全县实现高新技术产业增加值9.5亿元,增长7.0%,扭转上半年增幅回落的局面。全年新增2家国家高新企业、7家省科技型企业、2家市级高新技术企业,建成全省首家县级企业研究院。信息经济发展迅速。全县实现信息经济增加值15.5亿元,同比增长42.2%,增速连续两季度位居全市第一。县内新增千微杭州科技有限公司等3家规上信息经济企业,农夫山泉通过第一批杭州市工厂物联网试点项目验收。水饮料业势头强劲。全县实现规上水饮料产业销售产值45亿元以上,同比增长超过10%,百亿水业基地建设进一步加快,完成水资源普查和水产业规划编制,农夫山泉、千岛湖啤酒等企业稳步发展,大墅谦美小分子水等项目正式投产。工业平台优化拓展。经济开发区加快业态改造,"四退四进"有效突破,乡镇工业功能区整合加快推进,《浙江淳安经济开发区整合优化提升实施方案》于2017年5月上报杭州市政府,6月通过市政府备案。

**【农业经济稳定发展】** "有机千岛湖"建设成效显著,有机农业、品牌农业和特色农业发展取得阶段性成果。全年实现农业总产值51.2亿元,增长5.0%。供给侧结构性改革步伐加快。出台新一轮农业产业政策,大力扶持乡村旅游、特色民宿、特色产业、智慧农业产业。农业社会投资保持较快的增长势头,以百源经济为代表的农业生产型、农旅结合型项目推进顺利,10条示范源新增、提升的产业项目有116个,完成社会投资4.8亿元,加快农村业态由"传统型"向"多元化"转变。品牌化建设持续发力。大力推动农业区域公用品牌建设,积极探索农业品牌特色营销,成功举办第三届千岛湖斗茶大会、2017千岛湖生态水果采摘季活动;加快推进农旅邮融合,建成千岛湖品牌农产品馆;"千岛湖茶"区域公用品牌荣登浙江省知名农业品牌百强榜,入选浙江省知名农产品区域公用品牌50强。借势借力特色发展。依托省山区经济发展项目和省农科院"县院合作项目",带动特色产业发展。推动临岐"浙西中药材市场"、千岛湖"淳果小镇"农旅融合园区等新型农业载体建设,大力扶持实施王阜乡"金紫尖菊花"电商扶贫项目,积极探索农民持续增收特色路子。

**【有效投资较快增长】** 全年完成固定资产投资173.2亿元,增长8.0%,较上年同期提升了2.0个百分点,其中产业投资累计完94.4亿元,增长21.0%。基础设施投资增势较好,千黄高速公路、S302省道丰茂半岛接线、潭唐公路屏门至郑中段改建工程等一批交通续建项目高强度持续发力,百源经济、小城镇环境综合整治年度项目推进顺利。

**【重点项目推进有力】** 2017年,全县共安排县重点项目77个,其中重点实施类项目66个(省重点项目3个、市重点项目23个),预备类项目11个。通过细化目标落实责任、领导联系协调推进、考核激励督查通报、组团服务解决问题等举措,推进有序。全县重点项目计划投资61.4亿元,截至2017年12月底,66个重点实施类项目共完成投资62.7亿元,完成年度计划的102.2%,完成全年目标任务。

**【城乡环境不断提升】** 小城镇综合环境整治全力推进。汾口镇、宋村乡整治点规划方案获得省级优秀规划设计方案,高质量完成第一批12个乡镇小城镇综合环境整治,石林镇整治项目于2017年9月率先通过省级达标验收。城乡危旧房治理改造专项行动有序开展。建立一楼一档、一楼一预案、一旬一报一排名制度,提前完成列入省政府城镇危旧房治理三年任务的危旧房治理改造。城市品质有效提升。完成千岛湖环湖南路街景立面整治和夜景照明提升改造,李家坞森林公园、风暴巷公园景观绿化提升改造,顺利推进千岛湖镇老旧小区品质提升及背街小巷改造工程,建立保洁示范区。农村人居环境不断改善。大力推进美丽乡村建设,完成200个村生态修复、50个停车场和50座农用桥建设,打造2条精品示范线,启动1个市级历史文化村落保护利用重点村建设,培育1个风情小镇,完成52个"厕所革命"示范项目,10个村被命名为首批浙江省AAA级景区村庄。

**【生态环境更加优化】** 严格落实千岛湖环境质量管理体系规范,科学精准开展生态红线划定,加大生态系统保护力度,千岛湖出境水质继续保持国家Ⅰ类,连续第二年夺得全省五水共治大禹鼎。治水工程强势推进。主动拉高"五水共治"治水目标,全面消灭Ⅲ类以下小微水体,975个小微水体全部整治到位。改造城区污水管网60公里,完成90个村生活污水治理项目提升改造。智慧应用再上台阶。实施“智慧环保”二期工程,完成生态环保数据库搭建,全面建成千岛湖预警系统硬件设施。城乡环境面貌巩固提升。加快农村治污设施智慧运维建设,连续第三年获省市农村治污优胜县;实现农村生活垃圾分类全覆盖;全面升级河长监管体系,获央视专题报道,优化乡镇交接断面考核办法;扎实推进绿化造林、森林抚育,实现森林覆盖率75.27%,林木蓄积量2288.32万立方米。

**【民生保障更加完善】** 全年实现城镇居民人均可支配收入40195元,增长9.5%;实现农村居民人均可支配收入17705元,增长9.9%。就业创业稳健趋好。城乡就业更为充分,失业人员再就业1499人,同比增长7.38%,城镇登记失业率稳控在2.62%以内;创业扶持更加有力,在全市率先出台应届大学毕业生生活补贴政策,搭建多元就业创业平台。人才建设推进有力。淳籍大学生回归工程推进有力,人才新政加快兑现落实,资助各类人才、教育培训班和创新创业项目累计金额达289.9万元,发放人才绿卡8张,确定首批县级特聘专家4人,推荐申报千人计划、市521人才5人次,申报省151人才1人,入选市115国外引智项目2个。社会保险持续扩面。医保改革“三突破”高效推进,全县医疗保险综合参保率达98.96%;“政保合作”成效明显,完成市民卡公司化整合,社保卡实现全国联网结算;县养老服务中心投入使用;农村低保标准由每人每月594元提高到665元。

**【社会事业更加均衡】** 教育事业优质发展,重点落实“3+X”教育发展政策,全面推进省教育基本现代化县创建;有效改善农村中小学、幼儿园教学生活条件,省级幼儿园覆盖率97.22%,创建省义务教育标准化学校54所;着力推进课程改革,实现新高考开门红。医疗卫生优化提升。积极开展县域医共体建设省级试点,姜家镇成功创建“国家卫生乡镇”,市级卫生乡镇实现全覆盖;建成卫生数据中心和四家县级医院移动护理系统;在全省率先开展卫生乡镇“三级联创”,启动“全国群众满意卫生院”创建;有效落实登革热防控。文化体育事业繁荣发展。成功创建省级体育强县,建成安阳国家登山健身步道,主动对接积极承办亚运会项目,成功举办第十一届环千岛湖国际公路自行车赛、国际泳联10公里马拉松游泳世界杯赛、千岛湖国际毅行大会、全国登山步道联赛等大型活动;新图书馆、新档案馆、博物馆投入作用,建成11处新安书屋,完成50处村级文化设施建设和14处农村历史建筑修缮,高质量推进瀛山书院遗址复建工程。

**【积极推进特色小镇建设】** 积极谋划县域特色小镇建设,千岛湖乐水小镇、啤酒小镇分别列入省级、市级特色小镇创建名单,其中“乐水小镇”获得2016年度省级特色小镇培育对象优秀等次。

**【世行贷款顺利推进】** 世行贷款共1.2亿美元。该项工作自2016年4月正式启动后,通过努力,于2017年12月通过世行专家团审核,待董事会审批、签署贷款协定后即可放款。

**【投融资步伐加快】** 淳安县第一个融资3个亿的PPP项目(医疗卫生项目),已公开招标选定了建设单位,待施工图设计确定后,即可动工建设。省农行给淳安县期限23年、利率下浮10%的5亿元小城镇环境综合整治专项贷款已经到位。

【企业利用资本市场进程加快】 2017年，邀请浙商证券的专家对当前资本市场的现状、上市路径进行培训指导。2017年新联实业、恒邦物业实现挂牌上市，上市企业6家。

【"最多跑一次"改革】 县发改局作为第一阶段综合性进件项目立项管理的牵头单位，及时制定涉及住建、国土、水利、环保等十多个部门的工作流程、服务指南；涉及局20项"最多跑一次"事项全部实现公布、进驻中心、网上办理3个百分之百，时间缩短了50%以上；在投资项目在线平台2.0版推广运用中，通过及时制定实施方案、开展业务培训、做好平台配置事项和系统技术对接等，于2017年10月试点运行。

2017年度淳安县居民消费价格指数情况表

表4

| CPI | 环比(%) | 同比(%) | 累计比(%) |
|---|---|---|---|
| 1月 | 100.6 | 102.4 | 102.4 |
| 2月 | 100.3 | 100.9 | 101.6 |
| 3月 | 100.2 | 101.4 | 101.5 |
| 4月 | 99.9 | 101.6 | 101.6 |
| 5月 | 99.9 | 102.0 | 101.6 |
| 6月 | 99.9 | 101.0 | 101.5 |
| 7月 | 100.2 | 100.8 | 101.4 |
| 8月 | 100.0 | 100.8 | 101.3 |
| 9月 | 100.7 | 101.3 | 101.3 |
| 10月 | 99.8 | 101.0 | 101.3 |
| 11月 | 100.1 | 101.3 | 101.3 |
| 12月 | 99.6 | 101.2 | 101.3 |

八大类商品和服务价格指数表

表5

| 项　目 | 同比(%) |
|---|---|
| 居民消费价格总指数 | 101.3 |
| 一、食品烟酒 | 99.3 |
| 其中:粮食 | 100.3 |
| 食用油 | 97.5 |
| 畜肉类 | 95.8 |
| 禽肉类 | 104.2 |
| 菜 | 84.8 |
| 在外用膳食品 | 105.0 |
| 二、衣着 | 101.5 |
| 三、居住 | 104.2 |
| 四、生活用品及服务 | 100.9 |
| 五、交通和通信 | 101.1 |
| 六、教育文化和娱乐 | 102.1 |
| 七、医疗保健 | 100.9 |
| 八、其他用品和服务 | 103.8 |

（徐厚权）

## ·市场监督管理·

【概况】 2017年，县市场监督管理局围绕县委县政府的中心工作，按照"康美服务、康美监管、康美团队"的目标要求，坚持改革创新，坚持党建引领，依法履职，积极作为，圆满完成了"最多跑一次"改革实施、中央环保督察迎检、省示范文明县城创建等各项工作，并进一步优化服务，强化监管，规范市场经济秩序。

【党建引领效果显著】 2017年，县市场监督管理局对照全面从严治党的要求，牢固树立"党建强则业务强"的工作理念，深入贯彻中共十九大精神，扎实推进"两学一做"常态化制度化，制定下发《"两学一做"持续化推进实施方案》。强化党风廉政建设，开展践行"四个人"和"百千万""进访解"活动，紧抓基层党建，各支部严格执行"三会一课"制度，落实好支部主题党日活动，强化干部业务能力培训，以党建促工作。深入推进基层所规范化创建,成功创建三星级市场监管所 4 家,星级创建率达 50%;推进乡镇市场监管平台建设,厘清工作机制,明确乡镇派驻人员 45 人。发挥县个民协会作用,推动非公党建工作,组织各非公企业党支部开展"三亮、三比、三促"先锋行动,2017 年新增两新组织 2 个,新发展两新组织党员 3 名,进一步发挥党员的示范引领作用。

**【商事改革全面推进】** 全面推进"最多跑一次"改革,优化审批流程,创新服务举措,跑出"淳安加速度"。推动管理思维向服务思维转变,按照"1+N+X"多证合一、证照联办要求,完成流程再造,大大加快审批实效,缩短审批时限。全面落实全程电子化登记,设立了咨询服务专窗和办事自助服务区,推行了证照快递免费寄送,实行定期上门的"四替"服务,解决审批服务"最后一公里"难题。同时,深化政银合作,新增工商登记代办服务点 12 个。促成涉及市场监管 98.36%的行政审批事项实现了"最多跑一次",涵盖 48 个大项 108 个小项;95%的新设企业能按"一件事"标准实现"网上审批、一网通办",群众办事一次性办结率 98%。全县新设各类市场主体 4472 家,同比增长 61.1%。在淳市场主体总量首次突破 2 万户,达到了 2.28 万户,有效激发了市场主体活力。

**【助企强企取得成效】** 2017 年,首轮"小微企业三年成长计划"圆满收官,县市场监管局作为牵头单位,以"当好店小二,服务小微企"为抓手,深入开展银企对接、培训、培育等工作,组织党员干部进村入企开展走访,超额完成各项目标任务。三年以来,共新增"个转企"企业 354 家,其中涉及康美产业占 60%;新增小微企业 2809 家,其中涉及康美产业占 63%;新培育八大产业 1181 家、科技型小微企业 33 家,组织小微企业专场培训 21 场,清退落后产能企业 514 家。进一步发挥品牌指导站作用,引导企业申请商标注册,提升产品竞争力,强化企业品牌提升工作,建立品牌培育库,打造千岛湖品牌名片。2017 年,新增有效注册商标 593 件,累计注册 3713 件;新增省市名牌 3 件,累计拥有 84 件。同时"守合同重信用"企业的申报认定工作实现了历史性突破,荣获省 AAA 级企业 6 家、市 AA 级企业 30 家。2 家企业获评淳安县政府质量奖。同时继续强化品牌应用,搭建银企合作平台,突出品牌的无形资产效益,推行商标专用权质押,帮助企业进一步扩展融资渠道、解决融资难问题。

**【有机建设持续深入】** 做好"企业认证、基地扩张和品牌宣传"三篇文章,构建"有机+党建"服务模式,围绕"有机+旅游"深化融合,进一步巩固"国家有机产品示范县"创建成果。推动实施"火龙果"和"秀珍菇"两个有机产品的市级农业标准化典型示范,制定"铁皮石斛"和"火龙果"有机地方标准,启动千岛湖有机产业标准体系指南的汇编工作。牵头成立全省首个县级有机产业行业协会,举办首届全国性"11·17 有机日·有机千岛湖论坛",进一步扩大了"有机千岛湖"影响力。2017 年,新增有机认证企业 16 家,有机产品认证证书 19 张;累计有机认证企业 69 家,有机产品认证证书 102 张;认证证书总数约占杭州地区的 40%以上,占全省的 10%左右;新增有机基地 133 余公顷,成为杭州地区乃至全省认证企业最多、规模最大、产业最全、产值最高的县(市),并得到省领导的批示肯定。

**【食药安全不断强化】** 配备完善乡镇食安办专职人员、专管员、村级信息员,食品安全"四网一图"建设进一步健全,全县 14 个乡镇食安办顺利通过市级规范化验收,全年乡镇"两员"队伍共发现和提供食品安全隐患线索70条,基层责任网络建设效果显现。推行食品安全责任保险,通过购买服务的方式为全县在校学生和农村农民集体聚餐购买食品安全保险,鼓励引导21家食品生产经营企业购买保险。全年围绕群众关注的焦点和重要时节的热销品开展了靶向性检测,共完成食品定量监督抽检1989批次,农产品定性抽检4.6万批次,保健食品监督抽检28批次,药品监督抽检141批次,医疗器械产品抽检15批次,并及时公布检测结果,不合格产品处置率100%。在全县96家药店、160家大中型餐饮单位和17家食品小作坊安装电子监控设备,实现24小时实时监督,监测评价药品不良反应329例、医疗器械不良事件69例。全年共计立案查处食品药品违法案件100件,罚没款113万元,移送公安部门1件,刑事立案1件,追究刑事责任1人,切实保障食药安全。

**【特种设备切实保障】** 实施电梯智慧监管,引入智能化大数据监管新理念,开发"智慧电梯"平台,全面推行电梯维保公示制度,利用手机App上线维保电梯1300余台,切实提升电梯监管效率。通过日常检查与专项整治相结合、监督检验与定期检验相结合,突出景区景点安全,开展旅游观光车辆、游乐设施、客运索道和电梯等设备专项检查,实现对各类超期未检设备检查全覆盖,并进行回头看,全年清理超期未检设备近500台,确保在用设备检验到位,及时消除安全隐患。同时借助3·15、安全生产月和质量提升月等活动,围绕"全面落实企业安全生产主体责任"的主题,大力宣传贯彻特种设备安全知识,提升企业安全意识。全年共出动监察人员518人次,现场监察使用单位259家,其中与相关部门联合执法11次,立案查处特种设备违法违规案件4起,组织相关使用单位开展特种设备应急预案演练5次。

**【监管方式转型升级】** 强化企业主体责任、部门监管责任的落实,在学校食堂、景区餐饮单位试点推行"双痕迹"监管,在餐饮、食品小作坊、药品、电梯等重点领域,通过安装电子监控设备等方式,逐步构建智慧化监管体系。统筹推进"双随机、一公开"抽查、年报公示、信用联动监管等工作,建成行业检查专项库和执法检查人员名录库,涉及22306家检查对象、127名执法人员,制定抽查事项清单36项,完成172家企业双随机抽查工作。2016年度企业、个体户、农民专业合作社年报率分别达到90.81%、95.57%、83.69%,并将未进行年报的531家企业、122家农民专业合作社列入经营异常名录,企业信用信息公示工作走在全市前列。同时,深化企业信用联动监管工作,全面推进"双告知"部门联动,推动县政府出台了《关于深化"先照后证"改革后加强事中事后监管的实施意见》。

**【执法维权优化市场】** 围绕旅游市场、产品质量、打传规直等风险点和群众关注点,开展食品安全、旅游目的地环境、成品油、无证无照、木制品等专项执法行动。同时积极应对投诉举报,落实"全天候"值班值守,继续推行"不关门""不打烊"维权工作机制,安排工作人员24小时在局驻点值守、出勤处置,严厉打击违法违规行为,保障消费者的合法权益。2017年,县市场监管局捣毁了在淳的"赛比安"传销窝点,成为全国"赛比安"传销行为查处的首例案件。全年共立案查处各类案件351件,其中大要案86件,罚没款190余万元,移送公安部门6件,刑事立案3件,追究刑事责任9人,行政处罚案件网上公示率100%。围绕群众关切点和问题焦点,及时梳理分析投诉情况,采取切实有效的举措精准应对,推广使用了绿道骑行自行车租赁格式化合同示范文本，开展了“五个一”旅游市场专项整治行动。全年共创建市级“放心消费示范单位”70家，累计受理处置各类投诉举报1305件，同比增长73.3%，为消费者挽回经济损失74.09万元。 （汪旭敏）

## ·审计·

**【概况】** 2017年，共完成审计项目24个，查出违规金额821万元，管理不规范金额30569万元，上交财政资金5万元，向相关部门移送事项2起，提交审计工作或调查报告27篇，上报各类信息41篇，被采用30篇，其中被《中国审计报》录用3篇，《浙江审计》录用1篇，《杭州政务》采用2篇，得到杭州市委书记赵一德批示1篇，县领导批示16篇。

**【预算审计】** 开展2016年县级财政预算执行和其他财政收支审计(同级审)，对6家部门预算单位进行专门审计；组织全县63家一级预算单位和67家二级预算单位对2016年的公务支出公款消费情况进行全面自查，并以财政专户清理、地方政府债券置换存量债务情况、行政事业性收费和政府性基金管理情况、彩票公益金使用情况等为专题进行重点审计，发现了1个专户未按要求撤户、地方政府债券未及时置换1.55亿元、有4户应免征残疾人就业保障金未免征、福彩公益金执行率较慢等问题。针对同级审中发现的共性问题，梳理汇总了6大方面30个问题报送给县主要领导，目前已全部整改到位。

**【项目审计】** 一是围绕政府关注重点开展审计。组织开展2014—2015年度工程概(预)算执行情况专项审计调查，及时向县政府报告审计发现的问题，并将违纪违规问题移送相关部门处理，促进县政府在全县范围内开展工程建设领域招投标专项整治活动。二是加大民生资金项目审计力度。组织开展对县14家事业单位对外投资的22家企业的投资绩效进行专项审计调查，促使事业单位对外投资的进一步规范管理；通过对2014—2016年度帮扶结对扶贫资金专项审计调查，上交财政资金5万元，归还原渠道资金96万元，完善制度3项，告诫1人，移送案件1起。三是强化政府投资审计。2017年，县审计局共完成政府投资审计项目784个，送审金额33.59亿元，净核减额3.96亿元，净核减率为11.8%。

**【经济责任审计】** 2017年度，县审计局对五个乡镇、六个部门和一家国有企业主要负责人共17名领导干部实施了经济责任审计，在梓桐镇开展了自然资源资产离任审计试点，在审计方式创新、审计内容覆盖、审计问题披露等方面都达到了新的高度。县政府董毓民县长在第一时间作出整改要求的批示，试点工作情况得到了杭州市委书记赵一德的批示。审计评价5名领导干部履责好，11名领导干部履责较好，1名领导干部为基本履责。通过审计，共追缴财政资金155万元，向纪检机关和乡镇党委移送案件各1起。

**【政策执行审计】** 开展对2016年保障性安居工程跟踪审计，发现保障性安居工程在资金、建设、管理、分配等方面存在突出问题，县主要领导在审计报告上作出批示，要求相关单位对审计发现的问题予以整改落实，促进资金及时拨付761万元，收回租金2万元，清退保障户4户。开展对公共文化服务资金专项审计调查，促成相关单位退回不符合政策补助对象50户。

**【审计管理】** 一是注重信息沟通，增强管理时效。审计组每周上报工作进展情况，反映项目需协调解决的困难和问题。局长办公会议每月召开不少于1次，研究解决审计组报送的困难和问题，对审计发现的重大违法违纪案件线索及时上报，规定一个审计项目必须递交一篇价值信息。二是突出机制建设，提升管理效益。建立通报制度，对审计组定期上报的好的经验和做法，进行通报表扬，对项目进展缓慢、成效不佳的给予通报批评。建立激励机制，将审计项目任务完成情况纳入局内部绩效考核内容，按照承担审计工作任务、审计报告质量、数据上报质量等综合评定，作为考核依据。建立督查制度，由分管领导带队，定期赴审计组进行现场督查，对审计工作开展情况和执行审计纪律情况进行现场检查指导，对存在的问题及时给予纠正。三是创新组织方式，整合审计资源。尝试自然资源资产审计，通过“三明确”（明确审计目标、明确审计重点、明确审计方式）转变审计理念；通过“三步走”（2016年年底形成实施意见、2017年年底完成试点、2020年年底审计全覆盖）细化计划管理；通过“三结合”（结合专家人才、结合部门数据、结合现代技术）深化审计实施。整合内外审计人力资源，采取机关内部整合统一编组、国家审计和内部审计混合编组、国家审计与其他行政部门混合编组三种模式，整合内外审计人力资源。突出政府投资项目审计，通过引入竞争机制、搭建管理平台、强化质量监管等方式，提高政府投资项目审计质量。

**【干部队伍建设】** 一是以党建品牌创建为引领，锻造“四正”淳安审计铁军。在审计过程中，通过坚定信念、廉洁审计、文明审计、依法审计，创建心正、身正、言正、行正“四正”党建品牌。实行“临时党小组＋审计组”模式，凡派出审计组中共党员3人以上的都成立临时党小组，以党建促审计，锻造“四正”审计铁军。二是以工作机制完善为抓手，强化党风廉政源头治理。修订和完善了《审计局财务管理制度》《审计绩效考核管理办法》等内控制度，做到严格用制度约束审计人员的日常行为。组织开展单位廉政风险点的排查工作，共排查出廉政风险点11个，梳理完善廉政风险防控制度2项，从源头上有效地预防和治理腐败。同时，在单位内部和审计现场设立了投诉电话，2017年度未接到一例对局干部的信访举报。三是以干部选拔任用为契机，明确选人用人正确导向。严格实行民主集中制原则，干部的提拔使用都事先在广大干部职工中进行调查了解，充分征求意见，防止个人在选人用人上的专断，防止带病提拔，把有实绩、能力强、品德好、群众公认的人选到合适的位置上来。2017年12月，按照公开、公平、公正的原则新提拔了叶东群为县审计局总审计师。四是以专项行动实施为载体，密切联系和服务人民群众。深入实施“践行‘四个人’‘两学一做’‘进访解’”三大专项行动，局全体党员干部深入农村一线，帮助威坪镇洪圻、妙石村等村解决老年食堂、桥梁、道路建设等问题10余件，落实帮扶资金10万元。逢年过节，局班子成员带着生活必需品到困难群众家中逐一慰问，倾听群众的意见，解决群众疾苦。

（章汉胜）

## ·统　计·

**【重点指标监测】** 围绕GDP、工业增加值、服务业增加值、固定资产投资、两项收入、社会消费品零售额等重点指标，加强统计监测、预警和分析，及时反映存在的问题，判断发展走势，提出合理化有针对性的意见建议。加强省对县考核指标监测，每月搜集整理本组县市区的指标完成情况，向县主要领导、分管领导和相关部门报送。2017年，共撰写统计专题分析35篇，出刊《淳安统计》10期。

**【统计产品服务】** 做好《淳安统计月报》工作,每月在《淳安统计月报》上公布工业、服务业、投资、社零等考核指标,分乡镇、部门完成情况排名;每月5日前,向县主要领导提供《主要经济指标统计快报》;每月20日前,在《淳安统计》上刊出《主要经济指标完成情况简析》;为县"两会"提供图文并茂的参阅资料《淳安县国民经济和社会发展统计资料》;收集、整理、编印《2016年淳安统计年鉴》,向社会公众免费发放。

**【基层业务指导】** 打造"一线统计"品牌,组建由县统计局领导带队的3个工作组,先后走访了全县23个乡镇和旅委、商务、开发区、农办等10多个部门,指导基层统计工作。对全县规上工业企业、规上服务业企业、限上批零贸易及住宿餐饮业企业、农业龙头企业和"两项收入"调查样本户等进行全面走访和统计业务指导工作,共走访了调查户300余户、企业150多家。

**【省级乡镇示范点创建】** 开展省级统计示范乡镇创建工作,从2017年2月开始,先后3次深入千岛湖镇等乡镇,指导省级统计示范点创建工作;6月省统计局下文通过了千岛湖镇省级乡镇统计示范点创建,实现了全县省级乡镇统计示范点零的突破。

**【开展全域旅游统计测算】** 针对全县旅游发展的形势和要求,开展全域旅游统计测算。先后召开了旅游行业企业座谈会,并与相关部门一起上门走访,了解旅游行业现状,研究制定了《淳安县旅游产业增加值测算办法》,开展数据测算工作,整理全县涉旅产业统计调查单位及个体户清单,提供给旅游部门,开展摸底调查工作。

**【城乡两项收入换户】** 样本轮换涉及全县9个乡镇、20个村(社区)。先后召开了6次业务培训会,全县共抽中200个样本户,新样本户群体将于2018年1月开始记账工作。

**【统计普法稽查】** 2017年,全县普法宣传月(4月)活动中,在千岛湖广场开展了统计法律法规知识宣传,发放统计法宣传资料2000余册,在《今日千岛湖》刊登《统计法实施条例》和有关指标解释,在千岛湖镇9个社区悬挂统计宣传横幅。并组成3个稽查组,开展统计稽查工作,共稽查了企业25家,对1家企业进行了行政处罚。

**【民情民意调查】** 开展食品安全、小微企业调查、企业投资环境、"最多跑一次"、五水共治、食品安全状况调查等民情民意调查工作,及时上报相关调查数据。同时,结合实际,自行开展了农民收入状况调查工作,撰写并向县相关部门报送调查报告2篇。

**【农业普查工作】** 2017年2月底前,完成113185户普通农户、384户规模户、1599个农业经营单位的现场登记工作;3月初,完成普查表的快速汇总以及普查的查漏补缺工作,并在全县开展了三次农普数据质量抽查工作;4月12日,完成农户表、规模户表和经营单位表的审核验收上报工作;4月底前,完成23个乡镇和425个行政村普查表的填报工作;6月底,完成国家级验收中疑问普查数据再核实工作;9月底,第三次农业普查数据全部完成审核上报。

**【"最美统计人"评选】** 为进一步扩大统计工作的社会影响面,进一步增强统计队伍的凝聚力、向心力,5月,在全市统计系统评选"最美统计人"的基础上,推出了全县"最美统计人"评选活动,通过宣传发动,各乡镇、部门和企业踊跃申报,2017年评出10名全县"最美统计人”。

**【开展“进访解”活动】** 按照县委提出践行“四个人”要求，结合统计部门工作实际，利用晚上时间，先后走访200多户农户。走访中，要求每位同志备好“三个一”：一份走访调研提纲、一份民意调查表和一套村民名单。整个走访活动中，收集意见建议17条，完成调查问卷220余份，填写入户走访情况表135份，并形成调研报告。

（吴旭娟）

### ·安全生产监督·

**【概况】** 2017年，全县共发生各类生产安全事故17起，死亡18人；事故起数同比减少4起，下降19%；死亡人数减少5人，下降21.7%。全年事故死亡人数未突破市对县考核指标，未发生较大以上事故。十九大会议期间、元旦、五一、十一等重要时段及敏感时段安全稳定，安全生产形势总体保持平稳、有序的态势。

**【安全生产责任制】** 淳安县率先在杭州地区成立以县委书记、县长为双主任的县安全生产委员会，在安委会下设立了6个专业安全生产委员会和3个重点产业平台安全生产委员会，分别由主管该领域、该重点平台的县领导担任主任。县委县政府主要领导还与有关的县委常委及副县长签订了安全生产责任状。对水上休闲运动项目、足浴、浴场等人员密集场所等主管部门不明确的领域通过县政府常务会议明确行业主管部门，坚决消除监管盲区，切实履行安全生产管理职责。同时，全县层层分解目标任务、严格责任追究，各乡镇和有关部门制定详细的年度安全生产监督检查计划，突出检查重点，采取有效措施，有效推动了“纵向到底、横向到边”的安全生产责任落实。

**【安全生产监管】** 全县各乡镇、各部门直面安全生产监管中的热点、难点问题，努力创新安全监管措施，突出道路交通（交警）、工程建设2项生产安全事故总量大的领域及消防、特种设备、工矿商贸、水上运输、道路交通（交通运输）、旅游、城市运行7项重特大事故风险高的领域制定安全生产三年行动计划，扎实推进安全生产监管长效机制建设，夯实了安全生产工作基础。

**【安全生产专项整治】** 深入开展安全生产大检查，在矿山、烟花爆竹、危险化学品、涉爆粉尘、道路运输、消防、建筑施工、水上交通、旅游、特种设备等领域开展安全生产专项整治，排查整治了一大批安全生产事故隐患。认真落实矿山退出机制，对采矿许可证、安全许可证到期的地下矿山予以关闭或停采处理，不再办理新证，全县已关闭或停采11家地下矿山，目前仅剩1家。组织专家和执法人员深入矿区开展隐患排查，督促企业落实整改，累计发现并治理问题隐患29处，排除险情2起。开展烟花爆竹专项整治，通过乡镇全面自查、工作组定点检查等形式，整改隐患104条，没收非法烟花爆竹291件，对2家烟花爆竹批发企业进行约谈；帮助企业进一步健全流向登记制度，在烟花爆竹仓库安装视频监控系统，实现24小时联网监控。组织专家、执法人员对危险化学品企业进行检查，同时中介机构每月上门开展一次安全隐患排查，并帮助企业对排查出的问题进行整改，累计排查隐患1024条，目前完成整改991条。全面开展粉尘企业摸底，对全县16家涉粉企业（其中规上企业4家）进行专项检查，共排查隐患32个，目前已经全部整改到位。各行业主管部门共检查生产经营单位3511家，排查隐患8013处，下发整改通知书3628份，整改到位7911处,行政处罚197.32万元。

**【上级安全生产督查】** 2017年,淳安县圆满完成了上级下达的各项工作任务,通过了国家、省、市安全生产领导机构及管理部门开展的多次安全生产督查。4月,国务院安委会对浙江省委省政府安全生产工作进行巡查,于4月18日巡查了淳安县。7月19日,杭州市安全生产责任落实督察组对淳安县进行检查。7月26日至8月5日,杭州市政府组织各区、县(市)安全生产互查。9月16日,国务院安委会安全生产大检查督查组对淳安县进行督查。9月26—27日,杭州市副市长王宏带队到淳安开展“安全大督查 护航十九大”专项检查。

**【安全生产氛围营造】** 县委县政府带头做落实安全生产责任制的表率,县领导带队开展安全生产督查,各乡镇及有关部门主要领导带头开展安全生产检查。县安委办制作了安全生产宣传教育片在公交车、城市屏媒、华数电视等媒体上播放。同时,在《今日千岛湖》、淳安电视台、微信公众号上广泛宣传安全生产,使全社会关注、关心安全生产工作的氛围不断浓厚,全民安全生产意识和素质得到有效提升。

**【最多跑一次改革】** 全面梳理依申请事项,确保改革落实到位。对安全生产依申请事项进行全面梳理汇总,将分散在局职能科室的三项依申请事项集中统一进窗口办理。进一步优化审批流程,减少审批环节,积极创造条件,实现“最多跑一次”。认真做好权力事项库信息更新,进一步完善政务信息公开,优化网上申请服务,提高网上全流程办理率,让数据多跑路,群众少跑腿。积极开展服务创新,针对技术要求较高的矿山、金属冶炼、危险物品建设项目推行事前上门指导,事中全程代办制,实现专业的事情专业人办,干部多跑路,群众少跑腿。截至目前,在16项依申请事项中,有15项实现“最多跑一次”改革目标,完成率93.8%。

**【监察执法】** 一是开展事故调查处理。严格按照“四不放过”原则,依法开展事故调查,查明事故原因。出台《淳安县生产安全事故报告和调查处理暂行办法》《淳安县生产安全事故处置操作规范》等文件,坚持把处理违法行为同吸取事故教育相结合,帮助企业分析事故原因,落实整改措施。目前3起事故(还有1起事故正在核销)已经全部结案。二是加强非事故类行政执法。坚持关口前移,改事后查处为事前严格把关和事中严格监督相结合,全年共查处各类非事故类案件38起。三是加强职业卫生执法。进一步整合力量,开展安全生产与职业健康一体化监管执法,组织全县工矿商贸企业职业卫生基本情况摸底调查和夏季高温防暑降温工作大检查,加大职业危害重点行业领域专项治理,深入企业现场检查105家,出具现场检查记录100份,整改指令书21份,责令整改116项,复查意见书28份,行政处罚18起。

(张 辉)

(编辑 程中青)

# 建设　城管

## ·住房和城乡建设·

**【概况】** 2017年，淳安县住建局深入学习贯彻十九大精神，以县委十四届党代会精神为指导，以大党建为引领，围绕“深化五精住建，提升城乡品质”主线，按照“问题导向、补齐短板、事业发展、行业领跑、惠及民生”思路，强化“城市品质提升和小城镇环境综合整治”两大载体，打好十场漂亮仗，着力打造整洁有序温馨文明的国际旅游小城市。

**【城乡规划】** 推进《县域总体规划修编》深化报批，强化建设项目选址及用地前期多规审查，进一步深化多规融合。完成《千岛湖镇城市北门户区块城市设计》《海绵城市专项规划》《绿色建筑专项规划》《淳安县地下空间及山体利用十三五规划》等各类规划50项。创建界首乡鳌山村、枫树岭镇下姜村等优秀省级美丽宜居示范村。全县14个村入选浙江省第一批传统村落保护名录。

**【测绘与地理信息】** 完成淳安县600平方千米1∶2000地形图测绘和34个村庄的1∶500地形图测绘。做好天地图数据融合，完成市监系统、水利系统、美丽淳安微信公众号等应用示范深化，打造智慧档案。完成规划展览馆新一轮展陈更新，成功创建省级社会科学普及基地。

**【小城镇环境综合整治】** 全年按照“淳安韵味、乡土记忆、民俗风情、全域旅游”要求，打造一批具有千岛湖味道、“产城人”融合的宜居宜业宜游美丽小城镇。石林镇9月率先通过省级考核验收，第一批12个乡镇顺利通过省级验收，第二批121个乡镇125个整治项目完成总工程量的60%，威坪镇、姜家镇、临岐镇被列为省级样板。省市多个现场会在淳安召开，淳安小城镇环境综合整治的做法和成效获得多位省市领导批示肯定和群众认可。

**【城乡危旧房治理改造】** 城镇危旧房，提前完成省政府城镇危旧房治理三年任务，2017年排查新增的C级危房和D级危房拆除维修率100%。农村方面，1533幢D级危房和涉及公共安全的C级危房，拆除维修率88.13%；其他1068幢C级危房，拆除维修率92.54%。

**【城市品质提升】** 实施新一轮小城市试点培育，阳光征收系统上线运行，完成市定城中村改造任务，完成环湖南路街景立面、城中湖夜景照明、李家坞公园、风暴巷公园等提升改造。实施火炉尖等老旧小区改造提升40万平方米，打造如意巷休闲慢生活特色小区。全面优化生态人居环境。千岛湖绿道入选“浙江省首批最美绿道”。2014—2016年，浙江省小城市试点培育考核连续三年获得优秀。

**【深度环境保洁】** 实施“道路保洁精准化、设施清洗标准化、垃圾收运多元化、公厕服务人性化、湖面保洁立体化、生活污水零排放化、新老城一体化、督查考核规范化、环卫基础设施配套化”的城市环境卫生“九化一体”模式，探索保洁示范，建设秀水广场和千岛湖广场的拖地保洁示范区，加强酒店生活污水上门收集和湖面垃圾分类打捞，清运生活垃圾9.21万吨，生活垃圾无害化处理率100%。湖面垃圾分类被央视CCTV-4栏目《走遍中国》报道。

**【物业管理】** 重新修订住宅小区考核办法，下发扶持资金127余万元；继续派遣14名专业物业管理人员进驻小区，开展小区巡检156次，组织物业培训653人次，使用物业维修资金226余万元，受理各类房屋维修521件，协助改造老旧小区管道燃气5000户，探索解决老旧多层住宅加装电梯、安装电瓶车充电桩安装等难题。

**【农房设计监管】** 全县范围内集体土地上农村私人建房全部实行带图审批、按图施工、挂图施工。完善设计单位考核奖惩机制，实行设计机构免费设计修改全覆盖；编印发放《农村住宅装修指导手册》《2017年农民建房通用图集》《淳派民居图集》和《农民建房管理服务手册》1400余份；开展农村建筑工匠培训认证；下乡服务356次修改1500户农房图纸，提高农房规划建设水平。完成2016年“最美农居”评选活动；推进界首施家坪村村庄规划设计和金峰锦溪村、左口桥西村农房设计落地；加快汾口茅屏村、浪川芹川、文昌上荷坞农房安置点等示范群建设；启动沿淳杨线、千汾线两侧农房风貌整治，辐射引导全县农房建筑风貌。

**【安居保障】** 化工厂区块公租房、汾口镇新民巷公房完成竣工并交付使用，茶苑小区经济适用房交房566户；改造农村困难家庭危房365户。完成廉租房配租420户，危旧房改善住户回迁安置150户，人才公寓、大学生公寓、中低收入、外来务工等公共租赁住房777户签约入住等工作。县住建局房管窗口获“全国巾帼文明岗”荣誉称号。

**【市政基础设施提升】** 完成新安东路沥青路面改造和汽车北站至阳光区块道路建设，修补城区沥青路面19000余平方米、人行道板4000余平方米。巩固提升污水运维，清淤雨水管网65公里，城市污水处理率为94.72%。实行路灯合同化能源管理，更换节能LED光源5200盏，维修照明设施2370盏，亮灯率99%以上。推进公厕革命，成功创建紫荆家园、金鸡弄小区省级节水型社区。

**【交通治堵】** 完成《淳安县交通治堵三个全覆盖规划》《交通治堵三年行动计划》《电动自行车充电桩布点》等规划编制，开发地下空间83万平方米，新增停车位3000个以上。2015—2016年，淳安县在杭州市交通治堵考核中连续两年获得优秀。

**【城区生活垃圾分类】** 有序推进光大环保能源项目，完成双柏岭垃圾填埋场二期扩建，加快推进千岛湖镇生活垃圾转运中心土建。编制《五废共治规划》，垃圾分类覆盖率100%，新建垃圾分类示范小区8个，创建市级示范小区1个。

**【房地产市场】** 围绕“保稳定、去库存、可持续、促转型”的思路，继续推动供给侧改革。1～12月，房地产投资34亿元；全县销售商品住宅套数3768套，销售面积38.06万平方米，去化周期减少至4.5个月。

**【建筑业管理】** 全年完成装配式工业建筑面积约7.7万平方米。新晋升全县第一家一级施工总承包企业。全县4家建筑业企业被评为杭州市优秀企业。首次将监理企业纳入诚信体系，实施诚信考核扣分3310分，规范建筑市场秩序。创新工程款支付两条线方式，出台《淳安县建筑领域农民工工资支付监督管理暂行办法实施细则》，帮助追讨农民工工资和工程款 1.18 亿元。

**【康美工地】** 制定严格的建筑工地污水处置标准，推广物联网在线监控和扬尘管控在线监测，积极剿灭Ⅲ类以下小微水体，优化建筑工地环境，该做法被《人民日报》刊登推广。全县涌现出一批优质工程，荣获钱江杯奖 1 个、省标化工地 2 个、西湖杯奖 2 个、结构优质奖 8 个、县标化工地 23 个、市标化工地 18 个，位于杭州地区首位。

**【"最多跑一次"改革】** 坚持依法行政，实行"互联网＋"代您跑、"中介服务"代您跑、"审批资料"代您跑、"工作人员"代您跑的"四替模式"，"最多跑一次"事项 127 项占 90.2%。出台《淳安县建筑设计类中介机构考核评价办法》，提高服务质量，该做法被省政务专报录用并得到副省长熊建平的批示肯定。

**【"四提两争"和大党建】** 开展以"提升城乡规划建设水平、提升城乡品质建设水平、提升民生保障服务水平、提升建设行业管理水平、争创全国先进集体、争当铁军排头兵"为主要内容的"四提两争"活动。坚持党建带群建，加强行业党建建设，创设"住建零距离，服务千万家"党建品牌，组建住建先锋服务队，开展党建服务 300 余次，发挥党员先锋模范和示范引领作用。

（高　兴）

**·建设集团·**

**【经营指标】** 2017 年，千岛湖建设集团实现营业收入 7.14 亿元、利润总额 7577 万元、入库税金 7692 万元，与上年同比分别增长 23%、124%、38%，在上年已经实现"两个翻番"的基础上，再创历史新高。其中，玉兰花园二期全面交付，实现销售收入 5 亿元；水务工程安装收入，在保障政府投资项目建设任务的同时，新增石林、里商、姜家、梓桐、王阜、中洲、枫树岭等乡镇项目 9 个、社会项目 10 个，累计完成安装产值 1.1 亿元；物业租赁、城市水务、农贸市场、中介服务等收入稳中有升；招商引资完成浙商创业创新资金 1000 万元、市外资金 1500 万元、县外资金 4259 万元，分别完成目标的 200%、115%、137%；工业经济完成销售产值 4950 万元、工业增加值 3810 万元、工业投入 4000 万元，其中技改投入 3000 万元，完成年度各项目标。

**【固定资产】** 2017 年，千岛湖建设集团承担各类建设项目共 46 个，总投资 15.46 亿元，年度投资 5.08 亿元，统计入库任务 3.1 亿元。面对项目土地规划制约、推进矛盾纠纷等不利因素，千岛湖建设集团坚持班子成员联系项目、每周工程例会、每月项目督查等制度，不断深化"一个项目、一套班子、一个主体、一抓到底"工作机制，积极开展项目分组竞赛，通过比目标进度、比质量管控、比安全生产、比文明施工、比标后监管、比廉洁自律，实现力量整合、专业融合、优势互补，全年共创市标化工地 6 个、县标化工地 8 个，其中玉兰花园、商务大楼、残疾人康复中心获"西湖杯"；养老中心、南景幼儿园获"西湖杯"优质结构奖。商务大楼、养老中心、残疾人康复中心、县二医院手术楼圆满交付；阳光路景观飘带、国家登山步道、高山支线、东庄二路三路、里联路至旅游码头接线等工程精彩呈现，为提升城市公共服务、完善城区交通、提升旅游品质增添亮色。全年累计完成固定投资统计入库 3.266 亿元，完成年度目标的 105.38%。

**【房产开发】** 玉兰花园项目历经四年精心打造，于 2017 年 9 月 28 日全部交付，圆满完成阶段性开发任务。项目采取与绿城集团合作代建管理的模式，充分借鉴其在产品定位、设计创新、品质把控、成本管控、营销管理等方面的经验和资源,在开发过程中实行有效的多线管控机制,既满足国资监管要求,又体现管控弹性,在工程品质、安全文明施工方面树立了行业标杆。项目销售面对房地产市场低迷形势,坚持从品质、服务等方面着力,不断强化产品内在优势和外在价值,价格始终保持稳定,促进了淳安房地产市场的健康发展。项目总投资12.05亿元,总收入16.48亿元,净利润3.32亿元,利润率20.15%,无论从产品品质,还是客户服务,都得到社会各界一致认可,实现了经济效益与社会效益双丰收。

**【业态发展】** 2017年,千岛湖建设集团发挥国企政策资源优势,结合城市旅游提升,积极引进、培育康美新产业、新业态。骑龙巷慢生活休闲街区渐露雏形。项目推进中,克服了方案几经调整、投资不断扩大、施工条件极其复杂等重重困难,数十次召开专题会议,多次赴杭州对接协调,完成项目方案设计、立面改造、旧房加固、管线改造、室外景观、VI标识、街景灯光、logo征集、排岭记忆征文活动等大量细致工作,致力打造具有淳安历史底蕴和千岛湖风情的特色休闲街区。目前,旧房改造已经完成,新建房屋部分已主体结顶。项目招商已筛选各类品牌635组,达成意向品牌76家,35%已完成签约,其中包括星巴克、大地影院、be waoo潮妆自选空间等国际国内知名连锁品牌,2018年7月将精彩呈现。千岛湖国际医学抗衰老中心建成试营业。通过引入億美国际合作,共同打造千岛湖国际医学抗衰老中心,开展高端预防医疗、健康养生、高端体检、医疗美容等经营业务,11月已建成试营业。千岛湖国际青年旅舍成功引进。2017年,项目全面开展入驻装修,7月1日正式对外营业,吸引了大量来自国内外的背包一族,搭建了沟通学习的交流平台。作为国际知名品牌,国际青年旅舍的引进,有效提升了千岛湖作为休闲旅游城市的品位。此外,秀水广场休闲部落在原有星巴克、淳在堂、几何餐厅的基础上又添新元素——饮湖酒吧。05省道景观飘带"碧水佳人"节点成功引进丰泽投资有限公司总部经济,预计年税收超1000万元。

**【小城镇整治】** 2017年,千岛湖建设集团先后承接了大墅、宋村、威坪、富文、中洲、汾口、左口7个乡镇环境整治项目,总投资2.08亿元。由于点多面广、情况复杂,集团专门从下属企业抽调精兵强将,组建了一支小城镇环境综合整治代建团队,优化设计方案,强化沟通对接,倒排施工计划,坚持样板先行,严把工程质量,落实安全文明施工,争当全县小城镇环境综合整治标杆。威坪、宋村、大墅、左口、中洲五个乡镇整治项目全面完工,顺利通过市级考核验收;富文、汾口整治项目正加快推进,累计完成投资7450万元。

**【民生保障】** 水务保障提质扩量。千岛湖水厂二期建成运行,将城区供水能力由8万吨/日提高至14万吨/日,有效缓解了城区高峰期间用水压力;坪山污水厂二期调试运行,提高了城区污水处理总体能力;完成珍珠半岛、鼓山区块、文昌区块、环湖北路、淳杨线等60千米管网疏通,提升了污水收集能力;完成行岗路、炉烽路、曙光路、知丰路、知林巷等老旧小区改造,解决了高层、高温供水不足问题;城西污水厂"千岛湖标准"打造完成试点工艺调试,为下一步扩展推广奠定了基础;高山富城加压泵站提前2个月建成运行,确保了养老中心、残疾人康复中心按期投入使用,全年累计供水1595万吨,污水处理950万吨。此外,以城区污水处理数据监控中心建成为契机,将原来各水厂、污水厂独立的自控系统整合升级,建立统一的"水务110"指挥平台,所有数据统一归集,在线实时监测,运力统筹调度，打造千岛湖智慧治污信息平台，不断提升城区治污智能化水平。市场管理规范提升。对标“五个放心”要求，开展放心市场创建。投入90多万元升级市场软硬件设施，率先在农贸市场设置便民服务台、电瓶车充电桩、免费茶水供应点等；新设母婴室，免费提供开水、报纸杂志等用品，增添温馨元素；千岛湖市场、西园菜市场顺利通过省放心市场、四星、三星级市场复评验收。坚持小处着手、细处着眼，落实治安防范、食品安全各项工作，及时化解矛盾纠纷，认真落实食品检测，确保市民“菜篮子”安全。积极推进农贸市场垃圾“三分四化”工作，做好批发市场果蔬菜皮就地处理和专线清运。积极稳妥开展新一轮市场摊位拍租，妥善化解各类风险隐患，实现市场和谐、经营稳定。静态交通服务升级。不断完善道路停车服务规范和公共自行车服务，打造千岛湖城市管理“金名片”。停车收费通过开展岗位练兵和技能比武，不断提升服务水平，欠费率同比下降14.9%。公共自行车完善站点锁止器等设施，升级“i单车”微信租车系统，推出“叮嗒出行”App；开通千岛湖自行车服务网站，方便市民查询，全年累计租借125万人次，日均3354次，得到社会各界一致好评。

**【基层党建】** 2017年，千岛湖建设集团以“两学一做”常态化制度化、践行“四个人”、“进访解”、“百千万”等为抓手，创新“三个兵”载体，不断激发国企党建活力。一是争当项目建设排头兵。实施项目建设分组竞赛，开展“六比”评选，结果与评优评先挂钩，让党员职工比有标杆、学有榜样，干有动力；推行支部建在项目上，在重点项目成立临时党支部，工程变更等重大问题一律由临时党支部集体会审会签；建立党员攻坚队，落实党员“定岗+领办”制度，发挥先锋模范作用，锻造了一支特别能吃苦、特别能战斗的建设铁军。二是争当民生保障子弟兵。在水务公司打造“老童热线”水务服务品牌，建立24小时接警、处置、反馈工作机制，实现一部热线、一套班子、一个口子对外服务，累计完成社区服务1960余起，出动5800余人次，同比增长30%。在道路停车收费和公共自行车服务队伍中开展“党旗在我心中、服务在我手中”党员星级服务标兵评选活动，通过标兵评选树立行业星级服务标准，做好百姓的车管家，道路停车收费同比增长16.2%，收费率96.7%；公共自行车用户满意率99.8%。三是争当服务村社志愿兵。整合支部主题党日、在职党员进社区等深化组团服务，每月由下属各党支部领衔牵头，组织在职党员、特长党员和相关技术人员集中到各社区开展便民服务，累计开展供水咨询500余人次、管网排查180余人次、食品检测1000余次，发放食品安全宣传册3000余份，受到社区群众普遍欢迎和认可。在“进访解”中，充分利用信息、资源优势，对姜家村生活污水处理设施运维管理开展全面排查，帮助打造美丽庭院样板。

**【党风廉政】** 2017年，千岛湖建设集团坚持将党风廉政建设与项目推进、企业发展同部署、同落实、同考核，通过把握“四个度”，坚决打好翻身仗。一是主体认识讲高度。深刻吸取上年水务事件的教训，从战略高度，把党风廉政建设列入年度“三大战役”深入推动。成立纪检监察室，配备专职纪检监察员，坚持教育为先，强化监督问责。全年开展学习教育52批次，谈心谈话27人次，诫勉谈话4人次，受教育人员达900余人次。二是责任传递有力度。专题研究，制定下发《建设集团2017年党风廉政建设和反腐败工作要点和任务分解》《建设集团2017年度党风廉政建设和反腐败工作考核细则》《建设集团2017年党风廉政建设和反腐败工作组织领导与责任分工》，将党风廉政建设单列考核。建立中层干部述绩考评制度,实行每季一评、年末总评,加大干部违纪违法及所分管领域发生违纪违法事件处罚权重,与年终薪酬发放、评优评先直接挂钩。三是制度完善有维度。结合水务公司问题整改,在上年已健全完善工程建设、物资管理、财务管理、内部管理等方面21项制度基础上,进一步建立落实干部职工轮岗制度,对下属企业6名财务主管进行了交流轮岗。四是重点治理求深度。重点针对水务事件遗留的城区截污纳管结算审计、项目财务决算、工程档案完善等疑难棘手问题,强化主体责任,加快推动落实。同时严格落实正风肃纪督查,全年共查办案件2起,对12名相关人员进行问责处理,对3起违反劳动纪律问题进行内部通报,对施工、监理单位罚没9.4万元。

**【班子建设】** 2017年,千岛湖建设集团把作风建设作为班子自身建设的首要任务,坚持以上率下,认真落实主要领导"五不直接分管"、班子成员"一岗双责",并抓好支部书记抓基层党建和履行党风廉政建设主体责任"双向述职评议"工作,推动全面从严治党向基层延伸。进一步完善了财务管理、物资采购、公务出差等一系列内控管理规定,严控"三公"经费开支,每年开展专项审计,所有公务接待按标准执行,严格报批程序,2017年集团公务接待、会务费同比下降35%;公车按要求统一张贴标识、定点停放、统一调度、专人驾驶、定点保养,节假日封存停放;项目管理严格实行"七步流程闭合审批法"和班子分离分管机制,确保廉洁高效。

(金海成)

## ·城市管理·

**【概述】** 2017年,全局共立案查处981起,罚没款266704元,比2016年分别递增13.8%、19.33%。开展各类整治95次,其中序化整治共处理非机动车2428辆;拆除各类广告牌409块,总面积8441平方米;抓捕犬只4420只,办证906只,植入芯片885只,立案77起;渣土运输管理立案查处91起;共发放停工通知书146份,查处一般程序案件47件,简易案件10件,拆除违法建筑物、构筑物42处,拆除面积共3247.72平方米;数字城管共立案交办问题102576件,解决数102576件,解决率100%,及时解决率为99.57%;沿湖沿线巡查共发现问题2798件,自行处置2798件,自行处置率100%。交办258件,完成248件,完成率96.1%;户外广告许可审批1169件,渣土运输核准审批103件,建筑垃圾处置核准2件。

**【推进体制改革】** 一是完成了科室队所和人员调整。调整后,县城管局共设6个科室、2个中心、12个派出中队。二是完善了局内部各项工作机制。建立健全了局内部党建纪检、行政工作、队伍建设、规范执法、内务管理等五个方面的内部工作机制。三是梳理了与划出部门的职能边界。县城管局梳理了首批划转的7个方面207项行政执法事项和五项审批事项,制定了"权力清单""责任清单"和"职责边界备忘录",与相关部门建立了联席会议、信息共享、案件移送、司法联动、执法保障等协作配合机制。四是成立乡镇执法中队。在五个中心镇和文昌、枫树岭两个重点乡镇派驻执法力量成立执法中队,结合"四个平台"建设,以片区辐射的形式协助周边乡镇开展工作。除文昌、姜家两个中队外,其他中队都已完成办公用房建设及装备配备。改革后,县城管局实行三块牌子一套班子的机构模式,即设立淳安县综合行政执法局,挂淳安县综合行政执法大队牌子,作为县政府工作部门,与淳安县城市管理局合署办公。主要履行5项行政审批和7个方面207项行政执法职权以及数字城管和沿湖沿线综合巡查等四个方面的职能。

**【打造严管街】** 2017年5月，县城管局按照“标准化打造、科技化支撑、项目化推进、精细化管理、长效化保持”的总体思路，启动实施对移动公司至千岛湖饭店全长850米的严管街试点工作。在做好宣传造势、硬件提升、智慧支撑三项基础工作的同时，结合严管街的实际，科学调整勤务模式，建立了网格化管理工作机制强化勤务保障，确定了以百分比为评判标准的严管街考核体系。该体系的建立为固化标准及下步推广复制奠定了基础。

**【推行人行道序化】** 2017年8月，县城管局以人行道序化管控为突破口，将严管示范街的管控成果在城区其他路段进行推广复制，全面提升人行道序化管理工作。根据城区路段特性和影响市容市貌的“十乱”现象，将城区路段划分为一、二、三类路段。序化提升工作开展以来，县城管局共施划非机动车泊位线10032平方米，设置25个充电桩、7个充电棚、10个便民服务点。依托假日和错时勤务模式的调整，有效借助智慧城管平台，积极开展户外广告专项整治、人行道非机动车序化搬移以及探索实施沿街商铺出店经营非现场执法等工作。两项工作开展以来，共发放各类温馨提醒5万余份，规范车辆摆放6.2万余车次，暂扣搬移违规非机动车2428辆，取缔占道经营6627次，清理牛皮癣1.2万余处，约谈商户93家。

**【应对共享单车】** 面对2017年6月15日突然涌入县城区的大量共享单车，县城管局一方面根据《杭州市促进互联网租赁自行车规范发展的指导意见》，及时送达《一次性告知书》，明确对共享单车管理和投放数量等方面的要求，并约谈驻淳负责人；另一方面，结合人行道非机动车序化专项整治工作，对乱停乱放共享单车作出暂扣处理，共计暂扣798辆。11月29日，“名天动力”共享单车全面退出淳安县。

**【探索建立市容管控标准】** 在严管街和人行道序化两项工作的成功经验基础上，通过设定市容秩序方面车乱停、道乱占、物乱堆、摊乱摆、牌乱设五大突出问题的处置标准，以出店经营有效监管率、人行道非机动车有序摆放率、机动车违停处置率等十个方面的管控量化标准作为考核指标，力争使千岛湖城区市容秩序成为一道靓丽的风景线，探索建立“国内示范、国际一流”的市容管控淳安标准。

**【创新勤务模式】** 本着勤务跟着问题走，为切实保障城乡市容秩序特别是假日期间和工作日上下班空档时间的市容秩序管理，在2017年清明、端午和五一假日试点的基础上，县城管局出台了《全面推行假日和错时勤务模式实施意见》，探索建立了“淡季30%、旺季50%、小长假70%、黄金周100%”勤务力量的假日和错时勤务模式，落实划片包干、错时上班、联勤联动等勤务方式。

**【提升智慧平台】** 2017年，县城管局投入300万元优化升级智慧城管软硬件系统，增设人行道监控158个，城管自建监控累计达325个；智慧升级新增商户管理等应用，录入千岛湖城区沿街商铺信息6492个，为顺利实现非现场执法做好了前期准备工作。

**【强化应急巡查】** 有效整合县城管局机动中队和智慧城管指挥中心，充分发挥智慧城管的优势作用，提高视频监控、执法记录仪和手机App的使用效率，建立“桌面”和“路面”无缝衔接机制，促进传统作业与智慧管理有机融合，形成科学化、高效化、扁平化的快速反应体系,达到城市智慧化管理、快速化反应的效果。共安排假日勤务力量1.2万人次,调处解决突发事件96件;数字城管共立案交办问题102576件,解决数102576件,解决率100%,及时解决率为99.57%;受理处置热线举报问题1631件。

**【户外广告整治】** 一方面,集中对未经审批、审批过期、陈旧破损、制作低劣、断亮缺字及影响景观协调、视觉观瞻的户外广告、招牌指示牌进行清理整治,共拆除各类广告牌409块,总面积为8441平方米。另一方面,按照统一设计、统一规格、统一制作、统一用材、规范底色这"四统一、一规范"要求严把广告审批关,并要求在新设置的广告招牌右下角同步设置审批二维码,以便群众监督和执法队员监管。同时,为提升户外广告品位,聘请中国美院专家对新安大街进行节点规划,为下步审批提供依据。

**【渣土运输整治】** 县城管局紧扣源头控制、过程管理和末端处置三大环节,确保工程渣土运输、处置、管理到位。一是运输源头定标准。督促城区各建筑工地对出入口实施硬化,安装冲洗设施和监控设备,安排专人清洗、检查,确保工程渣土运输车清洁上路。二是运输过程强监管。利用智慧城管平台,对工程渣土运输车辆进行实时监控,采取"运输监控和设卡巡查"等方式,加大道路运输的监管力度,防止沿路抛洒滴漏和偷倒乱倒行为的发生。三是处置终端严把关。安排执法队员对所有出入富文消纳场的工程渣土运输车辆登记检查,防止有害垃圾进场消纳,共规范各类建筑工地出入口34个,查处违规运输渣土车辆170余辆,立案85起,处罚款13余万元。此外,全年还投入120余万元对富文消纳场硬件设施进行了提升改造。

**【养犬智慧管控】** 县城管局积极探索犬类管理智慧模式,在杭州地区率先引入植入式犬类电子芯片先进管理手段,结合城管"五进五认",主动进社区为居民办理犬证,并利用错时班、早晚班加大市民违规养犬、遛犬的整治。通过宣传教育和集中整治双管齐下,市民文明养犬意识大大提高,各类因养犬滋生的矛盾纠纷明显减少,城区整体环境明显提升。整治以来,共发放宣传通告1.5万余份,立案77起,抓捕犬4420只,办证906只,年检413只,植入芯片885只,各项指标较上年同比均增长100%以上。

**【违建协同管控】** 县城管局严格按照"去存量,控增量"的总体要求,根据"应巡查尽巡查、应发现尽发现、应送达尽送达、应处置尽处置"的原则,建立规划执法巡查工作日志制度,对存量违法建筑建立一户一档,并按照分类整理,分步整治的方式管控;对新增违建按照即查即拆的原则进行整治,切实巩固"三改一拆""无违建县"创建成果,取得较好成效。全年共受理处置办结各类信访件151起;拆除违法建筑物42处,面积3247.72平方米;办理各类案件共57起,处罚金额17269.65元,没收回购金额107余万元。

**【毁绿种菜动态管控】** 2017年,县城管局在社区、林业、园管等相关部门的积极配合下,全力攻坚毁绿种菜棘手难题。共发放违规种菜通告、通知18000余份,派出整治人员5400余人次,清理毁绿(林)违规种菜144处、46421平方米,赢得了社会各界的广泛好评。

**【保障中央环保督查】** 县城管局发挥巡查办优势,主动承担26个重点整改项目的巡查监管任务,下步将继续做好剩余12个项目的24小时巡查,严防死守,确保整改到位率100%。在中央环保督查组入住浙江期间,县城管局积极配合，抽调专人到环保督查迎检综合执法组脱产办公，圆满完成58个信访件的牵头办理工作。同时在局内部制定了迎检工作方案，落实分管领导包案机制，对7个涉及餐饮店油烟问题以及2个渣土消纳问题进行全程办理，并储备50名应急力量，随时支援全县环保督查迎检期间突发事件。其间还组织拆违施工队伍连续奋战一天一夜将左口进贤湾马术场的27个星空帐篷和1个马厩，总计2300余平方米的违章建筑全部拆除。

**【做好重大活动及上级领导来淳期间市容保障工作】** 2017年，县城管局借助严管街、人行道序化两大载体，依托假日勤务模式，有效提升市容管控水平，扎实做好秀水节服务保障工作和浙江省委书记车俊等10余批次到淳期间的市容保障工作。

**【沿湖沿线巡查】** 巡查范围广。以陆上巡、湖上巡、重点项目重点巡等巡查形式解决了一大批隐蔽性强、面积大、积存多年的问题。工作合力强。借助联合执法优势，实现了一支队伍多元力量，一次巡查多重效果。处置问题快。有效结合自办、交办、督办、专项整治等手段及时处理违法垂钓、清障行动等八大领域问题。治理效果显。通过巡查办"先遣队"和部门乡镇"后援团"的对接互动，提升了管理效能，巡查小队伍释放出大能量。社会反响好。工作开展以来，先后得到了省市县领导的高度肯定。2017年，巡查办共派出巡查人员1.1万余人次，行程16余万千米，共发现问题2798件，自行处置2798件，自行处置率100%；交办258件，完成248件，完成率96.1%。

**【城管进乡镇】** 派驻执法力量确保整治长效化。为推动"四个平台"建设，按照县"三定方案"要求，结合乡镇实际，县城管局在汾口、威坪等7个乡镇中队派驻执法力量，共计16名正式队员、22名协管员。同时在协管员统招和乡镇代管之间谋求平衡，在其余16个乡镇确定联系队员，实现全县乡镇城管力量全覆盖，确保乡镇市容市貌的长效管理。集中开展整治打造洁净小城镇。针对乡镇普遍存在的"十乱"问题，派出局机动中队联合乡镇中队开展集中整治。通过整治，乡镇市容秩序得到明显提升，城镇面貌焕然一新，得到了百姓和属地乡镇的一致好评。截至年底，共协助开展了103次综合整治，派出执法队员1500余人次，拆除违法广告店招牌400余处，规范停车6300余辆次，累计清理杂物200余车次80余吨。沿湖沿线巡查助力乡镇美丽颜值提升。县城管局充分发挥巡查办的优势，实现乡镇城市管理与沿湖沿线综合巡查的有机结合，在巡查中坚持以"自办为主、交办为辅"的原则，通过联合巡查及时帮助乡镇发现和处置各类问题，特别是一些突发性的事件得以及时有效处置。如2017年五一期间，巡查办人员在姜家西南湖区水域发现竹筏载客，竹筏上共有游客13人，其中只有4人穿救生衣，发现该情况后巡查人员立即上报领导，并及时与海事部门联系，妥善处理此事，杜绝了恶性安全事故发生。

**【抓制度强党建】** 通过建立落实党委议事规则、五不直接分管、党风廉政建设若干规定等10余项工作制度，狠抓制度落实，推进"学习型、服务型、创新型"党组织建设。2017年，共确定入党积极分子15人，吸收预备党员5人，进一步增强了党组织基层力量。通过强化党组织建设带动了局工青妇工作的开展：参加县工会趣味比赛荣获团体第二名；团委开展了参观北上抗日先遣队纪念馆等丰富多彩的活动；妇联改选进一步凝聚了全局力量。同时，为明确职责、规避风险，建立了《规划执法风险防控和责任追究制度》《千岛湖沿湖沿线综合巡查风险防控和责任追究制度》两项风险防控机制。

**【抓队伍严作风】** 一是通过“以考促学、以案导学”等形式,开展中队夜学、法律知识每月一考和执法案卷评审等活动;积极组织全体执法队员参加市城管委组织的轮训,共组织102名执法队员参加轮训,开展理论业务培训考试10批次,受训500余人次。二是建立量化考核体系,按照每月排名、年终总评的方式进行,并将考核结果运用到人事任用、先进评比和考核兑现中去,营造奋勇争先、争创一流的工作氛围。三是建立以中队自查、督查科督查、监控巡查、领导检查的四级督查机制,对执法效能、队容风纪、执勤纪律进行全方位、立体式地督查,推动工作落实。全年问责不到位工作人员4名,清退工作人员1名;实施干部能力素质提升工程,开展专题培训10场次,培训干部500余人次,倾力打造“守规矩、敢担当、重服务、有作为”的“四个人”城管队伍。2017年12月13日,城东、城南两个中队均通过了市城管委二星级中队的验收。

**【重关爱强保障】** 2017年,县城管局在干部培养方面,共调整任用了8名中层正职干部、16名中层副职干部,干事氛围进一步浓厚;在职工保障方面,建立了《干部职工慰问救济工作制度》,明确了在干部职工结婚、患病、工伤等情况下的慰问方式,体现了组织的人文关怀;在装备保障方面,新增固定资产约480万元,在装备设备、服装配发等方面为全局工作开展提供了有力的物资保障;在文体活动方面,通过租用县体育馆、组织参加市城管系统职工技能比武运动会等多种形式提高队员综合能力,培养团队凝聚力。在2017年市城管系统比赛中,淳安县城管局代表队获得了总分第二的好成绩。

**【优服务惠民生】** 2017年,县城管局积极构建122型城管、社区共建共管机制,局领导班子坚持每月开展一次“问计于民·局长进社区”服务活动,按照有求必应的原则,及时联络调处民生问题;会同千岛湖镇在各大社区设立16处自产自销水果直销点,既方便果农销售又方便市民采购新鲜水果。截至12月底,共派出执法队员600余人次,协助社区整治130余次,清理杂物480余车次;共开展“水果进社区”活动5场次,阳光自产自销点共接待旅客86810人次,销售蔬果特产173.5万千克,收入1478余万元,同比上年上升20%。

(王　玮)

(编辑　程中青)

# 环保 国土

## ·环境保护·

**【环境空气质量】** 2017年，淳安县主城区环境空气质量实际监测天数350天，优良天数为333天，空气优良率为95.1%。城区二氧化硫年均值0.008毫克/标立方米，二氧化氮年均值0.017毫克/标立方米，符合《环境空气质量标准》(GB3095-2012)一级标准；可吸入悬浮颗粒物PM10年均值0.044毫克/标立方米，PM2.5年均值0.033毫克/标立方米，均符合《环境空气质量标准》(GB3095-2012)二级标准限值要求。县环保局大楼设大气降水监测点一个，pH值范围为5.74～7.75，pH年均值为6.54，酸雨频率0%。

**【水环境质量】** 2017年，千岛湖总体水质符合《地表水环境质量标准》(GB3838-2002)Ⅱ类标准，整体水质状况为优且基本保持稳定。在13个监测断面中，河流断面街口符合Ⅱ类标准，湖库断面中威坪林场、百亩畈、西园断面符合Ⅱ类标准，其余9个断面均符合Ⅰ类标准，所有监测断面中，Ⅰ类、Ⅱ类所占比率分别为69.23%和30.77%。对淳安县自来水厂、坪山自来水厂的集中式饮用水源地水质进行每月一次的常规监测，全年水质达标率为100%。全年开展12次乡镇交接断面水质监测工作，23个乡镇考核断面，Ⅰ类水质22个，占95.7%，Ⅱ类水质1个，占4.3%。

**【声环境质量】** 2017年，区域环境噪声、功能区噪声、道路交通噪声均符合国家声环境标准要求，声环境质量较好。区域环境噪声监测覆盖面积约20.5平方千米，共设监测点位165个，区域环境噪声监测统计值为54.7分贝。淳安县城区功能区噪声满足功能区声环境要求，其中交通干线两侧区昼夜等效声级平均值70.0分贝，居住文教区50.9分贝，混杂区55.2分贝，工业区55.4分贝。城区6条主干线交通噪声等效声级范围在64.5～71.6分贝之间，平均等效声级为68.8分贝，符合国家4类标准。

**【五水共治】** 以“工程完善年、运维巩固年、环境提升年”为重点，投入9.29亿元，实施项目61个，连续第二年夺得全省“五水共治”大禹鼎。主动拉高治水标杆，完成975个小微水体整治提升，全面消灭Ⅲ类以下小微水体。全面落实千岛湖环境质量管理规范，城西污水处理厂深化提标改造顺利推进，疏通改造城区污水管网60千米。完成90个农村生活污水治理提升改造项目和45个农居点治污工程建设。巩固提升农村治污设施运维管理，农村治污设施正常运行率100%，水质抽检合格率98.2%，连续第三年获省市农村治污优胜县。完善市场化打捞管理机制，建成并投入使用两艘新建打捞船，增设临岐、汾口水域两道湖面垃圾拦网，全年共打捞上岸湖面垃圾9.96万立方米。建成武强溪入湖口生态修复和湿地项目一期，里商集镇自来水厂完工，完成青溪新城65公里雨水管网清淤，实施喷微灌工程273余公顷。

**【中央环保督查迎检工作】** 成立以县委县政府主要领导为双组长的迎检工作领导小组，先后召开8次县委常委会对迎检工作进行研究部署。5月下旬和6月底，两次开展全县环境保护专项检查，围绕督察11个方面环境重点问题，进行全面排查和即查即改。建立最强的组织保障，8月初组建现场迎检指挥部，下设8个专项工作组，并在全市率先组建了纪检监察组。建立24小时值班制度，认真落实资料调阅要求，上报资料227项。对于省市转办的信访件做到照单全收，严格按照第一时间查清问题、第一时间做出处理、第一时间问清责任、第一时间完成反馈的要求落实到位，58件信访件全部按时办结，责令整改企业14家，立案处罚企业16家，罚款金额20万元，立案侦查1件，刑事拘留1人，约谈1人，问责10人。健全生态保护长效机制。加强宣传引导，在中央省市媒体刊发环保报道60余篇，县内主要媒体刊播相关报道272篇，有效提升了人民群众生态保护意识。

**【生态保护红线】** 邀请国家生态保护红线技术组专家进行现场技术指导，全面科学完成生态保护红线划定方案编制工作，全县共划定水源涵养类生态保护红线5个，总面积3543.92平方公里，占县域国土面积的80.05%。合力向上对接争取，委托中国环境保护科学研究院编制水功能区水环境功能区优化调整方案，并通过专家技术论证，并启动报批程序。

**【五气共治】** 制定出台《淳安县2017年大气污染防治实施计划》和《淳安县大气重污染应急预案》。开展燃煤锅炉改造"回头看"联合检查，规上企业同比减少用煤量0.3万吨。实施工业废气治理，完成5家企业关停和2家挥发性有机物(VOCs)企业污染综合治理，完成率100%。强化机动车尾气监测站的监督管理，推进车船尾气整治，淘汰老旧车967辆。强化施工场地和道路扬尘控制，落实精细化管理。加强餐饮油烟治理，实施餐饮油烟设备长效管理及露天焚烧的监管。

**【五大行业整治】** 围绕"关、停、并、转、合"，开展缫丝、纺织、砖瓦、矿山、养殖五大行业整治。完成4家缫丝企业关停或转型升级，补助资金1309.48万元。完成永宏纺织资产评估和协议签订。制定出台砖瓦行业综合整治实施方案。整治废弃矿山13座，关停有色金属矿山4座。全县25家生猪存栏50头以上养殖场全部纳入环保智慧监管。编制《淳安县畜禽污染防治规划》。

**【城乡生态环境】** 深化清洁乡村行动，继续开展每月综合检查排名，全面消灭卫生死角和盲区。开展"公厕革命"，制定出台"公厕革命"千岛湖标准，新建、改建景区式公厕47座。全面推进农村生产生活垃圾分类收集和资源化综合利用工作，实现垃圾分类处置乡镇全覆盖。健全三级河长监管体系，将每月25日设为全县河长"固定巡河日"，淳安"河长制"工作获央视《经济半小时》专题报道，枫林港被评为浙江省"最美家乡河"。开展"四个最美"评选，提升全民生态文明意识。

**【智慧环保】** 实施"智慧环保"二期，完成淳安县生态环保数据库搭建，实现"一源一档"、环评审批、监察执法、水质监测等环保数据资源整合。拓展平台功能，开展水环境质量、空气质量、环境监管和农村生态综合监管专题数据分析。完成环保"一张图"编制，以环境管理数据展现全县环境现状和发展趋势。加快千岛湖水质预测预警系统建设，建成剖面浮标站4套、单层浮标站7套、通量站4套、河道站13套。

**【污染减排】** 2017年，核定2016年全县化学需氧量(COD)、氨氮($NH_3-N$)、二氧化硫($SO_2$)、氮氧化物(NOx)减排比例分别为5.69%、3.78%、0.13%、0.18%。落实2017年水污染物减排项目8个、大气污染物减排项目2个，测算削减化学需氧量(COD)和氨氮($NH_3$-N)排放量分别为111吨、6.2吨，削减挥发性有机物(VOCs)排放量11吨。

**【环境审批】** 加快推进审批"最多跑一次"改革，对照环保系统群众和企业到政府办事事项指导目录，共梳理和公布了16项"最多跑一次"权力事项。坚持环境保护"三不"原则，对不符合产业政策规划条件、不符合主要污染物总量控制要求、不符合保护千岛湖环境质量的项目坚决实行"零审批"。建立完善在谈招商项目预审机制，实行环保预审"一票否决"，从源头上有效控制新增污染源。2017年共办理各类具体行政事项153件，其中报告书、报告表项目45个，竣工验收67个，"三同时"验收20个，排污许可证19个，夜间施工2个，所有事项均依法依规，在承诺期内办结。

**【环境执法】** 深入开展"铁拳"系列专项行动，严厉打击环境违法行为，推进污染源日常监管"双随机"抽查，加大污染源自动监控执法力度，全年出动执法人员2156人次，检查企业798家次，发现问题并督促整改389家次，查处案件39起，罚款97万元，实施停产限产78家，实施查封扣押31家。积极做好环境信访工作，受理群众各类举报投诉370件，处理率100%，满意率98%。修订完善环境保护各项应急预案，加强突发环境事件应急管理，成功举办千岛湖饮用水水源突发环境事件应急演练。

**【环境宣传】** 开展"六五"世界环境日、"金鱼杯"四个最美竞赛、五水共治话康美主题征文等形式多样的主题宣传活动。拓宽环境宣传途径，利用新华社、《中国环境报》、《浙江日报》、浙江新闻客户端、《杭州日报》、杭州电视台等各级新闻媒体深入报道千岛湖环境保护工作，其中国家级媒体11篇、省级媒体29篇、市级媒体73篇。推进多绿创建，创建市级绿色学校4家。

（鲁　萍）

## ·国土资源管理·

**【概况】** 2017年，淳安县国土资源局荣获2017年度杭州市综合考评先进单位，淳安县政府获得2016年度杭州市重点项目征迁安置"双清"专项行动考核先进单位、2016年度杭州市存量土地盘活工作考核优秀单位、2016年度全市耕地保护责任目标考核良好单位。

**【永久基本农田划区定界和耕地保护补偿试点工作】** 全县落实永久基本农田1.415万公顷和永久基本农田示范区0.583万公顷，将保护耕地责任落实到村、组和承包户。现已通过省、市两级验收。启动耕地保护补偿机制，按80～120元/亩/年标准进行补偿，全县共发放耕地保护补偿资金2860万元。

**【土地整治】** 2017年，验收垦造水田项目35个73.533公顷，完成率138%；验收建设用地复垦项目61个19.467公顷，完成率101%；验收高标准基本农田项目9个0.229万公顷，完成率135%。

**【发展空间保障有力】** 落实规划局部调整，涉及规划新增空间118.8公顷，其中使用预留指标52.933公顷，同比增长27.3%，较好地保障项目落地。2017年全县重点建设项目77个(实施类项目66个、预备类项目11个)，用地总面积553.333公顷，其中使用存量建设用地140公顷、新增建设用地413.333公顷。省厅"坡地村镇"建设用地试点项目立项2个，共争取指标7.067公顷。争取全县新增建设用地指标107公顷，完成19个批次农转用报批，总用地面积101.667公顷。为缓解农村建房矛盾，全年实际安排农民建房指标12.333公顷，解决无房户686户、危房户262户的建房用地需求。

**【土地出让】** 2017年，完成批而未供土地消化91宗86公顷，完成率129%；供而未用利用70宗179.2公顷，完成率112%；低效用地再开发17宗73.933公顷，完成率110%。供地工作方面，出让72宗，面积94.083公顷；划拨20宗，面积55.317公顷；收取土地出让金21.49亿元，完成率143%。成功引进碧桂园、富力等全国前十强知名企业参与开发建设。

**【土地收储】** 2017年，全县土地收储84.73公顷，完成该年度计划任务要求的127.08%，其中县本级14宗55.27公顷、其他各乡镇及平台29.46公顷；支付收储资金2.4亿元。

**【违章整治】** 2016年，占用耕地图斑206个、面积17.4公顷，其中违法占用耕地3.653公顷，已经整改3.36公顷，违法用地初始耕占比1.61%，经过核减耕占比0.41%，实现了耕占比在2%以下的目标。2017年占用耕地图斑320个、耕地面积35.253公顷，其中违法占用耕地1.288公顷；整改耕地0.909公顷，违法用地耕占比0.94%，实现“无违建县”耕占比在2%以下的目标。违法案件共立案查处35宗，其中土地违法案件29宗，收缴罚款83.143543万元；矿产违法案件6宗，补充征收采矿权出让金409.0119万元。

**【征地拆迁和回迁安置“双清”专项行动】** 完成集体土地征地拆迁244户，拆迁面积57351平方米；完成国有土地征地拆迁11户，拆迁面积8145平方米；完成回迁安置195户，回迁安置537人；完成征地350657平方米。有24个责任主体完成清零项目81个。淳安县获得2017年度杭州市“双清”专项行动三等奖。

**【矿政管理】** 全面启动33个废弃矿山治理工作，已完成13个废弃矿山治理的年度任务。

**【地质灾害防治】** 2017年，完成202处地质灾害隐患点的综合治理，其中应急排险完成106处，工程治理完成56处，避让搬迁完成40处。通过综合治理，455户1588人摆脱地质灾害隐患的危害，居住安全得到了保障。

**【信访“三来件”办理】** 2017年，办理群众来信、来访、来电及信访预处理共计195件，其中来信、来访102件，来电28件，信访预处理65件，按时办结率100%，化解信访积案1件。

**【不动产登记改革】** 2017年，受理31945件，日均受理129件，发放证书证明27893件，注销办证263件，查封解封1295件，查档22956份。

**【农村宅基地确权发证】** 2017年11月3日，完成富文乡第一批农房发证工作。农房发证量全市第一，占全市发证量的71.9%。

（朱建明　钱豪婧）

（编辑　程中青）

# 教　育

## ·综述·

【概况】 2017年，全县有幼儿园38所、小学59所、初中17所（含民办1所）、普通高中5所（含民办1所）、职业高中2所（含民办1所）、电大教师进修学院1所、特殊教育学校1所。在校中小学生、幼儿41388人，其中在园幼儿8087人、小学生15254人、初中生8952人、普高学生5796人、职高学生3264人、特殊教育学生35人。全县有成人文化技术学校23所、村级成人学校（教学点）425所（处）、民办培训机构16所、县社区学院1所、乡镇社区教育中心23个。全县有教职工4734人，其中在职公办教职工3830人、专任教师4003人（含民办）、专职成教干部57人。

## ·学前教育·

【概况】 2017年，全县共有幼儿园38所，其中公办幼儿园25所（下设20个分园，36个教学点）、民办园13所。省一级幼儿园2所（其中公办园1所，民办园1所），省二级幼儿园29所（其中公办园21所，民办园8所），省三级幼儿园6所（其中公办园3所，民办园3所），准办园1所（民办园）。学前教育专任教师531名，其中大专学历以上526名、高中学历5人，专任教师学历合格率100%，专任教师证持证率100%。

【浙江省二级幼儿园创建】 2017年，淳安县实验幼教集团实验园和姜家镇中心幼儿园郭村分园被命名为浙江省二级幼儿园。

## ·义务教育·

【概况】 2017年，全县有小学59所、591个班级，在校学生15254人，专任教师1623人，学历达标率100%，其中专科毕业以上98.15%；初中15所、260个班级，在校学生8952人，专任教师1009人，专任教师学历达标率100%，其中本科以上97.13%。

【义务教育普及率巩固率】 2017年，全县小学入学率100%，初中入学率100%，小学巩固率达100%，初中巩固率100%，“三残”适龄儿童、少年入学率100%。

【解决上学难问题】 2017年，妥善解决了748名（初中388名，小学360名）符合条件的进城务工人员、外来务工人员子女在城区初中小学就学问题。

## ·高中教育·

【普通高中教育】 2017年，全县有普通高中5所（淳安中学、淳安二中、汾口中学、威坪中学、淳安睿达实验学校），其中省一级重点学校1所（淳安中学）、省二级普通高中特色示范学校2所（汾口中学、淳安二中），省三级重点学校2所（汾口中学、威坪中学）、民办学校1所（淳安睿达实验学校）。

【职业高中教育】 2017年，全县有职业高中2所，其中公办职高1所（千岛湖中等职业学校，为省二级重点职业学校）、民办职高1所（育才学校）；在校学生3264人，专任教师243人。千岛湖中等职业学校共设4个专业部、4

大主体专业,其中电子专业为浙江省示范专业和浙江省实训基地;机械专业为省级骨干专业、杭州市示范专业;旅游专业、商贸专业为杭州市示范专业。

**【民办教育】** 2017 年,全县共有民办学校 3 所、民办幼儿园 13 所、民办培训机构 16 所。浪达岭幼儿园从秋季学期开始停止招生,原在校学生就近分流到其他幼儿园。

## ·成人教育·

**【概述】** 2017 年,全县成人文化技术学校 23 所,村级成人学校(教学点)425 所(处),民办培训机构 16 所,电大进修学院 1 所,县社区学院 1 所,乡镇社区教育中心 23 个。全县专职成教干部 57 人。

**【社会培训】** 为贯彻落实《浙江省教育事业发展"十三五"规划》,推进继续教育和终身教育公共服务体系建设,完善公民学习信息储存与统计制度,从 2017 年开始开展成人学校社会培训成果存入"浙江省终身教育学分银行"工作,全年纳入省学分银行的社会培训成果信息共 18192 人次,占全县常住人口的 5.49%。

**【扫盲工作】** 2017 年,根据创建教育现代化县的指标要求,通过各乡镇成校和中心小学的共同努力,共完成 2400 余人脱盲任务,我县文盲率进一步下降。另外,通过与县公安局的多次沟通对接,在各辖区派出所的大力配合下,完成了所有已脱盲人员户籍信息更改工作。

**【社区示范性学习型社团创建】** 2017 年,千岛湖镇施家塘社区书画摄影社、临岐镇大姑娘组合、浪川乡"花儿舞蹈队"等获得"杭州市社区示范性学习型社团"荣誉称号。

**【百姓学习之星评选】** 姜家镇双溪口村汪红球获得了杭州市"百姓学习之星"荣誉称号。

## ·招生考试·

**【高校招生】** 2017 年,全县普通高考报名人数为 2044 人;普通高校共录取 1941 人,录取率为 95.0%。三类生高职报名人数为 333 人,录取人数为 296 人,高职录取率为 88.9%。

**【高中招生】** 2017 年,全县各类高中招生文化考试报名人数为 3135 人,淳安中学提前批、第一批分别录取 160 人、400 人。淳安二中第二批录取 456 人。汾口中学第二批录取 380 人。威坪中学第二批录取 304 人。淳安县睿达实验学校录取 79 人。千岛湖中等职业学校各部招生计划高职预备班 475 人、职高班 460 人,合计 935 人。育才学校招生计划为高职预备班 160 人、职高班 240 人,合计 400 人。

**【普通中专】** 2017 年,全县共录取普通中专 29 人。

**【自学考试】** 2017 年,自考报名 115 科次;全年自考毕业生 5 人。

**【成人高考】** 2017 年,成人高考总报名人数为 428 人,其中专升本报考 255 人,高起点专科报考 173 人。

## ·素质教育·

**【淳安县第五届中小学生科技节】** 淳安县教育局举办的 2017 年淳安县中小学生科技节

以“学科学·用科学·爱科学”为主题。活动内容涵盖中小学优秀科技社团展示、科学建议征集评选、趣味编程挑战赛、机器人竞赛、车辆模型竞赛、航海模型赛、七巧板竞赛、DI青少年创新思维大赛、中学生科学辩论大赛等30个项目。共有近3万名学生参加了各学校组织的校级科技周活动，近两千名学生参加了县级专项比赛活动。淳安县选送200余名学生、26个项目参加市级竞赛，取得了可喜的成绩，共获得7个一等奖、27个二等奖、43个三等奖、12个优秀奖，其中淳安二中和淳安中学在中学生辩论赛中分别获得一等奖和二等奖，淳安二中参加“长三角”高中学生科学辩论赛决赛，最终获得了总冠军。淳安县获得了2017年杭州市第十届科技节优秀组织奖。

## ·教学研究·

**【教学专题研究论文评选】** 2017年2月，举行淳安县第二十九届中小学(幼)教学专题论文评选活动，共评出获奖论文385篇，其中一等奖67篇、二等奖122篇、三等奖196篇。推荐送市参评的45篇获奖论文中市一等奖8篇、二等奖12篇、三等奖25篇。

**【教学调研】** 中学教学调研通过自主与集体调研相结合的方式，更趋常态化。完成了五所普高的高三一、二轮复习调研；每个教研员超额完成每月10节的听课任务；组织每学期2～3所学校的初三专项调研；积极开展对薄弱初中学校的跟踪调研；有选择性地开展部分学校的学科自主性学习的研究与实施；完成了每学科的初三教学研讨活动。小学教学调研分门别类有针对性，讲实效，兼顾幼小衔接研究。集体调研与自主调研相结合，涉及半数以上的学校，对薄弱学校、偏远学校、教学质量提升明显的学校进行主题调研，提出可行性诊断建议，对经验举措做提炼总结与推广。

**【学科培训】** 抓好小学学科建设，培养一专多能的全科教师。小幼组各学科积极主动且有计划多维度、多形式地开展教师教学基本功及课堂教学等比赛与培训活动。语文新教师基本功及师徒团队赛课研讨、基于核心素养的课堂教学研讨、新教材培训，数学教师教学设计、命题评比，科学教师素养实验技能比拼，英语情景剧比赛，品德骨干教师培训、模拟上课说课评比、统编教材试教试用，音乐美术教师技能业务培训，学前教育专题培训，教导主任业务培训，等等，通过以研促教、以训促教、以赛促教，助力教师专业成长。

**【教研活动】** 选择性地开展部分学校的学科自主性学习的研究与实施；完成了每学科的初三教学研讨活动。以“改变学习方式，提升学科核心素养”为课堂教学改革突破口，重点关注教学有效性、小规模学校、偏远学校、薄弱学校、新教师课堂教学、农村自然小班微班学校等，对教育教学的导向性、规范性、研究性、拓展性等做好引领与指导，对教学中的热点、难点、焦点等问题做专业的分析与梳理，对教学质量提升明显学校的经验教学举措做提炼总结与推广，起到一定的辐射作用。在2016年度“一师一优课、一课一名师”推评活动评审中，淳安县中小学共荣获市级优课25个，其中一等奖17个、二等奖8个；荣获省优课8个；荣获全国优课6个。

**【课程建设】** 推进普高选修课程开发，组织参加了省和市课程建设培训。普高参加了杭州市普通高中第十批精品选修课程评审。其中，在杭州市第十一批普通高中精品选修课程的征集评比活动中，“千岛湖鱼拓研究与制作”、“淳安特产文化研修”、“千岛湖水资源保护”三门课程被评为精品选修课程；在杭州市第十二批普通高中精品选修课程的评比活动中，“悟空数学”、“高中生实用礼仪”二门课程被评为精品选修课程；在杭州市第八届“义务教育精品课程”的征集评比活动中，“狮城蚕桑课”程被评为精品课程。淳安中学“走近高中教材的生物学家”被评为省精品网络课程。淳安中学的“千岛湖鱼拓研究与制作”、威坪中学的“我的未来不是梦——高中生生涯规划”被评为省第六届精品课程。

## ·教育科研·

**【教育科研活动】** 一是关注小规模学校实情，让“小微教育”研究开花结果。以市教科专项研究项目《农村小规模学校教育教学创新研究》为导向，组织相关调查研究，举办“走进小微教育”系列活动。“小微”学校的课题研究取得了很好的成绩，如富文中小的《毅行小镇：农村小学职业体验课程的设计与实践研究》、金峰中小的《农村微型学校“暖巢行动”的设计与实施》分别获得杭州市2017年教育科研优秀成果一等奖、二等奖。二是聚力新课堂教学研究，使教学质量与课题成果共赢。组织部分教育科研骨干运用座谈、考察等方式，对现实中课堂教学的种种问题进行“头脑风暴”，多次与课题组进行现场论证，不断修正，不断完善。全县聚焦课堂、改良教学的课题成果连续三年获得杭州市教育科研优秀成果一等奖，促进了教学质量的提高，如淳安中学的《精准教学：高中课堂教学学情分析系统的设计与操作》相继获得杭州市2017年教育科研优秀成果一等奖、浙江省2016年度教育科学研究优秀成果一等奖。

**【规划课题立项】** 县级规划课题21项、教师小课题244项；市级规划课题7项、教师小课题26项；省级年度规划课题3项、重点课题1项。

**【科研成果获奖】** 县级教育科研优秀成果15项、教师小课题优秀成果91项；市级教育科研优秀成果11项(其中一等奖2项、二等奖4项、三等奖5项)、教师小课题优秀成果18项(其中一等奖2项、二等奖10项、三等奖6项)；省级教育科研优秀成果一等奖1项、二等奖1项。

**【科研论文评审】** 举行淳安县第19届教育科研优秀论文评审活动，共评出获奖论文213篇，其中一等奖32篇、二等奖68篇、三等奖113篇。参加杭州市教育学会2017年中小学、幼儿园“读书与成长”专题论文评选中10篇参评9篇获奖，其中一等奖4篇、二等奖2篇、三等奖3篇。组织参加杭州市第14届德育论文评审中10篇参评7篇获奖，其中二等奖3篇、三等奖4篇。

**【科研先进荣誉】** 姜家镇小被评为浙江省教科研先进集体；夏玉成、章荣华被评为浙江省教育科研先进个人。

## ·队伍建设·

**【概述】** 2017年，全县共有教职工4734人，其中专任教师4003人、公办在编教职工3830人。全县普高、职业学校、初中、小学、幼儿园专任教师合格学历分别为99.28%、96.71%、100%、100%、100%，高学历比例分别为3.23%、4.53%、97.13%、98.15%、99.06%，专任教师高级职称比例分别为43.09%、40.33%、33.30%、6.59%和0.37%。千岛湖中等职业学校专业教师103人，其中双师型教师102人，占专业教师总数的99.03%。全县公办学校共有校级干部198人，其中校(园)长77人、副校(园)长121人、女干部49人。目前，全县公办学校共有特级教师2人，省级教坛新秀12人，131人才工程第一层次培养人选1人、第一层次培养人选1人，县拔尖人才16人，县级名校长6人，县级名师29人，县级学科带头人206人。在职全国模范教师1人、全国优秀教师1人。

**【干部考察任用】** 完成205名校园长考察评议和机关科室、直属单位中层干部述职评议工作。全年共组织实施干部调配57人59人次，其中提任县管干部1名，中层副职提任正职7名（民盟1名），新提任中层副职10名（非党5名），交流中层正职7名，中层副职7名，进城后正职转任副职4名，机关科室竞争上岗继续任职6名，中心学校改为中心小学任职2名，免职9名，年龄到限退任4名。

**【校长培养】** 认真落实“三名工程”行动计划，点面结合，突出高端，持续推进校园长培养工作。一年中，校园长出国研修7名，浙派名园长培训1名，省市高端研修12名，十三五专业发展90学时自选培训40名，任职培训15名。高中校长赴衢州、初中小学校长赴丽水参加培训。所有校园长赴浙师大参加暑期读书教育活动，其他教育培训活动1000多人次。

**【教师培训】** 全力做好“十三五”教师专业发展培训开局工作，全年累计培训约4386人次，其中县级项目43个项目，教师培训经费达1161.01万元。全年参加“国培计划”——示范性项目3人，省级指令性骨干培训27人，其中“浙派名师名校长培养工程”培训1人，中职学校教师培训24人。实施精进培训，初中数学和科学40人顺利结业，初中英语和小学数学共40人赴杭州师范大学参加培训。高中数学、化学、历史学科教师159人赴华东师范大学进行为期一周的精进培训；县中小学第一、二批小学语文、数学学科带头人97人，赴杭州参加实践培训。

**【教师培养】** 首次设立“淳安县特聘专家汪潮教授工作室”，汪潮教授与全县28名小学语文骨干教师结对，为期3年。首次设立杭州市“名师乡村工作室”7个，各类名师工作室总量达到29个，扩聘学员94名。首次开展“省特级教师培养人选”模拟面试培训，全县8位特级教师培养人选得到省内知名“评特”专家针对性指导。首次实施“新锐教师培养工程”，50名35周岁以下青年教师参加杭州市“新锐教师培养工程”。借力“百人千场”名师专家送教下乡机会，开展同课异构观摩活动，提升教学水平，受益教师500余人。30名新教师到县城中小学幼儿园委培挂职锻炼。

**【教师交流】** 制定下发《2017年淳安县义务教育学校教师校长交流工作实施方案》（淳教〔2017〕57号），继续深化教师交流工作。义务教育学校全年共交流教师155人，27名骨干教师参与交流，骨干教师交流比例达到符合交流条件人数的29.7%，城区骨干教师到农村学校支教5人。

**【教师招聘】** 实现普高自主招聘教师全覆盖。全县公办中小学幼儿园共招聘教师183人。其中，教师统一招聘135人（普通高中教师1人、千岛湖中等职业学校教师1人、初中教师29人、小学教师94人、幼儿园教师10人），自主招聘教师23人（淳安中学3人、淳安二中5人、汾口中学7人、威坪中学4人、千岛湖中等职业学校4人），第三届幼儿园教师定向委培毕业生25人。全年共招聘硕士研究生4人。

**【教育协作】** 淳安中学、淳安二中分别与杭十四中、浙大附中深入开展紧密型合作，首次实施教师编制跨区域划转工作，杭十四中10人、浙大附中8人，师资互派、联合办学。西湖—淳安教育协作持续深入,西湖区派出4名教学骨干教师到千岛湖初中开展支教工作。首次召开淳安籍在杭教育界知名人士恳谈会,20余人汇聚一堂,共话淳安教育今夕,共谋淳安教育未来。

**【评优评先】** 全年共评出各类先进典型250人,其中省师德先进个人1人、省教坛新秀2人、市优秀教师12人、市优秀教育工作者3人、市中小学育人工作先进个人6人、市师德标兵1人、市师德先进个人2人、县嘉奖教师58人、县优秀教师62人、县优秀班主任48人、县"春蚕奖"35人、县师德先进个人20人。

**【人才认定】** 全年共认定各类人才18人,其中杭州市C类人才2人、D类人才2人,县级D类人才13人、F类人才1人,申请发放人才新政资金27.63万元。

**【队伍建设保障】** 三名工程"人无我有"激励政策全面落地,58名教师荣获县政府嘉奖,39名班主任享受副校长待遇,12名副校长享受正校长待遇,教育新政效应不断显现。继续实施"一张床"工程,第二批36名偏远学校外县籍单身青年教师入住千岛湖镇城区人才公寓。

**【职评和资格认定】** 全年职称评审初次定级226人,评定中级职称98人(申报123人)、中小学高级职称38人(申报66人);全年共受理申请初中、小学、幼儿园教师资格172人,最终认定许可人数为172人,认定通过率为100%。

### ·经费设施·

**【概况】** 2017年,财政拨入教育事业费79450万元,比上年下降10.59%。生均预算内教育事业费与上年相比:普通高中增长1891.93元;职业高中增长84.35元;初级中学增长825.36元;小学增长633.73元;幼儿园增长154.78元。

**【新园开园】** 设置规模9个教学班的千岛湖茶苑幼儿园,设置规模3个教学班的青溪新城幼儿园秋季投入使用。

**【新建学校】** 2017年,实施千岛湖镇青溪小学迁建工程,项目占地42亩、建筑面积17940平方米、设置办学规模24个教学班、投资1.1亿元;启动千岛湖镇第七小学新建工程,项目占地50亩、建筑面积22000平方米、设置办学规模36个教学班、投资1.23亿元。

**【校舍维修】** 2017年,投入4600万元,实施中小学、幼儿园校舍维修改造项目69个,其中幼儿园维修改造12个、校舍维修改造52项、新建项目5个。

**【后勤管理】** 2017年8月,全县公办义务教育学校、幼儿园实现食堂主副食品统一招标配送。

**【教育资助】** 2017年,全县学前教育受助人数253人次,资助金额21.49万元;小学享受爱心营养餐和一类寄宿生生活费补助3070人次,占学生总数的16.98%,资助金额153.5万元;初中享受爱心营养餐和一类寄宿生生活费补助1675人次,占学生总数的15.13%,资助金额119.56万元;普通高中受助学生1736人次,占学生总数的15.15%,资助金额225.09万元;中职免学费人数6612人次,资助金额562.02万元,享受国家助学金人数2237人次,资助金额223.7万元。

## ·教育装备·

**【教育装备总投入】** 2017年由省、市、县财政拨款和乡镇及学校自筹资金共计1445.4万元投入教育技术装备。

**【教育现代化县装备建设】** 2017年，县财政安排和乡镇及学校自筹资金共计1334万元用于教育装备配置和更新，具体项目包括：完成全县专用教室设备、9个计算机教室、356台教师办公电脑、5856套课桌椅、353张学生床、2247个学生用柜、3所学校（汾口中学、威坪高中、茶苑幼儿园）39套教室多媒体和11所学校阅卷系统等项目的招标工作。完成威坪高中监控、汾口高中广播和茶苑幼儿园网络、监控、广播等项目的采购、施工工作。启动全县录播教室建设工程，完成主播教室六个和听课教室六个的建设任务，建好录播云。为全县25所学校建设心理辅导室（其中示范校3所，标准校22所）。2017年，浙江省教育技术中心安排110.6万元资助淳安县教育装备建设，具体包括：千岛湖初中申报创新实验室建设；淳安二中和汾口中学、威坪中学分别申报一个通用技术教室及6个普通学科教室建设项目。投资33万添置移动学习终端200套，受益学校和数量为：姜家镇中38套，临岐镇中42套，千岛湖初中55套，威坪镇中65套。投资43万元改造教室灯光133个，受益学校为：淳安县威坪镇小学、里商乡中心学校、临岐镇中心小学、千岛湖镇青溪初级中学、汾口镇初级中学、汾口镇小学。

**【校园书香工程】** 2017年，配合省市教育技术中心认真实施义务教育学校书香工程建设。全县共新增图书13784册。各校共筹措资金5万余元用于征订音像教材。

**【教具课例评选】** 组织全县中小学参加《2017年浙江省中小学优秀自制教具评选活动》。经宣传发动，有5所学校送5件作品参加市中心评选。组织全县中小学参加《浙江省中小学学科教室和创新实验室课例评比》。

**【智慧教育示范校创建】** 2017年11月，威坪镇中、大墅镇小两所学校成功创建。经宣传发动、学校申报、专家评审，汾口中学、千岛湖镇六小、姜家镇小、临岐镇小列入2018年创建学校。千岛湖中等职业学校通过了省数字化校园示范校复查验收。

**【现代教育技术培训】** 2017年3月13～14日，组织移动终端项目受益学校信息技术老师及教研室相关教研员到嘉兴参加省中心组织的应用技术培训；5月12日，与教研室联合举行移动学习终端教学观摩与培训活动。县教研室教学改进中心组成员、移动学习终端项目试点学校相关教师共50余人参加了活动。2017年，集中两次对全体教研员和中小学教导主任进行网络阅卷和大数据分析集中培训。4月28日，组织全县中小学实验室管理人员在市中心举行了实验室建设与管理培训。

## ·教育督导·

**【浙江省教育基本现代化县创建】** 进一步推进浙江省基本实现教育现代化县创建工作。7月份，督导室根据省市提出的意见和建议，及淳安县委、县政府调研教育现代化县创建工作会议精神，制定整改措施。8月，汇总县府办、财政局等各部门教育基本现代化县台账资料；汇总教育局各科室41条三级指标台账、数据；校对各项数据，完成了台账资料的整合。11月，顺利完成了浙江省教育现代化县评估组对淳安县教育基本现代化县创建的预评估。对照《浙江省教育现代化县(市、区)评估操作标准》进行了各项数据汇总,自查自评,自评结果为41项三级指标中,达标36项,基本达标5项。前41项总分为1000分,自评得分约930分;“改革创新”自评得分12分,总分942分。12月,完成了淳安县教育现代化发展水平监测上报工作;顺利完成浙江省教育基本现代化县满意度调查相关工作的布置实施。

**【淳安县教育资源整合优化方案实施】** 2017年,按步骤实施《淳安县教育资源整合优化方案》。继续做大做强乡镇中心小学,减少部分完小学制,归并4~6年级,保留中低段。2017年,政府投入兴建的青溪新城幼儿园、茶苑幼儿园投入使用,青溪小学迁建工程开工建设,第七小学建设工程和南山学校初中扩容工程启动。根据中小学布局微调情况,改善相应乡镇成校办学条件。2017年,全县小学校际综合差异系数为0.4096,初中校际综合差异系数为0.2807,淳安县义务教育均衡差异系数指标不断趋向城乡一体化发展道路。

**【专项督导工作】** 完成国务院督导委员会办公室“关于开展2017年春季开学工作”专项督导工作、“关于开展2017年秋季开学工作”专项督导工作;完成了浙江省教育厅开展的“校园安全”专项督导工作;完成了省市“薄改”及学生营养专项督查工作;完成了省市对淳安县省三等级幼儿园的复查。

**【淳安县民办学校核评】** 2017年4月,根据《淳安县民办教育发展专项资金管理办法》《淳安县民办学校生均经费补助核评细则》,顺利完成了淳安县民办教育专项资金补助督评、申报工作。8月,杭州市教育局对淳安县报送的2016年民办教育专项资金补助的材料进行了核评,核评分为100分。

**【学校发展性督评】** 指导完善义务教育学校完成第三轮、高中教育第二轮、学前教育第一轮三年发展规划年度实施工作。

**【规范办学督导工作】** 开展3次全县规范办学行为的督导与检查。重点对学生“课业负担”、学校安全维稳,体育艺术“2+1”、阳光体育锻炼一小时等工作进行了督查。

**【责任督学区与督导队伍建设】** 按照国务院督导委员会的统一要求,结合淳安县资源整合优化方案,对责任区督学、兼职督学进行调整,所有建制小学以上全部挂牌,同时不断完善、健全挂牌督导工作机制,不断提高挂牌督导的实效性。

## ·安全管理·

**【安全设施建设】** 截至2017年底,全县121所中小学校、幼儿园及民办学校均实现了安全监控全覆盖,各类监控录像保存时间均达30天。全年各校(园)总共配备保安人员305人。

**【安全教育活动】** 联合公安、消防、交警等部门在全县范围内开展校园安全整治教育工作,并结合综治安全月、交通安全月、安全生产月、安全教育日等专项安全活动对中小学校、幼儿园师生职工进行安全教育。利用杭州市安全教育平台组织师生及家长开展相关专题教育活动,对课程完成率进行定期通报,确保安全教育课程落实到位。

**【隐患排查整改】** 根据“等级平安校园”创建要求及十九大安保、乌镇互联网大会安保要求,组织全县学校积极开展平安校园创建及隐患排查治理，并组织开展全县教育系统平安巡防行动。安保处每月、每季常态化督查，9月及12月各分六个检查组对全县121所中小学、幼儿园的校园“三防”、食堂与饮用水卫生、校园周边环境、交通及消防安全等各方面工作进行了全面、细致地检查，年底对申报“等级平安校园”的83所学校（幼儿园）学校进行了考核，均被命名为“平安校园”（自2017年开始，乡镇幼儿园也列入创建范围）。

**【组织安全演练】** 2017年3月，县教育局安保处联合县消防队在千岛湖镇六小开展了校园消防应急处置演练，县消防队4名战士及千岛湖镇六小师生1580人参加演练。全县各中小学校、幼儿园也在每个学期各自组织各类安全演练，牢固树立了学校师生的应急自救及安全防范意识，切实提高了师生面对各类灾害及安全事件的快速反应和应急处理能力，最大限度地确保我县校园环境安全稳定。

### ·工会活动·

**【组织建设】** 2017年，1月和11月分别举行了基层教育工会主席培训会。新成立的青溪新城幼儿园、茶苑幼儿园及时组建了工会。千岛湖中等职业学校等46家基层教育工会按期换届。千岛湖镇第六小学工会等36家基层教育工会建成规范化标准化达标工会。新城小学、宋村中小和唐村中校工会成功创建杭州市先进职工之家。9月，开展智慧工会会员实名制数据库建设。10月，针对教育系统实际，开展了要求教育系统基层工会独立建账，加强财务管理规范化工作。12月，评选和表彰了市教育系统先进工会组织4家，市优秀工会工作者5名，市优秀工会积极分子8名。

**【活动开展】** 2017年4～5月，举行了全县小学教职工男子篮球比赛，共有15支参赛代表队、近200名运动员参赛。5月，组织了县中小学班主任基本功大赛，115位班主任参加决赛。6月，举行县中小学体育教师专业素养比赛。10月，淳安县中小学“喜迎党的十九大，做好学生引路人”英语教师演讲比赛在千岛湖建兰中学举行，42名英语教师参加了决赛。11月11日至12日，淳安县教职工第二届羽毛球比赛在县体育馆举行，淳安中学的方秋磊等16名选手获得男子单打前十六名，千岛湖镇六小的王爱琴等16名选手获得女子单打前十六名。12月，举办了以“学习十九大，奋进教育新时代”为主题的教职工书画比赛，从200余幅作品中评选出书法、绘画获奖作品86幅。组队参加县级乒乓球、网球比赛和市教育系统羽毛球比赛。

**【关心关爱】** 积极宣传教育系统劳模，开展省级劳模慰问工作。认真做好省市师德标兵、师德先进个人评选工作，临岐镇小徐慧红被评为省第五届师德先进个人，姜家镇小章荣华被评为市第四届师德标兵，淳安中学杜建超被评为市第四届师德先进个人。扎实做好教职工暑期疗休养工作，各基层教育工会共组织了1290名教职工参加疗休养。9月初，对新招聘的75名外县籍教师进行走访慰问。县教育工会及各基层教育工会在“五必访”中慰问教职工650人次。由本级工会拨出年终慰问款12.4万元对全县106名困难教职工进行慰问。顺利完成杭州市职工医疗互助保障工作，全县各级各类学校参保率100%。

（徐建仁）

（编辑　程中青）

# 文化　体育

【概况】 2017年,完成了第九轮14处农村历史建筑修缮工程并启动第十轮农村历史建筑修缮前期准备工作;完成55处村级文化设施建设项目。睦剧小戏《旧梦重圆》《鸳鸯马》首登央视录制,《心愿》荣获杭州市精神文明建设"五个一工程"奖。县文广新局被文化部评为全国文化市场行政审批示范点。全县拥有文化馆(站)24个,公共图书馆22个(含乡镇分馆),新安书屋11个,博物馆1个,艺术馆1个,农家书屋435个,数字化多厅电影院3个。县图书馆共有藏书48.83万册,业余文艺团队800余支,其中杭州市星级示范团队10支,示范团队18支。

## ·文化建设·

【县级文化设施建设】 图书馆新馆于2017年4月23日正式开馆,作为国家AAAAA级景区里的最美图书馆,阅读活动首登中央台《新闻联播》。县博物馆于2017年底基本完成陈列布展,完成深化设计及施工一体化招标、深化设计方案、安防设计方案。完成展品展项询价与定价工作,图文版面的深化设计与展品展项创作工作有序推进,将于2018年1月17日试开馆。

【乡村两级文化设施建设】 推进乡镇综合文化站整合提升。大部分乡镇均已提出所在乡镇综合文化站整改达标方案,正在落实整改。全年完成55处村级文化设施建设项目、14处农村历史建筑修缮项目工程。新建屏门、梓桐、中洲三个图书分馆,建成177个农家书屋WiFi点。

【新安书屋建设】 建成绿城售楼处、实验小学、图书馆新馆、规划展示中心、渡空间、淳在堂、抹茶千家、南苑社区、图书馆老馆、县一医院、县中医院11处新安书屋,其中公益类5处、合作类6处。

【农村应急广播体系维护】 制定实施《淳安县农村应急广播体系维护考核办法(试行)》,以询问调查、实地抽查、定期自查等方式强化农村应急广播体系维护经费支出管理。

## ·文化活动·

【全县民营剧团展演】 2017年2月13日至2月16日,"唱大戏·闹元宵"全县民营剧团展演在千岛湖镇水之灵剧场举行,上演越剧《宝莲灯》《天道正义》《夜明珠》《血手印》,睦剧《生死牌》《花为媒》等传统剧目。

【全县文化广电新闻出版工作会议召开】 2017年4月6日,县文化广电新闻出版系统工作会议在千岛湖饭店召开。会上,副县长余红英,县文广新局党组书记王圣慧、局长汪雪梅分别做了重要讲话。县文广新局系统全体干部职工、各乡镇文化分管领导、文化员以及县广电台、传媒中心、新华书店、华数公司、电影公司等相关单位人员共120余人参加了会议。

【"剿灭Ⅲ类以下小微水体"文艺巡演】 2017年5月18～27日,开展"以文治水"专题文艺巡演。围绕"剿灭Ⅲ类以下小微水体"主题,创编舞蹈《康美淳安美如画》、快板《剿劣,我们在行动》、京歌伴舞《五水共治换新颜》等节目，先后赴文昌镇潭头村、界首乡鳌山村、富文乡富文村、枫树岭镇铜山村、安阳乡下栖梧村、汾口镇影剧院开展了6场巡演宣传。

**【农村文化礼堂村歌大赛】** 2017年8月28日，淳安县第二届农村文化礼堂村歌大赛初赛在文化馆五楼举行，共有18支队伍参赛；9月7日，决赛在水之灵剧场举行，威坪镇叶家村罗欢演唱的《叶家我亲爱的家乡》获得金奖，其余9支代表队获得银奖。

**【“喜迎十九大·舞动新淳安”排舞大赛】** 2017年9月22日上午，“喜迎十九大·舞动新淳安”2017淳安县第五届排舞大赛在秀水广场举办，共有18支代表队参加了比赛，共评选出金奖9个、银奖9个。

**【淳安县非物质文化遗产中国画专题创作展】** 2017年10月16日上午，“喜迎十九大，丹青绘非遗”淳安县非物质文化遗产中国画专题创作作品展在千岛湖艺术馆举行。此次画展由淳安本土作家倾情描绘，共展示了淳安的传统民俗、传统戏曲与舞蹈、传统手工艺等42个非遗项目。

**【“唱响千岛湖”优秀原创歌曲大型演唱会暨2017杭州千岛湖秀水节闭幕式】** 2017年11月25日上午，在水之灵剧场举行了“唱响千岛湖”优秀原创歌曲大型演唱会暨2017杭州千岛湖秀水节闭幕式。演唱会共演唱了14首曲目，其中9首为2016“唱响千岛湖”原创歌曲全国征集评选活动筛选出的优秀获奖作品；4首为历年千岛湖优秀原创歌曲中筛选出的经典歌曲。11月，由县文化馆、浙江文艺音像出版社、正和音乐联合出品的优秀原创歌曲专辑《唱响千岛湖》正式出版发行，是淳安县首次全部以千岛湖为题材出版原创歌曲专辑。专辑收录了2016年淳安县举办的“唱响千岛湖”优秀原创歌曲全国征集比赛中获奖的15首优秀歌曲。

**【群众“文艺角”文艺会演】** 2017年12月7～14日，2017群众“文艺角”文艺会演进文化礼堂巡演活动开展，先后赴文昌镇西阳村、界首乡严家村、威坪镇叶家村、大墅镇大墅村、汾口镇宋祁村开展了5场巡演。

**【乡村两级文化活动】** 2017年，全县各乡镇村共举办各类文化活动1800余场、文化培训讲座800余场、展览50余次、文化联动500余场；春节期间各乡镇举办大型文化活动、民俗活动30余场。

**【文化走亲】** 为增进县内外文化交流，县文广新局积极开展“文化走亲”活动。全年共组织赴上虞、余姚、越城、龙游、衢江、柯城、余杭、富阳、建德、拱墅开展了10场文化走亲。外地抵淳演出共6场。

**【文艺创作】** 睦剧小戏《旧梦重圆》《鸳鸯马》首登央视录制，《心愿》荣获杭州市精神文明建设“五个一工程”奖。创编大型现代移民睦剧《锦里家园》。

### ·文化惠民·

**【“百千万”送文化下乡】** 通过“政府花钱买服务”方式，将年度送戏下乡、送电影下乡的任务场次面向社会公开招投标，提升服务效能。全年累计送戏162场、送电影3100余场、送书27000余册。同时，组织开展了送春联下乡、非遗项目进民宿等活动。

**【“百姓系列”公益活动】** 举办美术、书法、排舞等“百姓课堂”免费培训50余期，受训人员1100余人次；举办传统民俗等“百姓讲堂”讲座 20 余期。同时,举办了村级宣传文化管理员和文艺骨干培训等。

**【业余文艺团队培育】** 全县共有各类业余文艺团队 800 余支,其中杭州市星级示范团队 10 支,杭州市示范团队 18 支。

**【基层文化队伍建设】** 新录用公务员 1 人、事业干部 1 人、乡镇专职文化员 4 人。全年举办乡镇文化员、村级宣传文化员、文化市场经营业主等培训 30 余次,培训人次达 1500 余人次。潘咏霞入选 2017 年度省 151 人才工程第三层次培养对象。

**【城市电影惠民工程】** 开展电影进广场、企业、医院等城市电影惠民活动,全年共在秀水广场、高铁新区、敬老院等地免费放映电影 30 余场。

**【广电惠民工程】** 2017 年,建成室内固定放映点 10 个。开展"助残日"送爱心电影进机构、"红色电影放映月"、"安全生产公益短片"宣传、微影视播放、"禁毒、防毒"电影专题宣传、"五水共治"知识宣传等活动,全年共计 500 余场次。持续实施"广电低保"工程,共为 5682 户低保用户和 1730 户一、二级残疾用户减免有线电视视听费。

## ·文化传承·

**【农村历史建筑保护修缮】** 继续实施农村历史建筑综合保护工程,全面完成了第九轮 14 处农村历史建筑修缮任务,并启动了第十轮农村历史建筑修缮前期准备工作。

**【物质遗产保护】** 完成瀛山书院遗址保护工程遗址清理、土地征用,基本完成新通讯塔地基建设。开展狮城水下古城巡查监管,基本完成文物库房 57 幅字画修复。芹川王氏宗祠被列为第七批省级文保单位。县内 14 个村落被列为第一批浙江省传统村落。

**【非遗保护工作】** 淳安县新增方宅板龙、鲍氏纸作技艺、鸠坑团茶、临歧暖碗 4 个县级非遗代表性项目。开展非遗传承人申报管理,组织青溪龙砚、八都麻绣参与全省性的展示展览。同时加大宣传力度,完成 12 期钱江晚报《老底子》专栏、10 期县电视台《睦州非遗》专题片和《睦剧名段》电视专栏播映。淳安首个竹马传承厅在国遗项目"淳安竹马"省级教学传承基地千岛湖镇一小正式启用。

**【加大民间工艺人才培养】** 省民间工艺大师方江鸿在姜家镇文渊狮城开设了"淳三雕馆"方江鸿工作室。实施"青苗""拔节""金穗"等乡土人才专项培养工程,完成民间工艺培训、民间展示馆、民间人才工作室、民间工艺产业化示范点 4 大类 8 项乡土人才建设项目验收工作,兑现人才专项扶持资金 19 万元。确立了师带徒、重点作品创作、民间展示馆 3 大类 7 项乡土人才建设项目。县文广新局联合县农办,积极推进大墅等乡镇竹编产业化经营。

**【睦剧保护】** 县睦剧团编排了大型现代睦剧大戏《锦里家园》。开展睦剧进校园活动,编印《睦州睦韵》等睦剧地方教材(小学),出版发行了《睦州非遗》《睦剧经典唱腔集翠》光盘。

**【首个文化和自然遗产日】** 2017 年 6 月 10 日,以"康美淳安·魅力非遗"为主题的 2017 年淳安县"文化和自然遗产日"宣传活动在千岛湖秀水广场举行。宣传内容包括非遗项目展演、非遗项目体验、传统技艺展示、传统美食展示、非遗宣传图片展以及文化法律法规咨询等内容,共有 27 个各级非遗项目和 28

个淳安传统美食项目参展。

### ·文化管理体制改革·

**【引导和鼓励社会力量参与兴办公共文化】** 县文广新局拟订了《关于引导和鼓励社会力量参与公共文化服务的实施意见》初稿，并主动出击、多方洽谈，成功招引企业合办2017“自然与文化遗产日”宣传活动，开展非遗展演、非遗体验、传统技艺展示、传统美食展示、非遗宣传图片展等，社会反响热烈。

**【县级公共文化事业单位法人治理结构改革】** 吸纳有关方面代表、专业人士、各界群众成立了县图书馆、县文化馆理事会、监事会，推进民主决策、“管办”分离。

### ·文化管理·

**【行政审批】** 扎实推进“最多跑一次”审批改革和文化市场执法“双随机一公开”。按政务服务网权力事项库疏理，共疏理依申请事项大项35个、子项39个，网上申请开通率100%；按省级部门指导目录要求，共疏理大项54个、子项60个；按公共服务事项梳理要求，共梳理服务事项22个。全年新增文化类经营单位近30家。县文广新局被文化部评为全国文化市场行政审批示范点。

**【文化市场监管】** 全年共开展文化市场“双随机”抽查42次、546家次，出动检查1190人次、1818家次；行政处罚立案调查22件，办结17件；警告15家次，停业整顿1家次。

**【广播电视安全播出】** 加强广播影视监管。开展打击非法境外卫星电视接收设施专项整治工作，举行广电系统安全演练5次。与播出机构、相关单位签订安播责任书，加强户外大屏、车载、楼宇等公共视听载体监管，确保安全播出。

### ·公共图书·

**【图书馆免费开放服务】** 做好图书馆免费开放服务，县图书馆全年新增图书9万余册，订购报刊种类期刊413种。全年接待读者48.91万人次，累计发放有效借书证38.9万张，外借文献23.14万册次，接待人数比上一年增长近30%。

**【公共图书流通服务】** 21个图书分馆藏册数万册以上，确保分馆正常运行。全年分馆(包括自助图书馆)借还册次为12万余册次，村级借还册次10万余册次。图书分馆、农家书屋全年配送图书共计7.7万册。11个新安书屋送书以物流配送为主，基本形成了图书配送网络。2018年拟开放的6处新安书屋正在建设中。推出了公共图书进精品小酒店、民宿举措，为县内依法工商注册经营的精品小酒店、民宿提供无偿图书服务。

**【地方文献工作】** 淳安县图书馆设有地方文献室，面积300平方米，共28个阅览席位。纸质地方文献总藏量达到1889种、5240余册，数字资源400余种，并建立了淳安睦剧、淳安地方文化、淳安竹马三个专题数据库。家谱作为淳安图书馆地方文献室特色资源，已入藏146套，其中数字化老家谱107套，涵盖淳安县王、余、吴、洪、杨等37个姓氏，特别是《宏家杨氏家谱》《东源詹氏宗谱》等收录为淳安历史文物研究提供了重要资料。

**【读者活动】** 依托“互联网+”，开通微信、微博平台，提升用户体验和服务。开通图书馆微信公众号、淳安移动图书馆App，提供书目检索、电子书刊阅读等多种功能。2017年共举办展览23次,举办讲座培训27次,阅读推广活动31次,共计接待服务33.13万人次。县图书馆喜获杭州市第十一届西湖读书节优秀项目奖。

(张　昂)

## ·广播电视·

**【新闻报道】** 2017年,县广电台狠抓新闻立台:一是首次采用广播电视直播车现场报道县党代会和“两会”开、闭幕式实况,同时加强节目策划,专门推出《一把手访谈》《直通两会》等栏目。特别是首次参与杭州市“两会”宣传报道,派出骨干记者前往杭州代表团驻地采访,并开设《直通市两会》专栏,第一时间传播市“两会”盛况,从而使2017年成为县广电台新闻报道不断创新的一年,荣获了杭州市委宣传部“2017创新重大主题报道”优秀新闻栏目三等奖。二是以中央环保督察为契机,率先探索新闻报道融媒体工作机制。中央环保督察工作期间,每天召集电视、广播、新媒体科室负责人联席会议,分析头天新闻报道效果,研究当天报道选题,分派各平台报道任务,有效地探索了全媒体新闻采集、多平台融合发布的融媒体报道模式,较好地营造了环保优先的浓厚氛围。三是在十九大报道期间,做好会前、会中和会后三个阶段的宣传,分别策划推出《喜迎十九大　康美看变迁》《十九大时光》和《贯彻十九大精神》栏目,对五年来我县各行业各部门取得的成就、全县干部群众对十九大精神的理解以及全县各部门各乡镇学习贯彻十九大会议精神的工作进行了全面报道。四是紧紧围绕县委县政府中心工作和阶段性重点工作,开设了常年性大型主题报道《践行四个人　争当排头兵》,全年共播出300余条。并开设《全民动手　清洁家园》《弘扬工匠精神　助力康美淳安》《我为创建做贡献　我为文明添光彩》等20多个专栏。

**【新台建设】** 一是倒排时间,全力以赴加快项目进度。2017年,基本完成了项目各系统招投标任务,电视播出机房基本完工,广播机房具备了年前搬迁启用的条件,800平方米演播室也基本完成形象进度。二是自加压力,提出了新台项目要冲刺国家广电总局技术创新奖项的目标,并为此在新台的技术架构上做了多方面的谋划,编制了《淳安县广播电视台融媒体建设方案》,就广电媒体布局、机构设置、中央厨房建设、手机台建设提出了清晰的规划设计思路和发展路线。同时,将建设“中央厨房”推进媒体融合改革工作列为县委2017年度深化改革项目,制定实施方案和推进举措。“中央厨房”融媒体改革方案得到了国内同行和周边兄弟台的赞同肯定,中央人民广播电台、浙江日报也分别专题作了宣传报道。三是在推进新台硬件建设的同时,启动了新台搬迁工作。比如,电视、广播频道改版工作,已经开展频道定位、节目改版、栏目包装等方面的工作,为频道高清化认真做准备。进行了办公室家具等软装设计和招投标,确保搬迁新大楼有一个更好的办公环境等等。

**【对外宣传工作】** 2017年,针对面临的对外宣传新形势新问题,县广电台进一步调整完善了对外宣传考核办法。同时,根据上级台阶段性的对外宣传需求,重点加强对外宣传选题的对接和策划,选准切入点和突破口,对外宣传工作取得了新的突破。全年在央视播出了《元旦假期游人如织》《骑行在千岛湖樱花大道上的游客》《缅怀寄托哀思　激荡家国情怀》《浙江试行留守儿童大病初充保险》《全国放鱼日》等新闻9条,比上年增加7条。全年在浙江卫视播出新闻57条,浙江台《地市头条》和《党建播报》播出20条。特别是中央环保督察组进驻期间，向省卫视报送并播出了9条环保内容新闻，掀起了外宣小高潮。全年在杭州电视台新闻综合频道播出新闻120条。全年在中央台用稿18篇，省台用稿172篇，用稿量在浙江广播新闻协作网全省67家县级广播电台考核中排名14，较2016年又前进了2位。同时，摘得浙江省青少年中华经典诗文诵读活动优秀组织单位奖（全省仅10家单位获奖）。

**【精品创作】** 2017年，县广电台围绕节目创优，抓好精品节目创作：一是提升质量，努力办好《新田野》等三档对农节目，获得了省考核鼓励奖，这是县广电台对农节目开办以来首次获得此项荣誉。同时，在2017年的全省通用性对农节目录用工作中，县广电台选送的5件作品全部被录用，表明县广电台对农节目质量有了新的突破。二是围绕县委、县政府中心工作，创作了一批优秀专题片：精心制作了省级森林城市创建专题片《山水公园　康美淳安》、全县文化礼堂建设现场会专题片《风景这边独好》、省级示范文明县城创建专题片《康美淳安　文明之境》、省级全域旅游创建专题片《推进全域旅游　壮大富民产业》、省级自然保护区创建专题片《千岛明珠　基因宝库》等等，全方位展示县委县政府推进各项工作取得的丰硕成果。三是开展高清影视作品征集竞赛活动，鼓励台内外影视创作人员为县广电台提供作品，丰富高清节目内容，为新大楼启用后节目全面高清化做节目储备，为丰富广电台高清节目内容引入新的激励机制。

**【广告经营】** 一是广告承包交接有序。2017年，县广电台在做好商业品牌、房地产等包清制广告招投标后的项目交接的同时，完成了新一轮的部门、乡镇村形象宣传和金融保险广告的责任制承包换轮工作。二是广告管理透明公开。不断完善广告监管机制，形成了承揽、制作、播出的“三级联审”制度，强化广告管理能力。同时坚持透明公开的管理制度，就广告结算、广告承包等环节做到专题会议研究、公示公开信息，接受群众监督。三是电视活动品牌效应日益显现。商业广场活动推出了汽车文化展等活动；结合2017年秀水节活动，与县委宣传部、千岛湖镇联合策划推出了“千湖口腔”杯广场舞大赛，同时参与策划和举办了千岛湖首届“最美工匠”评选活动的颁奖晚会等。

**【队伍建设】** 一是坚持党媒姓党，切实加强思想政治建设。深入学习贯彻中共十九大精神，政治方向更加坚定；深入开展“两学一做”学习教育常态化制度化、“践行四个人　争当排头兵”“党员干部进村社访民情解民忧和联乡结村访户”等活动，干部队伍“四个意识”更加强化。二是坚守“八项规定”，进一步加强党风廉政建设。2017年，县广电台领导班子以上率下，严格贯彻执行中央“八项规定”和省市县作风建设的各项规定，严格落实全面从严治党主体责任，加强和规范党内政治生活，加强党内监督，推动了作风建设常态化长效化。三是深入开展“大培训”活动。与上级台、县总工会联合推出了系列培训载体，在全台掀起“大培训年”活动热潮；召开了广电台宣传工作暨通讯员培训会议，出台了《淳安县广播电视台通联工作实施意见》，强化通讯员制度管理，同时聘请了浙江传媒学院的教授对通讯员以及全台采编播人员进行了专业培训；常年聘请上级台摄像指导老师为全台采编播人员进行摄像指导。同时强化实战演练，组织骨干人员参加了“忆先烈　联民心”大型经典作品朗诵会、淳商大会、首届淳安县道德模范颁奖晚会以及文化大观园开园文艺演出等直播录播工作，全面提升编辑记者队伍的整体素质。　（邵金莲）

## ·传媒中心·

**【概况】** 2017年,11个媒体中的8大新闻媒体,《今日千岛湖》出版254期,发稿11000多篇;千岛湖新闻网上传国内外新闻49816篇、淳安新闻8264篇、图片1128组,日点击率18万人次,千岛湖论坛会员53.29万人,总发帖量156万个;千岛湖屏媒播出原创新闻1600条;淳安手机报推送彩信365期2796条、快讯730条;淳安发布刊发微信1222条,微博近7000条;"掌上千岛湖"发布新闻12179条;微千岛湖编发微信351期1232条、视频新闻388条;千岛湖新闻三分钟语音版播报新闻77期770条。

**【重推"六大宣传"】** 2017年以来,紧紧围绕"坚定秀水富民路,建设康美千岛湖"这一主题,突出重点、创新形式、注重实效,全媒体集群文字、图片、音频、视频资源共享,新闻信息覆盖各个群体,牢牢把握舆论引导主动权。在新闻宣传实践中,重点推出"六大宣传",即主题宣传、民生宣传、热点宣传、典型宣传、公益宣传和监督宣传,掀起强大舆论声势。做强主题宣传,组织开展22个主题宣传战役,包括中共十九大、"感恩总书记,奋进新时代"、"两山"示范、争当诗画浙江大花园先行区、市"两会"、贯彻县第十四次党代会精神、县"两会"、践行"四个人"要求,锻造勇立潮头铁军排头兵、"两学一做"学习教育常态化制度化、献礼"七一"建党节、进村社访民情解民忧活动、村社组织换届、秀水节、亚运会淳安场馆建设、省示范文明县城创建、百源经济、淳商回归、乡村振兴、产业融合、小城镇环境综合整治、最多跑一次、深化改革、"五水共治"、无违建县、剿灭Ⅲ类以下小微水体、全民清洁、全域旅游和安全生产等。《今日千岛湖》一版开设栏目20多个,三版推出46个重大主题特刊。千岛湖新闻网制作主题宣传专题29个。千岛湖屏媒刊播主题宣传92条。淳安手机报彩信、"淳安发布"微信微博、客户端"掌上千岛湖"新闻频道及时发布全县重大主题报道。做深民生宣传。《今日千岛湖》一、二版及时报道就业创业、走近春茶、山核桃产业等系列民生新闻;三版的《民生百事》《法治时空》《青溪文化》《美丽乡村》和《五彩生活》等专版品牌形象起来越好。比如,强力推出2017年春节系列特刊6期,集中展示民俗风情,深受读者的喜爱。千岛湖屏媒和千岛湖新闻网、微千岛湖的《千岛湖民生新闻》栏目,是淳安县唯一专门报道民生视频新闻的栏目,视频记者平均每人每星期拍摄4～5条民生新闻,全年播出民生新闻341条。淳安发布70%以上的报道是民生类信息。做精热点宣传,紧紧围绕干部群众的一些想法和反映、百姓关注的一些问题开展宣传,比如,环保督查、亚运会淳安场馆建设、康美千岛湖的项目进展情况、淳安经济发展的成就、党员干部的廉洁从政问题、县里出台关于交通出行、就业、教育、卫生和社会保障等方面政策,文明创建、防汛减灾、安全生产等工作举措,全媒体集群都主动发布信息、释疑解惑。做活典型宣传,全面宣传淳安县各行各业的先进典型,凝聚至善至美的精神力量。《今日千岛湖》加强"七一"建党节宣传策划,刊发一批先进党组织和先进党员典型事迹,首届淳安道德模范宣传10篇,"淳商回归"栏目报道11位典型人物和6个商会,推出千岛湖工匠系列报道10篇。《今日千岛湖》、淳安发布等媒体大力宣传走向世界的淳之骄子余金权教授、心系百姓的"第一书记"应满红、尽职爱民的乡镇干部宋小鸿、送教上门的浪川12位乡村教师等典型事迹。还发挥好《淳安正能量》的栏目品牌效应,产生广泛社会影响。做足公益宣传,各大媒体推出社会主义核心价值观、中共十九大、"坚定秀水富民路,建设康美千岛湖”、省示范文明县城创建、森林城市创建、村社组织换届选举、秀水节、剿灭Ⅲ类以下小微水体、小城镇环境综合整治、无违建县、重点项目建设、安全生产、环境保护、禁火令、无偿献血、登革热和气象预警等宣传专题和标语400多条，千岛湖屏媒每天滚动刊播公益广告6小时以上，公益宣传和新闻宣传占播出总量的70%以上。做准监督宣传，主要通过《今日千岛湖》进行，如一版的《曝光台》《不文明行为随手拍》，二版的《记者巡查》和《立此存照》，三版的《记者观察》《记者之见》和《呼声与建议》等栏目，对现实中的一些不良现象进行舆论监督，全年发稿100余篇。

**【保持全媒体宣传好势头】** 淳安在新闻宣传中，做到四端齐发、八媒共唱、各显神通、组合发力、全媒体报道。四端齐发就是纸媒、电脑、手机和户外屏媒四个终端发布新闻信息。八媒共唱就是《今日千岛湖》、千岛湖新闻网、淳安发布、微千岛湖、掌上千岛湖、千岛湖屏媒、千岛湖新闻三分钟语音版、淳安手机报联合发布新闻。各显神通就是全媒体集群中的八个新闻媒体，通过各自的特点和定位，以不同的优势全力服务各类各层次的受众群体。组合发力就是通过中央厨房的统一指挥，全媒体集群协同作战，立体式、全方位报道新闻。目前，重要会议、重大活动、重大主题报道等都实现了全媒体策划、全媒体采编、全媒体发布，做到组合发力。这种宣传格局取得了前所未有的效果。比如，2017年先后报道县“两会”、“走进阅读殿堂、诵读经典美文”全民读书日活动启动仪式暨县图书馆新馆开馆仪式、五四青年节的“康美淳安·青声嘹亮”朗诵会、“全国放鱼日”暨水生生物增殖放流活动、千岛湖生态水果采摘季推介会、第三届千岛湖斗茶大会以及临岐中药材节、下姜民俗文化旅游节、屏门睦剧艺术节和梓桐书画文化节等活动，受众人数均在50万余人以上。2017年12月，在中国县市报研究会第32次年会上，千岛湖传媒中心主要负责人代表浙江省作了交流发言。

**【提升全媒体品牌影响力】** 2017年4月，千岛湖传媒中心荣获2016年度浙江省县市区域报“媒体影响力奖”，杭州地区仅此一家。2017年以来，在媒体建设和媒体融合方面又有新的突破。一是创新技术。在新大楼专业装修中，新建全媒体智能化系统，主要包括五大硬件中心和三大软件平台。五大硬件中心包括中央机房、服务器虚拟化平台和核心交换系统、UPS不间断电源保障中心、户外大屏播控中心和全媒体展示与体验中心。三大软件平台包括全媒体新闻生产、发布和视频管理平台。这套全媒体智能化系统为进一步加强“中央厨房”建设提供强大的技术支撑，使淳安的全媒体建设继续走在全省县级媒体前列。二是创新理念。首先，根据微友的阅读习惯，以“解放双眼”的理念，2017年9月28日创新推出“千岛湖新闻三分钟语音版”媒体平台，为全省县级媒体首创。该平台每天早上7点语音播报新闻，每期时长三分钟，涵盖时政、民生、旅游和文化等信息，粉丝6000余人，持续拓展新闻信息发布阵地。其次，淳安发布微信粉丝由年初的10万人增至现在的16万余人，在全国政务宣传微信发布平台排名进入前二十，浙江省政务微信排名稳居前五名，获评浙江第二届大数据舆情高峰论坛“金舆奖·政务发布十强”。再次，2017年1月底完成梓桐大屏建设及图书馆、景秀花园、金色阳光、一家山水、景湖花园等5块小屏升级，22块大、小屏形成一张强大的户外电子屏网，从城区延伸到乡镇，三档原创新闻栏目把户外终端和纸媒、电脑、移动终端各媒体融合互动，这两个方面在全国县级媒体中独一无二，中央人民广播电台、浙江日报分别报道。最后，2017年以来，微千岛湖微信编发质量大幅度提升,并开展民宿民居、最美家庭和书香人家等评选活动,粉丝增加1万人左右,宣传效果得到彰显。三是创新版面。千岛湖新闻网对后台页面进行重新设计,运用目前最流行的DIV+CSS页面浏览模式。掌上千岛湖升级App UI界面、App开发框架和App数据接口传递数据模式等,提升用户体验度,以更美的页面、更便捷的操作、更好的质量服务受众。

**【锻造传媒铁军排头兵】** 2017年,以锻造传媒铁军排头兵为载体,狠抓专业采编、通讯员、论坛版主和评报员这"四支队伍"建设,并取得新的成效。为加强全能型和一专多能型专业采编队伍建设,推出集中学习、参观考察、业务交流、新老结对子、科室换岗锻炼和外出培训等举措,举办现场采写业务比武、摄影比赛和论文评比三项活动,每月开展"九好"作品评选,每天实行记者ABC稿件评选制度等,尤其是根据县委提出践行"四个人"的要求,进一步深化"走转改"、"进访解"、走进治水现场活动等,有力提高专业团队的组织力、战斗力,在向全媒体转型过程中发挥较好的专业团队作用。2017年,通过完善通联制度、论坛管理制度和评报员制度等,通讯员、论坛版主、评报员队伍都发挥很好的作用。6月19日,举办全县新闻工作会议,乡镇宣传委员、社区党委书记、《今日千岛湖》评报员、论坛版主、乡镇(部门)通讯员等230人参加,提高全媒体新闻业务能力。目前分布在全县各地、各部门、各单位数百名通讯员、几十名版主和数名评报员不仅保证千岛湖传媒中心全媒体的正常运行,而且有效推动新闻报道质量的提高。在2016年度中国县市区域报新闻奖评选中,16件作品获奖,其中一等奖3件、二等奖8件、三等奖5件。报送的11件新闻作品全部获得2016年度浙江省县市区域报好新闻奖,其中一等奖就有6件、二等奖3件、三等奖2件,取得历史最佳成绩。

**【提高受众的满意度】** 为更好地满足受众的需求,2017年,推出"+服务"的理念并在实践中作了尝试。一是"新闻+服务"。服务好两头,一头是领导,一头是百姓,对领导报道,尤其是县委、县政府主要领导的报道,出台规范性服务措施,加强服务力度。对百姓报道,深化"走转改",上半年仅走进治水现场就安排了50多位采编人员分成5组,走进基层一线现场。同时加强了与乡镇和部门、单位的合作,特别是新闻宣传策划的合作。二是"管理+服务"。进一步完善绩效考核、钉钉打卡、"季度之星"评选、新闻采访车使用、采访设备管理、工作人员差旅费报销和夜餐费开支管理等制度,在管理中搞好服务,效果良好。三是"经营+服务"。推出对外"打包式"合作经营及联合组织各类活动,在外宣方面有新突破,新组建的小记者团、华语风采英才选拔赛、法治文艺进社区演出和法治游船启航仪式普法演出、浙江旭光年会及新品发布会直播等活动,都受用户一致好评。

**【推进经营转型升级】** 树立"全媒体+"经营理念,推出全媒体经营模式与客户合作,开展各种活动。为满足客户外宣需求,与上级主流媒体对接,建立长期合作关系,向客户提供"打包式"外宣服务。网络编辑部、淳安发布的经营业务归口到广告部,由广告部统一经营,实行全媒体运营。2017年3至7月,承办全国华语风采英才培养及选拔淳安赛区活动,吸引近400人参加,其中省赛20人获金奖,9人参加全国总决赛,获得金奖1名、银奖3名、铜奖3名、优秀奖2名,有力打响赛事品牌。9月,成功组建小记者团,100多人每月开展一次主题活动,全媒体同步跟进报道,赢得家长信赖。承接法治文艺进社区演出3

场、法治游船启航仪式普法演出 1 场，得到合作单位充分肯定。“全媒体＋”促共赢的经营创收新模式，荣获第四届全国县市区域报经营成功案例奖，为杭州地区三县（市）唯一获奖单位。2017 年广告经营收入 900 万元，较上年增长 16％左右。

（王朝峰）

## ·体　育·

**【概况】** 2017 年，淳安县体育局以创建浙江省体育强县为主线，突出发展体育产业，努力提升重大赛事品牌，不断加强全民健身，奋力竞办杭州亚运项目落地，实现自行车、公开水域游泳、铁人三项三个大项落户淳安，同时完成亚运场馆及亚运分村初步选址工作。全面启动并顺利完成创建体育强县工作，形成体育创强的“淳安模式”。2017 年，淳安县体育局荣获 2013—2016 年度全国群众体育先进单位称号。

全面推进并实施 2017 年为民办实事工程，新建县城西北区域 10 千米城市登山步道，新建的安阳国家登山健身步道通过国家体育总局验收；新建景湖小区、千岛花园小区、柏润国际小区等 4 处体育角；夯实农村公共体育设施基础，新建健身苑点、健身路径、灯光篮球场等一批体育场地，配送近 200 余万元的篮球架、乒乓球桌、室外健身器材等体育设施，行政村体育设施覆盖率达 100％。

成功举办全国自行车联赛、斯柯达 HEROS 中国自行车系列赛、国际泳联 10 公里马拉松游泳世界杯赛、全国 10 公里马拉松游泳锦标赛、中国·千岛湖公开水域游泳公开赛、第十一届中国·杭州环千岛湖国际公路自行车赛、千岛湖国际毅行大会、千岛湖国际铁人三项赛、全国气排球比赛、全国步道联赛、中国千岛湖水上运动嘉年华、千岛湖城市定向赛、千岛湖徒步大会、2017 中国千岛湖方腊故里户外三项赛、千岛湖“龙的传人”商学院龙舟赛、杭州市第十九届运动会（青少年部）篮球比赛、第 13 届中国大学生健康活力大赛等国际性、全国性大型赛事，参赛运动员达 50000 余人。

**【2017 中国自行车联赛淳安千岛湖站】** 2017 年 3 月 11 日～12 日，由中国自行车运动协会主办，淳安县人民政府承办，中国风景名胜区协会、浙江省风景名胜区协会共同协办的国内规格最高的全民自行车积分制联赛—中国自行车联赛（CCL）2017 年首站比赛在千岛湖举行。大赛不仅吸引了来自全国各省市、自治区以及港澳台地区的稳定参赛的 15 余支全国顶尖商业车队参加，还吸引了新车队参加。

**【2017 千岛湖国际毅行大会】** 2017 年 3 月 19 日，由淳安县人民政府主办，淳安县体育局、淳安县体育总会承办的 2017 千岛湖国际毅行大会在淳安县举行，共有来自全国 31 个省市、自治区等地近 5000 名毅行者参赛。

**【2017 斯柯达 HEROS 中国自行车系列赛千岛湖】** 2017 年 5 月 13～14 日，由淳安县人民政府主办，淳安县体育局承办的 2017 斯柯达 HEROS 中国自行车系列赛千岛湖站在千岛湖举行，来自全国各地的 800 余名运动员和骑行爱好者参加比赛。

**【2017 千岛湖马拉松】** 由中国田径协会、淳安县人民政府联合主办，淳安县体育局承办的 2017 千岛湖马拉松于 2017 年 11 月 26 日在千岛湖举行。此次赛事是千岛湖举办的第三届马拉松赛，共有来自美国、日本等 17 个国家和地区近 6000 名选手参加全程马拉松、家庭迷你马拉松、湖乱跑三个项目。

**【2017年国际泳联10公里马拉松游泳世界杯赛(淳安千岛湖站)】** 2017年10月6～11日,2017年国际泳联10公里马拉松游泳世界杯赛(淳安千岛湖站)在千岛湖举行。千岛湖作为国内唯一站,比赛分男子10公里和女子10公里两个组别。该次赛事由国际游泳联合会主办,国家体育总局游泳运动管理中心、中国游泳协会、浙江省体育局、杭州市人民政府、淳安县人民政府承办;参加国际泳联10公里马拉松游泳世界杯赛的人员来自英国、澳大利亚、巴西、日本等19个国家和地区,参加中国·千岛湖公开水域游泳公开赛的人员来自20多个省市70家泳协、俱乐部,两项赛事的运动员、教练员、官员共2500余人。

**【2017中国千岛湖国际铁人三项赛】** 2017年4月23日,由淳安县人民政府主办、淳安县体育局承办的2017千岛湖113国际铁人三项赛成功举行。铁人三项赛是一项将游泳、自行车和长跑相结合的新型体育运动赛事项目。2017年的赛道设置以“湖”为主题,将秀水、绿道、青山融入三段赛程,把一湖碧水、千岛风光完美展现在世人眼前,使铁人三项成为给千岛湖量身定做的精品赛事。该次赛事吸引了900名铁人三项爱好者参加,其中来自美国、加拿大、德国、法国、阿根廷、澳大利亚、日本等20多个国家及中国台湾、香港等地区的运动员有209名,是外籍选手最多的一次。

**【CSARA第13届中国大学生健康活力大赛】** 由中国大学生体育协会主办、淳安县人民政府承办、中国大学生体育协会健美操艺术体操分会执行的CSARA第13届中国大学生健康活力大赛于2017年11月12～19日在淳安体育馆举行。该次赛事有来自北京大学、清华大学、中央民族大学、北京师范大学、同济大学、上海大学、首都师范大学等130余所高校代表队近2500名运动员和教练员参加了健美操、艺术体操、健身健美、校园健身操舞4个大项的比赛。

(李　群)

(编辑　程中青)

# 卫生 计生

## ·综述·

**【概况】** 2017年，全县有各类医疗机构320家，其中县级医院4家（综合性医院2家，中医院1家，妇幼保健院1家），结核病防治所1家（挂靠在县疾控中心），计生指导站1家，中心卫生院4家，乡镇卫生院17家，社区卫生服务中心2家，社区卫生服务站14家，乡镇卫生院分院32家，急救中心（站）7家，民营医院6家，民营门诊部8家，个体诊所、厂矿学校医务室53家，村卫生室171个。全县病床数1794张，千人床位数为3.99张。全县卫技人员总数2648人，其中公办医疗卫生机构2341人（包括村卫生室177人），每千人口卫技人员5.77人。其中，医生1136人，每千人口医生数2.48人，护士（师）802人，每千人口护士（师）数1.75人。2017年，全县医疗机构（含村卫生室）门急诊326万人次，全县出院病人总数6.2万人次，公立医疗机构总收入8.256亿元。

2017年淳安县县级医院业务情况表

表6

| 单位 | 门诊（人次） | 出院病人（人次） | 床位使用（%） | 平均住院日 | 总收入（万元） |
|---|---|---|---|---|---|
| 县一医院 | 523664 | 25579 | 98.22 | 9.18 | 41139.74 |
| 县二医院 | 200204 | 7857 | 84.06 | 8.59 | 10791.5 |
| 县中医院 | 419585 | 13690 | 94.05 | 10.82 | 22229.6 |

续表6

| 单位 | 门诊（人次） | 出院病人（人次） | 床位使用（%） | 平均住院日 | 总收入（万元） |
|---|---|---|---|---|---|
| 县妇保院 | 244360 | 8038 | 84.67 | 5.77 | 8394.18 |
| 合　计 | 1387813 | 55164 | 94.49 | 9.49 | 82555.02 |

2017年淳安县中心卫生院业务情况表

表7

| 单位 | 门诊（人次） | 出院（人次） | 床位使用（%） | 平均住院日 | 总收入（万元） |
|---|---|---|---|---|---|
| 威坪中心卫生院 | 150852 | 1319 | 71.34 | 7.11 | 3426.25 |
| 临岐中心卫生院 | 79052 | 1262 | 68.14 | 6.9 | 2293.41 |
| 大墅中心卫生院 | 35868 | 257 | 43.01 | 7.33 | 1146.36 |
| 姜家中心卫生院 | 48202 | 437 | 49.17 | 6.16 | 1428.05 |
| 合　计 | 313974 | 3275 | 63.34 | 6.92 | 8294.07 |

**【医共体建设试点】** 2017年9月底，根据省政府有关工作部署，省医改办决定在11个市各选择1个县（市、区）开展县域医疗服务共同体（医共体）建设试点工作，杭州市淳安县被列为试点县，这是杭州地区首个县域医疗服务共同体建设省级试点县。2017年12月29日，淳安召开县域医疗服务共同体建设试点工作推进会，县政府向县一医院、县二医院、县中医院三家医共体授牌，下发《淳安县医共体建设试点方案》，正式启动医共体建设试点工作。

**【医疗资源下沉、技术提升】** 2017年通过承接省市医疗资源下沉和与省内外三甲医院开展重点专科协作，柔性引进省内外专家105名来淳工作。同时县级医院接力下沉，全年共下派医护人员664人次，诊治基层病人8494人次。建立了省、市医学重点学科（龙头学科）和县级扶持学科培育计划，强化目标考核管理。2017年新增县一医院心内科、重症医学科、儿科，县中医院中西医结合心内科、中医肿瘤科5个杭州市医学重点学科，新增省级科研立项7项。县一医院利用数字减影血管造影(DSA)设备开展了冠脉造影750余例，支架植入160余例，高压氧舱已为6000余名患者开展了专业治疗，新开展肌电图检查800余例，开展各类关节镜下手术30余例。

**【医疗资源整合】** 完善区域影像、心电会诊、消毒供应、临床技能培训、临床检验等五大中心运行。县医学影像会诊中心已为基层医疗机构提供会诊4万余人次。临检中心检测能力从220项扩增到300余项，每月标本送检量达到1.5万余份。心电会诊中心每年会诊1000余病例，临床技能培训中心每年培训30余批次2000余人次。完成以电子健康档案为核心的卫生信息平台建设，实现全县医疗机构之间诊疗信息的互联互通和数据共享。大力推行智慧医疗服务，在4家县级医院实现了“全自助”就医智慧服务的同时，将智慧医疗和诊间结算延伸拓展到基层卫生院。开通了医信付服务，开发了淳医点点通手机App，建成了四家县级医院移动护理系统。

**【基础设施建设】** 2017年，县二医院新建住院楼正式启用，启动了县一医院二期、县中医院后勤综合楼两个PPP项目建设，前期各项审批工作进展顺利。有序推进县级医院进口磁共振、CT等设备更新，继续实施乡镇卫生院医疗设备标准化建设计划。县一医院购置进口1.5T磁共振、64排CT设备市卫计委已研究通过，并报省卫计委审批。新批准设置民营医疗机构6家。淳安新富中医骨伤医院二期工程已启用。

**【创新创建工作】** 2017年，“淳安卫生信息化建设”被列入县级创新工作，并获得杭州市陈红英副市长的批示肯定，3月22日CCTV4《走遍中国》栏目对淳安县卫生信息化建设进行了专题报道。启动推进了县一医院和县中医院三乙创建及县妇保院二甲创建，以等级创建为总抓手，通过评估、自查、整改、培育等措施，推进医院综合能力有序提升。2017年9月，县政协对等级医院创建工作进行了专题视察。2017年3月，大墅、姜家两家中心卫生院被国家卫计委授予“全国群众满意卫生院”，同时临岐中心卫生院和梓桐、文昌、瑶山卫生院成功申报创建工作，并上报国家复核。威坪、临岐、石林、梓桐、大墅、枫树岭6个创“国卫”乡镇通过市级评审；中洲、安阳、宋村、浪川、屏门、富文、文昌7个创“省卫”乡镇全部通过考核验收；金峰、左口、里商、鸠坑、王阜、界首6个创“市卫”乡镇全部通过考核，实现了淳安县市级卫生乡镇全覆盖目标。

## ·医政管理·

**【公立医院改革】** 按国家、省、市医改办要求，完成了2016年县级公立医院综合改革效果评价考核的自评，并通过国家、省、市复核，最终成绩位列全省县级排名11位、杭州地区第1名。贯彻落实《淳安县深化医药卫生体制改革综合试点实施方案(2016—2020)》要求，出台了《淳安县公立医院运行考核办法》和《淳安县完善公立医疗机构药品集中采购工作方案》，协调配合有关部门推进医改综合试点工作重点任务的落实。按要求每月上报医改监测数据。落实国家、省、市推进医共体建设试点要求，初步形成《淳安县医共体建设试点方案》。

**【医疗质量管理】** 一是开展医疗质量安全大排查大整治活动。制定下发《2017年淳安县医疗质量安全大排查大整治工作实施方案》。

3月，在全县各级医疗机构广泛开展医疗质量安全大排查大整治活动。各医疗机构在自查整改的基础上，接受县卫计局督导和杭州市重点抽查，对检查梳理出来的问题制定整改计划，并抓好整改落实，促进医疗质量持续改进。二是开展医疗质量提升年活动。制定出台了《淳安县医疗质量提升行动实施方案（2017—2019）》，在全县开展医疗质量提升年活动。进一步完善县医疗质控组织，组织开展各类质控活动；要求医院落实医疗质量安全18项核心制度；加强县级医院医疗技术临床应用管理，组织相关管理人员参加市医疗技术临床应用管理培训班，督促医院按要求对限制类临床应用技术实施备案；加强合理用药管理，举办全县抗菌药物临床应用管理和合理使用培训班，邀请浙二医院专家来淳授课，共培训160余人。对各医疗机构抗菌药物采购目录和管理目录进行了备案，建立了重点药品监控目录；根据《淳安县中心卫生院医疗服务能力提升实施方案》，组织开展对项目建设单位威坪、临岐中心卫生院医疗服务能力的中期评估。三是组织举办医疗技能竞赛活动。县卫计局联合县总工会下发《关于开展全县卫生计生系统职工职业技能竞赛活动的通知》（淳卫计〔2017〕108号），相继组织举办了全县青年药师岗位技能、医学影像职业技能、院前急救职业技能竞赛。组织选拔优秀选手参加杭州市病理、麻醉、医学影像和院前急救职业技能竞赛，并在市级竞赛中获得麻醉技能一等奖、病理技能三等奖、院前急救技能三等奖。四是开展群众满意卫生院创建活动。为贯彻落实浙江省基层医疗卫生服务能力提升年活动实施计划要求，积极组织卫生院创建全国"群众满意卫生院"，2017年临岐中心卫生院等5家单位进行了申报，并先后接受省、市级抽检复核，有4家单位已上报国家复核。

**【医疗机构及人员准入】** 2017年，新批准设置民营医疗机构6家（其中专科医院1家、中医门诊部2家、口腔门诊部1家、口腔诊所2家），批准通过校验医疗机构293个。2017年，完成147人医师资格考试报名审核，完成211名医师和289名护士注册（变更）工作。

**【医疗服务保障】** 根据《关于进一步完善县域急诊急救体系建设的实施方案》（淳卫计〔2016〕107号）要求，积极筹划建设急救站（点），完善院前急救网络，4月完成临岐急救站建设并投入运营，姜家、大墅急救站前期筹备已基本完成，救护车配置已完成招标采购。全年120接急救电话1.71万个，出车3632次，选派救护车110辆次，医护人员335人次参加县内重大活动保障。同时，加强无偿献血与临床用血管理，无偿献血占临床用血（采供血）比例100%，临床成分用血比例95%以上。

**【科教工作】** 一是加强重点学科的建设。组织申报市级医学重点学科10个，通过市级评审列入建设计划5个。二是加强住院医师规范化培训管理。督促培训基地加强对培训学员日常管理，要求对学员阶段考核成绩通报选送单位。按杭州市卫计委要求，组织开展社区实践基地的自评，并按受杭州市检查评估。组织完成住院医师规范化培训年度考核。三是加强生物安全管理。组织开展我县病原微生物实验室生物安全风险评估工作。在各单位自查的基础上，组织开展了备案微生物实验室生物安全专项督查。通过自查、督查、整改等措施，进一步规范我县医疗卫生机构生物安全管理工作。四是组织实施基层轮训工作。按《淳安县基层卫技人员轮训工作方案》要求制定年度轮训计划，并组织实施，全年培训基层卫技人员41人。五是抓好科研立项工作。全年共举办各类继续项目11

项、申报科研课题8项。

【中医工作】 一是做好全国基层中医药工作先进单位复审迎检，9月通过市级复审。二是加强基层中医药人才培养。积极组织各医疗机构医务人员参加杭州市西学中培训，2017年报名76人，西学中在培医师人员34人，护士7人已结业。鼓励师带徒学习，目前在县卫计局备案师带徒学习的有7人。三是开展基层中医药综合服务区建设。中央资金项目2016年基层中医馆项目建设单位千岛湖镇社区卫生服务中心等5家单位基本完成建设任务，接受了杭州市考核验收。2017年项目建设单位瑶山乡卫生院等6家单位制定了中医药综合服务区建设方案，并已启动建设。四是积极推广应用中医药适宜技术。妇保院增设小儿推拿科，与东阳市妇女儿童医院建立了协作关系。选派6名基层卫生院中医骨干参加杭州市基层中医药适宜技术培训班。6月，在县中医院举办社区基层中医药适宜技术应用推广培训班，共培训基层医务人员55人。

## ·人事管理·

【干部队伍建设】 2017年通过组织选拔程序，对部分局机关科室负责人和县属医疗卫生单位领导班子进行了调整，新提拔干部11名，岗位调整干部3名，并开展了基层医疗卫生单位领导班子调整工作。2017年局机关调入公务员1人、事业人员2人，招聘事业科室人员4人，卫生监督所招聘参公人员2人。改革编制人事制度，抓好卫生人才引进，加大本土人才培养，鼓励医务人员在职学历提升和外出学习进修；加大乡村全科医生委培力度，增强基层全科医生力量。继续抓好基层医务人员到上级医院轮训。

【人才工作】 2017年，组织县级医院和疾控中心开展了自主招聘全日制本科及以上学历紧缺专业人才工作，全年录用60人，其中研究生12人；开展下属事业单位公开招聘工作，录用86人；开展定向培养基层卫生人才工作，定向招生23名，同时毕业分配20名定向委培生到基层医疗机构工作；通过外出上门招引高层次人才，刚性引进5名副高及以上职称人才，已选派62名医疗技术骨干到省市三级医院进修培训。

【技术职称工作】 2017年，四家县级医院调整新增备案编制320名，新核增乡镇卫生院编制45名，新增正高职称职位116个(总170个)、副高职称职位83个(总284个)。鼓励医务人员职称晋升，有334人报名参加初中级职称考试，212人取得专业技术职称资格；123人报名参加高级职称考试，其中60人(正高22人、副高38人)选送到市级高评委参加职称评审，56人取得了高级职称专业技术资格。

## ·公共卫生·

【家庭医生签约服务】 将基本公共卫生服务项目与家庭医生签约服务相结合，以签约为引导，将“电子健康档案合格率、慢性病规范管理率、慢性病控制率”等指标作为签约服务质量管理的重要内容，建立了签约服务信息化管理平台，实现了签约服务、电子健康档案、区域诊疗、预约转诊等信息化管理的有效融合，通过强化签约服务质量管理，助推基本公共卫生服务项目品质提升。2017年签约156746人，规范签约率38.41%。其中，0～6岁儿童、孕产妇共签约21643人，签约率73.40%；65岁以上老年人签约49921人，签约率81.33%。下拨签约服务经费784余万元。建成了4家省级签约服务示范点，评选出百姓信赖的签约好医生、好护士各10名，其中2人荣获省级、9人获得市级百姓信赖的签约好医生、好护士荣誉称号。主要慢病管理效果稳中有升，高血压病、糖尿病患者规范管理率分别为65.83%和62.98%，控制率分别为60.71%和53.16%。

**【基本公共卫生服务项目】**　2017年，淳安县基本公共卫生服务项目市级考核位列全市第一。一是深化骨干培训。10月26—27日，邀请省卫计委四位全省公共卫生线资深专家来淳授课，通过骨干"传、帮、带"形式，贯彻执行好基本公共卫生服务规范，达到"人人知规范，人人懂规范，家家有老师"的效果。二是修订完善考核办法。建立以岗位责任和工作绩效为核心的考核激励机制，实行"一年四考"，考核结果与项目经费拨付相挂钩。2017年，对8家基本公共卫生优秀单位给予14万元奖励，奖励经费不纳入绩效工资总量。三是开展公共卫生服务"质量提升年"活动。首次组织全县预防接种人员技能竞赛、全县精神卫生综合管理技能竞赛活动、全县平衡膳食营养配餐大赛。制定下发《淳安县卫生监督协管员业务轮训工作方案》，举办了全县卫生监督协管技能竞赛，2017年开展了三批卫生监督协管员轮训，进一步提升基层公共卫生队伍能力素质、业务素质和服务能力。组织开展基本公共卫生服务项目宣传月活动，以"纳凉晚会""小手牵大手"等方式，让基本公共卫生服务项目知识进企业、进学校、进社区、进家庭。2017年，累计开展专项宣传活动19场，发放资料2万余份，电视报道4次，报纸和微信等宣传40余次，累计投入宣传经费12.38万元。全年举办健康知识讲座364场，受益3万余人次；举办健康咨询251次，受益4万余人次，发放健康教育宣传资料56万余份，有效提升了服务对象的项目知晓率和满意度。四是开展项目交叉督导检查活动。组织开展了以片为单位的交叉督导工作，通过互相交流、自查自纠等方法，逐步培养一批基层学与做相结合的业务型骨干。

**【重大公共卫生服务项目】**　落实农村孕产妇住院分娩补助、孕前和孕早期免费服用叶酸、农村妇女"两癌"检查等国家和省市重大公共卫生服务项目，农村孕产妇住院分娩补助3510人次，完成率100.29%；孕前和孕早期免费服用叶酸5177人次，完成率115.04%；农村妇女宫颈癌检查18660人，农村妇女乳腺癌检查18660例。

**【城乡居民健康管理】**　严格按城乡居民健康体检工作要求开展体检工作，确保项目齐全、体检规范。全年累计体检145461人，其中60岁以上老人55266人，0～6岁儿童23976人，中小学生33746人，其他成人32473人。在此基础上，进一步规范城乡居民健康管理工作，加快推进居民健康管理和诊疗等信息的互通共享，完善电子健康档案内容，全县城乡居民规范化电子健康档案400627份，建档率98.18%，合格率92.22%。

**【疾病预防控制】**　2017年9月，报告2例本地感染登革热病例，淳安县卫计局切实履行全县登革热防控办的工作职责，当好政府参谋，先后召开10余次登革热防控专题会议，专题布置疫情处置、应急监测、病媒控制效果监测、评估以及健康教育、疫情分析研判及风险沟通等工作。科学处置2例现患病例，落实规范隔离治疗，全部治愈出院，对143名密切接触者进行医学观察。与此同时，实行县、乡、村三级联抓，广泛开展环境大清理、大整治活动。加强公众登革热防治知识宣传教育，全年发放各类登革热防治知识宣传资料8万余份，并通过电子显示屏、短信、微信、微博等形式发送登革热宣传信息5万余条。10月

21日,县卫计局在临岐镇组织开展了登革热疫情应急处置模拟演练和技术比武,来自全县各医疗卫生机构的60余名医务人员参加了演练。

**【青少年口腔保健】** 4月初,启动2017年淳安县窝沟封闭预防龋齿项目,抽调县一医院、县二医院、县中医院技术骨干组成医疗队进校服务,覆盖全县61所小学和18所初中,到现场进行口腔检查5075人,学生覆盖率91.15%。至5月底,3支医疗队顺利完成封闭任务,实施窝沟封闭3248人7445颗牙齿,封闭率达99.75%。同时对2015年封闭对象4732人进行了复查,复查率94.4%。2017年11月,杭州市口腔办联合杭州市口腔质控专家组抽查,对360名学生1100颗封闭牙齿进行了检查,完好率达94.1%。

**【流感疫情防控】** 2017年接报6起聚集性急性发热呼吸道感染疫情,经核实疫情、现场调查、采样检测,确认为流行性感冒聚集性疫情4起(其中甲3型1起、乙型3起),呼吸道腺病毒聚集性疫情感染2起。经采取综合控制措施后疫情终止。全县活禽交易市场继续关闭,于2017年2月、5月、8月及第4季度每月对全县组织了7次外环境监测,共监测15个点,其中规模养殖户5家、农村散养户8家、野生禽鸟栖息地2处。共采集样本122份,其中粪便51份、笼具表面擦拭标本40份、禽类饮水25份、食槽表面擦拭标本6份。经中心实验室PCR检测,均未检出甲型流感病毒核酸。

**【妇幼保健管理】** 建立危重孕产妇抢救基金,县财政每年预算10万元专项资金用于危重孕产妇抢救。加强妇幼保健管理,通过发放免费服务券的方式,打破乡镇辖区限制,使孕产妇、儿童在县内任何一家医疗机构均能免费享受基本公共卫生服务项目。同时,推行动态管理机制和信息沟通机制,实现流动人员妇幼保健信息的"无缝对接"。2017年,全县剖宫产率45.22%,与上年相比上升2.47%;5岁以下儿童死亡率控制在3.05‰历史最低;婚检率达95.09%;产前筛查率95.52%、新生儿疾病筛查率99.59%、新生儿访视率98.51%,产后访视率达98.21%。

**【精神疾病管理】** 全县有精神疾病患者2157人,其中严重精神障碍患者1961人,重性精神病患者发现率为4.3‰,治疗率72.5%。全年无重大肇事肇祸发生,各项指标达国家规范要求。建立应急处置机制,避免不良事件发生,建立双向转诊制度,提供无缝隙服务。全年列入特困免费治疗资助重性精神疾病患者699人,住院救助对象44人次,落实住院救助资金33万余元。协调落实严重精神障碍患者监护人以奖代补政策。

**【卫生监督】** 2017年,对1家水厂、2家餐具消毒企业、10家民营医疗机构、7家公立医疗机构、2家学校、62家宾馆酒店等公共场所进行立案处罚。累计开展日常性卫生监督检查共1500余次。

**【食品安全风险监测】** 根据市食安委、卫计委相关文件要求,县卫计局制定了《2017年淳安县食品安全风险监测方案》,县疾控中心、县属医疗单位按方案要求有序开展监测工作,全年共完成食品中化学污染物和有害因素监测样品141份,食品微生物及其致病因子监测样品115份,合计完成食品安全风险监测样品256份(市级任务250份),出具了1890个检测数据,风险隐患警示样品10批次,开展食源性疾病主动监测上报腹泻病例528例,超额完成省、市下达任务。

## ·计划生育·

**【目标管理责任制考核】** 根据县政府与各乡镇及有关部门签订的《淳安县2017年度计划生育目标管理责任书》要求，经全面考核，综合评定全县23个乡镇全部达标，公安局等11个责任制部门全部达标。

**【“一票否决制”执行】** 根据县政府与各乡镇、有关单位签订的《淳安县2017年度计划生育目标管理责任书》和浙委办〔2007〕27号文件《浙江省人口和计划生育“一票否决制”实施办法》的精神，2017年共审查各类先进和相关资格90批8次，其中审查村(社区)、单位640家，个人10948人(其中村社组织换届审查9637人)。同时对枫树岭镇红光村等5个村(社区)和133个违法生育的个人予以计划生育“一票否决”，并以县人口与计划生育领导小组文件形式公开否决单位和个人名单。

**【计生主要指标执行】** 2017年，全县计划生育主要指标执行情况良好，全县共上报出生5018人，同比减少281人，减幅为5.30%；违法生育72人(其中当年53人)，计划生育率98.57%，同比上升1.02个百分点；2016年10月至2017年9月出生人口性别比104.43；国家免费孕前优生健康检查人群覆盖率97.95%；流动已婚育龄妇女登记管理率92.27%，省内流动育龄妇女生孕信息反馈率100%。上述指标均达到市政府考核要求。

**【“全面两孩”政策实施】** 按照“最多跑一次”要求，深化实施生育登记“全程代办制”和“个人承诺制”，针对杭州市户籍对象只凭身份证即可办理生育登记。2017年，全县共办理生育登记4276例，其中一孩2050例、二孩2226例、生育管理地不在淳安县的323例；作出再生育审批决定164例。

**【计生依法管理】** 扎实组织开展了计生违规收费情况自查，重点查清社会抚养费征收、免费技术服务基本项目落实等方面存在的问题，未发现违规收费项目和行为。认真做好连续两年无违法生育行政村奖励工作，共奖励行政村159个31.8万元。依规妥善处理社会抚养费征收管理工作，及时签订征收委托书，主动公开征收信息，接受社会监督。2017年，征收社会抚养费59.05万元。

**【计生统计信息化建设】** 公安、民政等部门人口信息共享和应用进一步深入，互联互通信息平台有效运行，卫生计生怀孕、出生信息实现全面共享。2017年，当年出生上报及时率98.01%。扎实推进全员人口信息系统建设，认真开展数据清洗及补录工作，梳理问题数据5558条，补录数据4.3万余条，为启用新全员人口信息系统打好数据基础。

**【基层计生服务管理技能竞赛】** 认真组织开展基层计生服务管理技能竞赛，淳安代表队在杭州市卫生计生系统基层计划生育服务管理技能竞赛(复赛)荣获团体三等奖；威坪镇人民政府计划生育服务站技术人员王敏香荣获浙江省基层计划生育服务管理技能竞赛个人一等奖，省总工会命名王敏香同志“浙江金蓝领”称号。

**【计生奖励优惠政策落实】** 2017年，全县共确认奖扶对象6542人，其中当年新增1491人，发放资金619.39万元；共确认可享受特扶政策对象426人，当年新增54人，发放资金307.92万元；共确认可享受并发症补助52人，其中新增3人，发放资金25.08万元；申报市级公益金7户10人，发放资金3.25万元;申报县级公益金150人,发放资金25.4万元;农保补贴享受27660人,发放金额276.6万元;发放农村独生子女父母一次性奖励和个体工商户独生子女父母奖励费共373人,发放金额6.56万元。

**【性别比治理工作】** 2017年度(统计时间段2016年10月1日—2017年9月30日)全县出生人口性别比为104.43,其中淳安县户籍出生男婴2688人,女婴2562人,户籍人口出生性别比为104.92;流动人口婴儿性别比为94.49。完成市对县考核指标。一是继续加强部门协作,造浓环境氛围。二是继续完善工作机制,整治常抓不懈。坚持每季由县出生人口性别比领导小组召集县公安局、县市场监管局、县卫计局、县妇联等部门开展性别比督查活动,开展打击非法行医专项整治行动,始终做到保持查处“两非”的高压态势。三是继续强化基层基础,抓源头管理。加大孕情收集力度及孕情全程跟踪管理,防止选择性别的人工终止妊娠和溺弃女婴行为的发生。

**【计生宣教与技术服务】** 一是国策宣传氛围浓厚。2017年,成功创建浙江省“三优”示范中心。结合“5·15”国际家庭、“7·11”世界人口日、全国“敬老月”等主题日,组织开展文艺演出、大型宣传、政策咨询、发放资料等计生政策宣传活动。印制发放“千岛湖三色随访包”助力计生随访工作,切实提高群众满意率。二是技术服务创新提升。抓住春节外出育龄人群返乡之机,县计生指导站从正月初四就开始值班,配合乡镇安排值班开展免费孕前优生健康检测工作,创新服务方式,2017年4月开始每月19—21日定期到威坪、大墅、临岐、姜家中心卫生院和汾口社区服务中心开展“零距离”孕前优生巡回服务活动。2017年县计生指导站共检查3821人,女方检查1923人,男方检查1898人,评估高风险人群457人。三是避孕药具服务满足群众需求。为全县育龄妇女84079人提供服务。全县药具管理网络以县计生指导站为龙头,24个乡镇计生办和438个行政村、社区居委会为辅的链条式避孕药具服务网络,共设免费药具挂牌供应点467个,药具管理人员670人。全年发放避孕套20790盒,外用避孕药2020盒,口服避孕药345盒。避孕药具管理服务做到宣传教育到人,药具发放到人,随访指导到人,满足淳安县群众免费避孕药具服务的需求。

**【流动人口服务管理】** 全面推进流动人口健康促进工作,《制定下发淳安县流动人口健康教育和促进行动计划实施方案》,组织开展流动人口健康促进示范企业、学校和健康家庭评选活动,深化关爱流动人口专项行动,全年举办各类宣传咨询服务活动14场,服务2500余人次,营造了关注流动人口健康的社会氛围。着力提升“互联网+流动人口”服务水平,深化流动人口婚育证明电子化工作,全县共计提交跨省协查信息389条,接受跨省协查信息140条,发放流动人口电子婚育证明15689条,查验外省流动育龄妇女电子婚育证明511条,流动已婚育龄妇女登记管理率91.77%。2017年,全员平台登记流出人口10.98万人、流入人口3.8万人,其中流出流入育龄妇女分别为5.57万人和1.4万人,流入人口持续增长,流出人口同比略有下降。千岛湖镇新北社区、施家塘社区完成国家流动人口卫生计生动态监测调查工作。

**【计划生育协会工作】** 一是组织建设得到加强。组织召开了淳安县计划生育协会第七次会员代表大会,县人大副主任徐月焕当选为县计生协七届理事会会长;调整了原理事会小组成员,明确了各分组组长、副组长、成员及具体分工；县委县政府把计生协工作纳入县人口领导小组会议汇报机制，专题研究计生协工作，明确要求各级党委政府要加强对计生协工作的领导和乡镇计生协秘书长享受相应中层干部待遇等政策。二是持续开展生育关怀。春节和“5·29”协会会员活动日宣传服务月期间，组织开展走访慰问计生特殊家庭、独生子女户、手术并发症、留守老人和儿童等计生困难家庭300户，送去慰问金(品)共计30万余元；12月11日，在王阜乡启动全县生育关怀——“圆梦微心愿”活动，截至目前共帮助计生特殊家庭、留守儿童、老人，流动人口等共计220户415人完成“微心愿”，“微心愿”物品有电饭煲、棉被、书包、米油等40余种，帮扶资金约10万元。为全县407户累计投入各类保费113万余元，累计惠及独生子女家庭2.6万余户，已办理各类理赔22件，支付理赔金41万余元。三是积极落实项目工作。积极帮扶计生困难家庭发展生产。2017年争取市县两级致富发展项目共11个，资金44万元。8月，市计生协和市农办组成的督导专家组对淳安县市级致富发展项目进行督导评估并给予高度评价。四是扎实推进健康教育。举办2期市级师资认证培训班，培训人员120余人次，新培养了市级以上师资资质10人、初级师资资质50余人；组织开展青春健康讲座200余场，同伴教育2000余人次；100余人次的青少年接受了亲青服务、面询服务，接听亲青服务热线、新媒体咨询达1200余人次，培训青少年300余人次，发放青春健康资料5500余份；开展流动人口培训、服务活动7场，提供各类服务2600人次，发放避孕药具约5200余盒，宣传资料6800余份。

## ·爱国卫生·

**【卫生乡镇创建工作】**　为认真贯彻落实省委、省政府关于实施全省小城镇环境综合整治行动的重大战略决策，强势推进卫生乡镇创建，淳安县以“三级联创”为主抓手，全力打造卫生乡镇创建升级版。力争通过两年时间，使全县卫生乡镇创建的数量和质量处于全市乃至全省前列。一是细化方案抓指导。县爱卫办按照省委办公厅、省政府办公厅下发的《浙江省小城镇环境综合整治行动实施方案》《浙江省小城镇环境综合整治三年行动计划》《淳安县小城镇环境综合整治行动方案》等文件要求，多次召开专题会研究部署卫生乡镇创建工作，制定下发《淳安县小城镇环境综合整治行动卫生创建专项行动方案》和《关于明确小城镇环境综合整治行动卫生乡镇创建相关工作的通知》，明确各乡镇卫生乡镇创建总体目标、创建类别、时间节点、整治重点和工作安排。二是统一培训强业务。3月9日，县爱卫办、县整治办专门举办全县小城镇环境综合整治行动卫生创建业务培训班，邀请专家来淳，就卫生乡镇创建标准和考核要求以及卫生乡镇创建台账资料的收集和整理进行培训，全县140余名乡镇分管领导、医疗机构负责人、社区卫生服务中心主任参加培训讲座。3月29—31日，杭州市国家卫生乡镇创建培训班及现场会在淳安举行。姜家镇在会上作了国家卫生乡镇创建工作经验交流，与会代表到姜家镇进行实地考察。此外，县爱卫办专门编印《国家卫生乡镇创建工作指南》《卫生乡镇创建指导手册》各2000份下发到各乡镇。6月27～29日，县爱卫办组织全县21个卫生创建乡镇具体工作人员到桐庐参加全市小城镇环境综合整治卫生乡镇创建台账资料培训。三是一月一查防反复。县爱卫办组织相关人员，对照考核标准，对各卫生创建乡镇进行一月一督查，对督导中发现的问题，以整治办简报和卫生创建指导意见书的形式反馈给乡镇，限期整改落实。县爱卫办先后下发《督查情况通报》6期、创卫指导意见书72份。截至2017年年底，威坪等8个创“国卫”乡镇通过市级评审；安阳等7个创省卫乡镇全部通过考核验收；鸠坑等6个创市卫乡镇全通过考核，实现了市级卫生乡镇全覆盖目标。

**【“省卫”“市卫”创建巩固】** 根据省市爱卫会下达的爱国卫生任务书要求，2017年，临岐、石林、瑶山、威坪、梓桐以及富文、浪川7个乡镇接受“省卫”“市卫”复评。县爱卫办多次赴复评乡镇进行现场督查指导，与7个乡镇做好对接工作，帮助查找差距和问题，提出指导意见。6月底和8月初，市爱卫办组织考核组分别对临岐、石林、瑶山、威坪、梓桐以及富文、浪川7个“省卫”“市卫”乡镇进行了复评，考核组对威坪、临岐、石林、浪川等乡镇的卫生创建巩固工作给予高度肯定，7个乡镇顺利通过“省卫”“市卫”复评。

**【农村改水改厕工作】** 根据县政府下发的《淳安县“五水共治”三年投资计划》和市下达的农村改水改厕工作任务，2017年，淳安需完成农村三格式无害化厕所改建任务600座。为确保改厕工程质量和进度，淳安县把改水改厕工作列入乡镇精神文明建设考核内容。结合农村“五水共治”工作，通过多方协调，将农村三格式无害化厕所改建纳入“五水共治”内容之一，做到统一图纸、统一施工，统一验收，同时要求新建房无害化户厕配套率100%。2017年底，全县共完成农村三格式无害化户厕改造621座，提前并超额完成改造任务。为确保农村群众饮水安全，2017年继续实施全县农村饮用水水质卫生监测，将农村日供水20吨以上的394座集中式供水厂(站)列入项目监测范围。根据《2017年浙江省饮用水水质卫生监测工作方案》要求，结合淳安实际，县爱卫办选择了农村21个监测点和城市6个监测点，对这些监测点开展生活饮用水枯水期、丰水期出厂水和管网末梢水水质检测。城市生活饮用水的6个监测点采集出厂水、末梢水和二次供水共12份，经检测水样总体合格率均为100%。21个农村水监测点共采集枯/丰水期出厂水、末梢水水样90份，经检测水样总体合格率为81.1%，其中出厂水水质合格率81.0%，管网末梢水水质合格率81.3%。

**【爱国卫生月宣传活动】** 2017年4月是第29个全国爱国卫生月，也是爱国卫生运动开展65周年。4月21日，县爱卫会、县卫计局、县疾控中心、县卫生监督所、千岛湖镇社区卫生服务中心、杭州欧萨检测技术有限公司等单位在千岛湖广场联合举办以“为了人民的健康——65年的历史与展望”为主题的第29个爱国卫生月大型宣传活动。县爱卫办设立集中宣传点，通过悬挂横幅、宣传展板、发放宣传资料、健康义诊、四害防控咨询、健康知识竞答、《健康淳安》微信公众号有奖扫描等形式，宣传小城镇环境综合整治、病媒生物防制、疾病预防、健康保健和控烟等知识。据统计，此次活动共发放《公民健康素养99条》、《健康教育科普专刊》以及《小城镇环境综合整治卫生乡镇创建专项行动倡议书》等宣传资料2300余份，接受群众咨询300多人次，现场分发灭蟑药1100包、粘鼠板120个，营造爱国卫生月活动良好的社会氛围。

**【世界无烟日宣传活动】** 2017年5月31日是世界卫生组织发起的第30个世界无烟日，此次世界无烟日主题是“无烟、健康、发展”。5月31日，县爱卫办组织县市场监管局、县烟草专卖局、县卫生监督所、县疾病预防控制中心、千岛湖镇社区卫生服务中心等单位，在千岛湖广场联合举办第30个世界无烟日宣传活动。县爱卫办、县卫生监督所、县市场监管局、县烟草专卖局等部门对千岛湖镇城区联华超市、汽车北站、行政服务中心办事大厅等公共场所的控烟执行情况进行了专项执法检查，未发现销售卷烟、雪茄烟和烟丝等现象。县爱卫办还组织开展了浙江省无烟单位和控烟积极分子评选活动。据统计，此次宣传活动共发放《共创无烟环境、共享健康生活》《二手烟危害儿童健康与生命》等控烟宣传资料2400多份，接受现场咨询210多人次。

**【登革热防控工作】**　一是高度重视，立即部署。迅速开展疫情分析研判，部署下步防控工作。先后下发《关于开展全县洁美环境大整治防蚊灭蚊专项行动的通知》《关于进一步加强我县登革热防控工作的通知》等文件，要求卫生系统内开展业务培训，提高疾病的早期识别能力。组织各乡镇（社区）、单位开展以灭蚊、清理环境为主的爱国卫生运动，广泛动员群众落实清洗水缸、翻盆倒罐、清除小积水容器等消灭伊蚊幼虫滋生地的防制措施，并建立信息报告制度。县政府专门建立以分管县长为组长、20个部门和23家乡镇分管领导为成员的淳安县登革热防控工作协调领导小组，完善联防联控和信息通报机制。二是立即行动，落实措施。开展病例搜索和蚊媒应急控制工作，组织县疾控中心及当地乡镇开展病例搜索、病媒控制、实验室检测、流行病学调查等工作。对共同暴露者和密切接触者开展医学观察，8月24日开始，县爱卫办、县疾控中心每天安排专业人员到乡镇、社区实地指导防蚊灭蚊和蚊媒应急监测工作，并督促承担公共环境除四害PCO公司开展集中统一的杀灭蚊虫等病媒生物防制工作。三是广泛动员，全民参与。各乡镇、各部门积极响应，迅速行动，组织开展环境卫生清理整治专项行动。全县机关事业单位结合主题党日开展了环境大整治，动员居民、在职党员、社区工作者和单位职工走上街头、进社区、楼道开展清除杂草、清理卫生死角及蚊蝇滋生场所。23个乡镇和青溪新城纷纷组织、动员广大村民开展了洁美乡村、除蚊灭蚊行动，爱国卫生氛围浓厚。四是开展宣教，强化沟通。发放登革热防控知识《健康教育科普专刊》36万余份，在淳安电视台滚动播放健康宣教游字广告。开展形式多样的宣教活动，广泛向群众宣传关于登革热的发生、传播、早期症状、危害及防治等基本知识，确保防蚊、灭蚊的知识和方法家喻户晓，提高群众对登革热的自我防治能力。

### ·疾病预防控制·

**【疫情概况】**　2017年，全县无甲类传染病报告，共报告乙类传染病12种973例，报告发病率282.85/10万，同比上升4.03%；前五位病种：梅毒、肺结核、淋病、病毒性肝炎、菌痢。死亡4例均因涂阳肺结核，年死亡率1.16/10万。报告丙类传染病4种1562例，报告年发病率454.07/10万，同比上升18.84%。

**【卫生应急】**　全年未发生突发公共卫生事件，共发生聚集性事件9起，涉及学校幼托机构8起、社区1起，均为丙类和其他传染病（甲型流感1起、乙型流感3起、Ⅱ型诺如病毒2起、成人轮状病毒1起、呼吸道腺病毒2起），累计发病164例，共波及12445人，县疾控中心均及时赴现场调查处置并有效控制疫情。9月10日，淳安县报告首例本地感染登革热确诊病例，9月19日发现第二例病例。县人民政府启动Ⅳ级突发公共卫生应急响应，采取灭蚊防病、群防群控等防控措施；县疾控中心作为业务部门全力开展疫情和蚊媒监测、防蚊灭蚊技术指导。至10月15日，核心区布雷图指数已降至5以下、叮咬指数已降至2（只/人·时）以下，之后再无新发病例报告，疫情得到有效控制，疫点予以解除。

**【传染病监测】** 继续开展霍乱监测，全县医疗机构肠道门诊初诊病人培养972人次，餐饮行业、公共场所、旅游服务及其他重点行业从业人员检测15038人次，均未检出霍乱和O157:H7阳性病例、带菌者。手足口病采集60份标本检测，肠道病毒总阳性率78.33%，其中EV71占21.28%、CoxA16占46.81%。在县一医院开展常规开展流感监测，报告流感样病例1857例，流感样病例的就诊比例为1.25%，比上年上升19.0%。；人感染H7N9禽流感外环境监测15个点，共采集样本122份，经中心实验室PCR检测，均未检出甲型流感病毒核酸。8月，在汾口镇完成了钩端螺旋体病省级监测点项目的现场工作，1份褐家鼠鼠肾样本培养01群钩端螺旋体阳性。4～11月，在千岛湖镇农副产品批发市场、汾口镇武强花园2家固定监测点开展了伊蚊幼虫密度监测，结果表明淳安的BI指数较高，一旦有登革热疫情输入，极可能引起登革热的本地暴发流行。县疾控中心于7月5日、9月3日和11月15日三次开展了淳安县登革热等虫媒传染病疫情专题风险评估，评估结果分别为重点关注、特别关注、一般关注。麻风病1例停药监测现症病人经查菌已转阴性，转归为临床治愈，5名密切接触者经检查未发现异常，4例监测期病人进行了随访检查无异常。开展了全县医疗机构登革热防控业务师资培训；加强学校传染病防控工作，与县教育局联合举办了学校保健老师培训班。

**【重点传染病防控】** 结核病：全年共发现登记结核病438例，其中肺结核349例，均予查痰，发现涂阳病人195例，其中新发161例，新登记肺结核病例均按方案要求予以免费检查治疗，并采用全程督导或强化期督导管理模式进行随访管理。2016年12月至2017年11月，非定点医疗机构实际报告疑似肺结核病人295人，转诊率和转诊到位率均达100%。2016年，涂阳肺结核病人满疗程治愈率82.09%，其中新登记涂阳病人90.48%，复治涂阳病人59.3%。2017年共检查涂阳病人密切接触者347人，未发现病人。全年开展痰分枝杆菌培养152例，检出152份阳性标本并已上送进行药敏试验，发现耐多药肺结核病例10例，开始耐多药治疗7例。全年对乡镇防保医生、医院保健医生、基层责任医生进行了4次结核病患者健康管理服务规范培训。艾滋病：重点加大千岛湖镇娱乐场所重点人群干预检测和自愿咨询检测力度，继续开展监管场所羁押人员检测和医疗机构产前和术前病人免费艾滋病检测，共检测21536人次。继续在公共场所、重点人群中大力推广安全套和宣传资料放置工作，共干预人数5103人次，发放宣传资料4942余份，发放安全套7542个，开展HIV抗体检测3312人次。全年医疗机构新报告HIV感染者均登记在册管理，并进行了阳性告知和流调，对其配偶进行了告知和检测。规范开展免费抗病毒治疗、随访、CD4数量和病毒载量检测。落实"四免一关怀"制度，协助12户艾滋病病人、感染者家庭申请低保并开展上门慰问和关怀工作。

**【免疫规划】** 结合国家卫计委疫苗供应和接种安全管理督导和浙江省预防接种门诊督导暗访工作，认真贯彻落实新的《疫苗流通和预防接种管理条例》和预防接种工作规范。卡介苗、脊灰糖丸、百白破、麻疹、乙肝疫苗、流脑、乙脑、甲肝等疫苗基础免疫和加强免疫报告接种率均在95%以上，调查210名儿童五苗全程合格接种共208人，合格接种率99.05%。按新《疫苗流通和预防接种管理条例》规定，二类疫苗采购实现厂家—县的直购模式。做好凭证入学入托、查漏补种、接种率调查等工作，加强冷链建设管理，2017年新一批的疫苗储存冰箱发放到位，进一步保障了疫苗冷链。4月，举办了全县预防接种知识竞赛，进一步提高全县预防接种人员的理论水平和实际操作技能，使安全接种得到保证。顺利完成2016年年底启动的“鼻喷流感疫苗临床研究”及“脊灰新免疫策路实施后免疫成功率监测”两大国家级科研项目。

**【慢性病防治及死因统计】** 2017年，全县共报告死亡3295人，男性1893人，女性1402人。2017年粗死亡率715.20/10万(标化死亡率517.82/10万)，其中男性811.27/10万(标化死亡率587.31/10万)，女性616.59/10万(标化死亡率447.35/10万)，平均期望寿命80.72岁，其中男78.49岁、女83.23岁。前五位死因顺位为循环系统疾病、肿瘤、损伤和中毒外部原因、呼吸系统疾病、消化系统疾病，前五位死因占全年死亡总数的89.26%。全年报告糖尿病999例、恶性肿瘤1474例、冠心病急性事件332例、脑卒中急性事件1758例、伤害报卡2444例。开展全国肿瘤防治宣传周、全国高血压日、联合国糖尿病日宣传活动，并组织相应的义诊活动。6月26日，县疾控中心与县预防医学会联合在枫树岭镇下姜村开展了“淳安县首届平衡膳食营养餐比赛”，倡导防控慢性病从饮食开展的理念，引导群众少吃盐、少吃油、防慢病。2017年，完成了中国双生子调查项目。

**【地方病和寄生虫病防治】** 开展碘盐监测和碘缺乏病查病工作，抽检加工、批发企业食盐36份，盐碘全部合格。全县按东、南、西、北、中选取五个乡镇，抽取210名8～10岁学生和105名孕妇家庭食盐共315份，检测结果学生、孕妇家庭碘盐率分别为98.1%、99.0%。对这些学生、孕妇进行了检测尿碘，结果学生尿碘小于50的比率为1.9%，处于碘适宜状态；孕妇晨尿碘小于50的比率为24.8%，随机尿碘小于50的比率为35.2%，孕妇处于碘缺乏状态；对这210名学生进行了甲状腺触诊。开展了第24个“防治碘缺乏病日”宣传活动。4月18日，在开化县联合开展了第十六届领导干部查螺日活动，在汾口镇龙山村进行了“春季查螺”活动，投工42人，共查面积16500平方米，人均查螺面积393平方米。全年流动人口血清抗体检测1045份，无阳性。开展了第10个“全国疟疾日”宣传。继续在全县医疗机构开展“三热”病人血检，查出阳性1例。圆满完成了全国第四次钉螺调查、全国生活饮用水水碘含量调查项目。

**【健康危害因素监测】** 继续开展食品安全风险监测、农村饮用水卫生监测、学生窝沟封闭防龋等各项“民生工程”项目。完成食品安全风险监测样品256份，其中食品中化学污染物和有害因素监测样品141份，食品微生物及其致病因子监测样品115份，出具了1890个检测数据，风险隐患警示样品10批次，超额圆满完成杭州市下达任务；在县一医院、县二医院、县中医院、县妇保院开展食源性疾病主动监测，县一医院采样611例，阳性病例20例，总检出率为3.27%，其中检出沙门菌株15例、副溶血弧菌5例，同时还在上述医院开展了疑似食源性异常病例/异常健康事件监测。农村饮用水监测完成省级45个监测点90份和县级监测点366份水样的监测；学生窝沟封闭防龋进校服务79所，封闭3248人，封闭率达99.75%。11月，杭州市口腔办组织抽查完好率达94.1%。继续开展城镇集中供水出厂水、管网末梢水、二次供水常规监测和医疗机构托幼机构消毒质量监测、公共场所卫生监测、病媒生物监测、蝇类抗性水平监测、3所监测点学校的学生健康状况综合监测和学校环境监测、放射工作人员个人剂量监测。开展了浙江省农村环境卫生监测，内容涉及厕所与粪便无害化状况、垃圾、污水、土壤、病媒生物、农村学校卫生。配合杭州市继续开展雾霾监测工作。

**【健康教育与健康促进】** 以各类宣传活动为载体,采取多形式、多部门协助的方式推进健康教育工作。一是积极开展"世界防治结核病日"、预防接种日、"全国学生营养日"、"世界无烟日"、"世界肝炎日"、"全民健康生活方式日"、"世界精神卫生日"、艾滋病日等主题宣传活动,二是围绕"健康中国行"主题开展健康教育业务指导。开展登革热应急健康教育工作。三是印发各类健康教育资料,其中自主编印13.88万份《健康教育科普专刊》发放到城乡社区、重点场所。四是开展流动妇女和儿童健康教育。

**【检验检测和实验室管理】** 2017年,管理体系运行良好,科学统筹实验室日常与突发事件应急检测,做好疾病预防控制及相关工作的技术支撑。举办杭州市西部四县市(淳安、建德、临安、桐庐)疾控机构实验室室间比对活动。积极开展新项目,首次开展登革病毒的核酸检测和IgM检测,成功检测出杭州首例新型布尼亚病毒感染的病人,为疫情防控提供准确有效的数据。举办一期艾滋病检测技术培训班。

## ·卫生监督·

**【基本概况】** 2017年,全县有各类监管对象1710户。全年受理办结审批办件810件,查处投诉举报17件,行政处罚89件,处罚金额共计104900元。全年抽检产品、非产品975件,合格率97.1%(947/975)。全年发生行政诉讼1件,未发生行政复议案件,也未发生公共场所、生活饮用水污染等突发公共卫生事件。

**【法制工作】** 一是执法办案有质突破。在推进双随机监督抽查、国家环保大督查、文明示范创建等工作中,加大卫生监督执法力度,整顿市场秩序,严厉打击卫生违法,纠正违法行为500余起,办理处罚案件89件,处罚金额共计106800元。其中,一般程序33件,罚没款106800元(公共场所类处罚案件26件,罚没款27300元;医疗类处罚4件,罚没款45000元;餐饮具处罚1件,罚没款5000元;生活饮用水类1件,罚没款500元;涉水产品类1件,罚没款29000元);简易程序56件,警告56件(公共场所类处罚案件36件,医疗类处罚14件,餐饮具处罚2件,放射卫生处罚2件,学校卫生处罚2件);适用听证程序2件;行政诉讼1件,胜诉1件;适用强制执行1件;未执行1件,自觉履行87件;全年无行政复议案件。二是投诉举报案件及时查。2017年,共受理投诉举报17起,查处投诉举报17起。其中,公共场所卫生12起、餐饮具卫生2起、非法行医3起;交办12起,来电5起;依据投诉举报线索立案处罚8起。三是"双随机,一公开"率先完成。2017年,全力开展"双随机,一公开"抽查监管新模式,7月底完成191家监督、81家580件监测任务,抽检合格率96.5%,在全市率先完成国家和省级双随机工作双100%任务。对存在问题单位开展了复核和回访,共复核88家,其中责令改正31家、行政处罚32家。通过千岛湖门户网对14项抽查事项清单、174家监督抽检结果进行公示,学校检查结果向县教育局进行通报。

**【窗口建设】** 县卫计窗口全面开展"最多跑一次"改革,积极推行取消2类许可、实行中医诊所备案制、护士注册县级直接办理、公共场所卫生许可实行告知承诺制等助力改革。改革多措并举:一是精心梳理,优化流程。梳理"最多跑一次"事项主项17项、子项42项,

100%在浙江省政务服务网上公布，并实现网上在线办理。二是精简材料，容缺受理。精简办事申报材料，取消20%法律没有明确规定的申报材料和不必要的材料，优化办事流程，把15件行政许可承诺件改为即办件，推进“容缺受理”常态化，对基本条件具备申请材料有欠缺的当事人均予以先行受理。三是推行代办，实现“零次跑”。提供代办服务，在各乡镇卫生院设立卫生监督协管办公室，落实卫生监督协管员“代收件、代申报、代送达”全流程代办服务，最终实现“零次跑”。2017年，卫计窗口受理办结各类行政审批办件810件，其中公共场所卫生行政许可445件；医疗机构设置和执业许可40件、医疗机构校验310件；放射诊疗许可8件；集中式供水单位卫生许可4件；母婴保健专项技术服务许可3件。全年无举行听证许可案件；无被依法认定为错案的案件；无行政复议、行政诉讼案件。

**【队伍建设】** 一是加强学习提执法水平。为提高监督员的业务水平，采取自学、定期内部培训、相互交流等学习形式，拓宽监督员的知识面。积极组织监督员参加省市监督机构组织的业务培训31期；组织内部业务知识培训3期。通过多种形式的培训学习，充实了卫生执法人员的理论知识，提高执法水平。黄鸿娟获杭州市卫生计生监督技能竞赛个人三等奖。二是多措并举提协管素质。一方面首次开展协管员轮训工作。全县共13家协管单位17名协管员参加了轮训，轮训工作以理论培训和现场实践两种形式交叉进行，协管员参与了我所打非、双随机、重点非法经营场所查处、社区饮水信息公示和省级示范文明创建等多类型专项工作，学员的协管能力得到很大提升，轮训成效显著。另一方面开展第三届卫生监督协管技能竞赛活动。全县6个农卫站29名选手参加了竞赛，竞赛内容有协管应急和装备、理论测试和常用仪器操作三个部分。经过激烈角逐，青溪片获团体第一名，威坪中心卫生院协管员程芳荣获个人第一名。

**【环境卫生监督】** 一是公共场所整治强力度。以省级示范文明县城创建为契机，集中力量对千岛湖镇城区600余家公共场所开展整治，摸排“四小”经营单位291家，治理无证50余家，规范提升290余家，查处违法行为36家，督促整改20家，立案处罚16家。二是控烟工作重落实。为切实落实公共场所控烟工作，县卫生监督所强监督、重处罚，控烟专项结合日常监督检查，全年对商场、行政机关事业单位、公共场所、医疗机构等场所开展控烟监督检查2306户次，出动监督员483人次，责令整改219家，查处违法行为29家，罚款500元。三是游泳场所常规检。全县游泳场所14家，A级单位3家。一方面结合双随机工作，对全县14家游泳场所进行专项监督检查和检测，采集游泳池水样品54份，合格54份，合格率100%；对2家新办证的游泳场所进行了监督检查和现场快检。另一方面开展培训，举办了一期全县游泳场所负责人及卫生管理员卫生法律法规知识培训班，并对存在问题的游泳场所负责人进行了约谈。

**【生活饮用水卫生监督】** 全县持有有效卫生许可证的集中式供水单位7家(1家市政水厂、6家乡镇水厂)、10家二次供水单位(5家酒店、4家高层住宅、1所学校)、3家自建供水设施酒店。开展饮用水卫生监督：一是开展供水单位整治。对未取得有效卫生许可证供水、卫生管理不规范、水处理设施简陋陈旧等存在较大安全隐患的供水单位，每季开展一次监督整治，并通过提案、社情民意、约谈等形式反映饮水卫生安全问题，督促供水单位整改提升。经过整治，农村集中供水单位无证且问题隐患较大的供水单位从6家减至3家。二是加强水质卫生监测。在淳安县水务公司等4家供水单位安装水质在线监测系统,24小时实时监测饮水质量。加强水质卫生监测,快检水样130份,合格130份,合格率100%;实验室检测192份,合格188份,合格率97.9%。三是强化水质信息公示。一方面推进社区水质信息公示试点工作。每月对千岛湖镇的望湖、南苑、新北3个社区15个监测点进行水质快速检测,检测结果在各个社区公示,截至12月底快检并公示水样180份。另一方面开展龙头水检测结果信息公示。每季度对全县集中式供水水龙头水质开展检测,并将检测结果在当地政府门户网站公示,截至12月共检测公示龙头水60份。

**【学校卫生监督】** 一是开展监督监测。一方面依托开学季检查,对全县78家中小学校重点开展传染病防控、饮用水卫生等检查指导,尤其加强自建设施供水学校的饮用水监督抽检。全年对11家有自建设施供水学校采集水样并送检样品22份,合格14份,不合格8份,合格率63.6%,于10月就监督检查和抽检情况向县教育局进行了通报。另一方面以双随机检查为契机,对17家学校开展教学环境卫生监测,对存在问题的学校要求立即整改,对2家学校给予警告行政处罚。二是保障中高考。对全县5家高考考点学校、12家中考考点学校开展卫生监督保障,对4家学校现场快速检测生活饮用水,考试前期对考点所在地的7家水厂开展出厂水快速检测,检测全部合格,全力保障学生饮水安全。

**【餐具及消毒产品卫生监督】** 针对网络媒体和政府暗访反映“集中消毒餐具不洁”问题,坚持常态化监管与专项整治并举,全面推行“四心”行动。一是对全县3家集中餐饮具消毒企业实行每周一巡查、每月一约谈、每季一公示长效监管机制。全年抽检餐饮具140份,其中不合格4份,立案处罚3起,罚款5000元。二是外出参观规范化企业,学习先进的管理理念及质量控制方法,做到质检严格把关,不让问题碗碟流向市场。三是开展“你点我检”行动,发动“两代表一委员”以及社会大众共同参与监督。四是通过卫生监管、企业把关、社会监督来提高集中消毒餐具质量,让消费者用得放心。

**【医疗与传染病卫生监督法制工作】** 一是医废监管再提升。联合环保部门全面开展医疗污水和废物监督治理。一方面医疗污水消毒后排放。所有医疗机构污水消毒后排放,乡镇卫生院以上医疗机构严格按照GB18466-2005《医疗机构水污染排放标准》的要求,合理设置污水处理池,配备消毒设备、规范流程、开展污水自检,管理台账一律保存五年以上。另一方面医疗废物监管“零缝隙”。与环保部门联合下文《关于建立淳安县医疗废物管理协作机制的通知》,建立协调联络、信息互通、联合监管三项机制。联合开展全县医疗废物专项督查2次,存在问题即时呈报县政府,对14家问题严重单位进行处罚。全力推进医疗废弃物管理在线监控,在4家县级医院和4家中心卫生院安装的基础上,医疗废弃物管理在线监控又延伸到了7家乡镇卫生院,从产生点到交接全流程记录医废流向。转运过程实行统收统缴,无缝化处置。二是打非工作重拳出击。实行案底回访。加强对已查处非法行医点的回访,巡查非法行医点8处,防止死灰复燃。开展哨点监测。充分发挥全县72名协管员的哨点监测作用,做到早发现早打击。全年协管巡查发现并上报非法行医信息3起,全部予以取缔。加强部门联动。在公安部门密切配合下,成功取缔1起无证口腔诊疗窝点。2017年查处取缔无证行医2起,查处超诊疗范围1起,罚款41000

元。三是口腔“三年整治”再行动。为提升口腔诊疗器械的消毒灭菌管理，对全县所有口腔诊疗机构器械消毒、操作规范性等进行监督检查，并对2家口腔诊疗机构进行采样监督，共采集样品26份，合格率100%。

**【放射卫生监督】** 为切实维护放射工作人员和受检者的健康权益，开展医疗机构放射防护“4+2”规范提升专项治理行动。一是抓培训，召开全县医疗机构放射防护“4+2”规范提升专项治理行动会议，部署工作，开展自查，并对参会人员开展放射诊疗专业知识培训和测试。二是重监督，结合双随机和放射诊疗校验工作，对5家基层医疗机构“四个一”和“二个合格”重点开展监督检查，对现场发现的问题责令立即整改，查处违法行政处罚3起，罚款3000元。

**【卫生保障工作】** 为保障重大节假日期间的公共卫生安全，制定了重大节假日期间的卫生保障方案，并在春节和国庆等节日期间加强对公共场所等相关监管对象的监督检查及监测力度。2017年淳安县未发生突发公共卫生事件。

## ·妇幼保健·

**【免费婚检】** 2017年，婚检率95.09%，与上年相比上升3.47%，疾病检出率26.82%，其中指定传染病75例、艾滋病病毒感染3例（男性2例、女性1例）。

**【妇保指标】** 孕产妇死亡率“19.05/10万”；围产儿死亡31人，死亡率5.88‰，与上年相比上升0.35‰；产妇总数5228人，活产数5250人，其中双胎48人，死胎死产26人，早期新生儿死亡5人；产前检查5213人，产检率99.30%；早孕建卡4956人，早孕建卡率94.40%；孕产妇系统管理4941人，系管率94.11%；产后访视5158人，产后访视率98.25%；住院接生5250人，住院接生率100%；孕妇中贫血人数371人，贫血发生率7.11%，比上年上升0.95%；高危孕产妇管理3446人，住院分娩率100%。孕妇县级水平高危筛选5052人，筛选率96.914%；艾滋病、梅毒、乙肝检测率均为100%，无艾滋病感染孕产妇，梅毒产妇17例，乙肝表面抗原阳性活产数208人。出生低体重儿228人，发生率4.34%，与上年相比下降01.90%；流动人口管理中（分娩单位），浙江省外流进活产247人，无孕产妇死亡，5岁以下儿童死亡1例；流入产妇建卡111人（服务人口），回卡94人，系统管理594人，系管率87.03%；出生缺陷（辖区医院）40例，出生缺陷发生率10.99‰，与上年相比上升0.05‰，≥孕28周行治疗性引产4例，<孕28周治疗性引产23例（不计出生缺陷率）。出生缺陷（户籍人口）46例，出生缺陷发生率8.72‰，与上年相比下降0.09‰，≥孕28周行治疗性引产4例，<孕28周治疗性引产23例（不计出生缺陷率），有效降低了出生缺陷的发生。孕产妇产前筛查4994人，筛查率95.52%，较上年提高0.78%，产前筛查随访率100%。其中，高风险342人，转诊283人，羊水穿刺100例，无创DNA检测162人，确诊异常医学终止妊娠8例。孕28周前终止妊娠19例，低风险异常行医学终止妊娠24例，非血清学高风险孕妇确诊异常行医学终止妊娠10例。20～64岁妇女110488人，妇女病普37510人，查出疾病7371人，疾病检出率19.65%，宫颈癌1例，乳腺癌3例。全县2017年共发生59例危重孕产妇，其中产科并发症53例，内科合并症6例，抢救成功58例，孕产妇动脉夹层破裂死亡1例。产科单位剖宫产率45.22%，与上年相比上升2.47%，巨大儿发生率4.38%。出生医学证明当年出生发证率

98.59%，较去年上升0.66%，废证率0.28%，与上年相比上升0.12%。各项节育手术总例数2266例，发生人流不全6例，无其他节育手术并发症发生。

**【儿保指标】** 2017年，全年5岁以下儿童死亡16人，死亡率3.05‰；婴儿死亡9人，死亡率1.71‰；新生儿死亡6人，死亡率1.14‰；0～6岁儿童25130人，管理23633人，管理率94.04%；3岁以下儿童11895人，当年系管11250人，当年系统管理率94.58%，全县产科单位接生3629人，产科听力筛查3623人，听力筛查率99.83%；新生儿听力可疑异常196人，召回数193人，现确诊异常病例5人。产科新生儿疾病筛查3614人，新生儿疾病筛查率99.59%，可疑异常96人，召回96人，召回率100%，确诊异常13人。

**【孕产妇管理】** 一是强化基本公共卫生工作，提高服务质量。继续以做好基本公共卫生工作为基石，按照2013版浙江省基本公共卫生服务规范的要求开展妇儿保工作，强化孕产妇保健和儿童保健管理质量，提高两个“系统管理率”。二是配备妇儿保新生力量，加强基层妇幼保健水平。针对我县部分乡镇妇儿保医生年龄偏大、人员少，不能适应孕产妇和儿童保健电子化管理的状况，县卫计局从2011年开始对淳安县医学院校学生采取定向委培的方式进行针对性培养，目前全县23个乡镇，除屏门、瑶山和富文三家卫生院外，其他乡镇均配备妇儿保医生各1名，其中四家中心卫生院、汾口社区卫生服务中心、县妇保院、梓桐镇卫生院、中洲镇卫生院配有2名以上的妇儿保医生。三是广泛宣传，顺利实施“母子健康手册”发放工作。按照市统一安排，市妇保院在7月21日和8月30日在县妇保院对全县妇儿保人员进行“母子健康手册”妇保和儿保应用培训，参加人员共84人。各乡镇妇儿保医生利用自建的“准妈妈”微信群和“宝妈”微信群将本乡镇“母子健康手册”二维码发放给服务对象，便于及时下载使用。为提高“母子健康手册”建册率，县妇保院和各乡镇卫生院均在妇保门诊、儿保门诊候诊区安装了免费无线WiFi，方便就诊人员在候诊时下载App，同时导医人员现场指导下载，提高下载成功率。四是召开全县孕产妇死亡、围产儿死亡评审。为强化危重孕产妇管理，保障母婴健康，提高全县危重孕产妇救治水平，降低孕产妇和儿童死亡率，5月25日开展了上半年全县危重孕产妇、围产儿死亡和5岁以下儿童死亡评审，特别对典型危重孕产妇展开激烈讨论。7月4日，举办孕产妇死亡评审会议，对保健救治过程中存在的问题进行深刻剖析，并提出有效干预措施，避免孕产妇死亡的发生。五是开展县级医院公共卫生专项座谈会，携手降低剖宫产率。9月1日，县卫计局举办了四家县级医院分管领导座谈会，对各单位剖宫产调查情况进行通报，同时对各单位剖宫产率进行分析，提出下步控制剖宫产率的相应措施，旨在早做筹谋降低2018年全县剖宫产率。

（赵红香）

（编辑　程中青）

# 社 会

## ·人力资源和社会保障·

**【概况】** 2017年，县人力资源和社会保障局内设办公室、政策法规科、计划财务科、公务员管理科、就业培训科、人才开发科、工资福利科、社会保障科、劳动关系科。局属单位含社会保险服务中心、就业管理服务处、人才市场管理办公室、人才市场、劳动和社会保障监察大队、劳动仲裁院、企业退休人员管理服务中心。

**【就业服务管理】** 2017年，城镇新增就业人数2948人，失业人员再就业2217人，其中就业困难人员再就业594人，分别完成全年目标任务100.17%、124.97%和106.07%；城镇登记失业率稳控在2.62%。共为122家企业321名城镇就业困难人员发放用工和社保补贴143.83万元，为符合条件的5046名（人次）就业困难人员落实灵活就业补贴641.04万元。

**【人才交流会】** 成功举办"聚力发展 倾注民生"就业创业人力资源交流大会，人民日报以《余玉兰找工作》为题进行报道。交流大会进场人数达4.5万人次，提供就业岗位1.4万个，达成就业再就业、创业意向4604人次。实施每月20日"就业赶集日"工程，现已举办3场，提供岗位700余个。先后组织劳务协作专场、乡镇、社区、部门协作及中等职业学校等招聘会41场，提供岗位23098个，达成就业意向4264人。积极发挥官方微信、就业信息网等"五位一体"平台作用，累计发布就业岗位信息5695条，其中就业处官方微信为1178家次企业发布岗位14220个。圆满完成县高校毕业生人才交流大会，达成初步就业意向572人，同比增长6%。

**【高校毕业生就业服务】** 2017年，引进高校毕业生742人，其中紧缺急需专业人才89人，硕士研究生33人。

**【外国专家项目引进】** 新推介2个项目（希尔顿酒店的提升国际化管理水平、明昊农业的汾口韩国精品奇异果示范园）成功入选杭州市"115"项目，争取资助资金20万元。杭州千岛湖明昊农业开发有限公司的"韩国精品奇异果示范园建设项目"基地被列为杭州市引进国外智力示范推广基地。

**【特聘专家选聘】** 经专家评审，确定2016年淳安县特聘专家4名，下文公布并颁发证书。

**【高层次专业技术人才培养】** 推荐26人入选"131"人才培养工程，其中千岛湖中等职业学校汪永成入选第一层次，县农业技术推广中心何爱珍、千岛湖景区综合管理处吴坚平入选第二层次，杭州千岛湖鲟龙科技股份有限公司许式见等23人入选第三层次。完成县级专业技术继续教育培训班9个，参加培训670人。

**【人才公共服务】** 牵头制定并出台《淳安县新引进应届全日制大学本科及以上学历毕业生生活补贴发放实施办法（试行）》，对新引进应届全日制本科、硕士研究生、博士研究生分别给予一次性1万元、3万元、5万元的生活补贴。深化淳籍大学生回归工程，8月举办了淳籍大学生走进淳安活动,10月联合县卫计局组织4家医院赴温州医科大学开展招聘推介活动,并在该校建立县首家淳籍大学生联络站。

**【流动人员档案管理】** 完成高校毕业生档案接收、转出、开具证明等工作,共接收毕业生人事档案1631卷。

**【公务员队伍建设】** 2017年,全县公务员2750人,其中县级机关2064人(含参公608人),乡镇机关686人。完成2016年度考核工作,其中公务员2207人,参照公务员法管理事业单位562人,事业单位7543人;开展公务员奖励,对46名获三等功和496名年度考核优秀公务员进行奖励。

**【招考工作】** 2017年,招考录用公务员80人,其中乡镇机关工作人员23人,县直机关部门人员57人;招录事业单位人员442人,其中县教育局下属农村中小学招录教师178人,县卫生局下属事业招录人员164人,乡镇及其他县属事业单位100人;完成2017年度大学生村官招录8人及分配工作。

**【军转干部安置】** 全年完成3名军队转业干部安置工作。

**【机关事业单位工资福利】** 启动实施法官检察官工资制度改革工作,顺利完成51名员额内法官(30名)和检察官(21名)的工资套改,以及146名法院、检察院工作人员的绩效考核奖金和"法院、检察院工改保留补贴"的核定审批工作。在全市率先稳推公立医院薪酬制度改革试点工作,此次改革涉及县内4家县级医院1600余名医务人员,其中编内人员1100余名,预计改革后人均年收入可增长5%左右。

**【干部职工退休】** 全年共办理331人的退休手续,其中机关公务员77人,事业254人。

**【技能人才队伍建设】** 全年共完成职业技能培训69期3097人,涉及职业(工种)15个,培养高技能人才620人。开展各类技能人才评价81场3693人,其中职业技能鉴定60场3156人,高技能人才直接认定6场41人,企业自主评价15场496人;核发职业资格证书4853本,其中初级1722本、中级2474本、高级568本、技师89本。开展以"弘扬工匠精神　助力康美淳安"为主题的技能竞赛年活动,共组织县级一类职业技能竞赛6场,参赛人数232人。新建省级技能大师工作室1个,县级技能大师工作室3个,成功当选杭州市首席技师1人(千发集团叶志清),推荐参加杭州工匠赴德培训1人。

**【大学生创业项目资助】** 新评审大学生创业无偿资助项目19个,给予资助项目16个,资助总额50万元。

**【社保参保征缴】** 2017年,全县职工基本养老保险参保85644人,职工基本医疗保险参保103117人,工伤保险参保90319人(其中办理建筑工伤255家,折合工伤参保人数19676人,征收工伤保险基金267万元),生育保险参保50154人,与上年相比分别增加5400人、5804人、1944人、3912人;全县城乡居民养老保险参保率96.5%,医疗保险参保率99.92%。此外,被征地保障累计参保2135人,城镇社会保障参保226人,撤村建居社会保障参保5人。办理跨省养老转出163人,转出金额237万元;跨省养老转入288人,转入金额951万元;省内养老转出1098人,转出金额828万元;省内养老转入1406人,转入金额1531万元;办理医疗转移1133人,转移金额58万元。

**【老农保清零】** 自1992年开展老农保试点工作以来，淳安参加老农保峰值人数达77969人，在14个县（区、市）中排名第三。以前以“三下三上”工作方式和“并、转、退、留”四项举措，淳安老农保清理快人一步。2017年，接到省厅老农保清零通知后，以明确政策、摸清底数、统一口径三举措，督促所有乡镇再核实再清理。截至9月底，原老农保参保人员转入城乡居保并享受养老金待遇176人，转入城乡居保并继续缴费1355人，退还68911人，7527人无法取得联系个人账户转移至城乡居保信息系统进行常态化管理，结余基金420万元全部划入城乡居保基金财政专户账户统一管理，稳妥率先超前实现人社部年底清零目标。

**【社保待遇发放】** 全年共办理企业退休（职）1860人，增发养老金440万元，企业精减、供养67人，增发待遇6万元；机关事业退休343人，机关精减、供养人员56人，增发待遇6.44万元；城乡居保退休6374人，增发养老金140万元。共登记、变更规定病种、异地安置、公务员定点医疗机构等各类医保待遇4500余笔；审核医疗费用5374万元，剔除自理自费1070万元，完成外伤调查858人次，退回发票总额928万元，其中通过外伤调查拒付105万元，报销支付各类待遇12206笔，支付金额2341万元。共受理工伤保险结算836件，支付工伤保险基金1643万元；共受理生育医疗费用报销1681件，支付生育保险费　541万元；共受理生育津贴876件，支付生育保险基金842万元。

**【机关事业单位退休“中人”工资改革】** 自2017年8月开始，集中开展全县机关事业单位退休“中人”信息采集和工资计发工作，先后两次对全县95家单位和教育系统、卫生系统开展业务培训。截至12月，共完成858名“中人”新老办法对比，共补发437.93万元，扣发60.47万元，人均补发4399.3元。

**【政保合作改革】** 引入商业保险机构中国人民财产保险公司淳安分公司，参与医疗保险监管。组建窗口稽查团队、医院驻点服务团队、药店监管团队、外伤调查团队，借助商保机构“本地＋异地”网格优势，开展“就诊信息＋意外伤害信息”核查，实现意外伤害调查和异地协查双重突破，有效规范参保人员和定点医药机构医保行为。医疗费用增幅下降、医保基金支出增幅下降、案例核查数量增加，合作成效明显。1～12月，城乡居民医疗保险住院均次费用10033.88元，比2016年增长4.36％；城镇职工医疗保险住院均次费用12566.25元，比2016年增长2.44％，增幅下降34.25％。城乡居民医疗保险住院合规费用补偿率达75％，城镇职工医疗保险住院合规费用补偿率突破90％，达94.5％，均创历史新高。调查处理的医保违规案例比上年增加6倍，提前制止20例冒名就医骗保行为。“政保合作”得到市县领导充分肯定。

**【企退人员社会化服务】** 社保档案实现数字化管理，19738份企业退休人员档案数字化全部加工完成，实现纸质和数字化双重管理。6月至8月，集中开展了两年一度企业退休（职）人员、中华人民共和国成立前老工人健康体检和领取养老金资格认证工作。参加体检人数17360名，体检率91.13％，体检金额为347.2万元。参加认证18940人，认证率99.43％，从11月起，对109名未参加认证人员暂停发放养老待遇。

**【社会保障卡】** 建立医保个账家庭共济制度，对基本医疗保险参保人员个人账户历年资金实行家庭成员共济，盘活社保卡个人账户资金，扩大历年资金使用范围和医保受益面。截至12月底，共备案家庭共济信息706条，实现医保个账历年资金家庭共济2585人次，共济资金26.66万元；推行社保卡全国“一卡通”。6月，全县338家定点医药机构实现杭州市同城互认，县外3000多家医药机构与淳安互认；8月跨省异地就医联网结算，进而构建起社保卡全国“一卡通”、省“一卡通”、市“一卡通”全覆盖异地结算体系。其中，全国“一卡通”与省外365个统筹地区、7754家医疗机构实现住院医疗费用联网结算。启动实施市民卡公司化整合。完成淳安县市民卡有限公司注册和人员、业务过渡，市民卡医保、智慧医疗、停车收费、公共自行车租赁、图书借阅等功能实现与杭州地区互联互通，商务互通功能已完成洽谈即将进入设备安装阶段。社保卡应用成功融入大杭州。

**【12333咨询服务】** 强化12333咨询服务平台建设，全年共接听来电咨询31570个，其中人工服务量达15000个，接听率达94.42%。

**【双爱活动】** 全县121家规上已建工会企业“双爱”约定书签订率达100%，工资协议覆盖企业425家。健全企业职工工资正常增长机制，最低月工资标准由1530元调整为1660元；非全日制工作的最低小时工资标准由13.8元调整为15元。全年共年检劳务派遣企业23家(包括5家分公司)，涉及派遣员工11498人、用工单位174家。完成8家人力资源公司劳务派遣经营许可证延续工作，新许可劳务派遣企业1家。全年累计审批特殊工时资质企业51家，其中涉及不定时工作制1546人，综合计算工时工作制7828人。完成102家企业薪酬调查工作(其中9家人社部企业样本，市局10家养老机构和县人社局83家样本企业)。

**【劳动监察执法】** 认真贯彻落实国务院办公厅《关于全面治理拖欠农民工工资问题的意见》(国办发〔2016〕1号)文件精神，出台《关于全面预防和治理欠薪问题的实施意见》(淳政办发〔2017〕94号)文件，开展“创无欠薪县”工作。强化“属地管理、行业监管”，建章立制，落实防欠薪工作责任，进一步提高维权响应能力和劳资处置能力。积极开展书面审查、日常巡查和劳动用工执法专项检查，其中书面审查企业6251家、日常巡查企业1457家、专项检查用人单位1437家。全年共受理举报投诉案件204件，同比增长6.8%，结案率100%，工资清欠率98.3%。

**【劳动人事争议仲裁调处】** 千岛湖镇“三位一体，一站式服务”劳动关系和谐平台运行良好。2017年共受理咨询471件、案件75件，涉及劳动者87名，为劳动者挽回经济损失108万元。2017年，在建立和完善调解组织的基础上，按照“六有”“五统一”的标准推进乡镇和规上企业调解委员会规范化建设。将乡镇劳动人事争议调委会纳入乡镇四个平台的综治平台，实现多部门的各类调解之间在信息资源上互联互通互享，相互配合共理共治的劳动争议调解机制。充分发挥企业调委会劳动争议预防调解作用，60%的争议化解在源头。青溪新城劳动争议调解委员会和淳安长运发展有限公司的钱丽珍分别荣获2017年度全省劳动人事争议基层调解优秀单位和个人。坚持快立、快审、快结的办案要求，及时办理劳动人事争议案件。2017年共办理劳动人事争议案件27件，其中立案24件、不予受理3件。已办结24件，结案率100%，调解率91.66%，案发率0.48%，涉案金额137.5万，法律援助15件。全县目前核定的规模以上企业共127家，规模以上企业调解组织组建率100%。乡镇基层劳动人事争议调解组织24家，组建率100%。

(徐年利)

## ·民政·

【概况】 2017年,淳安县民政局以“两学一做”学习教育为抓手,加快养老服务、救灾救济、双拥优抚安置、基层社会治理、专项事务管理“五大体系”建设,助推民政各项事业取得新成效。先后荣获“浙江省革命老区建设先进集体”“2016年度杭州市禁毒工作先进集体”“2016年市老龄工作优秀单位”等荣誉称号。

【养老服务业综合改革】 成立以县委主要领导为组长的推进领导小组和5家业务部门为牵头单位的6个专项攻坚小组。4月18日,召开全县养老服务业综合改革动员大会,县委书记黄海峰作动员讲话、部署改革要求。共确定了11个方面32项改革任务,其中14项为特色改革工作。在全市率先出台《淳安县养老服务业综合改革财政补助办法》,新增1500万元专项资金,重点推进7项基础性、枢纽型的养老服务业综合改革工作。同时,将养老服务业改革纳入县委县政府重点工作,以及党建工作和综合考评“双百分制”考核内容,实施进度动态跟踪和定时报送制度。至2017年底,各项改革工作已全部完成并达到预期效果,并成功创建了市健康养老产业集聚区1个、省老年养生旅游示范基地1处、发行养老债券6.9亿元,先后通过了省市专项考核验收。淳安的改革成效和做法得到了省民政厅副厅长苏长聪,市委常委、宣传部部长戚哮虎等领导的肯定批示。

【养老机构建设】 完成姜家镇、梓桐镇、文昌镇等7家敬老院提升改造,下拨补助资金910万元;推进屏门乡敬老院新建工程,争取部级福彩项目135万元,拨付补助资金327万元。提升敬老院管理和服务水平,全面落实专职安全员配备制度,加强消防、食品等安全管理,共新招聘专职安全员19人、发放专项经费124万元;实施护理型床位改造,对护理型床位超过总床位数50%以上的养老机构,本年度新增的护理床位给予50%的补助,共下拨补助金额13.8万元;推进空调统一安装工程,由县财政出资106.7万元,共为20家养老机构配备安装空调517台,有效改善了养老机构供养条件。依法、按程序完成18家养老机构设立许可,新增民办护理型机构1家,增加养老床位365张。严格落实各项扶持政策,为3家民办养老机构发放床位运营补助14万元、综合保险补助1.2万元,新培育养老服务社会组织8家。通过公开招标建成首个“居家养老服务组织名录库”,推进全县政府购买居家养老服务社会化、规范化和专业化,全年为6088位老人发放政府购买服务经费658万元。

【居家养老服务照料中心和老年食堂建设】 制定《2017年居家养老服务照料中心建设工作方案》,全年建成乡镇级照料中心14家、社会化运营照料中心25家、具有医疗功能照料中心209家。整合老年食堂、老年电大、休息室、活动室阅览室、卫生室等资源,全面推进“五位一体”功能照料中心建设,并坚持专人服务、每日开放,推行社会化运作,全年共有224家照料中心验收达到标准。推进老旧小区养老用房配建工程,该工程列入县政府为民办实事项目,县财政专门安排700万元资金,按每百户配置20平方米居家养老用房的标准,为11个老旧社区配建居家养老用房,改造总面积9935平方米。印发《淳安县老年人助餐服务体系建设指导意见》,以村(社区)老年食堂为基础,因地制宜、分类推进435个村社区实现老年助餐服务有效全覆盖,其中配备老年食堂210家、设置助餐点168家、送餐上门40家、分散供餐17家。《浙江新闻》

《浙江日报》《杭州日报》等多家媒体给予了专题肯定报道。

**【县养老服务中心建设】** 5月15日,县领导董毓民、余红英率发改、财政、住建、国土等相关部门负责人,调研县养老服务中心建设。12月29日,县养老服务中心正式启用运营,县领导洪永鸿、余红英、邵文涛率发改、财政、卫计、建设集团、千岛湖镇等单位负责人实地察看县养老服务中心启用情况并召开座谈会。

**【护理员(助老员)培训】** 制定《2017年养老护理员培训工作方案》,分步实施岗位技能培训、职业等级培训和护理技能竞赛,培训养老护理员554人,其中257人取得高、中、初级职业资格证书,2人被评为市级养老服务行业领军人才;落实高校毕业生入职补助,成功申报省级补助1人。

**【老龄工作】** 开展敬老文明号创建活动,县第一人民医院获得省级“敬老文明号”,县公安局行政审批科等9家单位获得市级“敬老文明号”。积极参加市老龄办、老年学会举办的“和谐养老·老龄事业”主题论坛,选送的《乡镇农村老年人优待办法和优惠政策的提升与完善研究》获得一等奖。千岛湖镇南山社区老年电大教学点被命名为省级示范教学点。开展第七届淳安县十佳“孝亲敬老之星”评选,陈贵平等10人被评为县十佳孝星。文昌栅源托养院院长何喜平被评为全国“敬老爱老助老模范人物”。汾口镇湛川村余金妹被评为省级“敬老爱老助老模范人物”。开展2017年“敬老月”活动,共慰问90周岁以上老人1099人,发放慰问金34.67万元。10月26日,县委副书记、县长董毓民率县四套班子领导分组走访慰问了县部分百岁老人。10月27日,在千岛湖镇“水之灵剧院”举行了第五个老年节庆祝大会,县委副书记董文吉等四套班子领导参加。

**【救灾防灾减灾】** 联合气象、科协、经科等部门开展“第九个防灾减灾日”和“第28个国际减灾日”宣传活动,共吸引了3000余名市民踊跃参与,累计发放各类宣传资料5000余份。指导大墅镇大墅村成功创建省级综合减灾示范社区。推进避灾安置场所规范化建设,全年共新建避灾安置场所39个、改建28个,全县423名村级灾害信息员已全部配备到位。

**【低保残保和临时救助】** 全年累计新审批低保对象3271人、退出3491人,截至2017年底,共有低保对象10969户17679人,残保对象1646人,低保占比3.84%,全年累计发放低保金7362万元,残保金976.12万元。城乡低保标准实现一体化,从2017年12月1日起,城乡居民最低生活保障标准调整为每人每月665元。为858户临时性突发性困难家庭发放临时救助资金共计197.8万元。启动低保边缘家庭认定工作,共认定低保边缘家庭6243户13212人,占低保人数的75.6%。

**【孤儿和困境儿童救助】** 自2017年4月开始,全县机构内孤儿的生活费标准从1090元/月提高到1215元/月,社会散居孤儿和事实无人抚养的困境儿童从654元/月提高到729元/月,全年累计发放基本生活费50.5万元。联合公安、检察院、法院、教育、卫计等七部门开展“合力监管,相伴成长”关爱留守、困境儿童专项行动。积极与省、市对接,为3862名留守儿童投保儿童大病医疗保险。出台《关于建立淳安县留守儿童关爱保护工作联席会议制度的通知》,明确各职责分工,深入推进全县留守儿童关爱工作。

**【慈善救助】** 对2016年下半年申请临时救助的持证困难家庭，给予临时救助金额3倍的配套大病救助，共发放配套救助资金355.2万元，救助548户；积极开展春风助学活动，市春风助学共资助持证困难大学生268名，发放助学金80.4万元。县本级慈善助学共资助困难大学生、高中生200名，累计发放资助金60.46万元。第十二季复兴助学和万向助学活动共资助学生197名，累计发放助学款60.96万元，有力保障了全县困难学子完成学业。

**【春风行动】** 1月6日，召开全县第十七次"春风行动"启动仪式，县委书记黄海峰作动员讲话。县第十七次"春风行动"，共收到社会各界捐款833.44万元；救助各类困难家庭14021户，发放救助资金833.04万元。

**【流浪乞讨人员救助管理】** 2017年共救助流浪乞讨人员98人，救助后离境返乡的33人，劝导自行离境的39人，护送至黄峰康恩医院接受治疗的26人，确保城区流浪乞讨人员"零出现"。积极寻找黄峰康恩医院接受治疗的流浪人员亲属，通过多方努力，护送返乡13人，年节约财政资金达32万余元。

**【"双拥"工作】** 积极开展春节、建军节慰问部队官兵活动，累计赠送慰问品及慰问金50余万元。积极推进千岛湖镇南山社区双拥共建示范点建设，鼓励和培育退伍军人服务站、拥军工作室等社会团体参与社会化优抚工作。

**【烈士褒扬和烈士公祭】** 4月1日，在中洲镇中国工农红军北上抗日先遣队纪念馆举行"清明节公祭仪式暨'忆先烈，连民心'大型经典朗诵会"清明节主题活动。9月30日，在中洲镇厦山村中国工农红军北上抗日先遣队纪念碑前举行了"9·30"公祭烈士活动。

**【退伍军人安置工作】** 组织13名符合政府安排工作条件的退役士兵进行选岗考试。积极开展2016年度退役士兵技能培训，累计培训100余人，发放培训资金86.81万元，有效提高退役士兵就业技能水平。

**【"优抚"工作】** 为全县3500余名各类优抚对象发放抚恤补助金，2017年累计发放2000余万元。严格按照政策开展优抚对象的认定工作，全年共受理和报送残疾军人及带病回乡退伍军人身份认定15名，审核批准400余名退役士兵享受退伍军人老年生活补助(军龄补助)。开展对优抚对象的入户核查工作，年核查对象500余人。12月19日，县民政局、县财政局联合下发《关于调整部分优抚对象抚恤和生活补助标准的通知》(淳民〔2017〕71号)，具体标准如下：

**伤残人民警察、伤残国家机关工作人员、伤残民兵民工、有工作单位残疾军人的残疾抚恤金和护理费补助标准表**

(从2017年10月1日起执行)

单位：元/年

表8

| 残疾等级 | 残疾性质 | 抚恤金 | 护理费<br>(2018年1月1日起执行) |
|---|---|---|---|
| 一级 | 因战 | 72850 | 34525 |
| | 因公 | 70550 | 34525 |
| | 因病 | 68240 | 20715 |

续表8

| 残疾等级 | 残疾性质 | 抚恤金 | 护理费<br>(2018年1月1日起执行) |
|---|---|---|---|
| 二级 | 因战 | 65930 | 34525 |
| | 因公 | 62460 | 34525 |
| | 因病 | 60130 | 20715 |
| 三级 | 因战 | 57850 | 27620 |
| | 因公 | 54360 | 27620 |
| | 因病 | 50920 | 20715 |
| 四级 | 因战 | 47410 | 27620 |
| | 因公 | 42800 | 27620 |
| | 因病 | 39330 | 20715 |
| 五级 | 因战 | 37040 | — |
| | 因公 | 32380 | — |
| | 因病 | 30070 | — |
| 六级 | 因战 | 28940 | — |
| | 因公 | 27380 | — |
| | 因病 | 23130 | — |
| 七级 | 因战 | 21990 | — |
| | 因公 | 19680 | — |
| 八级 | 因战 | 13880 | — |
| | 因公 | 12710 | — |
| 九级 | 因战 | 11530 | — |
| | 因公 | 9260 | — |
| 十级 | 因战 | 8100 | — |
| | 因公 | 6930 | — |

## 无工作单位残疾军人的残疾抚恤金、护理费和门诊医疗费补助标准表

单位:元/年

表9

| 残疾等级 | 残疾性质 | 抚恤金<br>(2017年1月1日起执行) | 护理费<br>(2018年1月1日起执行) | 门诊医疗费<br>(2018年一次性补助) |
|---|---|---|---|---|
| 一级 | 因战 | 69050 | 34525 | — |
| | 因公 | 65598 | 34525 | — |
| | 因病 | 62145 | 20715 | — |
| 二级 | 因战 | 62145 | 34525 | — |
| | 因公 | 58693 | 34525 | — |
| | 因病 | 55240 | 20715 | — |

续表9

| 残疾等级 | 残疾性质 | 抚恤金（2017 年 1 月 1 日起执行） | 护理费（2018 年 1 月 1 日起执行） | 门诊医疗费（2018 年一次性补助） |
|---|---|---|---|---|
| 三级 | 因战 | 55240 | 27620 | — |
| | 因公 | 51788 | 27620 | — |
| | 因病 | 48335 | 20715 | — |
| 四级 | 因战 | 48335 | 27620 | — |
| | 因公 | 44883 | 27620 | — |
| | 因病 | 41430 | 20715 | — |
| 五级 | 因战 | 41430 | — | |
| | 因公 | 37978 | — | |
| | 因病 | 34525 | — | |
| 六级 | 因战 | 34525 | — | |
| | 因公 | 31073 | — | |
| | 因病 | 27620 | — | |
| 七级 | 因战 | 27620 | — | 2762 |
| | 因公 | 24168 | — | 2417 |
| 八级 | 因战 | 24168 | — | 2417 |
| | 因公 | 20715 | — | 2072 |
| 九级 | 因战 | 20715 | — | 2072 |
| | 因公 | 17263 | — | 1726 |
| 十级 | 因战 | 17263 | — | 1726 |
| | 因公 | 13810 | — | 1381 |

## 烈属、因公牺牲军人遗属、病故军人遗属的定期抚恤金和门诊医疗费补助标准表

（从 2017 年 10 月 1 日起执行）

单位：元/年

表 10

| 类　别 | 抚恤金 | 门诊医疗费 | 合计 | 备　注 |
|---|---|---|---|---|
| 烈属 | 23130 | 2313 | 25443 | |
| 因公牺牲军人遗属 | 19860 | 1986 | 21846 | |
| 病故军人遗属 | 18680 | 1868 | 20548 | |

**在乡老复员军人、带病回乡退伍军人、两参人员、农村老年退伍军人、抗战老兵的生活补助和门诊医疗费补助标准表**

(从2017年10月1日起执行)

单位:元/年

表11

| 类别 | | 月生活补助标准(元/月) | 年终一次性增发补助 | 门诊医疗费 | 年补助合计 | 备注 |
|---|---|---|---|---|---|---|
| 在乡老复员军人 | 抗战时期入伍 | 1230 | 1690 | 1476 | 17926 | |
| | 解放战争时期入伍 | 1166 | 1690 | 1399 | 17081 | |
| | 中华人民共和国成立后入伍 | 1161 | 1690 | 1393 | 17015 | |
| 退伍孤老人员 | | 1166 | 1690 | 1399 | 17081 | 参照解放战争时期入伍复员军人标准执行 |
| 带病回乡退伍军人 | | 940 | 1200 | 1128 | 13608 | 按上年农村常住居民人均可支配收入的70%执行(从2017年1月1日起执行) |
| 两参人员 | | 750 | — | 900 | 9900 | |
| 自费参加职工养老保险并已领取基本养老金人员 | 带病回乡 退伍军人 | 515 | — | — | 6180 | |
| | 两参人员 | 550 | — | — | 6600 | |
| 未享受其他定期抚恤补助的农村退伍军人老年生活补助 | | 每服一年义务兵役每月补助30元 | | | | |
| 部分原国民党抗战老兵 | | 1230 | — | — | 14760 | 参照抗战时期入伍复员军人标准发放生活补助(2018年1月1日起执行) |

**【村(社区)换届选举工作】** 制定下发村(居)民委员会、村(居)务监督委员会换届文件,先后 4次组织换届集中培训;建立"一问一答"指导机制,明确2名业务骨干全天候接受政策咨询,确保换届政策落到实处;推行村民代表履职承诺制,畅通村民代表退出机制。至5月15日,全县423个村、12个社区圆满完成村社组织换届选举工作。组织全县村(居)委主任进行集中培训,力促村(居)委会主任尽快进入工作角色。

**【城乡社区建设】** 开展第二批城乡社区治理和服务创新试点工作,上报重点项目3个,组织农村社区参加"你心目中的十大田园社区"评选活动,枫树岭镇下姜村荣获杭州市"十大最美田园社区"称号。组织下姜村与上城区小营巷社区、余杭区径山村、西湖区润心社会工作服务中心等单位开展结对共建活动,实现资源共享、优势互补。成功引进市级AAAAA级社会组织——“杭州滴水公益服务中心”进驻下姜村，积极开展“富丽下姜”项目，共孵化本土社会组织2家。开展村务公开和民主管理检查，下发通报3期，提高村务公开和民主管理规范化水平。做好社区服务业单位登记和补助资金申报工作，新登记社区服务业单位17家，指导10家单位成功申报2016年度县社区服务业发展引导资金，共补助资金20万元。

**【社会工作人才建设】** 积极推进96345党员志愿服务体系建设；积极发动社区社工、乡镇干部、村干部报名参加社会工作者职业水平考试，共有13人通过了社工师（含助理）职业资格考试；组织社工参加业务培训班、继续教育培训班等各类培训10余期，参训人数400余人次。

**【社会组织管理】** 会同县旅委、体育局、海事处、安监局等部门对3家水上休闲运动俱乐部进行联合执法检查，形成初步处理意见，并督促整改到位。开展社会组织年检，完成221家社会组织年检工作，参检率100%。完成社会团体收费和机关事业干部在社会团体兼职清查和后续规范调整工作；同时按照省市要求，大力推进行业协会与行政机关脱钩改革工作。

**【地名区划管理】** 全年新增地名484条，照片5000余张，普查数据达6798条，照片采集率达100%。完成桐淳线边界联检以及全县边界纠纷隐患排查处置工作。编制完成2017版《淳安县地名志》，出台《淳安县地名文化遗产保护名录实施方案》，公布淳安县第二批地名文化遗产保护名录。

**【最多跑一次改革】** 梳理上报“最多跑一次”事项、零上门以及暂时不能实现“最多跑一次”事项，共有77项事项进驻行政服务中心窗口；完成办事项目“网上申请、快递送达、电子签章和电子归档”三个全覆盖。制定《淳安县民政局推进“最多跑一次”改革工作实施方案》，对所有纳入其中的事项实行“办理流程再造”，精简、优化办事环节。

**【殡葬管理与服务】** 新建村级公益性生态公墓28个，总计1998穴，财政补助69.6万元。稳妥实施第一、第二殡仪馆“两馆合一”工程，成立淳安县殡仪馆，殡仪环境和服务水平大幅提升。严格落实“四免费两赠送”政策，2017年共减免殡葬服务费用228.46万元，赠送骨灰盒798人、花圈1662人。

**【婚姻登记】** 2017年共办理结婚登记3809对，离婚1316对，补发婚姻证件1378件，整理归档婚姻档案6503件，婚姻登记合格率100%。开展边缘婚姻调解，共接待392对离婚当事人，通过调解后暂缓离婚的93对，成功劝退106对。

**【弃婴收养管理】** 联合县公安局下发《关于开展公民私自收留弃婴户口登记工作的通知》，启动公民私自收留弃婴户口登记工作，共审核开具“不符合收养登记条件联系单”61份，办理收养登记9件、寻亲公告8件。

**【中福在线】** 2017年，“中福在线”新安大街销售厅销售总额达1383.28万元，同比增长28%。

**【人事变动】** 7月4日，下发《关于邵双龙等同志职务任免的通知》（淳民党组〔2017〕7号），调整中层正职3人、中层副职2人，新提拔中层正职1人、中层副职2人。8月，原民政局党组成员、副局长翁美云调往县委统战部,任部务会议成员。11月,余春雷由部队转业至县民政局,任党组成员、副局长(正科级)。

**【党建工作】** 深入推进"两学一做"学习教育常态化制度化。先后出台《践行"四个人"要求锻造勇立潮头民政铁军排头兵的实施意见》《关于推进全局"两学一做"学习教育常态化制度化工作方案》。严格落实"支部主题党日"活动要求,先后举办了"康美千岛湖,人人话担当"微型党课竞赛、"我最喜爱的习总书记一句话"主题演讲、民政法律法规进社区等活动,被杭州市民政局确定为全市民政系统党建工作首批示范点。积极开展"联乡结村访户"活动,组成4个调研小组到梓桐镇卢家村开展集中走访。组织机关党员干部深入大墅镇栗月坪村,开展"一户一策一干部"结对帮扶活动,共开展慰问2次。加强县社会组织联合党支部建设,推动党支部工作规范开展。积极引导社会组织、党员和志愿者参与社区管理与服务,探索"党建+社会工作"新模式。

**【党风廉政建设】** 按照"谁主管、谁负责"和"一岗双责"的要求制定2017年党风廉政建设和作风建设工作计划,层层落实责任;严格执行履行党风廉政建设主体责任"十个一"全程留痕记实制度。结合"两学一做"常态化制度化学习教育,组织党员干部学习《中国共产党廉洁自律准则》、《中国共产党纪律处分条例》、十九大精神和习总书记系列重要讲话等,提升干部职工廉政意识。严格落实《杭州市机关工作人员作风和效能问责办法》,加强干部职工作风建设和问责力度。根据岗位职责,全面开展廉政风险排查,认真查找可能存在的风险点,制定防控措施。开展正风肃纪检查,对干部职工作风和工作纪律进行明察暗访。

(王振华)

(编辑　程中青)

# 乡 镇

## ·千岛湖镇·

**【概况】** 2017年，千岛湖镇总面积356平方千米，辖15个行政村、11个社区、221个居民组、142个村民小组。全镇总户数29348户，总人口83888人。人口自然增长率3.23‰。山林面积10505公顷；耕地面积476公顷，其中水田398公顷。

全年实现工农业总产值34.19亿元，比上年增长1.22%。财政总收入2.13亿元，增长61.19%，其中地方财政收入1.09亿元；上缴国税、地税1.02亿元，增长70.02%。农村经济总收入79.99亿元，增长20.0%。村级集体经济总收入648万元，增长15.71%。农民人均收入19113元，增长12.10%。

生态经济持续强劲。生态农业累计完成土地流转290.07公顷，新注册农业企业11家。做强“千岛湖”区域公共品牌，尤其是把千岛湖枇杷送进社区、打入杭城，实现销售收入约4500万元，增长约9%。

百源经济引领示范。实施“四大工程”，完成政府投资559万元，社会投资5368万元，撬动社会投资项目22个。成功签约落地凡木民宿和胜辉农旅融合项目。汪家村成功创建AAA级景区村庄。全年累计接待游客近6万人次，带动集体经济和农户实现双增收。汪家、联丰村集体经济经营性收入分别达到25.01万元和32.42万元，同比增长43.57%和68.94%。

税源经济更加多元。努力形成产业招商带动税源扩面的新常态，实现税源税收双增长。成功签约华东医药总部经济、凡木民宿、胜辉农旅融合项目、观颐农业开发等11个招商引资项目，共完成招商引资总额3.4亿元。实现地方财政收入1.09亿元，同比增长52%。天天快递总部经济园成功引入杭州锦亚、大蜂运力等多家总部经济项目，园内总税收突破3000万元。

服务经济亮点凸显。始终保持服务经济首位度，不断做大服务经济总量，全县占比55%。积极融入全域旅游格局，打造汪家淳果小镇、富泽畲乡风情等一批独具特色的美丽经济实体。扎实推进景区化、精细化建设，完成屏湖斋堂28户民宿形象改造提升，新培育农家乐民宿11户。青溪山居民宿、仟陌间民宿投入运营，云曼民宿、凡木民宿完成前期准备工作，计划于2018年启动建设。举办2017杭州千岛湖枇杷节、“赏屏风美景、品千岛枇杷”趣味登山畲族文化节、淳果小镇采摘节等乡村旅游节庆活动，通过办节带动乡村旅游蓬勃发展。全年实现游客接待量92万人次，旅游收入1.04亿元，首次突破亿元大关。继续做大电商总量，新增电商企业5家，个体户30家，网上商城5家，完成电商销售产值2.81亿元。天鑫公司成为全县唯一一家亿元级电商企业。

推进小城市培育。重点围绕城市品质提升，坚持在环境更美、服务更优、生活更便上下功夫。共投入5000万元，基本完成如意巷、排岭南路等4个标段的老旧小区改造。继续开展花园小区、精品小巷、文化楼道、绿色阳台“四大创建”活动，深入实施城区精细化管理，社区环境得到提升。推进望湖、新北两个社区拆分工作，积极开展全能社工培训，着力提升为民服务水平。继续推进撤村建居，实现化解实现质的突破，始终坚持“化解是最好的稳控”，从源头上化解信访积案，积极做好十九大、两会等重点时段人员稳控工作和重点群体诉讼应对工作，有效化解重点群体 6 户。积极做好两户未签约户攻坚工作。有序推进股权量化、村改社区、遗留问题处理等工作，破解“老大难”问题。

完成千黄高速工程土地征收 55.6 公顷，涉及农户 623 户；房屋征收 61 幢，涉及农户 47 户；坟墓搬迁 288 穴。有效化解各类矛盾纠纷一百余起，有序推进湖坑、茂畈两处安置点落实，加快被征房屋腾退拆除。全力保障施工堆场、临时便道等临时征用租赁工作，为千黄高速项目进场施工扫清障碍。实施茂畈至东汉道路大中修，落实农村饮用水提升工程，推进生态村修复项目 7 个、库区项目 27 个、农村基础设施桥梁道路硬化项目 7 个，河道综合整治项目 5 个，农村基础设施得到显著改善。

严格按照“千岛湖排放标准”，以“工程完善年、运维巩固年、环境提升年”为载体，常态开展农村污水运维实时监管，提升农村污水运维水平。坚决打好剿灭Ⅲ类以下小微水体攻坚战，强力推进 4 个一般点和 6 个重点小微水体的剿灭整治工作。深入落实“河长制”，努力推动智慧巡河。以“河小二”“巾帼志愿者”促进全民治水，营造全民参与、全民共享的护水氛围。重点围绕中央环保督查迎检，积极自查自纠，倒逼整改任务，共完成督办交办、自查自改任务 106 个，关停整治企业项目 1 个。积极做好农村环境综合整治，深入开展“清洁乡村”“美丽庭院”，创新深化“全民清洁日”活动，成功创建汪家村县级美丽庭院示范村。全面铺开“厕所革命”，规范提升农村公共厕所 17 个、村办公楼厕所 15 个。全面推进垃圾分类工作，创新实施垃圾超市、“红黑榜”、网格化大比拼等特色载体，实现农户参与率达到 90%以上，可腐烂垃圾处置率达到 100%，农村生活垃圾减量比例在 30%以上。

深入开展拆后反弹整治和日常防违控违工作，共拆除整改违章建筑 93 处，持续保持无违创建高压态势。继续开展两路两侧、四边三化专项整治，特别是百源经济建设中开展了建兰中学至汪杜线入口路段沿线环境整治、拆危拆旧、杆线序化等工作，淘汰关停小料厂、彩瓦厂各 1 家。

统筹推进文化、教育、卫生等各项工作，开创社会事业发展新局面。推进省示范文明县城和浙江省体育强县创建工作。推进周坑村文化礼堂和南山社区文化家园建设；富泽村文化礼堂被评定为三星级文化礼堂。新建社区文艺角 5 处，开展形式丰富的文化活动；火炉尖社区竹马队荣获省级金奖。淡竹小学和汪宅小学操场建设及青溪初中宿舍楼改造项目顺利完工。青溪初中在全县中考中取得优异成绩，并勇夺全县最高分。启用千岛湖镇社区卫生服务中心。做好登革热防治工作，未发生源发性疫情案例。完成征兵任务，为部队输送优质兵源 27 人。

做好临时救助、春风助学、残疾人“两项补贴”等困难群众帮扶救助工作；保障“两费”代扣代缴工作，城乡医保、养老实际参保率分别为 100.05%和 96.51%；完成 11852 名村社企退人员体检服务保障工作；完成 11 家社区居家养老服务中心建设；做好 83 幢 D 级危旧房整治工作。

积极开展矛盾纠纷大排查大化解，共排查调处各类矛盾纠纷 1536 起，调解率成功率达 99.6%以上，共受理各类信访案件 318 起，回访率达 100%，化解信访积案 8 起；全面加强安全生产大排查，建成社区微型消防站 11 个，组建常态化志愿巡防队伍 27 支，发现整治较大安全隐患 323 处；正确处理行政诉讼案件 49 起，在法律层面为撤村建居和其他重点工作保驾护航。

**【2017 杭州 · 千岛湖枇杷节】** 5 月 24 日，由

千岛湖镇政府主办的以"千岛湖枇杷熟了"为主题的2017杭州·千岛湖枇杷节在千岛湖广场举行。近年来,千岛湖镇更是紧紧围绕"建秀水名城、创富美新村"这一目标,坚持走"果园、菜园、乐园"的三园经济发展之路,大力培育水果和蔬菜两大主导优势产业,逐步形成了十大景观园区、百家精品民宿、千亩高山蔬菜、万顷生态水果的"十百千万"产业发展格局。该届枇杷节内容丰富、特色鲜明,以宣传千岛湖枇杷品牌和促进枇杷销售为核心,全面助力康美千岛湖和名城新村建设。通过枇杷进社区、"枇杷王"评比、枇杷节开幕式、枇杷果园采摘、登屏峰岩品味白沙枇杷、生态水果采摘季启动仪式六大活动,以及线上预售、扫码订购、展销推介等方式,提升千岛湖枇杷的知名度和美誉度,推动枇杷销售,实现助农增收和枇杷产业康美发展。

**【千岛湖镇新增城东和阳光两个社区】** 9月27日,千岛湖镇城东社区、阳光社区同时挂牌成立,千岛湖镇社区数量由9个增加到11个,呈现出区域划分更为合理、资源配置更为优化、人力配备更为充足态势。城东社区东起青溪新城鼓山口灯控,南至明珠灯控,水投公司与望湖社区明珠花园交界,西至汽车北站后山与阳光社区接壤,北到05省道收费站九龙湾小区,是当前千岛湖镇地域范围最大的社区。城东社区下辖望湖国际、千岛明月、滨江希尔顿、玉兰花园、一家山水、美都兰庭、朝阳新村、九龙湾等13个小区。阳光社区范围东起七星花园西边临湖,西北至千岛湖大桥东北到05省道灯控口。辖区范围内有七星花园、木材公司宿舍、碧水花园、金色阳光、开元、天屿、阳光水岸8个小区。

(许　昱)

**2017年千岛湖镇各行政村基本情况**

表10

| 村　名 | 村党支部书记 | 村委会主任 | 人口(人) | 年人均收入(元) |
|---|---|---|---|---|
| 屏　湖 | 缪发春 | 缪小成 | 647 | 18557 |
| 进　贤 | 方武中 | 宋小芳 | 715 | 18282 |
| 金　家 | 童小溪 | 金中秋 | 837 | 14227 |
| 茂　畈 | 吴卫群 | 方　涛 | 1890 | 16437 |
| 东　汉 | 郑国华 | 方小明 | 561 | 13266 |
| 井　塘 | 方　森 | 方建民 | 697 | 15957 |
| 青　溪 | 洪卫军 | 徐无有 | 901 | 19475 |
| 周　坑 | 王有根 | 胡勇成 | 856 | 20102 |
| 宋家坞 | 方　勇 | 尹　平 | 567 | 21464 |
| 富　城 | 王红星 | 王勇和 | 578 | 20366 |
| 汪　家 | 宋勇来 | 方竹来 | 1063 | 14984 |
| 联　丰 | 汪贤成 | 徐碧荣 | 1383 | 16964 |
| 富　泽 | 方来山 | 蓝国军 | 720 | 19956 |
| 农　林 | 方成会 | 邵成有 | 544 | 19785 |
| 淡　竹 | 徐　斌 | 洪宝贵 | 728 | 19510 |

**2017年千岛湖镇社区领导干部名录**

表11

| 社区名称 | 党委书记 | 居委会主任 |
|---|---|---|
| 李家坞 | 潘文红 | 潘文红 |
| 西　园 | 邵双凤 | 邵双凤 |
| 施家塘 | 汪建红 | 汪建红 |
| 火炉尖 | 吕开明 | 吕开明 |
| 江　滨 | 胡海燕 | 胡海燕 |
| 新　北 | 汪泳涛 | 汪泳涛 |
| 南　山 | 戴学华 | 戴学华 |
| 南　苑 | 徐新华 | 徐新华 |
| 望　湖 | 郑子文 | 郑子文 |
| 城　东 | 汪智贤 | 汪智贤 |
| 阳　光 | 刘年勇 | 刘年勇 |

## ·文昌镇·

**【概况】** 2017年,文昌镇总面积221平方千米,辖16个行政村、119个自然村、128个村民小组。全镇总户数4163户,总人口1.4万人。山林面积17332公顷;耕地面积428公顷,其中,水田364公顷。

全镇财政总收入1752.6万元,其中地方财政收入919.5万元,分别增长47%、45%;固定资产投资2.62亿元,增长38%;社会消费品零售总额1.25亿元,增长13%;农村经济总收入35.74亿元,增长14%;农民人均可支配收入18915元,增长12%。

推进精品农业建设。累计流转山林土地1256公顷,流转率35%。农业龙头企业龙冠公司茶叶种植面积25.33公顷,年销售产值达2300万元,公司生产的龙井茶荣获千岛湖龙井茶金茶王奖;完成光昌边6.87公顷、西河村6.73公顷的铁皮石斛特色中药材种植基地建设;引进精品水果项目,下潘葡萄园流转土地7.2公顷,王家源塔心桃花源流转土地10.87公顷。潭头、下潘粮食生产功能区块种植面积23.3公顷,年产值50万元,生产的"千岛湖富硒米"获2017年浙江好稻米金奖;小酉坞香榧基地种植面积33公顷。

发挥杭黄高铁千岛湖站坐落文昌的区位优势,加快产业转型,大力发展民宿民居,栅源、文屏、西阳形成集聚效应,全镇共发展民宿民居63家。积极引导农家乐向特色主题民宿转型。塔心村乡非云舍民宿开张运营;王家源村花墅集、雅居乐动工建设;西阳村浪岭精品度假酒店已完成两期2.8公顷土地招拍挂手续。完成总投资800万元,建筑面积2100平方米的文昌农贸电商中心建设。

以业态培育、环境整治为重点,推动小城镇综合整治和百源经济。被列入全县首批重点"百源经济示范源的王家源",以"农耕源"为主题特色,共招引产业项目6个,完成社会投资3000万元。投资700余万元,完成A级景区村落配套、塔心民宿配套等5项基础设施提升项目。围绕"淳安韵味、乡土记忆、民俗风情、全域旅游"要求,启动小城镇环境综合整治工作,至年底,景观提升工程(社区活动中心)全部完成;拆除老政府办公楼危房拟新建农贸市场;集镇立面改造、老05省道提升、05省道文昌高铁站至潭头段沿线景观提升等工程已完成进度60%以上,完成投资约1400万元;成功创建"省级卫生乡镇";整治新增违建,继续做好两路两侧环境整治,拆除新增违建937平方米,顺利完成"无违建镇"复评。严格落实建房带方案审批制度,完成房屋审批128幢,启动农村宅基地和房屋统一确权登记;加快危房治理工作,确保人民群众生命财产安全,D级危房拆除44户、修缮加固25户、腾空防控9户,解危率100%;C级危房拆除3户、修缮加固22户、腾空防控19户。

继续深化污水处理提升工程。累计投入432万元专项资金用于王家源、下潘等7个村污水处理提升工程。完成6家规模养殖场的关停退出和拆除工作。顺利完成高垄库湾等8处县级小微水体整治提升工作,全面消灭镇域内Ⅲ类以下小微水体。深化清洁乡村工作,东树坑、卢家庄、西河、王家源、栅源、丰茂等村环境综合整治提升工作成效明显,各村整体环境质量持续提升。在王家源村试点的"洁美家园积分兑换超市"模式,进一步激发村一级环境保护的百姓主体意识。开展"公厕革命",以包干负责制,23处村级公厕焕然一新。大力推进生活垃圾分类,农村生活垃圾分类收集和资源化综合利用站已建成,各村探索垃圾分类形式获得良好效果。完成2座万立方米以上山塘、1座小二型水库除险加固,完成5.5千米农村河道综合整治工程。

落实高铁征迁工作,完成文昌路4户、文

昌村沿溪区块19户房屋征迁工作，高铁征迁工作完成。丰茂半岛连接线加快实施，完成21户房屋征迁和20.53公顷土地征用。

做好高铁征迁的后续安置工作，文昌安置点已移交农户入住，上荷坞安置点71幢房屋基础顺利完成，移交农户自建，文屏、花屋片区房屋主体已基本结顶。丰茂连接线13户安置点已完成地基平整工作。总投资3000万元，实施文昌老街、马达形集聚点沿街民房与户外环境整治等一体的文昌村村庄整治，目前自来水工程、市政道路施工、立面整治、管网配套均已进入工程扫尾阶段；文屏村村庄整治已完成村庄道路一、二期拓宽工程。

杭黄铁路淳安段全线贯通，轨道铺设全面完成。场站扩面工程开工并顺利推进，工程进度领跑全线；站前广场等场站配套工程进展良好；水系景观岸线与栈道主体完成过半；场站物业楼主体结顶，站前地下通道主体完工；青石湾边坡复绿完工并通过预验，高铁站第一视角景观初见效果。跨302省道互通立交主体工程基本完成；东北湖区码头基本成形，正在进行内部装修；场站配套道路花屋支线已建成投入使用。

严格执行最低生活保障制度，全年审批符合农村低保申请260户，发放保障金160余万元；残疾人补助基本实现全覆盖；组织镇村党员干部捐款活动，救济临时困难家庭140余户；镇养老服务中心正式挂牌营业；投资45万完成卢家庄、西阳、小西坞等9个村级老年食堂，并全部通过验收。开展无欠薪行动，做好农民防欠薪工作19起，调解后发放资金达200余万元。城乡居民养老保险和农村社会医疗保障参保率分别为98.21%、100.09%。

继续推动“留守儿童俱乐部”建设，王家源、潭头等村留守儿童俱乐部的长效化管理。为全镇60周岁以上和16周岁以下村民投保意外伤害保险。潭头小学校舍改造、潭头幼儿园室外场地改造工程顺利完成，卫生院完成污废水处理系统整改，继续深化中医特色诊疗。继续开展村道公路大中修，完成东树坑村1.5千米、王家源3.8千米、文昌村1千米村道公路建设，完成西河村1.5千米联村联网公路建设。

**【杭州淳安S302省道丰茂半岛连接线及花屋支线项目】**　2月，杭州淳安S302省道丰茂半岛连接线及花屋支线项目动工。S302省道丰茂半岛连接线工程起点位于S302省道九龙隧道东侧，终点至浪坑坞东南侧顺接左光公路，全长8.3千米，路基宽17米。花屋支线起点位于花屋村S302省道交叉口，终点至花屋底，全长2.6千米，路基宽9米。该项目主要建设内容包括道路改造、绿道、隧道、桥梁、涵洞、绿化、排水和其他道路设施等。项目估算7.53亿元。该项目的建设将对促进区域发展，改善交通通行条件，优化区域公路路网结构，提升区域旅游环境具有重大意义。

**【文昌商会成立】**　12月30日，文昌商会成立大会暨第一届代表大会顺利召开，淳安县文昌商会正式挂牌成立。成立大会上，选举产生了商会第一届会长、执行会长、副会长、监事长、秘书长、理事和监事。会上，文昌商会向文昌镇捐赠爱心慈善基金10万元，两家企业与文昌镇成功签约。文昌镇历来商贸经济发达，从事农业、工业、服务业的企业较多，随着杭黄铁路建设的快速推进，以及文昌经济的不断发展，迫切需要成立一个统一的商会组织。文昌商会以落实“乡村振兴”战略、建设“康美千岛湖”为目标，旨在团结在外创业和文昌本土企业家，全力以赴服务文昌，引导各会员企业守法经营，提升创新、创优、创牌能力，充分发挥商会在推动区域经济发展和搭建企业间相互支持、相互信任、合作共赢等方面的积极作用,更好地促进文昌全面发展。

(汪春娟)

2017 年文昌镇各行政村基本情况

表 12

| 村名 | 村党支部书记 | 村委会主任 | 人口(人) | 年人均收入(元) |
|---|---|---|---|---|
| 浪洞 | 周樟林 | 祝湛刚 | 817 | 18950 |
| 市畈 | 林贻新 | 何君 | 1018 | 18463 |
| 文昌 | 何金福 | 何樟民 | 1818 | 19181 |
| 文屏 | 王建军 | 王建军 | 356 | 17999 |
| 小西坞 | 江桥贵 | 江桥贵 | 353 | 18001 |
| 栅源 | 宋登贵 | 张早生 | 1157 | 16463 |
| 丰茂 | 王巧根 | 方国光 | 526 | 16332 |
| 西阳 | 王水花(女) | 方永平 | 810 | 17420 |
| 下潘 | 王成生 | 方红亮 | 868 | 20065 |
| 潭头 | 何社会 | 何宇来 | 1278 | 19561 |
| 西河 | 余军华(女) | 巫年发 | 812 | 18932 |
| 卢家庄 | 卢飞 | 卢向阳 | 924 | 17995 |
| 东树坑 | 方国旗 | 方国旗 | 391 | 19574 |
| 王家源 | 王归全 | 汪金华 | 1117 | 19450 |
| 富山 | 方水有 | 方树全 | 1380 | 18893 |
| 光昌边 | 刘小华 | 刘克军 | 511 | 15477 |

## ·石林镇·

**【概况】** 2017 年,石林镇总面积 144 平方千米,辖 8 个行政村、43 个村民小组。全镇总户数 1456 户,其中,农业户 1409 户;总人口 4967 人,有外来人口 620 人。人口自然增长率 2.4‰。山林面积 7946 公顷;耕地面积 174.27 公顷,其中,水田 53 公顷。

全年实现工农业总产值 13061 万元,比上年增长 6.3%;财政总收入 273 万元,增长 23%。其中,地方财政收入 135 万元;上缴国税、地税 189 万元,增长 16%。农村经济总收入 89040 元,增长 12%;村级集体经济总收入 272 万元,增长 8.7%;农民人均收入 19059 元,增长 12.5%。

镇域面貌不断改善。借助交通、小城镇、入城口等整治有利契机,全力打造康美环境示范面、产业带,棠高蜂蜜、茶园六纯、富德港湾、千岛湖渔文化、玳瑁家庭农场、岭足运动、双西竹韵、西岭神话 8 个主题特色村落打造全面铺开,“三点三面”、“三十三百”建设全面启动,旅游访问、农事体验、美丽庭院、景观改造等点线建设深入拓展,镇域全域景区建设初显成。石林镇先后入选国家体育总局全国运动休闲特色小镇试点、省旅游风情小镇培育单位和全省美丽乡村示范乡镇。

深入开展环境整治。组建镇巡查办,实行一周三巡,健全村级保洁、河道协管、治污清洗等专业队伍实行常态管理。探索推出清洁乡村无人保洁、美丽庭院星级评定,垃圾分类论斤卖等特色做法,全镇清洁乡村、垃圾分类排名全县第一。积极推行农村治污运维“九宫格”工作法,以精细化管理实现治污设施“三分建、七分管”目标,治污运维年度优秀。全面整治完成 30 个“小微水体”和 19 个“公厕革命”;坚持拆违拆旧与防违控违并举,深化沿湖沿线环境问题综合整治,全面实行带方案审批建房管控风貌。

紧紧围绕运动小镇特色,加大体育运营、房车露营、民宿民居、总部税源等特色项目招引,加快培育符合石林港湾运动元素的康美业态。除产业项目亲亲山水的快速落地之外,杭州舟际体育海岸线皮划艇俱乐部、龙之游山地越野摩托体验项目已落地;初喜、果儿熟了、水石间等一批精品民宿建成开业。与三夫户外达成了体育小镇品牌推广的战略合作,与北京泛华体育达成了体育小镇整体开发、运营意向。

实施石林镇职工宿舍楼拆建、中心小学

教师宿舍楼拆建、幼儿园墙体美化、文化礼堂等项目建设；完成了一批村道大中修和15处C、D级农村危旧房改造；实现了6家配备老年食堂照料中心正常运营；调整充实了乡村文化队伍，加强农村低保、残疾人保障等工作，努力做到应保尽保；实施镇卫生院责任医生签约制度，优化农村公共卫生和计生服务，民生服务质量有效提高。

以“三认”为载体，深化市检察院“百千万”走访问题整改，实行问题包案化解制，努力回应老百姓的诉求。深化群众诉求一周见面制，推动工作力量下沉、干部履职靠前、事项高效解决，有效破解服务最后一纳米问题。建立覆盖全镇的19个网格，健全信息收集、处置机制；注重加强公共安全和地质灾害隐患治理工作，社会治理有效加强。

依法行政全面落实。强化党委决策的执行，坚持重大事项集体决策和政府工作定期向人大报告、向社会通报的制度，主动接受社会各界的监督，认真听取各方面的意见建议，办理镇人大代表建议40件；全面推行政务公开，深入实施政府法律顾问制度。

服务效能有效提升。镇政府为民办实事较好完成，深化镇干部周二集中下村办公日、日常事务代办制度，积极推行最多跑一次改革，政府服务效能不断提升。

**【石林镇入选全国运动休闲特色小镇试点】** 8月，国家体育总局公布全国首批96个运动休闲特色小镇试点项目名单石林港湾运动小镇名列其中，成为杭州市唯一一个榜上运动特色小镇试点项目。运动休闲特色小镇是以运动休闲为主题打造的具有独特体育文化内涵、良好体育产业基础，集运动休闲、文化、健康、旅游、养老、教育培训等多种功能于一体的空间区域、全民健身发展平台和体育产业基地。近年来，石林镇以“建设港湾运动小镇，争当全域旅游示范”为目标，以境内70%以上喀斯特地貌为景观特色，以集镇2.28平方公里港湾水域和省市水上运动训练基地为中心，以100余千米长湖岸线和20余千米长山地骑行赛道为载体，突出“港湾运动小镇”的定位，做强水上休闲运动，做特环湖骑游运动，做活山地体验运动，并充分挖掘各村优势，逐步打造“一村一品、一村一韵”，茶园摄影、富德港湾、棠高蜜蜂、千岛湖渔文化、玳瑁家庭农场、岭足运动、西岭神话、双西竹韵8个主题村落的建设加快推进，形成了多元的运动休闲体验特色。

**【富德村被评定为浙江省AAA级景区村庄】** 10月9日，石林镇富德村被评定为浙江省AAA级景区村庄。近年来，富德村紧抓石林镇“旅游风情小镇”培育创建契机，实施了中心村、风情小镇、小城镇环境综合整治等建设，不断改善环境，发展乡村旅游。

**【第六届千岛湖石林爬坡王挑战赛】** 10月28日，第六届千岛湖石林爬坡王挑战赛在石林镇富德村鸣抢开赛，来自全国各地的38支车队300余名选手齐聚石林港湾运动小镇，上演了一场“速度”与“激情”的较量。

**【2017中国·千岛湖石林仙境半程爬坡马拉松】** 11月19日，由石林镇人民政府、北京三夫户外用品股份有限公司主办，三夫户外运动管理有限公司承办的石林仙境半程爬坡马拉松在石林举行。此次赛事，来自全国各地的300余名选手参加比赛，前国家游泳队总教练、浙江省体育职业技术学院院长张亚东亲临指导。

（方仙婷）

2017 年石林镇各行政村基本情况

表 13

| 村　名 | 村党支部书记 | 村委会主任 | 人口(人) | 年人均收入(元) |
|---|---|---|---|---|
| 茶　园 | 张福根 | 张福根 | 599 | 18761 |
| 千岛湖 | 陈开泉 | 陈开泉 | 448 | 16606 |
| 富　德 | 邵小平 | 邵勇忠 | 983 | 18458 |
| 棠　高 | 何加富 | 何加富 | 402 | 17881 |
| 双　西 | 邵建星 | 吴六苟 | 1162 | 15451 |
| 岭　足 | 方贵军 | 方贵军 | 462 | 17636 |
| 玳　瑁 | 练志洪 | 叶永林 | 530 | 13046 |
| 西　岭 | 项国昌 | 项德庶 | 381 | 13047 |

## ·里商乡·

**【概况】** 2017 年，里商乡地域面积 276 平方千米，辖 16 个行政村、100 个自然村、123 个村民小组、3466 户，总人口 11281 人。有山林面积 19740.27 公顷，其中生态公益林 7232.20 公顷；耕地面积 250.47 公顷。

全年实现农村经济总收入 11.2 亿元，比上年增长 10.9%；农民人均收入 17854 元，增长 12%。招商引资实际到位县外资金 4808 万元，完成年度任务 229%；产业投资完成 9163 万元，完成年度任务 101.6%；实现财政总收入 639 万元，地方财政收入 263 万元，分别增长 52.89%和 20%。

有茶园面积 1175.20 公顷，产茶 496 吨，产值突破亿元，成为里商首个亿元产业，人均茶叶收入超过 8000 元，同比增长 20%；坚持电商换市，改变农民以卖茶青为主状况，茶叶电商全年销售突破 3000 万元；全年完成 267 公顷茶叶基地无公害认证，制定 3 项绿茶生产企业标准。开展"一村一品"和规模种植，推进农业新品种种植，发展林下种植 13 公顷，金丝皇菊、金丝吊葫芦、覆盆子等新兴产业渐具规模。

商辂、杨桂芝展示馆建成使用，紫云尖登山摄影基地二期完工，香草山休闲农场进场建设，旅游景点集群效应不断显现。淳杨线骑行、茶文化节庆、仁灯巡游、果园采摘等旅游业态日渐丰富，全年共接待游客 23.5 万人，实现旅游收入 2918.1 万元，比上年增长 88.2%。民宿产业扩规提质，目前全乡民宿 31 家、床位近 500 张，吸纳直接就业 208 人。

强化"项目为王"理念，扎实推进攻坚商源生态观光园、香草山休闲农场、碧水湾一期、云中叶茶厂等 10 余个重点项目。做好土地招挂、土地流转、规划等项目前期工作，为项目全面开工建设打下坚实基础。

加大税源经济招引力度，全年完成 13 家总部经济企业注册，其中智恒人力、利星传媒、振源德实业等 5 家企业产生财政总收入 500 余万元、地方财政收入 200 余万元。投资 2.8 亿的蓝鸿房产项目完成签约并进入前期规划；投资 6000 万元的洞灵庵养生基地项目完成注册和土地流转。

投入 3000 余万元开展小城乡环境综合整治，高分通过省级验收。以强力整治促进集镇面貌焕然一新，结合"市卫"创建工作，推动面上整洁、线上美丽、点上出彩。实施徽派建筑一体化，突出集镇"古色"风貌。引文化入集镇，建设文化坐标三元阁，打造"学子朝拜圣地"的状元文化品牌。一个村民"适居"、旅客"乐游"、商客"宜业"的慢生活休闲小镇加速形成。

投资 800 余万元高标准完成"两馆一阁"三大文化载体工程建设，收集商辂文集、杨桂枝字画等文物 500 余件，录入相关民间故事、戏歌、神话 200 余个，实现状元文化、宰相文化、书画国学等传承载体突破。强化文化旅游双向促进，完成南宋皇后杨桂枝 30 集剧本编撰，推动里商仁灯注册商标，推出非遗纪念品等特色旅游产品，里商村入选第一批"浙江省传统村落"。

创新制度建设，抽调10名中青年干部成立乡综合巡查办，整合生态保护、乡容村貌监管督查功能。强化政府主导作用，创新推行运维监管“三级联动”制度，第一时间启动“公厕革命”，实现16个行政村公厕全部达到A级旅游标准，成功创建市级卫生乡镇。快速推进垃圾分类管理，深入开展Ⅲ类以下水体剿灭及小微水体“大排查、大整改”，发动群众积极投身“美丽庭院”活动，乡村整体环境持续改善。无违建乡镇成功创建。

投入4000余万元实施基础设施工程建设，65个交通水利、生态修复、地质灾害治理等项目保质保量完工。完成向阳、武源等7个村村庄生态修复。完成叶石线、洞石线村道大中修，村坑联网公路及燕窝村村通工程建设。完成塔山郎范等11个行政村堤防建设、水渠配套、山塘除险等20项工程。完成石门、大叶农用桥梁建设。

投入低保、残保、居家养老、慈善救助、优抚等各项补助500余万元，基本实现弱势群体保障全覆盖。投资600余万元的里商乡养老院正式投入使用，8个村级居家养老服务中心和老年食堂全部建成运营。投入40万元开展校园文化建设，投入15万元落实免费课间餐政策，里商中校2017年中考成绩在同类学校排名第二。完成15栋C级、27栋D级农村危旧房治理任务。

深入开展矛盾纠纷排查调处工作，健全网格员制度，开展四个平台建设，强化平安综治全方位全时段覆盖。对重点信访、重点群体、重点事项实施“包案制”，实现社会问题及时妥善处理，实际单一事由信访量下降一成。在江西籍集体上访等重点维稳事件中，防控措施坚决有力，未出现一例不稳定情况。

修改制定乡机关工作、学习、考勤、资产管理4大类13项制度，从会风会纪和工作作风抓起，加强机关管理。坚持实行周一夜学制度，严格干部日常考核。严肃处理个别党员干部违规违纪问题，乡村两级干部作风不断改进。坚决落实“村账乡代理”，加强村务公开，促进村级政务、财务规范管理。重视发挥妇联、共青团等社会团体的积极作用，重视与人民代表和社会各界的联系，全乡经济社会发展得到合力推进。

**【里商商会成立】**　3月25日，里商商会正式成立，选举产生会长、监事长、监事、执行会长、副会长、秘书长等，共有成员139人。里商商会是在“里商老乡叙乡情”的基础上组建的，自2016年6月启动筹备工作，经过近一年的努力，终于正式成立。成立后，该商会将坚持“诚信、团结、服务、发展”的理念，成为政府与企业沟通的桥梁，及时向会员传达相关方针政策；运用商会优势，加强与各银行之间的战略合作，为会员企业的资本运作提供帮助；创造学习条件，帮助会员企业进行人才培训；积极与国内外各地的商会建立良好的互动联系；发挥桥梁纽带作用，每年组织联动商务考察、学习调研等活动；帮助会员宣传企业，树立企业良好形象。

（方　鹏）

**2017年里商乡各行政村基本情况**

表13

| 村　名 | 党支部书记 | 村委会主任 | 人口（人） | 年人均收入（元） |
|---|---|---|---|---|
| 塔　山 | 邓满莲 | 朱顺根 | 868 | 20066 |
| 燕　窝 | 解同康 | 汪苏明 | 533 | 16426 |
| 村　坑 | 方建新 | 方新军 | 548 | 17742 |
| 江　村 | 江志宏 | 江永龙 | 672 | 18169 |
| 里　阳 | 许合喜 | 商发庆 | 474 | 21069 |
| 架子岭 | 韦鹏程 | 方顺华 | 390 | 19153 |
| 向　阳 | 向树来 | 向新朝 | 699 | 20578 |
| 武　源 | 叶志明 | 叶志明 | 1008 | 16719 |
| 鱼　泉 | 王茂华 | 商向阳 | 529 | 20486 |
| 五　兴 | 胡胜利 | 杨怀栋 | 596 | 20267 |

续表13

| 村　名 | 党支部书记 | 村委会主任 | 人口（人） | 年人均收入(元) |
|---|---|---|---|---|
| 里　商 | 商国山 | 叶正喜 | 1402 | 17133 |
| 郎　范 | 徐　杰 | 郎有勇 | 1049 | 15235 |
| 大　叶 | 程宝元 | 叶剑锋 | 480 | 16444 |
| 洞坑口 | 解华明 | 姚发根 | 639 | 17172 |
| 石　门 | 叶世广 | 叶映红 | 658 | 16194 |
| 石　湾 | 王丁信 | 解华明 | 753 | 16573 |

## ·富文乡·

**【概况】** 2017年，富文乡总面积151平方千米，辖10个行政村、79个村民小组。全乡总户数2474户，总人口8441人，有外来人口182人。人口自然增长率14.9‰。山林面积1.24万公顷；耕地面积303公顷，其中水田226公顷。

全年实现工农业总产值2.74亿元，与上年持平；财政总收入3645.78万元，增长6.88%，其中，地方财政收入104.58万元；上缴国税、地税110.13万元，增长141.83%。农村经济总收入75303万元，增长11.01%；村级集体经济总收入298万元，增长8.76%；农民人均收入16959元，增长12.50%。

加大土地流转力度，完成青田、漠川等村耕地规模流转12.85公顷，林地流转35.33公顷；以漠川为核心的中药材规模种植稳步推进；完成美丽农业项目申报2家。认真落实省级农产品安全县创建相关工作，完成农产品检测585批次。加大农药废弃瓶回收力度，全年完成回收废弃农药瓶(袋)26630个，超额完成青田村茶园统防统治计划任务，实施无公害茶园建设253.33公顷；新发展无性系早生良种茶园3.6公顷，发放茶苗21.43万株，农业面源污染治理和农业生态得到进一步改善。完成植树造林40余公顷，植树7万余株，其中柏木2.14万株、枫香6000株、南方红豆杉6000株、刨花楠2000株、浙江楠3000株；投资20余万元完成6棵一级古树名木保护工作；投资12万余元，新建林道2千米。

招商引资增势强劲，全年完成特色招商6个，实现到位资金5439万元，完成任务的320%，其中市外到位资金2100万元，完成任务的300%。税源经济发展起势，成功引进蓬勃实业、丹溪医疗等4个项目，全年财政收入首次突破100万元。积极发展来料加工业，通过广育经纪人、加强技能培训和加大低收入农户扶持力度等途径有效扩大来料加工覆盖人群，培育经纪人23人，全年实现加工费482余万元，增长161%，辐射带动710人就业。引进上海淳尚谷异地休闲养生项目，利用农村空闲房屋和剩余劳动力吸引华东地区老年人来富文度假式养老休闲，与18户农户意向签约，计划于2018年1月挂牌。

民宿经济辐射发展。美客爱途品牌化运营，茂山民宿正式营业；青麓(美客)书院、乡庐怡陌、集祥民宿、淳雪居等精品民宿完成前期基础工作并相继进入施工阶段，雪坑源精品民宿板块进一步成形；大众民宿提升有序推进，10家大众民宿通过改造，品位提升，经济效益明显提高；民宿经济逐渐向清平源辐射发展，漠川中养、六联随芸居等精品民宿建设顺利推进。着力推进全域旅游品牌化建设，成功创建青田村AAA级、漠川村AA级、富文村A级景区村落，完成石头埠婚纱摄影基地、景观游步道建设等项目；打造乡村旅游节庆活动，先后开展“遇见浪黄、悠悠旗袍梦”和乔宇书画展义拍等活动。以活动创品牌，以品牌吸引游客，全年接待游客40万人次，旅游经营性收入6000万元。

借力小城镇综合整治项目，集镇建设有力推进，88%的项目已经进场施工，部分项目已完成；借力省卫创建工作，对富文集镇进行集中整治，集镇面貌彻底改观。借力清洁乡村工作，重拳推进“村庄整治”“公厕革命”“垃圾分类”等主题活动，“最美临池”打造成为全乡样板，乡村序化、美化水平得到大幅提升。

富文、漠川、重坑、查林等村文化礼堂，开展“新春写对联”“春节联欢晚会”“元宵猜灯谜”“重阳敬老”等文化活动；常态化开展排舞、戏剧、读书等文娱活动，丰富村级文化生活。建成聚璧村文化礼堂，有效促进良好村风村貌的形成。成功创建省级卫生乡镇。富文中心小学小规模学校整改提升项目启动。

推进农村“两保”收缴工作，实现城乡居民参加各类养老保险比率98.19%，城乡居民参加各类医疗保险比率100%；乡财政投入15万元为富文籍农村户口统一购买意外伤害保险，提供保障。完成农村贫困家庭危房改造12户。开展危旧房治理专项行动，于11月底率先完成纳入市对县考核的36幢40户C、D级危房的改造任务，发放危房治理工作经费补助76.1万元，全面推进全乡142户(处)C级、D级危房整治工作，及时消除隐患，保障基础民生。农村房屋不动产权登记作为全县的试点乡镇，于3月率先启动，进展顺利，全乡已有60%的农户领到县国土局颁发的首批农村房地一体不动产权证书。

**【富文乡被命名为浙江省卫生乡镇】** 12月，富文乡被省爱卫会命名为浙江省卫生乡镇。自2016年起，该乡积极开展创建浙江省卫生镇工作，以利用环境卫生整治、爱国卫生月和世界卫生日等重点工作和活动为载体，引导群众培养文明意识、养成良好卫生习惯，乡村两级干部带头组织开展危旧房整治、美丽庭院装扮、小微水体整治、垃圾分类、乱堆乱放整治、公厕革命6大方面的行动。深入开展组织管理、健康教育、环境卫生、环境保护食品安全、生活饮用水及公共场所卫生进一步改善，基础设施建设及环卫基础设施各项工作指标已符合创建卫生镇城标准。

**【推进五大工程】** 2017年，着力推进百源经济、绿道经济、小城镇环境综合整治、富文中心小学提升、高铁破损道路大中修五大工程建设。雪坑源作为全县首批十条百源经济实施项目之一，共含环境整治和产业发展两大类共12个子项目，2017年完成精品民宿区10千伏电力改造等9个项目，共投资500万元，完成年度投资计划130%。绿道经济投资额800余万元，完成青田村旅游咨询服务中心修缮、星级公厕改造、绿化美化、大众民宿提升及石头埠环境整体提升等建设项目。小城镇综合整治工程计划投入1950万元，88%的项目已经进场施工，部分项目已完成。富文中心小学小规模学校整改提升项目整体设计、地勘、征地工作全面完成，旧教学楼已拆除，现正式对外公开招标。高铁破损道路大中修共计15.71千米，建设资金1798万元，10月13日完成招标工作，并进场施工。

（余美娟）

**2017年富文乡各行政村基本情况**

表14

| 村　名 | 村党支部书记 | 村委会主任 | 人口(人) | 年人均收入(元) |
|---|---|---|---|---|
| 青　田 | 陈长寿 | 邵　军 | 712 | 19653.17 |
| 富　文 | 王佳明 | 邵长根 | 2068 | 17676.79 |
| 漠　川 | 洪爱丽 | 方成汉 | 686 | 16556.33 |
| 聚　璧 | 王竹根 | 王立新 | 550 | 14684.84 |
| 燕　坑 | 汪贤立 | 刘尚清 | 626 | 15200.24 |
| 章　坑 | 方有汉 | 方伟根 | 736 | 15493.92 |
| 方家畈 | 方田中 | 方永福 | 624 | 15128.91 |
| 查　林 | 乐伟刚 | 刘金富 | 786 | 14784.42 |
| 重　坑 | 宋立云 | 方普顺 | 719 | 14929.57 |
| 六　联 | 刘樟达 | 胡桂香(女) | 934 | 15045.27 |

## ·左口乡·

**【概况】** 2017年,左口乡总面积175平方千米,辖11个行政村、85个自然村、136个村民小组。全乡总户数3319户,总人口11728人。山林面积13252.39公顷;耕地面积378.55公顷。

农村经济总收入51725万元,比上年增长12%;财政总收入301.61万元,增长120.68%,其中地方财政收入147.51万元;农村经济总收入45723万元,增长12%;村级集体经济总收入357万元,增长8.51%;农民人均收入16119元,增长12%。

全年共发展林下经济中药材140公顷,香榧20公顷,提升发展水果采摘基地10公顷,奥龙、三和、睦州等特色果园日益壮大。

新发展民宿、农家乐5家;新启动浴涧民宿项目、雅谷风林精品酒店项目和印石堂项目;三好酒店项目基本完工;华炜置业房地产项目启动建设。新发展来料加工示范点2个,辐射带动从事来料加工人员2000余人,实现来料加工费收入450余万元。新增网店12家,筹建电商企业3家和网上商城2家。完成5家税源企业的工商注册和资本注册等工作,其中2家税源企业已正常运营并完成税收20万元;湖畔酒店、桃源居等一批特色产业项目全面开工建设;桥西、奎星桥、瑶村等民宿特色村品牌初显,毛岭民宿村落成功创建省级3A级特色村落。

全面启动11个村的农村污水运维工作,考核情况一直位居全县前列;清洁乡村全县排名稳步提升;全力落实河长制,定时巡河,禁止一切河道采砂作业,建立长效监管机制;完成市级卫生乡镇的创建。

完成集镇商业街改造、标识标牌建设、中药材农业观光园、田野上的花卉苗木市场基础设施建设等工程。完成丰坪整体搬迁前期准备工作。投入资金近2000万元,完成18千米村道大中修。

深入开展"春风行动",全力推进扶贫工作,落实低保户293户。发放临时、慈善、低保、残保等各类救助款240余万元。完成各村养老服务中心的改建改造工作;实施农村危旧房改造17户;完成养老保险征收3787人,参保率97.70%;医保参保数8258人,参保率100%。

**【"滨湖风情山乡"摄影比赛精品展】** 1月,由中共淳安县委宣传部、浙江摄影家协会、杭州市摄影家协会、中共左口乡委员会、左口乡人民政府联合举办的"滨湖风情山乡"摄影比赛精品展日前在秀水街千岛湖艺术馆举行。展出获奖作品的71幅是在"滨湖风情山乡"摄影比赛收到的569幅参赛作品中挑选出来的。最终,共评选并本次精品展是继"金紫风光旖旎左口""人文蔗山旖旎左口""休闲左口"摄影展之后,再一次展示了左口乡的人文风情和自然风光。

(胡凯俊)

2017年左口乡各行政村基本情况

表15

| 村　名 | 村党支部书记 | 村委会主任 | 人口(人) | 年人均收入(元) |
|---|---|---|---|---|
| 桥　西 | 宋锦岐 | 洪伟贤 | 209 | 19126 |
| 瑶　村 | 余华熠 | 余樟根 | 317 | 17395 |
| 显　后 | 方　亮 | 方宝军 | 402 | 15892 |
| 左　口 | 汪森娟 | 童　磊 | 454 | 15663 |
| 芳　桥 | 胡百成 | 夏来顺 | 283 | 16325 |
| 田　里 | 洪世文 | 洪世文 | 231 | 15523 |
| 方　家 | 洪春庚 | 方章南 | 143 | 16777 |
| 龙源庄 | 洪贺平 | 徐来根 | 515 | 14791 |
| 塘　边 | 洪有景 | 洪荣华 | 402 | 15912 |
| 石岭后 | 方保华 | 方采军 | 153 | 16236 |
| 雎龙源 | 方子贵 | 刘发贵 | 210 | 16160 |

## ·金峰乡·

【概况】 2017年,金峰乡总面积150平方千米,辖11个行政村、46个自然、84个村民小组。全镇总户数2048户,总人口6092人,有外来人口86人。人口自然增长率3.78‰。山林面积5252公顷;耕地面积258公顷。

全年实现工农业总产值16621万元,比上年增长3.98%;财政总收入959万元,增长51.26%。其中,地方财政收入457.83万元,增长53%。农村经济总收入43853元,增长17%;村级集体经济总收入188万元,增长38.24%;农民人均收入16466元,增长12.5%。

开展剿灭Ⅲ类以下小微水体工作,彻底整治小微水体50处。实施“河长制”,配齐村级河长和第二河长,强化河道巡查,延伸河长制内容,严格实施流域禁渔、河道采砂等管理制度,锦坑源水质由Ⅱ类提升至Ⅰ类。做好与国家森林公园、两江一湖风景区等规划衔接融合,为金峰产业发展腾足空间。开展农村环境综合整治,启动“美丽庭院”创建,启动垃圾分类处置,建成有机垃圾资源化处理站。开展“公厕革命”,对全乡11座公厕建立所长责任制,狠抓农村公厕改造、日常运维及长效监管,不断提升农村环境乡土韵味。实施沿湖沿线环境问题综合整治机制,强化日常防违控违和拆后反弹整治,共拆除和整改违章建筑17处,保持无违创建高压态势,成功创建杭州市无违建乡镇。投入1350万元,重点实施沿街立面改造、沿线景观提升等四大工程,全力推进小城镇环境综合整治。成功创建市级卫生乡镇。

以百源经济为抓手,将锦坑源安上、朱家、百照、锦溪、蒋岭上、五龙等村串点成线,挖掘提升文化底蕴和摄影品牌,摄影文创源初具雏形。成功创建全国第三、全省首个“中国摄影小镇”。启动第八届千岛湖(金峰)乡村摄影大赛,共收到摄影作品1.8万件,金峰摄影品牌逐渐走向全国。乡村精品度假酒店集群在全县独树一帜,景澜返里度假酒店、牧水湾山水间酒店、卓美亚六合度假酒店、小金山山水间微酒店建成。新发展民宿6家,改造提升2家,朱家村成功创建AAA级景区。电商企业“鱼妈妈”入驻朱峰口电商中心。加大对两家船厂扶持力度,引导千岛湖造船公司开拓县外市场,年度实现工业生产总值2548万元,再创历史新高。做好周道科技公司等企业服务文章,促进税源经济多元发展。全年实现招商引资6234万元,其中省外资金1200万元、市外资金3185万元、县外资金6234万元。成功注册江苏立邦工程有限公司千岛湖分公司。

基本完成朱安线道路一期大中修;完成山百线部分路段安保设施建设;实现客运班车村村通。完成锦溪孙家山、蒋岭上、邵家畈、五龙珍坞等村道路基础设施工程,全乡交通条件得到显著改善。实施蒋岭上、锦溪下江、邵家畈3个村地质灾害隐患点治理,完成金元山省级地质灾害点整体搬迁安置点选址和土地征用工作。完成一批农村河道综合整治、农村饮用水安全提升、山塘除险加固、喷滴灌工程等水利项目,农村基础设施不断完善。

深化乡村低保、残保动态监管,全乡低保家庭174户,落实困难残疾人生活补贴204人、重度残疾人护理补贴97人。全乡建立村级老年食堂11个和居家养老照料中心11个,在全县率先完成行政村全覆盖。

加强治安防控体系建设,推进基层治理网格化,配强配齐综治队伍,建设“四个平台”专职网格员22名,兼职网格员48名,增强乡村源头防控力量。开展千黄高速项目社会稳定风险评估,保障重点项目金峰段有序实施。落实“四级联调”机制,实施重大涉稳问题项目化监管,采取领导包案制;有序推进光大环保能源项目,积极稳妥做好征地分配等相关工作。

【中国摄影小镇授牌】 1月13日,在金峰乡举行的中国摄影小镇授牌仪式上,金峰乡被授予中国摄影小镇称号,成为继安徽省绩溪县和青阳县之后的全国第三家中国摄影小镇。近年来,金峰乡以摄影为媒,连续举办七届千岛湖乡村摄影节,成立全省第一所乡村摄影学校,并先行谋划产业布局,策划各类文化旅游活动,"视界金峰·百照不厌"声名远播,成为千岛湖旅游转型的一张"金名片"。中国摄影小镇的授牌为金峰乡进一步促进文化、旅游、摄影产业发展提供了重要平台。

【杭州市卫生乡镇创建】 金峰乡2017年紧紧围绕创建目标和工作要求,突出全民参与,抓重点、克难点,通过阶段集中整治和健全长效机制的有机结合,取得了良好成效。2017年11月16日,杭州市爱卫会创杭州市卫生乡镇检查验收组通过对创市卫台账资料、重点单位和建成区现场的实地检查,充分肯定了金峰乡的爱国卫生日常工作和创市卫的成果。2017年12月11日,杭州市爱国卫生运动委员会下文正式命名。

【千威公路珍坞段改建工程建成通车】 2017年12月,千威公路珍坞段改建工程建成通车。该项目主线起点平交淳开公路K6+600处,路经五龙村珍坞、五坑外侧,终点为千威公路K13+000处,主线长2.675千米。工程包括桥梁1座、隧道1座。主线采用设计时速为60千米二级公路标准建设,主线路基宽10米,项目批复概算为9518万元,于2016年9月开工。该工程的建成,有效地解决了原有千威公路朱峰口至进贤湾路段交通拥堵问题,特别是对节假日及雨雪、冰冻天气的交通出行起到非常重要的作用,也对区域经济社会和旅游等多产业的发展具有重要意义。

【村级组织换届选举】 2017年4～5月,按县里的统一部署在全乡11个行政村开展了村级组织换届选举工作。选举产生村党组织书记11人,其中新当选4人;支委成员中,高中以上文化程度的31人,女性委员8人,新进班子的15人,平均年龄47岁。选举产生村委主任11人,其中主任一次性选举产生的有8个;村委会成员中有党员20人,女性14人,大专以上学历3人,高中及中专学历21人,非自荐人当选2人;村委会成员平均年龄48.1岁,新进村委班子17人,新当选主任5人。

(余世琼)

2017年金峰乡各行政村基本情况

表16

| 村 名 | 村党支部书记 | 村委会主任 | 人口(人) | 年人均收入(元) |
|---|---|---|---|---|
| 金 源 | 吴年卿 | 吴奕德 | 475 | 17203 |
| 景 山 | 吴奕军 | 王建红 | 403 | 17926 |
| 金 峰 | 江学政 | 吴跃钊 | 771 | 16087 |
| 殿 峰 | 徐小勤 | 徐有红 | 598 | 14977 |
| 山 后 | 江银宝 | 江国升 | 452 | 16861 |
| 百 照 | 方文海 | 李发本 | 696 | 14390 |
| 朱 家 | 朱金万 | 朱永红 | 343 | 18083 |
| 安 上 | 李君竹 | 李志卫 | 463 | 17989 |
| 锦 溪 | 江国新 | 王凤鸣 | 861 | 14275 |
| 蒋岭上 | 方小杜 | 方小南 | 385 | 18308 |
| 五 龙 | 吴国民 | 叶 辉 | 512 | 19255 |

## ·临岐镇·

【概况】 2017年,临岐镇总面积222平方千米,辖17个行政村,139个自然村,1个社区人口2.1万余人。山林面积18644公顷,耕地面积868公顷。

实现农业总产值2.82亿元，增长7%；实现规模以上工业销售产值5.6亿元，增长6%；实现服务业增加值1.81亿元，增长50%；财政总收入2185万元，其中地方财政收入1125万元，增长126%；产业投资3.01亿元，增长36.8%；社会消费品零售总额3.28亿元，增长50%；农民人均可支配收入18529元，增长12%，增幅均高于全县平均水平。

以中药材产业为主导，全镇农业产业结构调整迅速有力，全镇中药材种植面积3667公顷，其中覆盆子面积1333公顷；新增中药材种植面积347公顷，发展林下套种133.33公顷，培育百亩以上连片中药材基地10个，中药材家庭农场8个。仅覆盆子就实现农民人均增收5000元，效益好的亩产近2万元，成为农民增收致富的“拳头”产品。成功申报浙江省有机循环农业试点项目。成功创建“浙江省中药材之乡”。山茱萸、掌叶覆盆子、白花前胡等入选新“浙八味”“淳萸肉”“淳前胡”“淳半夏”通过国家地理商标审核，山茱萸和覆盆子分别获得有机产品认证和绿色产品认证，有效提升了“淳六味”道地药材品牌影响力。

发挥对山产业园区经济发展“主引擎”作用，企业生产规模和纳税实力不断提升。全年实现国税收入1820万元，完成任务的212%，增速在一类乡镇中位列第一，其中中药材市场税收突破800万。继续推行全员招商模式，以临岐商会成立为契机，为180位在外淳商、市场药商、本土企业提供交流平台，全年招商引资到位资金1.76亿元，其中省外资金5515万元，市外资金6270万元，特色招商完成8个；出台《临岐镇中药材市场招商引资扶持奖励政策管理办法》，完成注册中药材市场招商企业130家。

打造中药材交易市场、369地产交易市场、对山产业园区的三大产销平台，打通中药材生产、加工、销售全产业链，全面提升中药材产业的附加值。全年中药材市场交易额达3亿余元。新投入使用的369地产交易市场为全县及周边县市提供了便利化、规范化的药材购销平台。实行“产业＋文化＋养生＋旅游”相互融合的特色发展模式，推进浙江中药材博物馆落地。加快溪口、五庄精品民宿和岐妙上谷康美村建设，开展淳北养生之旅推介营销等；全年开展千岛湖首届全国药交会、第三届覆盆子节、第二届中药材产业高峰论坛三场大型活动，产业营销宣传取得圆满成功，三产融合发展进一步做深做强。

围绕产、城、人深度融合，编制《临岐镇小城镇环境综合整治规划》，划定以集镇建成区为核心的整治区。投资2000万元，实施了交通设施提升、老旧小区改造、环境修复、街道综合整治等11个项目，使中药名镇的独特韵味进一步显现。开展强弱电线序化和老式卷闸门、防盗窗、空调外机、广告招牌、屋顶太阳能的集中治理，极大改善镇容镇貌；新建海绵公园示范点，通过植树增绿、见缝插绿进一步提升集镇的园林绿化水平。

重视教育基本现代化县创建工作，完成镇中心小学综合楼和操场建设，进一步提升临岐教育教学环境，初中、小学教学质量始终位居全县前列。成功通过国家卫生镇市级初验，深化分级诊疗和责任医生签约服务，完成临岐卫生院120急救站建设；认真落实国家免费孕前优生健康检查服务，稳妥推进“全面两孩”政策实施，人口计生指标执行良好。强化乡镇公共文化服务体系建设，启动镇综合文化站改造提升，完成审岭脚、临岐两村文化礼堂建设，仰韩村成功创建“四星级”文化礼堂。结合“百千万”活动，积极开展文化走亲和文化下乡。

城乡居民养老保险和农村合作医疗保险参保率分别达97.37%和100%；加快推进养老服务综合改革，投入14万元完善临岐镇养老照料中心硬件设施,进一步规范村级居家养老日常管理,代表全县高分通过市级考核;认真落实城乡低保标准一体化,落实低保户530户,残保户70户,全年共发放各类民政救助款627万元。

“平安临岐”建设扎实推进,以全县基层社会治理现场会为契机,在全县范围内率先建成“四个平台”,全镇共组建42个“平安网格”及网格团队,在平安巡防、矛盾排查、纠纷化解中发挥重要作用,确保十九大等重点时期平安稳定。经常性地抓好安全生产隐患排查、消防安全、食品药品安全等工作,积极推行电动车编码保险工作,有效防控登革热。圆满完成村级组织换届选举工作。

**【中国浙西(千岛湖)首届中药材交易博览会】** 3月16日,中国浙西(千岛湖)首届中药材交易博览会在临岐镇开幕,来自全国各地的400多家参展企业2000余名客商相聚临岐,交流合作、共谋发展。该次博览会以“康美千岛湖　百草临岐镇”为主题,由杭州市农办和淳安县政府共同主办,采用“会议+展览”相结合的举办形式,围绕千岛湖药材市场开业,开展为期三天的展览、招商及商贸洽谈。博览会期间还将举办大健康产品展销,“淳六味”及全国道地药材展示,淳安县前胡、覆盆子、山茱萸等地道药材保质发展交流研讨会等活动。

**【第三届覆盆子采摘节】** 5月20日,临岐镇举办以“百草临岐　养生之旅”为主题的第三届覆盆子采摘节,打响“淳六味”道地药材品牌,助推临岐中医药养生旅游升温。临岐镇有中药材种植面积3334公顷,带动周边乡镇种植中药材1300余公顷,并建成了浙西唯一的中药材交易市场,吸引全国的药商药企来临岐投资创业、商贸洽谈。2017年5月,仅覆盆子一项,交易量就占全国的一半,交易额为1亿元左右,人均增收近5000元。采摘节的举办,将促使该镇充分利用千岛湖生态品牌优势,以“特色主导,三产融合”为主攻方向,坚持一产扩量提质,打造千岛湖道地药材品牌;坚持二产招商引税,重点推进药食两用中药材产品深加工;坚持三产融合发展,整合培育中医文化、养生旅游、农旅融合资源;坚持周边辐射带动,推进中药材产业集聚,打造淳北乃至全县新的区域性经济。

(宋明芝)

**2017年临岐镇各行政村基本情况**

表17

| 村　名 | 村党支部书记 | 村委会主任 | 人口(人) | 年人均收入(元) |
|---|---|---|---|---|
| 范　村 | 章建飞 | 王玉平 | 626 | 17379 |
| 叶家畈 | 叶玉平 | 徐六平 | 765 | 18964 |
| 临　岐 | 童君亮 | 程志滨 | 2932 | 19966 |
| 梅　口 | 王淳根 | 童永友 | 956 | 19926 |
| 吴　峰 | 何淳安 | 林锡民 | 987 | 15226 |
| 仰　韩 | 童云鹏 | 王秋生 | 1000 | 19975 |
| 新　华 | 鲁卫东 | 何爱民 | 943 | 20561 |
| 高　峰 | 童卫建 | 方德财 | 1089 | 18067 |
| 新　溪 | 何顺平 | 徐祝平 | 492 | 17773 |
| 里　口 | 童小平 | 刘小牛 | 747 | 19995 |
| 审岭脚 | 鲁普恒 | 童指平 | 1232 | 20943 |
| 夏　中 | 鲁结斌 | 童根平 | 1469 | 21919 |
| 半　夏 | 鲁东河 | 杨光陆 | 1510 | 13164 |
| 溪　口 | 张福生 | 万才根 | 1475 | 19517 |
| 左　源 | 童江华 | 童德苟 | 1462 | 10390 |
| 右　源 | 郑勇法 | 姜为秋 | 1596 | 22658 |
| 五　庄 | 汪国君 | 夏发义 | 668 | 19374 |

## ·瑶山乡·

**【概况】** 2017年,瑶山乡总面积128平方千米,辖11个行政村、90个村民小组。全乡总户数2826户,总人口9525人,有外来人口

154人。人口自然增长率6.95‰。山林面积9969公顷;耕地面积264公顷,其中水田64公顷。

全年实现工农业总产值2.98亿元,比上年增长7.35%;财政总收入154.5万元,增长11.47%,其中地方财政收入154.5万元;上缴国税、地税317万元,增长16.2%。农村经济总收入93719万元,增长12.67%;村级集体经济总收入658万元,增长12%;农民人均收入17635元,增长12.05%。

围绕做强山核桃产业为核心,发挥3家山核桃加工企业作用,推进山核桃精深加工;举办山核桃文化节,进一步提升瑶山山核桃品牌效应。通过琅口13公顷中药材观光园的培育,带动发展林下经济,全乡林下套种中药材面积达到667公顷,人均增收5000余元。通过实施幸福村15公顷田野上花卉苗木市场的建设,带动周边200公顷,产值超6000万元的花卉苗木产业蓬勃发展。立足生态资源和人文资源,大力发展高山民居民宿和高山特色农业产业,半云居等一批精品民宿成功落地或开业。

以生态环保为招商方向,以发展税源经济为出发点,立足瑶山整个环境实际,大力外出招商,发展"新瑶山人经济",11月8日瑶山商会正式成立,吸纳会员130多家,是乡级会员最多的商会。招商引资新注册企业6家,其中淳商回归3家,注册资金总额15550万元,实际到位资金3720万元。实现地方财政收入146万元,比上年增长25%。

全年投入1300万元实施村村通道路工程,投入200万修建贡坑村道,投入400余万元兴修水利工程,投入80余万元提升居家养老服务中心,加大对教育、卫生事业投入,着重安排100余万元资金巩固提升乡中心小学、幼儿园及卫生院的硬件设施,安排100余万元新建停车场5处,安排100余万元建设6.8千米林道。

加快集镇建设,小城镇环境综合整治7个项目已经全部启动,高标准完成"线乱拉"专项整治、交通环境提升工程、停车场项目建设。同时,成立集镇临时党支部,建立每周整治制度,开展"百日攻坚暨最美商住户争创评选"活动。通过党员辐射和活动制度化开展,创新集镇管理模式,消除管理盲区。

加快农村危旧房和地质灾害点治理。投入180余万元对121幢危旧房进行改造修缮,已经全部完成81幢C级和40幢D级危房治理工作,率先完成7个地质灾害点综合治理,其中1个省级地质灾害点避让搬迁。不断丰富精神文明家园。充分利用文化礼堂这一阵地开展形式多样的文化活动举办大型文艺会演2次,组织参加县大型活动3次,春节拜年晚会6场次,各村巡回走亲30余场次,县文化馆和民间剧团下乡演出3场次。

按照"整乡推进、整村提升"的目标积极推进全乡农村环境综合整治工作。紧紧围绕考核的指挥棒,坚持责任导向,实行一月一检查,一月一通报,双月一排名,并严格奖优惩劣制度。整合资源打造张家至何家精品示范带,创建爱国等一批示范村,有力提升全乡农村环境的综合水平。7个Ⅲ类以下小微水体整治工作于4月底完成。农村环境综合整治排名位居全县前列,省卫复评高水平通过。

**【千岛湖山核桃文化节暨农民运动会】** 11月9~10日,瑶山乡政府举办千岛湖山核桃文化节暨农民运动会,开展文化踩街、文艺会演、广场舞竞赛、千岛湖水之灵睦剧团来乡进行文艺演出、农民运动会等活动。文化节的举办对进一步推广山核桃文化,打响瑶山山核桃品牌,彰显瑶山风土民情,扎实推进以中心村、特色村建设的统筹城乡发展产生了积极作用。

(陆恒鑫)

2017年瑶山乡各行政村基本情况

表18

| 村　名 | 村党支部书记 | 村委会主任 | 人口(人) | 年人均收入(元) |
|---|---|---|---|---|
| 琅坑源 | 方四才 | 方红建 | 1637 | 17650 |
| 爱　国 | 顾发春 | 方万荣 | 643 | 17642 |
| 张　家 | 汪小蓉(女) | 唐裕杰 | 611 | 18181 |
| 琅　洞 | 姜赟锋 | 郑百贵 | 851 | 16566 |
| 幸　福 | 洪茂君 | 洪国根 | 1161 | 19103 |
| 贡　坑 | 胡晓媚(女) | 方国福 | 580 | 18553 |
| 何　家 | 方献花(女) | 何来成 | 1159 | 18612 |
| 富　岩 | 占永庆 | 何琴书 | 893 | 15411 |
| 双　共 | 徐慧仙(女) | 徐慧仙(女) | 328 | 14593 |
| 天　坪 | 唐建鹏 | 唐建鹏 | 479 | 15771 |
| 岭后源 | 方才云 | 方法根 | 1183 | 18527 |

## ·屏门乡·

**【概况】** 2017年,屏门乡总面积163平方千米,辖15个行政村、86个村民小组。全乡总户数3988户,其中农业户3908户;总人口12535人。山林面积876公顷;耕地面积224公顷。

全年实现农村经济总收入12.6亿元,其中第一产业收入5.3亿元;第二产业收入3.5亿元;第三产业收入3.82亿元。实现财政税收收入217万元。村级集体经济总收入356万元,增长6.91%。农民人均收入16901元,增长12.2%。

实施茶叶统防统治20公顷;实施茶叶农业园区智能化标准型微灌工程10公顷;培育红花油茶62公顷。新培育千垅源现代农业示范园区、金之岭茶果专业合作社等美丽农业园区建设。高新农业实现突破,引进杭州大陵农业科技有限公司,注册资本1000万元,主推植物非试管快繁技术;依托临岐中药材市场的辐射带动,新发展中药材103.33公顷,名贵中药材西红花1.33公顷,全乡中药材种植面积达273.3公顷。全年产山核桃1101吨,产值6386万元;茶叶产量156吨,产值2221万元,同比增长13%和21%。

新引进招商引资项目3个,到位资金1540万元,完成产业投资2100万元。深入开展企业走访活动,帮助企业解决各类问题15件。有来料加工经纪人52人,来料加工点52个,带动从业人员2643人,全年实现来料加工费1075万元。

实施"整村推进　整乡提升"农村环境整治大比武活动,创新工作载体,突出全民参与,农村环境面貌得到较大改善。投入资金460余万元实施农村生活污水治理提升项目;对全乡11个公厕进行集中整治;更换垃圾桶8000余个,配备电动垃圾清运车10辆。在全乡3000余户农户门前均安装环保责任牌,明确农户主体责任。投入经费5万元制作环保宣传品。加大农业面源污染治理,回收农药废弃包装25000余个。7个Ⅲ类以下小微水体已全部整治到位,交接断面水质全年保持在Ⅰ类标准。

完成潭唐线二期改建工程土地征用17.73公顷,房屋拆迁3幢、建筑面积4047平方米;修复因高铁施工受损路面30余处;完成总投资3740万元的齐金线、秋屏线大中修项目路基工程量的30%;正式启动潭唐线二期改建工程炮损处置工作;投资700余万元实施水利项目13个;投资280余万实施富丽乡村项目12个;投资60余万元实施4个村的林区道路建设项目。

全年办理农村私人建房审批126户,面积1.35万平方米。全面实行新建房屋巡查"周到场",实现新建房屋零违建,顺利通过无违建村复评。涉及危旧房整治77幢,D级危旧房解危任务50幢,全部完成解危,其中拆除26幢。加大集镇综合整治力度,累计投入2000万元实施小城镇综合整治项目12个,成功争创省级卫生乡镇。

举办首届中国杭州千岛湖屏门睦剧文化艺术节，成功争创“中国睦剧之乡”“中国睦剧之乡戏剧创作基地”“中国睦剧之乡睦剧传承基地”三块牌子，并借此宣传展示屏门旅游资源。投资18万元实施旅游标识标牌规范化建设。加快民宿民居建设步伐，全乡现有民宿农家乐经营户23家，床位473个。由乡电商中心和16个赶街网点组成的电子商务网络运行良好，全年完成交易金额90余万元。

深入推进“平安屏门”建设，扎实做好十九大、全国两会、乌镇世界互联网大会期间的维稳安保工作。全力推进“四个平台”建设，加强基层社会化综合治理体系建设，强化治安网格化管理，有效化解社会矛盾纠纷110件。严格落实安全生产责任制，无重特大安全生产事故发生。多渠道开展普法教育，提高全民法律素质。完善应急预案，落实乡村两级值班制度，加强动态巡查，有效应对森林消防、强降雨等自然灾害。

实施秋源完小宿舍楼和齐坑幼儿园、秋源幼儿园室外工程建设。加快乡村卫生服务网络一体化建设。深化计生优质服务水平，各项优先优惠政策落实到位，全年上报出生人数126人，计生率100%。尽最大能力满足群众精神文化需求，实施潭上管氏宗祠、小陵越国氏宗祠，将坑、秋源大会堂修缮和丁家畈、齐坑、佛岭后3个文化礼堂项目。广泛开展国防教育宣传，严把兵源质量关，输送新兵。

城乡居民参保人数4006人，参保率97%；基本医疗参保8816人，参保率100%。关心关爱困难群众，积极开展低保、救助、春风行动等优抚工作，做到应保尽保、应补尽补、应济尽济。

**【首届中国·杭州千岛湖睦剧之乡屏门文化节】** 5月26日，首届中国·杭州千岛湖睦剧之乡屏门文化节正式开幕，开幕仪式上进行了“中国睦剧之乡”屏门等揭牌授牌仪式。睦剧原名三角戏，是国家级非物质文化遗产，在明末清初流传于淳安、开化一带，迄今已经有100多年的历史，曲调优美，动作俏皮，表现力十分丰富。100多年来，对睦剧情有独钟的屏门人，每至节庆与农闲，都唱睦剧、演睦剧、看睦剧，蔚然成风、久盛不衰。此次文化节旨在传播屏门乡的民俗文化，传播睦剧文化，推介和展示屏门乡的旅游景点和资源，进一步打造“睦剧之乡，氧生屏门”的品牌，助推屏门经济和社会发展。

（王　旭）

**2017年屏门乡各行政村基本情况**

表19

| 村　名 | 村党支部书记 | 村委会主任 | 人口（人） | 年人均收入（元） |
|---|---|---|---|---|
| 将　坑 | 童盛华 | 方林贵 | 865 | 13794 |
| 屏　门 | 王小明 | 王　宏 | 1505 | 14576 |
| 秋　口 | 黄盘红 | 黄冬军 | 471 | 13647 |
| 佛岭后 | 郑永忠 | 郑华兴 | 1259 | 14076 |
| 堪　头 | 方蒋林 | 方灵高 | 595 | 13685 |
| 项　家 | 项文贵 | 项建政 | 446 | 13461 |
| 丁家畈 | 胡仙贵 | — | 460 | 13971 |
| 齐　坑 | 方银来 | 方银来 | 768 | 13450 |
| 童家坪 | 张有财 | 张兴春 | 784 | 13716 |
| 金　陵 | 项家龙 | 童秀香（女） | 635 | 13750 |
| 屏　前 | 王勇威 | 洪木兴 | 622 | 13611 |
| 上　中 | 章朱军 | 章忠根 | 857 | 13810 |
| 秋　源 | 章嫩荣 | 章美富 | 992 | 15082 |
| 小　陵 | 童祥贵 | 童祥贵 | 742 | 13575 |
| 隐　将 | 王华春 | 方建富 | 1534 | 15042 |

## ·威坪镇·

**【概况】** 2017年，威坪镇总面积301平方千米，辖44个行政村、1个社区、6个居民组、437个村民小组。全镇总户数17694户，总人口5.3万人,有外来人口4000余人。人口自然增长率9‰。山林面积20471.6公顷;耕地面积1040.4公顷,其中水田524.4公顷。

全年实现农业总产值5.02亿元,比上年增长10.7%;规模以上工业增加值1.28亿元,增长16.5%;服务业增加值5.53亿元,增长16%。财政总收入2112万元,增长38.4%,其中地方财政收入1118万元,增长59.5%;国税收入1475万元,增长142%。农村经济总收入461190万元,增长12.5%;村级集体经济总收入883万元,增长13%;农民人均收入15378元,增长12%。

六都源沿线已建成德尧白桃、叶家蓝莓等5个农旅产业基地。采用党建+的模式,成功举办"龙腾河村、大白恬夏"河村白桃节、"粽情叶家一路向蓝"叶家蓝莓节、"谦谦罗隐、孝廉汪川"汪川文化节,把产业基地、精品村庄、民宿民居串联起来,让游客进得来、留得住、住得下。

工业投入再上新高。威能水晶、虹桥船舶、华森木材、康联石材等投入技改资金1.63亿元,增长22.6%。产业投资增幅明显。全年完成产业投资3.18亿元,增长44.5%,首次突破3亿元大关。

水墨威坪街、紫香酒店、柿子树艺术酒店等服务业项目总投资约3.2亿元;时代商贸城、物运美超市、江鑫超市投入运营。完成茶合村省A级、3A级村落,叶家村省A级村落创建;匠心打造太马坪民宿、洞源七百米银宿2个精品民宿,提升茶合方腊洞生态农庄民宿经营水平。

在集镇建设上打造"十景八窗"、背街小巷、沿湖步道、夜景灯光等威坪元素,以6100万元政府投资撬动超3亿元社会投资,高分通过省级考核验收。高分通过省卫复评,高质量通过国卫市级核查,彻底扭转省市对威坪的印象,得到市委常委、宣传部长戚哮虎的批示肯定。成立综合执法局威坪中队、环卫所,借助国卫创建、小城镇整治提高市民的荣誉感和归属感,落实街长制和"周二固定上街日",集镇长效管理得以加强。被列为浙江省44个小城镇环境综合整治样板镇。

举办首届汪川"孝廉文化节"、茶合村乡村旅游推进活动、第三届广场舞大赛、2017"都美威坪"招商推介会暨千岛湖国际毅行大会。完成5个村文化礼堂项目;叶家村文化礼堂成为全县十佳文化礼堂。

实现人身保险全覆盖。18周岁以下、60周岁以上群体纳入全额补助,18周岁以上至59周岁之间的群体纳入小额人身意外伤害险范围,由镇财政、有条件的村和农户共同筹资解决。对上牌保险的电瓶车每辆补助10元,参保率达86%以上。社会化运营照料中心23家,老年食堂实现全覆盖;实现城乡居民养老保险16255人,医疗保险应参保32540人,均达100%;家庭责任医师签约数0.5万人。

全镇397处C级、D级危旧房腾空率100%;治理D级危房186幢,治理率82.7%;治理C级危房128幢,治理率74.9%。

完成农民建房审批215幢,其中71户主房落实带方案审批。长效监管无违建,新建房严格执行"五到场"制度,整改各类违规建房74处,处理新增违建47处,清理违规养殖点5处,查处违章搭建6处,防违控违成为常态。

**【通过"省级卫生镇"复评】** 8月,威坪镇高分通过浙江省"省级卫生镇"复评组的考核。该镇自从2003年成功创建省级卫生镇以来,始终以省卫标准严格管理,严格要求,集镇和所辖的行政村在党员干部率先垂范和广大群众共同努力下,基础设施和环境卫生都得到了较大提高和改善。为有效推进创建国家卫生镇工作,威坪镇成立环卫所,建立独立的城管中队,拟定"街长制""河长制",落实各项长效机制，扎实稳固推进创卫工作。

**【获省“绿化模范单位”称号】** 12月，省绿化与湿地保护委员会发文公布2017年度省“绿化模范单位”名单，威坪镇名列其中。杭州市仅两家单位获此殊荣。近年来，威坪镇牢固树立“绿水青山就是金山银山”的发展理念，按照“一城、两翼、两片区、多带、多绿肺”的发展总体格局，紧紧围绕“活力威坪、生态威坪、幸福威坪”的战略目标，全力打造宜居、宜游、宜创业的中心城镇，曾先后荣获“省生态镇”“省森林城镇”等称号。目前，该镇森林覆盖率为85.1%，森林蓄积量145.94万立方米，古树名木143株，全镇主要道路、主要河岸绿化率达98%，单位庭院绿化覆盖率达38%、绿地率33%。

**【威坪镇农贸综合市场正式启用】** 1月16日，威坪镇在时代商贸城举行了农贸综合市场正式启用仪式。威坪镇农贸综合市场建设项目总投资1650万元，建筑面积3270平方米，服务区分上下两层，蔬菜及自产自销区设在一楼，豆制品、鱼肉等设在二楼，于2017年元旦开始试营业。市场的建设对改善集镇环境，提升集镇品位，方便百姓生活具有重要意义。

（邵 兴）

2017年威坪镇各行政村基本情况

表20

| 村 名 | 村党支部书记 | 村委会主任 | 人口（人） | 年人均收入（元） |
|---|---|---|---|---|
| 合 富 | 叶红日 | 方胜旺 | 1004 | 14640 |
| 黄石潭 | 方民辉 | 方民辉 | 435 | 14358 |
| 流 湘 | 方文庆 | 徐恒明 | 504 | 14398 |
| 横 石 | 方爱忠 | 方仁建 | 601 | 14402 |
| 新 茂 | 方文财 | 方亲财 | 781 | 14838 |
| 西 山 | 王 建 | 叶嫩良 | 564 | 14143 |

续表20

| 村 名 | 村党支部书记 | 村委会主任 | 人口（人） | 年人均收入（元） |
|---|---|---|---|---|
| 长 岭 | 方桂生 | 唐爱政 | 1182 | 14191 |
| 五 星 | 唐春丰 | 庄亚辉 | 1098 | 14450 |
| 楼 厦 | 方建成 | 唐 武 | 743 | 14395 |
| 新 联 | 方仁政 | 唐章新 | 501 | 14670 |
| 笔 峰 | 童小红 | 童裳大 | 1002 | 14408 |
| 唐 村 | 唐红兵 | 唐志来 | 2549 | 14392 |
| 坑 下 | 童小军 | 唐礼法 | 1025 | 14503 |
| 凤 凰 | 徐立武 | 邵武红 | 1380 | 14820 |
| 河 村 | 徐红辉 | 徐金汉 | 2457 | 15109 |
| 茶 合 | 徐文礼 | 徐和正 | 1071 | 14629 |
| 洞 源 | 唐立勤 | 方浏波 | 641 | 14483 |
| 妙 石 | 徐嫩玉 | 徐嫩玉 | 902 | 14306 |
| 贤 茂 | 方会明 | 方宗新 | 1017 | 14636 |
| 叶 家 | 叶如红 | 王勤建 | 1958 | 14497 |
| 三 坦 | 王美娟（女） | 吴卫红 | 572 | 14646 |
| 安 川 | 郑晓军 | 王玉其 | 884 | 14515 |
| 杨家畈 | 王洪敏 | 王金政 | 756 | 14799 |
| 岭 脚 | 王金全 | 徐连生 | 513 | 14910 |
| 洪 圻 | 王朝晖 | 王小军 | 1290 | 14631 |
| 三 洲 | 王小江 | 方 彪 | 1409 | 14388 |
| 邵 宅 | 邵 兴 | 邵光清 | 667 | 14950 |
| 方 宅 | 方升利 | 方国洪 | 1679 | 14404 |
| 青 山 | 钱前东 | 方武凤 | 774 | 14569 |
| 联 合 | 李 岩 | 叶成娜 | 795 | 14379 |
| 蔗 川 | 钱四放 | 钱红建 | 2048 | 14386 |
| 旗 山 | 徐满法 | 陆 振 | 1060 | 14378 |
| 琴 坑 | 王东大 | 钱立军 | 1287 | 14382 |
| 横 塘 | 王红旺 | 王仁万 | 2544 | 14322 |
| 五 丰 | 唐清灵 | 王东生 | 815 | 14531 |
| 株 林 | 汪红新 | 王卫珍（女） | 515 | 14727 |
| 厚 屏 | 余绿水 | 徐社论 | 784 | 14466 |
| 考 川 | 徐小飞 | 徐如夏 | 706 | 14381 |
| 杜 川 | 吕兆双 | 吕大方 | 1085 | 14602 |
| 汪 川 | 徐有忠 | 徐筱华（女） | 1504 | 14623 |
| 黄 金 | 方红雨（女） | 徐晓波 | 702 | 14682 |

续表20

| 村　名 | 村党支部书记 | 村委会主任 | 人口(人) | 年人均收入(元) |
|---|---|---|---|---|
| 屏　村 | 徐建凤(女) | 郑建平 | 739 | 14421 |
| 蜀　阜 | 徐建辉 | 徐高飞 | 759 | 14799 |
| 驮岭脚 | 徐江勤 | 徐朝晖 | 764 | 14988 |

## ·王阜乡·

**【概况】** 2017年,王阜乡总面积168平方千米,辖18个行政村、173个村民小组。全乡总户数5917户,总人口18010人,有外来人口65人。人口自然增长率0.8‰。山林面积2590公顷;耕地面积2497公顷,其中水田110公顷。

全年实现工农业总产值34570万元,比上年增长17.2%;财政总收入180.25万元,增长68%,其中地方财政收入178万元;农村经济总收入101274元,增长12.4%;村级集体经济总收入448万元,增长21.7%;农民人均收入14092元,增长12.5%。

大力推进特色农业产业发展,抓住中药名企桐君堂落户王阜的机遇,加大中药材基地建设,出台《关于加快推进特色农业产业发展的若干意见》,对全乡生态农业产业发展进行扶持和奖励。2017年,全乡新培育农业企业2家,家庭农场3家。全年新发展中药材140公顷,其中金紫尖菊花26.67公顷,覆盆子63.33公顷,黄精22公顷、白竹1.33公顷、前胡26.67公顷。完成茶叶统防统治43公顷,高山蔬菜统防统治20公顷,山核桃统防统治200公顷,完成茶叶、金紫尖菊花无公害认证153公顷;进一步深入推进农业供给侧结构性改革,促进科技与农业生产的紧密结合,通过院校合作,以淳安敬存仁农业科技有限公司为主体,以浙江农林大学、浙江省园艺所为技术依托单位,在毕家源自然村建设名贵中药材标准化良种苗繁育基地1公顷,开展"高山紫菊优良无性系繁育及栽培技术示范推广"项目并喜获成功,解决了高山紫菊供苗难题。通过"订单农业"收购紫菊鲜花,保障农户增收致富,2017年人均增收1500元,高山紫菊真正成为村民的富民产业。

立足现有存量资源,加大洽谈和招商力度,努力盘活闲置资产,打破了王阜以来没有规上企业的历史。锁定杭州郑罗木业有限公司和淳安敬存仁农业科技有限公司两家工业企业入规。郑罗木业通过增资扩产,销售产值突破2000万元;浙江敬存仁生物科技有限公司投入2000余万元进行投资建设,销售产值突破2000万元。在发挥规上企业带动作用的同时,着力向价值链的高端攀升、向产业链的两端延伸,将金紫尖紫菊加工成膏方、保健酒等经济附件值高的产品,让小菊花变成大产业。投入505万元注册严家大方茶业有限公司,重塑严家大方贡茶辉煌,引进企业组织复业生产,复业之初就取得故宫博物院600万元订单。

利用王阜特有的高山特色,引进投资商改造原板桥老学堂和东篱馆,打造特色高山精品民宿——云上菊庐。进一步规范提升暖枫民宿,发展民宿床位30个。紧紧抓牢全县全域旅游发展之路,投资3万余元创建金家岙村A级村落式景区;突破王阜交通的瓶颈制约,积极引导发展电子商务,乡政府成立电子商务服务中心,出台电子商务产业政策,鼓励和引导电子商务发展。全乡新发展电子商务网店10家,电商企业3家,网上商城2家,电商总交易额突破2186万元,其中新发展淳安千岛湖尚途电子商务有限公司、拓展电子商务有限公司、杭州奇亚鑫贸易有限公司等网上商城,实现了网上网下的互动,有效助推了农民的增收。乡农产品电商中转中心顺利竣工,2018年初投入使用。进一步培育特色百姓经济。大力发展和培育以口罩、套笔、串珠等来料加工产业和经纪人，新培育来料加工点5个，新增就业人员60余人，全年实现加工费达560余万元，让低收入农户在家门口就业。

巩固无违建县创建成果，严控新建房超面积，对拆后利用加大美化绿化工作力度。完成郑中小城镇环境综合整治规划，全力打造养生纳凉小镇，整治规划被评为市级优秀规划样板。金紫、管家、马山、闻家等其他10个村融合清养八都品牌村庄进行综合整治。成功创建市级卫生乡镇，全乡环境卫生状况明显改善、环境管理水平显著提高。基础设施进一步改善。全力协调与推进潭唐公路建设。投资1000余万元，完成马严线大中修工程；投入800余万元修建荷郑线、马大线、潭灰线村道大中修；投入100万元完成荷郑线胡家坪段、潭何线村村通工程，提升公路品位。完成龙头、长川、荷花坪、横路4个村相关自然村的自来水改造提升工程和荷花坪、胡家坪、马山相关农产基地的喷滴灌工程；投入600余万元完成王阜自来水厂部分管网铺设工程；金紫尖游步道工程、云龙峡谷游步道工程均接近尾声；乡政府驻地搬迁工程，行政主楼装修基本完成。投资280万元进行河道整治；投资210万元用于山塘除险。

文化惠民工程有序落实。组织开展严家大方复业暨首届千岛湖金紫尖紫菊品鉴节活动。突出网络特色，借助杭州日报新闻客户端城事通App推出的“全民手机直播过大年，草根主播大征集”活动，把各村的“村晚”和农民趣味运动会推上了直播大舞台，并被人民日报报道，极大地提升了王阜的知名度。该乡选送的节目舞蹈《菊香满楼》在“喜庆十九大、共筑文化梦”2017年全县业余文艺团队汇报演出暨新农村文艺会演中喜获金奖，受到社会各界的一致好评。严家小学标准化建设深入推进，开展经典诵读、喜迎十九大朗诵比赛等主题活动；王阜初中在淳安县第29届中小学生田径运动会取得了初中团体B组总分第一名、入场式与广播操获得初中组三等奖、初中团体B组精神文明奖等优异的成绩；扎实开展金秋助学活动，为贫困大学生发放助学金5万余元。积极开展各村送医下村活动，组织多场义诊为群众免费体检。开展计划生育集中服务，为全乡妇女进行免费健康检查，卫生计生服务更加优质高效。

全乡医保参保人数12149人，医保参保率99.95%，养老保险参保人数4972人，参保率为98.45%，圆满完成县“两保”参保考核目标；严格规范低保申请审查程序，确保应保尽保。全乡农村低保户447户，保障人口742人，共发放保障金3213969元；及时发放残疾人“两项补贴”，全乡享受重度残疾人护理补助218人，享受困难残疾人生活补贴474户；出资7万元为全乡3482名60周岁以上老人购买了意外伤害险近7万元；改建6个村老年食堂，9个村老年照料中心正常运营，并全部实现社会化运营。

**【严家大方茶复产】** 10月27日，在杭州市农办牵头，王阜乡党委、政府积极支持下，由浙江敬存仁生物科技有限公司与淳安县王阜乡人民政府综合厂共同成立淳安千岛湖严家大方茶业有限公司，标志着千年名茶严家大方茶重新生产。严家大方茶创始于后梁乾化五年(915年)，一脉传承，经宋、元、明、清，亘古不断。严家大方茶厂成立于民国，1956年由严家公社统一购销，1991年挂牌组建严家大方茶厂，1997年停产。

**【中共王阜乡第十五届代表大会第三次会议】** 12月26日，召开中国共产党王阜乡第十五届代表大会第三次会议，会议听取和审查了方立华同志代表乡党委所作的《凝心聚力共迎新时代　对接两高迈进新征程　全力推动王阜经济社会发展开创新局面》工作报告，报告以“四做五争”为总目标，坚定发展信心、积极应对挑战，突出党建引领，建设物阜民丰的“王牌山乡”，打造名副其实的“清养八都”。

（范鹏翔）

2017 年王阜乡各行政村基本情况

表 21

| 村 名 | 村党支部书记 | 村委会主任 | 人口（人） | 年人均收入（元） |
|---|---|---|---|---|
| 金 紫 | 潘有福 | 潘有福 | 459 | 14428 |
| 龙 头 | 方志成 | 王爱国 | 881 | 14095 |
| 管 家 | 管辉东 | 管圣春 | 1079 | 14008 |
| 长 川 | 徐拥军 | 徐成华 | 960 | 13980 |
| 柳 塘 | 王桂林 | 王春四 | 966 | 14304 |
| 何 坪 | 翁爱新 | 包新华 | 389 | 13721 |
| 郑 中 | 邵道醒 | 邵元桥 | 1394 | 15330 |
| 新 畈 | 翁一新 | 翁一新 | 844 | 14625 |
| 华 坪 | 王传明 | 王树高 | 1125 | 13844 |
| 王 阜 | 王贤华 | 王来军 | 1893 | 13859 |
| 山 川 | 宋建栋 | 王春军 | 851 | 14105 |
| 马 山 | 王小英（女） | 王亮庆 | 1175 | 14216 |
| 新 合 | 王贤军 | 毛积刚 | 1551 | 12703 |
| 荷花坪 | 王福胜 | 王福胜 | 512 | 12383 |
| 横 路 | 吕东辉 | 叶稳朝 | 1086 | 12389 |
| 金家岙 | 詹智明 | 詹德政 | 1206 | 12446 |
| 闻 家 | 闻申唐 | 罗贤山 | 1081 | 12413 |
| 胡家坪 | 罗长木 | 罗胜木 | 558 | 12433 |

## ·鸠坑乡·

**【概况】** 2017 年，鸠坑乡总面积 104 平方千米，辖 9 个行政村、86 个村民小组。全乡总农户数 2560 户，总人口 7714 人。山林面积 7578.6 公顷，耕地面积 112.47 公顷。

全乡农村经济总收入 64754 万元，农民人均纯收入 14715 元。茶叶和柑橘是该乡的两大主导产业，全乡有茶园面积 374 公顷，茶叶产量 356 吨，产值 4528 万元；橘园面积 423 公顷，产量 8965 吨，产值 3028 万元；桑园面积 158.27 公顷，产量 39.95 吨，产值 173 万元；山核桃树面积 231.33 公顷，产量 40 吨，产值 261.85 万元。

茶叶产生稳步发展。鸠坑茶成为淳安县首个农业部农产品地理标志登记农产品；成功创建 2017 年度省级平安农机示范乡镇；组建鸠坑茶企联盟，依托企业完成 160 公顷茶园的有机认证；开展 260 公顷茶园统一绿色防控，引进了各类自动化的高效率农机，3 家农业龙头企业率先开展茶厂清洁化改造，引导全乡 21 家茶厂引进 220 台生物质颗粒燃烧炉淘汰所有煤柴燃烧炉；全年茶叶产量 365 吨，产值 4466 万元。柑橘产业优化升级。采取政策鼓励橘农改种改良、嫁接优化，实现柑橘灾后提升改造 105.33 公顷，新建了柑橘基地生产道路、蓄水池等基础设施；举办柑橘培训班 4 次，收益人数达 562 人；全年水果产量 9499 吨，产值 2915 万元。

完善招商方式，巩固招商基础，摸清家底，建立精英库；重新确定可招商资源 5 项，把招商重点瞄准在高端度假村落，休闲农业、特色民宿、精品民宿、生态观光园上；重视抢抓发展机遇，对接千黄高速，明确以创投企业、总部经济为总引擎，培育税源经济。新引进零用地、零污染绿色项目 4 个、到位资金 3600 万元。在巩固原有基础上，引进税源企业 2 家，落地高新企业 1 家。税源企业纳税收入占财政总收入的 70%，其中固定纳税户占 80%。来料加工业发展稳中有升，全乡有经纪人 23 人，组织技能培训 160 余人次，带动从业人员 1100 余人，建成了村村都有来料加工点的良好氛围。

主动接轨千黄高速，前瞻性做好鸠坑总体发展规划并做好三条经济源、50 千米湖岸线等比较优势的生态保护，为税源经济做好平台；制定果旅融合发展规划，提升甜橘王农庄、阿东渔庄等特色民宿，按计划实施水南岸畅园项目，逐步形成以柑橘产业为支撑的休闲农业度假区。对全国首家乡镇级的茶博馆再改造再提升，并举办以“一叶知千岛，问茶鸠坑源”为主题的第八届“鸠坑茶文化节”活动，中国新闻网、腾讯网、浙江电视台、杭州电视台纷纷报道，茶旅氛围再浓厚。电子商务实现行政村赶街网点全面覆盖，2016 年新培育网店 19 家，网上商城 2 家，新注册电子商务企业 5 家，全年组织电商培训 13 场次，培训人员 650 余人。

健全协调联动机制，统筹巡查、登记、督办、治理、通报工作链，整合有限的人力、物力资源，同步推进治污运维、小微水体整治以及河长制的三项工作。治污运维方面：配备村级运维监管员 9 名，负责日常污水管网政策运行。小微水体方面：排查、整治小微水体 18 条，其中县重点整治水体 1 处。河长制方面：坚决落实村级河长每月六巡，乡级河长每月三巡制度。同时，加大网箱整治力度，成功做好了青苗至鸠坑口水域网箱上岸工作。继续深化无违建县创建成果，完成城中村改造 2200 平方米，拆除违建 490 平方米。今年新建房屋 67 幢，未出现新增违建，为“无违建乡”创建工作夯实了基础。

完善十二坝电商物流中心室外设施配套；新建青苗村文化礼堂；完成公路大中修 5 公里；投资 175 万元，完成赋置旱改水 1.8 公顷；投资 1100 万元，对金塔村实施新造水田项目，现已完成工程总量的 70%；分别投入 100 万元和 150 万元对十二坝和翠峰村塘联自然村两处地质灾害点进行彻底治理；全面实施山塘水库除险加固、农村河道综合整治、农村饮用水提升工程等水利工程；完成库区移民项目 12 个，涉及资金 153 万元；同时，实施了农用桥、停车场、村道等其他基础项目建设。

抓住乡街协作、联乡结村等帮扶机遇，重点改善基础设施、提升产业发展、实施关心关爱等。全年共实施帮扶项目 17 个，其中市县联乡结村帮扶项目 16 个，镇街协作项目 1 个，帮扶资金达 618 万元。

大力实施文化下乡、文化走亲、文化夜市和文化礼堂工程，不断丰富群众的精神生活；成功举办第九届茶文化节、“爱国拥军、情系国防”农民运动会（柑橘文化节）等文化活动 13 次。对两所学校和幼儿园的办公环境再美化、办公设施再完善，实现“学有所教”。成功创建杭州市卫生乡镇，率先开展医养结合，建立健全健康档案，并投入 200 万元新建乡卫生院值班楼及其附属设施、提升农村基础医疗水平，实现“病有所医”；登革热防治有成效，投入消杀药品 2 万元，发动 1000 余人次参与防治，全乡未发生一起感染案例。

新建中联、乳洞、赋置、金塔 4 个村的居家养老服务照料中心，老年食堂每天营业，日均就餐人数约 100 人，受益老人 1000 余人；投资 30 万元对敬老院进行改造提升，新建 30 平方米公共卫生间，购置衣橱、空调、餐桌等，切实改善敬老院老人们生活环境；关心民生保障，落实并发放农村居民最低生活保障，涉及农户 272 户、人口 430 人，发放补助金 14.37 万元；参加新型农村合作医疗 5250 人、养老保险 2060 人。帮助困难群众住房改造 9 户，对全乡 816 户独生子女家庭进行全面摸底，建立独生子女家庭成员数据库，加强对计生特殊家庭、失独家庭的关心关爱。

**【第九届鸠坑茶文化节】**　4 月 15 日，2017 第三届千岛湖斗茶大会暨鸠坑乡第九届茶文化节在鸠坑乡金塔村举行。活动主要包括开幕式暨鸠坑茶企联盟授牌仪式、茶艺会演、与茶共舞、民间斗茶、茶趣横生、茶乡淘宝、茶之盛宴、采茶体验、茶乡摄影、参展国际茶博会 10 项茶文化活动。来自各地各单位的近千名嘉宾和茶友一起欢聚此次盛会，传递茶文化内涵，展示有机茶乡魅力。

（宋　鹏）

2017年鸠坑乡各行政村基本情况

表22

| 村　名 | 村党支部书　记 | 村委会主　任 | 人口(人) | 年人均收入(元) |
|---|---|---|---|---|
| 中　联 | 胡万星 | 徐德胜 | 1284 | 17188 |
| 乳　洞 | 钱金放 | 钱文威 | 801 | 14270 |
| 星　光 | 洪竹茂 | 洪涛 | 658 | 14620 |
| 赋　置 | 余宏勤 | 余运彬 | 1195 | 14310 |
| 金　塔 | 管士勤 | 万卫红 | 1193 | 13789 |
| 青　苗 | 严华翠(女) | 方淼华 | 699 | 13777 |
| 严　村 | 严志峰 | 严金财 | 584 | 13185 |
| 翠　峰 | 胡社运 | 陆发田 | 588 | 13401 |
| 常　青 | 徐玲玲(女) | 徐新祥 | 712 | 14199 |

## ·宋村乡·

**【概况】** 2017年,宋村乡总面积80平方千米,辖8个行政村、个居民组、60个村民小组。全乡总户数2131户,总人口6940人,有外来人口21人。人口自然增长率0.7‰。山林面积6975公顷;耕地面积218公顷,其中水田141.7公顷。

全年实现工农业总产值11456万元,比上年增3.8%;财政总收入187.42万元,增35%,其中地方财政收入89万元;上缴国税、地税89.1元,增长48.5%。农村经济总收入35015.59万元,增长12.28%;村级集体经济总收入179.2万元,增长10.2%;农民人均收入14036元,增长12.16%。

全年新发展山核桃13.33公顷、香榧3.3公顷、油茶6.7公顷;改造和发展品种茶31万株15.33公顷,茶叶总产量112.5吨,产值突破2000万元。百源经济培育初见成效,窄坑源先后投资100余万元,修建生产道路5千米,套种中草药等林下经济33公顷,实现产值600万元。深入推进农旅融合,新成立两家农业企业,宋村村蛇畈茶园创建美丽田园观光园和镜洪村创建美丽农牧渔场顺利通过县农业局验收。

新增来料加工经纪人6名、来料加工企业1家,培育来料加工专业村2个,带动1000余人就业,实现来料加工费500余万元。

发挥旅游景点、精品民宿带动作用,全年共接待游客21万余人次,旅游收入3200余万元,同比增长60%。

按照"千岛湖味道,产城人融合,宜居宜业宜游"定位,投入1500余万元完成集镇面貌整治为主的村庄环境提升工程和沿湖沿线穿点成线为主的湖湾游步道建设,形成"一心、两带、三片"的整治格局和云港口村环山面水、藏风纳气的独特景观风貌,整洁有序、舒心宜人、特色彰显的示范街区初步形成。小城镇环境整治实现质效双提,产城人融合进一步彰显。

乡、村两级文化综合站和文化活动场所进一步巩固和扩大,全乡全年活动共172次,极大丰富了村民精神文化生活,其中《凉亭对对》荣获县文艺会演金奖。白云溪、云港口文化礼堂修缮工程完工,教育创强稳步推进,成功创建省级卫生乡镇,登革热预防防控上成效明显,体育设施建设全面提升,完成宋村中小的灯光篮球场建设,配备硖石、胡家畈村篮球设施及四个村的体育健身设施。

养老参保率96.68%,医保参保率100%,圆满完成乡第六届残联换届工作,3家居家养老照料中心食堂建设并正常运营,宋村村居家养老服务中心正常启用。

**【成功创建省级卫生乡镇】** 12月,宋村乡被省爱卫会命名为浙江省卫生乡镇。近年来,该乡积极开展创建浙江省卫生镇工作,以利用环境卫生整治、爱国卫生月和世界卫生日等重点工作和活动为载体,引导群众培养文明意识、养成良好卫生习惯,乡村两级干部带头组建清扫队伍,开展环境卫生整治,号召党员动员群众积极开展义务灭鼠灭蟑灭蚊蝇、清扫道路、清理死角等活动。深入开展组织管理、健康教育、环境卫生、环境保护食品安全、生活饮用水及公共场所卫生进一步改善基础设施建设及环卫基础设施各项工作指标已符合创建卫生镇城标准的要求。

(余金辉)

2017年宋村乡各行政村基本情况

表23

| 村 名 | 村党支部书记 | 村委会主任 | 人口(人) | 年人均收入(元) |
|---|---|---|---|---|
| 硖 石 | 夏建平 | 夏南平 | 503 | 13915 |
| 青山口 | 夏达能 | 余翠桂 | 760 | 142465 |
| 胡家畈 | 宋长春 | 宋日生 | 702 | 129085 |
| 镜 洪 | 张三木 | 张红凤(女) | 766 | 119405 |
| 宋 村 | 毕 成 | 宋小恒 | 1515 | 13517 |
| 白云溪 | 王建明 | 王德木 | 1246 | 15162 |
| 常锦里 | 张土银 | 方里民 | 360 | 14295 |
| 云港口 | 王敏娇(女) | 方国良 | 1066 | 15169 |

## ·姜家镇·

**【概况】** 2017年,姜家镇总面积206平方千米,辖28个行政村、1个居民区、337个村民小组。全镇总户数8674户,总人口26784人,有外来人口575人。人口自然增长率1.6‰。山林面积16691.2公顷;耕地830公顷。

全年实现农村经济总收入254261万元,比上年增长10.0%;工农业总收入171668万元,增长8.55%,其中农业总收入31273万元,工业总收入140395万元;农民人均纯收入15066元,增长11.8%,村集体经济人均可支配收入316元,增长46.3%。

全镇实现农业总产值2.9亿元,比上年增长5.4%。农作物播种总面积2664公顷,其中粮食作物1245公顷,包括谷物728公顷、豆类282.3公顷、薯类233.7公顷,油料568公顷;粮食总产量5818吨。桑园总面积712.6公顷,桑蚕饲养8155张,蚕茧全年总产量350吨,总产值1835万元。茶叶种植面积497公顷,产量280吨,产值4569万元。生猪饲养27248头,家禽年末存栏42232只。龙源溪列入全县首批百源经济示范带,全年完成社会投资6000余万元。以政府小投入撬动社会大投资,打造全县一流的农旅基地方盛农乐园和高端有机农产品产销基地悦水农业,十里水果长廊成为淳安农旅景区的标杆和示范。“百姓果园”“美丽菜园”布点拓面,开启了“企业+农户”富民增收新模式。

完成工业投入9801万元;地方财政收入1786万元,总量位居全县前三名;招商引资县外资金5.27亿元,完成率121.78%;市外资金3.4亿元,完成率134.61%;省外资金3.1亿元,完成率313.36%;产业投资1.7亿元,完成全年任务的107.31%;镇区合力完成特色招商项目11个,引进特色招商项目8个,到位资金5.2亿元。“一区两点”的工业发展格局基本形成,丰源建材、星宇碳素等规上企业发展势头迅猛,狮城土肥投资扩建,亮光照明成功入规,产量产值实现翻番。

投资2000余万元完成小城镇环境综合整治工程,规划方案被评为市级优秀规划、省级优秀城乡规划,狮城路被确定为杭州市唯一一条省级示范路。投入500余万元用于各村环境整治,赤城、霞五、章村等因地制宜做出亮点,《钱江晚报》等媒体竞相报道孙家坞村畜禽圈养试点做。

鲍沈线一期工程全线贯通,黄村桥至伊家坞路段4公里沥青路面主体全面完工,增设错车点16个。

全镇有文化艺术团体5个,演职人员130人;综合文化站1处,建筑面积1410平方米;公共图书馆(室)1个,建筑面积225平方米,藏书35000册;“农家书屋”29个,平均藏书量1500册。辖区内县级以上文保单位3处,一类历史建筑37处,2017年修缮保护古建筑1处,总投资39万元。文化活动开展经常,文艺队伍不断提升,2017年首登省级赛台,荣获杭州市排舞大赛金奖和省农村文化礼堂排舞大赛优胜奖,同时荣获了2017年县排舞大赛金奖。农村文化礼堂正逐步形成以点拓面的格局,建双溪村成功创建四星级文化礼堂,其中章村村文化礼堂连续举办6届忠孝文化节,广受社会欢迎和好评。7月14日,姜家镇被全国爱卫会正式命名为2014—2016周期“国家卫生县城(乡镇)”,成为全县首个国家卫生镇。姜家镇初级中学继续保持农村初中升重高前列,已成为姜家教育的响亮品牌。

城乡居民养老保险参保人员7395人,其中中高档参保人数1581人,超额完成县人社局下达任务。2017年,新型合作医疗参保人数18077人,其中个人缴费人数13676人,免缴人数4401人,总金额3506900元。

深化“最多跑一次”改革,计生、国土、残联、劳动保障等工作以服务促管理,以服务树形象,实现群众满意率100%。

民生保障日益完善,1460名享受低保对象应保尽保,对1073名残疾人发放生活补助。持续加大特殊群体关爱力度,低保户、残疾人救助面进一步扩大,组织开展残疾人SYB创业培训班、市爱心助残、全国“爱耳日”、全国“助残日”等帮扶工作,落实第十七次春风行动因病因灾救助对象100人,共计金额10.24万元。稳步推进避灾场所改建工作,20家照料中心正常运营,镇级照料中心建成投入使用。尤其是连续开展老年人白内障“十百千”工程,让患者重见光明。

**【姜家镇成功创建国家卫生镇】** 7月,姜家镇获全国爱国卫生运动委员会命名的2014～2016周期“国家卫生县城(乡镇)”荣誉称号,成为淳安县首个获此称号的乡镇。姜家镇于2014年启动创建工作,三年多的时间,牢牢抓住千岛湖旅游副中心、特色小镇的建设契机,结合“五水共治”“无违建县”“四边三化”等工作,先后开展了集镇立面改造、景观节点建设、背街小巷治理等专项工作,投入资金6.2亿元对集镇主城区和规划区实施整体改造,全面完成污水处理厂、自来水厂、沿湖景观飘带等公共基础设施,拆除不雅建筑及残垣断壁20处,清理居民占用房前屋后等公共区域的违章建筑25处近万平方米,污水纳管处理率100%。通过“国家卫生镇”的创建,姜家镇的发展环境不断优化,提升“康美环境”,打造“康美生活”,催生“康美经济”。

**【姜家镇入围省级特色小镇创建】** 以创建省级特色小镇为抓手,以“乐水小镇、康美姜家”为引领,加快形成了以姜家集镇养生度假创意游为核心,十里水果长廊有机生态游和郁川溪流域文化休闲游为两翼的康美旅游发展新格局。2017年上半年游客接待量达70多万人次,旅游经济总收入破亿元。目前,千岛湖乐水小镇被列入浙江省级特色小镇第三批创建名单,同时在2016年度省级特色小镇创建和培育对象考核中获得优秀等次。

**【姜家镇创建省级旅游风情小镇】** 2017年初,浙江省旅游局公布了首批21个旅游风情小镇创建单位,姜家镇位列其中。姜家按照《浙江省旅游风情小镇认定办法》,认真做好创建验收准备相关工作。坚持“统一规划、全面融合”的原则,结合“旅游+”,以全产业融合发展推进全域旅游,通过项目带动,建设完善沿线各村庄的基础设施和旅游服务设施,将各重点景区及村庄串联起来,立足传统旅游要素丰富产品链条,积极培育旅游新型业态,推动景区旅游向全域旅游转变。11月25

日，向省旅游局递交了申请对狮城姜家旅游风情小镇进行认定的请示、验收自评分表和相关台账资料，有望成功创建全县首个省级旅游风情小镇。

**【文渊狮城成功创建国家AAAA级旅游景区】** 姜家镇文渊狮城依托独具特色的文化底蕴和建筑风格，以及运动休闲、文化体验、健康养生旅游产品，成为西南旅游景区核心产品。12月29日，根据《旅游景区质量等级的划分与评定》国家标准和《浙江省AAAA级景区评定管理办法》，经有关市景评委推荐，浙江省旅游（区）质量等级评定委员会评定，千岛湖乐水小镇·文渊狮城达到国家AAAA级旅游景区标准要求，批准为国家AAAA级旅游景区。

**【姜家商会成立】** 12月9日，淳安县姜家商会第一次会员大会成功召开，百余名姜家籍领导干部、企业家、乡贤名士齐聚文渊狮城，以30余亿元签约项目启动产业发展新引擎，以100万元孝爱基金打开回馈家乡新局面，以百人大讨论凝聚共谋发展新合力，以70余亿元待投项目、150余名会员企业和10余名顶级顾问塑造厚积薄发新愿景，有效实现姜商从分散创业到抱团发展，为姜家镇经济社会发展增强了信心和动力。

（邵航锐）

**2017年姜家镇各行政村基本情况**

表24

| 村 名 | 村党支部书记 | 村委会主任 | 人口（人） | 年人均收入（元） |
|---|---|---|---|---|
| 球 山 | 章迁宝 | 章自军 | 504 | 16885 |
| 桂 溪 | 姜有福 | 洪兆炎 | 1076 | 16870 |
| 双 溪 | 汪红球 | 汪红勇 | 1682 | 17341 |
| 孙家坞 | 洪国发 | 洪国发 | 450 | 16783 |
| 上玉泉 | 任爱娣（女） | 张 平 | 936 | 17153 |
| 下玉泉 | 周美琴（女） | 洪末明 | 480 | 16884 |
| 姜 家 | 姜英杰 | 姜建勇 | 837 | 18740 |
| 狮 石 | 洪 娟（女） | 李小平 | 733 | 16696 |
| 龙 川 | 刘虎明 | 方苏建 | 470 | 16478 |
| 霞 社 | 洪有淳 | 洪有财 | 1716 | 16485 |
| 黄村桥 | 城东红 | 洪南京 | 1388 | 16464 |
| 石 颜 | 洪日财 | 胡志军 | 610 | 16845 |
| 炉 形 | 方 倩 | 方敦林 | 463 | 16823 |
| 木 旺 | 唐升寿 | 徐霄祥 | 575 | 16703 |
| 伊家坞 | 方明成 | 方明成 | 416 | 16393 |
| 银 峰 | 徐明新 | 方大樟 | 1828 | 16810 |
| 巨 源 | 方武兵 | 方金德 | 547 | 16487 |
| 郭 村 | 张恭建 | 洪功理 | 2022 | 16535 |
| 庄 源 | 龚康娟（女） | 汪伟利 | 603 | 16671 |
| 霞 五 | 胡小海 | 方建平 | 1382 | 16579 |
| 赤 城 | 余国红 | 余国文 | 1184 | 16489 |
| 浮 林 | 占铁鑫 | 詹声林 | 1328 | 16558 |
| 章 村 | 章宁汉 | 章华平 | 1398 | 16471 |
| 潘 家 | 章有功 | 章有功 | 435 | 16848 |
| 沈 畈 | 章红兵 | 章朝阳 | 955 | 16468 |
| 夫 畈 | 章勇频 | 章晓明 | 845 | 16476 |
| 双溪口 | 章桂姣 | 章仙桃（女） | 499 | 16452 |
| 白 坪 | 章伟锋 | 章伟严 | 544 | 16624 |

## ·梓桐镇·

**【概况】** 2017年，梓桐镇总面积156平方千米，辖19个行政村、185个村民小组。全镇总户数6085户，总人口19008人，有外来人口

204人。人口自然增长率-4.8‰。山林面积11708.2公顷,耕地面积719公顷。

全年实现工农业总产值15.72亿元,比上年增长11%;财政总收入8989.68万元,增长61.4%,其中地方财政收入264.98万元;上缴国税、地税257.19万元,增长99.4%。农村经济总收入33.2亿元,增长12%;村级集体经济总收入570万元,增长32.7%;农民人均收入17654元,增长12%。

农业产业转型发展。“番薯革命”成功试点,通过出台番薯产业转型升级扶持政策,成立淳安千岛湖梓桐鑫丰红薯专业合作社、招引番薯生产主体钱进农业等一系列扎实举措,实现了从洗番薯粉到卖鲜番薯、卖番薯干的转变,2017年实现全镇共销售番薯干超4万千克,销售额超过120万元;县重点项目县级农业示范园区“文佳农业”已发展成为一个集生态养殖、观光、采摘、餐饮于一体的高效现代农业综合体;千枝农业、源稔农业等项目均已成功启动。

随着梓桐接线公路的开通,梓桐的区位优势得到发挥,得天独厚的最美峡湾优势和生态环境优势引来众多投资者。通过淳商座谈会,以商引商,已顺利完成全年的招商任务。全年新引进园泽农业等特色项目8个,到位市外资金7866万元,完成率143.02%,到位浙商创业创新资金3416万元,完成率341.60%。在服务经济上,电子商务跨越发展,新成立电商主体31家,实现网上销售额5326万元,同比增长57%,柴夫粗粮、唐家玉米等优质农产品网上热销,“粉丝妹”等一批微商典型脱颖而出。

西湖、练溪、慈溪等村建设的一批旅游项目建设已成雏形。练溪石川坞的文佳农业是集湖羊养殖、野外拓展、中草药种植、休闲垂钓、民宿民居、餐饮养生、水果采摘等项目为一体的综合性休闲旅游项目。慈溪村的朝美乡村度假休闲民宿项目已经成为及办农家宴、干农家活与一体的地方特色农家乐。成功举办粗粮节、书画节等乡村节庆活动,承办年货节,试水夏令营,吸引游客8万多人,实现旅游收入400多万元,梓桐日渐成为乡村旅游新目的地。新发展锦上花等民宿3家,杜井等3个村创建A级村落式景区,朝美山庄等2家农家乐创建等级旅游驿站,旅游接待能力和服务水平不断提高。

举办梓桐镇首届“粗粮节”、第三届梓桐书画节暨首届春联节、梓桐书画特色作品展、春联摄影比赛等活动,取得极好的社会反响。打造石川坞现代农业观光园区摄影基地,充分借力梓源文化等书画经纪人,对接西泠印社、中国美院等高端平台,吸引3位书画界名人签约入驻,业内的影响力不断提升。联合县政协、县委组织部、县委宣传部、杭州画院、县文联等举办书画展览活动3场。开展“你出邮费,我送春联”活动,加强线上营销推广,把数千副梓桐春联送到全国各地全力推进文化产业大发展。在卫生事业上,深入开展爱国卫生运动,健全组织机构,落实健康教育,深化清洁乡村,创新厕所革命,实现生活环境生态宜居。加强食品安全监督常态化检查,规范提升农贸市场管理,实现生活饮用水水质合格率100%。扎实推进“健康梓桐”建设,切实加强疾病预防控制与慢病管理工作,倡导居民形成健康向上的生活方式。

全年续保和新增低保对象275户461人;残保200人,残疾人享受低保84人,共发放基本生活补助163.8余万元,安置残疾人集中托养4人,居家安养81人,共发放救助金44.9万余元;完成了卢家等6村的居家养老照料中心建设任务;圆满完成全镇7户低保户的危房改造任务,落实补助金8.58万元。社会保障工作全面提升。全镇参加养老保险6199人,参保率高达96.34%,医疗保险13564人,实现医疗保险全覆盖;完成258名企业退休人员和中华人民共和国前老工人认证及体检工作，顺利实施农民实用技术培训，超额完成任务数的136%。

以“最多跑一次”改革为牵引，深入推进简政放权，以至真、至信、至诚的态度和作风打造一流营商环境，一次办结事项达到94.7%，企业内生动力和市场内在活力不断激发，群众的改革获得感显著增强，“亲”“清”新型政商关系加速构建。高度重视政府收入组织工作，深入贯彻法治理念，自觉接受党委领导、人大监督和社会各界的监督，主动办理代表建议，回应社情民意。顺利完成全镇19个村的基层组织换届工作。深化综治维稳、市场监管、综合执法、便民服务“四个平台”建设，化解各类矛盾纠纷，保障社会大局和谐稳定。深入开展安全生产大检查，确保各单位各领域平安。加强政府法制工作，发挥法律顾问作用，重视巡察和审计意见整改，推动依法行政。着力强化程序意识，推行工程设计评审和在建巡查，加强资金、资产和项目的监督管理，实现从严治政。

**【签订教育帮扶框架协议】** 6月1日，杭州市教育局与梓桐镇签订教育帮扶框架协议，明确开展选派杭州主城区优秀主课教师到梓桐镇初级中学长期支教试点工作，为梓桐镇教育发展注入新的元素与活力，增强“造血功能”，带来更好的理念和方式，推动梓桐教育在新的起点上得到更好发展。

**【梓桐镇首届粗粮节】** 12月2日，梓桐镇首届粗粮节正式开幕，游客们走进小镇，体验农村生活，享受自然盛宴。农民才艺大赛、粗粮宴、农事体验、趣味游戏等活动及极具梓桐特色的地方小吃受到四方来客的欢迎和好评。近年来，梓桐镇以原生态种植的玉米、番薯等有机健康食品为经济发展点，积极推广各类有机粗粮作物种植，此次粗粮节受到了各地游客、媒体及营销平台的关注。

**【梓桐镇农家厨艺大赛】** 12月8日，梓桐镇农家厨艺大赛在杜井村举办，18名来自各行政村的选手参加比赛。此次活动进一步挖掘和弘扬梓桐农家饮食文化与魅力，展示农家特色菜肴的烹饪技艺，促进农家特色菜肴的创新发展，推出一批具有梓桐农家特色的品牌菜肴。

**【梓桐镇第三届书画文化节暨首届春联节】** 12月23日，梓桐镇第三届书画文化节暨首届春联节开幕，吸引了众多当地群众、书画爱好者及外地游客。书画文化节现场人头攒动，热闹非凡，文艺演出、文化踩街、笔会、赛春联、游客DIY玉米粿、农特产展销等众多活动纷至沓来，令人目不暇接。梓桐镇有着悠久的历史传统，深厚的文化底蕴，书法、绘画名家集中，是淳安县唯一的杭州市级“民间书画之乡”。每年，通过“家家飘墨香、户户送春联”等活动，梓桐镇农民书画家协会的会员都会给村民写春联，2017年创作手写春联1.5万幅，向全镇近7000户农户赠送。

（唐亚馨）

**2017年梓桐镇各行政村基本情况**

表25

| 村　名 | 村党支部书记 | 村委会主任 | 人口（人） | 年人均收入（元） |
|---|---|---|---|---|
| 西　湖 | 毕红春 | 方鑫锋 | 816 | 21239 |
| 练　溪 | 胡国生 | 余春雷 | 528 | 14285 |
| 慈　溪 | 方凯誉 | 洪　波 | 707 | 14362 |
| 富　石 | 邵文进 | 邵遵高 | 868 | 13542 |
| 并　峰 | 余爱生 | 胡新南 | 915 | 14799 |
| 叶　家 | 叶光建 | 叶月祥 | 816 | 14391 |
| 黄　村 | 黄笑卫 | 黄春祥 | 1189 | 14151 |
| 杜　井 | 胡跃华 | 黄爱祥 | 1725 | 14767 |
| 杏　富 | 胡素贵 | 胡金忠 | 748 | 13669 |
| 胡　江 | 徐红梅（女） | 胡连财 | 1084 | 12710 |
| 常　宁 | 胡发荣 | 胡宝进 | 1587 | 14593 |

续表25

| 村　名 | 村党支部书记 | 村委会主任 | 人口(人) | 年人均收入(元) |
|---|---|---|---|---|
| 姜　桐 | 姜新华 | 胡洁余 | 820 | 11175 |
| 唐　家 | 唐海燕(女) | 唐能红 | 1038 | 15563 |
| 卢　家 | 卢有清 | 卢新军 | 1612 | 14204 |
| 结　蒙 | 徐剑平 | 徐小平 | 1454 | 14275 |
| 河　联 | 王有军 | 余上友 | 889 | 13638 |
| 三　联 | 姚红升 | 汪明祥 | 713 | 14550 |
| 程　家 | 程培芳 | 程爱民 | 959 | 13317 |
| 尹　山 | 严早发 | 严早发 | 415 | 14585 |

## ·浪川乡·

**【概况】** 2017年,浪川乡总面积105平方千米,辖19个行政村、217个村民小组。全乡总户数6200户,总人口20399人,人口自然增长率−0.15‰。山林面积7930.5公顷,耕地面积638.6公顷,其中水田473.5公顷。

全年实现三大产业总产值18.76亿元,比上年增长12.13%;财政总收入476.80万元,增长27.73%,其中地方财政收入232.21万元;上缴国税、地税239.62万元,增长166.2%。农村经济总收入187532万元,增长12.12%;村级集体经济总收入598万元,增长8.9%;农民人均收入17318元,增长12.02%。

围绕技术创新,传统产业焕发新活力,新培育家庭农场3家,流转土地17.3公顷;成功申报1家县级龙头农业企业,2家县级示范性家庭农场。完成357公顷农业面源治理,化肥、农药减量成效明显,完成老茶园改造7.3公顷,种植新品种水稻14.7公顷,中药材白芨种植450万株,实现桑园统防统治全覆盖,推进蚕桑种养规模化经营,全年养蚕9442.5张,产茧405.806吨,产值2163.27万元,平均张产增加42.98千克,有效巩固"蚕桑状元乡"地位;坚持"农业+"模式,大力发展林下经济,成立竹荪种植推广企业3家,面积达8公顷,占全县的80%;挖掘特色资源,帮助企业做大品牌,鼓励联欢农业、沃润农业等企业扩大产业投资,发展农旅融合项目,完成"田园牧歌"和"千岛仙"两大农事体验区的创建申报。

引进淳安千岛湖捷泰实业有限公司、淳安县景川实业有限公司、浙江狮城争霸文化传媒有限公司、淳安县三千网络发展有限公司等,实现招商引资3820万元,完成任务的182%;盘活村中闲置房屋,新引进杭州千岛湖云标服饰有限公司、建来金属网带厂等工业企业3家,新增税收收入10万元以上的企业5家;新引进海川服装厂和胜光LED灯来料加工企业2家,培育来料加工专业村3个,新培育来料加工经纪人44人,发放来料加工费942万元。

立足浪川资源特色,积极发展现代服务业、电子商务、文化创意等新兴产业。新增限上服务企业2家、限上个体户3家,实现服务业增加值1.12亿元。新培育电商企业3家、网上商城2个、网店16家,实现电商销售额891.7万元。包装有机蔬菜、桑叶桑葚、赏花品果等精品摄影采摘游线路3条,推广手工编织、鲍氏纸作、芹庄土蜂蜜、乡宿伴手礼等旅游文创产品6个系列10余个品种;打造芹川村级摄影基地,承接电影《烽火芳菲》、微电影《我不是英雄》、纪录片《中国影像方志》等影视取景拍摄。

完成新建居家养老服务照料中心9家,其中乡级1家、村级8家,11个村通过托管给农户个人进行送餐服务,实现全乡助餐服务全覆盖,强化乡敬老院建设,完成空调等设备的安装,切实提高老人生活品质。切实关心关爱困难人群,全年新增低保64户,续保511户,清退31户,发放留守儿童保险单346份,联合浙江省眼科医院开展白内障筛查复明行动,已安排119人赴杭接受治疗。认真开展农业政策性保险，保障农业最低收益。

美丽乡村建设有序开展，投资100万元建成芳梧和全朴农用桥各1座，洪家村300平方米农用停车场都已完工并交付使用，完成杨家、峰川等8个村环境整治项目，修复古井12处。新建消防水池4只，消防水桶15只，完成沼气池大出料35只。新建村级建筑垃圾填埋场6处，高标准完成许家山至狮古山村联村联网道路项目建设、淳曹线和沙毛线路面大中修工程，沙毛线减速带和凸透镜安装落实到位，既方便群众的出行又提高了道路安全。

完善清洁乡村长效保洁机制，制定奖惩考核办法，清洁乡村工作水平稳步提升。组建农村污水日常监管小组，每周定期开展日常巡查，终端处理设施正常化运行，水质抽检合格率为100%，裕丰村成功创建农村治污示范村，桃源村池塘被评为“最美小微水体”。完成国家二类水功能区的划分和修编，治理农业面源5350亩。

推进小城镇环境综合整治工作，三个入城口改造和峰川沙众街面整治正在施工中。按照“除隐患、保安全、促转型”要求，平稳有序地开展全乡危旧房治理工作。严格执行农民建房带方案审批，落实“村干部日巡、包村干部周巡、业务干部月巡”机制，成功创建第一批“浙江省无违建乡镇”。芹川2期17栋古民居修缮已经启动，污水治理、杆线序化、自来水工程完成相关前期工作，隐居乡宿精品民宿2期也已经对外营业，村内大部分原有住宿农家乐也按照县民宿标准进行了提升。

先后在狮古山、鲍家、大联等村隆重举行新兵入伍礼、新春祈福礼、重阳敬老礼，仪式教化深入民心。建成占家村文化礼堂，举办“学贯十九大·情系新农村”大型文艺会演，为浪川百姓又增添一处精神家园。芹川跳竹马、浯溪舞草龙、占家登古道等传统民俗活动得到传承和发扬。大联村通过开展美丽庭院建设、垃圾分类试点、精神文明墙绘等工作，成功创建县级“好家风”示范村。

**【打造AAA级景区】** 1月，通过县级文创产业基地——芹溪书画院的创建，成功吸引西泠书画院写生创作基地落户。6月，芹川村被授予“杭州市书法村”称号，同年11月，被授予“浙江省书法村”称号。借电影《烽火芳菲》的放映、微电影《我不是英雄》、纪录片《中国影像方志》等影视拍摄，极大地提高浪川知名度，全年接待游客18.7万人次，实现旅游经济收入219万元。

**【芹川村被授予“浙江书法村”】** 12月13日，学习贯彻中共十九大精神主题创作活动进农村、进社区杭州站暨“浙江书法村”授牌仪式在浪川乡芹川村举行。芹川村被浙江省书法家协会命名为“浙江书法村”，成为淳安县继千岛湖镇茂畈村之后第二个被授予省级书法村的村。芹川村自然环境优美，徽歙建筑林立，历史文化悠久。那里崇文重教，耕读之风兴盛，近、现代历史文化名人辈出。如今，芹川村能书善画者众多，许多农民闲时便拿起毛笔舞文弄墨，孩子们从小就在村里的文化礼堂学习毛笔字，全村书法氛围十分浓厚。

**【成功创建“省级卫生乡镇”】** 2017年度，浪川乡通过扎实推进小城镇环境综合整治工作，开展标准化管理和常态化整治，大力提升环境卫生面貌，实现了“洁化、亮化、美化、序化”和“路平、灯亮、街净”的目标。年底，经省卫生乡镇复评检查小组验收，高分通过省卫生乡镇复评，成功创建省级卫生乡镇。

（胡　航）

2017年浪川乡各行政村基本情况

表26

| 村 名 | 村党支部书记 | 村委会主任 | 人口(人) | 年人均收入(元) |
|---|---|---|---|---|
| 桃 源 | 叶 辉 | 叶别英 | 906 | 16781 |
| 占 家 | 杨建威 | — | 1212 | 174141 |
| 杨 家 | 杨汉民 | 杨贤生 | 1001 | 16808 |
| 峰 川 | 汪思建 | 汪旭钢 | 939 | 17493 |
| 洪 家 | 洪芬芳(女) | 徐国良 | 1206 | 17608 |
| 大 联 | 孙华飞 | 孙华明 | 1687 | 18489 |
| 联 欢 | 程新宏 | 余贞义 | 1045 | 17168 |
| 鲍 家 | 鲍红日 | 鲍芳亮 | 1522 | 18568 |
| 马 石 | 毛钟玉 | 王建水 | 1573 | 17197 |
| 芹 川 | 王樟和 | 王心庆 | 1667 | 17398 |
| 新 桥 | 王健淳 | 鲍献明 | 810 | 16895 |
| 大 塘 | 章宏美(女) | 章裕平 | 1097 | 17084 |
| 全 朴 | 余苏北 | 王昌银 | 1135 | 17766 |
| 汇 源 | 王启洋 | 王昌壮 | 983 | 16560 |
| 源 峰 | 许家瑞 | 许家瑞 | 396 | 15922 |
| 狮古山 | — | 陈军华 | 370 | 16859 |
| 浯 溪 | 鲍良和 | 鲍永彬 | 771 | 16835 |
| 裕 丰 | 许普弟 | 宋小琴(女) | 732 | 15961 |
| 芳 梧 | 王文平 | 任国红 | 1347 | 17162 |

## ·界首乡·

**【概况】** 2018年,界首乡总面积121平方千米,辖13个行政村、105个村民小组。全乡总户数3034户,总人口9513人,有外来人口66人。人口自然增长率5.6‰。山林面积8311.47公顷;耕地面积319.5公顷,其中水田212.2公顷。

全年实现工农业总产值2.48亿元,财政总收入247万元,其中地方财政收入119.18万元;上缴国税、地税194万元。农村经济总收入7.37亿元,增长13%;村级集体经济总收入277万元,增长10.4%;农民人均收入16909元,增长12.2%。

全乡实现农业总产值2.04亿元,比上年增长5.1%。粮食总产量1397.7吨,果园面积1089公顷,桑园面积259公顷,茶园面积215公顷。美丽果园成效初显,通过实施“水果产业品质优化、沿湖沿线林相彩化”为主要内容的农业“两化”工程,新增优质果园57.33公顷,中低产田改造80公顷,果园设施化改造10.7公顷,完成千汾线鳌山、桐子坞段14.7公顷林相彩化改造,发展林下经济中药材10公顷。加快新型农业经营主体的建设,培育农业企业6家,家庭农场4家,示范性农民专业合作社2家。完成生态林基地30.7公顷,森林生态景观修复14.7公顷,森林覆盖率达83.6%。完成林道6条共计8.5千米建设。完成严家、玛璜、洋田、松源4个村农村饮用水提升工程;完成鳌山、姚家2公里农村河道综合整治工程建设;完成姚家、桐子坞2个村小型农田水利渠系配套工程;完成姚家1座万立方米以上山塘除险加固工程施工任务。土地承包经营权确权登记测量与公示全部完成,12个行政村的合同打印工作基本完成。

服务业增加值5550万元,增长15%。招商引资完成实际到位资金8000余万元。新引进淳商回归项目2个;培育巩固来料加工经纪人9名、新培育经纪人3名,辐射带动从业人员615人,实现来料加工费收入309万元,培育专业村1个、消灭空白村12个。新培育网店12家、电商企业1家、商城1家。开展民宿、农家乐业主培训11次。农家乐实现网上销售,乡农业龙头企业、民宿电子商务应用率达到了80%。着力打造精品特色民宿示范区,鳌山渔村、多彩玛璜、栗原小村三个民宿示范点建设亮点纷呈。栗原小村日式民宿,一期投入3000余万元,拥有14个房间,25个床位,建成旅游接待中心、咖啡音乐吧、日式餐厅、少儿活动中心、养生馆、游步道,已正式营业。千发集团打造的鳌山渔事体验基地已基本建成，淳乡居民宿节假日平均入住率达90%，独栋小别墅备受青睐。全乡共审批民宿46家，从业人员120余人，床位800余个，餐位数2110个。全乡接待游客23.5万人次，住宿游客3.5万人次，实现旅游收入2650万元。举办乡首届主题民宿创意大赛，评选出8家特色主题民宿予以嘉奖。成功举办界首乡第十届柑橘节暨第三届乡村旅游节，吸引省市内外20多家媒体关注和报道。

投入180万元，完成新的垃圾中转站和垃圾资源化利用站建设并投入试运行，每村配发了垃圾清运车。投资95万元，实施了4个村污水提升项目，对35个污水处理池终端进行美化。大力开展剿灭Ⅲ类以下小微水体专项行动，完成全乡28处小微水体整治并顺利通过县级验收。投入300万元，完成农村河道综合整治2公里、小型农田水利排灌渠系配套工程2处、姚家村项家庙山塘除险加固1座、桐子坞村高效节水灌溉工程；完成洋田、松源、严家、玛瑛4个村农村饮用水安全提升工程。

严家村小环境整治项目投资1350万元，完成渔人码头、老村改造提升、农居点室外配套工程建设，拆除违章搭建27处405平方米，整改200余处。启动姚家主街改造、姚家大道及姜桐线改造提升、村内环境整治及环卫设施改造等项目，完成总工程量的50%。投入300万元，完成7个村生态环境修复、2个村农用桥梁建设、2个村停车场建设等项目。大力推进公厕革命，全乡26个农村厕所进行了设施维修、墙体美化、制度上墙和标识牌更新。开展严家美丽庭院示范村和鳌山美丽庭院提升村建设，开展全乡美丽庭院创意大比武，开展“小手牵大手，垃圾分类进校园”主题宣讲，配齐村级垃圾分类分拣员、督导员，13个村建立垃圾分类积分兑换超市。

整合村道、林道和生产便道资源，将绿道网的建设向精品果园延伸，通过改善村级交通条件，为乡村旅游和绿道经济的纵深发展筑牢基础。投资400余万元，完成松源环内湖4千米绿道网，4.5千米岩下登山游步道；投资200余万元，新建玛瑛等6个村生产便道；投资250万元，实施淳金线大中修2.4千米；投资130余万元，实施城乡客运村村通工程，改善姜洋线、姚康线道路通行条件。淳坑线获评全县最美公路。竹里观景平台改造项目建成并投入使用，增加了停车场和驿站功能，规范了农产品展销摊位，提升了千汾环湖绿道网界首段的品质。与千岛湖骑行旅行社合作建立智慧驿站，在桐子坞至鳌山村沿线布设6个站点，摆放新型电瓶车和自行车，可扫码支付，为自驾骑行者提供新颖便捷的乡村旅游方式。

着力改善村级文化基础设施，建成云濛、严家、鳌山、桐子坞、周家村5个村文化礼堂，新实施康源、新燕2个村文化礼堂建设，严家村争创五星级文化礼堂。由村民自排自演的节目在全县排舞大赛及全县农村文艺会演中喜获银奖。乡综合文化站经复评提升为省一级综合文化站。开展界首乡首届幼儿讲故事大赛、“童心向党、快乐六一”文化活动。邀请市、县计生协会两级医学教授到乡讲座，普及优生两免、生殖健康保健和育儿知识。投入62万元，实施桐子坞完小操场塑胶跑道和界首小学线路改造工程。年底成功创建市级卫生乡镇。

投入200余万元，建成敬老院消防系统及二路供水系统，并实施逃生通道、食堂、宿舍卫生间等改造工程；重新聘用专职管理员、护工、厨师各1名，配齐办公设备和老人房间橱柜、护理床等。各村避灾安置点建设全面完成，建成严家、云濛、玛瑛、新燕、康源、姚家居家养老照料中心。完成城乡基本养老保险参保2549人，参保率达96.7%，城乡基本医疗保险参保6441人，参保率达100%。

对全乡危房进行全面摸底排查，逐村逐

户鉴定危房，建档立卡，精准到户，152 户危旧房分阶段改造，C 级危房已完成整治 79 幢，D 级危房已完成整治 62 幢，通过第三方中介机构评估鉴定，确保村民的生命财产安全。通过避让搬迁、工程治理、应急排险的处置方式，完成 6 处村级地质灾害隐患点治理。争取省“坡地村镇”项目，解决施家坪村下山移民安置点建设用地难问题，整合百源经济项目资金 130 万元，实施农居点挡土墙建设工程。持续加大两路两侧环境整治力度，成功创建“无违建”乡。规范农民建房，农民建房带方案审批由沿湖沿线向全乡扩面，落实长效管理机制。

**【鳌山村获评省美丽宜居双百村】** 12 月，2017 年度浙江美丽宜居村镇建设成果系列宣传活动公布了 200 个“美丽宜居浙江样板”双百村，界首乡鳌山村成功入选。该活动由省住房和城乡建设厅、浙江在线新闻网站共同主办。近年来，该重点围绕“五水共治”“三边四化”“三改一拆”“环境综合整治”等工作，以美丽乡村建设契机，以规划为先导，以项目为抓手，加强基础设施建设，相继实施了农村生活污水和生活垃圾处理、村庄整治、富民产业培育、改水改厕、下山移民、农居改造等一系列新农村建设项目，全力推进了美丽村镇建设，村镇建设面貌日新月异。

**【施家坪村成为全县首家淳派民居试点】** 10 月，施家坪村成为淳安县首家淳派民居试点及 2017 年度县级村庄规划设计和农房设计试点。该规划由县住房和城乡建设局联合杭州市规划局启动编制，中标单位为浙江省省直建筑设计院。规划将以打造“淳派民居”试点为契机，优化提升村庄整体风貌特色。参照修建性详细规划深度要求，包含安置点总体布局、公共空间、景观节点、公共服务建筑及至少 6 个农房建筑单体方案设计。

**【千岛湖兴宝菇业种植绣球菌成功】** 6 月，坐落于界首乡桐子坞村的杭州千岛湖兴宝菇业科研人员与浙江大学、省农科院合作，经过三年的攻关研发，一种大名叫“绣球菌”的珍贵食药两用真菌在该基地种植成功。据专家介绍，绣球菌又名荷仙菇、绣球菇、花椰菜菇、花瓣茸，子实体呈白色或奶黄色，饱满如绣球，玲珑似花瓣，晶莹剔透，肉质洁白细嫩，鲜美可口，营养丰富，嚼味无穷。具有提高肌体免疫力以及防癌、抗癌功效，是一种非常珍稀名贵的食药两用真菌。千岛湖兴宝菇业由此也成为省内首家成功种植绣球菇的食用菌基地。

**2017 年界首乡各行政村基本情况**

表 27

| 村　名 | 村党支部书记 | 村委会主任 | 人口（人） | 年人均收入（元） |
|---|---|---|---|---|
| 洋　田 | 姜小生 | 姜彩强 | 685 | 13982 |
| 玛　璜 | 周本建 | 周忠移 | 680 | 20374 |
| 姚　家 | 姚建君 | 姚东华 | 1157 | 17009 |
| 松　源 | 周约君 | 周洪平 | 1232 | 18025 |
| 康　源 | 姚桂平 | 王东波 | 446 | 14151 |
| 燕　上 | 余有华 | 严政斌 | 919 | 14464 |
| 鳌　山 | 章新军 | 章景棋 | 717 | 17205 |
| 周　家 | 周春煌 | 周中生 | 536 | 17542 |
| 严　家 | 严宏芳 | 严宏武 | 1051 | 17619 |
| 云　濛 | 胡玮明 | 胡纯来 | 613 | 17443 |
| 桐子坞 | 程新明 | 徐根法 | 419 | 18249 |
| 施家坪 | 余洁（女） | 张武朝 | 572 | 17570 |
| 新　燕 | 王建德 | 洪国平 | 486 | 12931 |

## ·汾口镇·

**【概况】** 2017 年，汾口镇总面积 237 平方千米，辖 51 个行政村、1 个社区、499 个村民小组。全镇总户数 16450 户，总人口 55728 人，有外来人口542人。山林面积217654公顷；耕地面积23131公顷。

全年实现工农业总产值424600万元，比上年增长1.55%；财政总收入8315万元，增长215%，其中地方财政收入3900万元；上缴国税、地税9475万元，增长240%。农村经济总收入685000万元，增长11.23%；村级集体经济总收入684951万元，增长12%；农民人均收入15272元，增长12.17%。

2017年全镇茶叶面积690公顷，省级认定的无公害茶园200公顷，生产各类茶叶95吨，产值1668.2万元，同比增长15%，其中名优茶产量87吨，产值1498.2万元，同比增长20%。全镇新发展水果基地14公顷，新增中药材种植12.33公顷。完成采伐迹地造林工程，珍贵树种面积公20公顷；完成零星造林20公顷，造林40公顷。完成投资350万元的淳杨线、千汾线彩化工程22.6公顷；完成投资100万元的8千米林道、2千米辅助道工程建设；完成森林资源二类调查工作约1.67万公顷；完成133公顷林地流转工作和6000立方米的枯死松木调查审批。抓好粮食功能区建设，高产攻关田亩产860千克，居全县第一。全年完成蔬菜、水果、食用菌样品检测600批次，合格率100%，配合农业部、省、市抽样238个，合格率100%。无公害农产品认证新增5个，复查换证2个，面积150公顷。完成省级“平安农机”示范乡镇及21个村的平安农机示范村创建。继续实行全镇全年禁渔。峰溪、湛川、龙源村获得浙江省森林村庄荣誉。

全年累积流转土地200公顷，各条“源”的潜力被充分挖掘，产业布局进一步明晰。界川片着力打造“茶叶＋干水果＋文化旅游产业带”，山头、宏鲍白茶基地已实施白茶、香榧套种，预计2019年投产。进一步整合开发赤川口—龙门—汪家桥等村的多处文保资源和优质景点，龙耳山国家级登山步道开通，赤川口村列入省级传统村落名录，并获得2017“美丽宜居　浙江样板”双百村荣誉。成功举办“六月六”晒圣旨、“汾情万种”民俗体验节等节庆活动。建成以千岛湖清水鳖、蜗牛养殖等为主的翁川源生态养殖基地。建设龙源源都市农业基地，引进峰溪、富塘村40公顷有机蔬菜项目，宋京、湛川村生态养殖项目，推进龙源片667公顷油茶和山核桃套种工作。完成武强溪流域景观开发和景点打造工作，招引客商大力打造水南畈33.3公顷，具有科教、摄影、娱乐、红糖工坊等多种功能为一体的农旅融合项目。西湖畈现代农业园区投资约300万元完成有机生态茶园33公顷、建筑面积3885平方米的茶叶加工厂建设。全镇多个精品水果基地发展态势良好，全年蓝莓基地接待采摘人数达5000余人次，奇异果基地被县旅委选为对外宣传示范基地。百亩畈、射墩水果基地已经初具规模，预计2018年投产。

建立了班子成员联系重点项目和企业的制度，不定期解决企业发展存在的困难问题，全镇规上工业销售产值稳步增长，工业投资继续加大，纺织行业形势好转；季光科技产能不断扩大，年底进入规上企业行列，成为全镇第一家高新技术规上企业，为汾口的产业转型发展提供了示范；先锋厂的老汾口制丝公司近1万平方米的老厂房完成政府收储，工业发展空间增大；大力加快企业信息化建设，18家企业登上了企业上云的快班车，提升了企业竞争软实力。

全年新培育来料加工经纪人8人，累计经纪人107人；新引进来料加工企业1家，培育来料加工专业村5个，从业人员达4860余人，累计发放加工费2900余万元。其中有510位省、市级低收入农户从事来料加工业，发放加工费220余万元，补助资金达14万余元。

全年招商引资完成2.5亿元，完成任务

的179.5%,其中市外资金到位1.2亿元,超额完成任务;招引特色项目7个,超出任务数两个。成立汾口商会,建设对外招商的优质平台。招大商、招好商的目标逐步实现,镇主要领导亲自带队,外出到深圳、上海和杭州等地上门招商,紧盯红星厂旅游综合体项目、毛家百亩畈旅游综合体项目等大项目,为今后产业发展做实基础;中控集团的研发总部等项目已经签订战略合作协议,为明年的招商引税打下了坚实基础。

汾口综合市场、商贸城、杨旗文化广场等项目顺利完工,新农贸市场建设即将启动,汾口商贸重镇的集聚和辐射优势将进一步凸显。一期投入310余万元积极打造的电商公共服务中心、电商产业园、微信销售群、村级电商物流班车"四位一体"的村级电商公共服务体系成功建成,培育网商30余人,招引电商总部经济5家,孵化培育"村姑辣酱"等电商企业10余家。"村村通"顺畅运行,补齐了农产品上行最初一公里和网货下行最后一公里,网点共派收件达到11000余件,其中实现农产品上行突破万斤,农民增收60万余元。赤川口村AAA级景区和龙门村AA级景区成功创建,占地33公顷的淳安县首个国家级湿地公园11月完工开放,水南畈农旅运动休闲项目正式启动,先锋厂等多处旅游资源逐步推向游客。新发展民宿12家、农家乐3家,创建三级旅游服务驿站4家,旅游服务配套进一步完善。农旅、文旅融合尝试不断取得新进展,汾口的优质生态、文化资源成为打造全域旅游产业、现代生态农业的重要基础。

坚持规划先行,完善多规合一,修编汾口控规、城市设计、老镇区重点地块有机更新,实现规划的前瞻性、系统性、权威性及可操作性有机统一。完成龙门村风貌提升规划、汾口镇舒翠荷田区块、城南入城口区块景观规划、汾口镇小城镇环境综合整治规划编制,其中小城镇环境综合整治规划获得"省小城镇环境综合整治优秀规划"荣誉。完成三底村、鲁村的村庄规划修编与报批并启动汾口大道沿线的城市设计。进一步加大规划监管力度,以规划指导建设,以规划审查项目,办理汾口商贸城和汾口综合市场项目的批后修改,同时对汾口镇农产品展示交易中心、龙山汽修厂、横沿老政府、射墩物业经济楼、祝家清水鳖基地、荷塘大古野、红星堆沙场等社会投资项目的前期报批工作做好跟踪服务,通过规划的前期介入,加快项目落地实施。科学运用经营城市的理念加快田园汾口特色城镇的打造,在城镇建设方面,既重视项目的规划和建设,更注重管理和经营,城市集镇的保洁、绿化养护工作已实现政府购买服务的市场化运作。城镇公共基础设施进一步完善,总投资8655万元的8个政府投资项目已基本完工。杨旗文化广场一期、汾口综合市场室外工程、汾口商贸城、武强溪生态湿地公园、管道燃气、县二院综合楼、派出所办公楼、集镇小区污水管网提升改造工程等均已基本完工,污水处理厂已委托建设集团进行专业运维。

以全面开展小城镇环境综合整治专项行动为契机,推行精细化管理模式,深入开展"六乱"整治,推行电瓶车统一上牌+责任险覆盖+集中停放管理模式,新建17处机动车和非机动车停车场,区分机动车及非机动车停车区域,并安装充电桩,实现停车序化。结合创国卫工作目标,探索建立"街长制"、"厕所长制"等管理制度;开展背街小巷治理、城中村集中整治等专项工作。梳理城区路网,安装4处红绿灯并更新标志标线。

三个商圈中心的打造已初显成效。桥头商圈地标性建筑汾口商贸城已完成15层酒店项目的主体结顶,沿街商铺国庆开盘销售火爆,均价两万余元。该项目的建设不仅是我镇建设商贸活镇、产业转型的需求,也是我镇拓展发展空间、破解一桥头停车难的突破口。桥头老啤酒厂区块的土地收储工作已与建设集团达成共同开发意向，将启动收储前期准备工作；该项目的实施，是我镇大手笔盘活存量建设用地，通过存量建设用地的收储、出让，获取土地出让金的收益反哺公共基础设施建设事业的应时之举。桥头汾口综合市场招商工作稳步推进中，3000 平方米的超市项目已经隆重开业。同时，建设畹墅建材市场同步筹备招商，将主城区的建材、汽修汽配等产业进行划行归市，集聚到该区域发展，形成规模效应。汾口大道全线通车，多条接线工程打通了集镇及周边村接入交通主道的路径，大大改善集镇中心路段的交通拥堵情况。

着力推进农村“文化礼堂”建设，不断探索和创新构筑新时期农民群众的精神家园，完成村级计生服务员、文化员换届选聘工作，2017 年新增大会堂修缮项目 5 个、古建修缮项目 3 个、文化礼堂建设项目 12 个。2017 年春节，全镇共有 13 个村举办村级联欢晚会，其中 5 个文化礼堂村全部举办春晚活动。文化礼堂村每年至少举办 6 场文体活动、6 场公益培训、2 场文化走亲，文化礼堂开展的大量活动为群众带来更为丰富的精神生活体验。汪家桥村“六月六”晒圣旨祭祖仪式暨成人礼啼鸣杭州市农村文化礼堂“十佳礼仪”项目；赤川口村提名杭州市农村文化礼堂“十佳星期日活动”单位。

全年共发放低保救助资金 2302 人 839022 元，其中残疾人单独列户施保 369 人 244609 元；春风行动救助困难户 224 户。2017 年完成老年协会注册 15 家，居家养老、老年食堂创建 24 家，避灾安置点建设 7 家，目前均已通过验收。完成农培班 3 场 200 余人次培训工作。两保工作顺利推进，城乡居民养老保险参保 14840 人，参保率 97.1%；新型农村合作医疗保险参保 38779 人，参保率 100%。继续做好残疾人康复工作，确保残疾人福利、补贴和各项政策执行到位，做到应保尽保。做好低保、低收入人群的帮扶救助工作，在送政策、送补贴的同时帮助他们解决就业问题，拓宽收入渠道。做好 D 级危房整治及困难户危房改造工作，2017 年共完成 128 户 D 级危房整治及 80 户 C 级危房腾空、26 户困难户危房改造，发放农村困难家庭危房救助资金 70 万元。认真办好民生实事，为民办实事十项工程全面完成。计生工作全年完成情况较好，计生率 98.22%。加强动员和引导居民、村民加入创国卫事业阵营，营造政府总动员、全民齐参与的创卫氛围；全力打好登革热疫情防控阻击战。射墩村等 8 个村获“浙江省卫生村”称号。

**【县综合行政执法局汾口中队成立】** 12 月，淳安县综合行政执法局汾口中队正式成立，为全县各乡镇中最先成立的执法中队。中队将在县综合行政执法局的指导下，加强内部管理，提高队伍素质，认真履行职责，创新服务模式，严格公正执法，加强市容管理，控制违章建筑，切实担负起服务汾口发展的职责。中队有 20 名执法队员，配备两辆巡查车，并统一着装。

**【“汾情万种”民俗文化体验节】** 11 月 19 日，“田园汾口、浙西名镇”2017 汾口镇“汾情万种”民俗文化体验节隆重开幕，省非物质文化遗产“汾口草龙”等民俗表演精彩纷呈，名吃荟萃，土货云集，为广大游客带来民俗文化“好吃、好看、好玩”的全新体验，彰显出传统文化的独特魅力。此次体验节以“田园汾口、浙西名镇”为主题，从本土文化及旅游资源开发入手，致力于汾口历史和非物质文化遗产的集聚、展示、体验，重点将汪家桥圣旨、赤川口草龙、龙门古迹塔、国家级登山步道等沿线资源串联起来，力求将汾口打造成田园风光、传统民俗、特色美食的“一站式”体验旅游目的地，进一步提升汾口浙西名镇文化旅游的知名度和美誉度。

【汾口镇天然气利用工程签约】 3月30日，淳安杭燃燃气有限公司在汾口镇举行天然气利用工程签约仪式，标志着全县管道天然气“镇镇通”正式开启。年内，汾口、姜家等地居民将用上清洁、高效、环保的新能源。根据协议，淳安杭燃公司将于2017年完成汾口气源站的初步建设，根据实际情况完成若干道路的天然气管道铺设，完成2～3个小区通气，实现1000户以上居民用上天然气，并根据汾口镇工矿企业发展规划和用能需求，完成三联供的可行性方案编制，为用户供电、供气、供热。该工程也是汾口小城镇配套基础设施建设的重要内容，不仅有利于改善百姓生活，也有利于汾口产业转型升级发展。

【农村污水运维改革】 6月，汾口镇针对农村污水运维工作落后现状，突破原污水运维由运维公司全包的模式，实行“村＋公司＋政府”模式，由各行政村承担户端、前端的清理，运维公司承担终端运维管理，镇政府负责对各行政村及运维公司运维工作进行检查、督促整改及考核工作，通过三级联动的模式，突破原运维人员对村运维不彻底、村对运维缺配合、运维考核无实际约束的难题，明确了分工，落实了责任。全镇配备村级运维员73人，负责从户端到终端前进水井的清掏运维，并要求所有运维人员每月完成2轮以上清理，对部分特殊点位增加运维清掏频率，保障所有点位清掏到位。新的运维模式实现了运维人员的增加和运维频率的保证，更为后续的检查、整改、抢修、宣传等夯实了基础。

（卢　萍）

2017年汾口镇各行政村基本情况

表28

| 村　名 | 村党支部书记 | 村委会主　任 | 人　口（人） | 年人均收入(元) |
|---|---|---|---|---|
| 交　界 | 郑新建 | 郑新建 | 560 | 12934 |
| 宏　鲍 | 余洪中 | 鲍芳金 | 704 | 13211 |
| 山　头 | 姜生生(女) | 程良军 | 651 | 13156 |
| 赤川口 | 余文斗 | 余　佼 | 1645 | 12492 |
| 龙　门 | 夏祯理 | 张礼圣 | 986 | 13727 |
| 汪家桥 | 汪双春 | 汪继富 | 911 | 14335 |
| 汪家村 | 余文吉 | 余雄华 | 497 | 13567 |
| 三　渡 | 余本亚 | 余文权 | 830 | 14093 |
| 富占源 | 郑　伟 | 郑衍义 | 905 | 14024 |
| 三　底 | 姜红祥 | 姜立顺 | 617 | 16585 |
| 经　门 | 郑名诚 | 郑家仁 | 874 | 16399 |
| 简　门 | 郑家义 | 郑衍法 | 574 | 15102 |
| 郑　家 | 郑平源 | 郑建军 | 1813 | 15902 |
| 天林庄 | 宋庆美 | 汪爱民 | 862 | 15384 |
| 舒　翠 | 郑名树(副书记、主持工作) | 郑名树 | 1046 | 16816 |
| 杨旗坦 | 郑军建 | 郑新华 | 767 | 17650 |
| 宋　祁 | 余文信(副书记主持工作) | 余利富 | 1623 | 16541 |
| 祝　家 | 祝泽华 | 祝泽永 | 848 | 20333 |
| 汾　口 | 毛长丽 | 余建平 | 2347 | 14006 |
| 寺　下 | 余志富 | 余春来(委员、主持工作) | 1253 | 13545 |
| 章　姚 | 陈国富 | 蒋樟林 | 976 | 13861 |
| 仙　居 | 张凯华 | 张良伟 | 1605 | 13649 |
| 石　畈 | 余伟军 | 余红艳 | 898 | 13944 |
| 翁川源 | 余家军 | 余仕来 | 1681 | 13418 |
| 龙　山 | 徐建权 | 徐衍军 | 1238 | 13998 |
| 射　墩 | 余学良 | 余尚成 | 1168 | 16324 |
| 西　村 | 徐杭南 | 徐顺建 | 946 | 14429 |
| 三　畈 | 余善平 | 余海淳 | 519 | 12971 |
| 茅　屏 | 汪文映 | 汪成钢 | 1191 | 16372 |
| 程　店 | 程和平 | 程金泽 | 654 | 14318 |

续表28

| 村 名 | 村党支部书记 | 村委会主 任 | 人 口（人） | 年人均收入（元） |
|---|---|---|---|---|
| 云 林 | 余来泳 | 余建良 | 1521 | 13343 |
| 鲁 村 | 詹君建 | 卢湖顺 | 1742 | 13434 |
| 巧 塘 | 程运康 | 卢承君 | 558 | 13353 |
| 桃林畈 | 鲍东苏 | 程樟锋 | 917 | 13891 |
| 龙 姚 | 许文军 | 许彩意（女，村委、主持工作） | 569 | 13733 |
| 强 川 | 汪菊银（女） | 余荣杨 | 684 | 13904 |
| 红 星 | 余新忠 | 周恒发 | 797 | 13154 |
| 栗园里 | 余长岭 | 汪军社 | 1171 | 12591 |
| 毛 家 | 杨苏华（女） | 毛善忠 | 1539 | 12968 |
| 百亩畈 | 汪国平 | 汪秋卫 | 1205 | 14979 |
| 岭 后 | 汪 军 | 余绍忠 | 813 | 12847 |
| 荷 塘 | 卢 鹏 | 卢海平 | 1015 | 12822 |
| 横 沿 | 余君毅 | 余新军 | 923 | 17038 |
| 陆 乡 | 蒋建林 | 陆建令 | 985 | 14807 |
| 龙 源 | 姜贤飞 | 姜文明 | 1167 | 13673 |
| 红 旗 | 余竹花（女） | 高赐洪 | 1549 | 12107 |
| 宋 京 | 余生雨 | 余必亮 | 1295 | 13435 |
| 湛 川 | 余钱起 | 余上海 | 1223 | 12930 |
| 富 塘 | 汪建伟 | 蒋有生 | 717 | 13215 |
| 石 峰 | 郑田军 | 郑红忠 | 1056 | 12813 |
| 峰 溪 | 汪小明 | 汪炳春 | 732 | 13530 |
| 杨旗社区 | 洪 琛 | | 2221 | |

## ·中洲镇·

**【概况】** 2017年，中洲镇总面积166平方千米，辖19个行政村，232个村民小组。全镇总户数5963户，其中农业户5959户，总人口20591人，比上年增长8.40‰。生态公益林面积7591.07公顷；耕地面积602.63公顷，其中水田467.59公顷。

全年实现财政总收入510万元，其中地方财政收入156万元；上缴国税、地税158.83万元。农村经济总收入141320.6万元，增长13.77%；村级集体经济总收入431.15万元，增长14.67%；农民人均纯收入14246.9元，增长12.26%。

引领发展壮大水稻、茶叶、毛竹等传统主导产业规模，鼓励和扶持引导蔬菜、水果等农业主导产业。注重农业经营科学化，累计培育现代农业产业园区和粮食生产功能区4个；深化与上级农科部门联系，共建农业产业园区6个；强化品牌意识，高乔山大米、瓦洱登葡萄销至全国，走俏市场，双许桃花鸡、木连茶叶名声渐起，广受好评；实现农旅融合，苏家畈村举办“当一回小红军”春插秧秋割稻主题活动，参与人数1700余人次，南庄、畈头村桃花源果蔬采摘销售喜人。提升农田水利基础设施水平，完成水库维修建造、农业生产路建设、土地复垦等10个项目建设。全面开展农村土地承包经营权确权登记。

出台产业扶持政策，鼓励和培育工业企业，全年新增产业投资项目7个，实现社会投资3203万元，其中美光照明2017年新投入505万元。编制《中洲镇招商手册》，依托中洲商会，开展精准招商。全年共有26批团队来镇实地考察，共完成县外招商引资2620万元，其中省外资金1000万元，完成任务数200%，特色招商（含淳商回归、百源经济）3个，落地经营3个，签订意向协议15家，累计投资过亿元。全镇共发展来料加工经纪人56人，其中新增7人，企业23家，加工从业人员近2300余人，2017年发放加工费1800余万元，集镇被县里评为“来料加工特色一条街”。

新增限上服务企业3家，批发零售业2家，全年累计接待游客17.9万人次，旅游收入1827万元，增幅27%。依托红色旅游的持续带动效应，红色茶山景区已成为淳安县浙西休闲旅游度假目的地，“忆先烈 联民心”大型经典朗诵会登上央视《新闻联播》。全年新发展大众民宿15家，精品民宿忆缘居、茶宿2家；景区村庄创建方面，南庄AAA级景区村庄，徐家AA级景区村庄，洄溪、中洲A级景区村庄创建成功；古道文化节、札溪九相公民俗文化节、霞童中秋舞香龙等旅游民俗节庆活动异彩纷呈，媒体报道逾百次。百源经济效益显现。14个政府投资项目13个已进场施工，完成政府投资462万元；厦山村立面改造、沿线统一标识全面呈现效果。源内新增土地流转936.5亩，累计流转1930.9亩，在全县十条源内排名前列。强化红色IP塑造，安排专项资金用于红色区域品牌的策划设计，突出红色风貌，全面引入视觉标识系统；强化红色精神引领，集中各方面智慧，提出“一颗红心在中洲”的品牌定位，强化思想引领和精神提升。

引进杭州光赋新能源科技有限公司，开展屋顶光伏租赁发展，累计实现增收100万元。依托中洲镇电子商务公共服务中心，全年新发展电子商务网店20家，网上商城2家，电商企业2家，交易额度达280万元，增幅达到115%。其中青白仙辣酱已成中洲电商金字招牌，成为淳安十大酱品牌之一，亮相“杭州跨境电商博览会”。

小城镇环境综合整治强势推进。围绕突出红色文化元素，做好“红色＋”文章，总投资1880万的小城镇环境综合整治效果已初步显现，所有工程项目建设已经完工。曾经钉在路上20年的集镇最牛“肠梗阻”得到拆除，背街小巷脏乱差全面清理，中洲村合法危旧房问题灵活处置，顺利化解，值得一提的是，在2014年无违建创建的基础上，今年中洲村共拆除危旧房61幢9572平方米，旱厕76座584平方米。超过过去6年中心村建设拆除总量。新建公厕2座，硬化村道1500余米，修复低洼破损路面36处，修整盲道10余处，完善交通标志标牌设施10处，道路交通更加完善。新建红色文化主题公园一处，改建滨水游步道1300米，打造生态走廊，提供休闲景观点。

农村环境综合整治“六大行动”全面覆盖。从危旧房治理、清洁乡村、垃圾分类、厕所革命、美丽庭院、污水运维等6大涉及群众方方面面的事情着手，累计投入150余万元，有重点推进六大行动，促小城镇整治成效向村辐射。全镇累计拆除危旧房260余幢38000平方米、旱厕341座2000余平方米，全面实施一厕一景一所长，垃圾分类写入村规民约并得以实施，清洁乡村、污水运维实现100%覆盖率，评选出最美庭院，最美庭院装扮师。启动农民建房精细化管理试点，房屋统一立面、美丽庭院、星级厕所一应俱全。

危房治理紧张有序，完成11户C级危房，78户D级危房拆除修缮任务。保障余茶线无障碍施工，完成杨狭线等村道大中修，稳步推进防洪堤、河道整治工程、渠道配套工程等水利工作，实施饮用水改造工程，完成行政村生态修复项目建设。组织有力，完成杭州市食品安全示范镇创建。

扩大社会保险覆盖面，新型农村合作医疗参保率达到100%。启动居家养老体系建设，正常运行的居家养老服务中心19家，老年食堂10家，服务覆盖全镇。全面推进教师宿舍改善工程，落实教师慰问和优秀教师奖励政策，在2017年中考中，中洲镇初级中学实现历史突破，淳中上线人数达11人。

**【成功创建省级卫生乡镇】** 12月，中洲镇被省爱卫会命名为浙江省卫生乡镇。年初以来，该乡积极开展创建浙江省卫生镇工作，以利用环境卫生整治、爱国卫生月和世界卫生日等重点工作和活动为载体，引导群众培养文明意识、养成良好卫生习惯，乡村两级干部带头组织开展危旧房整治、美丽庭院装扮、小微水体整治、垃圾分类、乱堆乱放整治、公厕革命六大方面的行动。深入开展组织管理、健康教育、环境卫生、环境保护食品安全、生活饮用水及公共场所卫生进一步改善，基础设施建设及环卫基础设施各项工作指标已符合创建卫生镇城标准的要求。

**【南庄村被认定为浙江省首批AAA级景区村庄】** 南庄村距中洲镇5千米，人口近600人，拥有国家级生态森林66公顷，森林覆盖率达93%；有耕地11公顷，茶园22.7公顷，优质水蜜桃果园32公顷，生态公益林238公顷，民宿15家。该村狠抓村庄建设，从拆违开始，禁止散养鸡、鸭、猪，实施全村美丽庭院创建，绘制红色主题墙绘，建设游步道，道路边坡绿化，两旁溪水潺潺，四周树木青葱，道路干净整洁，到处弥散着静宁的清和气象。10月被认定为浙江省首批AAA级景区村庄。

（余慧斓　余　挺）

**2017年中洲镇各行政村基本情况**

表29

| 村　名 | 村党支部书记 | 村委会主任 | 人口（人） | 年人均收入（元） |
|---|---|---|---|---|
| 畈　头 | 汪礼淳 | 汪中武 | 803 | 13915 |
| 双　许 | 许多件 | 姜仁福 | 535 | 12981 |
| 南　庄 | 汪华北 | 童家辉 | 594 | 14462 |
| 洄　溪 | 汪正杰 | 汪正军 | 533 | 14873 |
| 木　瓜 | 洪　飞 | 洪祝万 | 629 | 12574 |
| 枫林坞 | 吴家伟 | 吴明生 | 504 | 11576 |
| 徐　家 | 徐承福 | 徐宗杰 | 1586 | 12248 |
| 长　埂 | 胡远军 | 程运烟 | 1072 | 11638 |
| 余　家 | 程名山 | 余名要 | 1527 | 13783 |
| 樟　村 | 方爱社 | 方为军 | 1638 | 11709 |
| 乘风源 | 李诗军 | 余昌根 | 653 | 12243 |
| 苏家畈 | 余新师 | 吴北生 | 528 | 13218 |
| 霞　童 | 童益平 | 童世红 | 1395 | 11573 |
| 李家畈 | 余国建 | 李小河 | 729 | 11990 |
| 中　洲 | 翁来风（女） | 程建军 | 2430 | 16622 |

续表29

| 村　名 | 村党支部书记 | 村委会主任 | 人口（人） | 年人均收入（元） |
|---|---|---|---|---|
| 厦　山 | 汪亨敏 | 汪苏州 | 794 | 14914 |
| 左　川 | 唐民芝 | 宋忠兴 | 773 | 12396 |
| 札　溪 | 吴良华 | 李庆林 | 859 | 12711 |
| 叶　村 | 余建华 | 余旭明 | 2786 | 13120 |

## ·大墅镇·

**【概况】** 2017年，大墅镇总面积163平方千米，辖17个行政村、120个村民小组。全镇总户数4303户，总人口13981人，外出劳动力4016人。山林面积11611公顷。耕地面积628.4公顷，其中，水田521公顷。

全年实现工农业总产值16亿元；财政总收入10721.33万元，增长5.37%，其中地方财政收入551.05万元；上缴国税、地税499.10万元。农村经济总收入46.98亿元，增长12%；村级集体经济总收入508万元，增长10.4%；农民人均纯收入18087元，同比增长22%。

投资2000万元开展小城镇环境综合整治工程，实施集镇立面改造、东西入口改造、市政道路、街头绿地景观提升和背街小巷配套设施等15个建设项目；投资1600万元配套实施竹博园、枫林溪改造、集镇业态改造、步行桥三期4个中心镇项目；投资2900万元的大积线接线工程按计划顺利完成年初确定的工程量；投资300万元完成千岛湖大峡谷东西入口的改造提升；集镇发展的大框架进一步显现，集镇基础设施水平有效提升，“竹意小镇”崭露新姿。

在顺利创建杭州市“无违建镇”的基础上，严格落实农村私人建房带方案审批、挂牌施工和“四到场”等制度，全年共拆除新增违建7处，纠正未按方案施工3户，实现新增违建零增长;强力推进城中村改造和农村“危旧房”清理整顿工作,全年共完成城中改造2100余平方米,整治彩钢瓦4000余平方米,全镇41幢D级危房和7幢C级危房全部完成腾空并整治到位;进一步落实沿湖沿线环境问题综合整机制,圆满完成“两路两侧”和“四边三化”整治工作。

全面实施小微水体排查整治工作,建立31处Ⅲ类以下水体“诊断”方案,在全镇率先完成整治任务;全面开展“公厕革命”,建立健全农村厕所“所长制”,按照“改造有亮度、服务有温度、监管有力度”的工作要求,狠抓农村厕所改造和日常管理,全镇67个公厕的长效管理实现了全覆盖;全面启动实施垃圾分类工程,共发放近9000只垃圾桶和5000余张宣传单页,垃圾分类资源化处理站已正常运行并出肥,农村百姓的垃圾分类习惯已初步养成;大力提升清洁乡村工作水平,清洁乡村全县排名始终位居前列,大墅村、孙家畈村被评为“浙江省卫生村”;严格落实“河长制”,配齐村级河长,强化河道巡查,建立周二水务员定期巡查制度,交接断面水质持续保持Ⅰ类,枫林港被评为浙江省“最美家乡河”,中央电视台《经济半小时》栏目进行了专题报道;深入实施重点行业整治,关停高鑫矿业矿山开采,正在实施复垦,天坪农业生猪养殖场已纳入县智慧环保监管;创新农村污水运维工作,不断加强农村污水运维站及村级运维监管员队伍建设,先后投入了200多万元对污水管网和污水处理终端进行改造提升,建成了桃源凌家村等一批全县一流的终端花园,;高标准建成了镇级建筑垃圾填埋场和污水处理厂,污水日处理能力1000吨。

围绕总部经济、民宿民居、健康饮品、生态旅游、文化创意等新兴产业主动出击精准招商。先后有千济方生物科技、浙渝农业、创响农业、典藏精品酒店、溪溪里民宿等10余个项目落地;康宏股份、浙银基金等14个项目正式注册签约;千济方生物科技、谦美小分子水正式投产并产生税收;兰纳园区三期户外拓展基地、溪溪里精品民宿建成营业;新兴纺织产能扩规全面完成,喷水织机由原先的136台增加到300台;创响农业、隐香西院项目基本完工;正泰和桑尼投资的农村光伏连片开发试点正在有条不紊推进中;云游谷千岛湖房车主题营地项目也正式动工建设;来料加工遍地开花,渔网织造、服装加工等高附加值产品不断引进,产品结构不断优化。

按照创建国家AAAA级旅游景区目标和“以千万元政府投资撬动上亿元社会投资”的理念,高起点编制洞溪源“百源经济”发展规划,分休闲农事体验区、运动养生度假区、生态农产品种植区三个区块。狠抓招商引资工作,做精项目、做大产业、促民增收,全年共吸引社会投资项目落地14个,总投资3.15亿元,完成投资8379万元,新增土地流转43.3公顷。力推政府投资项目,精准分析、做好配套、做出亮点,沿线村庄整治、公厕、配电房、生产道路、观景平台等项目全部完工,完成投资近800万元。关注低收入农户的脱贫,全年向低收入农户免费发放桃树苗9万余株,洞坞等村为村民免费发放蜂桶600余只,多途径推动百姓增收。

继续做好儒洪“赶十八”传统民俗节和“大墅底下好乘凉”乡村田园节等节庆活动;围绕“一体两翼”的乡村旅游发展思路,继续实施淳杨线两侧林相彩化工程,合理布局彩色稻田、荷花、杜鹃花、桃花等扮靓沿线风景,完成公山尖旅游接待中心、七彩骑行道、枫林溪游步道等项目建设,完善了旅游标识标牌,力推孙家畈、桃源凌家等村的A级景区创建,兰纳采摘、休闲园区分别接待了1.6万人次和2.4万人次游客。依托峡谷景观、民俗风情、贯庄美食等特色资源开展了“百名旅游达人走峡谷”活动,对深山游进行了试水;启动胡家—田蒲精品渔村至积岭码头的旅游发展规划，大积线与淳杨线接线工程快速推进，投资1500万元的胡家—田蒲精品渔村建设接近尾声，村庄面貌焕然一新，吸引了美客爱途等三家精品民宿签约入驻。

投资300万元对大墅村实施“美丽宜居”示范村项目建设；投资400余万元对粟月坪等11个村进行生态修复村，建设儒洪、殊塘两个村生态停车场，建设上坊、老岭两个村实施农用桥梁，建设岭干等村林道7.1千米，完成基地造林14.6公顷，零星种植20公顷。交通建设上，投资1700余万元对儒上线、大上线进行了大中修并对部分路段进行拓宽和改建，实施了大岙线、大贯线大中修和沥青路面铺设，对西园村和洞坞村农村公路病危桥进行改造，完成6个村的村道水毁修复。水利建设上，投资1000余万元实施了集镇、高山等村的自来水提升工程，完成了岭干等村的低丘红壤改造、凤山等村的喷滴灌工程、寺林等村河道综合整治、大坞等村的排渠灌工程和洞坞、老岭等3个村水库清淤工程。完成宅基地复垦1.6公顷，改田造地200.6公顷，旱改水3.5公顷。启动镇文化活动中心方案设计，完成镇幼儿园、卫生院的改造提升和小学录播教室建设提升工程。

全力推进养老服务业综合改革工作，依托小城镇综合整治将原幼儿园改建成镇居家养老服务照料中心，方便镇村及农户转移集聚老人的日常用餐。完成村居家养老服务照料中心建设17家，正常运营12家，其中3家作为全县示范性照料中心。全面完成“两保”收缴工作，继续深化城乡低保、残保动态监管，确保“应保尽保，应退尽退”，全年共申请低保人数371户，申请残保人数82户，申请低保边缘户180户。全年共申请临时救助116户，发放救助金46.4万元。继续推进农村土地确权登记和农村文化礼堂“建管用”，大墅村文化礼堂被评为全省示范性文化新地标，儒洪村文化礼堂被评为全省优秀文化新地标。

**【枫林港被评为浙江最美家乡河】** 12月13日，由浙江省水利厅、浙江日报社、浙江在线共同策划推出的“水韵江南　两美浙江——2017浙江‘最美家乡河’”大型公众推选活动评选结果出炉，大墅镇枫林港成功入选，居全省十条“最美家乡河”之首。枫林港发源于全县第一高峰磨心尖，全长48千米，流经枫树岭、大墅两个乡镇。从2001年开始，淳安县委、县政府高度重视枫林港的建设，对它的生态保护、环境治理、水利建设等工作进行全面指导和帮助，不断改善其水环境。经过十余年的奋力建设、全面整治，如今的枫林港已成为一条山清水秀、生态一流、水体一级的知名港，流域范围森林覆盖率达90%以上，水质常年保持Ⅰ类水。

**【大墅村文化礼堂被评为省示范文化新地标】**

12月，由浙江日报、浙江在线、浙江新闻客户端等主办的“中国人保·全省文化新地标推选展示”活动，在全省评选出了“50个示范文化地标”，大墅村文化礼堂入选。大墅村是千年古村落，在文化礼堂建设过程中，镇村组织了十多名志愿者，用7个多月时间征稿和搜集，找回了大量人文资料。该村还配套了居家养老食堂、道德讲堂、文体活动室、农家书屋、春泥活动室、文化体育广场、民俗馆、电影放映室等设施，使之成为兼顾小型演出、电影、展览、村民大会等一体多功能文化礼堂。大墅村文化礼堂还经常举办诸如80岁以上老人敬老活动、打麻糍比赛、来料加工大比武、淳安睦剧团送戏下乡、“夸夸我家好儿女”、“赞赞我的好邻居”和“最美儿媳”等活动，2017年入围杭州市农村文化礼堂“双十佳”，其成立的梦想课堂也成为全县首个关爱留守儿童的实践基地。

（方　芳）

2017年大墅镇各行政村基本情况

表30

| 村　名 | 村党支部书记 | 村委会主任 | 人口(人) | 年人均收入(元) |
|---|---|---|---|---|
| 大　墅 | 方华祥 | 方江华 | 1824 | 18816 |
| 孙家畈 | 余苏明 | 余干祥 | 644 | 19008 |
| 桃　源 | 凌　海 | 凌银生 | 847 | 18702 |
| 大　坞 | 王有明 | 张苏建 | 816 | 16871 |
| 凤　山 | 胡青田 | 余其日 | 547 | 16818 |
| 西　园 | 聂继扬 | 储运联 | 703 | 18549 |
| 殊　塘 | 郑文清 | 郑文清 | 451 | 17030 |
| 高　山 | 余世新 | 王香球 | 533 | 19219 |
| 下　坑 | 余小平 | 余麦兰(女) | 680 | 19238 |
| 洞　坞 | 王金仙(女) | 王金仙(女) | 381 | 17597 |
| 上　坊 | 胡西凉 | 翁发祥 | 863 | 17806 |
| 寺　林 | 余利民 | 魏江龙 | 626 | 18946 |
| 老　岭 | 郑双龙 | 郑双龙 | 395 | 17715 |
| 桃　林 | 余英杰 | 余英杰 | 927 | 17238 |
| 岭　干 | 余常春 | 余顺海 | 1033 | 17845 |
| 儒　洪 | 余先书 | 余海建 | 1559 | 18055 |
| 栗月坪 | 王丰蓉 | 王立飞 | 1152 | 17341 |

## ·枫树岭镇·

**【概况】** 2017年,枫树岭镇总面积308平方千米,辖28个行政村、188个村民小组。全镇总户数5777户,人口18514人。山林面积22717公顷,耕地面积902公顷,水田面积766公顷。

乡镇财政收入245万元,增长29.4%。服务业增加值1.55亿元,增长20%。农业总产值3.322亿元,增长12.8%,农民人均可支配收入20209元,增长12.2%。招商引资1.45亿元。

启动小城镇环境综合整治,完成沿街立面改造、强弱电上改下、下姜—集镇沿线环境整治,以及前街水系和农贸市场改造等项目建设,落地“枫树岭上”景观小品,拆除后街危旧建筑,进一步腾出发展空间。成立枫树岭镇城管中队,强化集镇秩序管理。顺利通过“创国卫”市级评估和小城镇环境综合整治省级验收。

开展以“清理堆放、清洁公厕、清治水体、清除违章、美丽村委、美丽庭院、美丽道路、美丽田园”为主要内容的“四清四美”行动,完成121座公厕改造,89处小微水体治理,248处难点整治。建成3个生活垃圾焚烧炉、3个生活垃圾阳光降解房、2个生活垃圾资源化处理站、10个建筑垃圾填埋场和87个垃圾收集点。深化防违控违,全面推行带方案审批和挂牌施工,完成69处“无违建”问题整改,成功创建杭州市无违建乡镇。推行“五大员集结日”,落实五大员工作职责,农村环境大大改善。

下姜品牌影响日益扩大。落地“下姜村,梦开始的地方”红色主题景观小品,基本建成下姜村智慧旅游平台。引入下姜水上娱乐有限公司,培育狮城酒坊、石头画坊、打铁铺等业态,推出水上实景演出、水上舞狮等项目。举办第二届下姜民俗文化旅游节,单日游客达到1.2万人次。全年,下姜共接待游客16.1万人次,其中住宿游客3万人次,带来旅游收入1100余万元。

发展中草药80公顷,林下种植业基地20公顷,新建5400平方米生态梯田形中华蜜蜂基地。推进农业标准化生产,投入20余万元,建立47公顷白马地瓜种植示范区。全镇新培育4家100万元以上农业企业、2家县级规范化专业合作社,1家市级示范性家庭农场。培育10余名收购金额在10万元以上的农特产品经济人。

成功创建源塘、上江等A级景区村落,落地源塘猕猴桃庄园、上江皮克比庄园、丸薪柴本抹茶庄园、茶园游步道等百源经济项目。举办下姜葡萄采摘节、第二届白马地瓜文化节。全镇有农家乐和民宿42家,床位574

个，全年接待游客19万人次，旅游创收1720万元。新培育网店14家，网上商城3家，电商企业6家。成立枫树岭镇商会。

安排15万元财政专项资金对低收入农户发展产业进行扶持，主要对养蜂、养蚕等给予政策补助，向低收入户发放中华蜂种2128箱，实现低收入农户受惠面70%以上。

加快推进“为民十件实事工程”建设，全镇新增13家老年食堂，基本建成丰家源、铜山2个地质灾害搬迁安置小区和窄坑村农居点，完成集镇农聚房摇号安置。铺设1.2万米集镇自来水引水工程管网。投入700余万元，完成枫横线和楼西线大中修，铜西线、铜木线基础改造，实现客运交通村村通。投入4000余万元，完成凤林港水电示范区建设。完成6幢C级危房和60幢D级危房治理。完成13户低保户和因灾毁房户的危房改造，以及130户农村私人建房审批。登革热防治有成效，全镇没有发生一起疫情。基本建成覆盖城乡的社会保障体系，同时为18周岁以下和60周岁以上人员购买人身意外保险。

精细社会治理。全镇建立49个基层网格，培育49名专职网格员，224名兼职网格员，配备网格专用手机，建成全科网格员队伍，同时组建28支平安巡防志愿服务队。圆满完成护航十九大等重要安保任务，全镇信访总量195件，化解192件，化解率98%。

**【习近平给下姜村干部群众寄来亲笔签名的十九大首日封】**　11月9日，淳安县枫树岭镇下姜村干部群众收到一份特殊的礼物——习近平总书记给下姜村干部群众寄来的亲笔签名的十九大首日封。浙江省委书记车俊为此作出批示，下姜村的发展变化得益于习近平总书记的亲自指导，是习近平新时代中国特色社会主义思想在农村生动实践的有力例证。这次总书记特意给下姜村寄来亲笔签名的十九大首日封，这体现了总书记对大家的关怀，也寄托着总书记对下姜村的厚望。我和你们一样感到非常激动，也深受鼓舞。希望下姜村以此为巨大动力，深入学习贯彻中共十九大精神，继续弘扬自力更生、艰苦奋斗的精神，努力成为全省农村贯彻落实十九大精神的排头兵，当好实施乡村振兴战略的示范，在新时代建设一个新的下姜，不辜负习近平总书记的厚爱和期望。

**【枫树岭镇被命名为中国森林文化小镇】**　为弘扬生态文化，加快推进美丽中国与绿色城镇化建设，2017年，中国林学会、光明日报社、中国光华科技基金会联合发起“2017森林中国·发现森林文化小镇”活动，面向全国遴选森林覆盖率高、景观优美、人与自然和谐、生态文化浓厚、绿色发展意识强、环保宜居、旅游吸引力大的森林文化小镇活动采取申报、推荐、遴选等程序。由活动主办单位组建专家评选委员会，通过评审材料、实地考察等方式，于3月选出20个“森林文化小镇”枫树岭镇名列其中。地处淳安县西南部的枫树岭镇土地总面积2.3万余公顷，其中林业用地面积占96.1%。有枫树岭水库、淳安第一高峰磨心尖、遂阳第一景白马乳洞、凤凰庙古树群等生态资源和白马红军北上抗日先遣队烈士纪念碑等红色文化旅游资源。多年来，枫树镇党委、政府始终将生态保护作为发展的根本任务，在推进新农村建设中，对全镇古树和大树实行专人认养保护制，每棵古树和大树都有“护树使者”。全镇28个行政村均将生态保护，特别是森林资源保护纳入村规民约予以执行，每年都在学校、集镇、人口集中区进行野生动植物保护宣传，并组织开展生态文化教育进校园、进乡村等活动。全镇通过发展毛竹、油茶、茶叶、香榧等经济林，培育专业合作社、家庭农场、发展森林旅游等林业产业，扩大了生态品牌效应，增加了农民收入，逐步实现生态富民。

2017 年枫树岭镇各行政村基本情况

表 31

| 村　名 | 村党支部书记 | 村委会主任 | 人口(人) | 年人均收入(元) |
|---|---|---|---|---|
| 下　姜 | 姜浩强 | 姜排岭 | 771 | 27045 |
| 源　塘 | 陈文平 | 陈文平 | 491 | 20664 |
| 枫树岭 | 胡彩信 | 胡忠源 | 519 | 18993 |
| 窄　坑 | 凌露明 | 王淳生 | 787 | 15843 |
| 横　坑 | 吴苏北 | 汪带相 | 454 | 16132 |
| 铜　山 | 余建苏 | 余自荷 | 1256 | 15953 |
| 鲁家田 | 汪文权 | 汪南洋 | 841 | 18563 |
| 木花坑 | 徐开妹 | 徐开妹 | 309 | 17051 |
| 大　源 | 余金威 | 余南军(副主任) | 729 | 18509 |
| 薛家源 | 王华明 | 汪华洋(副主任) | 552 | 18322 |
| 上　江 | 江治柏 | 江平忠 | 1080 | 18307 |
| 夏　峰 | 余日有 | 丰新生 | 793 | 15519 |
| 丰家源 | 丰龙华 | 丰奕建 | 591 | 15969 |
| 红　光 | 汪明代 | 余礼贵 | 575 | 16301 |
| 夏　村 | 王红军 | 王传建 | 847 | 16057 |
| 陈家源 | 余小勇 | 余建平 | 513 | 16588 |
| 伊　川 | 余站明 | 丰兴贵 | 393 | 15939 |
| 汪　村 | 刘甲铉 | 王红昌 | 1255 | 20703 |
| 衍　昌 | 胡志新 | 程明平 | 897 | 18371 |
| 横　山 | 魏桂花 | 夏智民 | 537 | 16995 |
| 知心坑 | 毛志新 | 蒋治富(副主任) | 405 | 18623 |
| 白　马 | 俞竹青 | 李新建 | 753 | 17667 |
| 乳洞山 | 吴约木 | 吴约木 | 306 | 18760 |
| 大桥头 | 廖贤良 | 余苏平 | 726 | 17080 |
| 凤凰庙 | 廖龙建 | 方卫国 | 428 | 17795 |
| 周家桥 | 俞如文 | 姜关胜 | 539 | 18086 |
| 陈　村 | 唐爱平 | 赵平舟 | 502 | 15624 |
| 官　川 | 王敦平 | 余海元 | 665 | 17011 |

## ·安阳乡·

**【概况】** 2017 年,安阳乡总面积 146 平方千米,辖 15 个行政村、0 个居民组、125 个村民小组。全乡总户数 3601 户,总人口 11293 人,有外来人口 120 人。人口自然增长率 5.38‰。山林面积 10251 公顷;耕地面积 514 公顷,其中,水田 425 公顷。

全年实现工农业总产值 3.9 亿元,比上年增长 3.25%;财政总收入 629.41 万元,增长 23.9%,其中地方财政收入 311.64 万元;上缴国税、地税 629.41 万元,增长 23.9%。农村经济总收入 11.3 亿元,增长 12.1%;村级集体经济总收入 502 万元,增长 8.7%;农民人均收入 17328 元,增长 12.4%。

倡导农业自主品牌建设,培育规模加工户,新发展茶叶 3.3 公顷,毛竹 2 公顷,油茶 20 公顷。茶叶总产量 387 吨,总产值 5745 万元。农旅新兴产业联动发展,壮大五都源"四季水果"基地,新培育维果专业合作社热带水果 3.3 公顷,新建水渠 2000 米、木屋 3 栋,新发展葡萄、草莓、水蜜桃等常规水果近 1 公顷,实现水果销售总收入 230 万元,增长 6%。

坚定发展规上工业,培植税源经济。蕴藏农业、鑫禾农业等 4 个特色招商项目落地,实际投入 1500 万元。支持发展来料加工、电子商务产业。新培育来料加工经纪人 3 名,年均放来料加工费 300 余万元,低收入农户加工人数达 105 人;新发展电子商务 24 家,新增限上服务业个体户 2 家。

打响旅游小镇知名度。总里程 41.2 千米的国家登山健身步道通过中国登山协会验收;成功举办"全国步道联赛·2017 年千岛湖站"比赛,吸引国内外 1500 余名运动员参加比赛,该赛事在中央、省、市、县等媒体滚动报道 40 余次,有力提升了安阳登山知名度,并带动全县国家登山步道建设。登山游客达到3万人次。以国家登山健身步道为圆心，串联乌龙三井尖、岗岭古道、红山岙生态沟、五都源"四季水果"、陈家民宿村等资源，积极发展全域旅游。

安阳乡小城镇环境综合整治规划被评为杭州市优秀规划方案；正在紧张施工中；2.5千米集镇重要堤防雏形基本形成；对小城镇局部环境进行大整治，拆除12处480余平方米的违法彩钢棚、雨棚和旧房，整治9处店外店、摊外摊非法占道经营；完成主街弱电下地及强电序化，铺设地下管道3500米，墙壁整改安装3200米，杆线序化7340米，外立面改造提升有序推进。

投资70余万元对幼儿园、佳坞完小进行基建改造；投资80余万元对卫生院进行外立面提升改造和室内装修。成功创建省卫生乡镇。范家村选送歌曲《清白在人家》获全县村歌大赛银奖；歌伴舞《美丽家园》获农村文艺会演银奖；桐川村"孝老爱亲"段姣娣成功入选淳安县首届道德模范；村村配备体育器材，全面提高体育健身水平。

推进40处D级危旧房，完成治理35处，腾空5处，；25处C级完成3处腾空，18处治理。城乡养老和医疗两大保险任务完成上级指标数的100.05%和100.14%；建成桐川村避灾场所，6个村居家养老照料中心正常运营；加强"最多跑一次"改革，完成3个批次权力事项公布及政务服务网上公开事项。

**【千岛湖安阳国家登山健身步道通过验收】** 4月14日，千岛湖安阳国家登山健身步道日前顺利通过国家体育总局、国家登山协会项目验收组验收。被授予"国家登山健身步道示范工程"称号。该项目是安阳乡充分利用生态之乡、千年古道的优势，发展休闲运动旅游，主动接轨淳安体育产业而建设的，于2016年9月启动建设，总投资1550万元，总长41.2千米。是全国第十九条国家登山健身步道。

**【千岛湖·安阳国家登山健身步道联赛】** 5月6日，2017年国家登山健身步道联赛·千岛湖站在安阳乡举行。赛事分为竞速组、团队接力组、徒步健身组、家庭亲子组4个组，共有1000余名参赛选手参加比赛。所有选手从登山步道接待中心出发，沿千岛湖安阳国家登山健身步道线路展开激烈角逐。不同组别选手将分别完成不同赛程，其中竞速组20千米，团队接力组4×5千米，家庭亲子组约3.3千米、徒步健身组8千米。

（余奇峰）

2017年安阳乡各行政村基本情况

表32

| 村　名 | 村党支部书记 | 村委会主任 | 人口（人） | 年人均收入（元） |
|---|---|---|---|---|
| 昌　墅 | 章胜昌 | 王玉胜 | 875 | 18196.1 |
| 山　下 | 吴英富 | 吴英红 | 713 | 17002.46 |
| 黄家源 | 余银池 | 叶武顺 | 519 | 18273.26 |
| 上　梧 | 吴红明 | 余根华（女） | 899 | 17274.29 |
| 陈家门 | 陈以壮 | 陈日敬 | 614 | 16586 |
| 乌　龙 | 罗乾平 | 徐长富 | 514 | 17243.01 |
| 红山岙 | 占高华 | 占高华 | 476 | 16702.31 |
| 范　家 | 余贤军 | 舒明生 | 501 | 16795.86 |
| 下栖梧 | 余美琴（女） | 吴崇峻 | 968 | 17866.17 |
| 五　堡 | 林连生 | 陈小鹏 | 668 | 17258.78 |
| 安　阳 | 余的华 | 汪文明 | 1013 | 17498.14 |
| 黄　川 | 陈志鹏 | 余发金 | 998 | 17620.51 |
| 外　畈 | 王仙宝 | 吴金城 | 748 | 17321.18 |
| 桐　川 | 王朝有 | 余高飞 | 852 | 16545.68 |
| 岗　岭 | 余家茂 | 吴胜平 | 935 | 17153.55 |

（编辑　刘东山）

# 名录和获奖成果

## ·2017年淳安县党政机关、群众团体主要负责人名录·

**【县委和县委机关】**

**县　委**

书　记　　黄海峰

副书记　　董毓民

　　　　　董文吉

常　委(书记、副书记均为常委,略)

　　　　　赖明诚

　　　　　郑志光

　　　　　姚伟明

　　　　　刘秀丽(女,省下派挂职干部)

　　　　　吴东明(省下派挂职干部)

　　　　　徐恒辉

　　　　　鲁连美(女)

　　　　　宋立新

　　　　　许海波

　　　　　吴伯进(2017年12月～ )

委　员(书记、副书记、常委均为委员,略)

　　　　　余永青

　　　　　刘小松

　　　　　章传强

　　　　　费林建

　　　　　张宏光

　　　　　商松懋

　　　　　陈奇策

　　　　　杨　勇

　　　　　徐晓东

　　　　　王跃平

　　　　　洪余良

　　　　　方必盛

　　　　　钱立华

　　　　　胡红宝

　　　　　徐军飞

　　　　　张飞燕

　　　　　毛善智

　　　　　方开银

　　　　　姜小旺

　　　　　王苏宝

　　　　　江灵强

　　　　　何宇富

　　　　　何小林

　　　　　黄红婷(女)

　　　　　方　阳

　　　　　邵全胜

　　　　　汪爱祥

　　　　　商建军

**纪律检查委员会(监察委)**

书　记　　赖明诚

(主任)

副书记　　徐军飞

(副主任)　方爱民

**县委巡察机构**

办公室主任　　胡晓明(2017年1月～ )

第一巡察组组长　方肇兴(2017年1月～ )

第二巡察组组长　方拥军(2017年1月～ )

第三巡察组组长　邵群英(2017年1月～ )

第四巡察组组长　杨武军(2017年1月～ )

**县委办公室**

主　任　　许海波( ～2017年2月)

　　　　　徐晓东(2017年2月～ )

**政策研究室**

主　任　　管峰华( ～2017年2月)

　　　　　徐晓东(2017年2月～ )

**台湾工作办公室(政府台湾事务办公室)**

主　任　　许海波(兼,～2017年2月)

徐晓东(2017 年 2 月～ )

**综合考评委员会办公室**

主　任　　鲍永红

**县委县政府信访局(县长公开电话受理中心)**

局　长　　方振华( ～2017 年 3 月)

(主任)

王武祥(2017 年 3 月～ )

**机关服务效能投诉中心**

主　任　　方振华( ～2017 年 3 月)

王武祥(2017 年 3 月～ )

**县委县政府农业和农村工作办公室**

党组书记　　张飞燕( ～2017 年 2 月)

方海珍(2017 年 2 月～ )

主　任　　张飞燕( ～2017 年 2 月)

方海珍(2017 年 2 月～ )

**组织部**

部　长　　姚伟明

**新经济与新社会组织工作委员会**

书　记　　徐宗政( ～2017 年 2 月)

江灵强(2017 年 3 月～ )

**人才工作领导小组办公室**

主　任　　袁　君(2017 年 12 月～ )

**机构编制委员会办公室**

主　任　　方　辉( ～2017 年 2 月)

胡相旗(2017 年 2 月～ )

**老干部局**

局　长　　方武彬( ～2017 年 2 月)

方　辉(2017 年 2 月～ )

**宣传部**

部　长　　徐恒辉

**文化创意产业办公室**

主　任　　洪善富

**文明办**

主　任　　张志鹏

**互联网信息办公室(网络舆情监测应急中心)**

主　任　　管海波(2017 年 11 月～ )

**社会科学界联合会**

主　席　　余国富(2017 年 7 月～ )

**统战部**

部　长　　鲁连美

**侨　办**

主　任　　方为宾

**政法委员会**

书　记　　董毓民(兼,～2017 年 2 月)

董文吉(兼,2017 年 2 月～ )

**县直机关党工委**

书　记　　余运德

**党校**

校　长　　姚伟明(兼)

党委书记　　商建军

**行政学校**

校　长　　董毓民(兼,～2017 年 2 月)

郑志光(兼,2017 年 2 月～ )

**党史研究室(县志办)**

主　任　　朱华民

**【县人大常委会和人大机关】**

**人大常委会**

主　任　　余永青

副主任　　童小威

何建法( ～2017 年 2 月)

王建民( ～2017 年 2 月)

章涓美( ～2017 年 2 月)

鲁连美(女,～2017 年 2 月)

管国良

徐月焕(2017 年 2 月～ )

洪永鸿(2017 年 2 月～ )

叶春晖(2017 年 2 月～ )

毛夏平(2017 年 2 月～ )

党组书记　　余永青

**人大办公室**

主　任　　王武杭

**法制工作委员会**

主　任　　童火忠

**农业和农村工作委员会**

主　任　　余樟来

**城建环保工作委员会**

主　任　　姜宜海( ～2017年1月)

　　　　　姜作军(2017年1月～ )

**代表工作委员会**

主　任　　陈国法

**教科文卫工作委员会**

主　任　　洪明亮

**财政经济工作委员会**

主　任　　姜玉梁

委　员(主任、副主任及各工委主任均为委员,略)

　　　　　许海波( ～2017年2月)

　　　　　余红英(女,～2017年2月)

　　　　　方四雷( ～2017年2月)

　　　　　牟　剑( ～2017年2月)

　　　　　汪建敏

　　　　　陈汉康

　　　　　王昌迪

　　　　　余小兰(女)

　　　　　王　芳( ～2017年2月)

　　　　　余龙飞( ～2017年2月)

　　　　　余国富( ～2017年2月)

　　　　　张家兵( ～2017年2月)

　　　　　祝云祥( ～2017年2月)

　　　　　钱贤君( ～2017年2月)

　　　　　缪宝根( ～2017年2月)

**【县人民政府和政府机关】**

**县人民政府**

县　长　　董毓民

副县长　　郑志光

刘秀丽(女,省下派挂职干部)

　　　　　吴东明(省下派挂职干部)

　　　　　江华平( ～2017年2月)

　　　　　章传强

　　　　　费林建

　　　　　张宏光

　　　　　商松懋(2017年2月～ )

　　　　　余红英(2017年2月～ )

　　　　　潘　伟(中央三部委挂职干部,2017年4月～12月)

**县府办公室　(法制办、外事办、人防办、民防局、应急办)**

党组书记　　洪永鸿( ～2017年2月)

　　　　　　徐宗政(2017年2月～ )

主　任　　　洪永鸿( ～2017年2月)

　　　　　　徐宗政(2017年2月～ )

**档案局(档案馆)**

党组书记　　邵吉明

局(馆)长　　邵吉明

**县级机关事务管理局**

局　长　　　严建国

**发展和改革局**

党委书记　　胡相旗( ～2017年2月)

　　　　　　毛善智(2017年2月～ )

局　长　　　胡相旗( ～2017年2月)

　　　　　　毛善智(2017年2月～ )

**经济信息化和科学技术局**

党委书记　　姜小旺

局　长　　　姜小旺

**教育局**

党委书记　　商松懋( ～2017年2月)

　　　　　　洪余良(2017年2月～ )

局　长　　　商松懋( ～2017年2月)

　　　　　　洪余良(2017年2月～ )

**民族宗教事务局**

局　长　　　姜作军( ～2017年1月)

　　　　　　童友军(2017年2月～ )

**公安局**

党委书记　　张宏光

局　长　　　张宏光

政　委　　　何　慧( ～2017年7月)

　　　　　　胡国宏(2017年8月～ )

**社会管理综合治理委员会办公室**

主　任　　　缪宝根( ～2017年12月)

　　　　　　汪仁发(2017年12月～ )

**监察局**
局　长　　徐军飞( ～2017年1月)
**民政局**
党组书记　王苏宝
局　长　　王苏宝
**司法局**
党组书记　方四雷
局　长　　方四雷
**财政局**
党委书记　毛夏平( ～2017年2月)
　　　　　陆建育(2017年3月～ )
局　长　　毛夏平( ～2017年2月)
　　　　　陆建育(2017年3月～ )
**地税局**
局　长　　毛夏平( ～2017年4月)
　　　　　陆建育(2017年4月～ )
**国有资产管理委员会办公室**
党工委书记　唐诗谷( ～2017年2月)
　　　　　方　阳(2017年2月～ )
主　任　　唐诗谷( ～2017年2月)
　　　　　方　阳(2017年2月～ )
**人力资源和社会保障局**
党组书记　江灵强( ～2017年3月)
　　　　　徐新勇(2017年3月～ )
局　长　　江灵强( ～2017年3月)
　　　　　徐新勇(2017年3月～ )
**国土资源局**
党委书记　徐宗强( ～2017年4月)
　　　　　钱立华(2017年4月～ )
局　长　　徐宗强( ～2017年4月)
　　　　　钱立华(2017年4月～ )
**住房和城乡建设局**
党委书记　何宇富
局　长　　何宇富
**交通运输局**
党委书记　何小林
局　长　　何小林
**农业局**
党委书记　储苏银
局　长　　储苏银
**林业局**
党委书记　陈东来
局　长　　陈东来
**水利水电局**
党组书记　陆发平
局　长　　陆发平
**商务局**
党组书记　黄红婷(女)
局　长　　黄红婷(女)
**千岛湖风景旅游委员会**
党委书记　张飞燕(2017年2月～ )
主　任　　方　阳( ～2017年2月)
　　　　　张飞燕(2017年2月～ )
**文化广电新闻出版局**
党组书记　王圣慧( ～2017年8月)
局　长　　王圣慧( ～2017年2月)
　　　　　汪雪梅(2017年2月～ )
**卫生和计划生育局**
党委书记　邵全胜
局　长　　邵全胜
**审计局**
党组书记　杨仁宽
局　长　　杨仁宽
**统计局**
党组书记　钱尼万( ～2017年1月)
　　　　　徐宗强(2017年3月～ )
局　长　　邵文涛( ～2017年2月)
　　　　　徐宗强(2017年3月～ )
**环境保护局**
党组书记　童友军( ～2017年2月)
　　　　　徐建球(2017年2月～ )
局　长　　童友军( ～2017年2月)
　　　　　徐建球(2017年2月～ )
**市场监督管理局(食品药品监管局、工商局、质监局、食安办)**

党委书记　　汪爱祥
局　长　　汪爱祥
**城市管理局**
党委书记　　汪荣富( ～2017 年 2 月)
　　　　　　汪新明(2017 年 3 月～ )
局　长　　汪荣富( ～2017 年 2 月)
　　　　　　汪新明(2017 年 3 月～ )
**安全生产监督管理局(安委办)**
党组书记　　童丰平
局　长　　童丰平
**供销合作总社**
党委书记　　邵爱群
主　任　　邵爱群
**行政审批管委会办公室**
党工委书记　董毓民( ～2017 年 2 月)
　　　　　　郑志光(2017 年 2 月～ )
主　任　　徐建球( ～2017 年 2 月)
　　　　　　方开银(2017 年 2 月～ )
**淳安千岛湖旅游集团有限公司**
党委书记　　王光贵
董事长　　王光贵
经　理　　管三平
**淳安千岛湖建设集团有限公司**
党委书记　　柯尚逵
董事长　　柯尚逵
经　理　　童德根
**水利水电投资有限公司**
党委书记　　滕建平
董事长　　滕建平
经　理　　余世明
**新安江开发总公司**
党委书记　　方震凡
董事长　　方震凡
经　理　　何光喜( ～2017 年 12 月)
**工贸资产经营有限公司**
党委书记　　方南民
董事长　　方南民
总经理　　张　伟( ～2017 年 12 月)
　　　　　　张盛蒯(2017 年 12 月～ )
**茧丝绸总公司(茧丝绸有限公司)**
党委书记　　姜西方( ～2017 年 8 月)
　　　　　　方　杰(2017 年 8 月～11 月)
董事长　　姜西方( ～2017 年 8 月)
　　　　　　方　杰(2017 年 8 月～11 月)
经　理　　方　杰( ～2017 年 11 月)
**交通发展投资(集团)有限公司(筹)**
董事长　　缪宝根(2017 年 12 月～ )

**【县政协和政协机关】**
**县政协**
主　席　　刘小松
副主席　　王晓林
　　　　　　徐月焕( ～2017 年 2 月)
　　　　　　何建法(2017 年 2 月～ )
　　　　　　江华平(2017 年 2 月～ )
　　　　　　占志明
　　　　　　胡　敏
　　　　　　邵文涛(2017 年 2 月～ )
党组书记　　刘小松
秘书长　　汪林星
常　委(主席、副主席、秘书长均为常委,略)
　　　　　　王木香(女,～2017 年 2 月)
　　　　　　王阳春(女,～2017 年 2 月)
　　　　　　朱　健( ～2017 年 2 月)
　　　　　　孙家杰( ～2017 年 2 月)
　　　　　　李枕戈( ～2017 年 2 月)
　　　　　　杨珠香(女,～2017 年 2 月)
　　　　　　肖建宏( ～2017 年 2 月)
　　　　　　唐春兰(女,～2017 年 2 月)
　　　　　　余文生( ～2017 年 2 月)
　　　　　　祝云祥( ～2017 年 2 月)
　　　　　　徐东燕(女,～2017 年 2 月)
　　　　　　徐丽萍(女,～2017 年 2 月)
　　　　　　吴立新
　　　　　　吴雪源
　　　　　　刘志贵

方新女(女)
方福水
方伟文
王新华
方为宾
汪雪梅(女)
陈华进
郑　斌
郑晓峰
徐宗政
徐夏冰(女)
鲁耀华
钱尼万(2017 年 2 月～ )
方爱民(2017 年 2 月～ )
徐宗政(2017 年 2 月～ )
方红星(2017 年 2 月～ )
汪书芬(2017 年 2 月～ )
何　婧(2017 年 2 月～ )
唐淑芳(2017 年 2 月～ )
王建军(2017 年 2 月～ )
吴　梅(2017 年 2 月～ )
叶斌英(2017 年 2 月～ )
陈田飞(2017 年 2 月～ )
雷　平(2017 年 2 月～ )
倪苏俏(2017 年 2 月～ )
李　斌(2017 年 2 月～ )
严旭兵(2017 年 2 月～ )

**政协办公室**

主　任　徐丽萍(女,～2017 年 1 月)
方武彬(2017 年 1 月～ )

**提案委员会**

主　任　姚樟树( ～2017 年 1 月)
王根标(2017 年 1 月～ )

**委员工作委员会**

主　任　姚宏韬( ～2017 年 1 月)
余利归(2017 年 1 月～ )

**经济科技委员会**

主　任　王根标( ～2017 年 1 月)
姚樟树(2017 年 1 月～ )

**城建和人口资源环境委员会**

主　任　翁永忠( ～2017 年 1 月)
徐香枝(2017 年 3 月～ )

**社会法制和港澳台侨委员会**

主　任　姜　旭( ～2017 年 1 月)
翁永忠(2017 年 1 月～ )

**文史和教文卫体委员会**

主　任　余利归( ～2017 年 1 月)
钱尼万(2017 年 1 月～ )

## 【法院、检察院机关】

**人民法院**

党组书记　陈奇策
院　长　陈奇策

**人民检察院**

党组书记　杨　勇
检 察 长　杨　勇

## 【军事组织】

**人民武装部**

部　长　吴伯进
政　委　李卫东( ～2017 年 6 月)
胡拥波(2017 年 12 月～ )

## 【群众团体】

**总工会**

党组书记　王昌迪
主　席　鲁连美(女,～2017 年 2 月)
叶春晖(2017 年 2 月～ )
常务副主席　王昌迪

**团县委**

党组书记　牟　剑( ～2017 年 3 月)
余慧梅(女,2017 年 3 月～ )
书　记　牟　剑( ～2017 年 3 月)
余慧梅(女,2017 年 3 月～ )

**妇　联**

党组书记　余小兰

主　席　　余小兰

**科　协**

党组书记　　余建成

主　席　　余建成

**文　联**

党组书记　　邵红卫

主　席　　邵红卫

**残　联**

党组书记　　祝云祥

理事长　　祝云祥

**工商联**

党组书记　　王新华

主　席　　王新华

**侨　联**

主　席　　方为宾

**红十字会**

专职副会长(主持工作)

商越明

**【事业单位】**

**浙江淳安经济开发区**

党工委书记　毛善智( ～2017年2月)

许海波(兼,2017年2月～ )

管委会主任　毛善智( ～2017年2月)

许海波(兼,2017年2月～ )

管委会常务副主任

王跃平(2017年2月～ )

**青溪新城**

党工委书记　毛善智( ～2017年2月)

许海波(兼,2017年2月～ )

管委会主任　毛善智( ～2017年2月)

许海波(兼,2017年2月～ )

管委会常务副主任

王跃平(2017年2月～ )

**淳安千岛湖旅游度假区**

党工委书记　方开银( ～2017年2月)

宋立新(兼,2017年2月～ )

管委会主任　方开银( ～2017年2月)

宋立新(兼,2017年2月～ )

管委会常务副主任

汪荣富(2017年2月～ )

**体育局**

党组书记　　周光华

局　长　　周光华

**移民局(投资公司)**

党组书记　　吕瑞琴(女)

局长(经理)　吕瑞琴(女)

**千岛湖传媒中心**

党组书记　　宋士和

主　任　　宋士和

**广播电视台**

党组书记　　王建才

台　长　王建才

**淳安姜家产业区块**

管委会主任　江华平(兼,～2017年2月)

章传强(兼,2017年3月～ )

管委会常务副主任

方必盛

**江东杭千(扶贫)开发区**

管委会主任　董毓民(兼,～2017年2月)

胡　敏(兼,2017年3月～ )

管委会常务副主任

王建民

**杭州住房公积金管理中心淳安分中心**

主　任　　邵万贤

**【其他行政事业机构】**

**国税局**

党组书记　　蒋建明( ～2017年5月)

邬文伟(2017年5月～ )

局　长　　蒋建明( ～2017年5月)

邬文伟(2017年5月～ )

**邮政公司**

党委书记　　高　星

总经理　　高　星

**电信公司**
党委书记　　孙叶雾（～2017年11月）
　　　　　　王　刚（2017年11月～　）
总经理　　　孙叶雾（～2017年11月）
　　　　　　王　刚（2017年11月～　）
**国网浙江淳安县供电公司**
党委书记　　徐祥海（～2017年9月）
　　　　　　杨　峰（2017年9月～　）
总经理　　　杨　峰（～2017年9月）
　　　　　　叶刚进（2017年9月～　）
**气象局**
局　长　　　李　倩（女）
**中国人民银行淳安县支行**
党组书记　　王云祥
行　长　　　王云祥
**中国银行业监督管理委员会浙江监管局淳安办事处**
主　任　　　吴传海
**中国工商银行淳安县支行**
行　长　　　张晓华（～2017年8月）
副行长（主持工作）
　　　　　　余　彬（2017年8月～　）
**中国农业银行淳安县支行**
党委书记　　李昌杰（～2017年9月）
　　　　　　丁　伟（2017年9月～　）
行　长　　　李昌杰（～2017年9月）
　　　　　　丁　伟（2017年9月～　）
**中国建设银行淳安县支行**
行　长　　　余武平
**农村信用合作社联合社**
党委书记　　陈全水（～2017年8月）
理事长　　　陈全水（～2017年8月）
**浙江淳安农村商业银行股份有限公司**
闻　渊（2017年8月～　）
**中国银行淳安县支行**
党总支书记　杜蕴博（2017年11月～　）
行　长　　　方世彦
**中国农业发展银行淳安县支行**
党支部书记　严　寒（2017年1月～　）
行　长　　　何　鹏（～2017年1月）
**中国人民财产保险公司淳安县支公司**
党组书记　　王爱国（～2017年12月）
党支部书记　陈　伟（2017年12月～　）
总经理　　　王爱国（～2017年12月）
临时负责人　陈　伟（2017年12月～　）
**中国人寿保险公司淳安县支公司**
党支部书记　唐四萍
经　理　　　唐四萍（2017年1月～　）
**烟草专卖局（公司）**
党组书记　　傅建国
局长（经理）傅建国

**【乡镇负责人名录】**

**千岛湖镇**
党委书记　　徐晓东（～2017年2月）
　　　　　　余　飞（2017年2月～　）
人大主席　　张家兵
镇　长　　　王红娟（女）
**文昌镇**
党委书记　　余　飞（～2017年2月）
　　　　　　罗宝华（2017年2月～　）
人大主席　　梅丽军
镇　长　　　王丽娟（女）
**石林镇**
党委书记　　徐新勇（～2017年3月）
　　　　　　钱　江（2017年3月～　）
人大主席　　王伟霞（女）
镇　长　　　钱　江（～2017年3月）
　　　　　　徐　涌（2017年3月～　）
**里商乡**
党委书记　　方朝晖
人大主席　　滕淑燕（女）
乡　长　　　钱红建（～2017年3月）
　　　　　　唐　敏（2017年3月～　）
**金峰乡**
党委书记　　方海珍（女，～2017年2月）

黄永平(2017年3月～ )
人大主席　宋　宏(2017年3月～ )
乡　长　黄永平( ～2017年3月)
汪鹏飞(2017年3月～ )

**富文乡**

党委书记　何小武
人大主席　钱建柱
乡　长　方　丽(女)

**左口乡**

党委书记　谢吉荣
人大主席　章新华
乡　长　储菜仙(女)

**临岐镇**

党委书记　王跃平( ～2017年2月)
方振华(2017年3月～ )
人大主席　管香花(女)
镇　长　程剑明

**屏门乡**

党委书记　吴韶建
人大主席　徐红星
乡　长　王慧英(女)

**瑶山乡**

党委书记　洪志峰( ～2017年2月)
叶俊军(2017年3月～ )
人大主席　王圣祥
乡　长　叶俊军( ～2017年3月)
叶孔军(2017年3月～ )

**威坪镇**

党委书记　洪余良( ～2017年2月)
徐明主(2017年3月～ )
人大主席　余龙飞
镇　长　徐明主( ～2017年3月)
徐建强(2017年3月～ )

**王阜乡**

党委书记　张日军( ～2017年2月)
方立华(2017年3月～ )
人大主席　闻云发
乡　长　徐新平

**鸠坑乡**

党委书记　徐国建
人大主席　王华强
乡　长　陆红伟

**宋村乡**

党委书记　方文田
人大主席　方旭峰
乡　长　陆新辉( ～2017年3月)
徐毅鹏(2017年3月～ )

**姜家镇**

党委书记　方必盛
人大主席　余维初
镇　长　方立华( ～2017年3月)
王何勇(2017年3月～ )

**梓桐镇**

党委书记　罗宝华( ～2017年2月)
钱红建(2017年3月～ )
人大主席　季小飞
镇　长　牟　剑

**浪川乡**

党委书记　徐建明
人大主席　程王镇
乡　长　严国栋

**界首乡**

党委书记　余旻樟( ～2017年2月)
张日军(2017年2月～ )
人大主席　钱江锋
乡　长　章伶俐

**汾口镇**

党委书记　钱立华( ～2017年3月)
余顺明(2017年3月～ )
人大主席　钱贤君
镇　长　余顺明( ～2017年3月)
徐宗祥(2017年3月～ )

**中洲镇**

党委书记　杨武军( ～2017年2月)
陆新辉(2017年3月～ )
人大主席　章迁新

镇　长　　徐宗祥（～2017年3月）
　　　　　汪巧明（2017年3月～）

**大墅镇**

党委书记　胡红宝
人大主席　章旭华
镇　长　　程　军

**枫树岭镇**

党委书记　汤燕君（女）
人大主席　王顺民
镇　长　　徐小忠

**安阳乡**

党委书记　王武祥（～2017年3月）
　　　　　汪发通（2017年3月～）
人大主席　方有根
乡　长　　汪发通（～2017年3月）
　　　　　余文武（2017年3月～）

（组织部：王卫华）

## ·2017年度淳安县先进名录·

### 【国家及国家部门级先进集体】

2017年淳安县获国家及国家部分级先进集体情况一览表

表33

| 获奖单位 | 奖项名称 | 授奖单位 |
|---|---|---|
| 县财政局 | 2016年落实有关重大政策措施真抓实干成效明显 | 国务院办公厅 |
| 县人民检察院 | 第五届全国检察机关派驻监管场所一级规范化检察室 | 最高人民检察院 |
| 县体育局 | 2013—2016年度全国群众体育先进单位 | 国家体育总局 |
| 富文乡青田村 | 全国创建无邪教示范村 | 中央防范处理邪教办 |
| 姥山林场 | 全国工人先锋号 | 全国总工会 |
| 县林业局 | 全国集体林权制度改革先进集体 | 国家人社部　国家林业局 |
| 县房管处房管窗口 | 全国巾帼文明岗 | 全国妇联 |
| 千岛湖旅游区 | 全国通用航空旅游示范单位 | 国家旅游局　国家发改委　中国民航局　国家体育总局 |
| 石林镇 | 全国运动休闲特色小镇试点 | 国家体育总局办公厅 |
| 姜家中心卫生院 | 群众满意的乡镇卫生院 | 国家卫计委 |
| 大墅中心卫生院 | 群众满意的乡镇卫生院 | 国家卫计委 |
| 临岐中心卫生院 | 群众满意的乡镇卫生院 | 国家卫计委 |
| 梓桐镇卫生院 | 群众满意的乡镇卫生院 | 国家卫计委 |
| 文昌镇卫生院 | 群众满意的乡镇卫生院 | 国家卫计委 |
| 瑶山乡卫生院 | 群众满意的乡镇卫生院 | 国家卫计委 |
| 淳安千岛湖绿道休闲线路 | “十一”黄金周体旅精品线路 | 国家体育总局　国家旅游局 |
| 千岛湖环湖绿道休闲线路 | “十一”黄金周体育旅游精品线路 | 国家体育总局　国家旅游局 |
| 县邮政局 | 邮政系统企业文化建设示范单位 | 中国邮政集团公司 |
| 县妇保院 | 基层妇幼保健机构示范中医馆 | 中国妇幼保健协会 |

续表33

| 获奖单位 | 奖项名称 | 授奖单位 |
|---|---|---|
| 县千岛湖传媒中心 | 第四届全国县市区域报经营成功案例铜奖 | 中国县市报研究会 |
| 千岛湖安阳国家登山健身步道 | 国家登山健身步道示范工程 | 中国登山协会 |

## 【省及省属部门级先进集体】

2017年淳安县获省及省属部分级先进集体情况一览表

表34

| 获奖单位 | 奖项名称 | 授奖单位 |
|---|---|---|
| 淳安县 | 平安金鼎的平安县 | 省委　省政府 |
| 淳安县 | 省示范文明县城 | 省委　省政府 |
| 县公安局 | 全省党的十九大维稳安保工作中作出突出贡献的集体 | 省委　省政府 |
| 县委维稳办 | 省社会管理综合治理先进单位 | 省委　省政府 |
| 县委维稳办 | 十九大维稳安保工作有突出贡献的集体 | 省委　省政府 |
| 淳安县 | 2016年度森林浙江建设目标责任制考核优秀单位 | 省府办 |
| 大墅镇下坑村 | 省级文明村 | 省委宣传部 |
| 千岛湖新安文化创意街区 | 省文化创意街区 | 省委宣传部 |
| 富文乡 | 省第九批平安农机示范乡镇 | 省农业厅　省安全厅 |
| 县综合社会福利院 | 2016年度省卫生先进单位 | 省爱卫会 |
| 安阳乡 | 省卫生城镇 | 省爱卫会 |
| 富文乡 | 省卫生城镇 | 省爱卫会 |
| 宋村乡 | 省卫生城镇 | 省爱卫会 |
| 威坪镇 | 省卫生城镇 | 省爱卫会 |
| 中洲镇 | 省卫生城镇 | 省爱卫会 |
| 大墅镇大墅村 | 省卫生村 | 省爱卫会 |
| 大墅镇孙家畈村 | 省卫生村 | 省爱卫会 |
| 汾口镇程店村 | 省卫生村 | 省爱卫会 |
| 汾口镇红星村 | 省卫生村 | 省爱卫会 |
| 汾口镇陆乡村 | 省卫生村 | 省爱卫会 |
| 汾口镇三底村 | 省卫生村 | 省爱卫会 |
| 汾口镇山头村 | 省卫生村 | 省爱卫会 |
| 汾口镇射墩村 | 省卫生村 | 省爱卫会 |
| 汾口镇云林村 | 省卫生村 | 省爱卫会 |
| 汾口镇郑家村 | 省卫生村 | 省爱卫会 |
| 王阜乡新畈村 | 省卫生村 | 省爱卫会 |
| 威坪镇茶合村 | 省卫生村 | 省爱卫会 |
| 威坪镇河村村 | 省卫生村 | 省爱卫会 |

续表34

| 获奖单位 | 奖项名称 | 授奖单位 |
| --- | --- | --- |
| 威坪镇联合村 | 省卫生村 | 省爱卫会 |
| 威坪镇流湘村 | 省卫生村 | 省爱卫会 |
| 威坪镇三坦村 | 省卫生村 | 省爱卫会 |
| 威坪镇汪川村 | 省卫生村 | 省爱卫会 |
| 威坪镇五星村 | 省卫生村 | 省爱卫会 |
| 威坪镇杨家畈村 | 省卫生村 | 省爱卫会 |
| 威坪镇叶家村 | 省卫生村 | 省爱卫会 |
| 中洲镇南庄村 | 省卫生村 | 省爱卫会 |
| 中洲镇厦山村 | 省卫生村 | 省爱卫会 |
| 中洲镇徐家村 | 省卫生村 | 省爱卫会 |
| 中洲镇余家村 | 省卫生村 | 省爱卫会 |
| 杭州银行淳安支行 | 省卫生先进单位 | 省爱卫会 |
| 县委宣传部 | 省无烟单位和控烟积极分子 | 省爱卫会 |
| 县交通局 | 春运工作先进单位 | 省春运工作领导小组办公室 |
| 千岛湖旅游交通有限公司(千旅之星01服务班组) | 省巾帼文明岗 | 省妇联　省旅游局 |
| 千岛湖秀水街中心湖区停车场出口收费组 | 省巾帼文明岗 | 省妇联　省旅游局 |
| 淳安千岛湖秀水街经营有限公司 | 五星级美丽码头 | 省港航管理局 |
| 淳安千岛湖旅游交通有限公司城中湖码头 | 全市港口行业五星级美丽码头 | 省港航局 |
| 县民政局 | 省革命老区建设先进集体 | 省革命老区开发建设促进会 |
| 县市场监管局汾口市场监督管理所 | 三星级规范化市场监管所 | 省工商局　省质监局　省食药局 |
| 县市场监管局威坪市场监督管理所 | 四星级规范化市场监管所 | 省工商局　省质监局　省食药局 |
| 淳安农商银行 | 第五轮省银行业金融安全评估工作突出集体 | 省公安厅 |
| 县公安局侦破“1993·11·22”强奸杀人案专案组 | 二等功 | 省公安厅 |
| 县公安局 | 全省公安机关执法质量优秀单位 | 省公安厅 |
| 中国建设银行股份有限公司淳安支行 | 省级治安安全单位 | 省公安厅　省综治办　省社会治安综合治理协会 |
| 大墅镇洞坞村 | 第八批“省森林村庄” | 省关注森林组委会 |
| 大墅镇寺林村 | 第八批“省森林村庄” | 省关注森林组委会 |
| 汾口镇峰溪村 | 第八批“省森林村庄” | 省关注森林组委会 |
| 汾口镇龙源村 | 第八批“省森林村庄” | 省关注森林组委会 |
| 汾口镇湛川村 | 第八批“省森林村庄” | 省关注森林组委会 |

续表34

| 获奖单位 | 奖项名称 | 授奖单位 |
| --- | --- | --- |
| 淳安县 | 省森林城市 | 省关注森林组委会 |
| 县渔政渔港监督管理局 | 海洋与渔业工作先进单位 | 省海洋与渔业局 |
| 县渔政渔港监督管理局 | 全省海洋渔业系统信息宣传考核优秀县级单位 | 省海洋与渔业局 |
| 淳安县 | 省级平安渔业示范县 | 省海洋与渔业局 |
| 县农业局 | 渔船安全生产二类地区渔船安全生产目标管理责任制考核二等奖 | 省海洋与渔业局 |
| 县渔政渔港监督管理局 | 省级评查优秀案卷 | 省海洋与渔业执法总队 |
| 威坪镇汪川村计生协 | “十二五”全省计生协工作先进单位 | 省计生协 |
| 大墅镇大墅村 | 省综合减灾示范社区 | 省减灾委员会 |
| 汾口镇赤川口村 | “美丽宜居　浙江样板”双百村 | 省建设厅 |
| 富文乡青田村 | “美丽宜居　浙江样板”双百村 | 省建设厅 |
| 汾口镇赤川口村 | 省级传统村落 | 省建设厅 |
| 千岛湖环湖绿道 | 第一届“浙江最美绿道” | 省建设厅　省林业厅　省农业厅　省水利厅　省交通运输厅　省旅游局　省体育局 |
| 富文乡青田村 | 第二批省级森林人家 | 省林业厅 |
| 千岛湖镇屏湖村 | 第二批省级森林人家 | 省林业厅 |
| 左口乡桥西村 | 第二批省级森林人家 | 省林业厅 |
| 淳安临岐林下经济小镇 | 第二批省级特色森林小镇 | 省林业厅 |
| 石林镇富德村 | 森林人家 | 省林业厅 |
| 富文乡青田村 | 省级森林人家 | 省林业厅 |
| 千岛湖林场 | 省现代国有林场 | 省林业厅 |
| 县中医院检验科 | 11项省级室间质评优秀 | 省临床检验中心　省皮肤病防治研究所 |
| 千岛湖旅游度假区 | 省级旅游度假区2016年度考核优秀等次 | 省旅游发展领导小组 |
| 龙川湾景区 | 全省示范型放心景区建设单位 | 省旅游局 |
| 千岛湖景区 | 省优质旅游经典景区 | 省旅游区(点)质量等级评定委员会 |
| 千岛湖湿地 | 浙江十大最美湿地 | 省绿湿委　省林业厅 |
| 界首乡鳌山村 | 省AAA景区村庄 | 省农办　省旅游局 |
| 农业技术推广中心农村能源办公室 | 省农业生态与能源工作目标考核先进集体 | 省农业生态与能源办公室 |
| 汾口镇 | 省“平安农机”示范镇 | 省农业厅 |
| 安阳乡五堡村 | 气象防灾减灾标准化村(社区)建设 | 省气象局 |
| 县人民检察院 | 践行绿色司法羁押必要性审查精品案件 | 省人民检察院 |
| 县卫计局审计监察室 | 2014年至2016年省内部审计先进集体 | 省审计厅 |
| 千岛湖林场 | 省生态文化基地 | 省生态文化协会　省林业厅 |
| 县移民局 | 考核先进集体 | 省水库移民办公室 |

续表34

| 获奖单位 | 奖项名称 | 授奖单位 |
| --- | --- | --- |
| 县法律援助中心 | 全省法律援助工作先进集体 | 省司法厅 |
| 淳安白小线(自行车)—石林港湾(皮划艇)—富溪线(漂流)—石林景区(定向) | 省运动休闲旅游精品线路 | 省体育局　省旅游局 |
| 姜家中心卫生院 | 省责任医生签约服务示范点 | 省卫计委基层卫生处 |
| 临岐中心卫生院 | 省责任医生签约服务示范点 | 省卫计委基层卫生处 |
| 千岛湖社区卫生服务中心 | 省责任医生签约服务示范点 | 省卫计委基层卫生处 |
| 威坪中心卫生院 | 省责任医生签约服务示范点 | 省卫计委基层卫生处 |
| 县疾病预防控制中心 | 省疾病预防控制系统思想政治工作先进集体 | 省卫生系统思想政治工作促进会疾病预防控制专业委员会 |
| 坪山林场 | 省文明单位 | 省文明办 |
| 威坪镇 | 省小城镇环境综合整治样板镇 | 省小城镇环境综合整治办 |
| 淳安农商银行 | 杭州辖内银行业金融机构非现场监管报表考核二等奖 | 省银监局 |
| 淳安农商银行 | 杭州辖内银行业金融机构监管统计工作竞赛考评二等奖 | 省银监局 |
| 中洲镇札溪村 | 省级传统村落 | 省建设厅 |
| 县城管局 | 省智慧城管工作先进集体 | 省建设厅 |
| 王阜乡金家岙村 | 省级传统村落 | 省建设厅　省文化厅　省文物局　省财政厅 |
| 王阜乡龙头村 | 省级传统村落 | 省建设厅　省文化厅　省文物局　省财政厅 |
| 国网浙江淳安县供电有限公司 | 省“五一劳动奖状” | 省总工会 |
| 淳安千岛湖秀水街经营有限公司 | 省级工会职工书屋示范点 | 省总工会 |
| 县国税局纳税服务科(办税服务厅) | 2016—2017年度省级青年文明号 | 团省委 |
| 淳安千岛湖秀水街经营有限公司 | 省级青年文明号 | 团省委 |
| 石林镇 | 省美丽乡村示范乡镇 | 浙村整建办 |
| 威坪镇茶合村 | 省美丽乡村特色精品村 | 浙村整建办 |
| 汾口镇经门村 | 多种形式消防队伍建设先进单位 | 浙江公安消防总队 |
| 县图书馆 | 省阅读推广活动创意策划大赛三等奖 | 省图书馆学会 |
| 县委宣传部(县委报道组) | 先进报道组 | 浙江日报报业集团 |
| 县千岛湖传媒中心 | 浙江第二届大数据舆情高峰论坛“金舆奖·政务发布十强” | 浙江日报报业集团　浙江在线新闻网站 |
| 县市场监管局 | 2014—2016年度市、县(市、区)农贸市场提升发展先进单位 | 省商品交易市场及农贸市场提升发展工作领导小组 |
| 县建设集团 | 2014—2016年度全省放心农贸市场建设工作先进集体 | 省商品交易市场及农贸市场提升发展工作领导小组 |
| 县邮政局 | 企业文化示范点 | 中国邮政集团公司浙江省分公司 |

续表34

| 获奖单位 | 奖项名称 | 授奖单位 |
| --- | --- | --- |
| 淳安千岛湖旅游集团电子商务有限公司 | 省电子商务促进会常务理事单位 | 省电子商务促进会 |
| 淳安发布 | 最具区域影响力政务头条号(区县) | 今日头条 |

## 【市及市属部门级先进集体】

### 2017年淳安县获市及市属部分级先进集体情况一览表

表35

| 获奖单位 | 奖项名称 | 授奖单位 |
| --- | --- | --- |
| | | |
| 县政法委 | 平安工作先进集体 | 市委　市政府 |
| 临岐镇 | 市平安“示范乡镇” | 市委　市政府 |
| 临岐镇 | 第三次农业普查先进个人 | 市政府 |
| 富文乡 | 杭州政务信息工作先进单位 | 市政府 |
| 淳安县 | 全市工业和信息化目标责任制考核三等奖 | 市政府 |
| 里商乡 | 全市征兵工作先进基层单位 | 市政府 |
| 威坪镇 | 市法治先进单位 | 市政府 |
| 威坪镇 | 市综治先进集体 | 市政府 |
| 淳安县 | 2016年度森林杭州建设目标责任制考核优秀单位 | 市府办 |
| 安阳乡 | 2016年度市“无违建乡镇” | 市府办 |
| 富文乡 | 2016年度市“无违建乡镇” | 市府办 |
| 里商乡 | 2016年度市“无违建乡镇” | 市府办 |
| 石林镇 | 2016年度市“无违建乡镇” | 市府办 |
| 威坪镇 | 2016年度市“无违建乡镇” | 市府办 |
| 中洲镇 | 2016年度市“无违建乡镇” | 市府办 |
| 临岐镇 | 2017年度市“无违建乡镇” | 市府办 |
| 石林镇 | 全是政务信息工作先进单位 | 市府办 |
| 汾口镇 | 市“无违建乡镇” | 市府办 |
| 姜家镇 | 市“无违建乡镇” | 市府办 |
| 界首乡 | 市“无违建乡镇” | 市府办 |
| 大墅镇 | 2016年度市“无违建乡镇” | 市府办 |
| 中洲镇 | 2016年度市先进基层武装部 | 杭州警备区 |
| 县林业局武装部 | 基层建设标兵单位 | 杭州警备区 |
| 汾口镇武装部 | 情报信息工作先进单位 | 杭州警备区 |
| 县交通局 | 市“平安示范单位” | 市委创建“平安杭州”领导小组 |
| 县委宣传部 | 2016年全市度宣传思想文化工作“创新奖” | 市委宣传部 |

续表35

| 获奖单位 | 奖项名称 | 授奖单位 |
| --- | --- | --- |
| 县委宣传部 | 市"我最喜爱的习总书记的一句话"主题宣讲活动组织奖 | 市委宣传部 |
| 县委宣传部 | 市社会舆情信息工作业绩突出单位 | 市委宣传部 |
| 临岐镇 | 创新政务奖 | 市委宣传部腾讯大浙网 |
| 县司法局机关党支部 | 市行业系统党建"好支部" | 市委组织部 |
| 淳安千岛湖旅游集团电子商务有限公司 | 市互联网业党建双强示范点 | 市委组织部 |
| 县卫计局 | 市卫计系统信息宣传新媒体工作三等奖 | 市卫计委 |
| 文昌镇卫生院 | 市五星级妇儿保门诊 | 市卫计委 |
| 梓桐镇卫生院 | 市五星级妇儿保门诊 | 市卫计委 |
| 市急救中心淳安分中心 | 市卫生计生系统院前急救职业技能竞赛团体三等奖 | 市卫计委　市总工会 |
| 临岐镇仰韩村 | 四星级农村文化礼堂 | 市文礼办 |
| 县文明办 | 市第七届中小学生新童谣大赛优秀组织奖 | 市文明办 |
| 威坪镇 | 市小城镇环境综合整治优秀示范乡镇 | 市小城镇环境综合整治领导小组 |
| 淳安县 | 市信访("12345")工作目标管理考核优秀单位 | 市信访工作领导小组 |
| 县一医院 | 第六届市"医院好药师"药学服务情景剧比赛三等奖 | 市药学会 |
| 县文广新局 | 市第一次全国可移动文物普查先进集体 | 市园林文物局 |
| 县文物保护管理所 | 市第一次全国可移动文物普查先进集体 | 市园林文物局 |
| 森林平安巡防大队 | 2016年度平安巡防先进集体 | 市综治委 |
| 大墅镇大墅村 | 2016年度优秀网格 | 市综治委 |
| 淳安千岛湖农贸市场有限公司千岛湖农贸市场工会小组 | 市先进职工小家 | 市总工会 |
| 淳安县捷城物业管理有限公司停车管理部工会小组 | 市先进职工小家 | 市总工会 |
| 淳安千岛湖建设集团城建发展有限公司工会 | 市先进职工之家 | 市总工会 |
| 淳安千岛湖建设集团有限公司机关工会 | 市先进职工之家 | 市总工会 |
| 淳安千岛湖旅游营销有限公司工会 | 市先进职工之家 | 市总工会 |
| 淳安千岛湖农贸市场有限公司工会 | 市先进职工之家 | 市总工会 |
| 淳安县捷城物业管理有限公司工会 | 市先进职工之家 | 市总工会 |
| 浪川乡 | 市先进职工之家 | 市总工会 |
| 石林镇 | 市先进职工之家 | 市总工会 |
| 县农业局机关工会 | 市先进职工之家 | 市总工会 |
| 县国税局办税服务厅 | 2016年度市青年文明号 | 团市委 |

续表35

| 获奖单位 | 奖项名称 | 授奖单位 |
| --- | --- | --- |
| 县一医院团委 | 2016年度先进团委 | 团市委 |
| 杭州银行淳安支行 | 青年文明号 | 团市委 |
| 县食品药品检验检测中心 | 青年文明号 | 团市委 |
| 浙江千岛湖景区旅游有限公司 | 青年文明号 | 团市委 |
| 淳安千岛湖旅游交通有限公司团支部 | 市五四红旗团支部 | 团市委 |
| 千岛湖环境卫生管理所 | 市三八红旗集体 | 市妇联 |
| 千岛湖旅游交通有限公司休闲游分公司梦想02服务班组 | 市三八红旗集体 | 市妇联 |
| 县广播电视台广播节目中心 | 市三八红旗集体 | 市妇联 |
| 县一医院 | 2016年度市结核病实验室室间质量评估先进单位 | 市结核病控制项目领导小组办公室 |
| 淳安长远发展有限公司公交分公司(医院专线) | 市“巾帼文明岗” | 市巾帼建功和双学双比协调小组办公室 |
| 千岛湖风景旅游委员会东南湖区管理处售票组 | 市“巾帼文明岗” | 市巾帼建功和双学双比协调小组办公室 |
| 千岛湖景区旅游有限公司名湖大酒店前厅 | 市“巾帼文明岗” | 市巾帼建功和双学双比协调小组办公室 |
| 县公安局公安窗口 | 市“巾帼文明岗” | 市巾帼建功和双学双比协调小组办公室 |
| 县中医院针推一科 | 市“巾帼文明岗” | 市巾帼建功和双学双比协调小组办公室 |
| 浙江稠州商业银行股份有限公司杭州淳安支行营业部 | 市“巾帼文明岗” | 市巾帼建功和双学双比协调小组办公室 |
| 文昌镇王家源村儿童之家 | 市“示范儿童之家” | 市政府妇女儿童工作委员会 |
| 县公安局千岛湖派出所 | 全市110 接处警工作优胜派出所 | 市公安局 |
| 县公安局青溪派出所 | 全市110 接处警工作优胜派出所 | 市公安局 |
| 县公安局 | 全市公安机关“从严治警”活动优胜单位 | 市公安局 |
| 淳安农商银行 | 全市经济文化安全保卫工作先进集体 | 市公安局 |
| 县公安局 | 三等功 | 市公安局 |
| 县公安局“2·3”山体搜救工作组 | 三等功 | 市公安局 |
| 县公安局大市派出所 | 三等功 | 市公安局 |
| 县公安局交警大队业务科 | 三等功 | 市公安局 |
| 县公安局警务督察大队 | 三等功 | 市公安局 |
| 县公安局治安大队 | 三等功 | 市公安局 |
| 县国土资源局 | 《杭州国土政务微博、微信》信息报道先进单位二等奖 | 市国土资源局 |
| 县国土资源局 | 《杭州国土资讯》信息报道先进单位二等奖 | 市国土资源局 |

续表35

| 获奖单位 | 奖项名称 | 授奖单位 |
|---|---|---|
| 县国土资源局 | 市国土资源局先进单位 | 市国土资源局 |
| 县一医院 | 市护理质量改进及成果交流与评奖活动三等奖 | 市护理学会　市护理质控中心 |
| 县机关事务管理局 | 市机关事务系统餐饮技能竞赛三等奖 | 市机关事务管理局 |
| 中国移动淳安分公司 | 市十佳健康单位 | 市健康办 |
| 建设集团 | 2016年度全市“110”社会应急联动工作先进单位 | 市“110”社会应急联动指挥中心 |
| 县房管处 | 城乡危旧房专项整治优秀单位 | 市“三改一拆”行动领导小组 |
| 大墅镇 | 2016年度全市“五水共治”工作先进集体 | 市“五水共治”领导小组 |
| 县农业局 | 2016年度全市“五水共治”工作先进集体 | 市“五水共治”领导小组 |
| 大墅镇洞坞村 | 市卫生村 | 市爱卫会 |
| 大墅镇儒洪村 | 市卫生村 | 市爱卫会 |
| 王阜乡金紫村 | 市卫生村 | 市爱卫会 |
| 王阜乡马山村 | 市卫生村 | 市爱卫会 |
| 王阜乡郑中村 | 市卫生村 | 市爱卫会 |
| 中洲镇乘风源村 | 市卫生村 | 市爱卫会 |
| 中洲镇畈头村 | 市卫生村 | 市爱卫会 |
| 中洲镇洄溪村 | 市卫生村 | 市爱卫会 |
| 里商乡 | 市卫生乡镇 | 市爱卫会 |
| 王阜乡 | 市卫生乡镇 | 市爱卫会 |
| 左口乡 | 市卫生乡镇 | 市爱卫会 |
| 淳安县 | 市级平安渔业示范县 | 市安监局 |
| 浙江千岛湖景区旅游有限公司 | 2016年度市残疾人按比例就业工作先进单位 | 市残工委 |
| 千岛湖镇环境卫生管理所 | 市市容环卫工作先进集体 | 市城镇环境卫生协会　市环卫保洁行业工会 |
| 淳安县 | 市创建国家食品安全示范城市工作先进区县 | 市创建国家食品安全示范城市试点工作领导小组　市食品安全委员会 |
| 县交通局 | 市春运工作先进集体 | 市春运工作领导小组办公室 |
| 县地税局 | 2016年度全市地税征管工作先进单位 | 市地税局 |
| 县中医院(内二科) | 市“建功G20”优秀青年文明号集体 | 共青团市卫生和计划生育委员会 |
| 淳安千岛湖秀水街经营有限公司 | 安全示范码头 | 市港行管理局　市港口行业协会 |
| 淳安千岛湖旅游交通有限公司 | 文明诚信码头 | 市港航管理局 |
| 县工商联 | 市工商联系统综合先进单位 | 市工商联 |
| 县民政局 | 2016年度市禁毒工作先进集体 | 市禁毒委员会 |
| 临岐镇 | 市级科技特派员工作“先进单位” | 市科委 |
| 县老龄工办(淳安县民政局) | 2016年度市老龄工作优秀单位 | 市老龄委 |

续表35

| 获奖单位 | 奖项名称 | 授奖单位 |
|---|---|---|
| 县一医院检验科 | 2016年度临床检验质量考核优秀单位 | 市临床检验质控中心 |
| 淳安检验质控中心 | 2016年度优秀质控中心 | 市临床检验质控中心 |
| 县一医院 | 检验质量实地考核优秀单位 | 市临床检验质控中心 |
| 淳安检验质控中心 | 优秀质控中心 | 市临床检验质控中心 |
| 千岛湖风景名胜区 | 最受关注景区 | 市旅委 |
| 中洲镇南庄村 | 省AAA级景区村庄 | 市旅委　市农办 |
| 汾口镇赤川口村 | 市第一批浙江省AAA级景区村庄 | 市旅委　市农办 |
| 威坪镇茶合村 | 市第一批浙江省AAA级景区村庄 | 市旅委　市农办 |
| 龙川湾景区 | 国家AAA级旅游景区 | 市旅游景区质量等级评定委员会 |
| 浙江千岛湖律师事务所党支部 | 先进基层党组织 | 市律师协会委员会 |
| 杭州千岛湖国家森林公园 | 杭州最美森林公园 | 市绿化办　市林水局 |
| 县一医院麻醉科 | 度市麻醉质控先进科室 | 市麻醉质控中心 |
| 县农业局 | 农机安全生产目标管理责任制考核优秀单位 | 市农业局 |
| 淳安千岛湖秀水街经营有限公司 | 第六批市创建和谐劳动关系先进企业 | 市企业社会责任建设暨发展和谐劳动关系工作领导小组 |
| 淳安千岛湖旅游交通有限公司 | 市企业社会责任建设A级企业 | 市企业社会责任建设暨发展和谐劳动关系工作领导小组 |
| 浙江千岛湖景区旅游有限公司 | 市企业社会责任建设A级企业 | 市企业社会责任建设暨发展和谐劳动关系工作领导小组 |
| 县人民检察院 | 全市检察机关辩论赛优胜团队三等奖 | 市人民检察院 |
| 县人民检察院 | 在贯彻落实全市检察长座谈会精神，迎接党的十九大胜利召开“六个一”活动中获“先进单位” | 市人民检察院 |
| 西南景区公司 | 市反邪教警示教育阵地 | 市人民政府防范和处理邪教问题办公室　市反邪教协会 |
| 里商乡 | 2016年度市人力社保站(室)评估先进单位 | 市人社局 |
| 县委宣传部 | 市“社科普及周”先进单位 | 市社科联 |
| 淳安农商银行　审计监察部 | 2014—2016年全市内部审计先进集体 | 市审计局 |
| 县一医院 | 2016年度市医疗器械不良事件监测工作先进单位 | 市市监局 |
| 县司法局 | 2016年度全市司法行政系统政务信息工作先进集体三等奖 | 市司法局 |
| 县司法局 | 全市司法行政系统法治政府建设先进集体 | 市司法局 |
| 县公证处 | 市三星级公证处 | 市司法局　市公证协会 |
| 县公证处党支部 | 全市司法行政系统党建示范点 | 市司法局党委 |
| 临岐镇 | 志愿服务先进街道(乡镇) | 市志愿服务工作委员会 |
| 县市监局 | 安全监管奖 | 市质监局 |
| 县法院立案庭 | 集体三等功 | 市中院 |

续表35

| 获奖单位 | 奖项名称 | 授奖单位 |
| --- | --- | --- |
| 县重大农业植物疫情防控指挥部办公室 | 市重大农业植物疫情防控工作考核优秀单位 | 市重大农业植物疫情防控指挥部办公室 |
| 千岛湖镇宕里村 | 市城中村改造工作优秀村(社区) | 市主城区城中村改造五年攻坚行动领导小组 |
| 县经济开发区管委会 | 市城中村改造工作优秀镇(街道)及单位 | 市主城区城中村改造五年攻坚行动领导小组 |
| 县房管处 | 房屋安全管理(危房治理改造、白蚁防治)优秀单位 | 市住保房管局 |
| 县房管处 | 住房保障优秀单位 | 市住保房管局 |
| 县民政局 | 全市民政系统党建工作首批示范单位 | 中共市民政局委员会 |
| 县委宣传部 | 第十三届中国国际动漫节先进单位 | 中国国际动漫节执行委员会 |

## 【县政府行政奖励】

记集体三等功　县公安局

## 【国家及国家部门级先进个人】

2017 年淳安县获国家及国家部分级先进个人情况一览表

表 36

| 单位 | 获奖人 | 奖项名称 | 授奖单位 |
| --- | --- | --- | --- |
| 县公安局 | 胡立新 | 一等功 | 公安部 |
| 县信访局 | 徐志卫 | 全国信访系统先进工作者 | 人社部　国家信访局 |
| 县栅源托养院 | 何喜平 | 全国"敬老爱老助老模范人物" | 全国老龄工作委员会 |
| 县安监局 | 童丰平 | 全国安全生产监管监察先进个人 | 国家安监总局 |
| 县一医院 | 王巨峰 | 2014—2015 年度全国无偿献血奉献奖金奖 | 国家卫计委　中国红十字会总会<br>中央军委后勤保障部卫生局 |
| 县中医院 | 曹红飞 | 2014—2015 年度全国无偿献血奉献银奖 | 国家卫计委　中国红十字会总会<br>中央军委后勤保障部卫生局 |
| 县中医院 | 余书斌 | 2014—2015 年度全国无偿献血奉献铜奖 | 国家卫计委　中国红十字会总会<br>中央军委后勤保障部卫生局 |
| 县中医院 | 余明仙 | 2014—2016 年度全国无偿献血奉献铜奖 | 国家卫计委　中国红十字会总会<br>中央军委后勤保障部卫生局 |
| 县中医院 | 余敏 | 2014—2017 年度全国无偿献血奉献铜奖 | 国家卫计委　中国红十字会总会<br>中央军委后勤保障部卫生局 |
| 县中医院 | 吴小英 | 2014—2018 年度全国无偿献血奉献铜奖 | 国家卫计委　中国红十字会总会<br>中央军委后勤保障部卫生局 |

## 【省及省属部门级先进个人】

### 2017 年淳安县获省及省属部门级先进个人情况一览表

表 37

| 单位 | 获奖人 | 奖项名称 | 授奖单位 |
|---|---|---|---|
| 县公安局 | 李金宝 | 全省党的十九大维稳安保工作中作出突出贡献的个人 | 省委　省政府 |
| 县纪委监委 | 方秀珍 | 全省党的十九大维稳安保工作中作出突出贡献的个人 | 省委　省政府 |
| 县政法委 | 胡永全 | 省党的十九大维稳安保工作突出贡献的个人 | 省委　省政府 |
| 汾口镇 | 郑苏坤 | 省党的十九大维稳安保工作先进个人 | 省委　省政府 |
| 县交通局 | 方腾华 | 省党的十九大维稳安保工作先进个人 | 省委　省政府 |
| 县人社局 | 郑志军 | 省党的十九大维稳安保工作先进个人 | 省委　省政府 |
| 县信访局 | 王武祥 | 省党的十九大维稳安保工作先进个人 | 省委　省政府 |
| 中洲镇 | 陆新辉 | 省党的十九大维稳安保工作先进个人 | 省委　省政府 |
| 屏门乡 | 吴韶建 | 2016 年省 G20 杭州峰会工作先进个人 | 省委　省政府 |
| 县纪委监委 | 杨柳青 | 省纪检监察系统先进工作者 | 省纪委　省人社厅 |
| 县纪委监委 | 徐军飞 | 省纪委嘉奖 | 省纪委　省人社厅 |
| 县公安局 | 胡立新 | 全省模范人民警察 | 省人社局　省公安厅 |
| 县市监局 | 余珰 | 省食品药品监督管理系统先进工作者 | 省人社局　省药监局 |
| 县人社局 | 徐亚平 | 全省人社系统先进工作者 | 省人社厅 |
| 千岛湖镇环境卫生管理所 | 胡伟华 | 省优秀城市美容师 | 省人社厅　省总工会 |
| 县公安局 | 胡作生 | 2016—2017 年度“全省优秀人民警察” | 省公安厅 |
| 县公安局 | 项永清 | 2016 年全省打击治理电信网络新型违法犯罪专项工作成绩突出个人 | 省公安厅 |
| 县公安局 | 胡荣高 | 千名好民警(辅警) | 省公安厅 |
| 县公安局 | 陆嘉楠 | 千名好民警(辅警) | 省公安厅 |
| 县公安局 | 陆建生 | 千名好民警(辅警) | 省公安厅 |
| 县公安局 | 吕富强 | 千名好民警(辅警) | 省公安厅 |
| 县公安局 | 汪旭亮 | 千名好民警(辅警) | 省公安厅 |
| 县公安局 | 方爱圆 | 全省公安机关增援金砖会晤安保成绩突出个人 | 省公安厅 |
| 县公安局 | 洪学进 | 全省公安基层基础工作成绩突出个人 | 省公安厅 |
| 县中医院 | 陈剑 | 三等奖章 | 省公安厅 |
| 县国税局 | 方建晖 | 二等功 | 省国税局 |
| 县国税局 | 方宇平 | 嘉奖 | 省国税局 |
| 县国税局 | 章基强 | 嘉奖 | 省国税局 |
| 县国税局 | 叶张丽 | 三等功 | 省国税局 |
| 县国税局 | 詹黎平 | 三等功 | 省国税局 |
| 县卫计局 | 吴振威 | 省控烟积极分子 | 省爱卫会 |
| 县财政局 | 汪丽华 | 全省财政“六五”法制宣传教育先进个人 | 省财政厅 |
| 县市监局 | 方陆平 | 省打击传销先进个人 | 省打击传销联席会议办公室 |

续表37

| 单位 | 获奖人 | 奖项名称 | 授奖单位 |
|---|---|---|---|
| 县地税局 | 方慧珍 | 纳税服务窗口工作成绩突出个人 | 省地税局 |
| 县一医院 | 余燕青 | 援助西藏那曲地区开展包虫病筛查工作先进个人 | 省对口支援西藏那曲地区指挥部 |
| 千岛湖镇 | 余威英家庭 | 省“书香家庭” | 省妇联　省新闻出版广电局 |
| 县民政局 | 余继华 | 省革命老区建设先进工作者 | 省革命老区开发建设促进会 |
| 县渔政渔港监督管理局 | 胡莉莉 | 全省海洋渔业系统信息宣传先进个人 | 省海洋与渔业局 |
| 临岐中心卫生院 | 鲁红女 | 百姓信赖的签约好护士 | 省基层卫生协会　省医师协会　省护理学会 |
| 临岐中心卫生院 | 方晓峰 | 百姓信赖的签约好医生 | 省基层卫生协会　省医师协会　省护理学会 |
| 临岐镇中心小学 | 徐慧红 | 省第五届师德先进个人 | 省教育工会 |
| 县一医院 | 方毅琦 | 省麻醉职业技能竞赛视频演示单项奖第三名 | 省临床麻醉质量控制中心 |
| 县一医院 | 毅琦 | 省卫生计生系统职工麻醉职业技能竞赛优胜奖 | 省临床麻醉质量控制中心 |
| 县旅委 | 倪淑娟 | 省旅游局旅游法律法规知识竞赛决赛团体第二 | 省旅游局 |
| 县坪山林场 | 朱福根 | 省优秀护林员 | 省绿湿委　省林业厅 |
| 县千岛湖林场 | 姜增生 | 省优秀护林员 | 省绿湿委　省林业厅 |
| 富文乡 | 余平华 | 省农业丰收奖三等奖 | 省农业厅 |
| 县气象局 | 陈跃华 | 省气象局县级综合气象业务类先进个人 | 省气象局 |
| 淳安二中 | 方小峰 | 省中小学教坛新秀 | 省人民教育基金会　省特级教师协会 |
| 威坪镇小 | 童玉婷 | 省中小学教坛新秀 | 省人民教育基金会　省特级教师协会 |
| 里商乡 | 余中娟 | 省第三次农业普查先进个人 | 省人民政府第三次农业普查领导小组办公室 |
| 县市监局 | 邵永忠 | 县(市、区)农贸市场提升发展工作先进个人 | 省商品交易市场及农贸市场提升发展工作领导小组 |
| 县市监局 | 徐海涛 | 县(市、区)农贸市场提升发展工作先进个人 | 省商品交易市场及农贸市场提升发展工作领导小组 |
| 县司法局 | 方四雷 | 省司法行政系统依法行政工作成绩显著个人 | 省司法厅 |
| 县委宣传部 | 汪红军 | 2015—2016年度省优秀政研会工作者 | 省思想政治工作研究会 |

续表37

| 单位 | 获奖人 | 奖项名称 | 授奖单位 |
| --- | --- | --- | --- |
| 县信访局 | 徐志卫 | 全省“最美公务员” | 省委组织部　省委宣传部　省人社厅　省公务员局 |
| 威坪镇 | 王敏香 | 省卫生计生系统基层计划生育服务管理技能竞赛一等奖 | 省卫计委　省总工会 |
| 县图书馆 | 王霞 | 省优秀阅读推广人 | 省文化厅 |
| 县文物保护管理所 | 王文 | 省第一次全国可移动文物普查先进个人 | 省文物局 |
| 县妇保院 | 徐玉兰 | 省基层妇幼好医生 | 省医师协会妇幼保健医师分会 |
| 汾口镇 | 方红花 | 省第三次农业普查先进个人 | 省政府第三次农业普查领导小组办公室 |
| 汾口镇 | 黄晓萍 | 省第三次农业普查先进个人 | 省政府第三次农业普查领导小组办公室 |
| 县卫生监督所 | 邵红江 | 2016年度省优秀志愿者 | 省志愿服务工作委员会办公室 |
| 县卫生监督所 | 邵红江 | 年度省优秀志愿者 | 省志愿服务工作委员会办公室 |
| 县城管局 | 余军 | 省智慧城管工作先进个人 | 省住建厅 |
| 县城管局 | 方圣满 | 省综合行政执法先进个人 | 省住建厅 |
| 县旅委 | 仇峰 | 省最美风景人、十佳创意之星 | 省风景名胜区协会都市快报社 |
| 淳安农商银行 | 储诚武 | “最美浙江人”大型公益活动——“活雷锋” | 浙江之声 |

## 【市及市属部门级先进个人】

### 2017年淳安县获市及市属部门级先进个人情况一览表

表38

| 单位 | 获奖人 | 奖项名称 | 授奖单位 |
| --- | --- | --- | --- |
| 县农业技术推广中心 | 汪末根 | 2016年度市先进科技工作者 | 市政府 |
| 县司法局 | 张立真 | 2016年度全市党委系统优秀信息员 | 市委办 |
| 淳安二中 | 黄红顺 | 市优秀教师 | 市府办 |
| 淳安中学 | 洪红生 | 市优秀教师 | 市府办 |
| 大墅镇初级中学 | 凌仁泉 | 市优秀教师 | 市府办 |
| 汾口镇小学 | 郑成建 | 市优秀教师 | 市府办 |
| 杭州千岛湖建兰中学 | 程光忠 | 市优秀教师 | 市府办 |
| 鸠坑乡中心小学金塔校区 | 王会敏 | 市优秀教师 | 市府办 |
| 浪川乡初级中学 | 黄兔 | 市优秀教师 | 市府办 |
| 千岛湖初级中学 | 洪建花 | 市优秀教师 | 市府办 |
| 千岛湖镇青溪初级中学 | 谢根委 | 市优秀教师 | 市府办 |
| 千岛湖中等职业学校 | 洪建媚 | 市优秀教师 | 市府办 |

续表38

| 单位 | 获奖人 | 奖项名称 | 授奖单位 |
|---|---|---|---|
| 威坪中学 | 毛红霞 | 市优秀教师 | 市府办 |
| 县实验幼儿园 | 许娟 | 市优秀教师 | 市府办 |
| 淳安中学 | 胡荣正 | 市优秀教育工作者 | 市府办 |
| 千岛湖镇汪宅小学 | 徐梦辉 | 市优秀教育工作者 | 市府办 |
| 威坪镇初级中学 | 方剑国 | 市优秀教育工作者 | 市府办 |
| 汾口镇横沿小学 | 赵美月 | 市中小学育人工作先进个人 | 市府办 |
| 汾口中学 | 王濛 | 市中小学育人工作先进个人 | 市府办 |
| 千岛湖镇南山学校 | 方祖红 | 市中小学育人工作先进个人 | 市府办 |
| 宋村乡中心小学 | 方星 | 市中小学育人工作先进个人 | 市府办 |
| 瑶山乡中心小学 | 黄军剑 | 市中小学育人工作先进个人 | 市府办 |
| 梓桐镇中心小学 | 余红连 | 市中小学育人工作先进个人 | 市府办 |
| 千岛湖旅游度假区 | 王泽宇 | 市2016年度扩大有效投资推进重点项目建设先进个人名单 | 市府办 |
| 汾口镇 | 曹声平 | 人大代表监督治水积极分子 | 市人大常委会 |
| 县中医院 | 童桂秀 | 度市人大代表“履职积极分子” | 市人大常委会 |
| 富文乡 | 钱建柱 | 人大代表监督治水积极分子 | 市人大办 |
| 浙江信仁律师事务所 | 甘志伟 | 人大代表监督治水积极分子 | 市人大办 |
| 新安江开发总公司 | 罗小华 | 2016年度优秀专武干部 | 杭州警备区 |
| 汾口镇筒门村 | 郑衍法 | 优秀民兵连长 | 杭州警备区 |
| 财通证券股份有限公司淳安营业部 | 方丽萍 | 市三八红旗手 | 市妇联 |
| 千岛湖镇 | 叶　虹 | 市三八红旗手 | 市妇联 |
| 县实验幼儿园 | 孙　萍 | 市三八红旗手 | 市妇联 |
| 县一医院 | 姜春云 | 市三八红旗手 | 市妇联 |
| 县直机关工委 | 余慧芳 | 市三八红旗手 | 市妇联 |
| 临岐镇五庄村 | 何来香 | 市三八红旗手标兵 | 市妇联 |
| 县公安局 | 洪春贤 | 2017—2018年度“示范科所队长” | 市公安局 |
| 县公安局 | 邵勇红 | 2017—2018年度“示范科所队长” | 市公安局 |
| 县公安局 | 汪胜宏 | 2017—2018年度“示范科所队长” | 市公安局 |
| 县公安局 | 徐长森 | 2017—2018年度“示范科所队长” | 市公安局 |
| 县妇保院 | 钱　军 | 二等治安荣誉奖章 | 市公安局 |
| 县公安局 | 余斌 | 全市二十佳标杆社区民警 | 市公安局 |
| 县公安局 | 徐恺 | 全市公安机关“优秀警辅人员” | 市公安局 |
| 县公安局 | 方秋雯 | 全市公安机关“最多跑一次”改革工作先进个人 | 市公安局 |
| 县公安局 | 汪沛东 | 全市公安机关“最多跑一次”改革工作先进个人 | 市公安局 |
| 县公安局 | 朱建强 | 全市公安机关全国“两会”安保先进个人 | 市公安局 |
| 县公安局 | 王小福 | 全市公安机关优秀法制员 | 市公安局 |

续表38

| 单位 | 获奖人 | 奖项名称 | 授奖单位 |
| --- | --- | --- | --- |
| 县公安局 | 童利建 | 全市公安机关优秀教官 | 市公安局 |
| 县公安局 | 解宏强 | 全市公安机关优秀政工干部 | 市公安局 |
| 淳安农商银行 | 姜关林 | 全市经济文化安全保卫工作优秀保卫人员 | 市公安局 |
| 县公安局 | 余斌 | 全市优秀人民警察 | 市公安局 |
| 县公安局 | 包建勇 | 三等功 | 市公安局 |
| 县公安局 | 陈保勇 | 三等功 | 市公安局 |
| 县公安局 | 方小淳 | 三等功 | 市公安局 |
| 县公安局 | 方鑫之 | 三等功 | 市公安局 |
| 县公安局 | 胡子军 | 三等功 | 市公安局 |
| 县公安局 | 胡作生 | 三等功 | 市公安局 |
| 县公安局 | 李波成 | 三等功 | 市公安局 |
| 县公安局 | 王国辉 | 三等功 | 市公安局 |
| 县公安局 | 吴　韬 | 三等功 | 市公安局 |
| 县公安局 | 徐晓瑜 | 三等功 | 市公安局 |
| 县公安局 | 郑建东 | 三等功 | 市公安局 |
| 县公安局 | 朱爱萌 | 三等功 | 市公安局 |
| 县一医院 | 江宏斌 | 三等治安荣誉奖章 | 市公安局 |
| 淳安农商银行 | 诸倩岑 | 三等治安荣誉奖章 | 市公安局 |
| 县公安局 | 方晓明 | 市公安机关执法办案能手 | 市公安局 |
| 县公安局 | 吴凯 | 市公安机关执法办案能手 | 市公安局 |
| 县公安局 | 方彬 | 市公安局标兵案审民警 | 市公安局 |
| 县公安局 | 向俊 | 市公安局优秀案审民警 | 市公安局 |
| 淳安千岛湖秀水街经营有限公司 | 刘群建 | 市治保先进个人 | 市公安局 |
| 汾口镇红旗村 | 高赐洪 | 市治保先进个人 | 市公安局 |
| 淳安农商银行 | 诸倩岑 | 十佳劝阻能手 | 市公安局经文保支队 |
| 县公证处 | 陈艳 | 2016年度市优秀公证员 | 市公证协会 |
| 县公证处 | 蒋光则 | 2016年度市优秀公证员助理 | 市公证协会 |
| 县房管处 | 余宏 | “廉洁好家风　喜迎十九大”优秀书法作品硬笔与书画组第二名 | 市规划局(测绘余地理信息局)党组 |
| 县房管处 | 章文艳 | “廉洁好家风　喜迎十九大”优秀书法作品硬笔与书画组第三名 | 市规划局(测绘余地理信息局)党组 |
| 县国税局 | 余彬 | 2016年度杭州国税系统十佳党支部书记 | 市国税局 |
| 县国税局 | 黄巧龙 | 杭州市国税系统“最美杭州国税人” | 市国税局 |
| 县国税局 | 方躬臣 | 嘉奖 | 市国税局 |
| 县国税局 | 方新平 | 嘉奖 | 市国税局 |
| 县国税局 | 何　奕 | 嘉奖 | 市国税局 |

续表38

| 单位 | 获奖人 | 奖项名称 | 授奖单位 |
| --- | --- | --- | --- |
| 县国税局 | 姜　彬 | 嘉奖 | 市国税局 |
| 县国税局 | 蒋兴祝 | 嘉奖 | 市国税局 |
| 县国税局 | 钱俊红 | 嘉奖 | 市国税局 |
| 县国税局 | 宋因果 | 嘉奖 | 市国税局 |
| 县国税局 | 唐　德 | 嘉奖 | 市国税局 |
| 县国税局 | 王　键 | 嘉奖 | 市国税局 |
| 县国税局 | 王心昌 | 嘉奖 | 市国税局 |
| 县国税局 | 叶张丽 | 嘉奖 | 市国税局 |
| 县国税局 | 余佩敏 | 嘉奖 | 市国税局 |
| 县国税局 | 郑新平 | 嘉奖 | 市国税局 |
| 县国税局 | 方新平 | 三等功 | 市国税局 |
| 县国税局 | 蒋建明 | 三等功 | 市国税局 |
| 县国税局 | 卢鹏峰 | 三等功 | 市国税局 |
| 县国税局 | 刘寿亮 | 市国税系统2016年"年度窗口服务之星" | 市国税局 |
| 县国税局 | 汪丽婷 | 市国税系统2016年"年度窗口服务之星" | 市国税局 |
| 县国土资源局 | 廖梦婷 | 《杭州国土资讯》信息报道先进个人三等奖 | 市国土资源局 |
| 县一医院 | 胡芳 | 市"急诊急救临床护理实践"说课比赛三等奖 | 市护理学会　市护理质控中心 |
| 县机关事务管理局 | 余　盛 | 市机关事务系统餐饮技能竞赛三等奖 | 市机关事务管理局 |
| 汾口镇社区卫生服务中心 | 余丽红 | 百姓信赖的签约好护士 | 市基层卫生协会 |
| 千岛湖镇社区卫生服务中心 | 汪桂英 | 百姓信赖的签约好护士 | 市基层卫生协会 |
| 中洲镇卫生院 | 余玲玲 | 百姓信赖的签约好护士 | 市基层卫生协会 |
| 汾口镇社区卫生服务中心 | 张春平 | 百姓信赖的签约好医生 | 市基层卫生协会 |
| 大墅中心卫生院 | 余荣勇 | 百姓依赖的签约好医生 | 市基层卫生协会 |
| 千岛湖旅游营销有限公司 | 翁红华 | 市巾帼建功标兵 | 市巾帼建功和双学双比协调小组办公室 |
| 县妇儿工委办公室 | 方慧连 | 市巾帼建功标兵 | 市巾帼建功和双学双比协调小组办公室 |
| 县旅委 | 倪淑娟 | 市旅委旅游法律法规知识竞赛初赛第六 | 市旅委 |
| 浙江千岛湖律师事务所 | 张承进 | 优秀共产党员 | 市律师协会委员会 |
| 浙江泽道律师事务所 | 王芳 | 2017年度优秀党员 | 农工党杭州市县支部委员会 |
| 浪川乡 | 郑飞 | 第一批优秀基层河(湖)长 | 市"五水共治"领导小组 |
| 临岐镇 | 詹月琴 | "五水共治"、河(湖)长制信息工作先进个人 | 市"五水共治"领导小组办公室　市河长制办公室 |

续表38

| 单位 | 获奖人 | 奖项名称 | 授奖单位 |
|---|---|---|---|
| 县环保局 | 鲁萍 | “五水共治”、河(湖)长制信息工作先进个人 | 市“五水共治”领导小组办公室　市河长制办公室 |
| 界首乡 | 余霞 | 市“五水共治”、河(湖)长制信息工作先进个人 | 市“五水共治”领导小组办公室　市河长制办公室 |
| 县渔政渔港监督管理局 | 沈鹏 | 市“五水共治”、河(湖)长制信息工作先进个人 | 市“五水共治”领导小组办公室　市河长制办公室 |
| 县安监局 | 顾小波 | 市“最美安监人” | 市安监局 |
| 县经济开发区管委会 | 余剑国 | 市十佳最美安监人 | 市安监局 |
| 县财政(地税)局 | 汪丽华 | 市财税系统“六五”普法先进个人 | 市财政局　市地税局 |
| 县城管局 | 姜剑华 | 十佳最美城管人 | 市城管委 |
| 千岛湖镇环境卫生管理所 | 方　锦 | 最美建设人 | 市城建委 |
| 千岛湖镇环境卫生管理所 | 胡钊龙 | 市优秀城市美容师 | 市城镇环境卫生协会　市环卫保洁行业工会 |
| 千岛湖镇环境卫生管理所 | 朱　泱 | 市优秀城市美容师 | 市城镇环境卫生协会　市环卫保洁行业工会 |
| 县气象局 | 陈跃华 | 市春运工作先进个人 | 市春运工作领导小组 |
| 县一医院 | 余叶飞 | 市春运工作优秀志愿者 | 市春运工作领导小组 |
| 县市监局稽查大队 | 胡悦纳 | 市打击传销工作先进个人 | 市打击传销工作联席会议办公室 |
| 县市监局稽查大队 | 徐德星 | 市打击传销工作先进个人 | 市打击传销工作联席会议办公室 |
| 县市监局青溪市管所 | 洪峰 | 市打击传销工作先进个人 | 市打击传销工作联席会议办公室 |
| 县市监局稽查大队 | 张苏红 | 市反走私系统优秀统计员 | 市打击走私综合治理领导小组办公室 |
| 县中医院 | 余敏 | 基层医师演讲大赛荣获一等奖 | 市第一人民医院集团 |
| 县人民检察院 | 汪文静 | 全市检察机关辩论赛优秀辩手 | 市人民检察院 |
| 县人民检察院 | 王国军 | 全市检察机关第二届监所检察三级人才库人员 | 市人民检察院 |
| 里商乡里商村 | 叶盛 | 市第三次农业普查先进个人 | 市人民政府第三次农业普查领导小组 |
| 县森林公安局 | 汪连军 | 个人嘉奖 | 市森林公安局 |
| 县森林公安局 | 虞晓蔚 | 个人嘉奖 | 市森林公安局 |
| 县森林公安局 | 王锡宏 | 个人三等功 | 市森林公安局 |
| 县委宣传部 | 汪红军 | 市“社科普及周”先进个人 | 市社科联 |
| 淳安县教育局内审室 | 郑苏娟 | 2014年至2016年全市内部审计先进工作者 | 市审计局 |

续表38

| 单位 | 获奖人 | 奖项名称 | 授奖单位 |
| --- | --- | --- | --- |
| 县市监局 | 方茜 | “最美市场监管人” | 市市监局 |
| 县市监局 | 刘真彩 | “最美市场监管人” | 市市监局 |
| 县市监局 | 毛仲鑫 | “最美市场监管人” | 市市监局 |
| 县市监局 | 汪旭敏 | “最美市场监管人” | 市市监局 |
| 县市监局 | 王廷明 | 十佳“最美市场监管人” | 市市监局 |
| 县市监局 | 杨斌建 | 市药品与医疗器械不良反应监测先进工作者 | 市市监局 |
| 县渔政渔港监督管理局 | 李瀚声 | 市水产技术推广职业技能竞赛一等奖 | 市水产技术推广总站 |
| 县司法局 | 童雪 | 2016年度全市司法行政系统政务信息工作先进个人 | 市司法局 |
| 县司法局 | 詹敏 | 市十佳社区矫正能手 | 市司法局 |
| 县司法局 | 童雪 | 市司法行政系统法治政府建设先进个人 | 市司法局 |
| 县司法局 | 程一平 | 一级人民调解员 | 市司法局 |
| 县司法局 | 汪向华 | 一级人民调解员 | 市司法局 |
| 县司法局 | 汪信文 | 一级人民调解员 | 市司法局 |
| 汾口镇 | 高青 | 市统计系统“最美统计人” | 市统计局　市社会经济调查局 |
| 县委宣传部 | 管卫亮 | 市宣传信息工作先进个人 | 市委宣传部 |
| 县委宣传部 | 方耀 | 市业绩突出舆情信息工作者 | 市委宣传部 |
| 县委宣传部 | 齐巧芳 | 市业绩突出舆情信息工作者 | 市委宣传部 |
| 县城管局 | 姜剑华 | 市最美公务员 | 市委组织部　市委宣传部　市人社局 |
| 县环保局 | 程芝君 | 市最美公务员 | 市委组织部　市委宣传部　市人社局 |
| 县信访局 | 徐志卫 | 市最美公务员 | 市委组织部　市委宣传部　市人社局 |
| 县中医院 | 丁秀秀 | 市首届金牌健康讲师大赛“健康好讲师”荣誉称号 | 市卫计局　市健康办　市总工会　团市委 |
| 县中医院 | 朱腾燕 | 市首届金牌健康讲师大赛“健康好讲师”荣誉称号 | 市卫计局　市健康办　市总工会　团市委 |
| 县卫生监督所 | 黄鸿娟 | 市卫生计生监督技能竞赛个人三等奖 | 市卫计委 |
| 县一医院 | 余鸿艳 | 市首届金牌健康讲师大赛“健康好讲师”荣誉称号 | 市卫计委　市健康办　市总工会　团市委 |
| 县中医院 | 俞丽萍 | 病理技术职业技能竞赛二等奖 | 市卫计委　市总工会 |
| 县卫计局 | 胡艳萍 | 市卫生计生系统基层计划生育服务管理技能竞赛(服务管理项目)个人三等奖 | 市卫计委　市总工会 |
| 县卫计局 | 陆国花 | 市卫生计生系统基层计划生育服务管理技能竞赛(微机统计项目)个人二等奖 | 市卫计委　市总工会 |
| 威坪镇 | 王敏香 | 市卫生计生系统基层计划生育管理技能竞赛(复赛)技术服务项目三等奖 | 市卫计委　市总工会 |

续表38

| 单位 | 获奖人 | 奖项名称 | 授奖单位 |
| --- | --- | --- | --- |
| 县一医院 | 方毅琦 | 市卫生计生系统麻醉职业技能竞赛一等奖 | 市卫计委　市总工会 |
| 县一医院 | 邵华平 | 市卫生计生系统医学影像职业技能竞赛三等奖 | 市卫计委　市总工会 |
| 县一医院 | 丰彦 | 市卫生计生系统院前急救职业技能竞赛驾驶组个人三等奖 | 市卫计委　市总工会 |
| 县一医院 | 洪暑骏 | 市卫生计生系统院前急救职业技能竞赛医生组个人三等奖 | 市卫计委　市总工会 |
| 县中医院 | 余兴 | 医学影像职业技能竞赛二等奖 | 市卫计委　市总工会 |
| 县卫生监督所 | 黄鸿娟 | 2016年度职业与放射卫生先进个人 | 市卫生监督所 |
| 临岐镇 | 余士刚 | 市小城镇环境综合整治工作先进个人 | 市小城镇环境综合整治行动领导小组 |
| 中洲镇 | 余中平 | 市小城镇环境综合整治工作先进个人 | 市小城镇环境综合整治行动领导小组 |
| 县文广新局 | 方明华 | 市第一次全国可移动文物普查先进个人 | 市园林文物局 |
| 县文物保护管理所 | 鲍艺敏 | 市第一次全国可移动文物普查先进个人 | 市园林文物局 |
| 县文物保护管理所 | 郑华美 | 市第一次全国可移动文物普查先进个人 | 市园林文物局 |
| 县文物保护管理所 | 王文 | 文物工作先进个人 | 市园林文物局 |
| 浪川乡 | 陆健 | 市征兵优秀个人 | 市征兵办 |
| 浪川乡 | 詹建华 | 优秀网格员 | 市政法委 |
| 县民政局 | 余继华 | 2016年度市残疾人按比例就业先进个人 | 市政府残疾人工作委员会 |
| 县中医院 | 陈剑 | 2016年度市残疾人按比例就业先进个人 | 市政府残疾人工作委员会 |
| 农业技术推广中心农村能源办公室 | 程建明 | 市农村能源工作先进个人 | 市政府农村能源办公室 |
| 中洲镇 | 余星 | 市农村能源工作优秀乡镇监管员 | 市政府农村能源办公室 |
| 中洲镇 | 姜维 | 2015—2016年市“优秀志愿者” | 市志愿服务工作委员会 |
| 汾口镇社区卫生服务中心 | 钱慧 | 第二届市“腾龙杯”青年中药师健康宣教演讲竞赛三等奖 | 市中医药协会中药专业委员会 |
| 县法院 | 邵智峰 | 个人三等功 | 市中院 |
| 县法院 | 章财溪 | 个人三等功 | 市中院 |
| 县经济开发区管委会 | 王兴玉 | 市城中村改造工作先进个人 | 市主城区城中村改造五年攻坚行动领导小组 |
| 县经济开发区管委会 | 徐高建 | 市城中村改造工作先进个人 | 市主城区城中村改造五年攻坚行动领导小组 |
| 县房管处 | 徐苗 | 房产交易和产权管理优秀个人 | 市住保房管局 |
| 县房管处 | 彭栋 | 房地产市场监管优秀个人 | 市住保房管局 |

续表38

| 单位 | 获奖人 | 奖项名称 | 授奖单位 |
|---|---|---|---|
| 县房管处 | 方月香 | 房屋修缮利用(历史建筑保护)的优秀个人 | 市住保房管局 |
| 县妇保院 | 钱　军 | 2016年度平安巡防先进个人 | 市综治委 |
| 县人民检察院 | 吴琦倩 | 全市优秀兼职法制副校长 | 市综治委 |
| 中洲镇 | 姜维 | 市优秀共青团员 | 团市委 |
| 左口乡 | 胡亚琳 | 市优秀共青团员 | 团市委 |
| 县民政局 | 邵双龙 | 市民政系统党建“好党员” | 中共杭州市民政局委员会 |
| 姜家镇中心小学 | 章荣华 | 市第四届师德标兵 | 中国教育工会市委员会 |
| 淳安中学 | 杜建超 | 市第四届师德先进个人 | 中国教育工会市委员会 |

**【县委、县政府对部分公务员给予奖励】**

**一、记三等功名单(79名)**

千岛湖镇:张家兵　余礼旺　汪胜华　王　亮　叶　虹

文昌镇:陈志兴

里商乡:徐　杰

富文乡:范材兵

金峰乡:宋玲妹

临岐镇:程剑明　鲁　君

屏门乡:王　旭

瑶山乡:洪晓龙

威坪镇:於小仙

宋村乡:余长茂

姜家镇:王何勇　余维初　王俊杰

梓桐镇:季小飞　钱万明

浪川乡:陆　健

汾口镇:章建飞

中洲镇:汪巧明　占晓娟

大墅镇:洪秀丽

县纪委　县监委:徐军飞　胡正阳

县委办:余平国

县人大办:徐文文

组织部:徐小晟

考评办:钱　炜

团县委:余慧梅

审计局:何　伟

经济开发区:方文贤　童美琴
国资办:方　阳
政法委:胡永军
公安局:胡国宏　叶　腾　骆柳杰　宋新军　项卫平　姜旭峰　余新淳　余霞军　周海沿　吴　凯　倪万里
检察院:王国军　钱波波
法　院:廖卫国
司法局:项卫红
宣传部:余国富
文广新局:吴贤斌
人力社保局:叶柏富　陈卫刚　王　力
城管局(综合执法局):童日平　郑　淳
交通运输局:方建泓
市场监管局:马晓智
经科局:王秀华　叶丽琴
安监局:郑伟喜
农　办:姜国良
农业局:方伟文　徐爱凤　王建欣　项卫民　方向荣　吴菊琴
国土局:解华金　倪裕根
水利水电局:陆发平
林业局:郑兴年　鲍晓冬
财政局(地税局):唐华海　潘沁弘　胡　懿

**二、嘉奖名单(465 名)**

千岛湖镇:王红娟　张宏斌　王绍基　刘　恺　方国明　王利军　方树仁　方伟宏　汪智贤　鲁东贵
文昌镇:王丽娟　方慧华　余林凤　宋跃华　占晔飞
石林镇:钱　江　王金明　徐玉美　吴晓军　朱海霞　王慧艳
里商乡:方朝晖　韩志宏　韦鹏程
金峰乡:宋　宏　吴新君　唐晓仙
富文乡:方加余　章银美
左口乡:谢吉荣　徐　迅　余建兰　汪淑兰
临岐镇:徐娟芳　王勇芳　余阿鹏　张　斌　管丽雅
屏门乡:徐红星　王道平　童裳深
瑶山乡:叶俊军　洪鹏飞　徐中会　王军杰
威坪镇:徐明主　余龙飞　夏祯富　朱如成　郑知廷　徐建新　胡佳俊　邵　兴　林张亮
王阜乡:方立华　徐新平　范鹏翔　宋建栋　郑韶建
鸠坑乡:徐国建　洪永流　杨约顺　刘素琴　王俊杰
宋村乡:王　华　夏广云　吴建中

姜家镇:叶利剑　汪建祖　汪鹏程　黄　芬　洪周焱
梓桐镇:牟　剑　童国强　汪东红　方瑞英　江　帆
浪川乡:严国栋　郑　飞　严建军　汪红梅　郑高翔
界首乡:张日军　钱江锋　姜崇平　鲍　静　项亚星
汾口镇:徐宗祥　吴晓宏　江明霞　郑勇俊　王国宏　童晓华　余永柏　沈　惟　魏亭英
方盼君　汪腾飞　黄蔚凯
中洲镇:王成良　余中平　洪之满　钱　鑫
大墅镇:程　军　陈贤成　姜松涛　童勇敏　倪观鸿　范建钢
枫树岭镇:徐小忠　姜浩强　凌丽英　张　盛　王红军　余泽慧　方　琳
安阳乡:汪发通　金华娃　夏晓东　程胜利　向　健　陈志平
县纪委　县监委:吴社平　方宏生　李高峰　韩柏友　汪向军　章才斌　王　超
余　茜　楼大凯　项明火　解　峰　吴恒椿　詹龙飞　王　剑
县委办:管峰华　江琦军　吴　聪　余　春
县人大办:姜作军　方加鹏　程建渭
县府办:余旭权　蒋　鑫　方向玉　郑小鹏
县政协办:余利归　徐香枝　鲁杭春　杜翠娣　方文佳　王拂明
机关事务局:汪定文
组织部:蒋晓宁　王卫华　余　星
统战部:方为宾　汪志红
县直机关工委:余运德　黄人杰
考评办:詹　明
编委办:王晓仙　詹思君
老干部局:程文仙　吴志义
县委巡察机构:方肇兴　方炳莲　胡红品　徐旭昶　余秋玲
总工会:杨珠香
妇　联:唐春兰
信访局:胡月秀　余取亮
文　联:邵红卫　胡慧敏
党史研究室:朱华民
县委党校:余旻樟
审计局:方　倩
档案局:方文飞
经济开发区:徐高建　张　杰　宋坚军　王兴玉　胡鹏飞　程　敏
姜家产业区块:王卫民
旅　委:杨一峰　李红星
旅游度假区:黄雅琴　王中华
国资办:吴苏琴　项克三
审管办:鲁周生

公积金中心:郑丽君

政法委:汪仁发　包卫兵

公安局:王代武　王陈平　占联平　余小平　叶　翠　王建峰　朱爱萌　徐碧清　徐和平　汪胜宏　方勇平　余丽君　严旭恒　余　勇　项永清　胡宇飞　汪成臣　徐华栋　王国军　徐　帅　章四春　陆　海　余文驰　王碧聪　童献国　唐建兵　胡发荣　陈志成　余书杰　余利君　葛幼海　汪　洋　余俊飞　程贤勇　郑纯归　邵勇红　许能巧　朱　毅　刘晓彬　鲁长富　方华春　郑　锐　郑国平　许　剑　马晓旭　张　峰　徐　毅　江　欧　王丽君　方　健　林　萃　汪彭飞　胡　杰　徐建平　余中文　陈宏亮　胡炜剑　王志方　徐　露　王昌华　童未黎　何玉坤　祝明炜　方　伟　宋飞腾

检察院:洪友良　方东晖　李韩英　章　亮　吴琦倩　胡小燕　李　媛　王小娟　蒋文明法

院:周建发　徐卫平　周红斌　黄　琳　费水芳　孙　婷　徐小庆　叶苏荔　余永忠

郑苏程　方　林　项红华　鲁拥民　叶元聪　吴文胜　吕贤显　张　鑫

徐金生　姜勇军　童来英

司法局:方四雷　余秋华　徐　英　徐　军　王晓婷　汪信文　邵　夏　钱　玲　童　昱　姚志刚　周　刚

宣传部:管卫亮

卫计局:邵全胜　方志斌　郑　频　吴小妹　胡朝霞

教育局:洪余良　章建功

文广新局:夏曙升　潘金均

体育局:徐跃进　童小华

传媒中心:宋士和

发改局:张常山　王舟燕　周楚乔　邵俊伟　徐厚权　潘平平　汤珏琳

人力社保局:鲁金牛　徐胜元　钱伟荣　方玄琴　朱　华　卢忠华　严卫华　徐亚平　夏小瑜　罗丽兰　郭淑红　唐渊东　方　瑛　徐素琴　陈　城　郑雅红

统计局:王晓军　周　芹

住建局:蒋金星　王沥泉　徐文明

城管局(综合执法局):肖殿伟　叶忠谭　占丽敏　余洪波　吴　勇　童中华　方超群　余建新　方鸿梁　方圣满　汪盛伟　余士刚　王文刚

交通运输局:何小林　方腾华　方建东

市场监管局:汪爱祥　徐梦淑　吴轶成　仇文芳　邵永忠　余爱琴　杨　利　汪　晟　胡建恒　汪威唐　王廷明　金　菲　谢　琦　陈立智　方　颖　汪志有　杨斌建　童勇军　毛仲鑫　童献政　金　佳　余　珰　郑勇光

经科局:姜礼元　何宇求　杨中华　童洪文

商务局:胡家福　向　艳

安监局:童丰平　张　辉　蒋尔利

移民局:吕瑞琴　鲁霜良　朱丽琴　方　强

供销总社：邵爱群　吴河山
环保局：徐建球　郑文婷　叶　藤　徐国生　徐振华
农　办：郑智华　章光华
农业局：凌公平　叶　婷　葛一舟　胡务义　余廷贵　宋建焱　张有来　徐　波　王向红
王知荣　章灵华　沈　鹏　洪　亮
国土局：洪祝军　商有明　甘　锋　方淳建　方　鹏
水利水电局：邵继樟　王其佳　章根秀　钱立军
林业局：叶少平　王建琴　管士建　周　锐　杨　虹　王锡宏
民政局：宋瑞平　徐厚贤　汪　蕾　王振华
财政局（地税局）：万海卫　胡长文　徐夏冰　方万里　王宝军　余永亮　江　欢
汪丽华　程启明　徐熠恕　郑满兴　王传民　叶方鹏　姜启军
汪银晖　徐晓辉　王　强　余联民　王　寅　胡宏程　宋晓敏
汪志辉　邵满祥　汪正红　陈建军　黄秋萍　高　宁　余　超

**【县政府行政奖励】**

**一、记个人三等功**

张宏光　何　慧　余小阳　余金刚　胡子军　邵　威　沈建良　徐　亮
徐晓新　郑德生　徐　星　邱伟炜　汪南京　陈耀杰

**二、给予嘉奖**

胡国宏　胡金河　余中文　陆　康　吴建新　詹伟君　余荣茂　胡泽全
余文驰　余　勇　黄忠武　汪美玉　毛红燕　黄平彩　章维斌　余建军
方勇平　刘　丰　章飞燕

**【县政府表彰奖励见义勇为】**

授予刘新停"见义勇为先进分子"荣誉称号（嘉奖一次），并奖励人民币壹万元。

## ·各类获奖成果·

**【国家及国家部门级】**

2019年淳安县获国家级及国家部门级各类成果奖一览表

表39

| 获奖单位（姓名） | 获奖作品 | 奖项名称 | 授奖单位 |
|---|---|---|---|
| 威坪镇 | 德尧果蔬 | 全国名特优新农产品目录奖 | 农业部 |
| 威坪镇 | 红姑娘无核柿 | 全国名特优新农产品目录奖 | 农业部 |
| 县移民局（库区投资公司）王苏平 | 《如何加快资金支付力度，着力降低资金结存量》 | 《水工程移民》征文一等奖 | 水利部移民司 |
| 县文化馆 | 睦剧小戏《鸳鸯马》《旧梦重圆》 | 中央电视台戏曲频道《一鸣惊人》栏目"梦想微剧场"团体铜奖。 | 中央电视台 |

续表39

| 获奖单位(姓名) | 获奖作品 | 奖项名称 | 授奖单位 |
| --- | --- | --- | --- |
| 千岛露珠油茶专业合作社 | “千岛露珠”牌油茶 | 第10届中国义乌国际森林产品博览会优质奖 | 中国义乌国际森林产品博览会组织委员会 |
| 千岛湖林场 | “林居里”牌千岛玉叶 | 第10届中国义乌国际森林产品博览会优质奖 | 中国义乌国际森林产品博览会组织委会 |

## 【省及省属部门级】

### 2017年淳安县获省及省属部门级各类成果奖一览表

表40

| 获奖单位(姓名) | 获奖作品 | 奖项名称 | 授奖单位 |
| --- | --- | --- | --- |
| 县国税局　王祝华 | 《桃之夭夭》摄影 | “浙江国税20年”书画摄影作品大赛 | 省国税局 |
| 县直机关工委　余慧芳 县民政局　王振华 | 《县直机关实施“大党建”模式推进党建工作和业务工作一体化的探索和实践》 | 省机关党建理论研究成果省级二等奖 | 省机关党的建设研究会 |
| 县千岛湖传媒中心　钟明君　叶青 | 《今日千岛湖》2017年1月31日1版要闻版 | 浙江省县市区域报好新闻奖版面类二等奖 | 省记协县市区域报工作委员会 |
| 县千岛湖传媒中心　周雅婷　程贤高 | 《向阳而生的坚强母亲》 | 浙江省县市区域报好新闻奖副刊作品二等奖 | 省记协县市区域报工作委员会 |
| 县千岛湖传媒中心　程贤高 | 《高温下的窨井工》 | 浙江省县市区域报好新闻奖摄影作品类二等奖 | 省记协县市区域报工作委员会 |
| 县千岛湖传媒中心　汪黎明 | 《魅力花海　活力畅行》 | 浙江省县市区域报好新闻奖摄影作品类三等奖 | 省记协县市区域报工作委员会 |
| 县千岛湖传媒中心　李维维　储珊 | 《呵护,只为播撒爱和希望——十二名乡村教师为一个孩子的坚守》 | 浙江省县市区域报好新闻奖通讯类一等奖 | 省记协县市区域报工作委员会 |
| 县千岛湖传媒中心　郑文彬　郑科军　丁锡刚 | 《千岛湖高铁新区系列报道》 | 浙江省县市区域报好新闻奖系列报道类三等奖 | 省记协县市区域报工作委员会 |
| 县千岛湖传媒中心　郑文彬 | 《孤寡老人有了“上门保姆”》 | 浙江省县市区域报好新闻奖消息类二等奖 | 省记协县市区域报工作委员会 |
| 县千岛湖传媒中心　储珊 | 《鸟语花香地　竟是污水处理池》 | 浙江省县市区域报好新闻奖消息类三等奖 | 省记协县市区域报工作委员会 |
| 县千岛湖传媒中心　徐亚洲 | 《“你在淳安乡下有房,了不起啊?”“嗯,了不起!”》 | 浙江省县市区域报好新闻奖新媒体报道类一等奖 | 省记协县市区域报工作委员会 |
| 县千岛湖传媒中心　邵振平　陈铭元　江晓华　杜文姝　王鸿儒　余艺 | 《乡非云舍・美景让你听见》 | 浙江省县市区域报好新闻奖新媒体短视(音)频类三等奖 | 省记协县市区域报工作委员会 |
| 县千岛湖传媒中心　严月玲　汪琛　章晶　义永华　李维维　储珊　郑文彬　江晓帆　杨奇 | 《感恩总书记　奋进新时代》 | 浙江省县市区域报好新闻奖重大主题报道类二等奖 | 省记协县市区域报工作委员会 |
| 新安江开发总公司 | 《青钱柳种苗繁育关键技术研究与示范》 | 省科技兴林奖二等奖 | 省林业厅　省学会 |

续表40

| 获奖单位(姓名) | 获奖作品 | 奖项名称 | 授奖单位 |
|---|---|---|---|
| 县一医院　方毅琦 | 2017年省卫生计生系统职工麻醉职业技能竞赛 | 团体奖二等奖 | 省临床麻醉质量控制中心 |
| 县民政局　章百胜　胡琳 | 《乡镇农村老年人优待办法和优惠政策的提升与完善研究》 | 省老年协会征文二等奖 | 省民政研究中心　省老年协会 |
| 千岛湖镇六小　许曜然 | 省中小学生"筑梦路上"主题演讲比赛 | 三等奖(小学组) | 省青少年爱国主义读书教育活动指导委员会 |
| 千岛湖镇南山学校　陶雪晴 | 省中小学生"筑梦路上"主题演讲比赛 | 三等奖(中学组) | 省青少年爱国主义读书教育活动指导委员会 |
| 县人民检察院　王国军　唐宋 | 《社区矫正法律监督疑难问题及对策思考》 | 2016年度全省检察机关刑事执行检察理论研究征文活动"三等奖" | 省人民检察院 |
| 县人民检察院　胡红舟 | 《竹里敲诗》 | 第四届全省检察机关书法绘画摄影作品"二等奖" | 省人民检察院 |
| 县人民检察院　钱波波 | 《匠人匠心》 | 第四届全省检察机关书法绘画摄影作品"三等奖" | 省人民检察院 |
| 县人民检察院　陆云婷 | 《检察机关对盗伐滥伐未补种提起行政公益诉讼之案例浅析》 | 全省检察理论研究年会优秀论文"三等奖" | 省人民检察院 |
| 县国税局　詹黎平 | 《信》诗 | 省第六届"信"文学大赛优秀奖 | 省文学院　省邮政局 |
| 县一医院 | 《减少急诊患者院内转运不良事件项目》 | 省医院品管大赛潜力奖 | 省医学学术交流管理中心　省质评办 |
| 县一医院 | 《降低PICC(经外周静脉置入中心静脉导管)管堵管发生率项目》 | 省医院品管大赛潜力奖 | 省医学学术交流管理中心　省质评办 |
| 县一医院 | 《提高新生儿听力筛查初筛通过率项目》 | 省医院品管大赛潜力奖 | 省医学学术交流管理中心　省质评办 |
| 县一医院 | 《累并快乐着》 | 首届医院文化一图一故事评选活动优秀奖 | 省医院协会医院人文管理专业委员会　南京正大天晴·医脉相承健康平台 |
| 临岐镇 | — | 省白花前胡之乡 | 省中药材产业协会 |
| 临岐镇 | — | 省覆盆子之乡 | 省中药材产业协会 |
| 县邮政局　高星 | 以提升组织力为核心的基层党组织建设 | 浙江邮政企业管理现代化创新成果特等奖 | 中国邮政集团公司浙江省分公司 |

## 【市及市属部门级】

### 2017年淳安县市及市属部门级各类成果奖一览表

表41

| 获奖单位(姓名) | 获奖作品 | 奖项名称 | 授奖单位 |
|---|---|---|---|
| 大墅镇初级中学　余诗彤 | 《我的青春摆满人》 | 市第五届"《中学生天地》杯"作文比赛　初中组三等奖 | 共青团市教育局工作委员会 |

续表41

| 获奖单位(姓名) | 获奖作品 | 奖项名称 | 授奖单位 |
|---|---|---|---|
| 詹黎平 | 《钱塘江五章》 | “行吟钱塘诗会”三等奖 | 江干区政府　杭州新闻之声 |
| 县公安局 | 2017年度侦破的“1993・11・22”系列强奸杀人案 | 全市刑侦十大经典案例 | 市公安局 |
| 县公证处 | — | 全市公证知识竞赛二等奖 | 市公证协会 |
| 淳安县国土资源局　彭盈慧　廖梦婷 | 《让农房“活”起来》 | 《杭州国土资讯》“好新闻” | 市国土资源局 |
| 县直机关工委　余慧芳<br>县民政局　王振华 | 《淳安县直机关实施“大党建”模式推进党建工作和业务工作一体化的探索和实践》 | 市机关党建理论研究成果市级三等奖 | 市机关党的建设研究会 |
| 千岛湖镇初级中学　王爱刚 | 中小学班主任基本功大赛 | 优秀奖 | 市教育局 |
| 千岛湖镇青溪初级中学徐红莲 | 中小学班主任基本功大赛 | 优秀奖 | 市教育局 |
| 千岛湖镇五小　王语方 | 《绿色使者　传递梦想》 | “五水共治,我参与”市中小学生创意绘画比赛小学组三等奖 | 市教育局　市“五水共治”领导小组办公室团市委 |
| 千岛湖镇五小　宋慧敏 | 《我们与绿色一起》 | “五水共治,我参与”市中小学生创意绘画比赛小学组优胜奖 | 市教育局　市“五水共治”领导小组办公室团市委 |
| 千岛湖镇六小　余子安 | 《“五水共治”超能机器人》 | “五水共治,我参与”市中小学生创意绘画比赛小学组二等奖 | 市教育局　市“五水共治”领导小组办公室团市委 |
| 千岛湖镇六小　童穗儿 | 《“五水共治”飞船篇》 | “五水共治,我参与”市中小学生创意绘画比赛小学组优胜奖 | 市教育局　市“五水共治”领导小组办公室团市委 |
| 千岛湖镇六小　黄诗涵 | 《“五水共治”污水处理机》 | “五水共治,我参与”市中小学生创意绘画比赛小学组优胜奖 | 市教育局　市“五水共治”领导小组办公室团市委 |
| 千岛湖镇一小　童话 | 《新芽》 | “五水共治,我参与”市中小学生创意绘画比赛小学组优胜奖 | 市教育局　市“五水共治”领导小组办公室团市委 |
| 淳安县教育局 | 市第二十一届青年教师基本技能竞赛 | 优秀组织奖 | 市教育局　团市委 |
| 汾口镇初级中学　朱燕娜 | 市第二十一届青年教师基本技能竞赛 | 计算机应用单项奖三等奖 | 市教育局　团市委 |
| 汾口镇初级中学　朱燕娜 | 市第二十一届青年教师基本技能竞赛 | 三等奖 | 市教育局　团市委 |
| 汾口镇初级中学　朱燕娜 | 市第二十一届青年教师基本技能竞赛 | 学科专业技能展示单项奖三等奖 | 市教育局　团市委 |
| 杭州千岛湖建兰中学刘丹 | 市第二十一届青年教师基本技能竞赛 | 教育系统青年岗位能手 | 市教育局　团市委 |

续表41

| 获奖单位(姓名) | 获奖作品 | 奖项名称 | 授奖单位 |
|---|---|---|---|
| 杭州千岛湖建兰中学 刘丹 | 市第二十一届青年教师基本技能竞赛 | 写作及硬笔书法单项奖一等奖 | 市教育局 团市委 |
| 威坪中学 毛瑞升 | “PIDP”——新高考英语微写作教学的策略研究 | 市2016年教师小课题优秀成果二等奖 | 市教育局办公室 |
| 金峰乡中心小学 应萍仙 | “爱心家庭”:农村留守学生快乐成长操作模式的策略探索 | 市第十四届中小学德育(含心理健康教育和家庭教育)优秀论文(成果)三等奖 | 市教育局办公室 |
| 千岛湖镇三小 吴樟英 | “猜”中“作”乐——小学生猜想随笔的实践探索 | 市2016年教师小课题优秀成果三等奖 | 市教育局办公室 |
| 威坪中学 方旭红 | “层次性问题串”在高中生物教学中的应用 | 市中小学和幼儿园(基教)教学研究评比论文中学生物一等奖 | 市教育局办公室 |
| 千岛湖镇三小 余晓琴 胡小斌(执笔)潘连英 | “简教丰学”基于生本理念的“阳光学堂”的构建与实施 | 市教育科研优秀成果年度规划类教育科研优秀成果二等奖 | 市教育局办公室 |
| 县实验幼儿园 方早琴 | “拎、点、推、梳”四步式研修助推年轻教师成长——以“游戏中的一百种对话”研修为例 | 市中小学和幼儿园(基教)教学研究评比幼儿教育三等奖 | 市教育局办公室 |
| 千岛湖镇三小 方琴芳 徐素珍 | “七巧板”在小学数学图形与教学中的运用研究 | 市2016年教师小课题优秀成果三等奖 | 市教育局办公室 |
| 青溪小学 占汉娟 | “巧借微视频助力习作教学”的策略研究 | 市中小学和幼儿园(基教)教学研究评比论文小学语文三等奖 | 市教育局办公室 |
| 姜家初级中学 刘胡送 | “生活”这边一路走来一路“景”——“生活即教育”理论在历史与社会教学中的探索 | 市中小学和幼儿园(基教)教学研究评比论文中学社会三等奖 | 市教育局办公室 |
| 千岛湖镇一小 徐英 | “私人订制”——提升小学生体能素质的实践探究 | 市中小学和幼儿园(基教)教学研究评比论文小学体育二等奖 | 市教育局办公室 |
| 威坪镇中心小学 方甜天 童玉婷 | 我是小创客:农村小学生美术创作新实践 | 市2016年教师小课题优秀成果二等奖 | 市教育局办公室 |
| 淳安二中 钱爱平 | “阅”来越好“笔”下生花——生本式历史读书笔记的实践与思考 | 市中小学和幼儿园(基教)教学研究评比论文中学历史一等奖 | 市教育局办公室 |
| 千岛湖镇三小 | 《千岛湖之歌》 | 市第四届中华经典诵读大赛小学集体组二等奖 | 市教育局办公室 |
| 鸠坑乡中心小学 | 茶乡小学生“三品驿站学习”的设计与操作 | 德育工作案例一等奖 | 市教育局办公室 |
| 鸠坑乡中心小学 方芝华 钱一君 王淑慧 童丽 | 茶乡小学生“三品驿站学习”的设计与操作 | 市教育科研优秀成果年度规划类教育科研优秀成果三等奖 | 市教育局办公室 |
| 淳安二中 唐家骅 | 尝试小提升效果大精彩——FLASH选修班的动画脚本课程开发和思考 | 市中小学和幼儿园(基教)教学研究评比论文中学信息二等奖 | 市教育局办公室 |
| 威坪中学 张金彪 | 成长导师,做学生成长的贴心人 | 市第十四届中小学德育(含心理健康教育和家庭教育)优秀论文(成果)三等奖 | 市教育局办公室 |
| 千岛湖镇南山学校 吴小红 | 冲刺 | 2016年度杭州十大教育新闻图片征集评比活动优秀奖 | 市教育局办公室 |

续表41

| 获奖单位(姓名) | 获奖作品 | 奖项名称 | 授奖单位 |
| --- | --- | --- | --- |
| 威坪中学　王群 | 创新知识梳理模式在信息技术复习课中的实践与思考 | 市中小学和幼儿园(基教)教学研究评比论文中学信息二等奖 | 市教育局办公室 |
| 姜家镇初级中学　洪秀英 | 创意旋律图谱助力欣赏教学 | 市中小学和幼儿园(基教)教学研究评比论文中学音乐三等奖 | 市教育局办公室 |
| 淳安二中　唐家骅 | 从关注传授技巧到关注数据挖掘——从学科核心素养出发,优化EXCEL教学策略研究 | 市中小学和幼儿园(基教)教学研究评比论文中学信息一等奖 | 市教育局办公室 |
| 千岛湖镇三小　童璐 | 从生活环境"巧借东风"促延伸——小学品德课内向课外延伸的实例分析 | 市中小学和幼儿园(基教)教学研究评比论文小学思品三等奖 | 市教育局办公室 |
| 县实验幼儿园　徐西梅 | 当"跳跳"遇上病历本 | 市中小学和幼儿园(基教)教学研究评比幼儿教育一等奖 | 市教育局办公室 |
| 千岛湖镇三小　吴樟英 | 德育微剧:乡镇小学生思想品德教育新载体 | 市第十四届中小学德育(含心理健康教育和家庭教育)优秀论文(成果)二等奖 | 市教育局办公室 |
| 汾口镇龙川小学　汪东玉 | 低段学生教育中儿童化励志语言的运用研究 | 市2016年教师小课题优秀成果二等奖 | 市教育局办公室 |
| 汾口镇畹墅小学　郑政建　陈鸿(执笔)张拥军　占国才　张玫冬 | 豆豆乐苑:农村小学留守儿童闲暇教育的有效载体 | 市教育科研优秀成果年度规划类教育科研优秀成果二等奖 | 市教育局办公室 |
| 淳安教育装备中心　余诗祥 | 飞 | 2016年度杭州十大教育新闻图片征集评比活动入围奖 | 市教育局办公室 |
| 威坪中学　严立军 | 高三历史一轮复习中运用历史图片教学的价值探讨 | 市中小学和幼儿园(基教)教学研究评比论文中学历史二等奖 | 市教育局办公室 |
| 淳安二中　汪丽君 | 高中地理课堂教学目标设计与实践研究 | 市中小学和幼儿园(基教)教学研究评比论文中学地理二等奖 | 市教育局办公室 |
| 淳安中学　方给红 | 高中英语概要写作教学策略探究 | 市中小学和幼儿园(基教)教学研究评比论文中学英语三等奖 | 市教育局办公室 |
| 王阜乡中心小学　唐朋香 | 歌曲教学中有效拓展的实践与思考——以春天举行音乐会教学为例 | 市中小学和幼儿园(基教)教学研究评比论文小学音乐三等奖 | 市教育局办公室 |
| 中洲镇中心小学　郑凯亮　章小妹　章倩(执笔)马盈盈 | 红色印象:农村小学综合主题活动的设计与实践研究 | 市教育科研优秀成果年度规划类教育科研优秀成果三等奖 | 市教育局办公室 |
| 石林镇中心小学　何月霞 | 绘本,让数学更精彩——中班幼儿园数学绘本课例开发和应用的实践研究 | 市2016年教师小课题优秀成果二等奖 | 市教育局办公室 |
| 中洲镇中心小学　周莉平 | 绘中形"德",绘中知"法"——《道德与法治》与绘本融合之美 | 市中小学和幼儿园(基教)教学研究评比论文小学思品二等奖 | 市教育局办公室 |
| 姜家镇初级中学心小学　章荣华　王飞燕(执笔)张东华　胡笑莲　毕晶晶 | 伙伴教研:提升教师课堂执行力的样本路径研究 | 市教育科研优秀成果年度规划类教育科研优秀成果三等奖 | 市教育局办公室 |

续表41

| 获奖单位(姓名) | 获奖作品 | 奖项名称 | 授奖单位 |
|---|---|---|---|
| 威坪中学　柯峰 | 基于“生活微素材”的高中生地理核心素养培养策略研究 | 市中小学和幼儿园(基教)教学研究评比论文中学地理一等奖 | 市教育局办公室 |
| 淳安中学　徐丽娟 | 基于NLP疗法的青春期家庭亲子关系辅导策略研究 | 市第十四届中小学德育(含心理健康教育和家庭教育)优秀论文(成果)二等奖 | 市教育局办公室 |
| 千岛湖建兰中学　严国星 | 基于核心素养下的初中科学实验教学 | 市中小学和幼儿园(基教)教学研究评比论文中学科学三等奖 | 市教育局办公室 |
| 千岛湖镇六小　吴丽霞 | 基于教材文本的拓展性课程的动作——以《声音的变化》之吸管变音教学为例 | 市中小学和幼儿园(基教)教学研究评比论文小学科学三等奖 | 市教育局办公室 |
| 威坪中学　宋长康　毛瑞升(执笔)徐云杭　吴浩　邵超 | 基于新高考之“3＋3”选课走班制教学实践探究 | 市中小学和幼儿园(基教)教学研究评比教研课题三等奖 | 市教育局办公室 |
| 千岛湖镇一小　王慧娇 | 基于语篇的小学英语词汇教学设计 | 市中小学和幼儿园(基教)教学研究评比论文小学英语一等奖 | 市教育局办公室 |
| 千岛湖建兰中学　章建祥　李征　章建挺(执笔)方志平　程序光忠 | 建兰样式:初小衔接预科班的实践研究 | 市教育科研优秀成果年度规划类教育科研优秀成果三等奖 | 市教育局办公室 |
| 南山学校　段水娟 | 交通安全教育 | 2016年度市中小学“安全教育精品课程”征集展示活动二等奖 | 市教育局办公室 |
| 淳安中学　王梅 | 借助递进性情境问题串构建高效复习课堂的实践研究 | 市中小学和幼儿园(基教)教学研究评比论文中学化学二等奖 | 市教育局办公室 |
| 淳安中学　管社平　胡群贤(执笔)洪建军　方科文　方文霄 | 精准教学:高中课堂教学学情分析系统的设计与操作 | 市教育科研优秀成果年度规划类教育科研优秀成果一等奖 | 市教育局办公室 |
| 千岛湖镇三小　宋晓彦 | 老师“妈妈” | 2016年度杭州十大教育新闻图片征集评比活动优秀奖 | 市教育局办公室 |
| 火炉尖幼儿园　管睿婕 | 两只笨狗熊 | 市“我行·我棒”阳光宝宝活动故事小能手 | 市教育局办公室 |
| 淳安二中　余苏成 | 灵魂·灵气·灵性·灵动——高中数学二轮复习的实践研究 | 市中小学和幼儿园(基教)教学研究评比论文中学数学二等奖 | 市教育局办公室 |
| 姜家初级中学　童祥 | 农村初中开展“互联网＋”校外体育活动实践与探究 | 市中小学和幼儿园(基教)教学研究评比论文中学体育二等奖 | 市教育局办公室 |
| 临岐镇中心小学　徐慧红　鲁为忠 | 农村教师联盟互助式研修的路径设计与实施:基于优质高效课堂教学视角的农村教师专业发展行动研究 | 市教师教育科研课题二等奖 | 市教育局办公室 |
| 临岐镇中心小学　徐慧红　鲁为忠 | 农村教师联盟互助式研修的路径设计与实施:基于优质高效课堂教学视角的农村教师专业发展行动研究 | 市教师教育科研课题结题项目 | 市教育局办公室 |

续表41

| 获奖单位(姓名) | 获奖作品 | 奖项名称 | 授奖单位 |
|---|---|---|---|
| 屏门乡初级中学　文锋 | 农村留守少年教育"暖巢行动"策略探索 | 市第十四届中小学德育(含心理健康教育和家庭教育)优秀论文(成果)三等奖 | 市教育局办公室 |
| 金峰乡中心小学　钱华建　宋永华(执笔)项洁　应萍仙　王岩明 | 农村微型学校"暖巢行动"的设计与实施 | 市教育科研优秀成果年度规划类教育科研优秀成果二等奖 | 市教育局办公室 |
| 汾口镇横沿小学　赵美月 | 农村小学高段语文"主题式微习作"的设计与实践 | 市2016年教师小课题优秀成果二等奖 | 市教育局办公室 |
| 县实验小学　郑红燕 | 破解文题的密码——小学语文教学中"磨题词"策略的实践探索 | 市2016年教师小课题优秀成果二等奖 | 市教育局办公室 |
| 淳安中学　张秀丽 | 浅探高阶思维能力在高中英语读后续写教学中的运用 | 市中小学和幼儿园(基教)教学研究评比论文中学英语三等奖 | 市教育局办公室 |
| 中洲镇樟村完全小学　姜积兵 | 巧组学习素材提升思维品质 | 市中小学和幼儿园(基教)教学研究评比论文小学数学三等奖 | 市教育局办公室 |
| 王阜乡中心小学　钱鹏 | 勤修批改"心法"淬炼批改"内功"——小学数学课堂作业"草根式批改秘笈"之探究 | 市中小学和幼儿园(基教)教学研究评比论文小学数学二等奖 | 市教育局办公室 |
| 县实验幼儿园　孙萍 | 让"小策略"浸润"大童心"——幼儿园美术活动评价互动策略实践 | 市中小学和幼儿园(基教)教学研究评比幼儿教育三等奖 | 市教育局办公室 |
| 青溪新城小学　程明兵 | 扫开一条雪路 | 2016年度杭州十大教育新闻图片征集评比活动优秀奖 | 市教育局办公室 |
| 淳安二中　夏梦超 | 食品安全 | 2016年度市中小学"安全教育精品课程"征集展示活动一等奖 | 市教育局办公室 |
| 枫树岭镇中心小学夏峰完小　汪永怀 | 收获 | 2016年度杭州十大教育新闻图片征集评比活动优秀奖 | 市教育局办公室 |
| 威坪镇初级中学　余小丽　五小英 | 提升农村初中学生阅读"整体感知"能力的实践研究 | 市2016年教师小课题优秀成果三等奖 | 市教育局办公室 |
| 淳安二中　方仙云 | 提升语文教学反思效果的研究 | 市中小学和幼儿园(基教)教学研究评比论文中学语文三等奖 | 市教育局办公室 |
| 中洲镇中心小学 | 童心向党,播种信仰——红色教育主题活动 | 德育工作案例二等奖 | 市教育局办公室 |
| 姜家镇初级中学心小学　郑丹 | 玩转少儿趣配音提升英语朗读实效 | 市中小学和幼儿园(基教)教学研究评比论文小学英语三等奖 | 市教育局办公室 |
| 淳安二中　钱华南 | 微点评写作训练的实践与思考 | 市中小学和幼儿园(基教)教学研究评比论文中学语文二等奖 | 市教育局办公室 |
| 千岛湖镇六小　徐蔚 | 微课导学:小学生自主参与劳技课学习的策略研究 | 市2016年教师小课题优秀成果二等奖 | 市教育局办公室 |
| 淳安县教育局 | 乡味德育——区域推进特色德育课程体系建设的实践 | 德育工作名片一等奖 | 市教育局办公室 |
| 左口乡光昌小学　张勇华　洪学伟 | 小规模学校微型班级教师备课创新研究 | 市教师教育科研课题结题项目 | 市教育局办公室 |

续表41

| 获奖单位(姓名) | 获奖作品 | 奖项名称 | 授奖单位 |
|---|---|---|---|
| 青溪新城小学　陈婷 | 小小探索家任务来评价——小学科学自主探究学习的实施管理与评价 | 市中小学和幼儿园(基教)教学研究评比中小学考试与评价三等奖 | 市教育局办公室 |
| 浪川乡中心小学　姜鹤 | 小学高段有效默读的训练策略研究 | 市2016年教师小课题优秀成果三等奖 | 市教育局办公室 |
| 郭村小学　叶磊 | 小学科学模块复习的五种样式研究 | 市中小学和幼儿园(基教)教学研究评比论文小学科学三等奖 | 市教育局办公室 |
| 姜家镇初级中学心小学　洪咪 | 小学六年级数学教学中题组的设计与实施 | 市2016年教师小课题优秀成果一等奖 | 市教育局办公室 |
| 千岛湖镇三小　潘连英 | 小学趣味识字游戏的设计与实施 | 市2016年教师小课题优秀成果二等奖 | 市教育局办公室 |
| 汾口镇中心小学　李彩仙 | 小这高段数学审题类型、方法及指导策略研究 | 市2016年教师小课题优秀成果二等奖 | 市教育局办公室 |
| 千岛湖镇初级中学　童纪华　宋仙兰(执笔)徐建规　黄彬彬 | 校园睦剧风:唱响青春期快乐成长主旋律 | 市教育科研优秀成果年度规划类教育科研优秀成果三等奖 | 市教育局办公室 |
| 淳安二中　钱华南 | 新高考,新评价,新探索,新收获 | 市中小学和幼儿园(基教)教学研究评比中小学考试与评价二等奖 | 市教育局办公室 |
| 汾口中学　张文章,唐升红,童慧青 | 新高考背景下"分类组合,固化分流"的走班教学管理 | 市中小学和幼儿园(基教)教学研究评比教研课题三等奖 | 市教育局办公室 |
| 淳安中学　洪娟妹 | 新高考背景下探索写作教学新方法 | 市中小学和幼儿园(基教)教学研究评比论文中学英语一等奖 | 市教育局办公室 |
| 淳安中学　汪宇飞 | 新高考首考后地理小班化教学初探 | 市中小学和幼儿园(基教)教学研究评比论文中学地理二等奖 | 市教育局办公室 |
| 千岛湖中等职业学校　黄志安　刘灿群 | 秀水导游:中职语文综合实践活动的载体研究 | 市2016年教师小课题优秀成果三等奖 | 市教育局办公室 |
| 里商乡中心学校　王丽梅 | 学海浩瀚,结网而行——借用思维导图提升历史与社会教学效率的研究 | 市中小学和幼儿园(基教)教学研究评比论文中学社会一等奖 | 市教育局办公室 |
| 淳安中学　章晓军 | 学生说题:打开政治习题讲评的高效之门 | 市中小学和幼儿园(基教)教学研究评比论文中学政治二等奖 | 市教育局办公室 |
| 浪川乡中心小学　徐素珍　余真彪 | 学习圈:农村小学生数学合作性学习的载体设计与实施 | 市2016年教师小课题优秀成果二等奖 | 市教育局办公室 |
| 淳安二中　余建明 | 延迟疗法在高中数学试卷讲评中的研究与实践 | 市2016年教师小课题优秀成果二等奖 | 市教育局办公室 |
| 淳安中学　宋美真 | 也谈基于化学核心素养的教学设计——"氧化还原反应复习"同课异构课堂教学思考 | 市中小学和幼儿园(基教)教学研究评比论文中学化学三等奖 | 市教育局办公室 |
| 县实验小学 | 仪式文化浸润校园　淳实少年康美成长 | 德育工作案例三等奖 | 市教育局办公室 |
| 千岛湖中等职业学校　卢远民　汪衍伟 | 宜令之门:基于岗位增值的德育专家二次创业 | 市第十四届中小学德育(含心理健康教育和家庭教育)优秀论文(成果)三等奖 | 市教育局办公室 |

续表41

| 获奖单位(姓名) | 获奖作品 | 奖项名称 | 授奖单位 |
|---|---|---|---|
| 千岛湖镇三小　汪菊华 | 以“数学作文”为载体的可视思维活动设计与开展 | 市2016年教师小课题优秀成果一等奖 | 市教育局办公室 |
| 汾口镇中心小学　王源英 | 以《圆的认识》单元整体教学为例探讨“空间与图形”的有效教学 | 市中小学和幼儿园(基教)教学研究评比论文小学数学三等奖 | 市教育局办公室 |
| 富文乡中心小学　姜蔚颖　应翔(执笔)章祥杰　王美英　朱剑慧 | 毅行小镇:农村小学职业体验课程的设计与实践研究 | 市教育科研优秀成果年度规划类教育科研优秀成果一等奖 | 市教育局办公室 |
| 培智学校　方祝发　方柳莺　童连英　王栋　童瑛 | 鱼拓乐:智障学生“体艺本合一”培育新载体 | 市教育科研优秀成果年度规划类教育科研优秀成果二等奖 | 市教育局办公室 |
| 县实验幼儿园　方文娟 | 雨中房子三步曲、落实核心促成长——基于文学语汇核心经验下的课例研修 | 市中小学和幼儿园(基教)教学研究评比幼儿教育三等奖 | 市教育局办公室 |
| 淳安中学　唐蔚芳 | 展示记忆应用——新高考背景下有效的英语词汇教学策略探究 | 市中小学和幼儿园(基教)教学研究评比论文中学英语三等奖 | 市教育局办公室 |
| 淳安二中　胡小波 | 珍爱生命预防火灾 | 2016年度市中小学“安全教育精品课程”征集展示活动二等奖 | 市教育局办公室 |
| 千岛湖中等职业学校　洪建娟　卢晨行 | 真情置换:回归教育本源 | 市第十四届中小学德育(含心理健康教育和家庭教育)优秀论文(成果)二等奖 | 市教育局办公室 |
| 淳安中学　章祥红 | 纸上得来终觉浅,绝知此事要躬行——技术学科地位凸显,通用技术应用题教学策略研究 | 市中小学和幼儿园(基教)教学研究评比论文中学劳技三等奖 | 市教育局办公室 |
| 威坪镇中心小学　童丽红　翁旭华 | 志愿天使:小学生养成教育新实践 | 市2016年教师小课题优秀成果三等奖 | 市教育局办公室 |
| 火炉尖幼儿园万心缘 | 钻石在哪儿 | 市“我行·我棒”阳光宝宝活动故事小能手 | 市教育局办公室 |
| 淳安教育装备中心　余诗祥 | 醉美唐中 | 2016年度杭州十大教育新闻图片征集评比活动美丽校园类十佳图片 | 市教育局办公室 |
| 汾口中学　余世旺 | 尊重生命　包容分歧　远离暴力　依法维权 | 度优秀法治教育案例评选优秀奖 | 市教育局办公室 |
| 淳安县教育局 | | 市“我行·我棒”阳光宝宝活动组织奖 | 市教育局办公室 |
| 千岛湖镇初级中学　方晨伶 | 从两种食物中提取酸碱指示剂的尝试 | 优秀科技创新项目三等奖 | 市科协　市教育局　市科学技术委员会　团市委　杭州青少年活动中心 |
| 淳安中学　古迹保护研究组 | 千岛湖山乡古迹保护方案设计——以凤凰古庙为例 | 优秀科技实践活动三等奖 | 市科协　市教育局　市科学技术委员会　团市委　杭州青少年活动中心 |

续表41

| 获奖单位(姓名) | 获奖作品 | 奖项名称 | 授奖单位 |
|---|---|---|---|
| 淳安中学 | 山川探秘——以绿道为起点的探秘线路规划 | 优秀科技实践活动三等奖 | 市科协　市教育局<br>市科学技术委员会<br>团市委　杭州青少年活动中心 |
| 千岛湖镇青溪初级中学　王皓 | 神州十五号 | 优秀少儿科幻画三等奖 | 市科协　市教育局<br>市科学技术委员会<br>团市委　杭州青少年活动中心 |
| 千岛湖镇五小　童晟 | 时空穿梭教室 | 优秀少儿科幻画三等奖 | 市科协　市教育局<br>市科学技术委员会<br>团市委　杭州青少年活动中心 |
| 梓桐镇中心小学　胡梦悦 | 未来千岛美景图 | 优秀少儿科幻画三等奖 | 市科协　市教育局<br>市科学技术委员会<br>团市委　杭州青少年活动中心 |
| 淳安中学　唐旻 | 文化寻根——千岛湖“都”文化调查研究——以临岐镇为例 | 优秀科技创新项目三等奖 | 市科协　市教育局<br>市科学技术委员会<br>团市委　杭州青少年活动中心 |
| 屏门乡初级中学　葛紫娟 | 吸山核桃飞行器 | 优秀少儿科幻画二等奖 | 市科协　市教育局<br>市科学技术委员会<br>团市委　杭州青少年活动中心 |
| 县民政局　章百胜　胡琳 | 《乡镇农村老年人优待办法和优惠政策的提升与完善研究》 | “和谐养老·老龄事业”主题论坛征文一等奖 | 市老龄办　市老年学会 |
| 教育局　余峰 | “审”时度势，浅谈内审成果的运用 | “内部审计如何当好改革促进派”课题论文三等奖 | 市内部审计协会 |
| 淳安农商银行　叶少前　方绍艺 | 《“丰收小贷”风险管控不容忽视——关于淳安农信联社小额信用贷款专项审计的案例风析》 | 市内部审计案例一等奖 | 市内部审计协会 |
| 淳安农商银行　叶少前　方绍前 | 《淳安县农村信用合作联社实施的大墅信用社郑晓峰同志任期内经济责任审计》 | 市优秀内部审计项目 | 市内部审计协会 |
| 教育局　郑苏娟 | 细微见成效，延伸出成果——青溪新城小学经济责任审计安例 | 市度内部审计案例三等奖 | 市内部审计协会 |
| 县司法局　汪丽霞　张立真 | “幸福普法”助力农村留守儿童安全教育——以淳安县金峰乡小学为范本 | 全市普法理论调研工作优胜奖 | 市普法办 |
| 里商乡　余中娟 | 《“自审＋互审＋实审”三审模式监控农普数据质量》 | 市第三次农业普查优秀技术业务文章 | 市人民政府第三次农业普查领导小组 |
| 县卫计局 | 《淳安县卫计局实施的淳安县卫生和计划生育局下属单位绩效工资执行情况专项审计》 | 市内部审计优秀项目 | 市审计局内部审计协会 |

续表41

| 获奖单位(姓名) | 获奖作品 | 奖项名称 | 授奖单位 |
|---|---|---|---|
| 县卫计局　钱晓珍 | 《浅谈内部审计如何当好基层医疗机构改革的促进派》 | 市内部审计论文一等奖 | 市审计局内部审计协会 |
| 县司法局　肖殿伟　商鹏俊 | 《浅议构建在线调解机制》 | 2016年度市司法行政系统调研成果评比中荣获优胜奖 | 市司法局 |
| 县委宣传部 | 《婆媳故事》——汾口微电影工厂(民间故事片) | 市文化精品工程 | 市委宣传部 |
| 县委宣传部　汪红军 | 《以新安文化推进市民文明素养提升的实践探索》 | 2016年市思想政治工作优秀征文 | 市委宣传部 |
| 县委宣传部 | 歌曲《康美千岛湖》 | 市文化精品工程 | 市委宣传部 |
| 县委宣传部 | 睦剧小戏《心愿》 | 市第十三届精神文明建设“五个一工程”奖 | 市委宣传部 |
| 县卫生监督所 | 《蓝盾卫士“助跑”康美千岛湖》 | 支部书记讲党课三等奖 | 市卫生监督所 |
| 县卫生监督所 | 《孕味·韵味》 | 讲好身边故事一等奖 | 市卫生监督所 |
| 县文化馆 | 《彩球飞舞》 | 市排舞大赛金奖 | 市文广新局 |
| 县文化馆　李珊 | 《彩球飞舞》 | 市排舞优秀辅导奖 | 市文广新局 |
| 县文化馆 | 5件作品入展 | “翰墨抒情·庆祝党的十九大胜利召开”杭州市美术书法优秀作品展优秀组织奖 | 市文广新局　市文联 |
| 县文化馆　高烽 | 新故事《赎罪》 | 市第八届网络故事征文二等奖 | 市文化馆 |
| 县文化市场行政执法大队 | 淳安县畅翔网路服务有限公司青溪网吧接纳未成年人进入营业场所案 | 2016—2017年度市文化市场行政执法优秀案卷 | 市文化市场行政执法总队 |
| 大墅镇中心小学 | 《甄嬛后传》 | “西湖六月中·喜迎十九大”小锣杯首届市少儿曲艺展演入围奖 | 市文联　市教育局 |
| 淳安县教育局 | “我们靓·杭州靓”市第七届中小学生新童谣大赛 | 优秀组织奖 | 市文明办　市教育局　市文广新局　杭州日报报业集团　市文联 |
| 千岛湖镇六小　方慧琴 | “我们靓·杭州靓”市第七届中小学生新童谣大赛 | 优秀辅导教师奖 | 市文明办　市教育局　市文广新局　杭州日报报业集团　市文联 |
| 千岛湖镇三小　方琴芳 | “我们靓·杭州靓”市第七届中小学生新童谣大赛 | 优秀辅导教师奖 | 市文明办　市教育局　市文广新局　杭州日报报业集团　市文联 |
| 千岛湖镇六小　童开颜 | 《湖妈妈》 | “我们靓·杭州靓”市第七届中小学生新童谣大赛二等奖 | 市文明办　市教育局　市文广新局　杭州日报报业集团　市文联 |

续表41

| 获奖单位(姓名) | 获奖作品 | 奖项名称 | 授奖单位 |
| --- | --- | --- | --- |
| 千岛湖镇三小　童新琪 | 《啃指甲》 | “我们靓·杭州靓”市第七届中小学生新童谣大赛一等奖 | 市文明办　市教育局　市文广新局　杭州日报报业集团　市文联 |
| 千岛湖镇一小　吕洪劼 | 《我爱千岛湖的美丽四季》 | “我们靓·杭州靓”市第七届中小学生新童谣大赛优秀创作奖 | 市文明办　市教育局　市文广新局　杭州日报报业集团　市文联 |
| 千岛湖镇三小　冯行灿　严一凡 | 《方志敏同志:我想对您说……》 | 《走进红色博物馆——我眼中的红色经典》微拍大赛个人组三等奖 | 市文明办　市委党史研究室　市教育局 |
| 县图书馆 | 关爱留守儿童——阅读服务进乡村 | 第十一届市西湖读书节优秀项目 | 市西湖读书节组委会 |
| 县妇保院　周红莉 | 《用心的妈妈,请呵护宝贝的“肝”》 | 世界肝炎日·肝病防治　演讲比赛三等奖 | 市预防医学会 |
| 千岛湖镇初级中学 | 《Sing sing sing》 | 2016年市中小学生文化艺术节表演类专场声乐类合唱初中组三等奖 | 市中小学生文化艺术节组织委员会 |
| 南山学校　方元 | 《查尔达斯》 | 2016年市中小学生文化艺术节表演奖专场器乐类独奏小学组二等奖 | 市中小学生文化艺术节组织委员会 |
| 左口乡中心小学　五(1)班 | 《春晓》 | 2016年市中小学生文化艺术节“班班有歌声”评比活动小学组最具风采奖 | 市中小学生文化艺术节组织委员会 |
| 千岛湖镇南山学校初二(4)班 | 《大海啊故乡》 | 2016年市中小学生文化艺术节“班班有歌声”评比活动初中组最美歌声奖 | 市中小学生文化艺术节组织委员会 |
| 县实验小学　唐思涵 | 《大力士小白兔》 | 2016年市中小学生文化艺术节表演类专场曲艺类故事小学组三等奖 | 市中小学生文化艺术节组织委员会 |
| 汾口镇畹墅小学 | 《杜鹃圆舞曲》 | 2016年市中小学生文化艺术节课堂教学乐器合奏小学组二等奖 | 市中小学生文化艺术节组织委员会 |
| 姜家镇初级中学心小学 | 《翻身的日子》 | 2016年市中小学生文化艺术节课堂教学乐器合奏小学组三等奖 | 市中小学生文化艺术节组织委员会 |
| 文昌镇中心小学　潘越 | 《分身术》 | 2016年市中小学生文化艺术节表演类专场曲艺类故事小学组三等奖 | 市中小学生文化艺术节组织委员会 |
| 淳安中学 | 《风酥雨忆》 | 2016年市中小学生文化艺术节表演类专场舞蹈类群舞高中组三等奖 | 市中小学生文化艺术节组织委员会 |
| 威坪镇初级中学初一(6)班 | 《孤独的牧羊人》 | 2016年市中小学生文化艺术节“班班有歌声”评比活动初中组最具风采奖 | 市中小学生文化艺术节组织委员会 |

续表41

| 获奖单位(姓名) | 获奖作品 | 奖项名称 | 授奖单位 |
|---|---|---|---|
| 淳安中学 | 《花儿与少年》 | 2016年市中小学生文化艺术节表演类专场声乐类重表小合唱高中组三等奖 | 市中小学生文化艺术节组织委员会 |
| 文昌镇中心小学 | 《街舞》 | 2016年市中小学生文化艺术节综艺大舞台活动最佳表演节目奖 | 市中小学生文化艺术节组织委员会 |
| 千岛湖镇三小 | 《金色的芦笙吹起来》 | 2016年市中小学生文化艺术节表演类专场声乐类重表小合唱小学组二等奖 | 市中小学生文化艺术节组织委员会 |
| 淳安中学　王若瑜 | 《玛依拉变奏》 | 2016年市中小学生文化艺术节表演类专场声乐类合唱高中组二等奖 | 市中小学生文化艺术节组织委员会 |
| 千岛湖镇青溪初级中学 | 《茉莉花》 | 2016年市中小学生文化艺术节课堂教学乐器合奏初中组三等奖 | 市中小学生文化艺术节组织委员会 |
| 千岛湖镇三小　四(6)班 | 《牧场上的家》 | 2016年市中小学生文化艺术节“班班有歌声”评比活动小学组最具风采奖 | 市中小学生文化艺术节组织委员会 |
| 千岛湖镇初级中学 | 《牧牛》 | 2016年市中小学生文化艺术节表演类专场戏剧类戏剧初中组二等奖 | 市中小学生文化艺术节组织委员会 |
| 王阜乡初级中学 | 《南屏晚钟》 | 2016年市中小学生文化艺术节表演类专场声乐类重表小合唱初中组三等奖 | 市中小学生文化艺术节组织委员会 |
| 淳安二中 | 《师生情》 | 2016年市中小学生文化艺术节表演类专场曲艺类曲艺高中组三等奖 | 市中小学生文化艺术节组织委员会 |
| 千岛湖镇三小 | 《时针时针快快跑》 | 2016年市中小学生文化艺术节表演类专场舞蹈类群舞小学组三等奖 | 市中小学生文化艺术节组织委员会 |
| 淳安中学　高一(6)班 | 《送别》 | 2016年市中小学生文化艺术节“班班有歌声”评比活动、高中组最美歌声奖 | 市中小学生文化艺术节组织委员会 |
| 富文乡中心小学 | 《孙悟空三打白骨精》 | 2016年市中小学生文化艺术节戏剧创意模仿评比最佳角色奖 | 市中小学生文化艺术节组织委员会 |
| 千岛湖中等职业学校 | 《我的青春》 | 2016年市中小学生文化艺术节表演类专场舞蹈类群舞高中组三等奖 | 市中小学生文化艺术节组织委员会 |
| 千岛湖镇青溪初级中学 | 《喜鹊喳喳喳》 | 2016年市中小学生文化艺术节表演类专场舞蹈类群舞初中组三等奖 | 市中小学生文化艺术节组织委员会 |
| 千岛湖镇三小 | 《寻访家乡美》 | 2016年市中小学生文化艺术节表演类创作奖三等奖 | 市中小学生文化艺术节组织委员会 |
| 千岛湖镇三小 | 《寻访家乡美》 | 2016年市中小学生文化艺术节儿童歌舞剧三等奖 | 市中小学生文化艺术节组织委员会 |

续表41

| 获奖单位(姓名) | 获奖作品 | 奖项名称 | 授奖单位 |
|---|---|---|---|
| 临岐镇中心小学 | 《一元钱》 | 2016年市中小学生文化艺术节表演类创作奖二等奖 | 市中小学生文化艺术节组织委员会 |
| 临岐镇中心小学 | 《一元钱》 | 2016年市中小学生文化艺术节表演类专场戏剧类戏剧小学组二等奖 | 市中小学生文化艺术节组织委员会 |
| 淳安二中　章子悦 | 《咏荷》 | 2016年市中小学生文化艺术节表演类专场舞蹈类舞蹈单双三高中组三等奖 | 市中小学生文化艺术节组织委员会 |
| 千岛湖镇青溪初级中学　项愉　钱一星　姜康壮　严志伟 | 《游击队歌》 | 2016年市中小学生文化艺术节表演奖专场器乐类齐重协奏初中组三等奖 | 市中小学生文化艺术节组织委员会 |
| 汾口镇初级中学　余鑫 | 《钟》 | 2016年市中小学生文化艺术节表演奖专场器乐类独奏初中组三等奖 | 市中小学生文化艺术节组织委员会 |
| 汾口镇初级中学　汪思宇 | 2016年市中小学生文化艺术节工艺现场比赛 | 初中组优秀奖 | 市中小学生文化艺术节组织委员会 |
| 汾口镇中心小学　余骏婷　胡其鸣　郑晨煜　程雅如　程露瑶 | 2016年市中小学生文化艺术节工艺现场比赛 | 小学组优秀奖 | 市中小学生文化艺术节组织委员会 |
| 汾口镇中心小学　余祝慧 | 2016年市中小学生文化艺术节工艺现场比赛 | 小学组优秀奖 | 市中小学生文化艺术节组织委员会 |
| 汾口镇中心小学　章子默 | 2016年市中小学生文化艺术节工艺现场比赛 | 小学组优秀奖 | 市中小学生文化艺术节组织委员会 |
| 千岛湖镇初级中学　吴佳婧 | 2016年市中小学生文化艺术节工艺现场比赛 | 初中组优秀奖 | 市中小学生文化艺术节组织委员会 |
| 千岛湖镇南山学校　陈镠莎　王奕芸　洪语桐　余丽莎 | 2016年市中小学生文化艺术节工艺现场比赛 | 初中组优秀奖 | 市中小学生文化艺术节组织委员会 |
| 梓桐镇初级中学　徐琛 | 2016年市中小学生文化艺术节工艺现场比赛 | 初中组优秀奖 | 市中小学生文化艺术节组织委员会 |
| 鐾达实验学校　方育宁 | 2016年市中小学生文化艺术节海报设计比赛 | 中学组三等奖 | 市中小学生文化艺术节组织委员会 |
| 睿达实验学校　姜明 | 2016年市中小学生文化艺术节海报设计比赛 | 中学组二等奖 | 市中小学生文化艺术节组织委员会 |
| 睿达实验学校　王蕊 | 2016年市中小学生文化艺术节海报设计比赛 | 中学组三等奖 | 市中小学生文化艺术节组织委员会 |
| 汾口镇中心小学　郑颖婕 | 2016年市中小学生文化艺术节绘画现场比赛 | 小学组优秀奖 | 市中小学生文化艺术节组织委员会 |
| 姜家镇初级中学心小学　姜雁瑛 | 2016年市中小学生文化艺术节绘画现场比赛 | 小学组三等奖 | 市中小学生文化艺术节组织委员会 |
| 临岐镇初级中学　杨小涵 | 2016年市中小学生文化艺术节绘画现场比赛 | 初中组优秀奖 | 市中小学生文化艺术节组织委员会 |

续表41

| 获奖单位(姓名) | 获奖作品 | 奖项名称 | 授奖单位 |
|---|---|---|---|
| 千岛湖建兰中学　程睿阳 | 2016年市中小学生文化艺术节绘画现场比赛 | 初中组优秀奖 | 市中小学生文化艺术节组织委员会 |
| 千岛湖建兰中学　吴越 | 2016年市中小学生文化艺术节绘画现场比赛 | 初中组优秀奖 | 市中小学生文化艺术节组织委员会 |
| 千岛湖镇六小　闻毅霖 | 2016年市中小学生文化艺术节绘画现场比赛 | 小学组优秀奖 | 市中小学生文化艺术节组织委员会 |
| 千岛湖镇五小　方元 | 2016年市中小学生文化艺术节绘画现场比赛 | 小学组优秀奖 | 市中小学生文化艺术节组织委员会 |
| 淳安二中　郎敏哲 | 2016年市中小学生文化艺术节摄影现场比赛 | 高中组优秀奖 | 市中小学生文化艺术节组织委员会 |
| 汾口镇初级中学　余轩 | 2016年市中小学生文化艺术节摄影现场比赛 | 初中组二等奖 | 市中小学生文化艺术节组织委员会 |
| 浪川乡中心小学　叶聪 | 2016年市中小学生文化艺术节摄影现场比赛 | 小学组优秀奖 | 市中小学生文化艺术节组织委员会 |
| 临岐镇初级中学　占旭 | 2016年市中小学生文化艺术节摄影现场比赛 | 初中组优秀奖 | 市中小学生文化艺术节组织委员会 |
| 千岛湖建兰中学　姜浩然 | 2016年市中小学生文化艺术节摄影现场比赛 | 小学组优秀奖 | 市中小学生文化艺术节组织委员会 |
| 千岛湖建兰中学　周欣格 | 2016年市中小学生文化艺术节摄影现场比赛 | 小学组三等奖 | 市中小学生文化艺术节组织委员会 |
| 千岛湖镇初级中学　王程煜凯 | 2016年市中小学生文化艺术节摄影现场比赛 | 初中组三等奖 | 市中小学生文化艺术节组织委员会 |
| 王阜乡初级中学　王江琦 | 2016年市中小学生文化艺术节摄影现场比赛 | 初中组优秀奖 | 市中小学生文化艺术节组织委员会 |
| 淳安中学　管晗雪 | 2016年市中小学生文化艺术节书法现场比赛 | 高中组优秀奖 | 市中小学生文化艺术节组织委员会 |
| 临岐镇中心小学　胡彤瑶 | 2016年市中小学生文化艺术节书法现场比赛 | 小学组三等奖 | 市中小学生文化艺术节组织委员会 |
| 千岛湖建兰中学　叶晨睿 | 2016年市中小学生文化艺术节书法现场比赛 | 初中组优秀奖 | 市中小学生文化艺术节组织委员会 |
| 千岛湖镇南山学校　胡宇昕 | 2016年市中小学生文化艺术节书法现场比赛 | 小学组优秀奖 | 市中小学生文化艺术节组织委员会 |
| 千岛湖镇南山学校　邵蓄涵 | 2016年市中小学生文化艺术节书法现场比赛 | 初中组优秀奖 | 市中小学生文化艺术节组织委员会 |
| 千岛湖镇南山学校　汪露茜 | 2016年市中小学生文化艺术节书法现场比赛 | 初中组优秀奖 | 市中小学生文化艺术节组织委员会 |
| 千岛湖镇一小　王梦佳 | 2016年市中小学生文化艺术节书法现场比赛 | 小学组三等奖 | 市中小学生文化艺术节组织委员会 |
| 县实验小学　张晨希 | 2016年市中小学生文化艺术节书法现场比赛 | 小学组优秀奖 | 市中小学生文化艺术节组织委员会 |

续表41

| 获奖单位(姓名) | 获奖作品 | 奖项名称 | 授奖单位 |
|---|---|---|---|
| 千岛湖建兰中学　方以智 | 2016年市中小学生文化艺术节篆刻现场比赛 | 初中组一等奖 | 市中小学生文化艺术节组织委员会 |
| 千岛湖建兰中学　翁锐 | 2016年市中小学生文化艺术节篆刻现场比赛 | 小学组优秀奖 | 市中小学生文化艺术节组织委员会 |
| 千岛湖镇初级中学　童可 | 2016年市中小学生文化艺术节篆刻现场比赛 | 初中组优秀奖 | 市中小学生文化艺术节组织委员会 |
| 千岛湖镇初级中学　陈逸凡 | 2016年市中小学生文化艺术节篆刻现场比赛 | 初中组三等奖 | 市中小学生文化艺术节组织委员会 |
| 千岛湖镇六小　向贝宇 | 2016年市中小学生文化艺术节篆刻现场比赛 | 小学组优秀奖 | 市中小学生文化艺术节组织委员会 |
| 千岛湖镇南山学校　方昭翔 | 2016年市中小学生文化艺术节篆刻现场比赛 | 初中组三等奖 | 市中小学生文化艺术节组织委员会 |
| 县实验小学　汪晨雪 | 2016年市中小学生文化艺术节篆刻现场比赛 | 小学组优秀奖 | 市中小学生文化艺术节组织委员会 |
| 千岛湖镇初级中学　余柳赫 | 蒲公英 | 2016年市中小学生文化艺术节诗歌征集评选活动中学组三等奖 | 市中小学生文化艺术节组织委员会 |
| 淳安中学　邓静 | 春念 | 2016年市中小学生文化艺术节诗歌征集评选活动高学组优秀奖 | 市中小学生文化艺术节组织委员会 |
| 淳安中学　童千一 | 笃定前行 | 2016年市中小学生文化艺术节中学组歌词作品三等奖 | 市中小学生文化艺术节组织委员会 |
| 青溪小学　周丽莎 | 美丽的梦想 | 2016年市中小学生文化艺术节诗歌征集评选活动小学组优秀奖 | 市中小学生文化艺术节组织委员会 |
| 千岛湖中等职业学校　方凯　余丽艽 | 睦剧《南山种麦》 | 2016年市中小学生文化艺术节表演类专场曲艺类曲艺高中组二等奖 | 市中小学生文化艺术节组织委员会 |
| 千岛湖镇初级中学　赵京燕 | 天涯客行曲 | 2016年市中小学生文化艺术节诗歌征集评选活动中学组一等奖 | 市中小学生文化艺术节组织委员会 |
| 千岛湖镇五小　余思齐 | 我的人生相册 | 2016年市中小学生文化艺术节诗歌征集评选活动小学组优秀奖 | 市中小学生文化艺术节组织委员会 |
| 县实验小学　余舵 | 再见了，老师 | 2016年市中小学生文化艺术节诗歌征集评选活动小学组优秀奖 | 市中小学生文化艺术节组织委员会 |
| 詹黎平 | 《最美河道》组诗 | “醉美杭州”主题征文二等奖 | 市总工会　杭州日报 |
| 县邮政局　高星　程建勋　徐威虹 | 创新“党建＋”助推业务发展 | 杭州邮政企业管理现代化创新成果一等奖 | 中国邮政集团公司杭州市分公司 |